PEARSON

Sunyo Translation Series in Accounting Classics

FUNDAMENTALS OF CORPORATE FINANCE

Jonathan Berk Peter DeMarzo Jarrad Harford

三友会计名著译丛

“十二五”国家重点图书出版规划项目

公司理财基础（精要版）

（美）乔纳森·伯克 彼得·德玛佐 加拉德·哈福德 ◉著

姜英兵 ◉译

东北财经大学出版社
Dongbei University of Finance & Economics Press
大连

图书在版编目（CIP）数据

公司理财基础：精要版／（美）伯克（Berk，J.），（美）德玛佐（DeMarzo，P.），（美）哈福德（Harford，J.）著；姜英兵译．—大连：东北财经大学出版社，2012.1
（三友会计名著译丛）
书名原文：Fundamentals of Corporate Finance
ISBN 978-7-5654-0588-4

Ⅰ．公…　Ⅱ．①伯…　②德…　③哈…　④姜…　Ⅲ．公司-财务管理　Ⅳ．F276.6

中国版本图书馆 CIP 数据核字（2011）第 224134 号

辽宁省版权局著作权合同登记号：图字 06-2008-467 号

东北财经大学出版社出版
（大连市黑石礁尖山街 217 号　邮政编码　116025）
教学支持：（0411）84710309
营 销 部：（0411）84710711
总 编 室：（0411）84710523
网　　址：http://www.dufep.cn
读者信箱：dufep@dufe.edu.cn

大连图腾彩色印刷有限公司印刷　　东北财经大学出版社发行

幅面尺寸：185mm×260mm　字数：919 千字　印张：41 1/2　插页：1
2012 年 1 月第 1 版　　2012 年 1 月第 1 次印刷

责任编辑：李　季　孟　鑫　　责任校对：贺　鑫
封面设计：冀贵收　　版式设计：钟福建

ISBN 978-7-5654-0588-4
定价：78.00 元

作者简介

乔纳森·伯克(Jonathan Berk) 现为斯坦福大学商学院 (Stanford Graduate School of Business) 的 A. P. 吉尼尼 (A. P. Giannini) 财务学讲座教授、美国国家经济研究局 (NBER) 的助理研究员。来斯坦福之前，他曾任教于加利福尼亚大学伯克利 (Berkeley) 分校哈斯 (Haas) 商学院，他的一项任务是讲授公司理财基础课程。在获得耶鲁 (Yale) 大学博士学位之前，他曾在高盛 (Goldman Sachs) 公司担任助理职务，他在高盛真正开启了他的财务学教育生涯。伯克教授为《财务学刊》(*Journal of Finance*) 的助理编辑。他获得过多项研究奖，包括美国教师退休基金会的“保罗·A. 萨缪尔森奖”(TIAA-CREF Paul A. Samuelson Award)、“史密斯·布里登奖”(Smith Breeden Prize)、《财务研究评论》(*The Review of Financial Studies*) 的年度最佳论文以及 FAME 研究奖等多个奖项。他的论文“对规模异象的评论”(“A Critique of Size Related Anomalies”) 最近入选《财务研究评论》的两篇最佳论文之一。鉴于他对理财实务的重要影响，他曾荣获“伯恩斯坦—法伯兹/雅各·列维奖”(Bernstein-Fabozzi/Jacob Levy Award)、“格雷厄姆与多德杰出贡献奖” (Graham and Dodd Award of Excellence) 以及“罗杰·F. 莫瑞奖” (Roger F. Murry Prize)。伯克出生于南非的约翰内斯堡，已婚，有两个女儿。他爱好滑雪和骑自行车。

彼得·德玛佐(Peter DeMarzo) 现为斯坦福大学商学院瑞穗 (Mizuho) 金融集团财务学教授，也是 NBER 的助理研究员。他拥有斯坦福大学经济学博士学位。当前，他为斯坦福的一年级 MBA 学生讲授增强型核心财务课程。此前，德玛佐教授还曾执教于哈斯商学院和凯洛格管理学院 (Kellogg Graduate School of Management)，他曾是胡佛研究所 (Hoover Institution) 的研究员。德玛佐教授曾荣获斯坦福“斯隆 (Sloan) 卓越教学奖”，加利福尼亚大学伯克利分校“厄尔·F. 切特 (Earl F. Cheit) 杰出教学成就奖”。他还担任《财务研究评论》、《财务管理》、《B. E. 经济分析和政策期刊》(*B. E. Journals in Economic Analysis and Policy*) 等期刊的助理编辑以及西部财务协会的副会长。德玛佐教授曾获得多种研究奖项，包括“西部财务协会公司理财奖”和由《财务研究评论》杂志授予的“巴克莱全球投资管理公司/迈克尔·布伦南最佳论文奖”(Barclays Global Investors/Michael Brennan) 等诸多奖项。德玛佐出生于纽约市白石镇，已婚，有三个儿子。他和家人都喜欢徒步旅行、骑自行车和滑雪运动。

加拉德·哈福德(Jarrad Harford) 为华盛顿大学马里昂·B. 英格索尔 (Marion B. Ingersoll) 财务学讲座教授。此前，哈福德教授曾执教于俄勒冈大学伦德奎斯特 (Lundquist) 商学院。他拥有罗彻斯特 (Rochester) 大学财务学博士学位，兼修组织和市场专业。哈福德教授讲授本科核心财务课程——公司理财长达 11 年，同时还讲授“并购”选修课，以及“非财务人员的财务管理”等高级经理培训课程。他获得各种教学奖项，包括 2007 年和 2008 年两度获得校友会杰出教学奖、2006 年的 ISMBA 杰出教学奖、2005 年的富国银行 (Wells Fargo) 本科教学奖。他还担任华盛顿大学商学院本科荣誉项目 (Undergraduate Honors Program) 的课程主任。哈福德教授是《金融经济学》(*Journal of Financial Economics*)、《金融和定量分析》(*Journal of

Financial and Quantitative Analysis)、《公司理财》(*Journal of Corporate Finance*) 等学术期刊的助理编辑。哈福德教授出生于宾夕法尼亚州的州立学院，已婚，有两个儿子。他们一家人喜欢旅行、远足和滑雪。

序　言

当我们告诉朋友和同事，我们已决定为 MBA 学生写一部公司理财教科书时，他们大多数人的一致反应是：为什么是现在？在我们的 MBA 教科书成功出版后，这个问题又变成，“你们要多快能写出一本适合本科生学习的公司理财教科书?”我们衷心地希望在未来的岁月里《公司理财基础》能够塑造学生学习公司理财课程的新方式。

我们用了两年的时间写这本书，它既要成功保持 MBA 教科书的理念，但最重要的是，要方便非财务金融专业的本科生阅读。我们知道，不计其数的本科生感觉公司理财课程富有挑战性。教科书的作者们试图使其变得更加浅显易懂，于是不再强调公司理财的核心原理，而是更多地关注结果。我们结合 40 多年来的教学经验发现，这样做实则适得其反，反而会使这门课程变得更加难以理解。财务学的核心理念既清晰又直观。公司理财之所以如此具有挑战性，原因在于，初学者通常很难区分这些核心理念与其他具有直觉吸引力的方法，而那些方法一旦用于制定财务决策则可能会导致错误。我们写作这本书的主要动机就是，为学生掌握公司制定财务决策所需要的核心理念和理财工具打下坚实的基础，不管这是他们学习财务学的唯一课程，还是其专业基础课，学生都会受益良多。

过去 30 年来，财务学领域发生了显著的变化。这一时期金融经济学积累的大量经验证据支持了现有的理论，同时也强化了理解和运用公司理财原理的重要性。与此同时，新闻媒体对财务的关注也与日俱增，与往届很多学生相比，今天的本科生对财务学课程更感兴趣。如何利用学生自然的兴趣和动机去克服他们对这门课程的畏难心理，将这些经过时间检验的核心原理传授给他们，这是我们面临的一个挑战。再一次，我们将课堂教学的有用经验应用于教科书中：举例时所涉及的公司都是学生们熟悉的，比如，星巴克和苹果公司；坚持一贯使用真实的数据；展示财务核心理念在个人理财中的应用；我们竭力使即使是非财务专业的学生也能融入到课程之中。

我们秉持为本科公司理财教科书树立新标准的信念，这一追求超出了教科书本身。请将书翻到有关“我的理财实验室”的那些页，体会那些突破性技术有可能从根本上改变学生的学习方式。

核心理念

《公司理财基础》全面涵盖和介绍了公司理财的核心主题。内容全面，条理清晰，易于把握。

将估值作为统一的框架

根据我们的经验，将课程内容有机地整合为一体，比分散叙述更易于被学生所接受。本书将公司理财视作一套简洁有力的财务理念的应用。第一个理念是，估值驱动决策——公司应该采纳收益的价值超过成本的决策。第二个理念是，在竞争性市场中，市场价格（而不是个人的偏好）决定价值。将这两个理念结合起来，就是所谓的估值原理，公司理财的所有关键概念，包括净现值法则、证券定价、风险和回报的关系、资本结构以及股利政策中的权衡，都从估值原理演绎而来。

估值原理如同一个罗盘，引导财务决策者遵循正确的轨迹。我们在第 3 章介绍估值原理以及它的直接应用——净现值。每一篇的开篇都强调该篇主题与估值原理的联系。

重视应用

应用估值原理可以提供进行各类比较的技能，诸如在贷款、投资和项目之间的比较，使学生变成有知识、自信的财务金融消费者和管理者。学生明白如何将财务原理应用于个人生活和未来职业生涯中时，他们就掌握了财务知识，而不是停留在抽象的、数学化的理念上。是谁比同行更强化了这一点？每章开头都有对刚毕业的大学生的访谈，看他们如何在日常工作中娴熟地运用财务工具。

强化基础工具

掌握折现现金流技术对于学生学习财务入门课程非常关键。一如既往，熟能生巧，解决复杂的主题有利于知识的掌握。为此，第 2 篇集中阐述货币时间价值这一基础知识。第 3 章简要地介绍了单期投资的货币时间价值，这构成了估值原理的一个关键部分。第 4 章主要讨论持续多期的现金流的货币时间价值。第 5 章解释了利率的报价和决定因素。对于每个问题中的现金流，本书采取了如下框架中的系统方法：

引入第 4 章所述的时间线，强调建立现金流时间线的重要性。

对于涉及现金流的例题，关键的第一步就是建立时间线。

在解题过程中利用财务计算器和 Excel 技术。

聚焦资本预算

资本预算决策是公司理财中最重要的决策之一。本书前面的内容就强调了资本预算，第 3 章介绍了净现值法则，以比较决策的成本和收益。基于 NPV 法则，第 7 章评价了 NPV 以及其他投资决策法则。第 8 章“资本预算基本原理”考察了对项目的估值，清晰而系统性地区分了收益和自由现金流。先介绍资本预算，必然涉及资本成本的概念，从而逻辑性地引出对风险和回报的阐述。第 12 章用 WACC 法计算和使用公司的总体资本成本。

新的理念

《公司理财基础》在公司理财研究和实践的最新进展与全面涵盖核心财务主题之间取得谨慎细致的平衡。本书区别于其他教科书的创新之处有：

第 9 章关于股票估值，通过考虑公司的未来红利、自由现金流或其价值与相似的公开交易公司的比较，来评估公司的股权价值。

第 16 章“股利政策”考察了管理者和投资者之间的非对称信息对股利分配的影响，以及股利决策对信息不对称的信号显示。

第 17 章区分了可持续增长和价值提升型增长，重点探讨了增长会增加还是减少公司的价值。

学生需要掌握的工具

解决问题的方法

每个核心概念都有相应的例题讲解。财务学远不止计算那么简单：要学好财务学，学生要理解问题背后隐含的直觉，解释数学计算的含义。为养成这种思维习惯，每道例题的陈述后面都有三个步骤的解题过程——分析、计算和评价——有助于学生的理解，示范学生自己解决问题和案例时应遵循的步骤。每章的“常见错误”专栏里给出了学生常犯的典型错误。

实践应用的方法

每章都提到的知名公司，如苹果和星巴克等，使阅读变得生动和有趣。本书还包括基于案例编写的两章（第 13 和 14 章），案例公司分别为真实网络（RealNetworks）公司和赫兹（Hertz）公司。每章的结论会提供给财务经理一些建议。对知名专业理财人士的访谈，如微软公司前 CFO 约翰·康纳斯（John Connors），从实践的角度加强了对财务原理的理解。我们对理财人士的访谈不限于董事会的会议室，而扩大到刚毕业的大学生（见每章开头的访谈），展示他们在工作中如何运用所学到的财务理念。

本书还用到的一种方法是介绍理财从业者依赖的工具。Excel 对话框和章末附录教学生使用 Excel 技术，学生可利用指定的在线电子数据表自行输入变量和公式。

各章内容概述

《公司理财基础》涵盖了本科层次入门级财务课程的主题。本书集中探讨与公司的投资选择或筹集用于投资的资金有关的财务决策制定。本书的编写考虑了读者对灵活性的需求，以及整个学期学习的时间压力。

第 1 篇和第 2 篇为学习公司理财打下了基础。第 1 章介绍了股份有限公司和其他的企业组织形式，考察了财务经理和外部投资者在公司制定决策中起到的作用。第 2 章回顾了基本的公司会计准则和财务经理决策所依赖的财务报表。

第 2 篇提供了公司理财的基本工具，这些工具是公司理财的基石。第 3 章介绍了估值原理，它构成了财务学的基础，将本书的全部观念有机地联系起来。第 4 章主要介绍货币时间价值，分析了持续多期的一系列现金流，解释了如何对系列未来现金流估值，推导计算年金和永续年金的现值的简便公式。第 5 章主要解释利率的报价和利率的决定因素，重点讨论了如何使用市场利率确定系列现金流的相应的折现率。第 6 章使用利率展示了货币时间价值工具的一种应用：对由政府和公司发行的债券估值。

第 3 篇讨论财务经理面临的最重要决策：公司应该选择哪项投资，以提升公司的价值。第 7 章给出了引导财务经理制定决策的投资决策法则。第 8 章概述了对项目的增量现金流的评估，它是应用净现值决策法则的一个输入变量。资本预算决策决定了公司的价值创造，于是第 9 章转向评估投资者对公司的所有权——股票——的价值。利用各种方法对公司股权估值后，讨论了市场效率及其对财务经理的启示。

第 4 篇考察了风险和回报这些关键概念，解释了怎样测量和比较投资机会的风险，以确定每项投资机会的资本成本。第 10 章介绍了投资者只对不可分散风险要求风险溢价这一深刻洞见。第 11 章量化了这一观念，导出资本资产定价模型（CAPM）。第 12 章运用此前所学知识，估算公司的总体加权平均资本成本。

第 5 篇叙述了公司为其实施的投资筹集资金的决策。第 13 章解释了股权融资的机制，第 14 章阐述了债务市场融资机制（本章继续制度性地综述第 6 章开始介绍的债券市场）。在此基础上，第 6 篇考察了融资选择对公司价值的影响。第 15 章“资本结构”首先直觉性地导出莫迪格利安尼和米勒的结论，然后讨论一些重要的市场摩擦的影响。第 16 章主要研究股利政策问题。

第 7 篇转向公司的长期和日常理财事务与细节。第 17 章给出了预测公司现金流和长期融资需求的工具。第 18 章讨论了公司对其营运资本需求的管理，第 19 章则解释了公司如何为短期现金需求融资。

第 8 篇讨论公司理财的几个专题。第 20 章介绍了期权；第 21 章主要讲述公司对期权的应用以及管理风险的其他方法。第 22 章阐述了公司对外投资时遇到的一些问题，包括汇率风险和对国外项目的估值问题。

译者前言

本书有两大特征，一是强调公司理财的基本原理，再就是注重教学法。

全书以估值原理为主线并贯穿始终，每一篇都以“与估值原理的联系”开篇，各章节对公司理财基本原理的阐述通常都由估值原理切入和生发开来，促使学生思考每个概念与整体框架的内在联系。例如，在推导诸如普通年金等现金流的现值计算公式时，并没有像其他教科书那样简单化地利用数学工具，而是基于由“一价定律”演绎出的资产定价基本原理，概念性地推导出普通年金等现金流的现值计算公式。这不仅避开了繁琐的数学推导，更重要的是，它可以使学生深刻地感受到财务基本原理的强大功能，从而激发他们对公司理财的学习兴趣。

本书设身处地为学生着想，这体现在：（1）篇章的安排具有逻辑性，比如，大多数教科书在资本预算之前介绍风险和回报的内容，如投资组合理论和资本资产定价模型等，但这样一来，学生就不理解为什么公司理财课程学完了风险和回报后还要再学习投资主题，所以本书先介绍资本预算（毕竟每个人最关心的是投资，包括个人投资理财），然后再引出对风险和回报的讨论。这样安排能够使学生明白，为什么要学习风险与回报。当然，本书在讲解资本预算内容之前，在第3章“估值原理：制定财务决策的基础”中，运用一价定律与风险厌恶这样的简单道理，初步阐述了风险与回报的基本知识，从而为后续的资本预算内容打下了必要的基础。在资本预算之后，再来深入地探讨风险与回报的数量化关系。（2）每章都包含该章所涉及符号的含义、理财专业人士访谈、常见错误、概念检查、诺贝尔经济学奖等微型阅读材料以及数据案例和综合案例；以“问题、分析、计算、评价”这种清晰的模式来设计大量的解题示例；每章开头引言包括真实公司的例子和容易引起广泛兴趣的事件，有助于读者理解当代理财实践；本书介绍了财务原理和工具在个人理财中的应用，这有助于学生理解财务概念，开启理财心智，观察这些概念如何运用于其知道的或从事过的理财交易（比如汽车贷款、按揭贷款、退休储蓄等等），学生就能明白公司理财为何有用。

就翻译本身我有一些体会。英语重形合，形式结构清晰，句子总是以主谓结构为轴心，通过非谓语动词结构、名词结构、介词结构和从句来扩展或者连接，可形象地称之为“树型结构”。由于这一特点，英语的句子经常具有前重心和一定的长度（汉语句子多为后重心）。在翻译时要根据意群将句子分开，译成若干个短句，或对句子结构进行转换、省略、颠倒处理，从而使译文符合中文的短句样式。英语的主、从句之间要使用连接词，而汉语重意合，主、从句靠意义贯穿，不用或少用连接词。本书的翻译尽量省略了连接词，避免洋腔洋调，符合中文习惯。仅举一例说明，There was so much dust that we couldn't see what was happening. 若拘泥地将连词so…that译出，就译成“尘土如此之大，以至于我们看不清发生了什么事”，不如译为“尘土很大，我们看不清发生了什么事”，尽量让这种连词只存意，而不“留形”。翻译过程中我的感悟颇多，限于篇幅和主题，还是就此打住吧。

本书由姜英兵翻译。研究生严婷、宋双双、刘姣、国显明、李建芳、王莉、刘亚萍辅助进行了本书初稿的翻译工作，汪要文博士对第1、2、4、9、16章进行了修改和润色，在此谨对她（他）们致以深深的谢意。最后，姜英兵对全书逐字逐句地进行了翻译和润色。感谢东北财经大学出版社责任编辑孟鑫的审校工作。当然，书中所有翻译错误由译者负责。

姜英兵

2011 年 10 月

主要内容、特色及使用对象：

本书以“估值原理”为主线贯穿始终，全书共分8篇，22章，全面涵盖了公司理财的主题，内容涉及公司理财导论、利率和现金流估值、资本预算与公司估值、风险和回报、长期融资、资本结构和股利政策、财务计划和预测以及公司理财专题。全书内容和结构安排很有逻辑性，内在一致，层层递进。第2篇至第7篇为核心章节。第8篇介绍了期权及其应用、风险管理以及国际公司理财等专题。

本书既注重细致地阐释理论及模型的来龙去脉，同时又强调教与学的方法，比如，基于直觉的分析，大量的解题示例，理财从业者访谈，概念检查和常见错误等，且本书叙述简练流畅，便于读者学习和把握。

本书以清晰明辨的思路阐释理财原理，辅之以丰富的理财实例，学生可通过解题示例，学习如何一步一步地分析、理解、解决和评价财务问题。本书非常适合财务、金融、会计专业或相关但非上述专业的本科生作为公司理财课程的基础教科书，本书也适合金融、财务、会计、证券投资等相关领域的从业者阅读。

目 录

第1篇 导论

第2篇 利率与现金流估值

第 3 篇　公司估值

第 4 篇　风险与回报

第 5 篇 长期融资

第 6 篇　资本结构与股利政策

第 7 篇　财务计划及预测

第 8 篇　公司理财专题

第1篇 导论

与估值原理的联系。什么是公司理财？无论你在公司身居何职，都非常有必要理解为何以及如何制定财务决策。本书的焦点就是如何制定最优的公司财务决策。本篇的内容是学习公司理财的基础。第1章首先介绍公司及相关的企业组织形式的概念，接着考察财务经理和外部投资者在制定公司决策过程中扮演的角色。决策者需要利用信息做出最优决策，因此，第2章回顾和分析制定公司决策的一个重要信息来源——公司的会计报表。这两章介绍了财务经理的作用、目标及其在运用估值原理制定最优决策时所使用的信息。本书的第2篇将介绍估值原理及其应用。

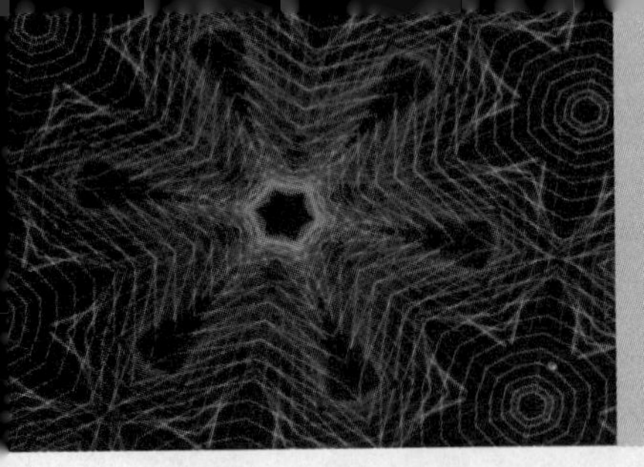

第1章　公司理财与财务经理

学习目标

- 理解财务信息在个人和商务生活中的重要性。
- 理解四种主要企业组织形式的重要特征，了解股份公司在经济活动中居于主导地位的原因。
- 解释财务经理的目标及其理由，理解财务经理制定的三种主要决策。
- 了解股份有限公司的管理控制方式、财务经理在其中的作用及其面临的道德问题。
- 理解金融市场（如股票市场）对于公司的重要性，理解财务经理在联系金融市场上起到的作用。

莱斯莉·提尔奎斯特访谈

莱斯莉·提尔奎斯特（Leslie Tillquist），2007年获得科罗拉多大学波德分校（University of Colorado，Boulder）工商管理（理财和市场营销）学士学位，那时她对自己毕业后的职业选择一片迷茫。“我喜欢市场营销中对人类动机和交往的研究，但我意识到理财提供了对现实世界的理解和技能，这无疑会带来不同的职业发展路径，”她解释说，“如果没有财务支持、保障和运作，商业或非营利组织就很难做出可靠的决策。掌握理财技术有助于各行各业的人发现机会和解决经营问题。”

她在博安咨询集团（PA Consulting Group）的丹佛事务所工作，这是一家总部设在伦敦的国际咨询机构，现已在超过35个国家开展业务。“我想要高效的、基于项目的环境，这样我可以与快速发展的行业里的决策者接触，还有出国工作的机会。”她的理财学位使她获得了从事博安咨询公司全球能源业务的机会。“在7个月内，我参加的项目涉及国际银行、政府和一家财富500强公司。因为工作，我几乎走遍了美国、英国和南非。”她的职责包括进行财务分析和能源研究，以支持客户业务分析和相应的策略建议。例如，她用不同的方法评估资产、合同及公司，并编制在获取融资和评价投资机会时要用到的公司财务报表。

莱斯莉鼓励学生不要被严谨的理财课程吓倒。“无论你对哪个领域感兴趣，这些课程都会为你进行业务分析和进一步在职学习的工作积极性打下必要的基础，”她说，“尽管当时课程有些难，但不管你是否从事理财职业，它们确实给你提供了解决复杂理财问题所需要的工具。”她还提到，她当时对理财学习与工作也很犹豫。“我不知该如何感激我所获得的宝贵机会，我深深地迷恋上它了。当我在商务讨论中滔滔不绝、深思熟虑地交流自己的观点时，这份工作便给我带来了巨额回报。”

本书重点关注人们在公司中如何制定财务决策。虽然称作公司理财，其实讲述的大部分内容同样适合于其他任何组织，包括慈善组织和大学这样的非营利机构。本章将介绍四种主要的企业组织形式，重点讲解股份有限公司，其创造了整个美国商业收入的85%，同时也关注企业中财务经理的重要作用。研发什么产品，怎样支付研发费用，保留多少利润，如何向投资者分配利润——所有这些决策乃至更多都会在公司理财中涉及。财务经理基于企业价值最大化这一目标制定财务决策，企业价值在金融市场中确定。本章以及全书，将以这个目标为出发点，提供制定财务管理决策的一些工具，并阐述金融市场怎样向公司提供资金，如何产生市场价格，而市场价格又是财务经理进行投资分析的关键输入变量。

1.1 为什么学习理财

理财和理财思想在日常生活中无处不在。以上大学决策为例，你肯定会权衡各种选择，比如尽快找份全职工作，然后才能确定大学给你带来的最大净收益。越来越多的人会面临个人理财决策，例如：

什么时候开始为退休储蓄，应该储蓄多少？

汽车贷款与租赁相比，哪个更有优势？

某只股票是好的投资吗？

怎样评估房屋按揭贷款的条款？

我们的职业路径变得更难以预测和变化无常。以前，一个人常常一生只为一个雇主工作，而今天罕有这种现象，大多数人会频繁地更换工作，甚至可能转行。对于任何一个新的机会，我们必须权衡所有的成本和收益，不论是财务方面的还是其他。

一些财务决策简单明了，比如是否应该为你的美式咖啡早餐支付2.00美元，但大多数财务决策比较复杂。在你的商业生涯中，你可能遇到下面的问题：

公司应该研发新产品吗？

公司应该选择哪家供应商？

公司应该自己生产部分产品还是选择外包？

公司应该发行新股还是借钱？

怎样为你新创办的公司融资？

本书中，你将学到所有这些个人生活和公司中的决策是如何被一个强大的概念——估值原理——联系起来的。估值原理阐释了如何比较决策的成本和收益，以便正确地权衡。学习应用估值原理，会使你具备进行各种比较所需要的技能——贷款选择、投资和项目——使你成为知识丰富、充满自信的理财消费者和管理者。最后，每章你都将听到以前的某位学生的观点——他们不久前曾打开过像这样的一本书——他（她）们谈论自己的工作以及理财在其工作中扮演的重要角色。

无论你计划主修理财专业还是仅仅把它作为一门课程学习，你在此都将学到个人和商务生活中必要的理财基础知识。

1.2 企业的四类组织形式

学习公司理财之前，先来介绍四种主要的企业组织形式：个人独资企业、合伙企业、有限责任公司和股份有限公司。我们将依次说明每种组织形式的含义，但最关注的还是股份有限公司。

个人独资企业

个人独资企业(sole proprietorship) 是由一个自然人所拥有和经营的企业。个人独资企业的规模一般非常小，它即使有雇员人数也很少。虽然个人独资企业的销售收入占整个经济的总收入的比例不高，但它却是世界上最常见的企业类型。2007 年，美国估计有 71% 的企业为个人独资企业，而它们所产生的收入只占经济总体收入的 5% 。①

个人独资企业的主要特征如下：

(1) 个人独资企业的优点是设立简单直接。很多新企业都以这种形式设立。

(2) 个人独资企业的主要局限在于，企业和所有者不分——企业只能有唯一的所有者，由所有者经营。即使有其他的投资者，也不能取得企业的所有权。

(3) 所有者个人对企业的债务负有无限责任。也就是说，如果企业未能履行偿债义务，债权人就可以要求企业的所有者以个人财产来偿还债务。如果所有者无力偿债，他（或她）个人就要宣告破产。

(4) 个人独资企业的寿命不会超过其所有者的寿命，其所有权的转让也很难。

对大多数成长型企业而言，个人独资企业的劣势超过其优势。一旦企业不再以所有者个人承担责任为担保来借款，所有者通常就会将个人独资企业转化为另一种企业形式。下面讨论其他企业组织形式时，我们会考虑企业组织形式转化的其他好处。

合伙企业

合伙企业(partnership) 的所有者和经营者不止所有者一人。其主要特征体现在：

(1) 所有合伙人都对企业的债务负有连带责任。也就是说，债权人可以要求任何一个合伙人偿还企业的全部债务。

(2) 任何一个合伙人的死亡或撤资，都会导致合伙企业的终止。

(3) 如果合伙协议另有规定，比如其他合伙人可以全部买下已故或撤资合伙人的股份，那么企业就可以不用清算而继续存在。

一些老牌知名企业至今还保持合伙制或个人独资的企业形式。这些企业通常都基于所有者个人的声誉而经营。比如，律师事务所、诊所、会计师事务所等通常都是以合伙制组建的。对于这类企业，合伙人的个人责任能够增强客户对企业的信心，合伙人就会不遗余力地维护企业的声誉。

有限合伙企业(limited partnership) 为有两种所有者的合伙企业：普通（一般）合伙人和有限责任合伙人。普通合伙人的权利和特权与（普通）合伙企业中的合伙人相同——他们对企业的债务负有无限连带责任。而有限责任合伙人只负有**有限偿债责任**(limited liability) ——也即，他们仅就其投资额对公司债务承担有限责任。他们

① 这一信息以及小企业的其他统计数据可从如下链接中找到：www. bizstats. com/businesses. htm。网页上披露了所采用的统计方法。

的私人财产不可被强制用来偿还企业的债务，而且，有限责任合伙人的死亡或撤资也不会导致企业散伙，他们持有的权益份额可以转让。不过在法律上，有限责任合伙人在企业中没有管理权，也无权参与企业的管理决策。

有限责任公司

有限责任公司（limited liability company，LLC）就像是没有普通合伙人的有限合伙企业。换言之，全部所有者都负有有限责任，但与有限责任合伙人不同的是，他们可以参与经营企业。在美国，有限责任公司相对而言还是个新生事物。1977 年，怀俄明州第一次通过法律条例允许创立有限责任公司。最晚通过的州是夏威夷州，到 1997 年才在法律上允许设立 LLC。从世界范围来看，有限责任公司的历史更久远，声名更大。早在 100 多年前的德国，有限责任公司就已声名鹊起，当时被称为 Gesellschaft mit beschrankter Haftung（GmbH），随后在欧洲和拉丁美洲的其他国家中也陆续出现。在法国，有限责任公司被称为 Societe a responsabilite limitee（SAR），意大利和西班牙分别称其为 SRL 和 SL。

股份有限公司

股份有限公司（corporation）是一个法人或法律实体，与公司的所有者相分离。因此，它和自然人一样享有很多法律权利。它可以签订合同，取得资产，承担义务和责任，而且受到美国宪法的保护，其财产不受侵犯。由于股份有限公司是和其所有者相分离的不同的法人实体，所以它独自负责偿付公司自身的债务。股份有限公司的所有者（或它的雇员、客户等）对公司涉及的任何债务都不承担责任。同样地，公司对它的所有者的任何个人债务也不承担责任。

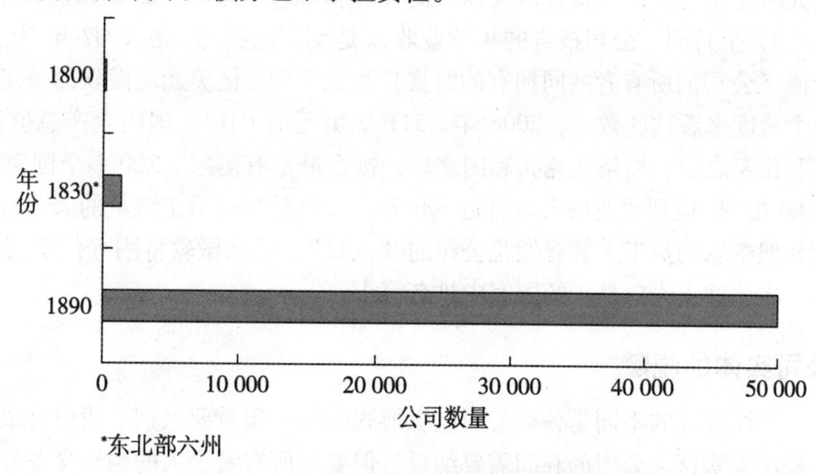

图 1.1　美国股份有限公司数量的增长情况

注：图中显示了 19 世纪股份有限公司的快速增长，尤其是 1819 年美国最高法院确定了公司财产受法律保护之后。

很难想象现代商业活动离开了电子邮件和手机会怎样，同理，股份有限公司也使经济发生了革命性的变化。1819 年 2 月 2 日，美国最高法院确定了法律先例，公司财产同私人财产一样，为公司私有并受美国宪法保护。如图 1.1 所示，该判例带来了美国公司数量的快速增长。到今天，股份有限公司无处不在，不仅在美国（公司创造了美国商业收入的85%），也遍布世界各地。

股份有限公司的设立。股份有限公司必须依法设立，也就是说，必须经过其所在州的政府正式批准注册后，方可组建。设立股份有限公司比成立个人独资企业的成本要高很多。特拉华州的法律环境对于公司极具吸引力，很多公司选择在那里注册成立。从司法角度来看，股份有限公司可以看做其所在州的公民。大多数公司聘请律师起草公司章程，章程的内容包括组建公司的正式条款和一套章程细则。公司章程规定了公司运营要遵循的初始规则。

股份有限公司的所有权。股份有限公司的所有者人数没有最高限制。大多数股份有限公司都有很多所有者，每个所有者只拥有公司所有权的一部分。股份有限公司的全部所有权被分割成很多份额，即所谓的**股份或股票**(stock)，所有流通股的总和就是公司的**权益**(equity)。持有公司股份（股票）的人称为**股东或权益持有人**(shareholder，stockholder，equity holder)，他们有权**分得红利**(dividend payments)，即由公司决定分配给其权益持有人的回报。股东获得的红利通常是按其持有股份的比例来分配的。例如，某股东拥有公司25%的股份，那么他将有权获得公司25%的红利。

股份有限公司的另一个特征是，它对于谁可持有它的股票没有限制。也就是说，公司的所有者不需要具备任何特殊专长或资格条件。这一特征使得公司的股份可以自由交易，这就是将企业组建为股份有限公司，而非个人独资企业、合伙企业或有限责任公司，所具备的最重要的优势之一。公司通过向不知名的外部投资者出售股份，可筹集到大量资本。

这种外部融资的可获得性，使得股份有限公司在经济中居于主导地位。以世界上最大的公司之一，微软公司（以下简称“微软”）为例，从2006年7月到2007年6月这12个月间，公司报告的年营业收入是511亿美元。在2007年10月，公司的总价值（公司的所有者共同拥有的财富）达到2 910亿美元。微软的员工有78 565名。换个角度来看这些数字，2006年，511亿美元的GDP（国内生产总值）会使微软排在利比亚之前、斯洛伐克共和国之后，排在最富有国家（200多个国家和地区）中的第60位。[①] 但利比亚的人口将近600万，大约是微软员工数量的75倍。更确切地讲，假如把微软的员工人数看做是公司的“人口”，那么微软将刚好位于安道尔公国的前面，在地球上人口最少的国家中排名第十三。

公司实体的税赋

纳税方式的不同是各类公司组织形式间的一项重要区别。股份有限公司是一个独立的法人实体，公司的利润需要纳税，但要与所有者个人的纳税义务分离开来。实际上，公司的股东要缴纳两次税：首先，股份有限公司就其盈利纳税，然后将税后剩余利润分配给股东；其次，股东还要为其从公司分得的收益缴纳个人所得税。这一纳税制度有时被称作双重课税。

---

① 世界发展指标数据库，2005年7月15日。通过链接 http：//www.worldbank.org/data/quickreference.html.，可以快速检索到各国的GDP数据。

例 1.1　公司收益的纳税

问题：

假如你是公司的股东。公司的税前每股收益是5美元，交完税后，公司将剩余收益作为红利发放给股东（这只是一个简单的假设，需要注意的是大多数公司会保留部分收益用于再投资）。红利是你的所得，你应该缴纳个人所得税。公司税率是40%，个人红利所得的税率是15%。缴完所有的税后，每股剩余的收益是多少？

解答：

分析：

税前收益：5美元　公司税率：40%　个人的红利税率：15%

首先，需要从公司的税前收益5美元中扣除应交税，计算出公司的税后收益。公司需交所得税为5美元的40%。公司的税后收益都作为红利发放给股东，股东还要支付税后收益的15%，作为个人所得税。最后，扣除所有税费之后的剩余收益才是股东所得。

计算：

公司应交所得税为2美元（40%×5），剩余3美元（5-2）为税后每股收益，可供分配给股东。

股东的红利所得要交税0.45美元（3×15%），支付所有税费后，股东只得到了最初每股5美元收益中的2.55美元。

评价：

股东只得到了最初每股5美元收益中的2.55美元，其余的2.45美元（2+0.45）用于纳税。结果，你的总体实际税率就是49%（2.45/5）。

S类公司　只有公司制组织结构才遭遇双重征税。此外，美国国内税收法（U. S. Internal Revenue Code）规定，某些特定类型的公司可以免除双重课税。这些公司被称作**S类公司**（"S" corporations），因为它们选择按照非纳税公司（译者注：美国的一种特殊公司形式，称作 subchapter S）课征方式纳税。根据这一税则，公司的利润（或亏损）不需要缴纳公司所得税，可按股东的持股比例直接分配给股东。股东必须将分得的利润作为个人所得申报纳税（即使他们没有分到钱）。股东支付了个人的利润所得税之后，将不欠其他的税。

C类公司　政府对适用S类课征方式的公司的资格有严格限定。特别地，S类公司的股东必须为美国公民或居住在美国的个人，股东人数不得超过100人。大多数公司对于谁持有公司股票以及股东的人数都没有限制，它们也就不适合S类公司的课税规定。大多数公司为**C类公司**（"C" corporations），要缴纳公司所得税。

例 1.2　S类公司收益的纳税

问题：

假设例1.1中的公司适用S类公司课税方式，对非红利所得课征的税率为30%。

解答：

分析：

税前收益：5美元　公司税率：0%　个人税率：30%

在本例中，公司不用纳税。每股收益是5美元。S类公司中所有的这些收益都视为个人所得，无论公司是选择将其发放还是留存，股东都要对这些收益按30%的税率交纳个人所得税。

计算：

股东支付的个人所得税为 1.5 美元（0.30×5），最终得到 3.5 美元（5−1.5）的税后收益。

评价：

股东所支付的 1.5 美元的税，比例 1.1 中支付的 2.45 美元低很多，股东得到了其余的 3.5 美元税后每股收益而不是 2.55 美元。注意，在 C 类公司中，只有公司将利润作为红利发放给股东时，股东才需要交纳个人所得税，而在 S 类公司中，无论公司是选择将利润作为红利发放还是再投资，股东都必须立即交纳个人所得税。

世界各地的公司税

大多数国家都有针对双重课税的减免措施。经济合作与发展组织（OECD）的 30 个国家中，只有爱尔兰和瑞士还没有对双重课税实行减免政策。美国的减免措施是，红利所得的税率要低于其他来源收入的税率。自 2007 年起，美国的红利所得税率为 15%，对于大多数投资者而言，这一税率显著低于他们的个人所得税率。少数几个国家，包括澳大利亚、芬兰、墨西哥、新西兰和挪威，则对红利所得不征税，实际上完全免除了双重课税。

如前所述，有四种主要的企业组织形式：个人独资企业、合伙企业（普通合伙和有限合伙企业）、有限责任公司和股份有限公司（“S”类和“C”类）。为了帮助理解各种企业组织形式之间的差异，表 1.1 比较了各种类型企业组织的主要特征。

表 1.1 **各类企业的特征**

	所有者人数	所有者是否对企业的债务承担责任	所有者是否管理企业	所有权的改变是否会导致企业解散	谁来纳税
个人独资企业	一人	是	是	是	个人
合伙企业	不限人数	是；每个合伙人都要对全部债务承担偿还责任	是	是	个人
有限合伙企业	一名普通合伙人，有限合伙人人数不限	普通合伙人承担；有限合伙人不承担	普通合伙人：是 有限合伙人：否	普通合伙人：是 有限合伙人：否	个人
有限责任公司	人数不限	否	是	否*	个人
S 类公司	最多为 100 人	否	否（但他们在法律上可以管理公司）	否	个人
C 类公司	不限人数	否	否（但他们在法律上可以管理公司）	否	个人和公司双重纳税

* 大多数有限责任公司要求，所有者要想转让其所有权，需得到其他合伙人的批准才行。

概念检查

1. 什么是有限责任公司（LLC）？它与有限合伙企业有什么不同？
2. 组建股份有限公司的优缺点各是什么？

1.3 财务经理

2007年3月，苹果公司有29 861名股东[1]，持有超过86 400万股苹果公司股票。公司有很多所有者，他们每个人都可以自由地交易自己的股票，由公司的所有者直接控制公司不大可行。代替股东制定公司财务决策的职责就落到了财务经理身上。公司财务经理承担三项主要职责：

（1）制定投资决策。

（2）制定融资决策。

（3）管理经营活动现金流量。

下面依次讨论这些职责以及财务经理的首要目标。

制定投资决策

财务经理最重要的工作就是制定公司投资决策。他必须权衡每项投资或项目的成本和收益，决定哪项是合乎股东所投资资金的有效使用。这些投资决策基本上塑造了公司活动，以及股东价值增加与否。例如，也许现在很难想象，曾几何时苹果公司的财务经理们还在评估是否投资研发第一款iPod。他们必须考虑巨大的研发生产成本和未来销售的不确定性。他们的分析认为这是一项好的投资，接下来的事就众所周知了。本书将提供制定投资决策所必需的全部工具。

制定融资决策

一旦财务经理决定投资，他（她）还要决定如何支付投资款。大的投资可能要求公司筹集额外的资金。财务经理必须决定是通过出售股票向新股东或现有股东融资（权益），还是借钱融资（债务）。本书将讨论每种资金来源的特点，以及怎样选择债务和股权融资的组合（资本结构）。

管理短期现金需求

财务经理必须确保公司有足够的库存现金满足日常所需。这一工作通常被称作“营运资本管理”[2]，看起来似乎简单直接，但对于初创公司或成长性公司而言，这关乎公司成败。即使有好产品的公司，也需要许多资金来开发和推广产品市场。考虑苹果公司研发iPhone的成本，不仅包括技术研发成本，还包括巨额的市场营销成本，或考察波音787客机的生产成本，在第一架波音787飞离地面前，数10亿美元早已花掉。在产品销售获利之前，公司通常都要持续大量烧钱。财务经理的职责就是确保可获得现金，不能阻碍公司走向成功。

---

① 苹果公司，限定性股东委托书（Definitive Proxy Statement），2007年4月26日。

② 营运资本包括库存现金、存货、原材料、公司对供应商的应付款和对客户的应收账款等，它是生产继续进行的润滑剂。下一章将更详细地讨论营运资本，第18章整章将讲述营运资本管理。

财务经理的目标

财务经理制定的所有决策都是以财务管理的首要目标为前提的——所有者（股东）财富最大化。股东将钱投资于公司，承担一定的风险，成为公司的所有者。财务经理作为股东资金的保管者，应该出于股东利益考虑制定决策。很多股份有限公司有成千上万的所有者（股东）。这些股东千差万别，从大型机构投资者到小的首次投资者，从依靠投资度日的退休人员到刚开始为退休储蓄的年轻员工。每个股东都有其各自的利益和偏好，那么究竟由谁的利益和偏好来决定公司的目标呢？你可能会惊讶地发现，股东的利益在很多（即便不是绝大部分）重大决策上都是一致的。无论他们自己的财务状况和人生阶段如何，所有股东都认为，如果他们在公司的投资的价值最大化，他们就会更富有。例如，在决定是否开发一种可以为公司带来盈利的新产品时，所有股东都会同意这一决策。回到 iPod 例子中，2007 年年末，第一款 iPod 进入市场时，苹果公司的股票价值是其 2001 年 10 月的 18 倍。很显然，从第一款 iPod 研发时一直持有苹果股票的所有股东都更富有，不论他们是出售手中的苹果公司股票以支付退休金，还是看着自己退休储蓄账户中的苹果股票继续增值。

即使所有股东都认同公司的目标，也需要贯彻执行目标。下一节将论述财务经理在公司中的地位，以及所有者如何控制公司。

概念检查

3. 财务经理制定的主要决策类型有哪些？
4. 财务经理的目标是什么？

1.4 财务经理在公司中的地位

如前所述，股东拥有公司，却依赖财务经理积极地管理公司。董事会和由首席执行官领导的管理团队拥有公司的直接控制权。本节将介绍对公司的责任是如何在这两个主体之间分配的，并描述股东与管理团队之间产生的利益冲突。

公司的管理团队

股东通过选举**董事会**（board of directors）来实现对公司的控制，董事会有最终决策权。大多数公司在选举董事会成员时，股东每拥有 1 股，就有 1 票表决权，持有的股份越多，他的表决权和影响力就越大。当一个或两个股东的持股比例非常大时，他们自己就可以进入董事会，或者他们有权指派若干董事。

董事会负责制定公司运营的规章制度（包括高级管理人员的薪酬补偿计划）、制定政策以及监控公司的业绩与表现。董事会将公司大部分的日常经营决策权授予管理层。**首席执行官**（chief executive officer，CEO）执行董事会制定的规章和政策，负责公司的运营。管理团队的其他人员因公司而异。一些公司中董事会和 CEO 的权限划分并不清晰，实际上，CEO 也可以兼任董事会主席。最高一级的财务经理被称为首席财务官（CFO），通常直接向 CEO 汇报工作。图 1.2 描述了典型的公司组织结构图的一部分，突出了财务经理在公司中的地位。

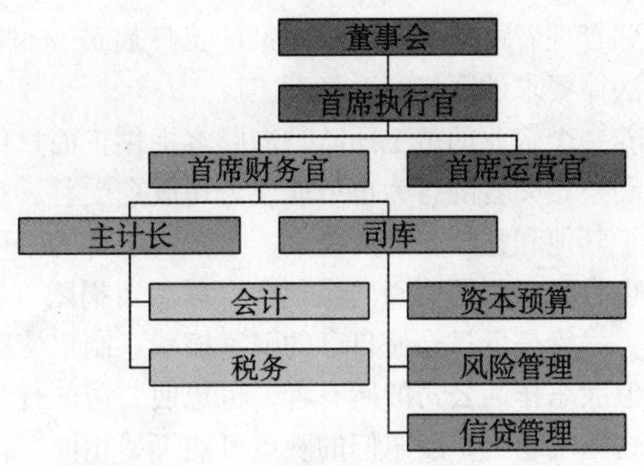

图 1.2　公司中的财务职能

注：董事会代表股东的利益，控制着公司，并雇用高层管理团队。财务经理可能任职于包括首席财务官（CFO）在内的所有绿色阴影位置。主计长掌控会计和税务职能，司库掌控更多的传统财务职能，例如资本预算（制定投资决策）、风险管理（管理公司暴露于金融市场波动中的风险）和信贷管理（管理公司提供给供应商、客户的信用期限和信用政策）。

公司中的伦理道德和激励

股份有限公司由管理团队来运营，管理者与所有者相分离。公司的所有者怎样才能确保管理团队能实现他们的目标呢？

委托—代理问题。很多人认为，由于公司的所有权和控制权相分离，若股东的利益和管理者自身的利益相冲突，管理者就缺乏为股东利益而效力的动机。经济学家称之为**委托—代理问题**（principal-agent problem），尽管管理者受雇于股东，但是，作为股东的代理者，他们却置自身利益于股东利益之上。管理者常陷入这样的道德困境，是履行职责优先实现股东的利益，还是采取一切措施最大化自身的利益。实践中解决委托—代理问题最常用的方式是，对于那些会引起管理者自身利益和股东利益相冲突的决策，尽量削减管理者的决策权。例如，管理者薪酬补偿合同的设计，其目的就是确保大多数决策是基于兼顾股东和管理者的利益的前提而做出的；股东通常会将高级管理人员的薪酬与公司的利润或股价相挂钩。不过，这一策略也有局限性。过度地将薪酬补偿和公司业绩联系在一起，可能会造成股东要求管理者承担超出他们愿意接受程度的更高风险，从而导致管理者不按照股东的要求去制定决策，或者股东将很难找到愿意接受这项工作的优秀经理人。例如，生物科技公司在研发治疗癌症、艾滋病和其他传染病的药物时会面临很大的风险，若药物研发成功，市场需求会很大，但同时药物研发失败的风险也很高。愿意承担此风险的投资者会将自己的部分资金投资于生物科技公司，并认为风险是适当的，而薪酬补偿与药物研发成功完全关联的管理者却可能选择研发风险性更低的药物，尽管这种药物的市场会较小。

一项决策使一些利益相关者从中受益而其他人受损时，更多潜在的利益冲突和道德问题就会出现。股东和管理者是公司的两类利益相关者，其他的利益相关者包括普通雇员、公司经营所在的社区等等。管理者在制定决策时可能会考虑其他利益相关者的利益，例如，考虑到可以为小镇上的人们提供工作，管理者可能继续经营一家亏损中的工厂，再如管理者可能为发展中国家的工厂雇员支付高于当地市场水平的薪酬，或按高于当地法律要求的环境标准经营工厂。

有时，培养一个敬业的员工团队，向顾客提供正面宣传，或是其他间接效应，这些有益于其他利益相关者的行为也可能使公司股东受益。在其他情况下，以股东利益为代价而有益于其他利益相关者的决策，是公司慈善的一种表达方式。其实，即便不是绝大多数，也有很多公司明确向当地和全球事业捐赠（代表股东）。股东常常会批准这样的行为，尽管昂贵且会使自己的财富缩减。制定使股东价值最大化的决策是管理者的职责，但股东作为公司的所有者，也想使公司的行为体现他们的道德与伦理价值。当然，在这些问题上，股东们的观点可能不尽相同，存在着潜在的冲突。

CEO 的绩效。激励管理者为股东利益而效力的另一种方法是，管理者不维护股东利益的时候要受到约束或惩罚。如果股东对 CEO 的绩效和表现感到不满意，原则上，他们可以迫使董事会解雇 CEO。迪斯尼公司的迈克尔·艾斯纳（Michael Eisner）、惠普公司的卡莉·菲奥莉娜（Carly Fiorina）、家得宝公司（Home Depot）的罗伯特·纳德利（Robert Nardelli）都被董事会强制辞职。尽管有这些备受瞩目的例子，然而董事和高管们很少会因为草根股东（grass-root shareholder）的不满而被取代。相反，不满意的投资者通常会选择卖掉他们所持有的公司股份，当然，前提是有人愿意买。如果不满意的股东有很多，唯一能卖出股票的办法就是降低股价以吸引其他投资者。同理，投资者将会买入管理有方的公司的股票，从而驱动股价上涨。这样来看，股价就是公司领导者们的晴雨表，时刻传递和反馈股东对他们的绩效和表现的看法。

在股票表现欠佳时，董事会有可能会做出更换 CEO 的反应。不过在某些公司里，高管层是不容易被改变的，董事会不具有独立性，没有更换他们的意愿。如果董事会成员大都与 CEO 关系密切，则由于缺乏客观性，他们一般不愿意解雇 CEO 等高管。对于 CEO 表现欠佳且不易被替换的公司（称为管理者的壁垒效应），投资者对公司持续表现不佳的消极预期将会导致股价下跌。股价下跌就创造了获利机会。在**敌意收购**(hostile takeover）中，个人或组织——有时称作公司入侵者——可以通过购买目标公司的大部分股票，获得足够的表决权来更换董事会和 CEO。通过新一任管理团队的出色运营，公司的股票会更具有投资价值，很可能促使股价上涨，公司的入侵者和其他股东就可从中获利。虽然“敌意”、“入侵者”这些词听上去有负面含义，但却正是入侵者他们本身帮了股东的大忙。敌意收购导致高管们被撤换的潜在威胁，通常就足以约束经营不善的管理者，并迫使董事会做出艰难的决定（解雇高管）。公司股票可公开交易的事实创造了一个“公司控制权市场”，它可以激励公司的管理者和董事们依照股东的利益行事。

概念检查

5. 股东是如何控制公司的?
6. 财务经理在公司中承担哪些职责?
7. 财务经理会遇到什么样的道德问题?

股东维权行动与投票权

针对股票市场的糟糕表现和屡见不鲜的会计丑闻，近些年来，股东维权行动（股东要求公司的某项特定政策或决策需要经过全体股东的直接投票表决）的次数急剧增加。根据投资者责任研究中心（Investor Responsibility Research Center）的研究显示，股东提案的数量已从2002年的800件左右增加到2007年的1 200多件。股东维权行动涵盖多种主题，包括股东的投票权、收购和反收购条款、董事会成员的选举、召开股东大会的时间或地点的变更等。

时下股东维权行动的一个趋势是，对董事会成员提名者（候选人）拒绝投票支持。2004年3月，迪斯尼的股东拒绝投票支持迈克尔·艾斯纳（迪斯尼的CEO）成为董事会主席。结果，迈克尔·艾斯纳没能当上迪斯尼的董事会主席，但仍保留了一年CEO职务。美国加州公务员退休基金（California Public Employees' Retirement System，Calpers）为全球最大的退休养老基金，在它所投资的2 700家公司中，该基金对其中九成公司的至少1名董事投了反对票。

资料来源：Adapted from John Goff, "Who's the Boss?" *CFO Magazine*, September 1 2004, pp. 56-66. Shareholder proposal data updated based on 2007 Postseason Report, Riskmetrics Group (ISS Proxy Services).

1.5 股票市场

第1.3节确立了财务经理的目标，即所有者（股东）财富最大化。公司的股票市价决定了所有者在公司的投资价值。股份有限公司可以是私募公司也可以是公众公司。私募公司的所有者数量有限，且不存在有组织的市场进行股票交易，导致难以确定私募公司在某一时点的股价。公众公司有很多所有者，其股票在有组织的市场进行交易——称作**股票市场**(或证券交易所)（stock markets or stock exchanges）。这些股票市场增强了公司股票的流动性，同时决定了股票的市场价格。如果一项投资可以立即容易地以接近同期的购买价格出售，就称其具有**流动性**(liquid)。上市公司的投资者可以在股票市场上便捷地卖出股票，将投资转换为现金，所以流动性是有价值的。本节将概述主要股票市场的运作情况。市场参与者的分析与交易行为是对财务经理决策的一种评价，这种评价不仅决定了公司股价，而且是对管理者决策的一种反馈。

最大的股票市场

纽约证券交易所（NYSE）是美国最有名的，同时也是世界上最大的股票市场。NYSE每天的股票成交额达数十亿美元。美国其他的股票市场还包括，美国证券交易所（AMEX）、纳斯达克（NASDAQ，the National Association of Security Dealers Automated Quotation，全国证券交易商自动报价系统协会）以及一些地区性的交易所，如中西部证券交易所。其他大多数国家都至少有一个股票市场。除美国之外，最大的股票市场为伦敦证券交易所（LSE）和东京证券交易所（TSE）。图1.3按成交量对世界各大股票市场进行了排序。

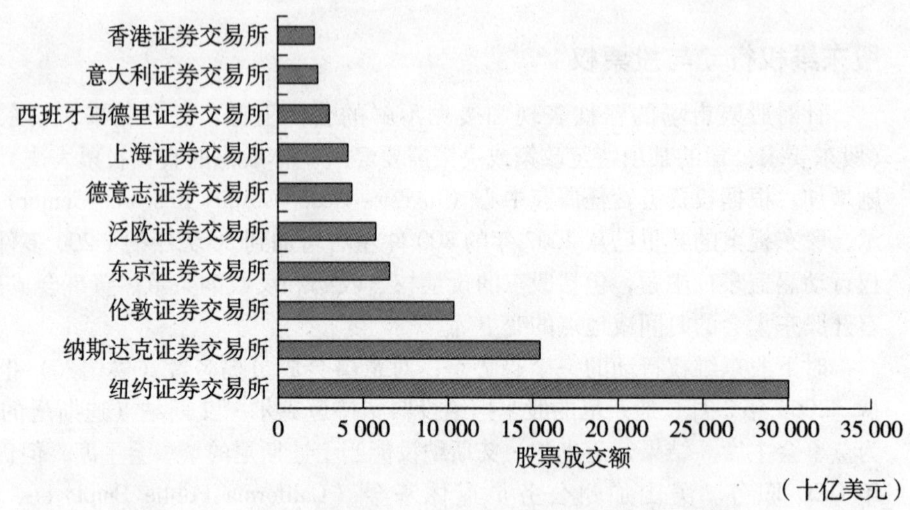

图 1.3　世界范围内的主要股票市场（基于成交金额排序）

注：条形图为依据交易所 2007 年的股票总成交额排序得到的全球 10 大股票市场。

资料来源：www. world-exchanges. org

所有这些市场都属于二级市场（second market）。公司发行新股并出售给投资者的市场是**一级市场**(或初级市场，primary market)。经过公司与投资者之间的首次交易后，公司股票将会继续在**二级市场**(secondary market）交易，此时是投资者之间的交易，不涉及公司。例如，你要想购买 100 股星巴克咖啡股票，可以在纳斯达克市场上申报竞价，星巴克以 SBUX 的股票代码进行交易。你将从持有星巴克股票的某一投资者手中购得想要的股票，而不用从星巴克公司购得。

纽约证券交易所

纽约证券交易所是看得见的有形场所，坐落于纽约市华尔街 11 号。在交易所的大厅里，**做市商**(market makers)（在 NYSE 称为**专业证券商**(specialists)）撮合和匹配买方与卖方。做市商对他们做市的每只股票报出两种价格：一种是他们买入股票时愿意支付的**买价**(bid price)，另一种是他们愿意出售股票时开出的**卖价**(ask price)。若客户找到做市商，想以这些报价买卖股票，即使还没有另外的客户愿意做交易的对家，做市商也要以约定的报价，完成这笔交易（不超过限定的股票数量）。用这种方式，做市商就保证了市场的流动性，客户总能按做市商的报价买卖证券。证券交易所的交易规则保证了同一股票的买价和卖价不至于相差太远，同时也确保股价不会剧烈变动，换言之，价格的大幅变化是通过一系列微小的变动逐渐累积产生的。

做市商报出的卖出价格高于买入价格，二者之差称作**买卖价差**(bid - ask spread)。客户总是按做市商报出的卖出价格（较高的价格）买入，按买入价格（较低的价格）卖出，这一买卖价差就是投资者必须支付的**交易费用**(transaction cost)。在像纽约证券交易所这样的有形市场上，专业证券商作为交易的对方，跟他们的客户交易，这笔费用就属于他们提供服务的获利。做市商随时准备履行报价（向投资者提供的买卖价格），并按其报价接受投资者的买卖要求，从而保证了市场的流动性，为此他们要求一笔补偿。投资者还要支付其他形式的交易费用，如佣金等。

纳斯达克

在现代技术驱动型经济中，股票市场不必有实际场所。证券交易可以通过电话和计算机网络来实现。某些证券市场就是通过计算机网络和电话，将交易商或做市商联结与集合在一起。这类交易所的最典型代表为纳斯达克。纽约证券交易所和纳斯达克的最大不同是，对于前者，每只股票只有唯一的做市商，而在纳斯达克，每只股票可以也确实有多个相互竞争的做市商。每个做市商都通过纳斯达克网络公开报出其买价和卖价，所有市场参与者都能看到对于同一股票做市商彼此的报价。纳斯达克系统首先报出最好的价格并执行相应的订单，这个过程能够保证投资者无论是在买入还是卖出时，都尽可能获得最好的价格。

你可能已经看到了股票市场的新闻报道，但你不可能已经知道公司内部的财务状况。本章明确了公司理财的全部内容、财务经理的职责以及股票市场的重要性。接下来的章节中，你将学习如何制定财务管理决策以及如何使用金融市场信息。本章还将逐步介绍一些财务分析工具，以清晰地理解应用这些工具的时机及其有效的原因。

NYSE、AMEX、DJIA、S&P 500：到处充斥的首字母缩略词

看到周遭这些首字母缩略词，很容易让人感到困惑。你可能在关于股票市场的新闻报道中听过"道琼斯"或"道琼斯（工业）平均指数"、"S&P 500"（标准普尔 500 指数）。NYSE、AMEX 和 NASDAQ 都是股票市场，这些股票市场中的股价由股票交易决定。当评论员谈论股市在某一天的上涨或下跌时，他们通常所指的是道琼斯工业平均指数（DJIA）和标准普尔 500 指数（S&P 500）。DJIA 和 S&P 500 都是用来衡量一些预先选定的股票集合的总体价格水平——DJIA 中有 30 家公司股票，S&P 500 包含 500 家公司股票。道琼斯（《华尔街日报》的出版者）或标准普尔选定这些股票作为整个市场的代表。S&P 500 由 500 家最高市值的美国公司股票构成。DJIA 包含的公司数量相对较少，选定的 30 家公司像微软、沃尔玛、波音和 3M 公司等，涵盖了美国经济的重要部门。图 1.4 列示了 2008 年 2 月份 DJIA 的构成。DJIA 和 S&P 500 都包含在 NYSE 和 NASDAQ 交易的股票，交易所本身也是有区别的。

概念检查

8. 股票市场为公司投资者提供了哪些便利条件？
9. 股票市场对财务经理的重要性体现在哪些方面？

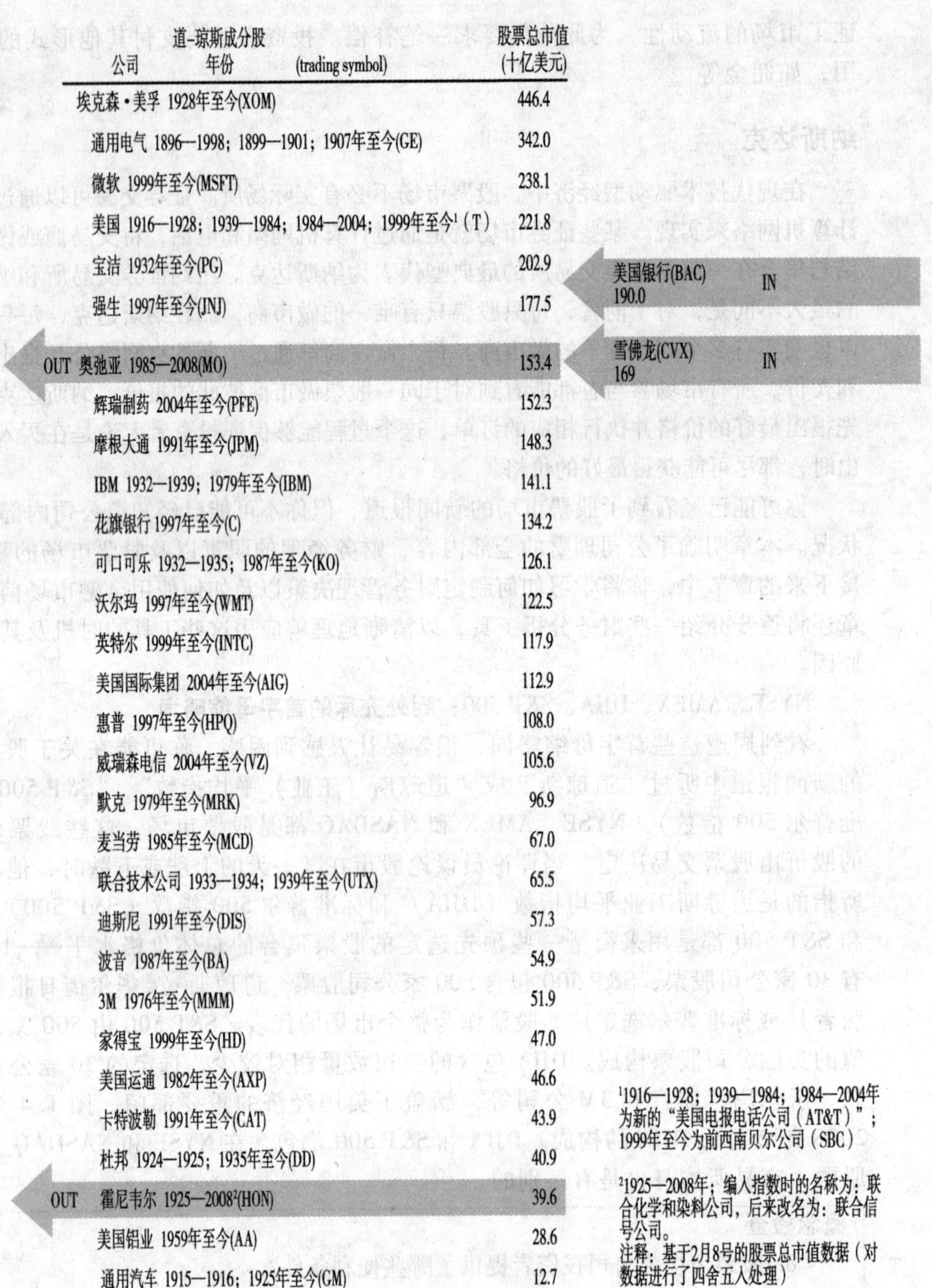

公司	道-琼斯成分股年份	(trading symbol)	股票总市值（十亿美元）
埃克森·美孚	1928年至今	(XOM)	446.4
通用电气	1896—1998；1899—1901；1907年至今	(GE)	342.0
微软	1999年至今	(MSFT)	238.1
美国	1916—1928；1939—1984；1984—2004；1999年至今[1]	(T)	221.8
宝洁	1932年至今	(PG)	202.9
强生	1997年至今	(JNJ)	177.5
OUT 奥驰亚	1985—2008	(MO)	153.4
辉瑞制药	2004年至今	(PFE)	152.3
摩根大通	1991年至今	(JPM)	148.3
IBM	1932—1939；1979年至今	(IBM)	141.1
花旗银行	1997年至今	(C)	134.2
可口可乐	1932—1935；1987年至今	(KO)	126.1
沃尔玛	1997年至今	(WMT)	122.5
英特尔	1999年至今	(INTC)	117.9
美国国际集团	2004年至今	(AIG)	112.9
惠普	1997年至今	(HPQ)	108.0
威瑞森电信	2004年至今	(VZ)	105.6
默克	1979年至今	(MRK)	96.9
麦当劳	1985年至今	(MCD)	67.0
联合技术公司	1933—1934；1939年至今	(UTX)	65.5
迪斯尼	1991年至今	(DIS)	57.3
波音	1987年至今	(BA)	54.9
3M	1976年至今	(MMM)	51.9
家得宝	1999年至今	(HD)	47.0
美国运通	1982年至今	(AXP)	46.6
卡特波勒	1991年至今	(CAT)	43.9
杜邦	1924—1925；1935年至今	(DD)	40.9
OUT 霍尼韦尔	1925—2008[2]	(HON)	39.6
美国铝业	1959年至今	(AA)	28.6
通用汽车	1915—1916；1925年至今	(GM)	12.7

美国银行(BAC) 190.0 IN

雪佛龙(CVX) 169 IN

[1]1916—1928；1939—1984；1984—2004年为新的“美国电报电话公司（AT&T）”；1999年至今为前西南贝尔公司（SBC）

[2]1925—2008年；编入指数时的名称为：联合化学和染料公司，后来改名为：联合信号公司。

注释：基于2月8号的股票总市值数据（对数据进行了四舍五入处理）

图 1.4　道琼斯工业平均指数（DJIA）

注：此图来自于2008 年2 月《华尔街日报》的一篇文章。能看到道琼斯工业平均指数的30 只股票及其编入指数的日期。这篇文章描写了道琼斯工业平均指数的变动，试图使之能更准确地反映美国经济。道琼斯指数的编制者们将美国银行（Bank of America）和雪佛龙（Chevron）加入到道琼斯指数中，希望能更好地反映经济向金融服务业发展和能源日益重要的趋势。为了让出空间，长期成分股奥驰亚公司（Altria，以前的菲利普·莫里斯公司（Phillip Morris））和霍尼韦尔公司（Honeywell）被剔除。结果，平均下来，道琼斯指数中工业企业更少、服务与技术公司更多。

本章小结

1.1　**为什么学习理财？**

（1）理财和财务决策在日常生活中无处不在。

（2）许多财务决策简单明了，而其他的却比较复杂。所有财务决策都与本书即将学到的估值原理密切相关，估值原理是制定财务决策的基础。

1.2　**企业的四类组织形式**

（1）在美国有四种类型的企业：个人独资企业、合伙企业、有限责任公司和股份有限公司。

（2）所有者个人负有无限责任的企业有个人独资企业和合伙企业。

（3）所有者负有有限责任的企业包括有限合伙企业、有限责任公司和股份有限公司。

（4）股份有限公司为法人或法律实体，享有自然人所拥有的很多法律权利。它可以签订合同，取得资产，承担义务和责任，并且其财产受到美国宪法的保护不受侵犯。

（5）C 类股份有限公司的股东实际上要缴纳两次税。公司支付税费一次，投资者还要就其分得的收益缴纳个人所得税。S 类股份有限公司不用支付公司所得税。

（6）公司的所有权被分割成股份，股份的总和即为股东权益。持有股份的投资者称为股东或权益持有者。

1.3　**财务经理**

（1）财务经理制定投资决策、融资决策和现金流管理决策。

（2）财务经理的目标是股东财富最大化（股票价格最大化）。

1.4　**财务经理在公司中的地位**

股份有限公司的所有权和控制权相互分离，股东通过董事会间接地对公司实施控制。

1.5　**股票市场**

上市公司的股票在股票市场上交易。私募公司的股份不能在股票市场上交易。

练习题

企业的四种类型（第 1 ~ 7 题）

1. 股份有限公司和其他组织形式的企业最大的区别是什么？

2. 公司的“有限责任”是什么意思？

3. 哪些组织形式的企业的所有者只负有限责任？

4. 成立股份有限公司的主要优缺点分别是什么？

5. S 类公司和 C 类公司有何区别？

6. 假如你是一家 C 类公司的股东。公司的税前每股收益为 2 美元，纳税后，公司将剩余收益作为红利全部分配给股东。公司税率为 40%，个人税率为 30%（个人所得包括红利与非红利所得）。支付全部税费后，剩余的每股收益是多少？

7. 假设第 6 题中的公司为 S 类公司，重新计算剩余的每股收益。

财务经理（第 8 ~ 9 题）

8. 财务经理制定的最重要决策有哪些类型？

9. 对财务经理而言，为什么所有股东都认同公司的目标？

财务经理在公司中的地位（第 10 ~ 13 题）

10. 管理者为公司的所有者效力。他们应该为了所有者的利益而不是其个人利益来制定决策。股东可以采取哪些策略，确保和激励管理者这样做？

11. 回想一下你上次自己付钱在高档餐馆就餐的情形，再想想最近一次你父母付钱在类似餐馆聚餐的情形。当父母付钱时你是否点了更多的食物（或更贵的食物）？解释这种现象与公司委托—代理问题之间的联系。

12. 假设你想租套公寓，你是承租人，可视同代理人，而拥有公寓的公司可视同委托人。你预期会有什么委托代理冲突？另外，假设你在公寓公司工作，想让承租人好好收拾公寓，应该在租赁协议中写入哪些条款？

13. 假设你是一家公司的 CEO，正考虑是否购买另一家公司。你认为收购价过高，但你将成为合并后大公司的 CEO。你知道随着公司壮大，你的薪酬和声望也会提升。请问，这里的委托—代理冲突的性质是什么，与道德问题有怎样的联系？

股票市场（第 14 ~ 17 题）

14. 公众公司和私募公司的区别是什么？

15. 一级市场和二级市场有何区别？

16. 解释为什么买卖价差是一种交易成本。

17. 以下报价引自雅虎财经 2007 年 11 月 16 日的雅虎股票行情：

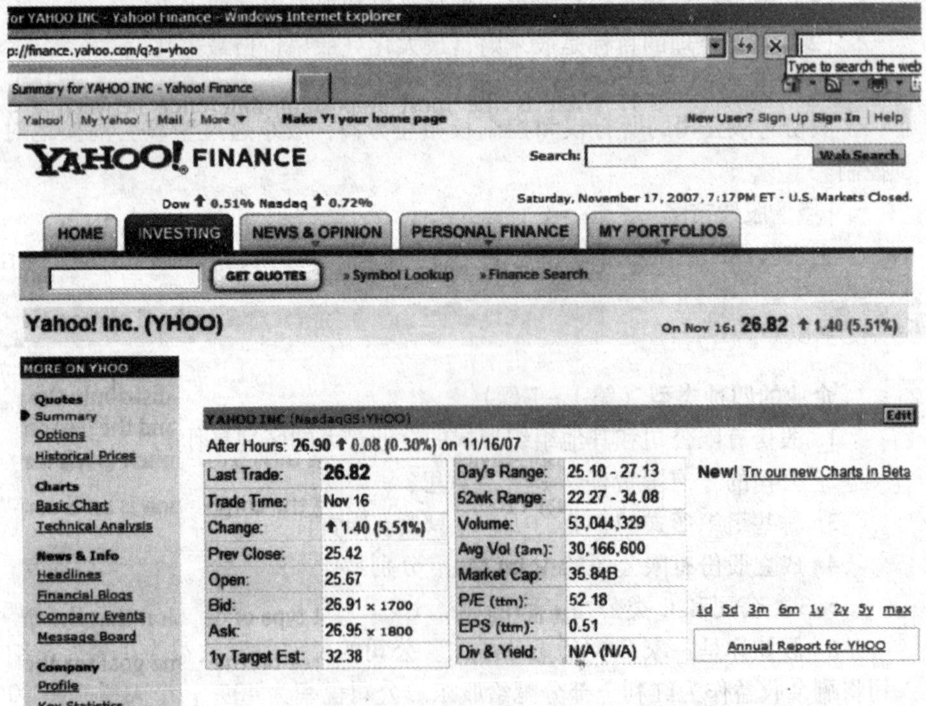

如果你想买进雅虎股票，你要出价多少？如果你想卖出雅虎股票，将会得到多少收入？

第2章 财务报表分析介绍

学习目标

- 了解通过财务报表进行财务信息披露对投资者至关重要的原因。
- 理解资产负债表的作用。
- 会使用资产负债表分析公司。
- 理解利润表的运用。
- 会使用利润表分析公司，包括应用杜邦分析。
- 解释现金流量表。
- 了解管理层讨论与分析及股东权益变动表的含义。
- 分析会计操纵在安然公司和世界通讯公司破产案中的作用。

希拉尔·托莉娅访谈

希拉尔·托莉娅（Hiral Tolia），现任得克萨斯州达拉斯市CBIZ评估集团的高级咨询顾问，主要负责客户的公司价值评估。例如，拟向员工发行股票的私有公司，在股票定价前可能先雇用CBIZ来评估公司价值。公司并购中，出于财务披露目的，公司也需要CBIZ评估被兼并公司的某些资产。

希拉尔分别于2003年、2006年获得孟买大学（University of Mumbai）计算机科学工程学士学位和得克萨斯大学阿灵顿分校（University of Texas，Arlington）工商管理硕士学位。每天她都在应用各种理财课程中学过的概念。“我们的客户来自各行各业，这就要求我们对每个细分市场都要有深入地了解。广泛地应用财务报表分析有助于我理解公司的绩效以及与其同行的比较。”

财务报表分析使希拉尔能够更深入地了解公司当前的财务状况和绩效。“这些信息在制定经济决策中十分有用，如确定公司的未来现金流、行业周期趋势对公司期间或未来经营活动的影响、是投资公司的证券还是将其推荐给其他投资者，”她解释道，“因此，无论你是公司的所有者、雇员、投资者，还是分析师，理解财务报表都十分重要。”

公司估值的第一步是利用公开披露的财务报表中所包含的信息来评价公司过去的绩效并确定当前的财务状况。“我们利用利润表分析收入和支出，用资产负债表和现金流量表分析短期现金流量需求和确定资本性支出。”

CBIZ用到的其中一种估值方法是比较法，分析与目标公司大体类似行业内的其他上市公司的定价和绩效信息。“比率分析有助于目标公司与市场参与者进行比较，这样我们能够应用估值模型确定目标公司的公允价值。”

第1章曾讨论过，任何有钱投资的人都可持有公司股票，都是潜在的投资者。从持有100股的个人，到持有几百万股的机构投资者，公司通常由广泛的投资者所持有。像国际商用机器公司（IBM），在2007年就有613 000余名股东共同持有超过13

亿股的流通股。公司制的组织结构极大地方便了公司获得投资资本，但在这样的组织形式下，它也意味着，股权成了大多数投资者与公司的唯一联系。投资者如何才能充分了解公司继而判断是否值得投资呢？评价公司业绩和将这种信息传递给投资者的途径之一就是通过财务报表。财务经理们也可以通过财务报表评价他们所在公司的业绩成败以及与竞争对手相比较。

公司会定期发布财务报表，向投资团体传递财务信息。编制和分析财务报表相当繁琐，要详尽地展开阐释的话，恐怕需要整本书的篇幅才行。在此，本章只是简要地回顾其主要内容，而将重点放在投资者和财务经理制定财务决策所需要的信息上。

我们回顾和检视四类主要的财务报表，以同一家公司的这些报表为例，讨论投资者或管理者从哪里可以获取有关公司的各类信息。我们也会介绍一些财务比率，投资者和分析师利用它们来评估公司的绩效和价值。本章最后介绍了引起广泛关注的安然（Enron）公司（以下简称“安然”）和世界通讯（WorldCom）公司（以下简称“世通”）的财务报告舞弊案件。

2.1 财务信息的披露

财务报表(Financial statements）是公司定期（通常为每季度和每年）发布的关于公司过去的绩效信息和公司资产及其融资来源“快照”的会计报告。美国证券交易委员会（Securities and Exchange Commission，SEC）[①] 要求公众公司必须于每季度和每年向SEC 报送财务报表，季度报表采用**10-Q** 形式，年度报表采用**10-K** 形式。公众公司每年还必须向其股东报送包括财务报表在内的**年度报告**(annual report）。私募公司通常也编制财务报表，但一般不必向公众披露。财务报表是非常重要的工具，投资者、财务分析师以及其他外部利益相关者（如债权人）可以通过它来获得关于公司的信息。对于公司内部管理者而言，财务报表也是非常有用的，它是制定公司财务决策的一个信息来源。这一节将检视编制财务报表所依据的准则以及财务报表的不同类型。

国际财务报告准则

由于各个国家采用的公认会计原则（GAAP）各不相同，跨国公司要面对的会计处理非常复杂。国内投资者通常很难解读外国公司的财务报表，这使得他们对国外投资望而却步。随着公司和资本市场的日益全球化，国际间会计准则的协调迫在眉睫。

1973 年，来自十个国家（包括美国）的代表发起成立了国际会计准则委员会（IASC），这标志着最重要的会计准则国际协调项目开始启动。经过委员会的努力，2001 年成立了国际会计准则理事会（IASB），IASB 的总部设在伦敦。至今，IASB 已经发布了一套国际财务报告准则（IFRS，International Financial Reporting Standards）。

国际社会已开始接受 IFRS，IFRS 的影响力方兴未艾。2002 年欧盟（EU）批准了一项会计法规，要求欧盟所有上市公司，从 2005 年起必须根据 IFRS 编制合并财务报表。许多其他国家也要求上市公司遵循 IFRS，其中包括澳大利亚以及拉丁美洲和

① 美国证券交易委员会于 1934 年由国会成立，旨在监管向公众发行的证券（如股票和债券）和为这些证券提供交易平台的金融市场（交易所）。

非洲的一些国家。事实上，除了美国和日本仍然坚持本国的公认会计原则外，全球各大证券交易所都接受 IFRS。

财务报表的编制

关于公司绩效的报告必须是可理解的和准确的。在美国，财务会计准则委员会（Financial Accounting Standards Board，FASB）制定的**公认会计原则**（GAAP）（Generally Accepted Accounting Principles）规定了公众公司编制财务报告所要遵循的一套统一的规则和标准格式。这种标准化使得不同公司的财务结果更容易比较。

投资者也需要得到财务报表准确编制的保证。要求公司必须聘请一个中立的第三方，即通常所说的审计师（auditor），来审查公司的财务报表，确保它们的编制符合 GAAP，并验证信息是可靠的。

财务报表的类型

每家上市公司都要编制四张财务报表：资产负债表、利润表、现金流量表以及股东权益变动表。这些财务报表能让投资者和债权人了解公司的总体财务表现。接下来本书将深入细致地阐释这些财务报表的内容。

概念检查

1. 审计师起什么作用？
2. 上市公司必须编制哪四种财务报表？

2.2 资产负债表

资产负债表（balance sheet）列示公司的资产和负债，它提供了公司在某一给定时点财务状况的“快照”。表 2.1 为一家虚构的公司——环球公司（Global Corporation）的资产负债表。可以看到，资产负债表分为两个部分（两侧）：左边为资产，右边为负债。

表 2.1　**环球公司 2007 年和 2006 年的资产负债表**　单位：百万美元

环球公司的资产负债表（12 月 31 日）					
资产	**2007 年**	**2006 年**	**负债和股东权益**	**2007 年**	**2006 年**
流动资产			流动负债		
现金	23.2	20.5	应付账款	29.2	26.5
应收账款	18.5	13.2	应付票据／短期债务	5.5	3.2
存货	15.3	14.3			
流动资产合计	57.0	48.0	流动负债合计	34.7	29.7
			长期负债		
长期资产			长期债务	113.2	78.0
财产、厂房和设备净值	113.1	80.9	长期负债合计	113.2	78.0
长期资产合计	113.1	80.9	**总负债**	**147.9**	**107.7**
			股东权益	**22.2**	**21.2**
总资产	**170.1**	**128.9**	**负债和股东权益总额**	**170.1**	**128.9**

（1）**资产**(assets）包括现金、存货、财产、厂房和设备以及公司的其他投资。

（2）**负债**(liabilities）表示公司对债权人负有的义务。

（3）资产负债表右边还列出了股东权益。**股东权益**(stockholders' equity）为资产和负债的差额，是公司净价值的会计度量。

左边的资产显示了公司资本的使用情况（投资)，右边则汇总和揭示了资本的来源，即公司是如何筹措资金的。根据股东权益的计算方法，可知左右两边必定相等：

资产负债表恒等式

资产＝负债+股东权益（公式 2.1）

表 2.1 中，2007 年的总资产（17 010 万美元）等于总负债（14 790 万美元）加上股东权益（2 220 万美元)。

下面要更详细地介绍资产、负债和股东权益。最后，我们通过分析资产负债表中所包含的信息来评价公司的财务状况。

资产

在表 2.1 中，环球公司的资产划分为流动资产和长期资产，下面逐一讨论。

流动资产。流动资产(current assets）是指现金或能在 1 年内转换成现金的资产。流动资产包括：

（1）现金和其他**有价证券**(marketable securities)，有价证券指的是可以在短期内很快出售并转换成现金的低风险投资（比如 1 年内到期的政府债券等货币市场投资)。

（2）**应收账款**(accounts receivable）是客户依靠信用赊购货物或接受服务而欠卖方企业的金额。

（3）**存货**(inventories）包括原材料、在产品和产成品。

（4）其他流动资产是所有其他流动资产的汇总归类，包括的项目有预付费用(如预先支付的租金或保费）等。

长期资产(long-term Assets)。房地产和机器等资产可以产生超过 1 年的有形收益。这类资产被称作长期资产。如果环球公司支付了 200 万美元购置新设备，这 200 万美元就应记入资产负债表中长期资产项下的财产、厂房和设备净值这个科目里。设备通常会发生磨损或者长久使用后要报废，因此，公司每年要减少设备的账面记录价值，这个减少额就称为**折旧**(depreciation)。公司依据折旧计划而逐年减少固定资产(土地除外）的账面价值，折旧计划取决于资产的使用期限。折旧并不是公司需要实际支付现金的费用；它只是确认建筑物和设备因磨损而减值的一种方法。资产的**账面价值**(book value）等于购置成本减去累计折旧。财产、厂房和设备的净值反映的是这些资产的账面价值的总和。

其他长期资产包括，诸如公司经营中未使用的财产、开办新公司（新业务）的启动成本、商标和专利以及待售财产等。在表 2.1 的资产负债表中，左侧最底行列示的资产总额，就是公司全部资产的账面价值之和。

负债

资产负债表右侧的负债分为流动负债和长期负债。

流动负债。要在 1 年之内清偿的负债称为**流动负债**(current liabilities)。它们包括:

(1) **应付账款**(accounts payable) 是公司凭信用赊购产品或接受劳务时对供应商的欠款。

(2) **应付票据**(notes payable) 和**短期债务**(short-term debt) 是必须于下一年内偿还的贷款。本期或下一年内到期的长期债务也属于流动负债,列示为 1 年内到期的长期债务。

(3) 工资和税费等应付未付项目,递延或预收收入,即已经收到产品销售收入,但产品尚未交付客户,这些应计项目被归为流动负债。

流动资产和流动负债的差额为公司的**净营运资本**(net working capital),即短期内公司经营所需要的可用资金。

净营运资本=流动资产-流动负债　　(公式 2.2)

例如,2007 年环球公司的净营运资本总计为 2 230 万美元(5 700 万美元的流动资产-3 470 万美元的流动负债)。营运资本少(或为负)的公司很可能面临资金短缺。在这种情况下,短期到期债务超过了公司现金和应收款的预期支付。

长期负债。清偿期超过 1 年的负债称为长期负债。公司为购置资产或进行投资而需要资金时,可通过长期借款来筹资,这在资产负债表上作为长期债务列示,属于偿还期限超过 1 年的借款或债务。

股东权益

流动负债和长期负债之和为总负债。公司的总资产与总负债之差就是股东权益;也称作**股权账面价值**(book value of equity)。正如先前所提到的,它表示的是公司在会计意义上的净价值。

理论上来说,根据资产负债表可以准确地评估公司股权的真实价值。遗憾的是,事实并非如此。首先,资产负债表上列示的很多资产项目都是以历史成本计价的,而非它们当前的真实价值。比如一座办公楼,它在资产负债表上的价值是其历史成本减去累计折旧后的净值。但是,这座办公楼的当前实际价值与账面价值可能相去甚远,它可能比几年前购买时的价格高出很多。其他资产如财产、厂房、设备还有商誉等也是如此:资产的当前真实价值可能不同于甚至会超过其账面价值。第二,一个可能更重要的问题是,公司很多有价值的资产并没有反映在资产负债表中。例如,公司员工的专业技能、公司的市场声誉、与客户和供应商的关系、管理团队的素质等等,这些都是资产负债表未能披露但会增加公司价值的资产项目。

鉴于这些原因,股权的账面价值不能够准确地反映股权的真实价值。投资者为购买股权而愿意支付的价格通常与股权的账面价值显著不同,这也就不足为奇了。每股市价乘以股票的数量,即为公司的**股权总市值**(market capitalization)。股票的市场价值跟公司资产的历史成本无关,取决于投资者对这些资产未来产生的现金流的预期。

例 2.1　市场价值与账面价值

问题:

假设环球公司有 360 万股流通股,每股的交易价格是 10.00 美元,公司的股权总市值是多少？公司的股权总市值与股权账面价值相比怎样？

解答：

分析：

市值等于每股价格与流通股股数的乘积，在环球公司资产负债表右侧的最底部可以找到它的股权账面价值。

计算：

环球公司的股权总市值是3 600 万美元（360 万股×10.00 美元／股）。显然，总市值比2 220 万美元的股权账面价值高出很多。

评价：

环球公司必定有部分资产价值没有反映在资产负债表上，如潜在的增长机会、高素质的管理团队、与供应商和客户的合作关系等。

最后，需要注意的是，股权账面价值可能为负（负债超过资产），负的股权账面价值却并不一定意味着业绩差。成功的公司总能够借得超过其资产账面价值的资金，因为债权人认为公司资产的市场价值远远高于其账面价值。例如，2005 年 6 月，亚马逊（Amazon. com）公司的负债总额是26 亿美元，股权账面价值是 -6 400 万美元。与此同时，它的股权的市场价值却超过了150 亿美元。显然，投资者认为亚马逊的资产市值要远远高于其账面价值。

概念检查

3. 折旧科目的目的是什么？
4. 公司资产的账面价值一般与市场价值不相等。为什么会有这样的差别？

2.3 资产负债表分析

从分析资产负债表中能学到什么呢？尽管股权账面价值不能准确地评估持续经营公司股权的真实价值，但它有时被用来估算公司的**清算价值**（liquidation value），即公司出售资产偿还债务后剩余的价值。除了股权账面价值外，还可从公司的资产负债表中获得大量有用的信息。下面讨论和分析资产负债表，以评估公司的价值、资本结构（杠杆）以及短期现金需求。

市值与账面价值比率。例 2.1 比较了环球公司的股权市值与账面价值。有一种常用的比较方法是计算**市值与账面价值比率**（market-to-book ratio，也称市净率，price-to-book（P/B）ratio），即股权总市值与股权账面价值之比。

$$\text{市值与账面价值比率} = \frac{\text{股权的市场价值}}{\text{股权的账面价值}} \quad \text{（公式 2.3）}$$

这是用来评估公司价值的常用财务比率之一。对于大多数成功经营的公司而言，其市值与账面价值比率都比 1 大很多，这表明，公司投入使用的资产的价值高于其历史成本（或清算价值）。由于公司基本特征的差异和管理层增创价值的差异，这一比率常因公司而异。可见，市净率蕴含着公司股价向管理者反馈市场对其所做出决策的评价。

2006 年初，通用汽车公司（GM）的市值与账面价值比率是 0.5，说明投资者们认为 GM 的工厂及其他资产盈利的可能性不大，其价值低于账面价值。图 2.1 显示，同一时期，汽车制造行业的平均市值与账面价值比率大约为1.5，而美国大公司的市值与账面价值比率接近4.0。相比之下，谷歌公司（GOOG）的市值与账面价值比率超过15，而当时科技公司的平均比率大约为6。分析师通常将股票分为两类，一类是市值与账面价值比率低的**绩优股**(value stocks)，另一类是市值与账面价值比率高的**成长股**(growth stocks)。

债务股权比率。可从资产负债表获得的另一个重要信息是公司的**杠杆**(leverage)，即公司依赖债务融资的程度。**债务股权比率**(debt-equity ratio) 通常用来衡量公司的杠杆水平。用短期和长期债务[①]（包括将于本期到期的债务）的总和除以股权总额来计算这一比率：

$$\text{债务股权比率}=\frac{\text{债务总额}}{\text{股权总值}} \qquad \text{（公式 2.4）}$$

计算这个比率时，股权和债务可以用账面价值也可以用市场价值。从表2.1中得知，环球公司2007年的债务（金融负债）包括应付票据（550万美元）和长期债务(11 320万美元)，总计11 870万美元。按照账面价值计算的债务股权比率为5.3(118.7／22.2)。与2006年的基于账面价值计算的债务股权比率3.8（(3.2+78)／21.2）相比，这一比率提高了。

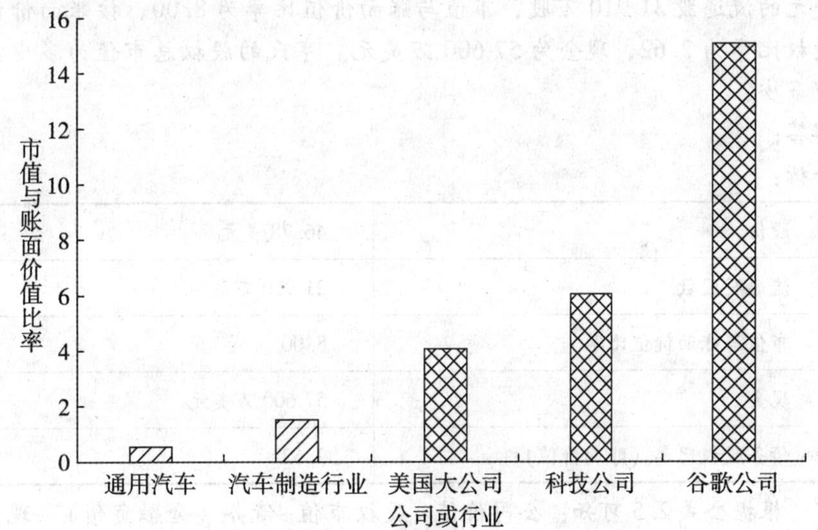

图2.1　2006年的市值与账面价值比率

注：图中列示了2006年不同公司及各公司类型的市值与账面价值比率。绩优股（低市值与账面价值比率）公司用斜条纹表示，成长股（高市值与账面价值比率）公司用格纹表示。

股权账面价值难以解释，按照账面价值计算的债务股权比率不是特别有用。将公司的债务与股权的市场价值相比较，可包含更多信息。环球公司2007年用股权市值（来自例2.1）计算的债务股权比率是3.3（118.7／36），这意味着公司的债务为其

① 译者注：负债（liability）的含义或外延比债务（debt）的含义广。本书所称“债务”是指“融资性负债”，由公司的融资活动产生，包括来源于商业银行、资本租赁公司在内的金融机构提供的负债，以及公开或私下发行债券所筹集的资金；公司需要为融资性负债支付市场利率水平的利息。经营性负债由公司的日常生产经营活动产生，主要来源于向供应商和客户的负债等，包括应付账款和预收账款等，公司无须为经营性负债支付市场利率水平的利息，其本身性质上不属于公司的融资活动，不是公司融资结构和所有权结构的构成部分，通常其合约是短期的，其债权人不参与公司治理。

股权市场价值的三倍多一点。[①]在本书后文您将看到，公司基于市值计算的债务股权比率，对其股票的风险和回报会产生重大影响。

公司价值。公司的股权总市值衡量了公司股权的市场价值，或公司偿付债务后的剩余价值。但是，公司本身的价值是多少呢？**公司价值**(enterprise value）评估的是公司潜在的经营性资产的价值，这些资产不受债务的束缚，独立于任何现金和有价证券。它的计算如下：

公司价值=股权市值+债务（金融负债）-现金　　（公式 2.5）

例如，给定例 2.1 中的股权总市值，环球公司 2007 年的公司价值为 13 150 万美元（3 600+11 870-2 320）。公司价值可以理解为接管或收购公司所需付出的成本。也就是说，要支付 15 470 万美元（3 600+11 870）来购买环球公司的全部股权并且偿付其债务，但由于同时得到环球公司 2 320 万美元的现金，所以净成本为 13 150 万美元（15 470-2 320）。

例 2.2　计算公司价值

问题：

2007 年 10 月，亨氏食品公司（H. J. Heinz Co.，HNZ）拥有每股价格为 46.78 美元的流通股 31 910 万股，市值与账面价值比率为 8.00，按账面价值计算的债务股权比率为 2.62，现金为 57 600 万美元。亨氏的股权总市值为多少？公司价值又是多少？

解答：

分析：

股价	46.78 美元
流通股股数	31 910 万股
市值与账面价值比率	8.00
现金	57 600 万美元
债务股权比率（账面价值）	2.62

根据公式 2.5 可知：公司价值=股权市值+债务（金融负债）-现金。可用每股价格乘以流通股股数计算出股权总市值。公司持有的现金总额已知，虽然题目没有直接告诉公司的债务，但却给出了按账面价值计算的债务股权比率。如果知道股权的账面价值，就可以用该比率算出债务价值。公司股权的市场价值（股权总市值）可以很容易求出，根据已知的市值与账面价值比率，就可以得出股权的账面价值，即为最后需要知道的信息。

计算：

亨氏的股权总市值=46.78×31 910=149.3（亿美元）

亨氏的市值与账面价值比率=8.00 =149.3 /账面价值

股权的账面价值=149.3/8=18.7（亿美元）

---

① 这一计算是用股权的市值去除债务的账面价值。严格来讲，最好是用债务的市场价值。但是，由于债务的市场价值一般和账面价值区别不大，实务中通常会忽略这一差异。

给定基于账面价值的债务股权比率为 2.62，则：

债务总价值 = 18.7×2.62 = 49（亿美元）

评价：

亨氏的公司价值 = 149.3+49−5.76 = 192.54（亿美元）

资产负债表的其他信息。债权人在权衡公司是否有足够的营运资本来满足短期资金需求时，通常会把流动资产与流动负债相比较。这种比较，有时候用公司的**流动比率**(current ratio)（流动资产除以流动负债）来表示，或者用**速动比率**(quick ratio)或**"酸性测试"比率**("acid-test" ratio)（流动资产扣除存货后再与流动负债相比）来表示。流动比率或速动比率越高，意味着公司在近期内面临现金短缺的风险就越低。

$$流动比率 = \frac{流动资产}{流动负债} \qquad （公式 2.6）$$

$$速动比率 = \frac{流动资产 - 存货}{流动负债} \qquad （公式 2.7）$$

分析师们也会利用资产负债表信息观察趋势变化，这些趋势能够提供有关公司未来表现的信息。例如，存货的异常增长可能显示公司在销售方面遇到了麻烦。

表 2.2 总结了资产负债表中的相关比率，同时给出了 2006 年制造业、零售业、服务业及标准普尔 500 指数公司的这些比率的数值。市值与账面价值比率可以反映公司的成长潜力，以及管理者利用公司资产创造出超过其历史成本的价值的能力。对公司杠杆（债务股权比率和权益乘数）或流动性（流动比率和速动比率）的评价，可以衡量公司的财务健康状况。

表 2.2 **资产负债表比率**

比率	公式	制造业	零售业	服务业	标准普尔 500
市净率（市值与账面价值比率）	$\frac{市值}{账面价值}$	2.27	2.27	2.23	2.68
债务股权比率（账面价值）	$\frac{债务总额}{股权总账面价值}$	11.3%	25.7%	0.6%	49.4%
债务股权比率（市场价值）	$\frac{债务总额}{股权总市值}$	8.4%	12.1%	4.6%	18.1%
流动比率	$\frac{流动资产}{流动负债}$	2.31	1.51	1.52	1.47
速动比率	$\frac{流动资产-存货}{流动负债}$	1.59	0.73	1.43	1.14

资料来源：标准普尔 500 数据库。

概念检查

5. 债务股权比率高说明什么？
6. 什么是公司价值？

2.4 利润表

如果想让对方直奔主题，你可能要问“底线”是什么。这一表达来自利润表。**利润表**(income statement) 列示出了公司在一段时期内的收入和费用。利润表的最后一行或者“底线”表示公司的**净利润**(net income)，它是衡量公司在此期间盈利能力的指标。利润表有时也称作损益表（或 P&L)，净利润也称为公司的**盈余或收益**(earnings)。在这一节会详细阐释利润表的构成，并介绍用以分析利润表数据的财务比率。

计算盈余（或收益)

资产负债表显示的是公司在某个时点的资产和负债，而利润表所展示的是，两个时点之间由资产和负债所产生的收入流和费用流。表 2.3 为环球公司 2007 年和 2006 年的利润表。逐一检视表中的每个类别。

毛利润。利润表的头两行列出了产品的销售收入、制造和销售产品的成本。第三行就是**毛利润**(gross profit)，为销售收入和销售成本的差额。

营业费用。接下来的一组项目为营业费用。这部分费用不是直接跟生产产品或提供劳务相关的，而是在经营企业的一般日常过程中所发生的费用。它们包括管理费用和日常开支、工资、营销费用以及研发费用。第三类营业费用——折旧和摊销（反映获得的资产的价值变动)，实际上没有发生现金支出，但它们表示的是因公司资产磨损消耗或报废淘汰而产生的成本的估计。[①] 毛利润减去营业费用后称作**营业利润**(operating income)。

息税前利润（息税前收益)。接下来考虑公司非主营业务产生的其他收入或费用。例如，公司的金融投资所产生的现金流是要列示于营业外项目中的一项收益。调整其他来源的收入或费用后，就可得到公司的息税前利润（earnings before interest and taxes，EBIT)。

税前利润与净利润。从 EBIT 中扣除支付的债务利息可得到环球公司的税前利润，然后再减去公司所得税，即可得到公司的净利润。

净利润表示公司股东的总盈余。净利润通常按每股来计算和表达，即公司的**每股收益**(earnings per share，EPS)。用净利润除以流通股总数得到每股收益 EPS：

$$EPS=\frac{\text{净利润}}{\text{流通股股数}}=\frac{200}{360}=0.56\text{（美元／股）} \quad \text{（公式 2.8）}$$

虽然 2007 年年底环球公司只有 360 万股流通股，但如果公司承诺将发行更多的股票，则公司的股票数量还可能会增加。比如下面两种情况：

(1) 如果环球公司以**股票期权**(stock options) 来补偿员工和主管们，即赋予期权持有者在特定日期或之前以特定价格购买一定数量本公司股票的权利，如果期权被执行，随着公司新股的发行，流通在外的普通股数必将增加。

(2) 公司发行**可转换债券**(convertible bonds) 也可以增加股票数量，可转换债券

① 只有特定类型的摊销费用才可在纳税前扣除（如取得专利权的成本摊销)。商誉的摊销不是税前费用，它通常被归入纳税后的特殊项目中。

是一种可以转换成普通股股票的债券形式。

涉及股票期权和可转换债券时，由于有更多数量的股票来分享同样的收益，这种股票数量增加的现象称为**股权稀释**(dilution)。稀释的 EPS 为股票期权倘若被执行后公司的每股收益。公司需要报告**稀释后的 EPS** (diluted EPS)，以披露因授予股票期权而引起股权稀释的可能性。例如，如果环球公司向其高管们授予的股票期权全部行权后的股数达 20 万股，那么它的稀释后的每股收益是 0.53 美元／股（200／380）。

概念检查

7. 公司的盈余（或收益）指什么？
8. 股权稀释有何影响？

2.5 利润表分析

利润表提供了关于公司业务的盈利能力及盈利能力与股票价值是如何关联的有用信息。现在来讨论几个常用于评估公司绩效和价值的比率。

表 2.3　**环球公司 2007 年和 2006 年的利润表**　单位：百万美元

环球公司的利润表（12 月 31 日）	2007 年	2006 年
销售收入总额	186.7	176.1
销售成本	−153.4	−147.3
毛利润	33.3	28.8
销售、一般及管理费用	−13.5	−13
研发费用	−8.2	−7.6
折旧和摊销费用	−1.2	−1.1
营业利润	10.4	7.1
其他收益	—	—
息税前利润（EBIT）	10.4	7.1
利息收入（费用）	−7.7	−4.6
税前利润	2.7	2.5
所得税	−0.7	−0.6
净利润	2.0	1.9
每股收益（美元）	0.56	0.53
稀释的每股收益（美元）	0.53	0.50

盈利能力比率

将介绍三种盈利能力比率：毛利润率、营业利润率和净利润率。

毛利润率

公司毛利润率（也称销售毛利率）是毛利润与收入（销售收入）的比值：

$$毛利润率=\frac{毛利润}{销售收入} \quad （公式 2.9）$$

毛利润率反映公司产品销售超过产品直接生产成本的收益赚取能力，公司的其他营业活动费用支出（与所销售产品的生产成本不直接相关的费用）必须由毛利润弥补。2007 年，环球公司的毛利润为 3 330 万美元，销售收入为 18 670 万美元，则：

毛利润率 =（3 330 ÷ 18 670）×100% = 17.84%

营业利润率

营业利润反映了公司经营活动中的所有支出，因此，另一个重要的盈利能力比率是营业利润率。公司的**营业利润率**（operating margin）为营业利润和收入的比率：

$$营业利润率=\frac{营业利润}{销售总收入} \quad （公式 2.10）$$

营业利润率揭示了在支付利息和纳税之前，公司从每 1 美元销售收入中获得的收益。2007 年环球公司的营业利润率为 5.57%（1 040 ÷ 18 670×100%），比 2006 年的 4.03%（710÷ 17 610×100%）有所增加。通过比较同行业各个公司间的营业利润率，可以评价公司经营的相对效率。例如，2006 年美国航空（AMR）公司的营业利润率是 1.02%（也就是说，每 1 美元的收入就有 1.02 美分的利润）。而其竞争对手西南航空公司（LUV）的营业利润率却是 8.70%。

营业利润率的差异也可能源自经营策略的不同。例如，2006 年沃尔玛的营业利润率为 5.5%，而高档百货零售商诺斯通（Nordstrom）的营业利润率为 12.9%。这个例子中，沃尔玛的营业利润率较低并不是因为它的经营效率低下，而是由于它采取了薄利多销的策略。实际上，沃尔玛的销售收入比诺斯通高 40 多倍。

净利润率

公司的**净利润率**（net profit margin）为净利润与销售收入之比：

$$净利润率=\frac{净利润}{销售总收入} \quad （公式 2.11）$$

净利润率表示在公司支付成本费用（包括利息和纳税）之后，从每 1 美元的销售收入中股东可以得到的部分。环球公司在 2007 年的净利润率为 1.07%（200 ÷ 18 670×100%）。净利润率的差异可能是由于效率的差异引起的，也可能是由于不同的杠杆水平（公司的债务融资）下利息支付的差异而造成的。

资产利用效率

依据利润表和资产负债表的联合信息，财务经理可以衡量公司资产的利用效率。首先，经常使用的一个衡量指标是资产周转率，即销售收入与总资产的比率：

$$资产周转率=\frac{销售收入}{总资产} \quad （公式 2.12）$$

资产周转率低，说明公司从每 1 美元的资产中创造的（销售）收入较少。2007

年环球公司利用 17 010 万美元的资产创造了 18 670 万美元的销售收入，资产周转率为 1.1。由于总资产中包括一些不直接创造收入的资产，如现金，因此环球公司的管理者也可以采用固定资产周转率这一指标，即销售收入与固定资产的比率：

$$\text{固定资产周转率}=\frac{\text{销售收入}}{\text{固定资产}} \qquad \text{(公式 2.13)}$$

2007 年环球公司的财产、厂房和设备等固定资产价值为 11 310 万美元，固定资产周转率为 1.7（=18 670／11 310）。该资产周转率较低，表明在给定的可利用资产上，公司创造了相对较少的销售收入。

营运资本比率

环球公司的管理者们可能想进一步了解他们经营公司的净营运资本的效率。我们用取得与应收账款余额相等的销售额所需要的天数来表达应收账款，即**应收账款周转天数**(accounts receivable days)，**平均收账期**(average collection period）或者**应收账款回款天数**(days sales outstanding)：①

$$\text{应收账款周转天数}=\frac{\text{应收账款}}{\text{平均日销售额}} \qquad \text{(公式 2.14)}$$

假设环球公司 2007 年的平均日销售额为 51 万美元（18 670／365），公司 1 850 万美元的应收账款代表着 36 天（1 850／51）的销售额。换句话说，环球公司平均要花 1 个月多点儿的时间从客户处收回销售款项。2006 年，环球公司的应收账款仅相当于 27 天的销售额。虽然应收账款周转天数会随季节而变化，但当它显著增加且未得到合理解释时就该引起注意了（这可能预示着公司的催收账款工作没有做好，或者公司正在试图通过向客户提供慷慨的信用条件以提升销售额）。应付账款和存货也可用类似的比率衡量，即应付账款周转天数（应付账款除以平均日销售成本）和存货周转天数（存货除以平均日销售成本）。

正如总资产或固定资产创造销售收入的效率分析，同样也可以计算存货转变为销售收入的效率，**存货周转率**(inventory turnover ratio）等于销售收入除以期末存货或年平均存货：

$$\text{存货周转率}=\frac{\text{销售收入}}{\text{存货}} \qquad \text{(公式 2.15)}$$

存货周转率越高越好（1 美元存货会创造更多的销售收入）。与其他比率一样，不同行业存货周转率的正常水平存在很大的差异。

EBITDA。财务分析师经常要计算公司在扣除利息、税费、折旧和摊销之前的收益，即不考虑利息、税费、折旧和摊销的收益，简称 EBITDA。折旧和摊销不构成公司的现金流出，故 EBITDA 反映的是公司经营获得的现金。环球公司 2007 年的 EBITDA 为 1 160 万美元（1 040+120）。

杠杆比率。贷款（出借）方通常通过计算公司的**利息保障倍数**(interest coverage ratio)，来评价公司的杠杆水平。利息保障倍数也被称作**利息赚取倍数**(times interest earned ratio，TIE ratio)，顾名思义，这一比率等于收益与利息的比值。财务经理为了

① 应收账款周转天数也可基于本年末和上年末应收账款的平均值来计算。

评价公司偿还利息的难易程度，对这些比率看得很仔细。这些比率中的收益没有统一的衡量标准，在计算杠杆比率时，通常考虑营业利润、EBIT 或 EBITDA 为利息费用的倍数。倍数越高，表明公司获得的收益高出债权人要求的利息支付就越多。

投资回报率。在考查公司的投资回报时，分析师们和财务经理通常将收益与投资额相比较，比如**股权回报率**(return on equity，ROE，也称净资产回报率)：[①]

$$股权回报率=\frac{净利润}{股权账面价值} \qquad (公式 2.16)$$

环球公司 2007 年的 ROE = （200 ÷ 2 220）×100% = 9.0%

ROE 衡量了公司从过去的投资中获得的回报。ROE 高可能表示公司能够发现有利可图的投资机会。当然，这个指标的一个缺陷是难以解释股权账面价值。

另一个常用指标是**资产回报率**(return on assets，ROA)，它是用净利润除以总资产。公司必须获得正的 ROE 和 ROA 支持增长。

杜邦分析

环球公司的财务经理已经知道本公司的 ROE 是9%，他还需要知道股权回报率的驱动因素。高的净利润率、高资产利用效率，甚或只是高杠杆，都可能导致较高的股权回报率。进一步深入地探究股权回报率的来源，财务经理会更清楚地了解公司的财务全景。一种常用的工具是**杜邦恒等式**(DuPont Identity)，它因杜邦公司的广泛应用而得名，杜邦分析将股权回报率分解为净利润率、资产周转率和杠杆的乘积。

为了更好地理解杜邦分析，从 ROE 开始，逐步将其分解为杜邦分析式中的各个驱动因素。首先，用销售收入/销售收入（刚好为 1）去乘 ROE，重新整理后得到：

$$ROE=\frac{净利润}{股东权益}\times\frac{销售收入}{销售收入}=\frac{净利润}{销售收入}\times\frac{销售收入}{股东权益} \qquad (公式 2.17)$$

这个表达式说明，ROE 等于每 1 美元销售收入产生的净利润（净利润率）乘以每 1 美元股东权益对应的销售收入。例如，环球公司的销售净利润率为 1.1%，每 1 美元股东权益对应的销售收入为 8.41（18 670/2 220），两者相乘得到：

环球公司的 ROE = 1.1% ×8.41 = 9% [②]

这是对 ROE 的一个有用的分解，还可以进一步分解，用总资产/总资产（刚好为 1）去乘公式 2.17，重新整理后得到：

$$ROE=\frac{净利润}{销售收入}\times\frac{销售收入}{股东权益}\times\frac{总资产}{总资产}=\frac{净利润}{销售收入}\times\frac{销售收入}{总资产}\times\frac{总资产}{股东权益} \qquad (公式 2.18)$$

这个最终的表达式说明，ROE 等于单位销售收入产生的净利润（净利润率或销售净利润率）乘以单位资产产生的销售收入（资产周转率），再乘以单位股东权益对应的资产（称作“**权益乘数**”（equity multi）的杠杆指标）。公式 2.18 即为杜邦分析式，它将股权回报率表示为净利润率、资产周转率和权益乘数的乘积。环球公司的权益乘数是 7.7（17 010/2 220）。财务经理若想寻求方法提升环球公司的 ROE，可以根据杜邦分析来评价当前 ROE 的各种驱动因素。环球公司的净利润率为 1.1%，资产

---

① 净利润是在整个年度获得的，所以 ROE 也可基于本年末和上年末股权账面价值的平均值来计算。

② 环球公司的计算结果和这里计算的 ROE 并不完全相等，这是因为环球公司财务报表数据和这里计算的结果存在四舍五入问题。

周转率为 1.1，权益乘数为 7.7，可得出：

ROE =9% =1.1% ×1.1×7.7

从上面 ROE 的分解式可以看出，公司的杠杆水平已经很高（前文中按账面价值计算的债务股权比率也证实了这一点，环球公司的债务是其股权账面价值的 5 倍多）。然而，环球公司的净利润率仅有 1%，资产周转率相对较低。因此，环球公司的管理者应通过降低成本以提升净利润率，提高现有资产的利用效率。①

例 2.3 杜邦分析

问题：

下表是沃尔玛（WMT）和诺斯通（Nordstrom，JWN）的一些信息，分别计算两家公司的 ROE，并计算为了达到诺斯通的 ROE 水平，沃尔玛需要提升净利润率到多少？

	净利润率	资产周转率	权益乘数
沃尔玛	3.6%	2.4	2.6
诺斯通	7.7%	1.7	2.4

解答：

分析：

表中包含了利用杜邦分析计算 ROE 的所有相关信息，将净利润率、资产周转率和权益乘数三者相乘可以计算出每家公司的 ROE。为了确定沃尔玛需要提升多少净利润率以达到诺斯通的 ROE 水平，可以先假设沃尔玛的资产周转率和权益乘数不变，令两者的 ROE 相等，就可求出净利润率。

计算：

根据杜邦分析式，可得：

$ROE_{WMT}=3.6\%\times2.4\times2.6=22.5\%$

$ROE_{JWN}=7.7\%\times1.7\times2.4=31.4\%$

现在，利用诺斯通的 ROE、沃尔玛的资产周转率和权益乘数，就可以解出沃尔玛为达到诺斯通的 ROE 水平所需要达到的净利润率：

$31.4\%=\text{净利润率}\times2.4\times2.6$

$\text{净利润率}=31.4\%/6.24=5.0\%$

评价：

为了达到诺斯通的 ROE 水平，沃尔玛需要将净利润率从 3.6% 提升到 5%。沃尔玛的资产周转率和杠杆水平都较高，为达到诺斯通的 ROE 水平，它可拥有比诺斯通更低的净利润率（沃尔玛为 5.0%，诺斯通为 7.7%）。

估值比率。分析师和投资者用一些比率来衡量公司的市场价值。其中最重要的比率是公司的**市盈率**（price-earnings ratio，P/E）

$$\text{市盈率}=\frac{\text{股票总市值}}{\text{净利润}}=\frac{\text{每股价格}}{\text{每股收益}} \quad \text{（公式 2.19）}$$

① 根据杜邦分析，似乎提高杠杆水平就可以增加 ROE，但事实并非如此简单。杠杆的提高会增加利息费用，从而降低净利润率。

也就是说，无论从总体还是从每股来看，市盈率都是股权价值与公司收益的比值。例如，环球公司 2007 年的市盈率是 3 600 / 200 =10 / 0. 56 =18。市盈率是用来估计股票被高估还是低估的常用简单指标，这是基于这样的一种理念——股票的价值应该与它能为股东带来的收益水平成比例。不同行业的市盈率大不相同，具有高增长率的行业的市盈率往往比较高。例如，2007 年美国大公司的平均市盈率大约为 18。而生物技术公司，其特征是当前收益低，但一旦它成功开发出药品就有望获得很高的未来收益，它们的平均市盈率为 30。评价一家高成长公司的高市盈率是否合理的一种方法是将公司的市盈率和预期收益增长率相比较。例如，如果环球公司的预期增长率是 18%，则它的市盈率与增长率之比或**市盈率增长比率**（PEG ratio）为 1。一些投资者认为，PEG 比率小于等于 1 的股票才定价合理，而 PEG 比率大于 1 的公司价值则可能被高估。

市盈率考虑了公司的股权价值，因此它跟公司的杠杆有关。股东利用杠杆可以控制更多的资产。要想评估公司基础业务的市场价值，通常要考虑基于公司价值的估值比率。常用的估值比率有，公司价值与销售收入比率、公司价值与营业利润比率、公司价值与 EBITDA 比率等。这些比率将公司业务的价值与销售收入、营业利润或现金流相比。像市盈率一样，可利用这些比率，对公司在市场中的定价进行同行业比较。

亏损公司不能应用市盈率指标。这时通常考察公司价值与销售收入比率。然而这样做的风险是，很可能隐藏了如下事实：公司的利润为负有可能是因为公司的基础业务模式存在着根本性缺陷，20 世纪 90 年代末期许多互联网公司就是这样。

常见错误：错配的比率

在考虑估值比率（和其他比率）时，要确保所比较项目的口径的一致性——要么都是基于公司整体的价值或数额，要么都是仅基于股东的角度来对比。例如，公司的股价和股权总市值都是与股权相联系的价值，将它们与公司的每股收益或净利润（向债权人支付债务利息后股东所得到的部分）相比较才有意义。而如果将公司的股权总市值与销售收入、营业利润或 EBITDA 相比，就要注意了，后面的这些项目都是指对公司整体而言的，债权人和股东共同对它们拥有索取权。所以，最好是将收入、营业利润和 EBITDA 与公司价值相比较，因为公司价值包含了债务和股权。

例 2.4　计算盈利能力和估值比率

问题：

以下是沃尔玛公司和塔吉特（Target，主要经营零售业）公司 2006 年的数据（单位：10 亿美元）：

	沃尔玛（WMT）	塔吉特（TGT）
销售收入	345	60
营业利润	19	5
净利润	11	3
股权总市值	190	49
现金	7	1
债务	36	10

比较沃尔玛和塔吉特的营业利润率、净利润率、市盈率以及公司价值与营业利润比率、公司价值与销售收入比率。

解答：

分析：

表中包含了所有原始数据，使用表中的输入变量计算以下各种比率。

营业利润率＝营业利润/销售收入

净利润率＝净利润/销售收入

市盈率＝每股股价/每股收益

公司价值与营业利润比率＝公司价值/营业利润

公司价值与销售收入比率＝公司价值/销售收入

计算：

沃尔玛的营业利润率为5.5%（19÷345×100%），净利润率为3.2%（11÷345×100%），市盈率为17.3（190/11）。公司价值为219亿美元（1 900+360−70），其与营业利润之比为11.5（219/19），与销售收入之比为0.64（219/345）。

塔吉特的营业利润率＝（5÷60）×100%＝8.3%

净利润率＝（3÷60）×100%＝5.0%

市盈率＝49/3＝16.3

公司价值＝490+100−10＝58（亿美元）

其与营业利润之比为11.6（58/5），与销售收入之比为0.97（58/60）。

评价：

注意，若不考虑这两家公司在规模上的显著差异，塔吉特和沃尔玛的市盈率、公司价值与营业利润比率非常接近。不过，从公司价值与销售收入比率来看，塔吉特的盈利能力还要略高于沃尔玛。

表2.4　**利润表比率**

比率	公式	制造业	零售业	服务业	S&P 500
盈利能力比率					
毛利率		34.3%	30.8%	50.4%	38.4%
营业利润率		8.4%	7.4%	8.7%	19.7%
净利润率		2.0%	2.3%	2.1%	8.7%
杠杆比率					
利息保障倍数		4.78	7.16	3.58	12.13
投资回报比率					
股权回报率		7.9%	10.6%	7.9%	15.8%
资产回报率		1.6%	4.3%	1.1%	5.4%
估值比率					
市盈率		10.0	15.2	9.3	18.0
经营效率和营运资本比率					
应收账款周转天数		56.8	6.7	62.5	57.5
固定资产周转率		5.6	6.3	11.8	5.2
总资产周转率		0.9	1.8	0.8	0.7
存货周转率		7.4	10.0	44.0	10.8

资料来源：S&P 500数据库。

表2.4汇总了各种利润表比率，还列出了2006年制造业、零售业、服务业及S&P 500指数公司的这些比率。

概念检查

9. 财务经理怎样使用杜邦分析评价公司的ROE？

10. 怎样运用市盈率（P/E）评估公司的市场价值？

2.6 现金流量表

利润表给出了公司在某个特定会计期间的利润。但这并不代表公司获得的现金就是这么多。净利润与获得的现金不相符的原因有两个。第一，利润表中有非现金项目，如折旧和摊销。第二，某些现金的使用（比如购置楼房或存货支出）以及某些现金的来源（如应收账款的收回），没有在利润表中得到反映。**现金流量表**（statement of cash flows）利用利润表和资产负债表的信息来确定，在一段特定时期内，公司产生了多少现金，现金又是如何分配的。现金的重要性体现在公司需要用现金支付账单，维持日常经营，而且它还是投资者的投资回报的来源。投资者要试图评估公司的价值，财务经理更关注现金流（相对利润而言），对于他们而言，现金流量表提供的信息在四种财务报表中是最重要的。

现金流量表分为三部分：经营活动现金流量、投资活动现金流量和融资活动现金流量。第一部分的经营活动现金流量，始于利润表中的净利润，接着在此基础上进行调整，加回经营活动中的所有非现金项目。第二部分的投资活动现金流量，列示出了用于投资的现金流。第三部分的融资活动现金流量，反映公司和其投资者之间的现金流动。表2.5是环球公司的现金流量表。本节进一步考察现金流量表的每一组成部分。

表2.5　**环球公司2007年和2006年的现金流量表**　单位：百万美元

环球公司现金流量表（12月31日）	2007年	2006年
经营活动		
净利润	2.0	1.9
折旧和摊销	1.2	1.1
以下各项的变动引起的现金流变化		
应收账款	–5.3	–0.3
应付账款	2.7	–0.5
存货	–1.0	–1.0
经营活动现金流量	–0.4	1.2
投资活动		
资本性支出	–33.4	–4.0
并购和其他投资活动	—	—
投资活动现金流量	–33.4	–4.0
融资活动		
发放红利	–1.0	–1.0
销售或回购股票	—	—
短期借款的增加	2.3	3.0
长期借款的增加	35.2	2.5
融资活动现金流量	36.5	4.5
现金及现金等价物的变动	2.7	1.7

经营活动现金流量

环球公司的现金流量表的第一部分，是用与经营活动有关的全部非现金项目对净利润进行调整。例如，计算净利润时扣除了折旧，但是折旧并没有引起实际的现金流出。因此，在计算公司产生的现金流的时候要把它加回来。同样地，也要将其他非现金费用加回（比如递延税款）。

接下来调整净营运资本的变动，它源于应收账款、应付账款或存货的变动。公司售出产品后，即使没有立即收到现金，也要确认收入计入收益。公司会向客户提供信用，允许客户在未来支付货款，这就导致了公司的应收账款的增加。可以遵循以下原则调整营运资本的变动：

（1）应收账款：由于这部分销售收入已经被记录到净利润里，但是还没有从客户处收到现金，所以要调整现金流，减去应收账款的增加。增加的应收账款金额表示公司额外借给客户的资金，它会减少公司的可用现金。

（2）应付账款：同理，要加上应付账款的增加，它实际上是公司从其供应商那里借得的资金，会增加公司的可用现金。

（3）存货：最后要减去存货的增加。存货的增加不作为一项成本费用来记录，对净利润没有影响（只有当存货实际售出后才将存货成本计入净利润）；但对于公司而言，增加存货意味着现金支出，所以要从现金流中减去存货的增加。

这些营运资本项目的变化，可从资产负债表中获得。例如，表 2. 1 中，环球公司的应收账款从 2006 年的 1 320 万美元增加到 2007 年的 1 850 万美元。要在现金流量表中减去 530 万美元（1 850-1 320）的增加额。注意，尽管环球公司利润表上的净利润为正，实际上它的经营活动现金流量却是 -40 万美元，这主要是由于应收账款的增加所致。

投资活动现金流量

现金流量表的第二部分内容是投资活动所需要的现金。购置新财产、厂房和设备称作**资本性支出**（capital expenditures）。公司不会立即将资本性支出作为费用列示于利润表，而是对这些资产计提折旧，逐期扣除折旧费用。要确定公司的现金流，已经加回了实际上未引起现金流出的折旧费用，现在还要减去公司实际支付了现金的资本性支出。同样地，也要扣除其他资产的购置成本和投资成本，比如公司收购。由表 2. 5 可见，环球公司 2007 年在投资活动中花掉了 3 340 万美元的现金。

融资活动现金流量

现金流量表的最后一部分显示来自融资活动的现金流量。支付给股东的红利为现金流出。环球公司在 2007 年支付给股东 100 万美元的红利。

公司的净利润和它支付的红利的差额就是公司当年的**留存收益**（retained earnings）：

留存收益=净利润-红利 （公式 2. 20）

环球公司保留了 100 万美元（200-100）的收益，2007 年收益的 50% 被保留了下来。公司2007年的红利支付率为50%，红利与净利润的比值即为公司的**红利支付率**(payout ratio)：

$$红利支付率=\frac{红利}{净利润} \tag{公式2.21}$$

列示为融资活动现金流量的项目还有，公司发行股票所收到的现金，或股票回购支付的现金。环球公司在这段期间既没有发行股票也没有回购股票。

这一部分最后的一项为，因短期和长期借款发生变动而引起的现金流。环球公司通过发行债务来筹集资金，所以短期和长期借款会带来现金流入。现金流量表的最后一行汇总了上述三种活动的现金流量，计算出报表编制期间内公司现金余额的整体变化。本例中，环球公司总体上的净现金流入为270万美元。从表2.5整体来看，环球公司采用了借款（主要是长期借款）来满足投资和经营活动的资金需求。虽然环球公司的现金余额增加了，公司负的经营活动现金流量和投资活动中过高的支出，可能会引发投资者的一些顾虑。如果这种模式不变，环球公司就要继续借款以维持经营。

例2.5　折旧对现金流的影响

问题：

假设环球公司2007年另有100万美元的折旧费用。如果公司税前利润的税率为26%，这一折旧费用会对环球公司的收益产生什么样的影响？它会对公司年末的现金带来什么影响？

解答：

分析：

折旧费为营业费用，所以环球公司的营业利润、EBIT以及税前利润都受折旧的影响。税率为26%，表明公司税前利润每减少1美元，税费相应减少26美分。要确定额外的折旧费用对现金流的影响，须知道，尽管折旧是一项费用，但它并非真正的现金流出，折旧对现金流的唯一影响就是所得税的节约额。

计算：

由于折旧，营业费用增加100万美元，于是公司的营业利润、EBIT以及税前利润都将减少100万美元。

税前利润减少100万美元，导致公司少纳税26万美元（26%×100）。因此，净利润将减少74万美元（100-26）。

在现金流量表中，净利润要减少74万美元，但同时要加回100万美元的折旧额(因为折旧为非现金费用)。因此，经营活动现金流量会增加26万美元（-74+100）。公司年末的现金余额将增加26万美元，正好是新增的折旧扣除所带来的税收节约额。

评价：

现金余额的增加完全来自于税费的节约额。环球公司少支付26万美元所得税，现金费用并未增加，因此，年末现金余额将增加26万美元。

概念检查

11. 为什么公司的净利润与获得的现金不相等？
12. 现金流量表由哪些部分组成？

2.7 其他财务报表信息

以上讨论了公司最重要的财务报表，即资产负债表、利润表和现金流量表。公司的一些其他信息在如下几种报表或附注中得以简要地提及：管理层的讨论与分析、股东权益变动表以及财务报表附注。

管理层的讨论与分析

管理层的讨论与分析（management discussion and analysis，MD&A）为财务报表的序言，它是公司管理层对近年（或季度）业绩的讨论和分析，它可提供有关公司的背景和可能已经发生的重大事件的信息。管理者同样也可在其中讨论和勾画公司来年的目标和新项目。

管理层还应该讨论公司面临的重大风险，以及那些会影响公司的流动性或资源的问题。管理层需要披露**表外交易事项**（off-balance sheet transactions），这些事项没有在资产负债表中得到反映，却会对公司的未来业绩产生重大影响。例如，公司向客户提供担保，对售出资产的相关损失给予补偿，这种担保代表着公司未来的一项潜在责任或义务，所以必须在 MD&A 中予以披露。

股东权益变动表

股东权益变动表（statement of stockholders' equity）将资产负债表中的股东权益分解为发行新股与留存收益两种来源。由于股东权益的账面价值对于财务估值的用处不大，所以股东权益变动表中的信息也就没有太大的意义，在此就不专门讲述了。

财务报表附注

除了四种财务报表外，公司还要对报表提供的信息做进一步地详细解释。例如，财务报表附注记载了编制报表时采用的重要会计假设。财务报表附注通常还提供关于公司的附属机构（如子公司）或其独立生产线等的具体信息。附注中显示了关于公司的员工股权薪酬计划，以及公司尚未偿付的各类债务的信息。财务报表附注还要披露有关收购、分立（分拆）、租赁、纳税以及风险管理活动等信息。财务报表附注提供的信息对于充分解释财务报表通常相当重要。

概念检查

13. 表外交易在财务报表的什么地方披露？
14. 财务报表附注可提供哪些信息？

2.8 实务中的财务报告

各种财务报表对投资者和财务经理来说同样都非常重要。尽管有像公认会计原则 GAAP 和独立审计师这样的保护措施，遗憾的是，仍有滥用财务报告的行为发生。下面就来回顾近期最臭名昭著的两个案例，提供一些总结性想法，以便财务经理理解财务报表的复杂性。

安然公司

安然事件是21世纪初最出名的会计丑闻。安然最初是天然气管道经营商，后来发展成为一家全球性的交易商，从事的业务包括天然气、石油、电力甚至还有宽带网络服务。随着一系列事件的暴露，2001年12月，安然成为美国历史上最大的申请破产保护的公司。到2001年末，安然股票的市值下跌了600多亿美元。

极具讽刺意味的是，在从20世纪90年代到2001年年底这段时间里，安然还被冠以“美国最成功的盈利能力最强的公司之一”的名头。财富（Fortune）杂志从1995年到2000年连续6年把安然评为“美国最具创新精神的公司”。然而，正当安然的许多业务如日中天之时，随后的调查显示，安然的高管们蓄意操纵公司的财务报表，误导投资者，人为抬高公司股价以维持其信用评级。例如2000年，安然报告的收益中有96%是来自会计造假。[①]

尽管安然使用的会计操纵手段相当老练和复杂，但绝大多数欺骗性交易的本质却惊人得简单。安然将其资产以虚高的价格出售给其他公司（或者，在大多数情况下，出售给安然的CFO费斯托（Fastow）创立的业务实体），并且附有承诺将来以更高的价格购回资产。这样，安然以未来支付更多的现金作为承诺，实际上借入了很多资金。但是安然却把借入的现金确认为收入，并想方设法以各种手段隐瞒回购资产的承诺。[②]最终，20世纪90年代末，安然的大部分销售收入的增长和利润，都是靠这种会计舞弊手段制造的。

世通公司（WorldCom）

2002年7月21日，美国世界通讯公司（以下简称“世通”）沦入有史以来最大的破产公司之列。在公司的巅峰期，股票总市值高达1 200亿美元。会计操纵的故伎再一次上演，世通公司从1998年开始，利用一系列的会计造假手段向投资者隐瞒了大量的财务问题。

在世通的例子中，舞弊的手段是，将38.5亿美元的营业费用归类为长期投资。这一改变直接夸大了报告的收益：收益中没有扣除营业费用，而长期投资是在未来很长一段时期里逐期计提折旧的。当然，这种人为操纵不可能增加现金流，因为当期的长期投资要从现金流量表中扣除。

与同行业的其他公司相比，世通的过度投资引起了一些投资者的关注。正如一位投资顾问评论道，“报告的收益和超额现金流之间的巨大偏差是一个危险的信号……长期过高的资本性支出。这就是1999年我们撤出世通公司的原因。”[③]

《萨班斯—奥克斯利法案》

安然和世通的会计丑闻，引起了投资者对公司财务报表的准确性和及时性的重

① John R. Kroger, “Enron, Fraud and Securities Reform: An Enron Prosecutor's Perspective,” *University of Colorado Law Review* (December 2005): pp. 57–138.

② 有时候，把这种承诺称作“价格风险管理负债”，它隐藏在其他交易活动中；还有的时候，这些承诺作为资产负债表的表外事项，不作详尽披露。

③ Robert Olstein, as reported in the *Wall Street Journal*, August 23, 2002.

视。2002 年，美国国会通过了**《萨班斯—奥克斯利法案》**（Sarbanes - Oxley Act，SOX）。《SOX 法案》包含很多条款，其总体目标是要提高董事会和股东的信息的准确性。《SOX 法案》试图通过以下三种方式来实现它的目标：（1）修正审计程序的动机和独立性；（2）加大对提供虚假信息的惩罚；（3）要求公司确保内部财务控制过程的有效性。

对于安然、世通及其他公司的许多问题，董事会和股东一无所知，而等到知道时为时已晚。在这些丑闻发生之后，许多人觉察到，这些公司的会计报表尽管在字面上通常符合 GAAP 的要求，但却并没有提供关于公司财务健康状况的准确信息。

一般认为，会计师事务所可确保公司的财务报表能够准确地反映公司的财务状况。而在现实中，大多数审计师都与他们的审计客户有着长期的业务关系；这种长期关系以及审计师赚取可观的审计费的意愿，导致审计师不愿挑战管理者。或许更重要的是，大多数会计师事务所都成立了大规模的、盈利能力极强的咨询部门。显然，如果会计师事务所的审计部门拒绝了客户公司的管理者提出的要求，则客户将不太可能选择它的咨询机构来签订下一期的咨询合同。为解决这一问题，SOX 严格限制会计师事务所从它审计的同一家公司赚得的非审计费用（咨询费或别的方式）的数额。并要求为公司提供审计服务的会计事务所每 5 年轮换一次，也就是说，会计师事务所为同一客户连续提供审计服务不得超过 5 年，这一规定意在避免会计师事务所因长期为同一客户服务而易于结成过于密切的合作关系，进而为客户收买审计师提供了方便。最后，SOX 要求 SEC 规定公司成立由外部董事主导的审计委员会，并要求至少有一名外部董事具有财务背景。

SOX 也强化了对公司向股东提供虚假信息的刑事惩罚力度。法案要求公司的 CEO 和 CFO 亲自证明提供给股东的财务报表准确可靠，并要在财务报表上签字确认。《SOX 法案》也加大了对提供虚假或误导性财务报表的惩罚力度，最多可处罚金 500 万美元，最长可判监禁 20 年。而且，舞弊的 CEO 和 CFO 必须返还在后来被重述的财务报表所涵盖的期间得到的好处，包括奖金或从出售股票或执行期权而获得的收益。

最后，《SOX 法案》的 404 条款要求，上市公司的高管和董事会要熟悉公司的资金配置和控制过程，以及对整个公司的监控结果，并且要主动证实这些过程的有效性和正确性。与《SOX 法案》的其他条款相比，404 条款得到的关注更多，这是由于，它要求所有上市公司都要确保整个财务控制体系为有效的，从而潜在地加大了公司的负担。SEC 的经济学家估计，上市公司执行 404 条款耗费的总成本将高达 12. 4 亿美元。最近，国际财务主管协会（Financial Executives International，FEI）和美国电子技术行业协会（American Electronics Association）基于调查估测，这一成本将在 200 亿美元和 350 亿美元之间。[①] 对于小公司而言，遵循这一条款的负担占公司收入的比例会更大。前面引用过的调查还发现，对于收入达数十亿美元的大公司而言，因遵循

① American Electronics Association，"Sarbanes - Oxley Section 404：The 'Section' of Unintended Consequences and Its Impact on Small Business"（2005）.

404 条款而发生的费用占总收入的比例将不超过 0.05%，而对于收入不足 2 000 万美元的小公司而言，这一比例将超过公司收入的 3%。

休·弗里丹访谈

休·弗里丹（Sue Frieden）现为安永（E&Y）全球主管合伙人，质量和风险高管。作为安永全球执行董事会中的一员，她全方面负责质量和风险管理——员工、服务、程序和客户。这里，她分析了财务报表的使用、国际会计规则制定的挑战、金融市场中审计的作用和职业道德在审计中的重要性。

提问：现今的财务报表能满足投资公众的需求吗？

回答：全球都在努力为投资者提供更有远见的信息。但主要的问题仍然是，投资者对财务报表的理解有多透彻，他们到底充分阅读了多少报表？有研究显示，大多数个人投资者根本就不利用财务报表决策。我们需要决定，怎样改进财务报表以及相关的呈报模式。为此，我们需要在投资者、监管机构、分析师、审计师、证券交易所、学术界和其他相关方之间建立起对话机制，以确保财务报表和其他报告模式尽可能地具备更高的相关性。

提问：安永是一个国际化的组织。美国的会计准则跟其他国家或地区的会计准则相比如何？

回答：2005 年 1 月，除美国外的 100 个国家开始采纳新的国际会计准则（IFRS），IFRS 在很大程度上是基于原则导向而非规则导向的。全球市场日趋复杂，显然我们都应该遵循同一套游戏规则，但是第一步，我们要取得国家与国家间会计准则的一致性。毫无疑问，在协调以原则为导向和以规则为导向的会计准则时，会面临很多挑战，但是我们乐观地相信这些挑战最终将得到解决。与此同时，人们正在努力促成审计准则达成全球一致。最终，财务报表要根据全球统一的准则来编制，并依据全球一致的审计准则来审计，这样就能更好地服务于投资者。

提问：会计师事务所（会计公司）在金融市场中扮演什么角色？自从安达信倒闭后，这一角色有什么变化？

回答：我们所有的人，整个商业界都经历了这个关键的历史时刻。当然，在过去的几年里，会计职业也有了前所未有的变化。《萨班斯—奥克斯利法案》的通过以及其他变革，都有助于挽回公众对会计的信任。情况与以前我们所知道的已经完全不同了。现在我们要经常与形形色色的利益相关者打交道，比如公司、董事会、决策者、意见领袖、投资者以及学术界。我们有机会退一步自我反省：为什么要从事会计职业？为什么它相当重要？我们提供的服务，大都有助于公司遵守法规，规避不适当的风险，进行合理的交易。我们工作的价值还体现在，为让所有的利益相关者清楚公司是否遵守规则——不管是会计规则、财务报告规则还是税务规则——提供依据。我们有助于提高财务数据的可信度。公众不必完全知晓审计师做什么或怎么做，但是他们在乎我们的存在，因为这样能给予他们迫切需要的信任感。

提问：像安永这样的全球会计公司怎样保证每个合伙人都遵循恰当的准则？

回答：人们总对我说，作为全球质量和风险管理的领导者，你的工作是多么辛苦，肩上的担子是多么重。事实上，做正确的事情——遵守、坚持甚至超越标准，不辜负公众对独立审计师寄予的期望，这个重担落在组织中每个成员的肩上。我们在全球有超过107 000名的员工，他们都意识到自己有责任来完成这一使命。而且他们清楚，当遇到问题时一定要提出来。可能最重要的是，我们都清楚，一旦我们发觉公司的管理层没有致力于做正确的事情，甚至做了不正当的事情，即便再大的公司也不可能轻易地脱身。

问题讨论

对于会计师事务所的角色，弗里丹女士阐述了她自己的看法，她认为公众完全知晓会计师事务所的所作所为并不是很重要。

1. 你认为会计师事务所扮演着什么角色？你认为公众知晓审计师做什么有多重要？

2. 伦理道德在会计工作中有多重要？你认为审计师和公司管理者之间，以及会计师事务所内部会产生哪些困境？

财务报表：一个有用的起点

本章强调了财务报表在向外部分析师、投资者和财务经理提供公司业绩、市场地位及财务状况的信息中所起到的作用。然而，尤其对财务经理而言，财务报表仅仅是个起点。例如，前面已经强调过市值相对账面价值的重要性，同时还阐明，通过比率分析能了解很多东西，但这些比率仅仅是向财务经理指出了公司做得好的方面，或是他（或她）需要集中精力改进的方面。单一的比率不能涵盖一切，但通过研究所有的财务报表和盈利能力、杠杆、效率比率后，你就能够清晰认识公司状况和业绩。本章最后引用安然和世通案例，强调财务报表对于投资者的有用性有赖于报表编制者的伦理道德。即使对于这些欺诈案例，通过重点关注现金流量表，认真阅读财务报表附注，见多识广的财务报表阅读者也能发现些预警信号。

概念检查

15. 阐述安然公司利用哪些交易来增加其报告收益。
16. 什么是《萨班斯—奥克斯利法案》？

本章小结

2.1 财务信息的披露

财务报表是公司定期发布的描述其过往业绩与表现的会计报告。

投资者、财务分析师、管理者以及其他利益相关者如债权人等，利用财务报表获取关于公司的可靠信息。

财务报表主要有资产负债表、利润表和现金流量表。

2.2 资产负债表

资产负债表反映公司在单一时点的财务状况（资产、负债和股东权益）。

资产负债表的左右两侧必须相等：

资产=负债+股东权益 （公式 2.1）

股东权益是公司股权的账面价值。它不同于公司股权的市场价值或股权总市值，这是因为资产和负债是从会计角度基于历史成本记录的。

2.3 资产负债表分析

成功公司的市值与账面价值比率一般都会超过 1。

衡量公司杠杆水平的一个常用比率是：

$$\text{债务股权比率}=\frac{\text{债务总额}}{\text{股权总值}}$$ （公式 2.4）

这个比率在利用股权市值计算的时候包含了丰富的信息。它表示公司利用杠杆的程度。

公司价值是公司经营的基本业务的总价值：

公司价值=股权总市值+债务−现金 （公式 2.5）

2.4 利润表

利润表报告公司的收入和支出，并计算得出公司的底线——净利润或盈余。

经常以每股为基础来报告净利润，即每股收益：

每股收益（EPS）=净利润/流通股股数 （公式 2.8）

计算稀释的每股收益时，要在现有流通股股数的基础上再加上由于公司股票期权被执行而可能增加的股数。

2.5 利润表分析

盈利能力比率表示公司的营业利润或净利润占其销售收入的比例，表明公司的营运效率和定价策略。

资产利用效率比率揭示了每 1 美元资产创造的收入，能够评价公司利用资产的效率。

营运资本比率用销售收入的天数（对于应收账款而言）或销售成本的天数（对于存货或应付账款而言）来表示公司的营运资本管理效率。

利息保障倍数指的是公司的利润或现金流与利息费用的比率，它们可衡量公司的财务实力。

投资回报率指标如 ROE 或 ROA，将公司的净利润表达为基于其股权或总资产的账面价值的回报率。

估值比率计算的是公司的股权总市值或公司价值与净利润或营业利润的比率。

市盈率为每股价格与 EPS 的比值。快速成长的公司的市盈率通常比较高。

计算估值比率时，重要的是要保持分子和分母的口径一致，注意其价值是否包含了债务。

2.6 现金流量表

现金流量表报告公司的现金来源和运用。它显示了根据非现金费用、净营运资本的变动以及投融资活动中使用（或收到）的现金来调整净利润的过程。

2.7 其他财务报表信息

财务报表中的管理层的讨论与分析部分，包含管理层对公司业绩表现的概述、公司所面临风险的披露以及表外交易事项等相关信息。

股东权益变动表将资产负债表上列示的股东权益分解成，来自于发行新股和留存收益两部分。它对财务估值作用不大。

3. 财务报表附注一般包含与主表中的数字有关的重要细节。

2.8 **财务报告实务**

近期的会计丑闻引起了人们对于财务报表的重视。新的立法加大了对会计舞弊行为的惩罚力度，制定了更加严格的程序以确保公司财务报表的准确性。

复习题

1. 公司为什么要披露财务信息？

2. 财务报表的使用者是谁？列举出至少三类使用者。对于每类使用者，举例说明他们感兴趣的那类财务信息是什么，并讨论为什么。

3. 在公司的10-K文档中，有哪四种财务报表？怎样检查或核对这些报表的准确性？

4. 编制资产负债表的目的是什么？

5. 怎样使用资产负债表评价公司的财务状况？

6. 编制利润表的目的是什么？

7. 资产负债表和利润表有何联系？

8. 什么是杜邦分析？财务经理该如何运用杜邦分析？

9. 现金流量表与利润表有什么不同？

10. 一家净利润为正的公司有可能出现现金短缺吗？请解释。

11. 从管理层讨论与分析、财务报表附注中能了解到什么？

12. 会计欺诈是怎样导致安然公司和世通公司倒闭的？

练习题

财务信息的披露（第1题）

1. 利用下列资源找出星巴克（Starbuck）公司最近的财务报表：

a. 从公司的网页 www. starbucks. com 查找。（提示：搜索“投资者关系”investor relations）

b. 从SEC的网站下载。（提示：在EDGAR数据库中搜索星巴克公司的文档）

c. 从Yahoo财经网站 finance. yahoo. com.

d. 至少一种其他来源。（提示：在 www. google. com 中输入“SBUX 10K”）

资产负债表（第2~4题）

2. 考虑环球公司2007年12月30日发生的如下交易，指出每笔交易会对环球公司资产负债表中的哪些项目产生影响，影响多少。并指出环球公司股权账面价值的变化。

a. 环球公司用2 000万美元的可用现金偿还长期债务。

b. 仓库发生火灾，损失了价值500万美元的未投保险的存货。

c. 环球公司以500万美元现金加上新借入500万美元的长期债务，购买一幢价值1 000万美元的大楼。

d. 一家大客户欠环球公司的购货款达 300 万美元，产品且已移交给客户，该客户宣告破产，环球公司不可能收回该客户的欠款。

e. 环球公司的工程师们发明了新的制造工艺，将会削减它的旗舰产品 50% 的成本。

f. 公司一主要竞争对手宣布了一项激进的定价政策，这将迫使环球公司大幅削价。

3. 根据表 2. 1 计算从 2006 年到 2007 年环球公司的股权账面价值有什么改变？这意味着公司 2007 年的股票市价增加了吗？解释原因。

4. 上网找出毕兹咖啡茶品（Peet's Coffee and Tea）（PEET）公司 2007 年 3 月的 10-K 年度报告，根据其资产负债表，回答下列问题：

a. 2007 年初，公司有多少现金？

b. 公司的总资产为多少？

c. 公司的总负债是多少？它有多少债务（金融负债）？

d. 公司股权的账面价值是多少？

资产负债表分析（第 5 ~ 8 题）

5. 2007 年 6 月，通用电气（GE）公司的股权账面价值为 1 170 亿美元，公司有 103 亿股流通股，每股市价是 38 美元。GE 还有 160 亿美元的现金和总价值为 4 670 亿美元的债务。

a. GE 的股票总市值是多少？它的市值与账面价值比率是多少？

b. GE 基于账面价值的债务与股权比率是多少？基于市场价值的债务与股权比率又是多少？

c. GE 的公司价值是多少？

6. 2007 年 7 月，苹果公司持有的现金为 71. 2 亿美元，流动资产为 187. 5 亿美元，流动负债为 69. 9 亿美元。其中，存货为 2. 5 亿美元。

a. 苹果公司的流动比率是多少？

b. 苹果公司的速动比率是多少？

7. 2007 年 7 月，戴尔公司的速动比率和流动比率分别是 1. 25 和 1. 30。与戴尔公司相比，你认为苹果公司资产的流动性如何？

8. 2007 年 11 月，ANF 和 GPS 两家服装零售公司的相关信息如下（除了每股价格外，价值单位为百万美元）。

	股权账面价值	每股价格（美元）	股票数量（百万股）
ANF	1 458	75. 01	86. 67
GPS	5 194	20. 09	798. 22

a. 每家公司的市净率分别是多少？

b. 比较这两个比率，你能得出什么结论？

利润表及其分析（第 9 ~ 17 题）

9. 上网找出毕兹咖啡茶品于 2007 年 4 月提交的 10-K 年度报告。根据其利润表，回答下列问题：

a. 2006 年公司的收入为多少？与 2005 年相比，它的收入增长百分比是多少？

b. 2006 年公司的营业利润率和净利润率分别为多少？与 2005 年相比怎样？

c. 2006 年公司稀释的每股收益为多少？这一 EPS 是基于多少流通股数计算得出的？

10. 假设 2007 年环球公司启动了一项激进型营销策略，使得销售收入增加了 15%，但是其营业利润率却从 5.57% 下降到 4.50%。假设公司没有其他收入，利息费用不变，税前利润的适用税率和 2006 年的一样。

a. 2007 年环球公司的 EBIT 是多少？

b. 2007 年环球公司的净利润为多少？

c. 如果环球公司的市盈率和流通股数维持不变，2007 年公司的股价是多少？

11. 假设公司的所得税税率为 35%。

a. 1 000 万美元的营业费用会对公司本年的净利润产生多大影响？对下一年的净利润呢？

b. 1 000 万美元的资本性支出，如果每年计提 200 万美元折旧，计提 5 年，会对公司本年的净利润产生什么影响？对下一年的净利润呢？

12. 利用下表分析两家公司的杠杆水平（价值单位：百万美元）：

	债务	股权的账面价值	股权的市场价值	营业利润	利息费用
A 公司	500	300	400	100	50
B 公司	80	35	40	8	7

a. 每家公司按市值计算的债务股权比率分别是多少？

b. 每家公司按账面价值计算的债务股权比率分别是多少？

c. 每家公司的利息保障倍数分别是多少？

d. 哪家公司会面临更多的偿债困难？

13. 沃尔玛公司和塔吉特公司（Target）2007 年的财务数据如下（价值单位：百万美元）：

	销售收入（利润表）	应收账款（资产负债表）	存货（资产负债表）
沃尔玛	348 650	2 767	34 184
塔吉特	59 490	6 397	6 645

a. 每家公司的应收账款周转天数分别是多少？

b. 每家公司的存货周转率分别是多少？

c. 哪家公司的应收账款和存货管理更有效率？

14. 奎思科系统公司（Quisco Systems）有 65 亿股流通股，每股价格是 18 美元。公司正在考虑投入 5 亿美元的成本自行开发一项新的网络产品。或者，公司可以用价值9亿美元（以当前价格计算）的本公司股票收购一家已经拥有这项技术的公司。如果没有为投资这项新技术而发生的支出，则公司的每股收益将是0.80美元。

a. 假如公司自行研发这种产品。研发成本会对公司的EPS产生什么影响？假设所有的成本都发生在本年，作为研发（R&D）费用处理。公司的所得税税率为35%，流通股股数不变。

b. 假如公司购买这项技术，那么收购将对公司本年的EPS产生怎样的影响？（注意，收购支出不直接出现在利润表中。假设被收购公司本身没有任何收入或费用，那么，只有流通股股数的变化才会影响EPS）

c. 获得此项技术的哪一种方法对公司收益的影响要小些？这种方法更“便宜”（成本较低）吗？请解释。

15. 2006年12月，美国航空（AMR）公司的股票总市值为67亿美元，债务为134亿美元，现金为1.2亿美元，收入为226亿美元。英国航空（BAB）公司的股票总市值为117亿美元，债务为69亿美元，现金为30亿美元，收入为143亿美元。

a. 比较两家公司的“股权总市值与收入比率”（也称作价格收入比率、市销率，price-to-sales ratio）。

b. 比较两家公司的“公司价值与收入比率”。

c. 以上哪一种对比更有意义？请解释。

16. 上网找出毕兹咖啡茶品（PEET）于2007年4月提交的10-K年度报告，回答下列问题：

a. 计算公司的净利润率、总资产周转率以及权益乘数。

b. 利用公司的ROE验证杜邦分析式。

c. 公司的管理者们若想将ROE提高1个百分点，资产周转率需提高多少？

17. 将上一题中的a与b问应用于星巴克（SBUX）公司，基于杜邦分析，解释什么因素导致了两家公司ROE的不同？

现金流量表（第18~21题）

18. 上网找出毕兹咖啡茶品（PEET）于2007年4月提交的10-K年度报告，依据其现金流量表，回答下列问题：

a. 2006年公司经营活动产生的现金流为多少？

b. 2006年公司的折旧费用为多少？

c. 2006年公司将多少现金投资于新财产和设备（减去资产出售所得）？

d. 公司通过融资活动筹集了现金，还是耗费了现金？

19. 下表是亨氏（H. J. Heinz）公司的现金流量表：

单位：千美元

现金流量表	2007 年 8 月 1 日	2007 年 5 月 2 日	2007 年 1 月 31 日	2006 年 11 月 1 日
净利润	205 294	181 032	219 038	191 575
经营活动现金流量（来源和使用）				
折旧	69 625	71 525	68 712	60 564
对净利润的调整	−3 789	80 721	19 999	2 732
应收账款的变动	−23 332	80 237	−11 739	−64 366
负债的变动	−134 348	160 089	−187 589	176 491
存货的变动	−73 282	98 856	15 325	−194 113
其他经营活动的变动	−31 052	163	1 391	47 010
经营活动现金流量合计	**9 116**	**672 623**	**125 137**	**219 893**
投资活动现金流量（来源和使用）				
资本性支出	−58 212	−94 046	−60 974	−50 615
投资	—	—	—	—
来自投资活动的其他现金流量	−43 004	−5 307	−36 947	−64 733
投资活动现金流量合计	**−101 216**	**−99 353**	**−97 921**	**−115 348**
融资活动现金流量（来源和使用）				
支付的红利	−123 204	−113 440	−115 339	−116 084
买卖股票	−127 332	−196 370	−207 674	−95 575
净借款	14 980	−73 157	324 790	113 396
来自融资活动的其他现金流量	11 209	−1 535	−2 635	5 057
融资活动现金流量合计	**−224 347**	**−384 502**	**−858**	**−93 206**
汇率变动的影响	15 564	45 118	12 957	289
现金及现金等价物的变动	**−300 883**	**233 886**	**39 315**	**11 628**

a. 公司在这四个季度中的累计收益为多少？它从经营活动中产生的累计现金流量为多少？

b. 在这四个季度中，有多少比例来自经营活动的现金被用于投资？

c. 在这四个季度中，有多少比例来自经营活动的现金被用于融资活动？

20. 假设你公司在某年的最后一天收到了一份价值为 500 万美元的订单。公司按订单供应了价值 200 万美元的存货。客户于当天收到货物，并且支付了 100 万美元，剩余的 400 万美元款项将在未来 40 天内支付。假设公司税率为 0%（即忽略所得税）。确定这笔交易对以下各个项目所产生的影响：

a. 收入

b. 净利润

c. 应收账款

d. 存货

e. 现金

21. 诺科拉实业公司（Nokela）购买了一台价值4 000万美元的交流变频器，预计该设备在4年内每年计提1 000万美元的折旧，从今年开始计提。假设公司税率为40%。

a. 在接下来的4年里，这项购置成本会对公司每年的净利润产生什么样的影响？

b. 在接下来的4年里，这项购置成本会对公司每年的现金流产生什么样的影响？

其他财务报表信息（第22题）

22. 下表显示了Clorox公司（CLX）2004—2005年的资产负债表信息（单位：千美元）。

资产负债表	2005年 3月31日	2004年 12月31日	2004年 9月30日	2004年 6月30日
资产				
流动资产				
现金及现金等价物	293 000	300 000	255 000	232 000
应收账款净额	401 000	362 000	385 000	460 000
存货	374 000	342 000	437 000	306 000
其他流动资产	60 000	43 000	53 000	45 000
流动资产合计	**1 128 000**	**1 047 000**	**1 130 000**	**1 043 000**
长期投资	128 000	97 000	—	200 000
财产、厂房和设备	979 000	991 000	995 000	1 052 000
商誉	744 000	748 000	736 000	742 000
其他资产	777 000	827 000	911 000	797 000
总资产	**3 756 000**	**3 710 000**	**3 772 000**	**3 834 000**
负债				
流动负债				
应付账款	876 000	1 467 000	922 000	980 000
短期内到期的长期债务	410 000	2 000	173 000	288 000
其他流动负债	—	—	—	—
流动负债合计	**1 286 000**	**1 469 000**	**1 095 000**	**1 268 000**
长期债务	2 381 000	2 124 000	474 000	475 000
其他负债	435 000	574 000	559 000	551 000
负债总额	4 102 000	4 167 000	2 128 000	2 294 000
股东权益总额	–346 000	–457 000	1 644 000	1 540 000
负债和股东权益	3 756 000	3 710 000	3 772 000	3 834 000

a. 2004 年年末，公司股权的账面价值发生了什么变化？

b. 公司的市值与账面价值比率有意义吗？它的基于账面价值的债务与股权比率有意义吗？请解释。

c. 上网查找 Clorox 公司同时期的其他财务报表。2004 年年末的股权账面价值发生变动的原因是什么？

d. 公司 2005 年的股权账面价值意味着公司无利可图吗？请解释。

会计操纵（第 23 ~24 题）

23. 上网找出毕兹咖啡茶品（PEET）于 2007 年 3 月提交的 10-K 年度报告，回答下列问题：

a. 哪一家会计师事务所核证过这些财务报表？

b. 毕兹公司的哪些主管核证过公司的财务报表？

24. 世通公司将其 38.5 亿美元的营业开支（费用）重新归为资本性支出。解释这样的归类会对世通的现金流产生什么影响？（提示：考虑税收）世通公司的行为是违法的，而且明显是在蓄意欺骗投资者。但是如果公司可以合法地选择划分费用支出的方法，来达到税收筹划的目的，那么哪种选择确实会对投资者更有利？

数据案例

这是你在一家享有盛誉的经纪公司应聘做股票分析师的第二轮面试。早上你通过了部门经理和主管股权分析与投资的副总裁的面试。一切进展顺利，他们还想测试一下你作为一名分析师的能力。你坐在一个有电脑的房间里，纸上列示了福特（Ford，F）和微软（Microsoft，MSFT）两家公司的名字。给你 90 分钟的时间完成下面的任务：

1. 登录市场观察（MarketWatch）网站（www.marketwatch.com），下载这两家公司最近 4 个财年的利润表、资产负债表和现金流量表。输入每家公司的股票代码，然后进入“财务”（financials），当光标停留在每张报表上的时候，点击鼠标右键，将报表导入 Excel。

2. 从雅虎财经网站上（http://finance.yahoo.com）找到两家公司股票的历史价格。输入股票代码，点击左边栏里的“历史价格”（Historical Prices），输入与每张报表的日期相对应的日期，日期为当月的最后一天。在每一报表日，用股票收盘价（不是调整后的收盘价）乘以流通股数（从第 1 步下载的利润表上的“基准加权流通股数”得到），可计算出公司在每一报表日的股票总市值。

3. 根据这两家公司过去 4 年里每一年的报表，分别计算下面的财务比率：

估值比率

市盈率（用稀释后的 EPS）

市值与账面价值比率

公司价值与 EBITDA 比率

（债务包括长期和短期债务，现金包括适销有价证券）

盈利能力比率

营业利润率（用扣除折旧费用后的营业利润）

净利润率

股权回报率

财务实力比率

流动比率

基于账面价值的债务股权比率

基于市场价值的债务股权比率

利息保障倍数（EBIT÷利息费用）

4. 从网站 http：//moneycentral. msn. com/investor/home. asp 获得每家公司所在行业的财务比率的平均值。在网站主页的上端输入股票代码，然后点击左边栏的“财务结果”（Financial Results），再点击“比率”（Ratios）。

a. 将每家公司的财务比率与最近几年相应的行业平均比率进行比较。这些比率在页面的顶端分类显示（忽略“公司”（Company）一栏，因为你的计算将不同）。

b. 将每家公司的业绩与行业对比，评论每家公司的业绩发展趋势，指出每家公司的优势和弱势。

5. 检查下你算出的每家公司的市值与账面价值比率。哪家公司（如果有的话）可视为“成长股”，哪家（如果有的话）为“绩优股”？

6. 比较两家公司的估值比率。怎么解释它们之间的差别？

7. 考察这两家公司在4年中每一年的公司价值，它们的价值是怎样变化的？

第 2 篇　利率与现金流估值

第 3 章　估值原理：制定财务决策的基础
第 4 章　净现值与货币时间价值
第 5 章　利率
第 6 章　债券

与估值原理的联系。本篇将介绍制定财务决策的一些基本工具。第 3 章提出了本书最重要的思想——估值原理。估值原理表明，可以利用市场价格确定投资机会对公司的价值。随着公司理财学习的进展，我们将会说明估值原理是理财的基础，并与本书所有的观念相联系。作为财务经理，财务决策的评估就是计算项目未来现金流的净现值。我们用估值原理中的一价定律引出金融经济学的一个核心概念——货币时间价值。第 4 章解释了如何评估未来系列现金流，得出了一些为各种类型现金流模式估值的简捷方法。第 5 章讨论了市场中利率的报价方式，以及如何处理复利频率高于 1 年 1 次的利率。我们还利用估值原理论证了投资要求的回报率取决于具有相似期限和风险的现金流的投资项目的回报率，这一结论引出了一个重要概念——投资决策的资本成本。第 6 章使用利率阐释了货币时间价值工具的一个应用：为公司和政府发行的债券估值。

第3章 估值原理：制定财务决策的基础

学习目标

- 识别财务经理在制定财务决策中的作用。
- 理解竞争性市场在确定商品价值中的作用。
- 理解估值原理，以及如何运用估值原理识别能提升公司价值的决策。
- 评价利率对未来现金流的现值的影响。
- 使用净现值法则制定投资决策。
- 理解一价定律。

本章所涉及符号的含义如下：

NPV（净现值）；*r*（利率）；*PV*（现值）

麦特·赫里欧访谈

樟脑球和财务有什么共同之处？二者对于企业家麦特·赫里欧（Matt Herriot）来说都很重要，他是牛津和希尔家庭用品公司（Oxford & Hill Home Products）的执行副总裁。这家公司生产许多创新产品，如防蛀产品，防护服，亚麻织品，可防止被蛀虫、潮气、发霉损坏的收藏品和其他天然纤维精品。“我在佐治亚（Georgia）大学的特里（Terry）商学院学习的理财课程为我提供了所需要的专业背景，使我能很好地履行自己的职责，包括定价和销售预测，也有助于我与同事和投资者用商业语言娴熟地沟通。”

麦特在2005年获得MBA学位后，立即凭借他的财务背景在刚成立的牛津 & 希尔公司得到一份工作。基于他在别的衣物护理公司工作的经验，他在防蛀产品市场看到了尚未被开发的商机。公司研制化学产品的主要障碍来自环境保护机构（EPA）的监管。“我们权衡了目前获得EPA注册批准的高成本与未来的收益——相对于那些行动缓慢的竞争者，我们已经进入了一个有明显市场进入障碍的巨大市场——两相比较后，我们认为就未来的收入和盈利潜力来看，这是一项好的投资机会和业务基础。”他和潜在的投资者共同寻找合适的融资方案，和管理团队一起有效地分配资源，以提升公司的价值。

在加入牛津 & 希尔公司正式从事财务工作之前，麦特在销售管理方面干得不错。不过，有限的财务知识成为他的主要障碍。当他创办的销售中介和进口公司因现金不足而无法偿付大量贷款时，他不得不关闭这些公司，到一家日用消费品公司做销售管理工作。“缺乏正规的商业教育导致我无法走得更远，于是我决定一边攻读MBA，一边继续工作。分析性的课程令我着迷，它使我能够把所学的知识应用到实际生活中去。”当然，麦特决定重返校园付出的成本远远小于他在牛津 & 希尔公司工作所获得的收益。

2007 年年中，为了收购一家快速成长的社交网站公司 Facebook（脸谱公司），微软决定与竞争对手谷歌和雅虎进行一场竞标战。微软的经理们如何断定这是项好的决策呢？

每项决策都会带来影响公司价值的未来后果，这些后果通常涉及收益和成本两方面。例如，出价竞标后，微软最终以 24 000 万美元获得 Facebook 公司 1.6% 的股份，以及在 Facebook 网站上投放广告的专有权。除了交易前期发生的 24 000 万美元成本外，微软还将继续付出与平台软件开发、网络基础建设以及为吸引广告商而进行国际营销有关的成本。这项交易给微软带来的收益包括广告收入和持有的 1.6% 的 Facebook 股份的潜在升值。如果这些收益超出成本，这项决策就会增加微软公司的价值。

一般来说，一项决策带来的收益的价值如果大于成本的价值，就会增加公司的价值，对于公司的投资者而言，这就是一项好的决策。但由于收益和成本通常发生在不同的时点，或是以不同的货币计量，或有着不同的风险，因此，收益与成本的比较变得较复杂。为进行有效地比较，必须借用财务工具，用通用的术语来表示所有成本和收益。本章将介绍理财中的核心概念，也即本书的统一主题——估值原理。估值原理表明，可以用当前的市场价格确定与决策有关的不同成本和收益在今天的价值，还可以应用净现值（NPV）概念，以共同的单位——即今天的美元——比较项目的成本和收益。只要回答出这个问题：项目的收益在今天的现金价值有没有超过其成本在今天的现金价值？就可评价决策。此外，收益和成本的现金价值之差表示决策给公司价值带来的净增加值，也是投资者财富的净增加值。由估值原理也导出了“一价定律”这一重要概念。在理解股票、债券和在市场中交易的其他证券的估值时，一价定律是个关键的工具。

3.1 制定管理决策

财务经理的职责是代表投资者的利益制定决策，例如，一家制造公司的经理需要决定生产多少产品。通过增产以实现更高的销量，则意味着每单位的售价可能更低，那么，增产有意义吗？另一家公司的经理可能期望公司产品的需求量有所提升，她应该抬高价格或是增加产量吗？如果决定增加产量，同时需要一台新设备，那么租赁或购买哪种选择更好呢？经理们应该什么时候给职工加薪？这些都是经理们每天要面对的一些选择。

个人理财决策

尽管本书着重于商业活动中财务经理的决策制定，但你会发现，在此所学的理念和技巧同样适合于个人决策。作为正常生活的一部分，每个人都要权衡跨期收益与成本，以做出决策。上大学、买书籍、为新车或房屋首付储蓄、申请车贷或房贷、购买股票以及在多个工作中选择，这些都仅仅是一些你已经面临的，或在不远的将来可能面临的有关决策的例子。本章提出的估值原理是制定所有财务决策的基础——不论是在商业活动中还是个人生活中——并将解释，这一原理构成了适合所有理财理念的统领全局的主题。

本书的目标是解释如何制定增加公司投资者价值的决策。原则上，这一理念简单且直观：对于好的决策，其收益超出成本。当然，现实机会常常是复杂的，成本和收益难以量化。就像下面的例子所示，对成本和收益的量化通常要用到其他管理学科的知识和技术：

（1）市场营销学——确定广告投放所带来的销售收入的增加。

（2）经济学——确定产品降价所带来的需求增加。

（3）组织行为学——确定管理层结构的变化对生产能力的影响。

（4）战略——确定竞争者对产品提价的反应。

（5）运作——确定制造厂经现代化改造后的生产成本。

本书的其余部分都假设，在量化与决策有关的成本和收益时，这些从其他学科角度进行的分析都已经完成。财务经理要比较项目的成本和收益，以制定最佳的决策，提升公司的价值。

概念检查

1. 什么是好的决策？
2. 财务经理在制定决策时起什么作用？

3.2 成本—收益分析

我们已经知道，制定决策的第一步是要确定其成本和收益，第二步是量化成本和收益。任何收益大于成本的决策都会增加公司的价值。为了评估决策的成本和收益，对于备选方案的估值必须采取相同的方式和术语——当前的现金价值。下面以一个简单的例子来具体解释这个概念。

假设一位珠宝制造商有笔生意：今天拿 200 盎司白银换取 10 盎司黄金，1 盎司白银的价值与 1 盎司黄金的价值不相等，不能直接拿 200 盎司和 10 盎司比较然后就得出更重要的更有价值的结论。为比较白银的成本和黄金的收益，首先要以相同的方式——当前的现金价值，量化它们的价值。

白银的当前现金价值是多少？假设白银在当前市场上的买卖价格为每盎司 10 美元。那么，换出的 200 盎司白银的现金价值为：①

$200\times10=2\ 000$（美元）

如果黄金的当前市价为每盎司 500 美元，则收到的 10 盎司黄金的现金价值为：

$10\times500=5\ 000$（美元）

我们已经量化了这一交易，这笔珠宝生意的收益是 5 000 美元，成本为 2 000 美元，交易机会的当前净价值为 3 000 美元（5 000–2 000），净价值为正，珠宝商应该接受这笔交易，赚得 3 000 美元。

例 3.1　比较成本和收益

问题：

假如你是一家冷冻海鲜进口商的客户关系经理，有一客户当前愿意支付总价

① 除了市场价格外，你可能担心佣金或买卖白银过程中发生的其他交易费用。在此，我们忽略交易费用，后面章节将讨论它们的影响。

1 500美元（包括运输费），购买300磅冻虾。当前你可以在批发市场上以每磅3美元的价格购买到冻虾，运费是100美元。实施这一交易是否会增加公司的价值？

解答：

分析：

为确定这一交易机会是否会增加公司的价值，需要利用市场价格评估其收益和成本，所耗费的成本为：

虾的批发价格=3美元/磅

运费=100美元

客户为300磅虾支付的包含运费在内的总市价为1 500美元，接下来的工作就是数据比较。

计算：

今天这笔交易的收益是1 500美元，成本为虾的买价900美元（300×3），加上运输费100美元，总成本为1 000美元。如果这些成本和收益都是确定的，显然你应该抓住这一机会，公司将赚得500美元（1 500–1 000）。

评价：

从事这项交易为公司创造了500美元的价值，赚得的现金可以立即支付给公司的投资者。

概念检查

3. 如何确定一项决策是否增加公司的价值？
4. 成本和收益以不同的单位或商品表示时，怎样比较它们？

3.3 估值原理

在之前的例子中，很容易比较成本与收益，决策的正确与否也就显而易见了。之所以容易评估，是因为我们能够用当前的市场价格将其转换为等值的现金价值。一旦用今天的现金价值来表示成本和收益，则它们的比较及判断决策是否增加公司价值就变得简单直接了。

注意，在此前的两个例子中，我们使用市场价格衡量不同商品的价值，但商品对于公司而言可能有其他的用处，这会影响商品的价值吗？例如，假如珠宝商有笔用白银交换黄金的生意，在评价这笔交易时，我们并不关心珠宝商是否认为价格公平，或者珠宝商是否确实要用到白银或黄金。例如，假设珠宝商认为当前的白银市价太贵了，这重要吗？那么他会认为白银的价值低于2 000美元吗？答案是否定的，他总是可按当前市价出售白银，并立即获得2 000美元，他从不认为白银的估值低于这个数。同理，他也不会用超过2 000美元的价格购买白银，即使他真的很需要白银，或者出于某种原因他认为白银的价格太低了，他仍然总是可付出2 000美元来购买200盎司白银，他不会付出更多。因此，独立于珠宝商个人的看法或偏好，白银的价值为2 000美元。

注意，珠宝商以当前的市场价格买卖白银，他个人对白银的偏好和使用，以及他对白银公允价格的看法，都与评估这项交易机会的价值没有关系。这一结论强调了**竞争市场**(competitive market）中商品交易的一般原则。所谓竞争市场是指，在这样的市场上可按相同的价格卖出和买进同一商品。无论何时在竞争市场中交易商品，其价格都决定了商品的价值。这一结论成为财务学的一个核心和最强有力的理念，是本书其他概念的基础。

例 3.2　竞争性市场价格决定价值

问题：

你刚刚赢得一场电台竞赛，奖品是 4 张戴夫·莱帕德（Def Leppard）乐队巡回演出门票（每张面值 40 美元），这使你很失望。你不是 20 世纪 80 年代重金属摇滚的狂热追求者，你不想去看这场演出。然而，你有第二种选择：两张你最喜欢的乐队的表演门票（每张面值 45 美元）。你发现在易趣网上，每张戴夫·莱帕德乐队演出门票的价格为 30 美元，而你喜欢的乐队的演出门票的价格为每张 50 美元，你应该怎么决策呢？

解答：

分析：

独立于个人偏好（而不是门票的票面价值）的市场价格在此为相关变量：

- 4 张戴夫·莱帕德乐队演出门票，每张价格为 30 美元。
- 2 张你最喜欢的乐队的演出门票，每张价格为 50 美元。

你需要比较每种选择的市场价值，并选出市场价值最高的。

计算：

4 张戴夫·莱帕德乐队门票的总价值为 120 美元（4×30），两张自己喜欢的乐队的门票的总价值为 100 美元（2×50），显然你不应该接受自己喜欢的乐队的演出门票，而应该接受戴夫·莱帕德乐队门票，并将其在易趣上出售，用获得的售价购买两张你喜欢的乐队的演出票，剩余的 20 美元可以再买件 T 恤。

评价：

尽管你偏好自己喜欢的乐队，但你仍然应该接受戴夫·莱帕德乐队的门票。正如先前所强调的，这一机会是否有吸引力，取决于用市场价格表示的净价值。戴夫·莱帕德乐队门票的价值比你喜欢的乐队的门票的价值高 20 美元，所以这一交易机会是有吸引力的。

用市场价格评价决策的成本和收益在今天的现金价值，公司就容易做出最优决策。因为收益的价值大于成本的价值，所以好的决策会使公司及其投资者更富有。我们称这一理念为估值原理：

估值原理（The Valuation Principle）

对于公司或投资者而言，商品或资产的价值取决于它的竞争性市场价格。决策的收益和成本应该用市场价格来评价。收益的价值超过成本的价值时，这一决策将会增加公司的市场价值。

估值原理为本书中的决策制定打下了坚实的基础。本章其余部分，将首次运用估值原理评价发生在不同时点的成本和收益，介绍项目评估的主要工具——净现值法则。接下来将考察估值原理对金融市场中资产定价的启示意义，继而引出“一价定律”（Law of One Price）这一理念。

不存在竞争性市场价格的情形

我们可以用竞争性市场价格来计算决策的价值，而不用顾及决策者的喜好和看法。要是不存在竞争价格，就不能再这样做了。例如，零售店的商品价格就是单方面的：你（顾客）可按标牌价买进，但却不能以相同的价格再把商品卖给商店。我们不能用这些单方面的价格来确定准确的现金价值。这些单边价格决定了商品的最大价值（因为商品总是以标牌价出售），但是个人可能会根据他（她）对商品的偏好而给出更低的估价。

先看个例子。银行常免费向人们提供赠品（过去常送烤箱），以诱使人们开户，这种现象非常常见。2007 年 Key Bank 向大学生推出这样的交易，如果他们在银行开立一个新的活期存款账户并存入两笔钱，就免费送其一台 iPod 播放器。当时，这款播放器的零售价是 199 美元。由于不存在 iPod 的竞争性交易市场，播放器的价值就取决于你购买它的意愿。

如果你计划买这款播放器，对你来说，播放器的价值就是 199 美元，也即你要支付的价格。在这个例子中，银行提供的价值为 199 美元。但假如你不想要或不需要播放器，并可以先从银行获得播放器再将其出售，那么开户交易的价值将取决于你出售播放器收到的价格。例如，你以 150 美元的价格卖给朋友，那么对你来说，银行提供的价值就是 150 美元。因此，取决于你个人的意愿，银行给出的促销手段的价值处于 150 美元（你不想要播放器）与 199 美元（你确实想要一台播放器）之间。

例 3.3　估值原理的运用

问题：

你是一家公司的业务经理，根据公司已有的一份合同，你可按总价 25 000 美元购买 200 桶原油和 3 000 磅铜。原油的当前市价为每桶 90 美元，每磅铜的市价为 3.50 美元。你还不确定是否需要这么多的原油和铜，你正在考虑要不要接受这一机会。这一交易机会的价值为多少？如果你坚信下个月原油或铜的价格将大幅下跌，你是否应该改变决策？

解答：

分析：

需要用市场价格量化成本和收益，将 25 000 美元与下列商品的价值相比较：

- 每桶价格为 90 美元的 200 桶原油
- 每磅价格为 3.50 美元的 3 000 磅铜

计算：

依据当前的竞争性市场价格可以得出：

当前 200 桶原油的价值 = 200×90 = 18 000（美元）

当前 3 000 磅铜的价值 = 3 000×3.5 = 10 500（美元）

这一交易机会在今天的价值为：原油的价值加上铜的价值，再减去交易机会的成本，即 3 500 美元（18 000 +10 500−25 000 ）。价值为正，故应该接受这个机会。该机会的价值仅取决于原油和铜的当前市场价格。如果不需要全部的原油和铜，可按当前市价将多余的部分卖出。尽管预期原油或铜的价值将下跌，但这一投资机会的价值不会改变（总能按当前市价立即将原油和铜换为美元）。

评价：

在今天的交易中，只有当前的竞争性市场价格起作用，对原油或铜的使用或对它们的未来价格的看法，都不能改变这一决策在今天的价值，这是一项好的决策，将使公司增加3 500美元的价值。

> **概念检查**
>
> 5. 怎样确定商品的价值？
> 6. 如果原油交易市场是竞争性的，购买原油的炼油商对原油的估值，会与另一位投资者的估值不同吗？

3.4 货币时间价值与利率

大多数财务决策并不像迄今给出的例子那样，它们的成本和收益发生在不同的时点。例如，典型的投资项目在前期发生成本费用而在未来产生收益。本节要说明，在依据估值原理制定决策时，怎样来考虑和解决这种时间差异。

货币时间价值

考虑公司的一项投资机会，它的现金流如下所示：

成本：今天的100 000美元

收益：1年后的105 000美元

成本和收益都以美元计价，可以将它们直接比较吗？用5 000美元（105 000 - 100 000）来计算项目的净价值是不正确的。因为这一计算忽略了成本和收益的时间安排，把今天的货币与1年后的货币视为等价的。一般地，今天的1美元要比1年后的1美元更值钱。如果你现在有1美元，你可以用它来投资。例如，如果你将它存在存款利率为7%的银行账户里，1年后你将获得1.07美元。我们将今天的货币价值与未来的货币价值之间的差额称为**货币时间价值**（time value of money）。现在，我们提供一些工具以正确地评估100 000美元的投资机会：

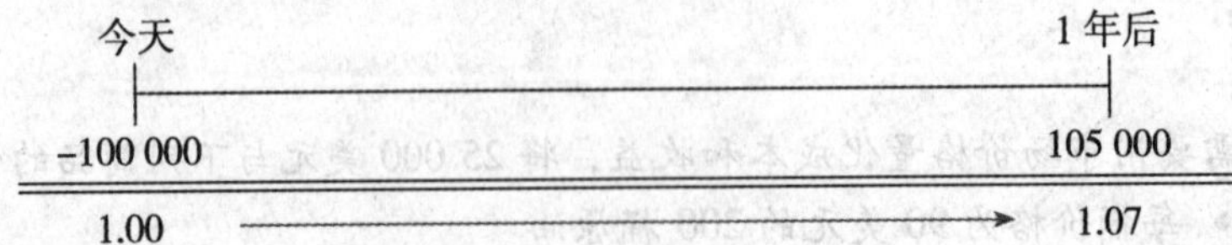

利率：跨期现金转换

将钱存入储蓄账户，就可以无风险地将今天的钱转换成将来的钱。类似地，通过从银行借款，可把未来的钱转换成今天的钱。将今天的钱转换成未来的钱的比率，是由当前的利息率（简称利率）决定的。就像汇率可以把一种货币兑换成另一种货币一样，利率能把一个时点的货币转换成另一个时点的货币。从本质上看，利率如同跨期的汇率。它告诉我们未来的钱在今天的市场价格。

假设当前的年利率为7%，今天投资1美元，1年后可获得1.07美元，同理，以此利率借款，可以把 1 年后的 1.07 美元换得今天的 1 美元。更一般地，我们定义**利率**(interest rate) r 为，在给定时期内借入或贷出资金的利息率。在我们的例子中，年利率为 7%，可以用今天的 1 美元换得未来的 1+0.07 美元。通常，可以用今天的 1 美元交换未来的（$1+r$）美元，反之亦然。我们称（$1+r$）为现金流的**利率因子**(interest rate factor)；它定义了现金流是如何跨期转换的，其单位为“1 年后的美元/今天的 1 美元”。

和其他市场价格一样，利率也由供给与需求决定。具体地讲，在特定利率下，储蓄提供的资金与借款的资金需求相等。不论利率的决定因素如何，只要知道了利率，就可运用估值原理评估成本和和收益发生在不同时点的决策。

100 000 美元的投资在 1 年后的价值。重新评价前面提到的那项投资，这次要考虑货币的时间价值。假如利率为 7%，则可将投资成本表达为：

成本 = 今天的 100 000 美元×（1 年后的 1.07 美元/今天的 1 美元）

= 1 年后的 107 000 美元

可将这笔钱看成今天的 100 000 美元投资支出的机会成本：如果公司今天投资 100 000 美元，就相当于放弃了将其存入银行 1 年后可以得到的 107 000 美元。或者，如果公司今天借入 100 000 美元，1 年后将欠 107 000 美元。

	今天	1 年后
投资	−100 000	105 000
存入银行	−100 000	107 000

我们已经用利率这一市场价格将成本和收益都表示为“1 年后的美元”，于是可以利用估值原理对两者进行比较，用 1 年后的收益减去投资成本计算投资的净价值为：

105 000−107 000 = −2 000（美元）

换句话说，如果将这 100 000 美元存入银行而不进行上述投资，1 年后可多赚 2 000美元。净价值为负，应该拒绝这项投资，如果接受它，1 年后公司的价值将会比没有投资的情况还要少 2 000 美元，处境会变得更糟。

100 000 美元的投资在今天的价值。前面的计算将成本和收益用 1 年后的价值来表示。也可以用利率因子将未来的收益换算成今天的美元。1 年后的 105 000 美元收益，相当于今天的多少美元呢？也就是今天我们要在银行存入多少钱，才能在 1 年后从银行得到 105 000 美元呢？用 1 年后的 105 000 美元除以利率因子即可得到这一数额：

收益 = 1 年后的 105 000 美元÷（1 年后的 1.07 美元/今天的 1 美元）

= 今天的 98 130.84 美元

这也是如果我们承诺 1 年后偿还 105 000 美元，[①] 银行今天愿意借给我们的金额。因此，这就是 1 年后我们可“买入”或“卖出”105 000 美元的当前竞争性市场价格。

① 我们假设银行同样以 7% 的利率贷出资金，这种情形下，将不存在与现金流有关的风险。

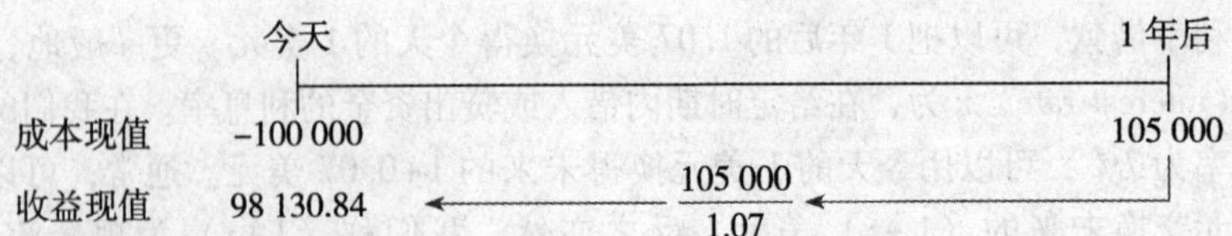

现在可以从收益中减去成本来计算这项投资的净价值：

98 130. 84-100 000=今天的-1 869. 16 美元

负的计算结果再次表明应该拒绝这个项目。接受它，将使公司在今天损失1 869. 16美元，这是由于我们为价值 98 130. 84 美元的东西付出了 100 000 美元的代价所致。

现值与终值。计算结果表明，不管是以 1 年后的美元还是今天的美元来表示投资的价值，我们做出的决策都是一样的：应该拒绝投资。事实上，如果将今天的美元换算成 1 年后的美元，

今天的-1 869. 16 美元×（1 年后的 1. 07 美元/今天的 1 美元）= 1 年后的-2 000 美元

可见，两种计算结果是等价的，只不过是以不同时点的价值来表示而已。当价值以今天的美元计量时，我们称之为投资的**现值**(present value，PV)，如果以未来的美元计量，则称之为投资的**终值**(future value，FV)。

折现因子与折现率。在前面的计算中，我们可以将，

$$\frac{1}{1+r}=\frac{1}{1.07}=0.93458$$

解释为 1 年后的 1 美元的今天价格。换言之，你可按接近 93. 5 美分的价格购买到 1 年后的 1 美元。注意，这一价值小于 1 美元——未来的钱没有今天的钱值钱，它的价格反映了这种折价。由于它提供了我们购买未来货币的折价，故称$\frac{1}{1+r}$为 1 年期的**折现因子**(discount factor)。利率也被称为投资的**折现率**(discount rate)。

例 3.4　比较不同时点的收入

问题：

索尼 ps3 游戏机的推出被推迟到 2006 年 11 月，从而微软的 Xbox360 游戏机在整整一年内没有竞争对手。假如现在是 2005 年 11 月，你作为 ps3 游戏机的营销经理，你估计如果立即推出 ps3，可在第一年里达到 20 亿美元的销售额，但若推迟 1 年发行，微软的抢先会使索尼第一年的销售收入下降 20%。如果年利率为 8%，以 2005 年的美元价值计算，第一年的收入被推迟的成本是多少？

解答：

分析：

今天推出的收入：20 亿美元　若被推迟，收入降低：20%　利率：8%

需要计算延迟推出时的收入，与今天立即推出带来的收入进行比较。为了公平比较，将延迟推出游戏机的收入转换为今天等价的现值。

计算：

如果延迟到 2006 年，收入将降低 20 亿美元的 20%，即 4 亿美元，变为 16 亿美元，为将这一数额与 2005 年推出产生的 20 亿美元收入比较，必须使用 8% 的利率将其转换：

2006 年的 16 亿美元 ÷（2006 年的 1.08 美元/2005 年的 1 美元）= 2005 年的 14.81 亿美元

因此，延迟 1 年的成本为：

20- 14.81 =5.19（亿美元）

评价：

项目延迟 1 年等同于放弃 5.19 亿美元的现金，在这个例子中，我们仅关注了第一年收入的影响。然而，延迟推出游戏机推迟了整体收入流，可以用相同的方法加总每年的收入延迟成本，以得出总成本。

我们可以像使用竞争性市场价格一样，用利率来确定价值。图 3.1 显示了用竞争性市场价格和利率来实现今天的美元价值与其他商品，或未来的美元价值之间的转换。一旦用今天的美元量化了投资的所有成本和收益，就可用估值原理确定投资是否能增加公司的价值。

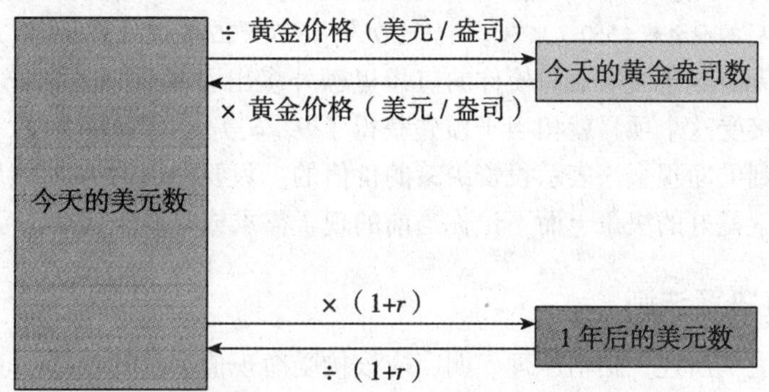

图 3.1　今天的美元、黄金和未来的美元之间的转换

注：可以用竞争市场价格或利率，将今天的美元转换为不同的商品或不同时点的美元，一旦价值换算为相同时期，就可用估值原理做出决策。

> **概念检查**
>
> 7. 怎样比较不同时点的成本？
>
> 8. 将于 1 年后收到的货币的当前价值，在利率高时还是利率低时，其现值更高？

3.5　净现值决策法则

在 3.4 节中，我们用利率实现了今天的现金与未来的现金之间的转换。只要将成本和收益换算到同一时点上，就可以利用估值原理做出决策。作为惯例，大多数公司偏好使用现值来衡量今天的现金价值。本节应用估值原理得出净现值概念，进而定义制定财务决策的“黄金法则”，即净现值决策法则。

净现值

成本或收益的价值以今天的现金来计量时，我们称之为现值。类似地，将收益的现值与成本的现值之差定义为项目或投资的**净现值**（net present value，NPV）：

NPV（**净现值**）$= PV$（收益）$-PV$（成本）　　　　（公式 3.1）

考虑一个简单的例子。假如你公司有以下投资机会：用今天的 500 美元作交换，1 年后你将收到 550 美元。假如年利率为 8%，那么：

PV（收益）= 1 年后的 550 美元 ÷（1 年后的 1.08 美元/今天的 1 美元）= 今天的 509.26 美元

这一现值正是我们要想在 1 年后得到 550 美元，而需要现在存入银行的金额(509.26× 1.08)。换句话说，现值就是在现行利率下为再造现金流而必须于现时投入的资金。也就是自制现金流的今天的现金成本。

只要成本和收益都是用现值来表示，就可以计算投资的净现值：

NPV = 509.26 - 500 = 今天的 9.26 美元

可是假如你没有 500 美元来支付项目的初始投资会怎样呢？项目仍然具有同样的价值吗？因为使用竞争性市场价格来计算价值，所以它不会随你个人的偏好或你在银行的钱数而改变。如果你没有 500 美元，假设为承担这个项目，你以 8% 的年利率向银行借款 509.26 美元。在这种情况下，你的现金流将是什么样？

今天的现金流 = 509.26（借款）- 500（投入项目）= 9.26（美元）

1 年后的现金流 = 550（来自于项目的收入）- 509.26×1.08（借款余额）= 0

今天的这笔交易恰好使你的口袋里额外多出了 9.26 美元的现金，而且未来没有债务。接受这个项目就相当于预先获得了 9.26 美元的额外现金。因此，净现值是以今天收到的净现金来表示投资决策的价值的。只要净现值为正，决策就能增加公司的价值，就是好的决策，而不论你当前的现金需求或是对于何时消费的偏好怎样。

净现值决策法则

如上例所述，估值原理表明，应该接受净现值为正的项目。也就是说，好的项目的净现值为正，其收益的现值大于成本的现值，公司的价值提升，公司的投资者变得更为富有。净现值为负的项目的成本超过收益，接受这样的项目无异于现在就赔钱。

从**净现值决策法则**(NPV Decision Rule) 中体现出来的这一逻辑就是：

制定投资决策时，要选择净现值最高的项目。选择这样的项目就相当于今天收到数额等于项目净现值的现金。

因为净现值是以今天的现金来表示，所以使用净现值决策法则是应用估值原理的一种简单方法。增加财富的决策总是要优于那些减少财富的决策。我们并不需要了解投资者的任何偏好就可以得出这一结论：只要能够准确地获得项目的所有现金流，则无论我们的偏好怎样，变得更加富有都将增加我们的选择，使我们的处境变得更好。

现在来看一些净现值法则在实务中运用的常见方式。

接受或拒绝项目。常见的财务决策是接受还是拒绝项目。拒绝项目，则净现值通常为零（没有实施项目，也就不会产生新的成本或收益)，净现值决策法则意味着，我们应该：

接受 NPV 为正的项目，因为接受它们相当于今天收到数额等于 NPV 的现金；

拒绝 NPV 为负的项目，因为接受这样的项目将会减少公司的价值，而拒绝项目则没有成本 (NPV=0)。

如果净现值正好为 0，接受而不是拒绝这个项目，你将既不会产生收益也不会遭受损失，这不是一个坏的项目，它不会减少公司价值，但也不会增加公司价值。

例 3.5　净现值相当于今天的现金

问题：

你在餐馆当侍者时积攒了 1 500 美元，决定买一台 42 英寸的等离子电视机。商场正提供一项“1 年期现金等值”的促销优惠，你可以现在将电视搬回家，欠商场 1 500美元的购买价款，直到 1 年后再付。如果你的储蓄账户每年可获得 5% 的利息，这项优惠活动的净现值为多少？计算表示你当前的现金的净现值。

解答：

分析：

你想购买今天价值 1 500 美元的商品（电视机），而作为交换，你只需要 1 年后支付 1 500 美元。这笔钱本应该是你今天为购买电视机支付的价款，可将其视为你取回的现金，故将它视为正的现金流。

现金流：

今天	1 年后
+1 500	−1 500

计算 1 年后支付的价款的现值时，所使用的折现率为你的储蓄利率——5%。比较成本（1 年后的 1 500 美元）的现值与今天的收益（价值 1 500 美元的电视机）。

计算：

$$NPV = +1\,500 - \frac{1\,500}{1.05} = 1\,500 - 1\,428.57 = 71.43 \text{（美元）}$$

你可以拿出自己为购买电视积攒的 1 500 美元中的 1 428.57 美元，并把它存入储蓄账户。由于生息，1 年后你将获得 1 500 美元（1 428.57×1.05），足以向商场支付购买价款。至于口袋里多出的 71.43 美元，你可以随便花（或为自己的新房间购买扬声器）。

评价：

延期付款政策使我们今天有多余的 71.43 美元，如果将 1 428.57 美元存入银行，将足以偿付未来的 1 500 美元。接受这项优惠活动相当于在未来没有任何负债的情况下，你在今天就收到了 71.43 美元。

在多个项目间选择

管理者也使用净现值法则在多个项目间进行选择，假如你在学校开了一家咖啡屋，专门雇了一个员工经营。将于明年毕业的你，意欲将这家咖啡屋出售。不论你愿意何时出售，某投资者都打算出价 20 000 美元购买。你的利率为 10%，你正在考虑三种备选方案：

（1）现在出售咖啡屋。

（2）接着正常经营 1 年后再出售（你需要在原料和人力上投资 5 000 美元，年末可赚得 10 000 美元）。

（3）继续经营 1 年，但只在每天早上营业，然后将其出售（你需要在原料和人力上投入 3 000 美元，年末可赚得 6 000 美元）。

现金流及净现值如表 3.1 所示。

表 3.1　**咖啡屋各种备选方案的现金流与净现值（美元）**

	现在	1 年后	NPV
出售	+20 000	0	20 000
正常经营	−5 000	+10 000 +20 000	$-5\ 000+\frac{30\ 000}{1.10}=22\ 273$
只在早上经营	−3 000	+6 000 +20 000	$-3\ 000+\frac{26\ 000}{1.10}=20\ 636$

在这三种方案中，应该选择净现值最高的方案：正常经营 1 年后再出售。

净现值与现金需求

我们在比较当前和未来现金流的模式不同的项目时，或许会对何时收到现金有偏好。有些人可能今天就需要现金；而其他人可能宁愿存钱以备将来之用。在咖啡屋的例子中，再正常经营 1 年然后出售，有着最高的净现值。不过，这一选择需要初始投资（相反，出售咖啡屋今天就可收到 20 000 美元）。假如今天我们想避免负的现金流，那么此时，出售咖啡屋会是个更好的选择吗?

如同 3.2 节中珠宝商考虑是否用白银交换黄金的交易，答案仍然是否定的。只要能够以利率借入和贷出资金，那么无论个人对现金流的时间安排的偏好如何，再经营 1 年总是最好的。为什么会是这样？假设我们以 10% 的利率借入 25 000 美元（1 年后，我们将欠款 25 000×1.10＝27 500 美元），继续正常经营 1 年。我们的全部现金流如表 3.2 所示。将这些现金流与出售咖啡屋的现金流对比，不难发现，借款经营 1 年跟出售咖啡屋产生相同的初始现金流，但却有更高的最终现金流（2 500 美元相比 0）。因此，借款 25 000 美元再经营 1 年，我们的境遇会比立即出售咖啡屋更好。

表 3.2　**借款经营 1 年的现金流（美元）**

	今天的现金流	1 年后的现金流
正常经营	−5 000	30 000
借款	25 000	（－25 000）×1.10＝−27 500
合计	20 000	2 500
今天出售	20 000	0

这个例子表明了以下的一般原则：

无论偏好今天的现金还是未来的现金，首先总是应该最大化净现值。然后可通过借入或贷出资金来改变投资期内的现金流，以获得最偏好的现金流模式。

概念检查

9. 什么是净现值决策法则？它与估值原理有什么联系？
10. 为什么净现值决策法则不依赖于投资者的偏好？

3.6 一价定律

到现在为止，我们已经强调了运用竞争性市场价格计算净现值的重要性。但总是只有一个竞争价格吗？如果同一商品在不同的市场上以不同的价格进行交易，又将会怎样呢？例如黄金。黄金在很多不同的市场上交易，最大的市场为纽约市场和伦敦市场。投资者交易的实际上不是金条本身（金条太重了），而是黄金的所有权，真正的黄金储藏在其他安全的地方，因此，黄金能在许多市场上交易。要为1盎司黄金估价，我们可以从其中的任一市场上找到竞争价格。但是，假如黄金在纽约市场上的交易价格为每盎司850美元，在伦敦市场上为每盎司900美元。应该用哪个价格呢？

事实上，相同的资产以不同的价格交易，这样的情况不会在竞争市场上发生。这是为什么呢？回顾前面的内容可知，这些都是竞争性市场价格，你的买入和卖出都以这个市场价格为依据。在这种情形下，你可以在纽约市场上以每盎司850美元的价格买入黄金，然后迅速地以每盎司900美元的价格在伦敦市场上出售，这样就可轻而易举地赚钱。你可以从你买卖的每盎司黄金中赚得50美元（900-850）。如果以这样的买卖价格交易100万盎司黄金的话，你就可以在无风险或没有投资的情况下，轻松赚得5 000万美元！这完美地验证了那句古老的谚语，“低买高卖”。

当然，不可能只有你一个人在做这样的买卖。每一个发现这种差价的人都想尽可能多地买卖黄金。要不了多久，纽约市场就会挤满了黄金买单，而伦敦市场则充斥着黄金卖单。尽管有少量的黄金（首先发现这种机会的幸运的投资者做这样的交易）能以这样的不同价格买卖，但由于需求的增加，纽约市场的黄金价格将会迅速上升，而伦敦市场的黄金价格会快速下跌。直到黄金价格处在伦敦市场价格与纽约市场价格中间的某个均衡点，比如每盎司875美元，价格的持续变动才会停止。这个例子表明了一个套利机会，这是本节的焦点。

套利

利用同一商品在不同市场的价格差别而进行买卖获利的行为称作**套利**(arbitrage)。更一般地，我们把不需要承担任何风险或进行任何投资就可能获利的情形称为**套利机会**(arbitrage opportunity)。套利机会的净现值为正，估值原理表明，金融市场上一旦出现套利机会，投资者就会竞相利用它。谁先发现这种套利机会，谁就会迅速地进行交易，从中获利。一旦他们进行交易，价格就会做出反应，直到套利机会消失。

《华尔街日报》偶尔会报道一些套利机会，公布一些相同商品在不同国家的不同价格。2007年1月的一则报道为苹果（iPod shuffle）播放器的不同价格，列出了各地的价格及转换为美元的价格。如果运费是免费的，你可以在东京买尽可能多的播放器，然后在巴黎和布鲁塞尔出售。假如你能以零售价买和卖，每台你将赚到35美元(115-80）的利润。

资料来源：《华尔街日报》（2007-01-31）。

套利机会就像落在大街上的钞票；一旦被发现，就会立即消失。因此，市场的正常状态应该是不存在套利机会。

一价定律

在竞争市场中，伦敦和纽约的金价在任何时点都应相等。我们可将这一逻辑推广到更一般的情形，即在两个不同的竞争市场中交易的等同的投资机会。如果同样的投资机会在两个市场上的价格不一致，则投资者就可通过从低价市场上买入然后在高价市场上卖出而立即获利。这样做将会使价格趋于平衡。结果，价格就不会有差异了（至少价差存在的时间不会长）。这一重要性质就是**一价定律**(Law of One Price)：

如果同一投资机会同时在不同的竞争市场上交易，则其在所有市场上的交易价格必然是相同的。

一个老笑话

有一个流传很久的笑话，很多财务学教授都对他们的学生津津乐道过。它是这样的：

一位财务学教授和他的学生正走在大街上。学生注意到人行道上有张100美元的钞票，就要俯身去捡起来。教授马上阻止道："别费工夫了；世上没有免费的午餐。如果那真是100美元，早就有人给捡走了！"

这个笑话取笑了竞争市场中的无套利原理。但你是否真的曾经在人行道上捡到过真的100美元呢？这个笑话背后的真正意义和启示就在于此。

这个简单的笑话道破了"市场不存在套利机会"这一玄机。落在人行道上的免费的100美元钞票就相当于一个套利机会，这一套利机会极其罕见，原因有两个：(1) 100美元是个大数目，人们会特别小心以防丢失；(2) 即使偶尔有人不小心丢了100美元，轮到你捡到它的机会也极小。

在评估诸如股票或债券等证券的价值时，就可见证一价定律是一个很强大的工具。任何金融证券都可被看做对未来现金流的要求权。一价定律暗含着如果能以另一种方法再造金融证券的未来现金流，那么金融证券的价格与它的再造成本必定相等。回顾先前所学可知，在竞争市场上，现金流的现值等于再造该现金流的成本。因此，一价定律对于金融证券的估值有着以下深远的意义：

证券的价格应该等于持有证券所获得的未来现金流的现值。

例 3.6　利用一价定律对证券定价

问题：

你正考虑购买一只债券，这只债券可以在1年后给你带来1 000美元的无风险现金流，除此之外没有其他现金流，假如利率是5%，债券的价格应该是多少？

解答：

分析：

该证券1年后产生单一的现金流：

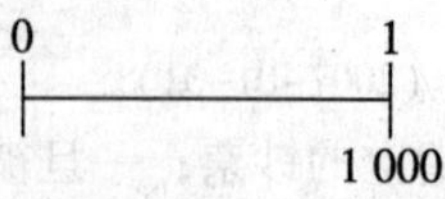

由一价定律可知，证券的价值为1 000美元现金流的现值，将现金流用利率折现。5%的利率意味着1年后的1.05美元相当于今天的1美元。

计算：

1 000美元现金流的现值为：

1年后的1 000美元 ÷（1年后的1.05美元/今天的1美元）= 今天的952.38美元

因此，证券的价格为952.38美元。

评价：

以利率投资952.38美元，可在1年后收到1 000美元（952.38×1.05），一价定律告诉我们，证券的价格必定等于自制现金流的价格，即依据市场利率评估的现金流的现值。要想知道为什么必定相等，可以考虑如果价格不同会怎样。如果价格是950美元，你可按5%的利率借入950美元购买债券，1年后，你能从债券中获得1 000美元，偿还贷款997.50美元（950×1.05）后，还可赚得差额。事实上，你可以按照这种方式购买尽可能多的这种债券，但其他人也会利用这种套利机会，竞相购买债券推动价格迅速上升。同理，如果价格高于952.38美元，每个人都将出售债券，将出售所得按5%的利率进行投资，1年后收到的现金流大于1 000美元，扣除1年后支付给债券买方的1 000美元后还有剩余。债券的出售会造成价格下降，直到套利变为不可能——价格达到952.38美元。一价定律的强力应用说明，为获得证券的现金流而支付的价格应该等于现金流的现值。

交易费用

至此我们给出的例子中，都忽略了买卖商品或证券的费用。在大多数市场上交易资产，都要承担额外的成本，称作**交易费用**（transaction costs）。如第1章所述，你在诸如纽约证券交易所和纳斯达克这样的市场上交易证券时，必须支付两种交易费用。首先，你要向你的经纪人支付交易佣金。其次，由于通常你购买证券所支付的价格（做市商的卖价）要稍微高于你出售证券时收到的价格（做市商的买价），所以你也支付了买卖价差。例如，戴尔股票（股票代码为DELL）的做市商报价如下：

买价：40.50美元　　卖价：40.70美元

我们可将这一报价理解为戴尔股票的竞争性价格为40.60美元，所以投资者无论买或卖戴尔股票，都要为每1股支付0.10美元的交易费用。

这些交易费用会对无套利价格和一价定律有什么影响么？此前我们已经表明，在竞争市场上，纽约市场和伦敦市场的黄金价格必定相等。但若假设，在一个市场上购买黄金然后在另外一个市场上出售时，每盎司总共需要支付5美元的交易费用。如果纽约市场的黄金价格为每盎司850美元，伦敦市场为每盎司852美元，那么“低买高卖”的策略就不起作用了：

成本：每盎司850美元（在纽约市场买入）+5美元（交易费用）。

收益：每盎司852美元（在伦敦市场卖出）。

净现值：852-850-5=每盎司-3美元。

其实，在这一例子中，直到价格差异大于5美元，即大于交易费用时，才存在套利机会。

通常，我们需要修正前面关于无套利价格的结论，附加条件“上调交易费用”。在本例中，黄金的竞争性价格只有一个——在原先的均衡价格上，再上调5美元的交易费用。

幸运的是，在大多数金融市场中，这些交易费用都很小。例如，2007年，在纽约证券交易所交易的大公司股票的买卖价差通常在每股2美分至5美分之间。作为分析的初步近似估计值，可以忽略这些价差。只有在净现值较小（相对于交易费用而言）的情形下，这种价差才要紧。那时，我们就要谨慎地考虑所有交易费用，以确定净现值是正还是负。

总之，存在交易费用时，套利活动拉近了同等商品和证券彼此之间的价格。价格可能会偏离，但价格的偏离不会超过交易费用。

本书的其余篇章将详细介绍运用一价定律评估证券的价值，具体而言，将确定与股票、债券和其他证券相关的现金流，学习如何考虑现金流的发生时机和风险，以计算其现值。

概念检查

11. 如果违背了一价定律，投资者怎样获利？
12. 一价定律对于金融证券的价格有何启示？

本章小结

3.1　制定管理决策

要评估一项决策，必须对与决策相关的增量成本和增量收益进行估值。如果收益的价值超过成本的价值，它就是一项好的决策。

3.2　成本—收益分析

为比较发生在不同时点的成本和收益，我们要把所有的成本和收益转换为相同时点的现金流。通常的做法是，将成本和收益换算成今天的现金。

3.3　估值原理

在竞争市场上，同一商品以同一价格买卖。我们用竞争性市场价格来确定商品的现金价值。

估值原理表明，对于公司或其投资者而言，商品或资产的价值取决于它的竞争性市场价格，决策的收益和成本应该用市场价格来评价，收益的价值超过成本的价值时，这一决策会增加公司的价值。

3.4　货币时间价值

货币时间价值是今天的钱与未来的钱的价值差别。

通过借款或投资，交换今天的钱和未来的钱所依据的利率，就是当前的市场利率。

现金流的现值就是用今天的现金表示的它的价值。

3.5　净现值决策法则

（1）项目的净现值为 PV（收益）$-PV$（成本）

（2）净现值为正的项目是好的项目。

（3）净现值决策法则表明，从一系列备选方案中做出选择时，要选择净现值最高的方案。项目的净现值等于项目在今天的现金价值。

（4）无论对当前现金还是未来现金的偏好怎样，我们首先总是要最大化净现值。然后可通过借入或贷出资金来实现现金流在不同时点间的转移，从而得到最偏好的现金流模式。

3.6　一价定律

（1）套利是利用同一商品在不同竞争市场上的价格差异来获利的交易过程。

（2）一价定律表明，如果相同的商品或证券同时在不同的竞争市场上交易，那么它们在每个市场上的交易价格是相等的。一价定律相当于不存在套利机会。

（3）证券的价格应该等于持有证券期望得到的未来现金流的现值。

复习题

1. 什么是好的投资决策？
2. 在评价投资决策时，个人的偏好有多重要？
3. 为什么市场价格对财务经理是有用的？
4. 估值原理如何有助于财务经理制定决策？
5. 能直接比较不同时点的美元价值吗？
6. 净现值法则与成本收益分析有怎样的联系？
7. 如果有多个项目可供选择，财务经理应该怎样做出选择？
8. 套利与一价定律有什么联系？

练习题

成本—收益分析（第 1 ~3 题）

1. 本田汽车（Honda Motor）公司正考虑为销售每辆小型面包车提供 2 000 美元的回扣，使其价格从 30 000 美元降到 28 000 美元。市场营销部估计这项回扣将使得下一年度的汽车销量从 40 000 辆上升到 55 000 辆。提供回扣后每辆车的边际利润为 6 000 美元。如果销售量的变动是这一决策带来的唯一后果，那么决策的成本和收益是什么？这是一项好的决策吗？

2. 你是做国际对虾生意的商人。如果在当前，捷克共和国的一家食品生产商，向你支付 200 万捷克克朗，以换取 1 年的冻虾供应。而为你供货的泰国供应商，要求你当前支付 300 万泰铢。如果当前的竞争市场外汇汇率为 25.50 克朗/1 美元和 41.25 泰铢/1 美元，你这笔买卖的价值为多少？

3. 如果你的雇主向你提供 5 000 美元的现金红利或者 100 股公司股票的选择。无论你选择哪一种，都在今天授予你。股票的现行交易价格为每股 63 美元。

a. 假设如果你收到股票，你可以自由交易股票。你会选择哪种形式的奖励？它的价值为多少？

b. 假设如果你收到股票，且公司要求你持有股票至少 1 年。此时，你如何评价股票股利的价值？你的决策取决于什么？

估值原理（第 4 ~5 题）

4. 布巴（Bubba）是个虾农，不幸的是，他对甲壳类动物过敏，因此，他不能吃任何虾。每天他有 1 吨虾的供应量，每吨虾的市价为 10 000 美元。

a. 对他来说，这吨虾的价值是多少？

b. 如果他不对虾过敏，虾的价值会变吗？为什么？

5. 布雷特（Brett）拥有一个杏园，他不喜欢吃杏，而更偏爱吃胡桃。他的邻居有一胡桃园，他的邻居想要和他等量交易今年的收成。假如，布雷特今年产杏 1 000 吨，他的邻居产胡桃 800 吨，如果杏的市价为每吨 100 美元，胡桃的市价为每吨 110 美元：

a. 他应该进行交易吗？

b. 他对杏或胡桃的偏好影响交易吗？为什么？

利率与货币时间价值（第 6 ~9 题）

6. 你有 100 美元，银行的储蓄利率为 5%，如果你将钱存入银行，1 年后你将获得多少？

7. 你预期 1 年后有 1 000 美元，银行每年的贷款利率为 6%，你今天能借多少钱？

8. 一个朋友想向你借 55 美元，作为回报，1 年后他将偿还你 58 美元。如果银行的储蓄和贷款利率为 6%：

a. 如果你将 55 美元存入银行，1 年后你会得到多少钱？

b. 如果 1 年后你支付银行 58 美元，你今天能借多少钱？

c. 你应该将钱借给朋友还是存入银行？

9. 假设利率为 4%。

a. 今天拥有 200 美元，相当于 1 年后拥有多少美元？

b. 1 年后拥有 200 美元，相当于今天拥有多少美元？

c. 对于现在的 200 美元或 1 年后的 200 美元，你会偏好哪个？你的回答取决于你何时需要钱吗？为什么？

净现值决策法则（第 10 ~13 题）

10. 你公司若帮人储藏 1 年的商品，将于 1 年后收到 100 000 美元，假如你的成本为 95 000 美元，立即支付，利率为 8%，你应该签订这份合同吗？

11. 你经营一家建筑公司。你刚获得建造政府办公大楼的合同。建楼需要现在投入 1 000 万美元，1 年后还要再投入 500 万美元。1 年后竣工时，政府将支付给你 2 000万美元。假设现金流和支付的时间为确定的，利率为 10%。

a. 这项投资机会的净现值为多少？

b. 你怎样将净现值转化成今天的现金？

12. 你公司现有 3 个潜在的投资项目可供选择。它们的现金流如下（美元）：

项目	今天的现金流	1 年后的现金流
A	-10.00	20.00
B	5.00	5.00
C	20.00	-10.00

假设所有现金流都是确定的，利率为10%。

a. 每个项目的净现值为多少？

b. 如果只能选择其中的一个项目，应选择哪个？

c. 如果可以选择任意两个项目，应选择哪两个？

13. 你的计算机制造公司要从供应商处购买10 000个键盘。一家供应商要求当前支付100 000美元，外加每个键盘10美元的应付账款，1年后付清。另一家供应商的供货条件是，每个键盘的报价为21美元，可于1年后付清。利率为6%。

a. 以今天的美元来表示，两家供应商的报价差额为多少？你会接受哪一家？

b. 假设你公司当前不想支出现金。在当前不支出100 000美元的前提下，公司要怎样做才能接受第一家供应商提出的条件？

一价定律（第14～17题）

14. 假设第一银行（Bank One）提供的储蓄和贷款的利率均为5.5%，而依恩银行（Bank Enn）的储蓄和贷款的利率为6%。

a. 存在什么样的套利机会？

b. 哪家银行会面临如潮的贷款需求？哪家银行的储蓄会猛增？

c. 你预期两家银行提供的利率会发生怎样的变化？

15. 如果购买CD和将音轨抓取到你的iPod上的成本（包括你的时间）为25美元，那么，就支持15条轨道的音乐软件iTunes，苹果公司应该最多收费多少？

16. 一些公司交叉上市其股票，意味着它们的股票在不止一家交易所交易。例如，黑莓手机的制造商——RIM（Research in Motion，移动研究公司）的股票既在多伦多股票交易所又在纳斯达克交易。其股票在多伦多的价格是每股100加元，任何人可按1.00加元兑换0.95美元的汇率将加元兑换为美元。RIM股票在纳斯达克的股价应该为多少？

17. 运用套利概念及利率为正的事实，证明时空旅行是不可能的。

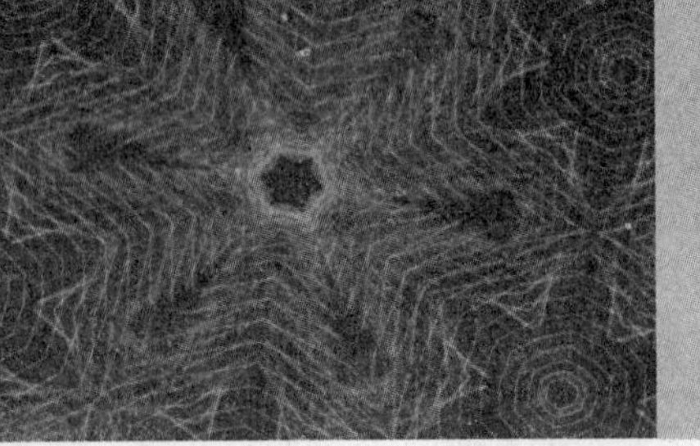

第4章 净现值与货币时间价值

学习目标

- 作为解决问题的第一步，构造现金流的时间线。
- 计算未来现金流的现值和当前现金流的终值。
- 对系列现金流进行估值。
- 理解如何计算任意系列现金流的净现值。
- 应用简便方法对永续年金和年金等特殊的系列现金流估值。
- 计算贷款或投资的期数、现金流或回报率。

本章所涉及符号的含义如下：

C（现金流）；*Cn*（*n* 期发生的现金流）；*FV*（终值）；*FVn*（在时期 *n* 的终值）；*g*（增长率）；*IRR*（内含回报率）；*N*（系列现金流中最后一笔现金流的发生日期）；*NPV*（净现值）；*P*（初始本金或存款，或等价的现值）；*PVn*（在时期 *n* 的现值）；*PV*（现值）；*r*（利率）

乔纳森·亚格林泽访谈

乔纳森·亚格林泽（Jonathan Jagolinzer），现任阿默普莱斯金融服务公司（Ameriprise Financial Services）（前美国运通金融公司，American Express Financial）的财务顾问，这是一家财富500强公司，主营财务规划、资产管理及保险业务。乔恩（Jon，Jonathan 的英美姓名昵称）2005 年毕业于华盛顿特区的乔治·华盛顿大学（George Washington University），主修经济学，辅修理财专业。

乔恩当前在位于弗吉尼亚州的阿默普莱斯公司维也纳（Vienna）办事处工作，他将自己视为客户的私人理财培训师。“我更像私人培训师，帮助他们设定目标，为他们目标的实现提供指导，追踪目标进度，”他说，“我们一起工作，制定合理的财务规划策略，包括投资、儿童教育基金、退休金和不动产规划。”

乔恩擅长制定退休金规划，他已经获得了注册退休规划顾问（Chartered Retirement Planning Counselor，CRPC）证书。“货币时间价值理论是我说服客户的有力工具，许多客户都很年轻，刚刚开始积累私有资产。有的客户想要花大价钱，现在买一台新电视，声称以后弥补差额。”他举了一个简单的例子来说明他们的美元是如何随着时间增值的。“如果你每月存 25 美元——这些钱本来是你计划看电影、买新衣服或品尝美味咖啡的，现在，你将这些钱存入银行账户，年利率为 6%。15 年后，你的 4 500 美元的投资将会增长到 7 270 美元！今天的 25 美元似乎不算多，但长期收益是相当可观的。”

乔恩也鼓励他的客户投资于递延税退休基金（tax-deferred retirement funds）。“如果你每月拿出 100 美元存入递延税退休金账户，每年将会赚取 10% 的收益，20 年后，你的账户将有75 000多美元。而如果你把钱存入应税账户，则要支付28%的所得税，在相同的时期内将至多获得54 000美元。货币时间价值和其他理财理念不仅仅是工作中应用的工具，还是个人精明理财决策的好帮手，在未来会创造非常可观的收益。”

如第3章所述，财务经理在评价项目时，要比较项目的成本和收益。在大多数情况下，金融投资所产生的未来现金流都会超过1期。因此，财务经理面临着这样的工作：已知的预付成本与未来一系列不确定收益之间的权衡。我们已经知道，净现值的计算也是如此，如果投资的净现值为正，就应该接受投资。

计算净现值需要能够评价持续多期的现金流的工具。本章将阐述这些工具。第一种工具为表示系列现金流的直观方法——时间线。构造出时间线后，我们设立了将现金流移动到不同时点的三条重要规则。我们依据这些规则，计算常规系列现金流的成本和收益的现值与终值，以及净现值。这些技术可用于对任何种类的资产估值，但某些特定种类的资产，其现金流遵循某种模式。我们开发出了年金、永续年金以及其他一些现金流遵循特定模式的特殊资产的简捷估值方法。

第5章您将学到利率是如何报价和确定的。只要知道了利率的报价方式，将本章的工具拓展到每年现金流发生频率更多的情形时便水到渠成。

4.1 时间线

要对持续多期的现金流估值，首先介绍一些基本的词汇和工具。我们把一系列持续多期的现金流称作**系列现金流**(stream of cash flows)。可用**时间线**(timeline) 来表示系列现金流，时间线是对预期现金流的发生时期的线性表述。在整理和解决财务问题时，构建时间线是重要的第一步。本书一直要用到时间线。

构造时间线

为阐明如何构造时间线，假设一个朋友欠你钱。他已经同意在未来两年内，于每年年末分别偿还10 000美元。把这一信息用时间线表示如下：

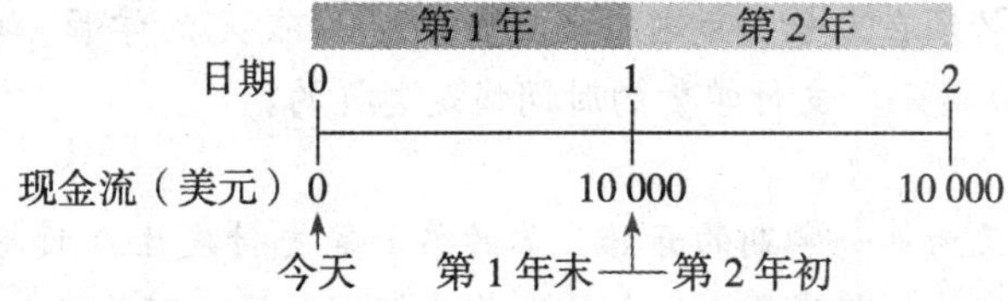

日期0表示现在。日期1为1年后，代表第1年的年末。日期1的10 000美元现金流是你将在第1年年末收到的还款。日期2为从现在起的两年后；它表示第2年的年末。日期2的10 000美元现金流是你将在第2年年末收到的还款。

识别时间线上的日期

为了追踪现金流，可将时间线上的每一个点看成是一个具体的日期。日期0和日期1的间距表示这两个时点之间的间隔期——在本例中，即贷款的第1年。日期0是第1年的起点，日期1是第1年的终点。类似地，日期1是第2年的起点，日期2是第 2 年的终点。以这种方式来表示时间，日期 1 既表示第 1 年的年末，也表示第 2 年的年初，这是讲得通的，因为这些日期实际上是同一个时点。①

区分现金流入与现金流出

本例中，所有现金流都为流入。然而，在很多情况下，财务决策既包括现金流入，也包括现金流出。为了区别这两种类型的现金流，分别作了不同的标记：现金流入（收到的现金流）为正的现金流，现金流出（付出的现金流）则为负的现金流。

举例说明。假如你很慷慨，同意今天借给你弟弟 10 000 美元。你弟弟承诺在未来两年的每年年末分别偿还 6 000 美元。时间线如下：

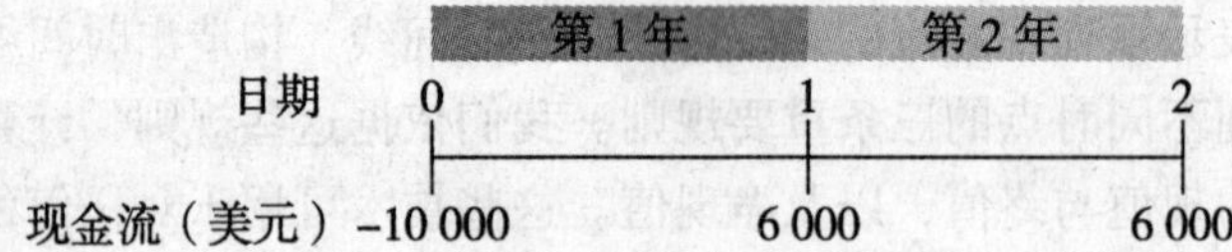

注意，发生在日期 0（今天）的第一笔现金流用-10 000 美元表示，因为它是现金流出。随后的 6 000 美元现金流由于为现金流入，故其为正值。

表示不同的时期

到目前为止，我们用时间线表示发生在每年年末的现金流。实际上，时间线可表示发生在任何时点的现金流。例如，如果你每月支付租金，你可以用像第一个例子中那样的时间线来表示两笔租金支付，但是你要把“年”的标记替换为“月”。

本章中的很多时间线都很简单。你可能认为不值得花费时间和精力来构建时间线。然而，当你深入到更复杂的问题中时，你就会发现，利用时间线可以识别出在交易或投资中容易被忽略的事件。如果你未能识别出这些事件的现金流，你将会做出错误的财务决策。建议你像我们在本章中所做的一样，在处理每一个问题时都画出时间线。

例 4.1　构建时间线

问题：

假设你必须在未来 4 年内每年支付 10 000 美元的学费。学费要在每半年等额分期支付 5 000 美元。支付学费的时间线是怎样的？

解答：

假如今天为第一学期的开始，你的第 1 笔支付发生在日期 0（今天）。其余的支付每隔半年发生。将半年（6 个月）作为期间长度，可构建如下的时间线：

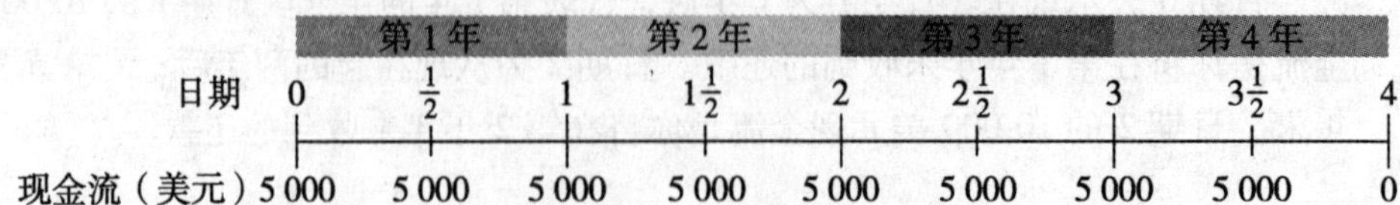

① 也就是说，在 12 月 31 日晚上 11 时 59 分支付的现金流，与 1 月 1 日上午 1 时 01 分支付的现金流，没有实质性的时间差别，尽管可能会有一些诸如税收之类的其他差别，但我们暂时忽略它们。

概念检查

1. 时间线的要素是什么？
2. 在时间线上，如何区分现金流入与现金流出？

4.2 不同时点现金流的估值

财务决策通常要求比较或合并发生在不同时点的现金流。本节要介绍制定财务决策的三条重要规则，这些规则使得我们可以比较或合并价值。

规则 1：比较与合并价值

第一条规则是，只有同一时点上的价值才可比较或合并。这条规则重申了第 3 章得出的结论：只有相同单位（币别与日期）的现金流，才可以对其进行比较或合并。今天的 1 美元和 1 年后的 1 美元是不等价的。现在持有的钱比未来持有的钱更有价值；你可以用今天持有的钱赚取利息。

为了比较或合并发生在不同时点的现金流，首先你需要把现金流转换成同样的单位，将它们移动到同一时点。后面的两条规则说明了如何在时间线上移动现金流。

常见错误：加总跨期现金流

一旦理解了货币时间价值，规则 1 就变得简单直接。然而，人们常常违背规则 1，简单地认为所有的现金流均可比，而不管收到现金流的时间差，尤其是对于没有学过理财的人，这种现象更为常见。以一份体育合同为例，2007 年，阿莱克斯·罗德里格斯（Alex Rodriguez）与纽约洋基队（New York Yankees）正磋商一份价值“27 500万美元”的合同，对于这一合同本书后面还要反复提到。这笔 27 500 万美元是怎样计算出来的呢？他 10 年合同期内收到的薪酬与另外 10 年收到的递延薪酬简单加总，就得到 27 500 万美元——将 20 年内逐步收到的美元价值与今天收到的美元价值等同对待。大卫·贝克汉姆（David Beckham）与洛杉矶银河足球队（LA Galaxy）签订“25 000 万美元”的合同时，相同的事情再次发生。

规则 2：复利

假设我们今天有 1 000 美元，想确定它在 1 年后的等价价值。如果当前的市场利率是 10%，可将这一利率作为向前移动现金流的换算比率，即以这一利率将今天的钱换算为 1 年后的钱。也就是：

今天的 1 000 美元×（1 年后的 1.10 美元/今天的 1 美元）= 1 年后的 1 100 美元

通常，如果当年的市场年利率是 r，可以通过乘以（$1+r$）的利率因子，将现金流从年初移动到年末。乘以（$1+r$）是因为年末会得到（1×初始本金投资）加上（r×初始本金投资）。这一在时间线上向前移动以确定未来现金流价值（现金流的**终值**）的过程称作**复利**(compounding)。第二条规则规定，为了计算现金流的终值，必须对现金流进行复利计算。

可以重复运用这一规则。假如想知道 1 000 美元在两年后的价值。如果第 2 年的利率仍为 10%，则可像刚才那样转换现金流：

1 年后的 1 100 美元×（两年后的 1.10 美元/1 年后的 1 美元）= 两年后的 1 210 美元

将这一计算过程在时间线上表示如下：

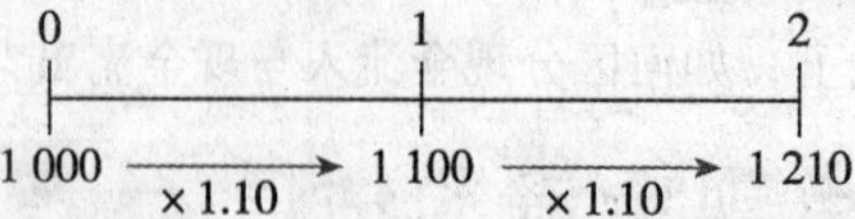

给定 10% 的利率，所有现金流——时期 0 的 1 000 美元、时期 1 的 1 100 美元、时期 2 的 1 210 美元——都是等价的。它们有相同的价值，但却以不同的单位表达（不同的时点）。指向右的箭头表明向前移动价值，也就是，对其进行复利计算。

在前面的例子中，1 210 美元为今天的 1 000 美元到两年后的终值。注意，价值随着现金流向未来的进一步移动而逐渐增长。第 3 章将今天的货币价值与未来的货币价值之差定义为货币时间价值。在此可以说，两年后的 1 210 美元等价于今天的1 000 美元。今天的货币更有价值是因为有机会对其投资。本例中，用早期得到的钱继续投资（以 10% 的回报率），未来可获得更多的货币。我们也注意到，等效值在第 1 年增长了 100 美元，第 2 年却增长了 110 美元。在第 2 年，我们是在 1 000 美元的初始本金加上第 1 年收到的 100 美元利息的基础上来赚取利息。这种“利息生利息”的效应称为**复利**(compound interest)。图 4.1 说明，随着时间的推移，通过利息生利息所赚的钱是如何增长的，以至最终超过在初始储蓄基础上计算利息所赚的钱。

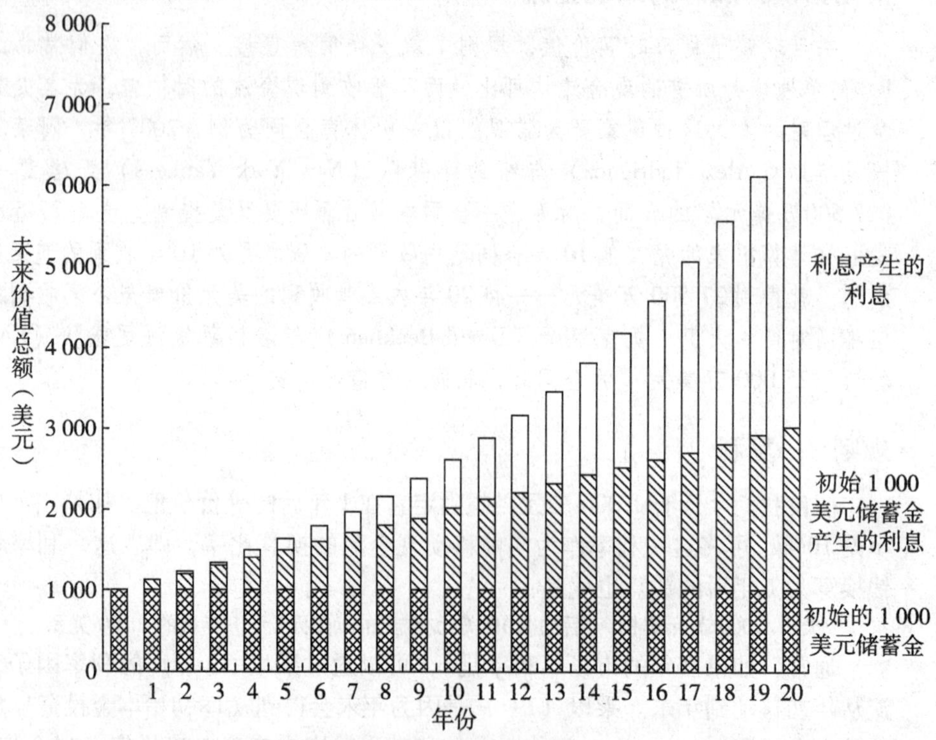

图 4.1　利息的动态构成

注：条形图说明随着时间的推移，账户余额与利息构成是如何变化的。投资者的初始储蓄金为 1 000 美元，用格纹区域表示，20 年期的利率为 10%。条纹区域代表利息生利息情况下的金额增长，灰色区域为在初始储蓄基础上计算利息的情况，到第 15 年时，前者已经高出后者很多。20 年后，利息生利息方式下投资者赚得 3 727.50 美元，而以初始 1 000 美元为基础计算利息时只赚2 000美元。

第3年的终值会怎样变化呢？继续使用同样的方法，第3次对现金流进行复利计算。假设竞争市场利率为固定的10%，可得到：

$1\,000 \times 1.10 \times 1.10 \times 1.10 = 1\,000 \times 1.10^3 = 1\,331$（美元）

通常，要计算现金流 C 在 n 期后的终值，必须用 n 期的利率因子对其进行复利计算。如果利率 r 保持不变，计算得到，

现金流的终值

$$FV_n = C \times \underbrace{(1+r) \times (1+r) \times \cdots \times (1+r)}_{n\text{次}} = C \times (1+r)^n \qquad \text{（公式 4.1）}$$

72 法则

另一种考虑复利效应的方法是，考察在给定的不同利率下，使你的钱数翻一番需要经过多长时间。假如你想知道现在的1美元增长到未来的2美元所要经过的年数。为求出年数 N，需要求解下式，

$FV = 1 \times (1+r)^N = 2$（美元）

如果你在不同的利率下求解这个方程式，你将会发现下面的近似答案：

翻一番的年数≈72÷百分比利率

这个简单的“72法则”在利率高于2%的时候，相当地精确（与确切的翻倍年数相差不到1年）。例如，如果利率是9%，则翻一番的时间大约是8年（72÷9）。事实上，$1.09^8 = 1.99$！给定9%的利率，你的钱数将每隔8年大约翻一番。

规则3：折现

第三条规则描述了如何后移现金流。假如你要计算预期将于1年后收到的1 000美元在今天的价值。如果当前的市场利率是10%，你可以像第3章中那样，通过将现金流转换成相同单位来计算这一价值：

1年后的1 000美元÷（1年后的1.10美元/今天的1美元）= 今天的909.09美元

也就是说，要将现金流向后移动，我们用利率因子（$1+r$）去除现金流，其中 r 是利率。这一确定未来现金流的今天的等效值，称作**折现**(discounting)。第三条规则规定，为了计算未来现金流在更早时点的价值，必须将其折现。

为了说明这一点，假如你预期两年后将收到1 000美元。如果两年的利率都是10%，可画出如下的时间线：

0		1		2
826.45	← ÷1.10	909.09	← ÷1.10	1 000

利率为10%时，所有现金流——0期的826.45美元、1期的909.09美元、2期的1 000美元，都是等价的。它们代表了以不同单位（不同时点）表达的相同价值。指向左的箭头表明，价值在时间线上被后移或被折现。注意，随着现金流的逐步后移，其现值在不断减少。

时间线上，未来现金流在较早时点的价值就是它在那个较早时点的现值。也即，826.45美元是两年后的1 000美元在0期的现值。回顾第3章的内容可知，现值是产生未来现金流的“自制”价格。因此，如果今天将826.45美元以10%的利率投资两

年，根据时间移动的第二条规则，将会得到 1 000 美元的终值：

0　　　　　1　　　　　2

826.45 $\xrightarrow{\times 1.10}$ 909.09 $\xrightarrow{\times 1.10}$ 1 000

假如 1 000 美元为 3 年后得到，要计算它的现值。如果利率仍是 10%，我们有，

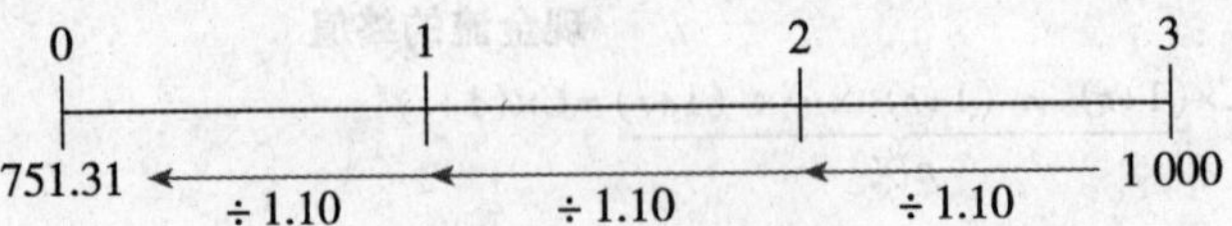

也即，3 年后的 1 000 美元现金流的今天的现值为：

1 000÷1. 10÷1. 10÷1. 10 ＝1 000÷1. 10^3 ＝751. 31（美元）

通常，要计算 n 期后的现金流 C 的现值，必须用 n 期的利率因子对其折现。如果利率 r 不变，可得到，

现金流的现值

$$PV=C\div(1+r)^n=\frac{C}{(1+r)^n}\qquad\text{（公式 4.2）}$$

例 4.2　个人理财——单一未来现金流的现值

问题：

你考虑投资 10 年后将支付 15 000 美元的储蓄债券。如果竞争市场利率每年为固定的 6%，则债券今天的价值是多少？

解答：

分析：

首先构造时间线。债券的现金流可由以下的时间线表示：

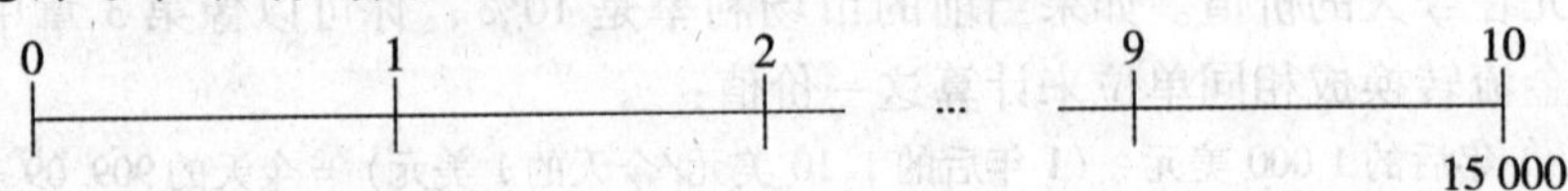

10 年后债券的价值为 15 000 美元，为确定其今天的价值，可依据公式 4.2 及 6% 的利率计算现值。

计算：

$$PV=\frac{15\ 000}{1.06^{10}}=8\ 375.92\text{（美元）}$$

使用财务计算器或 EXCEL 计算：

	N	I/Y	PV	PMT	FV
Given:	10	6		0	15,000
Solve for:			−8375.92		
Excel Formula: ＝PV(RATE,NPER,PMT,FV)＝PV(0.06,10,0,15000)					

评价：

由于存在货币时间价值，债券在今天的价值比它的最终支付少得多。

应用现金流估值规则

现金流估值规则使得我们能够比较、合并发生在不同时点的现金流。假设我们计

划在今天以及未来两年的每年年末各储蓄 1 000 美元。如果存款利率为固定的 10%，那么 3 年后能得到多少钱？

还是先构建时间线：

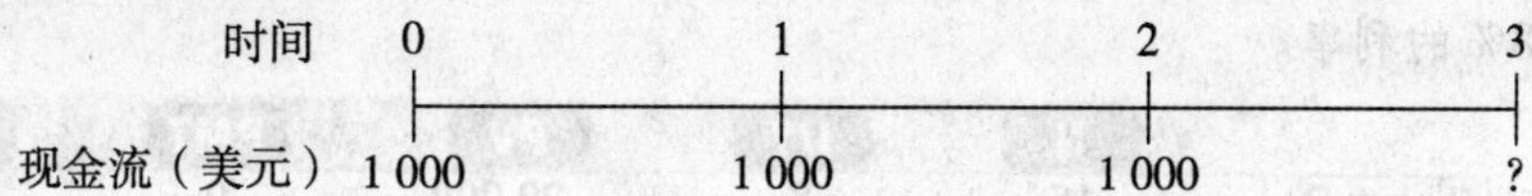

时间线显示了计划存入的三笔存款，需要计算它们在 3 年后的价值。

使用财务计算器：计算现值与终值

到目前为止，我们已经使用公式计算了现值与终值。财务计算器和电子数据表都含有这些预先设定的公式，可以快速计算。在此主要讲述财务计算器的使用方法，像 Excel 这样的电子数据表也有相似的简捷功能。

财务计算器有一整套理财专业人员经常使用的计算函数。这些函数是于如下的时间线，能处理大多数类型的贷款：

一共有 5 个变量：*N*、*PV*、*PMT*、*FV* 及利率，利率用 *I/Y* 表示。

每个函数的运算逻辑都是一样的：输入其中的 4 个变量，使得现金流的净现值等于零，即可输出第 5 个变量。

令中间支付为 0，就可计算单一现金流的现值或终值，如公式 4.1 和 4.2 所示。第 4.5 节的例子就可以使用 *PMT* 按键计算现金流。学习财务计算器的最好方法就是练习。下面给出了利用财务计算器求解的例子。本章其他可以用财务计算器求解的例子，也将涉及财务计算器的各种按键。

假如你打算以 8% 的利率在账户里存入 20 000 美元，15 年后你的账户里会有多少钱？用下面的时间线来表示这个问题：

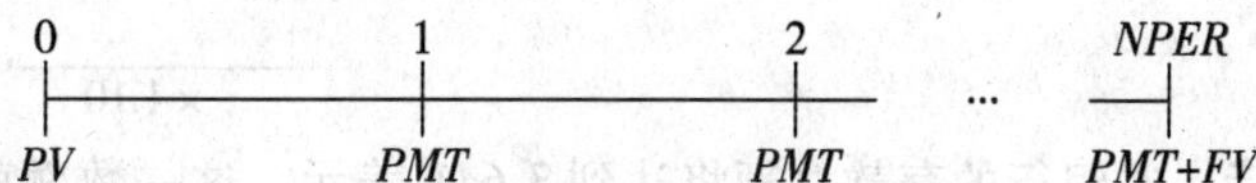

输入已知变量，*N*=15，*I/Y*=8，*PV*=−20 000，*PMT*=0，从而求解出 *FV*。特别地，对于 HP-10BII 或 TI-BAII Plus 财务计算器：

（1）输入 15 然后按 *N* 键。

（2）输入 8 然后按 *I/Y* 键（惠普计算器是 *I/YR*）。

（3）输入−20 000 然后按 *PV* 键。

（4）输入 0 然后按 *PMT* 键。

（5）按下 *FV* 键（对于得州仪器（Texas Instruments）计算器，应先按“*CPT*”，再按“*FV*”）。

计算器显示的终值为 63 443 美元。

注意，输入的 *PV* 是负数（存入银行的钱），得出的 *FV* 是正数（可从银行取出的钱）。使用财务计算器时，正确输入表示货币流向的符号非常重要。本章中你将会看到更多正确使用现金流符号的例子。

Excel 也有相同的函数，只不过变量用“N”、“NPER”及“I/Y”、“RATE”表示。同时要注意，财务计算器里输入 8 表示利率是 8%，而 Excel 中要输入 0.08，表示 8% 的利率。

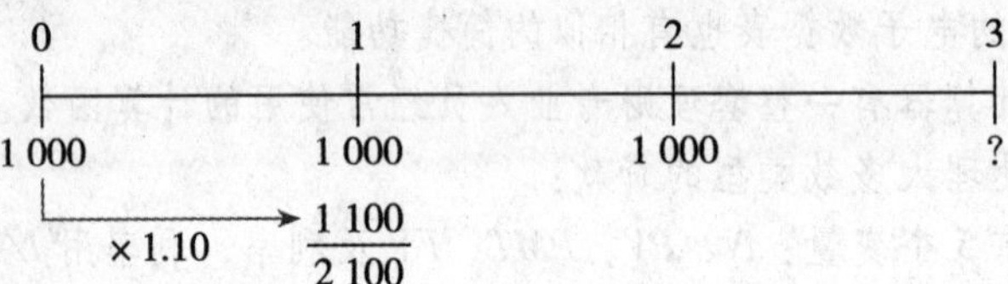

	N	I/Y	PV	PMT	FV
Given:	15	8	−20,000	0	
Solve for:					63,443
Excel Formula: =FV(0.08,15,0,−20000)					

可通过多种方式应用时间移动规则来解决这个问题。首先，将日期 0 的存款前移至时期 1。这样，它将和时期 1 的存款处于同一时期，就可以合并这两笔存款，算出它们在时期 1 的总额：

根据前两条规则，得到时期 1 的存款总额为 2 100 美元。继续应用这种方法，就能解决这一问题如下：

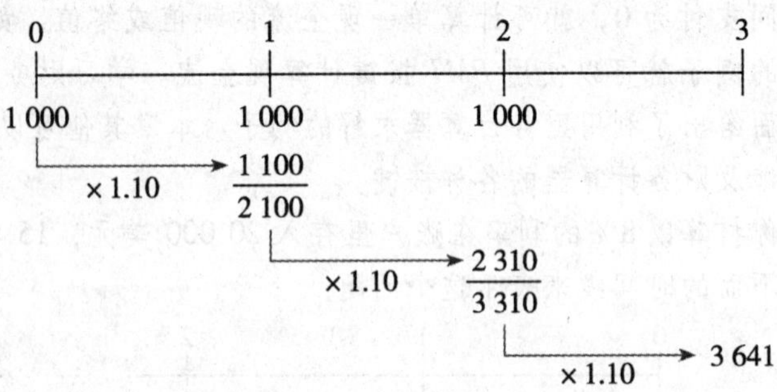

3 年后，在银行的存款总额将达到 3 641 美元。这一数额就是每期 1 000 美元储蓄存款的终值。

另一种解法是，分别计算出每笔现金流到 3 年后的终值。如果三笔存款全都折算为 3 年后的数额，就可以将它们合并。

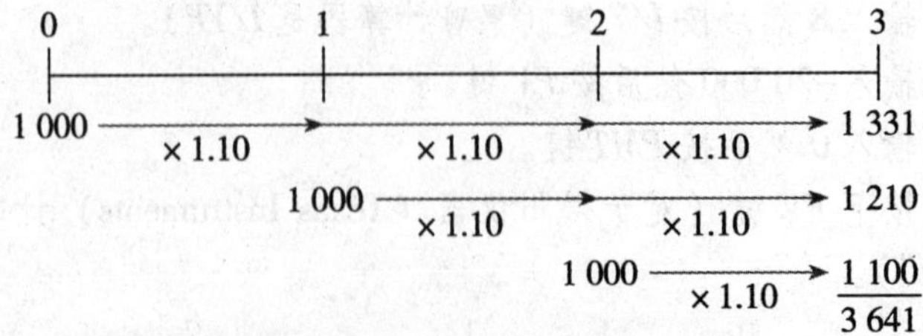

两种计算方法得到的终值是一样的。只要遵循这些规则，就会得到同样的结果，应用这些规则的顺序则无关紧要。是否更便捷是选择计算方法时的决定性因素。表 4.1 总结了关于时间移动的三条规则以及它们的相关公式。

表 4.1　现金流估值的三条规则

规则	公式
1. 只有同一时点的价值才可比较或合并	无
2. 要计算现金流的终值，需要对其进行复利计算	现金流的终值：$FV_n=C\times(1+r)^n$
3. 要计算现金流的现值，需要对其折现	现金流的现值：$PV=C\div(1+r)^n=\frac{C}{(1+r)^n}$

例 4.3　个人理财——计算终值

问题：

再来考虑前面的存款计划：打算在今天以及未来两年的每年年末各存入 1 000 美元。在固定的 10% 的利率下，3 年后我们会从银行得到多少钱？

解答：

分析：

首先构造存款计划的时间线：

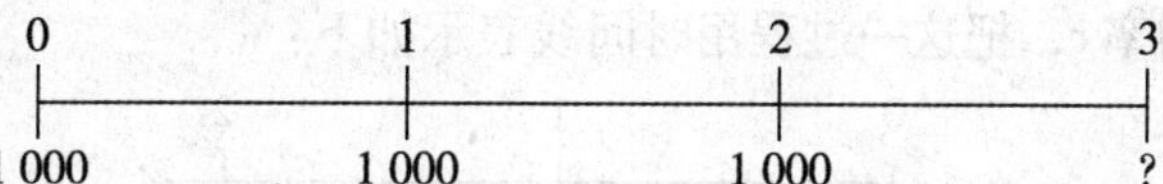

用与以前不同的方法来解决这个问题，当然仍要遵循同样的规则。首先计算这些现金流的现值，然后再计算 3 年后的价值（它的终值）。

计算：

有几种方法计算现金流的现值，在此，分别计算每一笔现金流的现值，然后再合并它们的现值。

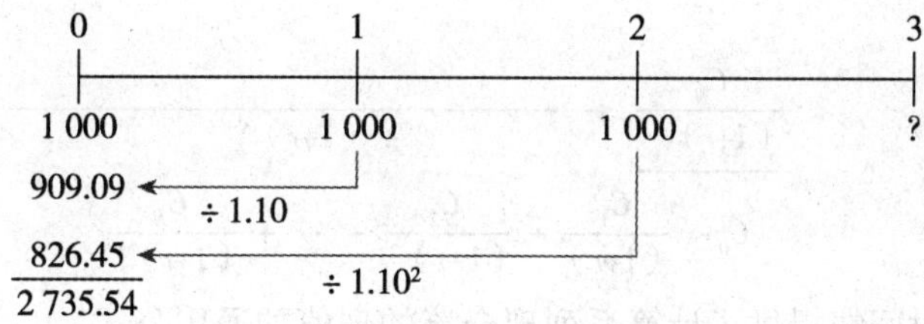

今天存入 2 735.54 美元，等价于 3 年内每年年初存入 1 000 美元。计算 2 735.54 美元在 3 年后的终值：

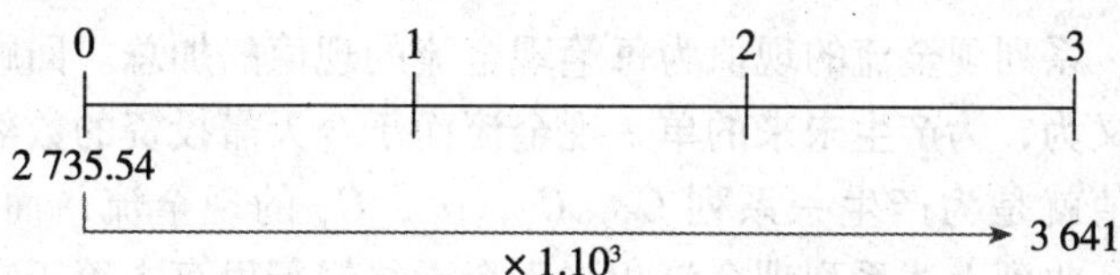

评价：

3 641 美元的结果与前面的计算结果完全一致。只要运用时间移动的三条规则，就总能得到正确的答案。

> **概念检查**
>
> 3. 你能比较或合并不同时点的现金流吗?
> 4. 计算现金流的现值或终值时需要知道什么?

4.3 系列现金流的估值

大多数投资机会都会产生不同时点上的多期现金流。第4.2节应用时间移动规则对这样的现金流估值。现在,我们要推导出系列现金流估值的程式化的通用公式。

考虑系列现金流:0期的现金流是 C_0,1期是 C_1,等等,直到 N 期的 C_N,用下面的时间线表示系列现金流:

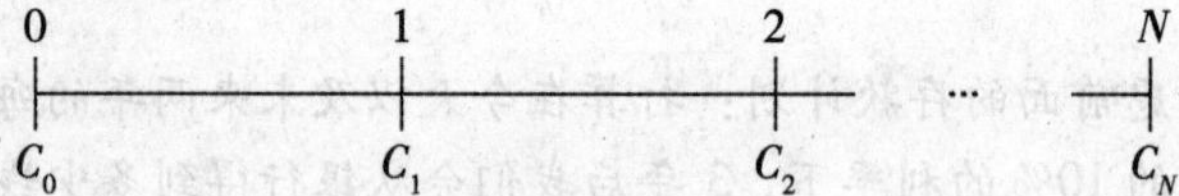

运用现金流估值规则,分两步来计算系列现金流的现值。第一步,计算每笔单一现金流的现值。第二步,所有现金流都被折算为相同的单位——今天的美元时,就可将它们合并。

给定利率 r,把这一过程用时间线表示如下:

0　1　2　…　N

C_0　C_1　C_2　C_N

$\frac{C_1}{(1+r)}$ ← $\div(1+r)$

$\frac{C_2}{(1+r)^2}$ ← $\div(1+r)^2$

⋮

$\frac{C_N}{(1+r)^N}$ ← $\div(1+r)^N$

$$C_0+\frac{C_1}{(1+r)}+\frac{C_2}{(1+r)^2}+\cdots+\frac{C_N}{(1+r)^N}$$

这一时间线提供了计算系列现金流的现值的通用公式:

$$PV=C_0+\frac{C_1}{(1+r)}+\frac{C_2}{(1+r)^2}+\cdots+\frac{C_N}{(1+r)^N} \quad \text{(公式4.3)}$$

也即,系列现金流的现值为每笔现金流的现值的加总。回顾第3章的内容,我们将现值定义为,为产生未来的单一现金流而于今天需投资的数额。本节也秉持了这一理念。现值就是为产生一系列 C_0,C_1,…,C_N 的现金流,而于今天所要投资的数额。也即,收到上述系列现金流相当于今天往银行里存入等于它们的现值的数额。

例4.4　个人理财——计算系列现金流的现值

问题:

你刚毕业,需要钱买一辆新车。你富有的亨利叔叔愿意借钱给你,前提是你毕业在4年内还清借款并且要按照他若将钱存入银行账户所能赚得的利率向他支付利息。基于你的收入和生活开支,你认为你能够在1年后偿还5 000美元,接着在以后的3

年内每年偿还 8 000 美元。如果亨利叔叔的存款利率是6%，你能从他那借到多少钱？

解答：

分析：

你向亨利叔叔承诺支付的现金流为如下所示：

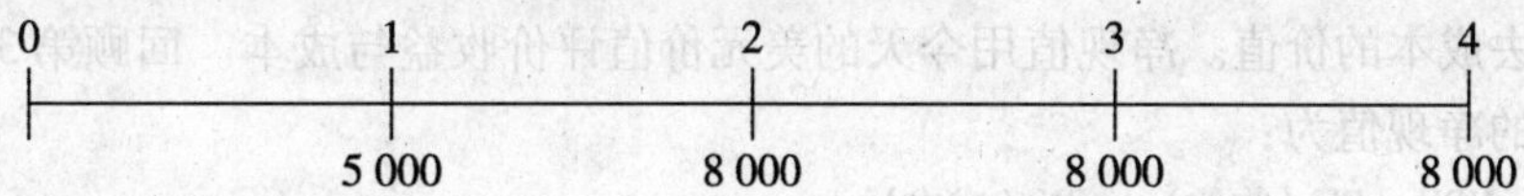

亨利叔叔现在愿意借给你多少钱呢？他愿意借给你的数额等于这些支付的现值。这一金额等于他为得到这些相同的现金流今天所要花费的数额。（1）利用公式 4.3 求解；（2）计算该数额的终值以验证答案。

计算：

（1）计算现值如下：

$$PV=\frac{5\ 000}{1.06}+\frac{8\ 000}{1.06^2}+\frac{8\ 000}{1.06^3}+\frac{8\ 000}{1.06^4}$$

$=4\ 716.98+7\ 119.97+6\ 716.95+6\ 336.75$

$=24\ 890.65$（美元）

现在假设你叔叔把这笔钱借给你，并且他每年将你还给他的钱存入银行。4 年后他会得到多少钱？

需要计算每一年存款的终值。一种方法是计算每年的银行存款余额：

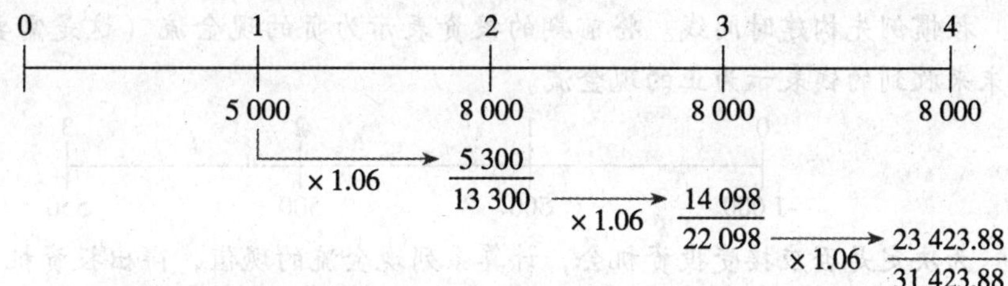

（2）为了验证这一答案，如果你叔叔现在把这 24 890.65 美元存入银行，赚得 6%的利率，4 年后他将得到，

$FV=24\ 890.65\times 1.06^4=$4 年后的 31 423.87 美元

两种方法得到的结果是一样的（由于四舍五入，误差在 1 美分之内）。

评价：

作为与你所承诺支付的交换，亨利叔叔愿意借给你 24 890.65 美元。由于货币时间价值，这一数额少于你将支付给他的总额 29 000 美元（5 000+8 000+8 000 +8 000）。

例 4.4 表明，如果要计算系列现金流的终值，你可以直接计算（例 4.4 中所用的第一种方法），也可以先计算出现值，再把它移到终点（第二种方法）。一如既往，可使用公式 4.1 计算任何现值的终值。由于这两种方法都遵循了现金流估值的规则，所以能得到相同的结果。

概念检查

5. 怎样计算系列现金流的现值？
6. 怎样计算系列现金流的终值？

4.4 系列现金流的净现值

既然已经确定了如何计算现值和终值，接下来就可以解决我们的核心目标：计算未来现金流的净现值以评估投资决策。由估值原理可知，决策的价值是其收益的价值减去成本的价值。净现值用今天的美元价值评价收益与成本。回顾第 3 章定义投资决策的净现值为：

$NPV = PV$（收益）$- PV$（成本）

在此，收益为现金流入，成本为现金流出。可以用时间线上的系列现金流来表示任何投资决策，现金流出（投资）为负的现金流，现金流入为正的现金流。投资机会的净现值也就是投资机会产生的系列现金流的现值：

$NPV = PV$（收益）$- PV$（成本）$= PV$（收益 - 成本）

例 4.5　个人理财——计算投资机会的净现值

问题：

你有如下的投资机会：如果今天投资 1 000 美元，在未来 2 年的每年年末你都将收到 500 美元，第 3 年年末收到 550 美元。如果你另投资于其他项目，每年能赚得 10% 的回报率，你应该接受这个投资机会吗？

解答：

分析：

按惯例先构建时间线。将前期的投资表示为负的现金流（这是需要支出的钱），将未来收到的钱表示为正的现金流。

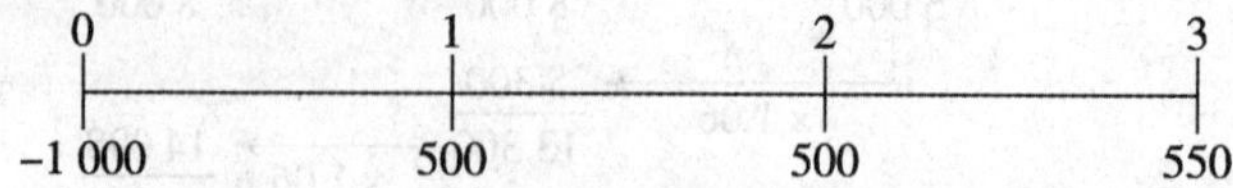

为决定是否应接受投资机会，计算系列现金流的现值，得出投资机会的净现值。

计算：

净现值为：

$$NPV = -1\,000 + \frac{500}{1.10} + \frac{500}{1.10^2} + \frac{550}{1.10^3} = 280.99 \text{（美元）}$$

评价：

净现值为正，收益大于成本，应该进行投资。的确，净现值告诉我们，接受投资机会，就相当于今天我们得到了额外的 280.99 美元可供花费。为了说明这一点，假设你现在借入 1 000 美元进行这项投资，并且又额外借入 280.99 美元供你花费。3 年后，为今天这笔 1 280.99 美元的借款，你要还多少钱？在 10% 的利率下，你的欠款总额将为：

$FV =（1\,000 + 280.99）\times 1.10^3 = 3$ 年后的 1 705 美元

同时，投资将会产生现金流。如果你将这些现金流存入银行账户，3 年后，你的存款将为多少？存款的终值为：

$FV =（500 \times 1.10^2）+（500 \times 1.10）+ 550 = 3$ 年后的 1 705 美元

正如你所看到的，你可以用银行存款来偿还贷款。采纳这一投资机会，将使得你现在可以消费 280.99 美元，而不需要付出任何额外成本。

我们基本上实现了本章开头所定的目标：财务经理应该怎样评估一项项目？我们已经给出了评价项目现金流的工具，说明了如何计算持续时间超过 1 期的投资机会的净现值。在实践中，当现金流超过 4 笔或 5 笔（大多数投资项目都是这样）时，计算就会变得很繁琐。幸好，有一些特殊形式的现金流不需要分别折现每一笔现金流。下一节本书将推导计算这些特殊形式现金流的简捷方法。

概念检查

7. 公司接受净现值为正的项目，会得到什么好处？
8. 怎样计算系列现金流的净现值？

4.5 永续年金、年金以及其他特殊形式的现金流

迄今推导出的公式可以计算任何系列现金流的现值或终值。在这一节，我们考虑两类现金流——永续年金和年金，研究对它们估值的简捷方法。简捷方法之所以存在，是因为这些现金流遵循有规律的模式。

永续年金

永续年金(perpetuity）为定期发生的一系列相等的现金流，并且永无终结。被称作**统一公债**(或永续债券）的英国政府债券就是一种永续年金。永续债券承诺每年向债券持有者支付固定的现金流，直到永远。

这是永续年金的时间线：

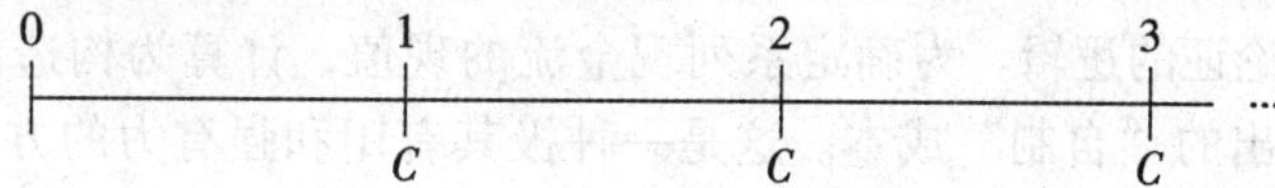

注意在时间线上，第 1 笔现金流并不是现时即刻发生的；它出现在第 1 期的期末。这一时机安排有时被称作延期支付，这种现金流模式是偿还贷款或其他情形计算中的标准惯例，故本书自始至终采用这种现金流模式。

根据现值计算公式，支付额为 C，利率为 r 的永续年金的现值由下面的表达式给出：

$$PV=\frac{C}{(1+r)}+\frac{C}{(1+r)^2}+\frac{C}{(1+r)^3}+\cdots$$

注意，永续年金的现金流为常数，因此所有的现金流（公式里的 C）都是相同的。而且，第 1 笔现金流出现在第 1 期的期末，故 0 时点没有现金流（$C_0=0$）。

从字面上理解，折现每期的现金流以找到永续年金的价值，是永远都无法完成的！你或许会怀疑，即便有简捷方法，这些无限期的正的现金流的总和怎么会是有限的呢？答案是，未来现金流的折现时期数持续增加，导致它们对现值总和的影响最终变得可以忽略不计。

为推导出简捷方法，我们自行构造永续年金，计算其价值。根据估值原理，永续年金的价值一定等于为构造永续年金所发生的成本，借此就可计算出永续年金的现值。举例说明，假如你以 5% 的年利率永久性地存入银行账户 100 美元。在第 1 年年末，你的银行账户里就会有 105 美元——最初投入的 100 美元加上 5 美元的利息。假

如你取回这5美元的利息，并将剩余的100美元再投资1年。1年后，你会再次拥有105美元，你可以取回5美元并将100美元再一次地投资1年。年复一年地这样做，你就可收到每年5美元的永续年金：

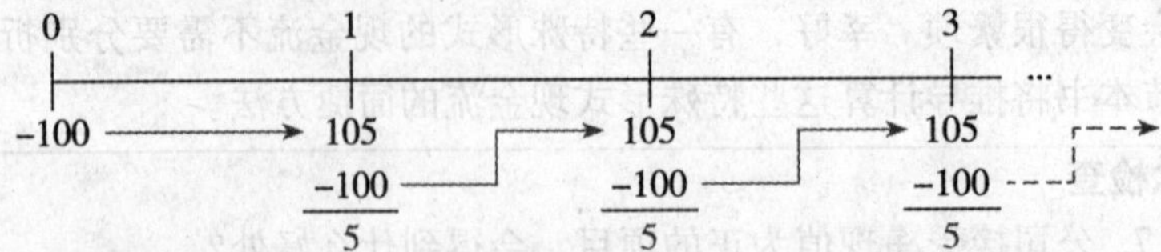

事实上，当你前往银行存入100美元，就能构造出每年得到5美元支付的永续年金。第3章中的一价定律告诉我们，在所有市场上，同样的现金流必然具有同样的价格。由于银行愿意以100美元的价格将这一永续年金“卖”给我们（允许我们构造它），那么每年5美元的永续年金的现值，就是我们为“自制”这一永续年金所发生的100美元成本。

把这一结论一般化。假设向银行投资的数额为P，利率为r。每年都可取回赚得的利息$C=r\times P$，把本金P继续留在银行账户中。构造永续年金的成本是初始投资额本金P，收到的永续年金C的现值因此是初始成本P。重新整理$C=r\times P$，得到$P=C/r$。所以有，

永续年金的现值

$$PV\text{（每期支付为 }C\text{ 的永续年金）}=\frac{C}{r} \qquad \text{（公式 4.4）}$$

现在往银行存入C/r的金额，就可以永久地每期都收到$C/r\times r=C$的利息。

注意论证的逻辑。为确定系列现金流的现值，计算为构造出同样现金流（在银行）而付出的“自制”成本。这是一种极其有用和强有力的方法，比加总无限期的现金流的方法更简单、更快捷！

历史上的永续年金例子

公司有时候会发行他们称作永续年金的债券，但事实上，那并非真正的永续年金。例如，根据《道琼斯国际新闻》（2004年2月26日）的报道，2004年，韩国第一银行以“无固定到期日的永续债券”的形式，出售了价值3亿美元的债券。尽管债券没有固定到期日，韩国第一银行有权于10年后也即2014年赎回债券，也有权在2014年后，将债券的到期日再延长30年。尽管该债券没有固定的到期日，它最终还是会到期的——不是10年后就是40年后。由于该债券没有永久性地支付利息，所以它并不是真正的永续年金。

某些曾经首次发行过的债券为永续债券。至今仍在支付利息、最早发行的永续债券，是由名为Hoogheemraadschap Lekdijk Bovendams的，一个17世纪时负责维护当地堤防的荷兰水利管理机构发行的。这一世上最古老的债券的发行可追溯到1624年。耶鲁大学的两位财务学教授，威廉·戈茨曼（William Goetzmann）和吉尔特·鲁文豪斯特（Geert Rouwenhorst），亲身验证了这一债券仍旧在支付利息。以耶鲁大学的名义，他们在2003年7月1日购买了一份这样的债券，并领取了26年的补付利息。该债券在1648年发行时，最初的利息是用加洛斯基尔德（Carolus guilders，一种旧时的

荷兰盾）支付的。在其后的355年里，利息支付的币种先后变成了佛兰芒英镑（Flemish pounds）、荷兰盾（Dutch guilders）以及最近的欧元（euros）。当前，该债券每年支付的利息是11.34欧元。

尽管这种荷兰债券是现存的最早的永续年金，但最早的永续年金比荷兰债券还要早。例如，具备永续年金和年金形式的人口普查协议（cencus agreement）与年金（rentes，法国的年金或公债），早在12世纪就已经在意大利、法国和西班牙发行。它们最初是为规避天主教会的高利贷法案而设计的：它们不要求偿还本金，因此在教会眼里，就不会被视为贷款。

例4.6　个人理财——捐赠永续年金

问题：

假如你想为母校每年举行的毕业聚会捐款。你想使这一事件具有纪念意义，于是你预计永久性地每年为聚会捐赠30 000美元。如果这所大学能用这笔钱赚得8%的年回报率，现在你要为聚会捐赠多少钱？

解答：

分析：

你要提供的现金流的时间线为如下所示：

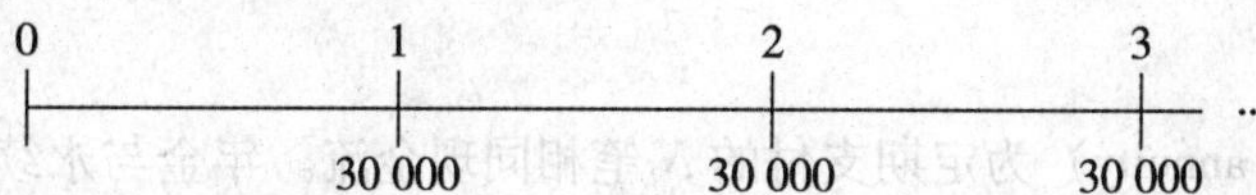

这是标准的每年支付30 000美元的永续年金。为了将来以永续年金的形式为母校提供资金，你现在要一次性捐赠的数额就是未来这一系列现金流的现值。

计算：

由永续年金现值公式可得到：

$PV = C/r = 30\ 000/0.08 =$ 今天的375 000美元

评价：

如果现在你捐赠375 000美元，且如果大学将这笔钱以8%的年利率永久性地投资，则毕业生每年都会有30 000美元用于举行毕业聚会。

常见错误：多次折现

永续年金公式假定第1笔支付发生在第1期的期末（在时期1）。有时，永续年金的初始现金流发生得迟一些。在这种情形下，可以改写永续年金公式来计算现值，但要谨慎，以避免一种常见错误。

举例说明，考虑例4.6所描述的为毕业聚会捐赠的决策。假设第1次聚会不是现在立即举行，而是自现在起的两年后才举办。这种延迟会改变捐赠额吗？

现在新的时间线是这样的：

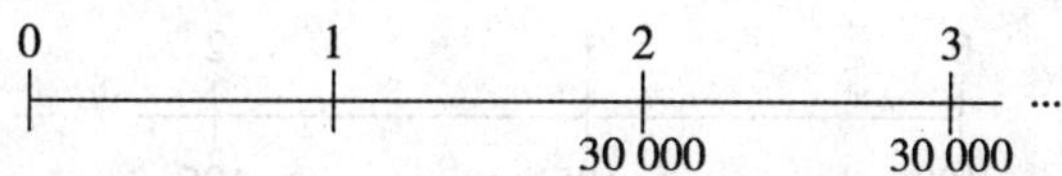

要想知道现在需要为未来的聚会准备多少资金，就要确定这些现金流的现值。我们不能直接应用永续年金公式，因为这些现金流与我们所定义的永续年金不完全一

样。具体而言，第 1 期的现金流“消失了”。但是考虑在时期 1 的情形——自时点 1 开始，第 1 次聚会是在经过 1 期间隔之后，且以后的现金流都为定期发生的。站在时点 1 来看，这一系列现金流构成了永续年金，于是可以直接应用永续年金公式。由先前的计算可知，在时期 1 需要有 375 000 美元，才足够为从时期 2 开始举办的聚会提供资金。重画时间线如下：

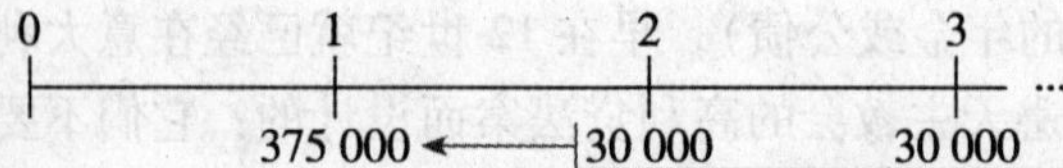

现在的目标可简单地重新表述为：为了在 1 年后得到 375 000 美元，现在要投资多少？这是一个简单的现值计算：

现值 =375 000 美元/1.08 =今天的 347 222 美元

一个易犯的错误就是，由于第 1 次聚会是在两期后，所以将 375 000 美元折现两次。记住，永续年金的现值计算公式，已经将现金流折现到第 1 笔现金流的前 1 期了。要记住，这种常见错误可能容易出现在永续年金、年金以及本节所讨论的所有其他特殊形式现金流的现值计算中。所有这些公式都是将现金流折现到第 1 笔现金流的前 1 期的时点上。

年金

年金(annuity) 为定期支付的 N 笔相同现金流。年金与永续年金的区别在于，年金在经过某个固定次数的支付之后就会结束。大多数汽车贷款、抵押贷款及一些债券都是年金。用如下的时间线来表示年金的现金流。

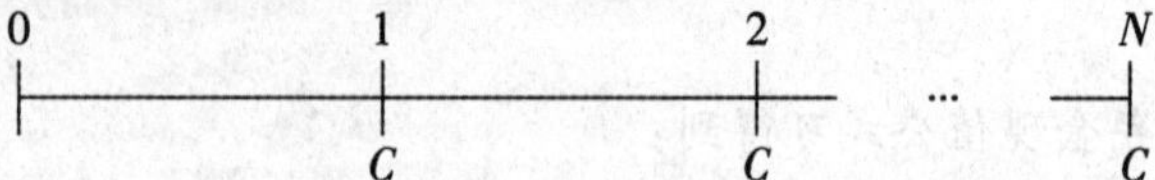

注意，与永续年金一样，按惯例约定，第 1 笔支付发生在时期 1，即从现在起的 1 个期间（间隔）后。每期支付为 C、利率为 r 的 N 期年金的现值为：

$$PV=\frac{C}{(1+r)}+\frac{C}{(1+r)^2}+\frac{C}{(1+r)^3}+\cdots+\frac{C}{(1+r)^N}$$

年金的现值。为得出一个更简便的公式，仍然采用与推导永续年金现值公式一样的办法：找到一种方法构造年金。举例说明，假设你向银行账户存入 100 美元，存款利率为 5%。1 年后，你的银行账户里将有 105 美元——最初投入的 100 美元加上 5 美元的利息。运用与构造永续年金一样的策略，假如你取回 5 美元的利息，将剩余的 100 美元再投资 1 年。1 年后你将再次得到 105 美元，你可不断地重复这一过程，每年取回 5 美元，再投资 100 美元。对永续年金而言，你将本金永远留存在银行。你也可有其他的选择，例如，你也许决定到 20 年后注销银行账户，取回本金。那样的话，你的现金流将变成：

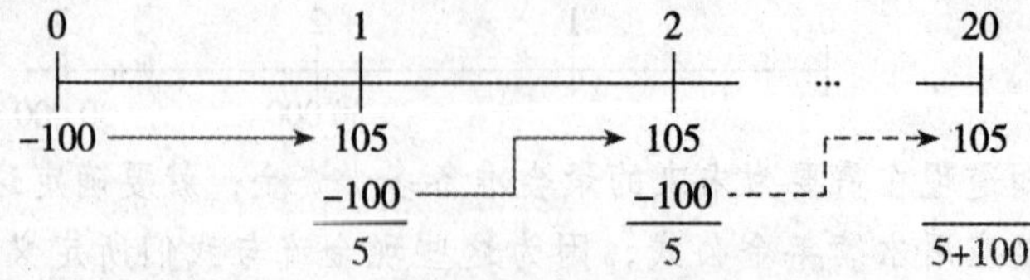

以初始 100 美元的投资，就可构造出这样的现金流：每年收到 5 美元的 20 年期的年金，再加上 20 年后将收到的额外的 100 美元。根据估值原理，为构造上述现金流，你需要初始投资 100 美元，于是，这些现金流的现值就应该为 100 美元，或者，

100 美元 = PV（每年支付 5 美元的 20 年期年金）+ PV（20 年后的 100 美元）

因此，如果现在投资 100 美元，20 年内每年会收到 5 美元，再加上 20 年后将收到的 100 美元，现金流表示如下：

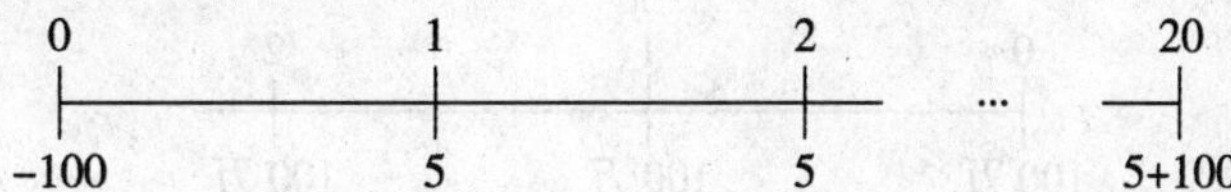

重新整理得，每年支付 5 美元的 20 年期年金的成本等于 100 美元减去 20 年后的 100 美元的现值。

$$
\begin{aligned}
PV\text{（每年支付 5 美元的 20 年期年金）} &= 100 - PV\text{（20 年后的 100 美元）} \\
&= 100 - 100/1.05^{20} \\
&= 100 - 37.69 \\
&= 62.31\text{（美元）}
\end{aligned}
$$

0　1　2　…　20

-100　5　5　5+100

减去 20 年后的 100 美元，剩余的现金流为：

-62.31　5　5　…　5

每年 5 美元的 20 年期年金的现值是 62.31 美元。直观地看，年金的价值就是，银行账户的初始投资减去 20 年后留在账户中的本金的现值。

每年收到的 5 美元是 100 美元的利息，可以写作 100×0.05 = 5 美元。重新整理后得到，100 = 5/0.05。如果用 5/0.05 替代上面公式中的 100，那么，年金的现值变为现金流（5 美元）、折现率（5%）和期数（20）的函数：

$$
PV\text{（每年支付 5 美元的 20 年期年金）} = \frac{5}{0.05} - \frac{\frac{5}{0.05}}{(1.05)^{20}} = \frac{\overset{C}{5}}{0.05}\left(1 - \frac{1}{(1.05)^{\overset{N}{20}}}\right)
$$

$$
= 5 \times \frac{1}{0.05}\left(1 - \frac{1}{(1.05)^{20}}\right) \quad (r)
$$

这种方法之所以有用，是因为已知年金的现金流、折现率和期数时，最想知道年金的现值。用一般公式表示每期支付为 C 的 N 期年金的现值为：

年金的现值

$$
PV\text{（}N\text{ 期、利率为 }r\text{ 的年金 }C\text{）} = C \times \frac{1}{r}\left(1 - \frac{1}{(1+r)^N}\right) \qquad \text{（公式 4.5）}
$$

例 4.7　个人理财——彩票奖金年金的现值

问题：

假如你幸运地中得 3 000 万美元的州彩票奖。对于奖金的领取你可以有两种选

择：(a) 从现在开始，每年领取100万美元，领取30年；(b) 现在一次性领取1 500万美元。如果利率是8%，你应该选择哪一种方式？

解答：

分析：

选择（a）为你提供了全部的3 000万美元奖金，但要分期支付。为了正确地评估这一选择，需要把它转换为现值。时间线如下：

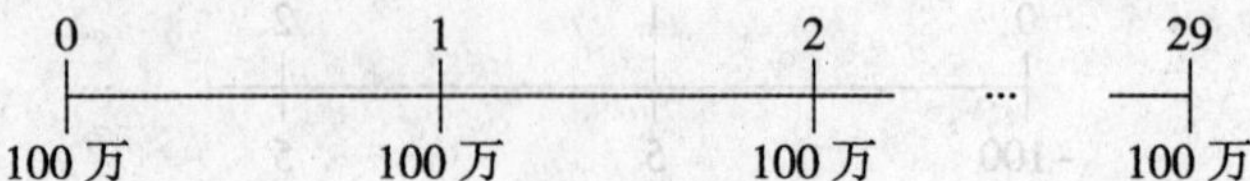

第1笔支付就发生在今天，所以最后一笔奖金要在第29年年末支付（总共为30笔支付）。[①] 时期0的100万美元已经表示为现值的形式了，我们要计算其余支付的现值。幸运的是，本例看起来就像每年支付100万美元的29年期的年金，故可应用年金公式。

计算：

$$PV\text{（29 年期的 100 万美元年金）} = 100\text{ 万}\times\frac{1}{0.08}\left(1-\frac{1}{1.08^{29}}\right)$$

$$=100\text{ 万}\times 11.16$$

$$=\text{今天的 1 116 万美元}$$

现金流的总现值为100万+1 116万=1 216万美元。以时间线表示为：

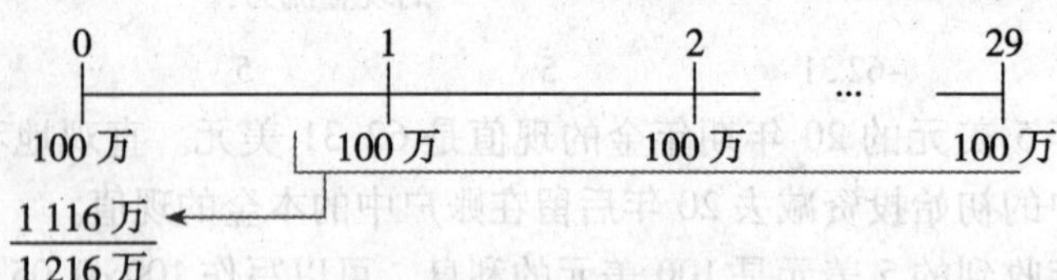

如果选择（b）方案，现在就能得到的1 500万美元更有价值，尽管选择（b）得到的支付总额仅为选择（a）的一半（不考虑货币时间价值时的情形）。

财务计算器或 Excel 能够更容易地计算年金——将年金现金流作为 *PMT* 输入即可：

	N	I/Y	PV	PMT	FV
Given:	29	8		1,000,000	0
Solve for:			−11,158,406		
Excel Formula: =PV(RATE,NPER,PMT,FV)=PV(0.08,29,1000000,0)					

财务计算器和 Excel 得出的结果均为29年期支付的现值（1 116万美元），还要在此基础上加上第一次支付的100万美元。

评价：

这种差别的原因在于货币时间价值。如果你现在拥有1 500万美元，你可以立即消费100万美元，将余下的1 400万美元以8%的利率投资。这一策略将使你得到每年112万美元（1 400万×8%）的永续年金！你也可于当前消费384万美元

① 第1笔支付在现时立即发生的年金，有时被称作即付年金。在本书中，“年金”通常指的是延迟至期末支付的年金（普通年金）。

(1 500 万-1 116 万)，再将剩余的 1 116 万美元进行投资，在你的账户资金耗尽之前的未来 29 年里，这笔投资将给你带来每年 100 万美元的回收额。

年金的终值。既然已经推导出计算年金现值的简单公式，年金终值公式就很容易得出了。如果想知道未来 N 年后的价值，在时间线上将现值向前移动 N 期即可。

0	1	2	…	20
	C	C		C

$$PV=\frac{C}{r}\left(1-\frac{1}{(1+r)^N}\right) \rightarrow FV=\frac{C}{r}\left(1-\frac{1}{(1+r)^N}\right)\times(1+r)^N$$

如时间线所示，将现值以利率 r 复利 N 期：

年金的终值

$$\begin{aligned} FV\text{（年金）} &= PV\times(1+r)^N \\ &= \frac{C}{r}\left(1-\frac{1}{(1+r)^N}\right)\times(1+r)^N \\ &= C\times\frac{1}{r}\left((1+r)^N-1\right) \end{aligned} \qquad \text{（公式 4.6）}$$

这个公式对于了解储蓄存款账户如何随时间增值，以及投资者如何于每期储蓄相同数额的钱很有用处。

例 4.8　个人理财——退休储蓄计划年金

问题：

艾伦（Ellen）今年 35 岁，她觉得是时候为退休做打算了。在她 65 岁之前的每年年末，她都将向退休账户里存入 10 000 美元。如果存款的年利率为 10%，艾伦到她 65 岁时将攒下多少钱？

解答：

分析：

还是一样，先建立时间线。本例中，在时间线上同时标记日期和艾伦的年龄是很有用的：

35	36	37		65
0	1	2	…	30
	10 000	10 000		10 000

艾伦的存款计划看起来像是每年 10 000 美元的 30 年期的年金。（提示：如果只看年龄而不同时看日期的话，就很容易困惑。常见的错误是认为只有 29 次（65-36）支付。而同时写下日期和年龄就可以避免这个错误）

为确定艾伦到 65 岁时银行账户的余额，计算这项年金的终值。

计算：

$$FV=10\,000\times\frac{1}{0.10}(1.10^{30}-1)$$

$$=10\,000\times164.49$$

= 65 岁时的 164.5 万美元

使用财务计算器或 Excel：

	N	I/Y	PV	PMT	FV
Given:	30	10	0	−10,000	
Solve for:					1,644,940
Excel Formula: =FV(RATE,NPER, PMT, PV)=FV(0.10,30,−10000,0)					

评价：

30 年期每年投资 10 000 美元（共 300 000 美元），赚取利息，复利后得到她退休时将攒下 164.5 万美元。

增长的现金流

到目前为止，我们只考察了每期现金流都相等的系列现金流。如果预期每期现金流都以一个固定的比率增长，也可推导出计算这类现金流的现值的简单公式。

永续增长年金。永续增长年金（growing perpetuity）为一系列定期发生的、以固定的比率永久性增长的现金流。例如，第 1 笔支付为 100 美元，并以每期 3% 的比率增长的增长型永续年金的时间线如下：

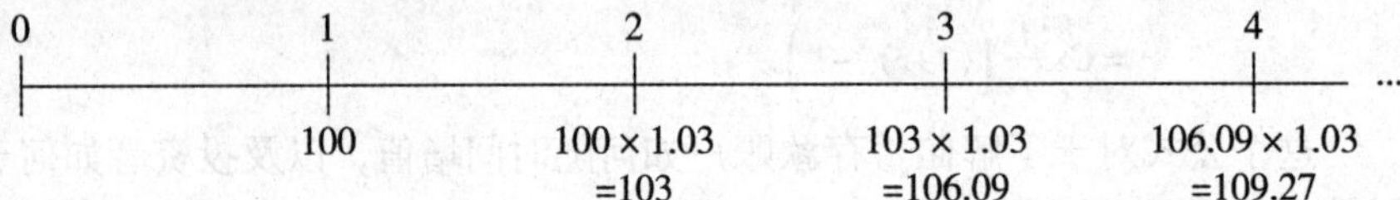

为推导永续增长年金的现值公式，我们沿袭推导普通永续年金的现值的逻辑思路：计算为了自行构造永续年金，当前需要存入银行账户的数额。在普通永续年金的情形下，我们通过取回每年获得的利息并将本金再投资的方式，构造出永久性的固定支付。为了增加每年可以收回的金额，则每年再投资的本金必须保持增长。可通过每期少收回一些利息（在普通永续年金情形下，每期收回赚得的全额利息），将余下的利息用于增加本金的方法来达到这一目的。

考虑一个具体的例子。假如你想构造增长率为 2% 的永续年金，你向银行账户存入 100 美元，每年获得 5% 的利息。第 1 年年末，你的银行账户余额将达到 105 美元——最初投入的 100 美元加上 5 美元的利息。如果你仅取回 3 美元，你就会有 102 美元用于再投资，比你的初始投资多出 2%。到下一年年末，存款余额将增长到 107.10 美元（102×1.05），那时你则可取回 3.06 美元（3×1.02），留在账户里的本金为 104.04 美元（107.10 −3.06）。注意到，104.04 美元（102×1.02）。也就是说，你的回收额与再投资的本金额每年都以 2% 的比率增长。在时间线上，这些现金流为如下所示：

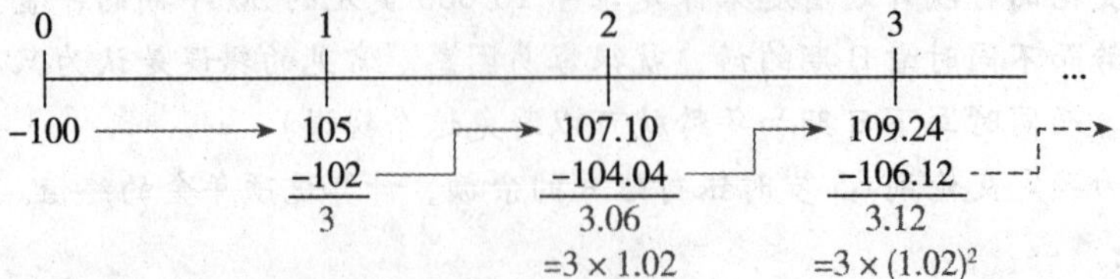

采用这种策略，你就可构造出初始支付为 3 美元、每年的增长率为 2% 的增长型永续年金。这一增长型永续年金的现值必定等于其 100 美元的成本。

可将这一结论一般化。如果想要每年的回收额以 g 的比率增加，则本金也要随之以 g 的比率增长。也就是说，在第 2 年，我们不应再投资 P，而应该再投资 P（$1+g$）

$=P+gP$。为使本金增加 gP，需要将利息中金额为 gP 的部分留在账户里，总利息为 rP，只应收回 $rP-gP=P(r-g)$。这里列示了本例中第 1 年的情形：

初始储蓄	100 美元	P
赚得的利息	0.05×100	rP
需要增加本金的数额	0.02×100	gP
回收额（增长型永续年金）	$0.05\times100-0.02\times100=100\times(0.05-0.02)$	$rP-gP=P(r-g)$

用 C 表示回收额，可知 $C=P(r-g)$。公式中的 P 为银行账户的初始存款额，也即初始现金流为 C 的增长型永续年金的现值：①

永续增长年金的现值

$$PV（永续增长年金）=\frac{C}{r-g} \quad （公式 4.7）$$

为了更直观地理解永续增长年金的现值计算公式，还是从普通永续年金的现值公式开始说起。在前面的例子中，你要往银行存入足够的钱，以确保赚得的利息与普通永续年金的现金流相匹配。在增长型永续年金的例子中，与普通永续年金相比，你需要存入银行更多的钱，这是因为你要为未来现金流的增长提供资金。要多存多少钱呢？若银行以 5% 的利率支付利息，如果你要确保本金每年以 2% 的速度增长，则要取出的金额就是 3%（5%−2%）的差额。因此，要计算永续增长年金的现值，不像普通永续年金的现值那样，为第 1 笔现金流除以利率，而是除以利率和增长率的差值。

例 4.9　个人理财——捐赠永续增长年金

问题：

例 4.6 中，你计划为母校每年举办毕业聚会捐赠一笔钱，每年举办一次的毕业聚会需要 30 000 美元。给定 8% 的年利率，当前需要捐赠的数额就等于永续年金的现值：

$PV=30\ 000/0.08=375\ 000$（美元）

然而，在接受捐赠之前，学生会考虑未来通货膨胀因素对举办聚会成本的影响后，请求你增加捐款额。30 000 美元对于举办明年的聚会来说是足够了，不过学生们估计举办聚会的成本以后将会逐年增长 4%。为满足他们的要求，你现在需要捐多少钱？

解答：

分析：

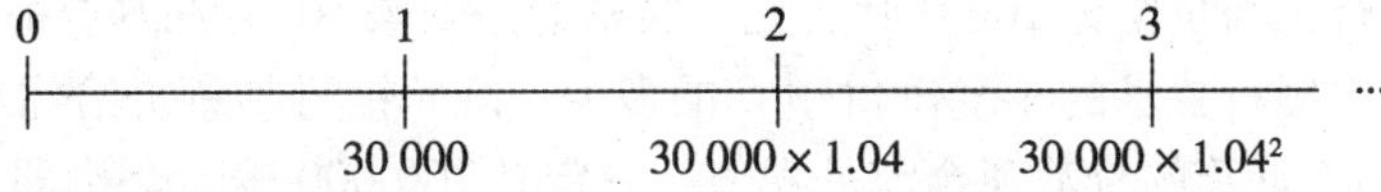

明年的聚会费用为 30 000 美元，从那以后，费用将永久性地逐年增长 4%。由时间线可见，这是增长型永续年金模式。

计算：

为给不断增长的成本融资，需要提供的现值为：

① 假设 $g\geq r$。那么，现金流的增长速度比它们的折现速度还要快；每一期的现金流累积都在逐渐增大，而不是减少。在这种情况下，总和为无穷大！无穷大的现值意味着什么？记住，现值是为构造现金流而付出的“自制”成本。无穷大的现值意味着，不管你投入多少钱，你都不可能独自复制出那些现金流。这种增长型永续年金在现实中不可能存在，因为没有人愿意以有限的价格提供这样的永续年金。保证现金流永远以高于利率的速度增长下去的承诺也不太可能坚守下去（或使理性的购买者相信）。唯一可行的永续增长年金，是那些增长速度低于利率（折现速度）的永续年金。对于永续增长年金，我们假定 $g<r$。

$PV=30\,000/(0.08-0.04)=750\,000$（美元）

评价：

你的这份礼物为原先的两倍！

概念检查

9. 无限期系列现金流的现值是有限的，该事实背后隐含的直觉是什么？

10. 如何计算它们的现值？

a. 永续年金；

b. 年金；

c. 永续增长年金。

4.6 求解除现值或终值以外的其他变量

到目前为止，我们已经计算了系列现金流的现值或终值。但有时候，知道现值或终值，却不知道其他某个变量，该变量此前曾被作为输入变量。例如，当你借款时，你知道你要借的金额，但却不知道每期要偿还的金额。或者，如果你存款，你可能想知道，要使银行账户余额达到某一特定数额，需要经过多长时间。在这些情况下，我们把现值和/或终值作为输入变量，然后求解想知道的变量。本节考查几个特殊的例子。

求解现金流

考虑一个例子，知道投资的现值，但不知道现金流。最好的例子是借款，你知道你想要借多少（现值），也知道利率，但你不知道每年要偿还多少钱。假如你要开一家公司，需要初始投资100 000美元。银行同意贷给你这笔钱。贷款合同规定，在未来的10年里，你每年末要等额地定期偿款贷款，贷款的年利率为8%，第1笔偿付的时间为从今天起的第1年年末。你每年的偿付额为多少？

从银行的角度看，时间线是这样的：

0	1	2	…	10
-100 000	C	C		C

银行当前贷给你100 000美元，换来的是未来10年内你于每年年末的等额偿付。你要确定银行要求的年度偿付额 C 的多少。既然银行愿意贷给你100 000美元，则以8%的利率计算的贷款现金流的现值，一定是100 000美元。也即：

100 000=PV（年偿付额为 C 的10年期年金，以贷款利率评估）

根据年金现值公式，有

$$100\,000=C\times\frac{1}{0.08}\left(1-\frac{1}{1.08^{10}}\right)=C\times 6.71$$

对上式求解 C，得到：

$$C=\frac{100\,000}{6.71}=14\,903\text{（美元）}$$

为得到今天的100 000美元借款，未来10年内，每年末你都要向银行偿付14 903美元。

也可用财务计算器或 Excel 求解：

	N	I/Y	PV	PMT	FV
Given:	10	8	100,000		0
Solve for:				−14,903	
Excel Formula: =PMT(RATE,NPER,PV,FV)=PMT(0.08,10,100000,0)					

通常，解决贷款偿付问题时，将借入的金额（贷款本金）看做偿付的现值。如果贷款的偿付是以年金的形式进行的，则可通过倒推年金公式来求解偿付额。本金为 P、每期都偿付 C、共偿付 N 期、利率为 r 的银行贷款偿付额的一般计算公式为：

贷款的偿付额

$$C=\frac{P}{\frac{1}{r}\left(1-\frac{1}{(1+r)^N}\right)} \qquad \text{（公式 4.8）}$$

例 4.10　计算贷款的偿付额

问题：

你公司打算花 100 000 美元购买一个仓库。银行为你提供一笔每年末要等额偿付、年利率为 8% 的 30 年期贷款。银行要求你支付 20% 的买价作为定金，于是你只能借到 80 000 美元。每年的贷款偿付额为多少？

解答：

分析：

先构建时间线（从银行的角度）：

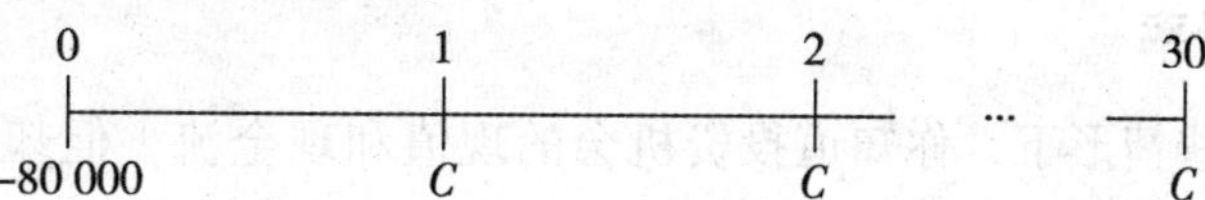

根据公式 4.8，给定 $N=30$，$r=8\%$，$P=80\,000$ 美元，可求出贷款偿付额 C。

计算：

由公式 4.8 求解出如下的偿付额（现金流）：

$$C=\frac{P}{\frac{1}{r}\left(1-\frac{1}{(1+r)^N}\right)}=\frac{80\,000}{\frac{1}{0.08}\left(1-\frac{1}{1.08^{30}}\right)}$$

$=7\,106.19$（美元）

用财务计算器或 Excel 计算：

	N	I/Y	PV	PMT	FV
Given:	30	8	−80,000		0
Solve for:				7106.19	
Excel Formula: =PMT(RATE,NPER,PV,FV)=PMT(0.08,30,−80000,0)					

评价：

你每年要支付 7 106.19 美元来偿还贷款。银行愿意接受这些偿付额是因为，每年按 8% 的利率偿付 7 106.19 美元，30 年期支付额的现值正好等于银行今天借给你的 80 000 美元。

若知道终值而非现值，可用同样的思路求解现金流。例如，假如你刚大学毕业，你深谋远虑，要从今年开始为房屋首付存钱。你预计从现在起 10 年后，储蓄总额将达到 60 000 美元。如果存款的年利率为 7%，为达到你的目标，你每年要存多少钱？

这个例子的时间线是这样的：

0	1	2	…	10
	$-C$	$-C$		$-C$
				60 000

也就是说，你计划每年存入 C，10 年后从银行一次性取回 60 000 美元。我们要找出 10 年后终值为 60 000 美元的年金支付。根据公式 4.6 的年金终值公式：

$$60\ 000 = FV\text{（年金）} = C\times\frac{1}{0.07}\times\left(1.07^{10}-1\right) = C\times 13.816$$

$$C=\frac{60\ 000}{13.816}=4\ 343\text{（美元）}$$

即你每年要存 4 343 美元。如果你这样做，按 7% 的存款利率，10 年后当你买房子时，你的存款将会增长到 60 000 美元。

再用财务计算器或 Excel 求解：

	N	I/Y	PV	PMT	FV
Given:	10	7	0		60,000
Solve for:				−4343	
	Excel Formula: =PMT(RATE,NPER,PV,FV)=PMT(0.07,10,0,60000)				

结果仍然是 4 343 美元。

内含回报率

在有些情形下，你知道投资机会的现值和现金流，但却不知道使公式成立的利率，这一利率称作**内含回报率**（internal rate of return，IRR），它被定义为，使得现金流的净现值等于零的利率。

例如，你有一个投资机会，要求现在投资 1 000 美元，6 年后你将得到 2 000 美元。投资机会的时间线为如下所示：

0	1	2	…	6
−1 000				2 000

分析这一投资的一种方式是，问这样的一个问题：为使投资的净现值等于零，你要求的利率 r 应该为多少？

$$NPV=-1\ 000+\frac{2\ 000}{(1+r)^{6}}=0$$

整理得到：

$$1\ 000\times(1+r)^{6}=2\ 000\text{（美元）}$$

r 就是，为使你的 1 000 美元投资到 6 年后得到 2 000 美元的终值，你要求赚得的回报率。求解 r 如下：

$$1+r=\left(\frac{2\ 000}{1\ 000}\right)^{1/6}=1.1225$$

$r=12.25\%$。这个利率就是这一投资机会的内含回报率。实施这项投资，就相当于你在 6 年里每年都赚得 12.25% 的回报率。

像前面的例子中仅有两笔现金流时，很容易计算内含回报率。考虑一般的情形，今天投资 P，N 年后收回 FV。则有，

$$P\times(1+IRR)^{N}=FV$$

$$1+IRR=(FV/P)^{1/N}$$

也即，先求出 N 年的总回报率，FV/P，然后把它开 N 次方，就可将它转换成等价的年度（1 年期）回报率。

现在考虑一个较为复杂的例子。假如你公司要购买一台新的叉车。经销商给你两种选择：（1）以现金支付；（2）向经销商借款，每年等额偿付（即租赁）。为评估经销商为你提供的贷款的价值，你想要比较这一贷款的利率与银行可提供给你的利率。给定经销商报出的分期贷款偿付额，你怎样计算经销商收取的利率？

在这个例子中，要计算经销商贷款的内含回报率。假设叉车的现价是 40 000 美元，经销商不收取定金（或首付），要求你在 4 年内于每年末向其偿付 15 000 美元。借款的时间线如下：

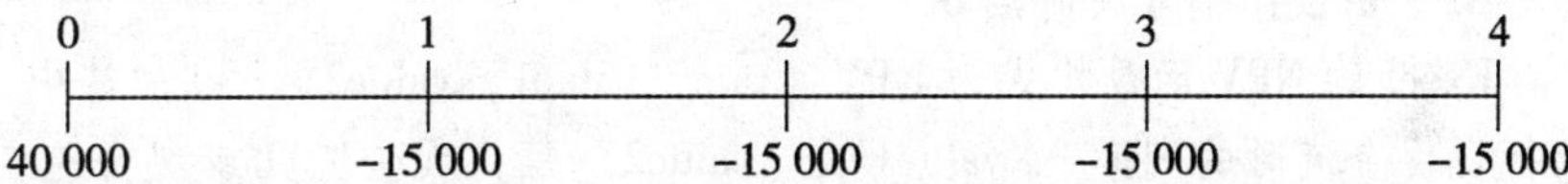

显然，由时间线可见，这笔借款为年偿付额为 15 000 美元、现值为 40 000 美元的 4 年期年金。令现金流的净现值等于零，即令未来每期偿付的现值等于购买价格：

$$40\,000=15\,000\times\frac{1}{r}\left(1-\frac{1}{(1+r)^{4}}\right)$$

求解上式中的 r，即为内含回报率，也就是贷款收取的利率。遗憾的是，在本例中，没有简单的方法可解出利率 r。① 求解上式的唯一方法就是猜测 r 的值，直到找到正确的值。

开始猜测 $r=10\%$，此时，年金的现值为，

$$15\,000\times\frac{1}{0.10}\left(1-\frac{1}{1.10^{4}}\right)=47\,548\text{（美元）}$$

每期支付的现值过高。为使它下降一些，要使用更高的利率。这次，猜测利率为 20%：

$$15\,000\times\frac{1}{0.20}\left(1-\frac{1}{1.20^{4}}\right)=38\,831\text{（美元）}$$

现在，现值又过低，必须选择一个处于 10% 和 20% 之间的利率，继续试，直到找到正确的利率为止。用 18.45% 的利率来尝试，结果有：

$$15\,000\times\frac{1}{0.1845}\left(1-\frac{1}{1.1845^{4}}\right)=40\,000\text{（美元）}$$

经销商收取的利率是 18.45%。

一种比猜测内含回报率和手工计算简便一点的方法是，运用电子数据表或计算器自动执行试错过程。如果现金流像本例中的一样为年金形式，就可以用财务计算器或 Excel 计算 IRR。两种求解方法（只是表达符号稍微不同）都要利用下面的公式：

① 对于 5 期或更多期数的一般现金流，不存在求解 r 的通用公式，试错法（通过手工或计算机）是计算内含回报率的唯一方法。

$$NPV=PV+PMT\times\frac{1}{I/Y}\left(1-\frac{1}{(1+I/Y)^N}\right)+\frac{FV}{(1+I/Y)^N}=0$$

这一公式确保投资于年金的净现值为零。当未知变量为利率时，它将解出使得净现值等于零的利率，即内含回报率。就本例而言，用财务计算器或 Excel 求解如下：

	N	I/Y	PV	PMT	FV
Given:	4		40,000	−15,000	0
Solve for:		18.45			
	Excel Formula: =RATE(NPER,PMT,PV,FV)=RATE(4,−15000,40000,0)				

财务计算器和 Excel 均正确地解出内含回报率为 18.45%。

使用 Excel：计算 NPV 与 IRR

在此讨论如何运用 Excel 求解 NPV 和 IRR，同时辨别一些使用 Excel 时的易犯错误。

NPV 函数：不考虑时期 0

Excel 的 NPV 函数格式为 NPV（rate，value1，value2，…），其中，“rate”为每期折现现金流时的利率，“value1”、“value2”等为现金流（或现金流值域）。NPV 函数计算现金流的现值时假设第 1 笔现金流发生在时期 1，因此，如果项目的第 1 笔现金流发生在时期 0，就不能单凭 NPV 函数计算净现值。可用 NPV 函数计算出从第 1 期开始往前的所有现金流的现值，然后在计算结果的基础上加上时期 0 的现金流，从而计算出全部现金流的净现值。下面的屏幕截图展示了这种差异。第 1 种 NPV 计算（如第 3 行所示）是正确的：先将 NPV 函数应用于时期 1 和后续时期发生的现金流，然后加上时期 0 发生的第 1 笔现金流，这是因为时期 0 的现金流已经是现值了。第 2 种 NPV 计算（如第 5 行所示）是错误的：将 NPV 函数应用于所有现金流，但是，NPV 函数假设第 1 笔现金流发生在时期 1 而不是立即发生。

NPV 函数：忽略空格

关于 NPV 函数的另一个易犯错误是，对于空白的现金流，要与等于零的现金流区别对待。如果现金流单元格为空白，则现金流和期限都被计算程序忽略。例如，如下图所示的两个现金流系列事实上是等价的。但在第二种情形下，NPV 函数忽略第 2 期的空格，认为 1 期的现金流是 10，2 期的现金流是 110，而这明显不是题目的本意，因而是不正确的（如第 8 行所示）。

	A	B	C	D	E
1		0	1	2	3
2		15	10	0	110 ←1st set of cash-flows
3	106.74	=NPV(0.1,C2:E2)+B2			
4					
5	97.03	=NPV(0.1,B2:E2)			
6					
7		15	10		110 ←2nd set of cash-flows
8	115	=NPV(0.1,C7:E7)+B7			

由于这些特性，我们避免使用 Excel 的 NPV 函数，而是在 Excel 里分别计算每一

笔现金流的现值，然后再把它们加总来确定净现值会更可靠。

IRR 函数

Excel 的 IRR 函数的格式为 IRR（values，guess），其中“values”为现金流的值域，“guess”为 Excel 开始搜寻 IRR 时选择的初始猜测值。关于 IRR 函数有两点要注意：

（1）输入 IRR 函数的值应包含项目的所有现金流，当然也包括 0 期的现金流。就此方面来说，Excel 的 IRR 函数与 NPV 函数是不一致的。

（2）和 NPV 函数一样，IRR 函数也忽略空白单元格所代表的时期。

例 4.11 个人理财——利用财务计算器计算 IRR

问题：

回到例 4.7 中的彩票中奖问题。如果你偏好 1 500 万美元的奖金支付计划，那么自己投资时，要求的回报率应该达到多高？

解答：

分析：

回顾提供的奖金方案：（a）现在一次性领取 1 500 万美元，或者（b）从现在开始，每年领取 100 万美元，领取 30 年。第二种选择方案是 100 万美元的 29 年期年金加上初始的 100 万美元支付额。

0	1	2	...	29
100 万	100 万	100 万		100 万

需要求解的是使两种选择方案价值相等时的内含回报率。只要回报率高于这一内含回报率，年金的价值就低于立即领取 1 500 万美元的价值，反之，则高于 1 500 万美元的价值。

计算：

首先，令方案（b）的现值等于方案（a）的 1 500 万美元：

$$1\ 500\text{ 万}=100\text{ 万}+100\text{ 万}\times\frac{1}{r}\left(1-\frac{1}{(1+r)^{29}}\right)$$

$$1\ 400\text{ 万}=100\text{ 万}\times\frac{1}{r}\left(1-\frac{1}{(1+r)^{29}}\right)$$

用财务计算器求解 r：

	N	I/Y	PV	PMT	FV
Given:	29		−14,000,000	1,000,000	0
Solve for:		5.72			
Excel Formula: =RATE(NPER,PMT,PV,FV)=RATE(29,1000000,−14000000,0)					

使两种选择方案的价值相等的 IRR 为 5.72%。

评价：

5.72% 的回报率使得放弃 1 500 万美元的支付和接受 30 年期每年支付 100 万美元的净现值正好为 0。如果你自己投资赚取的回报率高于 5.72%，你就应该接受 1 500 万美元的奖金，并进行投资，如此 30 年的等额年金将高于 100 万美元。如果你的投资回报率低于 5.72%，你就不可能复制出每期 100 万美元的 30 期等额年金，接受分期支付的方案，境况会更好些。

求解期数

除了求解现金流或利率外，还可求出要使一笔钱增值到某个已知值所要经历的时间。在这种情形下，利率、现值以及终值都是已知的，要计算的是，从现值增长到终值，要经过多长时间。

假设向利率为10%的账户投资10 000美元，我们想知道，要使账户余额增长到20 000美元，要经过多长时间。

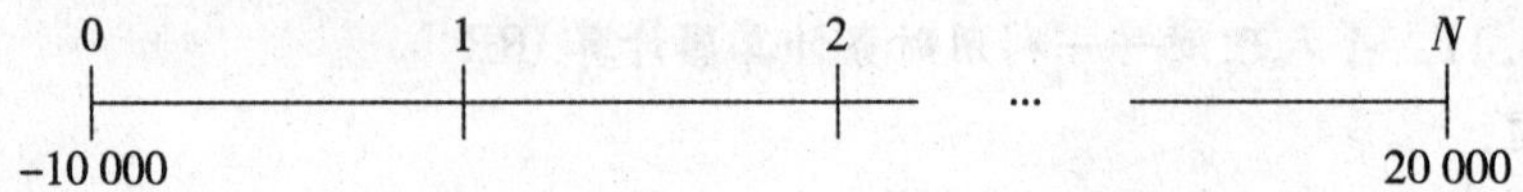

我们要确定N。

在终值公式中，要找出使得投资的终值等于20 000美元的N的值：

$$FV = 10\ 000 \times 1.10^N = 20\ 000\ (\text{美元}) \qquad (\text{公式4.9})$$

一种解法是，与求内含回报率一样，用试错法寻找N。例如，当$N=7$年时，$FV=19\ 487$美元，所以期限要比7年长一些。当$N=8$年时，$FV=21\ 436$美元，故N将处于7年和8年之间。

可用财务计算器或Excel解决这一问题。在本例中，求解N：

	N	I/Y	PV	PMT	FV
Given:		10	−10,000	0	20,000
Solve for:	7.27				

Excel Formula: =NPER(RATE,PMT,PV,FV)=NPER(0.10,0,−10000,20000)

要使存款价值增长到20 000美元，需经过大约7.3年。

使用对数巧解N

期数的求解也可用数学方法解决。将公式4.9的两边同时除以10 000美元，得到，

$$1.10^N = 20\ 000/10\ 000 = 2$$

为求解指数，对上式两边取对数，且应用$\ln(x^y) = y\ln(x)$，得到：

$$N\ln(1.10) = \ln(2)$$

$$N = \ln(2)/\ln(1.10) = 0.6931/0.0953 \approx 7.3\ (\text{年})$$

例4.12　个人理财——求解储蓄计划的时期数

问题：

回到你为房屋首付款储蓄的问题。假如随着时间流逝，你已经有10 050美元，在以后每年的年末，你都打算存5 000美元，此外存款利率的提高使得你目前的存款年利率是7.25%，要得到60 000美元的存款余额，需经过多长时间？

解答：

分析：

时间线如下：

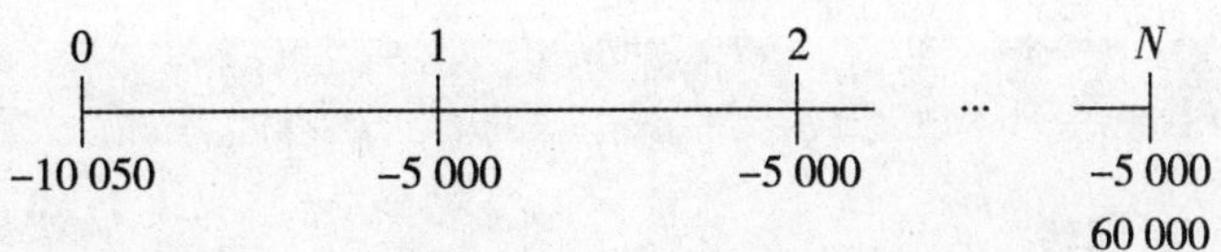

要找到 N，使得当前存款的终值，加上计划每年追加的存款（为一项年金）的终值，等于想得到的余额。终值的影响因素有两个：将继续赚取利息的初始存款总额 10 050 美元和存入银行就可生息的 5 000 美元年金。因此，需要计算初始金额的终值和年金的终值。

计算：

可用财务计算器或 Excel 解决这个问题：

	N	I/Y	PV	PMT	FV
Given:		7.25	−10,050	−5000	60,000
Solve for:	7.00				
Excel Formula: =NPER(RATE,PMT,PV,FV)=NPER(0.0725,−5000,−10050,60000)					

也可用数学方法，依据公式 4.1 计算初始现金流的终值，使用公式 4.6 计算年金的终值：

$$10\ 050\times1.0725^{N}+5\ 000\times\frac{1}{0.0725}\left(1.0725^{N}-1\right)=60\ 000\text{（美元）}$$

整理得到：

$$1.0725^{N}=\frac{60\ 000\times0.0725+5\ 000}{10\ 050\times0.0725+5\ 000}=1.632$$

解得 N：

$$N=\frac{\ln(1.632)}{\ln(1.0725)}=7\text{（年）}$$

评价：

还要用 7 年时间才能攒足这笔首付。

本章的目的是向财务经理提供一些必备工具，以便他们能应用估值原理计算项目决策的净现值。本章首先介绍了货币时间价值的基本概念——今天的 1 美元比明天的 1 美元更值钱，讲述了如何计算未来现金流在今天的等值金额，以及今天的现金流在未来的等值金额。接着介绍了像年金和贷款这样有规律的现金流的一些简捷估值方法。正如我们所知，折现率是现值或终值计算中的关键输入变量。本章中的折现率均是事先给定的。

什么决定了折现率？估值原理认为需要依据市场信息评估跨期现金流的价值。接下来的章节将讲述市场利率的决定因素和这些利率的报价方式。理解了利率的报价方式，就可以将本章开发的工具拓展到每年的复利频次超过 1 次的情形。

概念检查

11. 怎样计算年金的现金流？
12. 什么是内含回报率？怎样计算它？
13. 如何求解偿付年金的期数？

本章小结

4.1 **时间线**

在解决财务问题时，构建时间线是理顺现金流的关键性的第一步。

4.2 **不同时点现金流的估值**

现金流估值有三条规则：

a. 只有发生在相同时点的现金流才能比较或合并。

b. 为了计算现金流的终值，要对现金流进行复利。

c. 为了计算现金流的现值，要对现金流进行贴现。

今天的现金流 C，到 n 年后的终值是：

$$C\times(1+r)^n \quad \text{（公式 4.1）}$$

n 年后收到的现金流 C 在今天的现值是：

$$C\div(1+r)^n \quad \text{（公式 4.2）}$$

4.3 **系列现金流的估值**

系列现金流的现值为：

$$PV=C_0+\frac{C_1}{(1+r)}+\frac{C_2}{(1+r)^2}+\cdots+\frac{C_N}{(1+r)^N} \quad \text{（公式 4.3）}$$

4.4 **系列现金流的净现值**

投资机会的净现值为 PV（收益-成本）

4.5 **永续年金、年金以及其他特殊形式的现金流**

永续年金永久性地于每期支付等额现金流 C。永续年金的现值是：

$$\frac{C}{r} \quad \text{（公式 4.4）}$$

年金是每期支付固定现金流 C，支付 N 期。年金的现值为：

$$C\times\frac{1}{r}\left(1-\frac{1}{(1+r)^N}\right) \quad \text{（公式 4.5）}$$

年金结束时的终值为：

$$C\times\frac{1}{r}\left((1+r)^N-1\right) \quad \text{（公式 4.6）}$$

对于增长型永续年金，假如现金流以不变的增长率 g 逐期增长。则永续增长年金的现值是：

$$\frac{C}{r-g} \quad \text{（公式 4.7）}$$

4.6 **求解除现值或终值以外的其他变量**

年金和永续年金公式可用于，在现值或终值为已知的情况下，求解年金支付额。

本金为 P、利率为 r 的 N 期贷款的定期偿付额为：

$$C=\frac{P}{\frac{1}{r}\left(1-\frac{1}{(1+r)^N}\right)} \quad \text{（公式 4.8）}$$

投资机会的内含回报率（IRR）是使得投资机会的 NPV 等于零的利率。

年金公式可用来求解，为使存款余额达到某一特定数额，要经过的时期数。

复习题

1. 为什么未来现金流的价值比今天等额的现金流的价值低?
2. 什么是复利?
3. 怎样基于直觉理解利息的几何增长?
4. 什么是折现率?
5. 系列现金流的现值等于每笔现金流的现值之和，这一事实背后隐含的直觉是什么?
6. 使用简便公式估值时，系列现金流应满足什么条件?
7. 年金与永续年金有何区别?
8. 什么是内含回报率?

练习题

时间线（第 1 ~2 题）

1. 你刚从银行借了一笔 5 年期的贷款，用于购买订婚戒指。购买戒指要花费 5 000美元。你打算自己付 1 000 美元，借入 4 000 美元。你需要在每年的年末向银行偿付 1 000 美元。站在你的角度上，画出贷款的时间线。如果从银行的角度来看，时间线会有何不同?

2. 你当前有一笔已经持续了 1 年的汽车贷款。月偿付额为 300 美元。你刚进行了一次支付。这项贷款还有 4 年（也就是说，它的原始期限为 5 年）到期。从你的角度绘制贷款的时间线。从银行的角度看，时间线会有什么不同?

现金流的估值（第 3 ~8 题）

3. 分别计算在以下各种条件下的 2 000 美元的终值：

a. 5 年后，年利率为 5%；

b. 10 年后，年利率为 5%；

c. 5 年后，年利率为 10%。

为什么（a）赚得的利息不足（b）的一半?

4. 未来收到的 1 000 美元，在下列各种条件下，其现值分别是多少?

a. 距今天 12 年后收到，年利率是 4%；

b. 距今天 20 年后收到，年利率是 8%；

c. 距今天 6 年后收到，年利率是 2%。

5. 你哥哥想在今天给你 5 000 美元，或者 10 年后给你 10 000 美元。如果年利率是 7%，哪一种选择更好?

6. 你表妹现在 12 岁，她 6 年后念大学。你叔叔和阿姨想等到那时，能够在存款账户中攒够 100 000 美元，供她读大学用。如果该存款账户承诺以固定的 4% 的年利率支付利息，为确保 6 年后得到 100 000 美元，他们现在要往账户中一次性存入多少钱?

7. 你妈妈正考虑退休。她的退休计划要么立即支付给她 250 000 美元，要么自她退休日开始的 5 年后支付给她 350 000 美元。在以下几种情况下，她应该分别选择哪一种方案?

a. 如果利率是每年0;

b. 如果利率是每年8%;

c. 如果利率是每年20%。

8. 你的祖父在你出生那天为你存了一笔钱。你现在已经18岁了,可以取出那笔钱了。账户上现有3 996美元,账户支付的年利率为8%。

a. 如果把这笔钱留到你25岁生日那天,到时候账户上会有多少钱?

b. 留到65岁生日时呢?

c. 你的祖父最初在这个账户里存了多少钱?

系列现金流的估值(第9~11题)

9. 你对你朋友的公司的投资收获颇丰。她将在今年年底付给你10 000美元,下一年年末付给你20 000美元,再下一年年末(从现在起的3年后)付给你30 000美元。年利率是3.5%。

a. 你的投资收入的现值是多少?

b. 3年后(即最后一笔支付的日期),投资收入的终值是多少?

10. 你有一笔尚未偿还的贷款。要求你在未来3年中的每年年末偿付1 000美元。银行允许你跳过未来的两次偿付,而代之以贷款终结时即第3年年末一次性的大额支付。如果贷款利率是5%,如果于第3年年末一次性偿付,则最终的支付额应该为多少,才能使得上述两种支付形式没有差别?

11. 你正考虑是否值得上大学,四年大学生活的总费用为每年40 000美元,其中包括工资损失。然而你认为,如果取得大学文凭毕业后,你一生薪水的现值将比不读大学时高出300 000美元。如果折现率为9%,那么上大学的净现值为多少?

系列现金流的净现值(第12~13题)

12. 假如你有一个独特的投资机会。如果你今天投资10 000美元,你将在从现在开始的1年后收到500美元,两年后收到1 500美元,10年后收到10 000美元。

a. 如果年利率是6%,投资机会的净现值是多少?你应该接受这个投资机会吗?

b. 如果年利率是2%,投资机会的净现值是多少?你现在应该接受这个投资机会吗?

13. 玛丽安·普朗科特(Marian Plunket)拥有她自己的公司,她正在考虑一项投资。如果她实施这项投资,将会在未来3年的每年年末收到4 000美元。这个投资机会要求初始投资1 000美元,第2年年末还要追加投资5 000美元。如果年利率是2%,投资机会的净现值是多少?玛丽安应该接受它吗?

永续年金、年金以及其他特殊形式的现金流(第14~27题)

14. 你的一个机械工程师朋友发明了一台制造钱机器。机器的主要缺点是速度很慢,一年才能制造出100美元。然而,一旦机器建成,它将会永远运转下去,且不需要维护和保养。这台机器可以立即造出,但要耗资1 000美元。你的朋友想知道,她是否应该出钱建造这台机器。如果年利率是9.5%,你的朋友应该怎么做?

15. 如果机器要1年后才能造出,第14题的答案会发生什么变化?

16. 英国政府发行了一种每年支付100英镑的永续债券。假设当前的年利率是4%。

a. 在支付发生后的即刻，债券的价值是多少?

b. 在支付发生前的即刻，债券的价值是多少?

17. 如果年利率是7%，在未来的100年内，每年年末支付1 000美元的年金的现值是多少?

18. 为购买汽车，你曾借入一笔年利率为6%、5年期、按年偿还的贷款。贷款的年偿付额为5 000美元。你刚进行了一次支付，现在已经决定偿清贷款余额。在下列各种条件下，你分别应偿还多少数额?

a. 你已经拥有汽车1年（贷款期限还剩4年）；

b. 你已经拥有汽车4年（贷款期限还剩1年）。

19. 你的祖母从你的第一个生日那天开始（也即，当你1岁时），在你以后的每个生日时，都为你存入1 000美元。存款账户支付的年利率是3%。到你18岁生日时，就在你的祖母刚为你存款之后，这个账户上将会有多少钱?

20. 假如你的父母想要在你18岁上大学时积攒160 000美元，从你第一个生日起他们就开始存钱。如果每年你生日时，他们都存入相同金额的钱，年投资回报率为8%，

a. 为了达到他们的目标，每年应该存多少钱?

b. 如果他们认为，你将用5年而不是4年时间毕业，决定一共积攒200 000美元以防万一。为了达到新目标，每年他们应该多存入多少钱?

21. 一个富有的亲戚赠与你一项永续增长年金。第一笔1 000美元的支付将于1年后发生。从那之后的每一年，你都将收到比上一年支付额多出8%的支付。这种支付模式将会一直进行下去。如果年利率是12%，

a. 这笔馈赠的现值是多少?

b. 就在第一次支付之后，这笔馈赠的即时价值为多少?

22. 你在考虑建造一台新机器，它将使你在第1年节省1 000美元。接下来由于机器的损耗，导致每年的节约额将以每年2%的比率永远递减下去。如果年利率是5%，全部节约额的现值是多少?

23. 假如你在制药公司工作，公司正在研发一种新药。药品的专利期限为17年。你预期这种药品的利润第1年将会是200万美元，在未来的17年里，利润会以每年5%的增长率逐年增长。一旦专利到期，其他制药公司将也能够生产同样的药品，竞争的加剧将很可能使利润下降至零。如果年利率是10%，新药的现值是多少?

24. 你富有的姑妈承诺从今天起的1年后给你5 000美元。而且，从那之后的每一年，她都将付给你比上一次支付多5%的金额（时间间隔为1年）。她会慷慨地支付20年，即总共支付20次。如果利率是5%，她的承诺的现值为多少?

25. 你在经营一家热门的互联网公司。分析师预测，在未来的5年内公司收益将会每年增长30%。其后，由于竞争的加剧，预期收益增长率将下降为每年的2%，并且永久性地维持在这一水平上。公司刚宣布盈利100万美元。如果利率是8%，所有未来收益的现值是多少?（假设所有现金流都发生在年末）

26. 阿莱克斯·罗德里格斯（Alex Rodriguez）转会到得州游骑兵队（Texas

Rangers）后，他因收到一份待遇为 25 200 万美元的合同（总的承诺支付额为 25 200 万美元）而引人注目，有如下假设：

这份合同可使罗德里格斯每年赚取的钱如下：第 1 年 1 600 万美元，第 2 年 ~ 第 4 年每年 1 700 万美元，第 5 年 ~ 第 6 年每年 1 900 万美元，第 7 年 2 300 万美元，第 8 年 ~ 第 10 年每年 2 700 万美元。同时还附带签约奖金，前 5 年内共收到奖金 1 000 万美元，等额分期支付（每年 200 万美元），从 2011 年开始他将收到延期付款，延期付款的总额为 3 300 万美元，依次为 500 万美元、400 万美元，余下的分 8 年支付，每年 300 万美元（到 2020 年结束）。然而，实际的支付款的价值是有差异的，所有的递延付款在支付前每年都能赚取 3% 的收益。例如，500 万美元从 2001 年递延到 2011 年支付，也即 10 年，意味着实际支付时它的价值为 671.96 万美元。假设 400 万美元从 2002 年递延到 2012 年支付（每笔支付都递延 10 年）。

单位：百万美元

2001 年	2002 年	2003 年	2004 年	2005 年	2006 年	2007 年	2008 年	2009 年	2010 年
16	17	17	17	19	19	23	27	27	27
2	2	2	2	2					

递延支付

2011 年	2012 年	2013 年	2014 年	2015 年	2016 年	2017 年	2018 年	2019 年	2020 年
5	4	3	3	3	3	3	3	3	3

这是份 10 年期合同，但每年都有递延成分，现金流总共分 20 年支付完毕，合同约定款、签约奖金及递延付款如表所示。注意，根据合同，递延部分不在收益年度支付，而是在 10 年后支付（附带利息）。

假如适合罗德里格斯的这份合同的年折现率为 7%。

a. 计算这份合同的实际承诺支付额（包括附带利息的递延支付）。

b. 画出所有支付的时间线。

c. 计算合同的现值。

d. 将合同的现值与 25 200 万美元的报价比较，并解释为什么会有差异。

27. 你正决定为退休储蓄多少钱，假如你计划从现在起每年储蓄 5 000 美元，你每年的投资回报率为 10%，且打算 43 年后进行最后一笔 5 000 美元的储蓄后退休。

a. 退休那天你的退休账户上会有多少钱？

b. 如果你想要现在就一次性投资一大笔钱，而不是每年投资 5 000 美元，这笔钱的金额为多少？

c. 如果你希望退休后活 20 年，退休后，你每年取出多少钱（从退休后的第一年），就可以在第 20 次取钱时用完储蓄（假如退休后你的储蓄回报率仍为 10%）？

d. 如果你决定退休后每年取出 300 000 美元（退休后第 1 年就开始支取），直到你用尽所有储蓄，将会用多长时间？

e. 假如你每年最多存储 5 000 美元，你想要退休时退休账户里有 100 万美元。对于你的这项投资，你需要有多高的回报率？

求解除现值或终值之外的其他变量（第28～41题）

28. 你决定购买一份永续年金债券。该债券永久性地在每年的年末支付，利率是5%。如果你最初投资1 000美元购买债券，则该债券每年的支付额为多少？

29. 你正在考虑购买一套房子，要花费35万美元。你手头有5万美元现金，可以用来交首付。其余的你就得靠借款了。银行可提供给你30年期的按揭贷款，要求按年偿还，年利率是7%。如果你签了贷款合同，你每年将要偿付多少？

30. 你正在考虑购买一件价值50 000美元的艺术品。经销商提议：他借给你钱，你要在未来20年内，每隔两年等额偿付一次（也即，总共是10次支付）。如果利率是4%，你每隔两年要偿还多少钱？

31. 你打算买一套房子，并且以第29题所描述的按揭贷款形式购买。你每年只能付得起23 500美元。银行同意你每年偿付这一数额，仍然借给你300 000美元。在贷款最终到期时（30年后），你必须进行漂浮式付款（分期付款中的大额付款）；也就是说，你需要还清按揭贷款的余额。漂浮式付款的金额将是多少？

32. 你正为退休储蓄。为了退休后生活舒适，你决定到你65岁时攒够200万美元。今天是你22岁生日，你决定从今天就开始储蓄，在到65岁之前（包括65岁生日）的每个生日都存入相同的金额。如果利率是5%，你每年要存多少钱，才能确保到65岁生日时账户上的钱数将达到200万美元？

33. 你意识到第32题中的储蓄计划有一点问题。由于你的收入会一直增加，所以现在少存一点，以后再逐渐加大存款额会比较符合实际。你每年不再存入等额的钱，而是决定使你每年的存款额逐年增加7%。在这个计划下，你今天应在账户里存入多少钱？（你打算今天就存入第1笔钱）

34. 你有一个投资机会，要求现在投入5 000美元，1年后将支付给你6 000美元。这一投资机会的内含回报率是多少？

35. 你打算买一辆汽车，你在报纸上读到下面的一则广告："拥有一辆全新的烈火（Spitfire）！无需首付。年还款仅为10 000美元，还4年。"你已经在车市四处逛过，知道买一辆烈火要花现金32 500美元。做广告的经销商提供的利率是所少（广告中的贷款的内含回报率是多少）？假设你必须在每年的年末偿付贷款。

36. 一家当地银行在报纸上打出如下广告："只需投入1 000美元，我们将永无止境地付给你100美元！"广告上的小字部分写道，只要现在存入1 000美元，银行将会以永续年金的形式每年付给你100美元，在存入的1年后即开始支付。银行广告宣传的利率是多少（即投资的内含回报率是多少）？

37. 蒂拉穆克（Tillamook）县奶油制品协会生产的蒂拉穆克切达（一种干酪）奶酪，依照发酵的时间不同，有四种类别在售：2个月、9个月、15个月及2年期的。在奶制品商店里，每种产品每两磅的售价分别是：7.95美元、9.49美元、10.95美元以及11.95美元。考虑奶酪生产商是否要继续发酵这种特殊的2磅奶酪的决策。在2个月时，可以把奶酪立即卖掉，也可以把它发酵得更久。如果现在销售，可以立即收到7.95美元。如果待继续发酵后出售，则必须放弃当前的7.95美元，以在未来收到较高的金额。如果放弃当前的79.5美元，而选择将20磅的当前为2个月期的奶酪继续发酵，在发酵时间达到9个月时（间隔7个月后）卖出10磅，达到15个月时卖出6磅，达到2年时卖出剩余的4磅，这一投资的内含回报率（以每月的百分比回报率来表示）是多少？

38. 你的祖母在退休时，花费200 000美元从磐石人寿保险公司（Rock Solid Life Insurance Company）购买了一份年金。保险公司会在她去世之前每年都支付给她25 000美元。利率为5%。从她退休那天开始，她要活多久才值得（也就是说，得到比她的付出更多的价值）？

39. 你正在考虑建新工厂。只要你维持它，工厂每年就会产生100万美元的收入。你预期每年的维护费用开始时为50 000美元，以后每年将增加5%。假设所有的收入和维护支出都发生在年末。只要工厂能持续产生正的现金流（只要产生的收入超过维护费用），你就会一直经营下去。工厂建成后可立即投入运营。如果工厂的建造成本为1000万美元，年利率是6%，你是否应该投资建厂？

40. 假如你刚到22岁，获得学士学位，得到你的第一份工作。现在你打算为你的退休计划存钱。计划是这样的：退休储蓄计划里的每1美元能赚得7%的利率。直到你在65岁生日那天退休时，你才可回收资金。到退休那天后，你可按适合自己的方式领取回报。你预计将活到100岁，可一直工作到你65岁退休时。为了退休后过得舒适，你估计从你退休的第1年年底到你100岁生日这段时间，你每年将需要100 000美元。你要在你工作年度的每年年末为这一计划存入等额的钱。为了你的退休计划提供资金，你每年年末要存多少钱？

41. 第39题不太符合实际，因为大多数的退休计划不允许指定每年要缴入的一个固定数额，而要求以薪水的固定比例缴款。假设你开始的薪水是每年45 000美元，在你退休之前，薪水会以每年3%的固定比率增长。假设其他条件与第39题一样，你每年要将收入的多少百分比存入退休储蓄账户，从而为同样的退休计划提供资金？

数据案例

假设今天是2007年8月1日，娜塔莎·金格瑞（Natasha Kingery）满30岁，她拥有计算机科学的学士学位。她目前受雇于位于华盛顿的西雅图的一家电话机制造公司，任职2级现场服务代表，现一年可赚38 000美元，她预期薪水每年将增长3%。娜塔莎打算到65岁时退休，现在她就已经着手考虑未来。

娜塔莎最近刚从她的姑妈那里继承了75 000美元。她把这笔钱投资于购买10年期的国库券。她在考虑是否应该用继承的这笔钱来继续她的学业。

娜塔莎考察了两个选择，然后向作为理财规划见习生的你寻求帮助，以确定每一种选择的财务后果。娜塔莎已经取得了这两个教育项目的入学资格，很快就可参加任何一个。

一种选择是，经过学习后获得网络设计认证。取得这个证书可以使她自动被提升为公司的3级现场服务代表。3级服务代表的底薪比她目前的薪水多10 000美元，而且她预期，只要她一直在公司工作下去，这一薪水差额会以每年3%的增长率增长。这个认证项目要修完20门网络课程，并且要在课程结束考试中拿到80%或更高的分数。她还了解到完成这一项目的平均必要时间为1年。总的费用是5 000美元，入学登记注册时支付。由于她将在自己的私人时间内完成课程，所以在攻读证书期间，她的收入不会有任何损失。

另一种选择是回学校攻读 MBA 学位。有了 MBA 学位后，娜塔莎预计自己将可被提升到公司的管理层。管理职位要比她当前的职位每年多出 20 000 美元的薪水。她预期这一薪水差额也将以每年 3% 的增长率持续增长。这项晚间进行的课程需要用 3 年的时间来完成，每年要花费 25 000 美元，在每学年的年初交纳。由于上课时间在晚上，预计如果她选择读 MBA，那么在她上学期间将不会有任何收入损失。

(1) 为确定她当前继承的这笔钱所赚取的投资利率，登录雅虎财经网站，(http：//finance. yahoo. com)，点击“市场概要”（market summary）栏中的 10 年期债券链接，然后移到“历史价格”（Historical Prices）栏目，输入相应的日期 2007 年 8 月 1 日，获得债券的收市收益率或利率。将这一利率作为本题其余部分的折现率。

(2) 在 Excel 中建立时间线，以显示娜塔莎的当前状况、参加认证项目以及攻读 MBA 学位的选择，使用下列假设：

每年只在年底领取一次薪水；

MBA 一毕业，或者一经取得认证，薪水的增长就会立刻生效。也就是说，由于薪水的增长会立刻生效，而薪水却是在年末支付的，所以第一笔增长的薪水将在毕业或获得认证的 1 年后得到。

(3) 计算完成认证项目所带来的薪水差额的现值。再减去这一项目的费用，得到认证项目决策的净现值。

(4) 计算完成攻读 MBA 学位所带来的薪水差额的现值。计算攻读 MBA 学位的费用的现值。基于上述计算，确定从事 MBA 项目的净现值。

(5) 基于第 3 问和第 4 问的答案，你会给娜塔莎提出什么建议？如果这两个项目计划是互斥的呢？即如果接受其中一个项目，就不能再同时获取从事另一个项目所带来的收益。这时，你的建议会改变吗？

第5章 利率

学习目标

- 理解利率的不同报价方式。
- 使用报价利率计算贷款偿还额与余额。
- 理解通货膨胀、预期及风险是如何综合影响利率的。
- 了解市场中的利率与公司资本的机会成本之间的联系。

本章所涉及符号的含义如下：

APR（年度百分比利率）；*APY*（年度百分比收益率）；*C*（现金流）；C_n（*n* 期的现金流）；*EAR*（有效年利率）；*n*（时期数）；*NPV*（净现值）；*PV*（现值）；*r*（利率或折现率）；r_n（*n* 年期的利率或折现率）

贾森·穆尔访谈

贾森·穆尔（Jason Moore）于2004年毕业于长滩的加州州立大学，主修公司理财。他是Bradford & Marzec公司的一名固定收益分析师，同时也是位于洛杉矶的一家机构的固定收益经理，掌管着至少40亿美元的资产，他十分关注利率的变动。“根据行业和公司的新闻动态，我对基础行业的公司信用进行研究，比如金属业、矿业、化学和林产品”，贾森解释道。他总结出自己的看法，并与投资组合经理们沟通买卖建议。

他观察到的趋势之一是通货膨胀，这会影响货币购买力。由于通货膨胀，价格上涨，意味着一定量的货币的价值下降。因此，通货膨胀影响贷款方向借款方索取的利率。“贷款方索要的利率在长时期内通常是固定的”，贾森说，“在贷款期内，任何突如其来的通货膨胀率的变化都会影响未来固定偿还额的购买力，因此，所有的利率都包含通货膨胀预期。如果通胀上升，未来固定偿还额的购买力将下降，反之亦然”。这意味着投资者的通胀预期会影响他们贷出资金时期望收到的回报，如果他们认为通胀将上升，将会要求一个更高的利率。

此外，投资者的利率预期应该体现在投资者愿意贷出资金的期限上。“如果投资者认为利率将上升，他们就应该选择短期投资，而不是一直以当前的低利率占用资金”，他说，“如果投资者坚信利率将下降，就应该选择长期投资，以锁定当前较高的利率。”

当经济活动放缓、金融环境不确定时，正如2008年那样，投资者应寻求较低风险的投资机会。“贷款方更为谨慎地评价借款方”，贾森说，“作为一名消费者，你当前正寻求教育经费贷款、车贷或房贷，你感知到的违约风险——无力还贷——比几年前感知到的更重要。”

第 4 章探讨了在市场利率给定的情况下，计算现值和终值的技术。可以用利率将时间线上某一时点的货币换算到另一时点。但是怎样来确定利率呢？本章分析影响利率的因素，并讨论如何为系列现金流确定合适的折现率。首先，我们考察利息支付和利率报价的不同方式，阐述在不同的利率报价惯例下，怎样计算 1 年后支付的有效利息。接下来我们将考察利率的主要决定因素——即通货膨胀和经济增长。利率在一段时间内易改变，投资者会在他们的预期和长期面临的风险的基础上，对不同的投资期限要求不同的利率。

5.1 利率报价和调整利率

如果你花一些时间浏览报纸，就会发现人们讨论的和广告宣传的许多种利率，从存款利率到汽车贷款利率，再到政府债券利率。利率在金融体系里起着中枢作用。为了理解利率，将其看做是一种价格——使用货币的代价是很重要的。你借钱买汽车时，你正在用银行的钱获得汽车，一段时期后要偿还银行的钱，你这项贷款的利率即能够将未来的贷款支付换算为今天的汽车的价格。同理，你将钱存入储蓄账户，你正在让银行使用你的钱，直到你过后将钱取出，银行支付给你的储蓄利息即它支付的使用你的钱（用于汽车贷款等事项）的价格。

和其他价格一样，利率由市场力量决定，尤其是资金的供给与需求。供给（储蓄）高需求（借款）低时，利率就会变低。另外，正如本章后面所讨论的，利率还受预期通货膨胀和风险的影响。

为了能学会和使用利率，必须理解利率的报价方式。在实践中，利息支付和利率报价的方式有很多种。例如，在 2006 年中期，ING Direct（荷兰国际集团网络银行）为存款账户提供的利率为 5.25%，利息于每年年末支付；而新世纪银行（New Century Bank）提供的利率为 5.12%，利息却是按日计息。利率的高低也随投资期限的不同而变化。2004 年 1 月，投资者投资于 1 年期的无风险投资，只能获得大约 1% 的利率，但是 15 年期的无风险投资却能获得高于 5% 的利率。利率也因风险的不同而变动。例如，美国政府的借款利率要比通用汽车公司的低一些。

利率有不同的报价时间间隔，如按月、半年或年等，通常有必要对利率进行调整，以使其与现金流发生的时期相匹配。本节要探讨这些利率调整机制。

有效年利率

利率通常表述为**有效年利率**（effective annual rate，*EAR*）或**年度百分比收益率**（annual percentage yield，APY），表示在 1 年后能赚得的利息总额。[①] 到现在为止，这是本书一直采用的利率报价方式，第 4 章在计算货币时间价值时，将 EAR 当做折现率 r。例如，若有效年利率为 5%，100 美元的投资 1 年后将增长到：

$$100\times(1+r)=100\times 1.05=105\ (\text{美元})$$

经过两年后它将增长到：

$$100\times(1+r)^2=100\times 1.05^2=110.25\ (\text{美元})$$

① 有效年利率也被称作有效年收益率（EAY）。

调整折现率以适应不同的时期

前面的例子表明，投资两年、每年赚得5%的有效年利率，就相当于在整个期间总共赚得10.25%的利息：

$100\times1.05^2=100\times1.1025=110.25$（美元）

通常，通过对利率因子（$1+r$）相应地求n次幂，就可计算出较长时期的等价利率。

可用同样的方法得出期限短于1年的等价利率。在这种情况下，对利率因子相应地求分数幂。例如，1年后赚取5%的利息，相当于每1美元投资，每6个月后收到：

$(1+r)^{0.5}=1.05^{0.5}=1.0247$（美元）

也即，5%的有效年利率等价于每6个月赚得大约2.47%的利率。可以通过计算，在1年内以该利率进行两次为期6个月的投资而收到的利息来证明这一结果：

$(1+r)^2=1.0247^2=1.05$（美元）

一般可用下面的公式，将1期的折现率r转换成等价的n期折现率：

等价的n期折现率$=(1+r)^n-1$　　（公式5.1）

在这个公式中，n既可以大于1（用于计算超过1期的利率），也可以小于1（用于计算不足1期的利率）。

计算现值或终值时，应该调整折现率，以与现金流发生的时期相匹配。

在应用永续年金或年金公式时，这种调整是必要的，如下例所示。

例5.1　个人理财——对月现金流估值

问题：

假如你的银行账户的有效年利率为6%，按月支付利息。你每月将赚多少利息？

如果当前你的银行账户里还没有钱，要想到10年后拥有100 000美元，你在每个月末需要存多少钱？

解答：

分析：

根据公式5.1，将有效年利率换算为月利率，即可回答第一问。第二问是个年金终值问题，即，10年后要想积攒100 000美元，每月存储的年金应该为多少。因为现金流（储蓄）按月发生，所以要求解这个问题，需要按月对时间线进行分期。

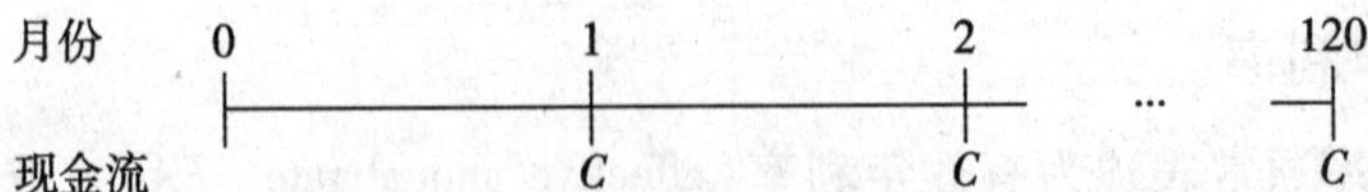

也即，将储蓄计划看做按月支付的年金，共有120个月次（10×12）的支付。已知年金终值（100 000美元），时间长度（120个月），以及由第1问得来的月利率，这样，就可以使用年金终值公式（公式4.6）求解这个问题。

计算：

根据公式5.1，6%的有效年利率相当于每月赚得$1.06^{1/12}-1=0.4868\%$的利率。以1年的1/12（1个月）作为1期，公式中的指数为1/12。

要想确定为达到10年后拥有100 000美元存款这一目标，每月要存入的金额，也就是要确定，给定0.4868%的月利率，要使10年后的终值为100 000美元的每月

支付额 C。现在，已经知道了所有按月计算的输入变量（月支付额、月利率及总月数），就可以用第 4 章中的年金终值公式来解决这一问题：

$$FV\ (\text{年金}) = C\times\frac{1}{r}[(1+r)^n-1]$$

可用等价的月利率 $r=0.4868\%$，$n=120$ 求解 C：

$$C=\frac{FV\ (\text{年金})}{\frac{1}{r}[(1+r)^n-1]}=\frac{100\ 000}{\frac{1}{0.004868}[1.004868^{120}-1]}=615.47\ (\text{美元/月})$$

也可用年金电子数据表计算：

	N	I/Y	PV	PMT	FV
Given:	120	0.4868	0		100,000
Solve for:				−615.47	
Excel Formula: = PMT(RATE,NPER,PV,FV)=PMT(0.004868,120,0,100000)					

评价：

如果每个月存入 615.47 美元，以 6% 的有效年利率按月计息，则经过 10 年后将拥有 100 000 美元。注意，年金公式中的时期数必须与所有输入变量一致。本例中，已知的是月储蓄额，需要将题中的利率换算为月利率，用总的月数（120）代替年数。

年度百分比利率

最常用的利率报价方式是**年度百分比利率**(annual percentage rate，APR)，它表示 1 年后赚得的**单利**(simple interest)，即没有考虑复利效应的利息额。由于没有考虑复利效应，APR 报价通常比实际赚得的利息少。为计算 1 年后将会赚得的实际利息，首先要把年度百分比利率转换为有效年利率。

例如，假设 Granite 银行做广告宣称，存款账户利率为，“APR 为 6%，按月复利”。以这种方式报价，意味着你每月赚得 0.5%（6%/12）的利率，也就是说，按月复利的 APR，实际上是月利率报价的一种方式，而非年利率。这个例子中，每月实际报价利率为 0.5%，按照惯例，银行通过将其乘以 12 个月来表示 APR。利息是按月复利，1 年后你实际将获得：

$$1\times 1.05^{12}=1.061678\ (\text{美元})$$

有效年利率为 6.1678%。由于复利效应，存款赚得的 6.1678% 的利率，要高于 6% 的 *APR*，这是因为，在以后的月份里，你可将以前月份赚得的利息再投资而赚取利息。概括来说，每月 0.5% 的实际利率可以用下面两种方式中的任一种表示：

（1）APR 为 6%，按月复利；

（2）EAR 为 6.1678%，即每年赚得的实际利率。

常见错误：在年金公式中使用 EAR

在这一点上，许多学生试图在年金公式中使用 EAR，往往犯下错误。年金公式中的利率必须与现金流的发生频率相匹配。这就是为什么在例 5.1 中，先将 EAR 转换为月利率，再利用年金公式计算每月贷款支付。常见的错误是，在年金公式中利用

EAR 求得年现金流，然后用 12 去除这些现金流，从而得到月支付额。

这种计算过程将得出错误的结论。为了说明原因，考虑例 5.1 中第一笔存款发生的时间。给定月利率和月支付，年金公式假定第一笔支付将在从现在起的一个月后发生，它接着假定第 1 年结束前，你还要按月存储 11 次。只要你将钱存入银行，就会生息。相反，如果使用 EAR 计算年金现金流，公式就会假定第一笔存款发生在从现在起的 1 年后，所以，在你获得任何收益之前，你放弃了一整年的利息。EAR 方法忽视了这样一个事实：你更早些就开始了存款，而且频率高于 1 年，即你提高了生息频率，使之高于 1 年 1 次。

记住这一点很重要：APR 没有反映 1 年后将赚得的实际数额，APR 本身不能被当做折现率。APR 可反映每个复利期间赚得的实际利息：

$$每一复利期间的利率=\frac{APR}{m} \qquad (公式\ 5.2)$$

（m=每年的复利期数或称计息次数）

依据公式 5.2 计算出每一复利期间的利率后，可运用公式 5.1，计算出其他任何时间间隔的等价利率。与 APR 相对应的有效年利率，可由如下的转换公式求出：

将 APR 转换为 EAR

$$1+EAR=\left(1+\frac{APR}{m}\right)^{m} \qquad (公式\ 5.3)$$

（m=每年的复利期数）

表 5.1 给出了与具有不同的复利间隔、6% 的 APR 相对应的有效年利率。由于“利滚利”效应，EAR 随着复利的频率加快而快速提高。投资的复利频率甚至可以超过每日复利。理论上，复利间隔可以是每小时甚至是每秒。事实上，复利频次超过每日复利，对有效年利率的影响微乎其微，几乎可以忽略不计。

对于 APR，在计算系列现金流的现值或终值之前，首先要依据公式 5.2，将 APR 转换为每个复利间隔期的折现率，或依据公式 5.3 将它转换成 EAR。

表 5.1　**APR 为 6%、不同复利期间对应的有效年利率**

复利间隔	有效年利率
年	$\left(1+\frac{0.06}{1}\right)^{1}-1=6\%$
半年	$\left(1+\frac{0.06}{2}\right)^{2}-1=6.09\%$
月	$\left(1+\frac{0.06}{12}\right)^{12}-1=6.1678\%$
天	$\left(1+\frac{0.06}{365}\right)^{365}-1=6.1831\%$

例 5.2　将 APR 转换为折现率

问题：

假如你公司要购买一套新的电话系统，可用 4 年。你可以立即支付 150 000 美元购买，也可以向制造商租赁，每个月的月末要支付租金 4 000 美元，租赁期为 48 个月，不能提前解约。公司的借款利率为 6% 的 APR，每个月复利 1 次。你应该立即购买，还是通过每月支付 4 000 美元的租赁取得这套电话系统？

解答：

分析：

租赁的成本为，每月支付额是 4 000 美元、持续 48 个月的年金：

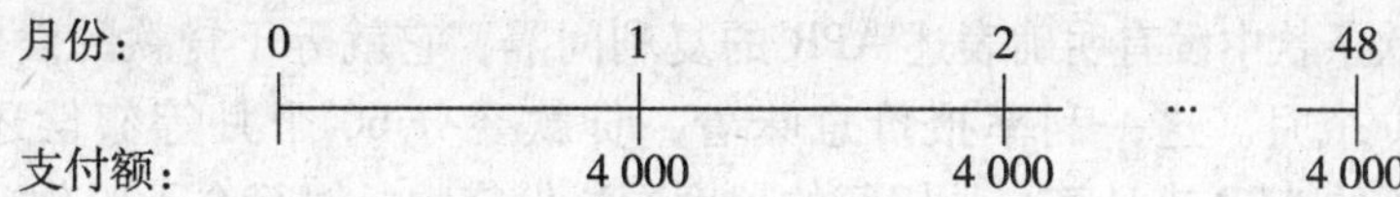

可以用年金公式计算租赁现金流的现值，但首先得计算与 1 个月的时期长度相对应的折现率。为此，根据公式 5.2 将每个月复利 1 次、APR 为 6% 的借款成本转换为月折现率。只要知道了月利率，就可以用年金现值公式（公式 4.5）计算各月支付额的现值，并与购买系统的成本比较。

计算：

根据公式 5.2，按月复利（计息）、APR 为 6% 意味着每个月的利率为 0.5%（6%/12），式子中的 12 源于每年的复利期间为 12 个月。得到与报出的 APR 相对应的实际利率后，就可以用年金公式（公式 4.5）的折现率计算各月支付额的现值：

$$PV = 4\,000 \times \frac{1}{0.005} \times \left(1 - \frac{1}{1.005^{48}}\right) = 170\,321.27 \text{（美元）}$$

也可用财务计算器或 Excel 计算：

	N	I/Y	PV	PMT	FV
Given:	48	0.5		−4 000	0
Solve for:			170,321.27		
Excel Formula: =PV(RATE,NPER,PMT,FV)=PV(0.005,48,−4 000,0)					

评价：

每月支付 4 000 美元，总共支付 48 个月，相当于当前支付 170 321.27 美元的现值。租赁成本比购买成本高出 20 321.27 美元（170 321.27−150 000），最好是支付 150 000 美元购买这套系统，而不是租赁它。理解这个结论的一种方式是：给定每个月复利 1 次、6% 的 APR，通过承诺每个月偿付 4 000 美元，公司当前可以借入 170 321 美元。用这笔贷款不仅可购买电话系统，而且还可剩余 23 867 美元作为他用。

概念检查

1. EAR 和 APR 有什么区别？
2. 为什么 APR 不能用作折现率？

5.2 应用：折现率与贷款

既然已经解释了怎样依据利率报价计算折现率，就可以把这一思路应用于解决两种常见的财务问题：计算贷款的还款额和贷款的余额。

计算贷款的还款额

很多贷款，诸如抵押贷款和汽车贷款，都是按月支付，利率报价是以每月复利的

APR 来表示的。这些类型的贷款称作**分期贷款**(amortizing loans)，意味着你每月要支付贷款利息加上部分贷款余额。每月的支付额都是一样的，贷款在最后一笔支付后得到完全清偿。新车贷款的约定条款通常可能是“6.75%的 APR，支付 60 个月”。若在贷款条款中没有明确表述 APR 的复利间隔，它就等于贷款的偿付间隔，在本例中就是 1 个月。这一利率报价意味着，贷款要分 60 个月等额偿还，用按月复利的 6.75%的 APR 来计算。从银行的角度看这份贷款：银行今天给你 30 000 美元现金购买汽车，作为回报，你将从现在起的第一个月开始，用 60 个月等额分期向银行偿付。为了使银行愿意接受这项交易，你支付给银行的钱，按照贷款利率折现得到的现值，应该等于银行现在借给你的现金金额，结合这一贷款利率报价，考虑 30 000 美元的汽车贷款的时间线：

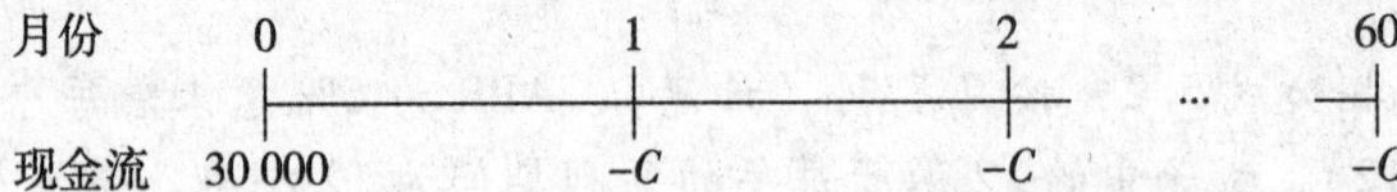

设定每期偿付额为 C，使得以贷款利率折现的系列现金流的现值等于初始本金 30 000元。在本例中，按月复利的 6.75% 的 APR，相当于 = 0.5625% （6.75%/12）的月折现率。折现率要与现金流发生频率相匹配，这是很重要的。在此，已知月折现率和月偿付额，可以继续往下求解。贷款偿付为一项年金，可应用公式 4.8 求解 C：

$$C=\frac{P}{\frac{1}{r}\left(1-\frac{1}{(1+r)^{N}}\right)}=\frac{30\ 000}{\frac{1}{0.005625}\times\left(1-\frac{1}{(1+0.005625)^{60}}\right)}=590.50\text{（美元）}$$

也可用财务计算器或电子数据表求解 C：

	N	I/Y	PV	PMT	FV
Given:	60	0.5625	30,000		0
Solve for:				−590.50	
Excel Formula: =PMT(RATE,NPER,PV,FV)=PMT(0.005625,60,30000,0)					

你每月的偿付额包括利息和部分本金，如此，你所欠的金额将减少。随着每月贷款余额（你仍然欠银行的钱）的减少，余额生成的利息也在减少。尽管 60 个月的贷款期内每月的偿付额相同，但其中每个月用来偿付利息的部分逐渐减少，剩余的用来减少本金的部分在逐渐增加。图 5.1 中的 a 图说明了这种效应，斜纹区域表示每月用于偿付利息的部分，剩下的灰色色区域表示用于减少本金的部分。如你所见，第一笔 590.50 美元支付额中的 168.75 美元用于偿付第 1 个月的利息——168.75 美元(30 000×0.005625)，而这部分偿付金额将稳步地减少，到贷款结束时，几乎所有的偿付额用于偿还本金。

图 5.1 中的 b 图揭示了你的每月偿付对贷款余额的影响，第一笔偿付额为 590.50 美元，其中 168.75 美元偿付贷款利息，剩下的 421.75 美元偿还本金，使本金减少为 29 578.25 美元（30 000−421.75）。第二个月，你所欠的利息仅为 29 578.25 美元的贷款余额生成的利息，即 166.38 美元，590.50 美元偿付额中剩余的更多部分进一步用来减少本金。这种效应一直持续着，以至你每月偿付额中越来越多的用于减少本金，从而使得本金快速减少，直至贷款结束。

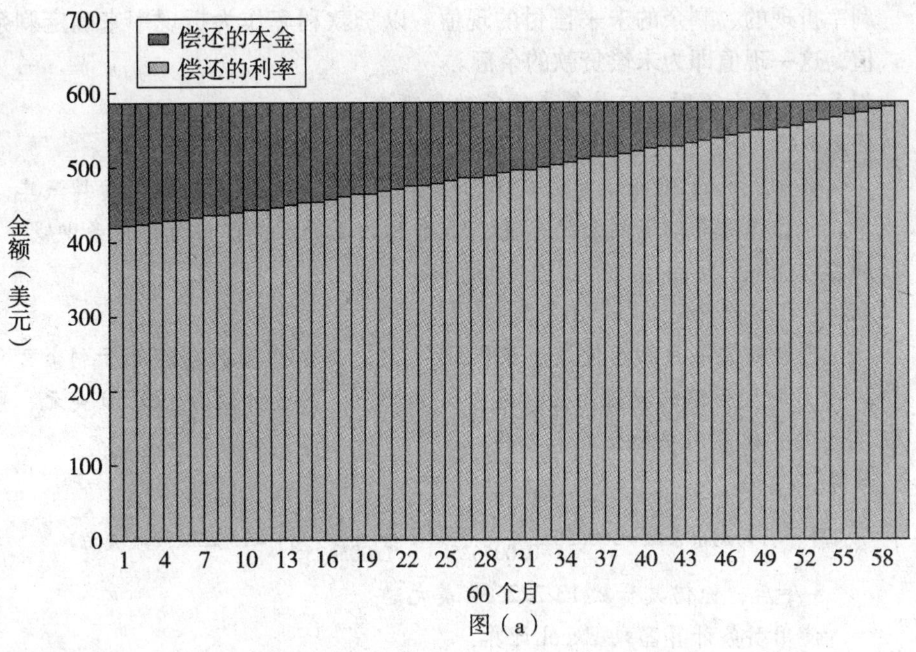

图（a）

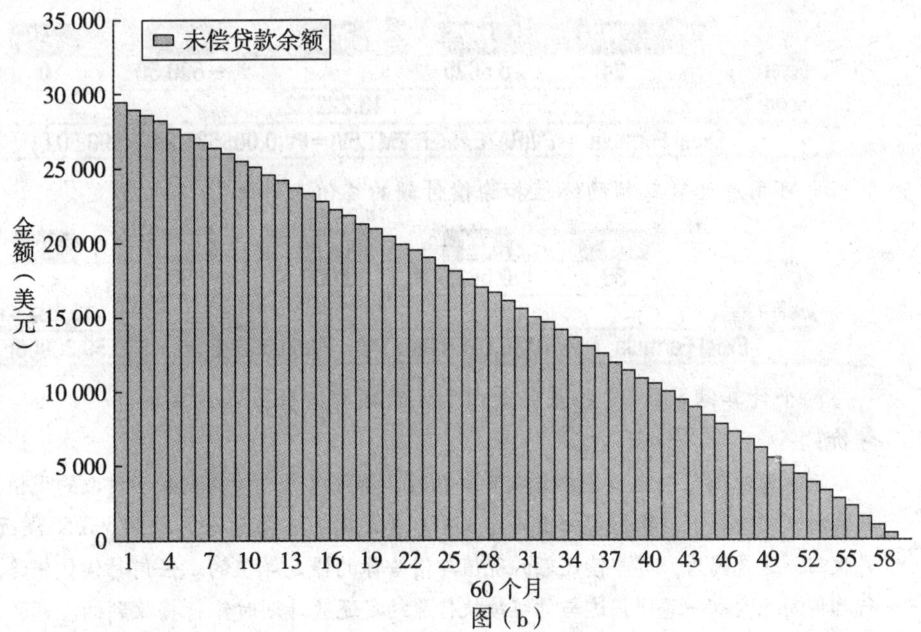

图（b）

图 5.1　分期贷款

注：图（a）显示了对于30 000美元车贷，每月偿付额中偿还的利息（斜纹）和偿还的本金（灰色）在整个贷款期内的变化情况。图（b）解释了未偿贷款余额（本金）的变化效应。注意，随着余额的减少，偿付余额生成的利息的部分也在减少，而每月偿付额中用于减少本金的部分则越来越多。

计算未偿贷款余额（未偿本金）

如图5.1所示，分期还贷时，每月的未偿余额是不同的，时间线上任何时点你所欠的金额等于未来还贷义务的现值。贷款的未偿余额也称作未偿本金，它等于以贷款利率折现的、剩余的未来偿付的现值。以贷款利率作为折现率来确定剩余偿付的现值，这一现值即为未偿贷款的余额。

例 5.3　个人理财——计算未偿贷款余额

问题：

假前文中的 30 000 美元车贷已经偿还了 3 年，你决定现在卖掉汽车。出售了汽车后，你将需要偿还剩余的车贷。36 个月的还贷后，你仍欠银行多少钱?

解答：

分析：

已经知道每月的偿付额为 590.50 美元，剩余的贷款余额等于剩余 2 年，也就是 24 个月的偿付额的现值。月利率为 0.5625%，月支付额为 590.50 美元，剩余期限为 24 个月，故可用年金公式来求解。

计算：

$$24\text{ 个月的剩余余额}=590.50\times\frac{1}{0.005625}\times\left(1-\frac{1}{1.005625^{24}}\right)=13\ 222.32\text{（美元）}$$

3 年后，你仍欠贷款 13 222.32 美元。

使用财务计算器或 Excel 计算：

	N	I/Y	PV	PMT	FV
Given:	24	0.5625		−590.50	0
Solve for:			13,222.32		
Excel Formula: =PV(RATE,NPER,PMT,FV)=PV(0.005625,24,−590.50,0)					

也可用原始贷款额的终值扣除偿付额的终值来计算：

	N	I/Y	PV	PMT	FV
Given:	36	0.5625	30,000	−590.50	
Solve for:					13,222.41
Excel Formula: =FV(RATE,NPER,PMT,PV)=FV(0.005625,36,−590.50,30000)					

两个计算结果 0.09 的差异是由于还款额的四舍五入造成的。

评价：

时间线上的任一点，包括你刚贷到款时，都可以通过计算剩余偿付额的现值，以得到贷款余额。回想一下，银行起初借给你 30 000 美元时，它愿意每月收回 590.50 美元，分 60 个月收回，这是因为，那些偿还额的现值与借给你的钱是等值的。任何时候你想终止贷款，银行都将向你索取一笔钱，这与你继续执行原约定还款计划时银行将收到的金额的现值是相等的。如第二种方法所示，你所欠的金额也可看做是初始借款额扣除已偿还额后的终值。

概念检查

3. 分期还贷中，本金是怎么偿付的?
4. 还贷额中用于偿还利息的部分为什么在还贷期内变动?

5.3　利率的决定因素

现在，我们已经理解了利率的报价方式及其在贷款中的应用，接下来我们将研究一个更宽泛的问题：利率是如何决定的?从根本上来讲，利率是基于资本市场中资金的供求关系而确定的。而供求由个人、银行及公司的借、贷、储蓄意愿决定。利率的变化影响消费者的决策，例如，你能为车贷或按揭借多少款项。利率的变化影响了未来现金流的现值，所以它对公司的资本预算决策也有着广泛的影响。本节考察一些可能会影响利率的因素，如通货膨胀、当前的经济活动以及对未来增长的预期。

通货膨胀与真实利率、名义利率

通货膨胀测度了，由于物价上涨，一定量的货币其购买力是如何下降的。你听过多少次这样的说法——“1 美元买不到它过去所能买到的东西”？我们已经见证了价格的稳定上涨——例如，早上喝的咖啡现在的价格可能比 5 年前的高出一些。通货膨胀影响我们如何评价银行和其他金融机构报出的利率，那些利率以及本书中我们用于折现现金流的利率都是**名义利率**(nominal interest rates)，它表明将货币投资一定时期后货币增长的比率。当然，经济中的价格也会由于通货膨胀而上涨，此时名义利率就无法表示由投资所引起的购买力的增加。

例如，今年一杯咖啡的价格为 1 美元，你有 100 美元，可以购买 100 杯咖啡。相反，如果你将 100 美元存入银行账户，每年赚得 5.06% 的利率，1 年后，你将拥有 105.06 美元，但是，你的境况真的更好了吗？这取决于 1 年内价格上涨了多少。如果在过去 1 年里，通货膨胀率为 3%，年末买咖啡将多花 3%，即 1.03 美元。你可以取出 105.06 美元存款，购买 102 杯咖啡（105.06 /1.03)，你的境况仅仅好了 2%。

2% 是你的**真实利率**(real interest rate)：调整通胀因素后的购买力增长率。如上面的例子所示，用下面的公式计算购买力增长率：

$$购买力的增长=1+真实利率=\frac{1+名义利率}{1+通货膨胀率}=\frac{货币的增长}{价格的增长} \qquad （公式 5.4）$$

重新整理公式 5.4，可得出求解真实利率的计算公式，而且，通货膨胀率低的时候，真实利率可以简便地近似得出：

真实利率

$$真实利率=\frac{名义利率-通货膨胀率}{1+通货膨胀率}\approx名义利率-通货膨胀率 \qquad （公式 5.5）$$

真实利率近似地等于名义利率减去通货膨胀率。①

例 5.4　计算真实利率

问题：

在 2000 年，短期美国政府债券的利率大约是 5.8%，通货膨胀率大约是 3.4%。2003 年，短期美国政府债券的利率大约是 1%，通货膨胀率大约是 1.9%。2000 年和 2003 年的短期美国政府债券的真实利率分别是多少？

解答：

分析：

债券利率为名义利率，给定名义利率和每年的通货膨胀率，就可以用公式 5.5 计算真实利率。

---

① 真实利率不适合对未来现金流的折现。如果现金流不是将要支付的预期现金流，而是因通胀而要调整现金流的增长之前的等价现金流，这时才可用真实利率作为折现率（我们称通胀调整前的等价现金流为真实现金流）。然而，这种方法易于出错。本书在预测现金流时，将始终包含由通胀带来的现金流增长，因而要使用名义利率折现。

计算：

根据公式 5.5：

$$真实利率=\frac{名义利率-通货膨胀率}{1+通货膨胀率}$$

在 2000 年，真实利率为：(5.8%－3.4%) / 1.034＝2.32%（近似等于名义利率与通货膨胀率之差：5.8%－3.4%＝2.4%）。在 2003 年，真实利率为：(1%－1.9%) / 1.019＝-0.88%。

评价：

注意，2003 年的真实利率为负，表明利率不足以弥补通胀的负面影响。美国政府债券的投资者在年底的购买力要比年初时低。

图 5.2 显示了自 1995 年始的美国名义利率和通货膨胀率的变动历史。注意，名义利率倾向于随着通货膨胀率的变动而变动。从直觉上看，个人的储蓄意愿取决于他们预期的购买力的增长（由真实利率给出）。通货膨胀率高的时候，就需要较高的名义利率来引导个人储蓄。这种现象在 20 世纪 70 年代后期到 80 年代早期比较明显，那时美国的通货膨胀达到两位数，名义利率也就相应地提高了。

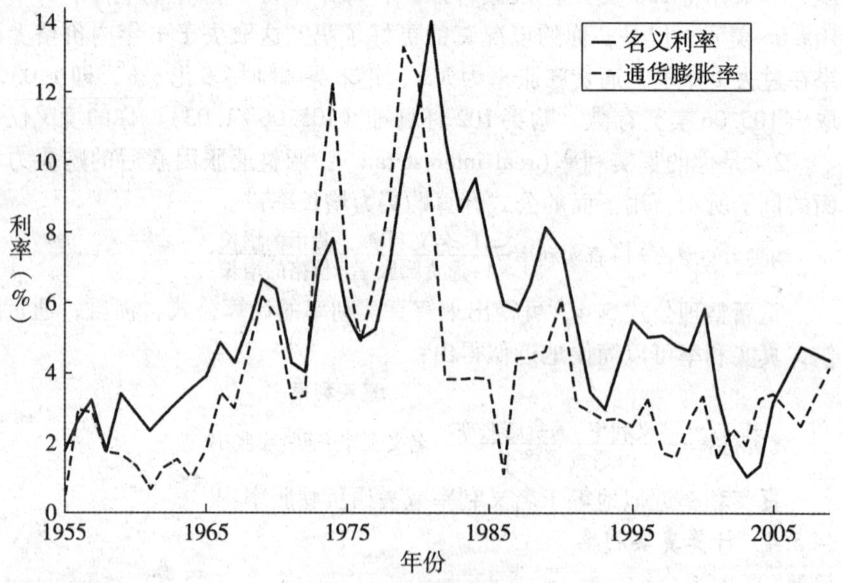

图 5.2　1955—2007 年间，美国的利率和通货膨胀率的变动

注：图中显示的是 1955—2007 年间美国的名义利率（实线）和通货膨胀率（虚线）的变动，注意，通货膨胀率高时，利率也偏高。利率为 3 个月期短期国库券的平均利率，通货膨胀率的计算是基于美国劳工统计局发布的消费者价格指数（CPI）的年度增长。

投资与利率政策

利率不仅影响个人的储蓄倾向，而且还影响公司融资和投资的动机。考虑一项投资机会，要求初始投资 1 000 万美元，未来 4 年内每年能产生 300 万美元的现金流入。如果利率是 5%，投资的净现值为：

$$NPV=-1\,000+\frac{300}{1.05}+\frac{300}{1.05^2}+\frac{300}{1.05^3}+\frac{300}{1.05^4}=63.8\text{（万美元）}$$

如果利率是9%，净现值将下降为：

$$NPV=-1\,000+\frac{300}{1.09}+\frac{300}{1.09^2}+\frac{300}{1.09^3}+\frac{300}{1.09^4}=-28.1\text{（万美元）}$$

投资就不再是盈利的了。原因当然是用更高的利率折现正的现金流，这就减少了它们的净现值。不过，1 000万美元的投资成本就发生在今天，成本的现值独立于折现率。

如何计算通货膨胀率？

通货膨胀率以消费者物价指数（CPI）的变动比率为标准计算，CPI衡量普通消费者每月购买一揽子标准商品时的耗费。关于商品价格的争议很大。

为收集价格信息，数据收集者到商店观察，共收集80 000种零售价格报价和5 000种房屋租赁报价。这些数据每天都传输到华盛顿，在那里，美国劳工统计局的分析师们分析部分价格的变动，可能带来的通货膨胀率的变动大小。这种价格调整带有主观性，因此CPI的计算也就存在争议。《华尔街日报》在下面的例子中报导了这种争议：

一台57英寸电视机的价格由2 238.99美元降到1 909.97美元，这一领域的数据搜集者浏览过价格清单后，发现旧款有一个内置的高清晰度的调谐器，而新款却没有。分析师估计调谐器价值513.69美元，这款电视机的价格看起来似乎下降了14.7%，但实际上却提高了10.7%。

一台27英寸电视机的价格和原来一样，但分析师认为它的价格实际上是下降了。最新款电视机的屏幕是平面的，消费者认为这比旧款的曲面屏幕更有价值。和旧款的6瓦立体声功效相比，新款电视机有10瓦的立体声功效。

批评者们认为这种调整常常使价格的上升看起来幅度很小，甚至是下跌的，因此他们得出的结论是，政府低估了通货膨胀率。支持者们认为这些调整是必要的，理由是为更好的产品支付更高的价格不同于为相同的产品支付更高的价格。这种争论是重要的，因为许多工会合同中规定的薪水与通货膨胀有关，投资者也需要好的通货膨胀数据，以确定投资要求的利率大小。

WSJ Source：Aeppel，T.，New and Improved：An Inflation Debate Brews Over Intangibles at the Mall——Critics Say U. S. Plays Down CPI Through Adjustments For Quality，Not Just Price——Value of a TV's Flat Screen，9 May 2005，A1.

更一般地，若投资成本先于收益发生，利率的增加将减少投资的净现值。在其他条件相同的情况下，较高的利率易于造成公司的正净现值投资的萎缩。美联储和其他国家的中央银行，利用利率和投资激励的这种关系，试图引导经济走势。经济发展缓慢时，他们降低利率以刺激投资，当“经济过热”或通货膨胀率上升时，则提高利率以减少投资。

收益曲线和折现率

银行提供的储蓄投资利率或收取的贷款利率取决于投资或贷款的期限。例如，假如你愿意把钱存入两年期的存单（certificate of deposit，CD）① 里（到期前不可以取出资金，否则就会受处罚），对于此项存款，银行提供的利率将高于你将钱存入可以随时取出现金的结账单

① 存单是银行提供的短期或中期的债务工具。你把钱存入银行达到规定的期限，获得固定的利率。由于你不能提前取出钱，否则就要受到惩罚，因此，这种存单的利率通常高于将钱存入储蓄账户的利率。

储蓄账户的利率。投资期限与利率之间的这种关系称作利率的**期限结构**(term structure)。可用**收益曲线**(yield curve) 来描述这种关系。图 5.3 表示在 2004 年、2005 年及 2006 年 1 月份，提供给投资者的美国无风险利率的期限结构与相应的收益曲线。注意在每一种情形下，利率都取决于投资期限，2004 年的短期和长期利率差别尤其显著。以上描述的利率是美国国债利率，是没有违约风险的（美国政府不会对其借款违约)。因此，这些都是**无风险利率**(risk-free interest)，即在给定期间内，可按这种利率无风险地借入或贷出资金。

可以用利率的期限结构计算，具有不同投资期限的无风险现金流的现值和终值。例如，2004 年 1 月，以当时的 1.15% 的 1 年期利率，将 100 美元投资 1 年，到年末时它的终值将增长为：

$$100\times1.0115=101.15\text{（美元）}$$

在 2004 年 1 月，以当时 10 年期的利率 4.72%，投资 100 美元，投资 10 年，10 年后它将增长到①：

$$100\times1.0472^{10}=158.60\text{（美元）}$$

同样的逻辑可以应用于计算具有不同期限的现金流的现值。两年后收到的无风险现金流应该以两年期利率折现，10 年后收到的无风险现金流就应该以 10 年期利率折现。通常，n 年后收到的无风险现金流 C_n 的现值为：

$$PV=\frac{C_n}{(1+r_n)^n} \quad \text{（公式 5.6）}$$

其中，r_n 为 n 年期无风险利率。也就是说，计算现值时，必须匹配现金流与折现率的期限。

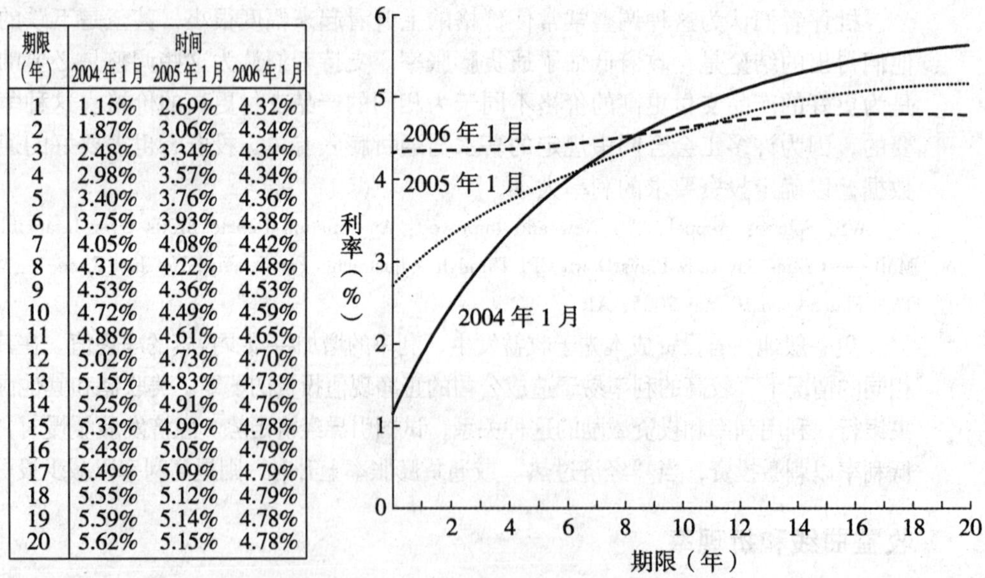

期限（年）	时间		
	2004年1月	2005年1月	2006年1月
1	1.15%	2.69%	4.32%
2	1.87%	3.06%	4.34%
3	2.48%	3.34%	4.34%
4	2.98%	3.57%	4.34%
5	3.40%	3.76%	4.36%
6	3.75%	3.93%	4.38%
7	4.05%	4.08%	4.42%
8	4.31%	4.22%	4.48%
9	4.53%	4.36%	4.53%
10	4.72%	4.49%	4.59%
11	4.88%	4.61%	4.65%
12	5.02%	4.73%	4.70%
13	5.15%	4.83%	4.73%
14	5.25%	4.91%	4.76%
15	5.35%	4.99%	4.78%
16	5.43%	5.05%	4.79%
17	5.49%	5.09%	4.79%
18	5.55%	5.12%	4.79%
19	5.59%	5.14%	4.78%
20	5.62%	5.15%	4.78%

图 5.3　2004 年 1 月、2005 年 1 月和 2006 年 1 月，美国无风险利率的期限结构

注：图示为投资于不同期限的美国国债可获得的利率。在每种情形下，利率因期限而异。例如，2004 年，10 年期贷款的利率（4.72%）是 1 年期贷款利率（1.15%）的 4 倍还多（资料来源于美国本息拆离国债)。

① 也可始终按 1 年期利率，连续不断地投资 10 年。不过，我们不知道未来的利率是多少，所以最终的支付或回报将不会是无风险的。

合并公式 5.6 中不同年限现金流的现值，即可得到计算系列现金流现值的一般公式：

使用折现率的期限结构计算系列现金流的现值

$$PV=\frac{C_1}{1+r_1}+\frac{C_2}{(1+r_2)^2}+\cdots+\frac{C_N}{(1+r_N)^N} \quad \text{（公式 5.7）}$$

注意公式 5.7 和公式 4.3 的区别。这里，我们基于同一时期（如 2004 年 1 月）收益曲线上的利率，对每笔现金流使用不同的折现率折现。不同期限的利率很相似时，收益曲线接近于一条平坦的线。在收益曲线相对平坦时，就像 2006 年 1 月的收益曲线，对于每笔现金流使用不同的利率折现的差别相对较小，通常可以忽略这种较小的差别，而以单一的“平均”利率 r 来折现。但当短期利率和长期利率差别很大时，如 2004 年 1 月的收益曲线所示，就应该用公式 5.7 来计算。

注意：所有计算现值的简捷公式（年金与永续年金公式，财务计算器），都是基于以相同的折现率折现全部现金流。它们不能用于需要以不同利率折现现金流的情形。

例 5.5　使用利率的期限结构计算现值

问题：

给定图 5.3 中 2005 年 1 月的收益曲线，计算每年支付 1 000 美元的 5 年期无风险年金的现值。

解答：

分析：

年金现金流的时间线为：

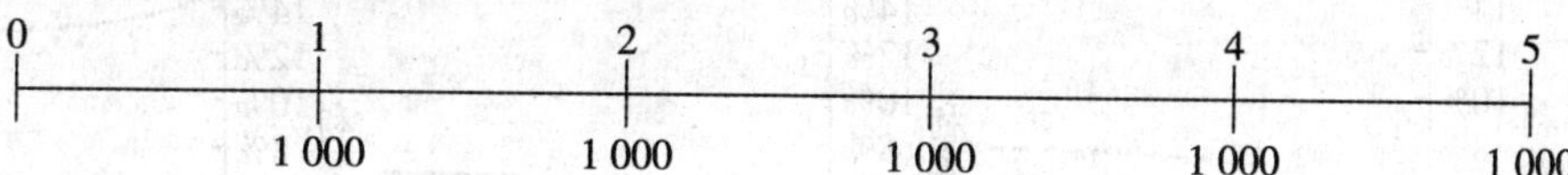

从收益曲线旁边的表格中，分别找出与期限 1、2、3、4、5 年相对应的利率。再利用现金流和利率，计算现值。

计算：

据图 5.3，与期限 1、2、3、4、5 年对应的利率分别是：2.69%、3.06%、3.34%、3.57% 和 3.76%。

为计算现值，用相应的利率折现每笔现金流：

$$PV=\frac{1\,000}{1.0269}+\frac{1\,000}{1.0306^2}+\frac{1\,000}{1.0334^3}+\frac{1\,000}{1.0357^4}+\frac{1\,000}{1.0376^5}=4\,522 \text{（美元）}$$

评价：

收益曲线告诉我们与不同到期期限相对应的市场利率，为了正确计算出 5 种不同到期期限的现金流的现值，需要使用与到期期限相适应的 5 种不同利率。注意，对应于每笔现金流的折现率不同，在此无法应用年金现值公式。

常见错误：在折现率不同时使用年金公式

计算年金现值时，一个常犯的错误是，即使在利率随着投资期限的变动而变动时，仍然以单一的利率应用年金公式。例如，例 5.5 中，我们不能用 2005 年 1 月的收益曲线上的 5 年期利率来计算 5 年期年金的现值：

$$PV\neq 1\,000\times\frac{1}{0.0376}\times\left(1-\frac{1}{1.0376^{5}}\right)=4\,482\text{（美元）}$$

如果想找出可用来计算年金价值的单一利率，首先要利用公式 5.7 计算出年金的现值，然后求解年金的内含回报率。对于例题 5.5 中的年金，用财务计算器或电子数据表求出它的内含回报率是 3.45%。年金的内含回报率总是处于用来计算其现值的最高和最低折现率之间，就像本例这样。

	N	I/Y	PV	PMT	FV
Given:	5		−4 522	1 000	0
Solve for:		3.45			

Excel Formula: =RATE(NPER,PMT,PV,FV)=RATE(5,1000,−4522,0)

收益曲线与经济

如图 5.4 所示，收益曲线会随着时间而改变。有时，短期利率接近于长期利率，而有时它们又可能相差很大。是什么原因导致收益曲线的形状发生变化呢?

利率决定因素。美联储通过对**联邦基金利率**（federal funds rate）施加影响来决定短期利率。联邦基金利率是银行能够借入准备金的隔夜拆借利率。收益曲线上所有其他的利率都是在市场中确立的，并且一直进行动态调整，直到每一种期限贷款的供给和借款需求都能相互匹配为止。我们一会儿就将看到，对未来利率变化的预期，会对投资者的长期贷出或借入资金的意愿产生重要影响，从而影响收益曲线的形状。

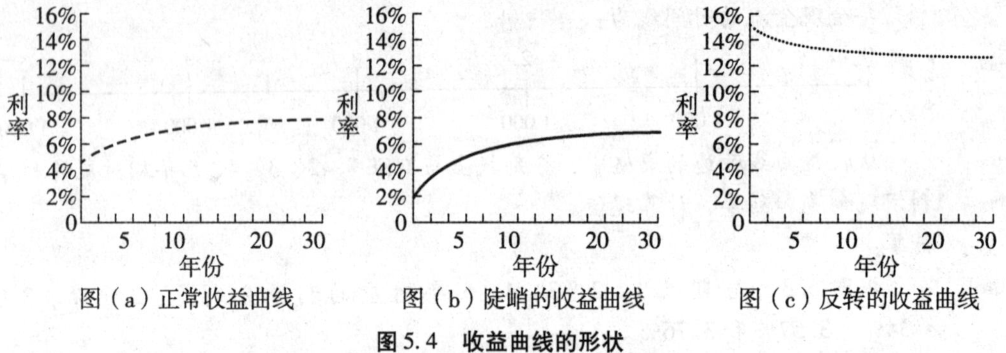

图（a）正常收益曲线　图（b）陡峭的收益曲线　图（c）反转的收益曲线

图 5.4　收益曲线的形状

注：图中描绘了三种不同形状的收益曲线。虚线代表正常收益曲线，大多数情况下，收益曲线呈这种形状——适度地向上倾斜。实线描绘出一条陡峭的收益曲线——注意，此时短期利率（2%）与长期利率（7%）的差异比正常情况下要大，这就造成收益曲线看起来比正常情况下更为陡峭。从 1991 年 10 月起，收益曲线开始呈陡峭形状。点线描绘出一条反转的收益曲线，此条收益曲线是向下倾斜而不是向上。正如 1981 年 1 月，短期利率高于长期利率，这时收益曲线呈反转形。本节的剩余篇幅，将讨论为什么随着时间的推移，收益曲线会发生变化。

假设短期利率等于长期利率。如果预期未来利率会上升，投资者当前将不愿意进行长期投资（如购买长期债券）。相反，他们会进行短期投资，然后等利率上升后再投资。因此，如果预期利率上升，长期利率就应该比短期利率高一些，以吸引投资者。

同理，如果预期未来利率会下跌，借款者当前将不愿意以与短期利率相等的长期利率借款。他们会借入短期借款，然后等利率下降后再举借新的贷款。所以，如果预期利率下降，长期利率就应该比短期利率低一些，以吸引借款人。

收益曲线的形状。这些论断表明，收益曲线的形状将受到利率预期的强烈影响。急剧上升（陡峭）的收益曲线，即长期利率比短期利率高得多，一般表明预期未来利率将上升。递减（反转的）的收益曲线，即长期利率比短期利率低，通常意味着预期未来利率的下跌（译者注：短期利率高于长期利率的负斜率收益曲线又称“反转收益曲线”）。由于利率有因应经济放缓而下降的倾向，因而下跌的收益曲线通常被理解为对经济增长前景的消极预测。的确，正如图 5.5 所表明的那样，美国过去发生的六次经济衰退，每次衰退之前都有一段收益曲线发生反转的时期（注意，灰色条形前面的深灰色阴影区域代表衰退）。相反的，在经济走出衰退时，预期利率将会上升，收益曲线则趋于变得陡峭。

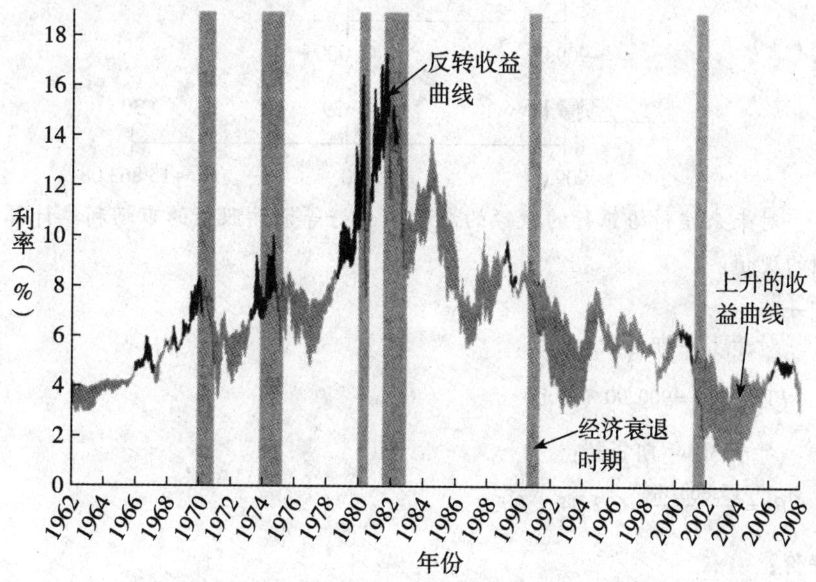

图 5.5　美国的短期和长期利率以及经济衰退

注：上图绘出了 1 年期和 10 年期的美国国债年利率，如果收益曲线是上升的（1 年期利率低于 10 年期年利率），二者（1 年期利率和 10 年期利率）之差用浅灰表示，如果收益曲线为反转的（1 年期利率超过 10 年期利率），二者之差用深灰色表示。垂直的灰色条表示由美国国民经济研究局所确定的美国经济衰退的时期。注意，反转的收益曲线一般出现在由美国国民经济研究局所确定的经济衰退之前。在衰退时期，利率下降，短期利率下降得更多。结果，在经济走出衰退时，收益曲线变得陡峭。

通常，收益曲线的形状是适度向上倾斜的。如果投资者总是相信未来利率将上升，收益曲线的形状就是那样的。但这不大可能，必定有其他因素的作用使得长期利率通常高于短期利率。通常用来解释的理由是，长期贷款比短期贷款更具风险。如果现在你发放 30 年期的贷款，并且锁定利率，那么每次市场利率的微小变化，都会导致你收到的偿付额的现值产生非常敏感的变动。这种敏感性来源于 30 年期间利率变化的复利效应。为了理解这种效应，考虑下面的例题。

例 5.6　短期利率和长期利率

问题：

你工作的那家银行刚刚发放了两笔贷款，其中一笔的贷出金额为 909.09 美元，1 年后收回 1 000 美元，另一笔的贷出金额为 909.09 美元，30 年后收回 15 863.08 美元。贷款额与偿付额之间的差异是基于每年10%的利率得来的。假如，你刚发放完贷款后，就有一条关于经济增长的新闻报道称未来有增长的预期通货膨胀，诸如此类贷款的市场利率将上升到11%。贷款是银行资产的主要构成部分，你自然很关注这些贷款的价值。利率的变化对银行的这些贷款的未来承诺偿付额的价值有什么影响？

解答：

分析：

每种贷款在贷款期结束时都仅有一笔偿付现金流，它们因偿付时间不同而不同：

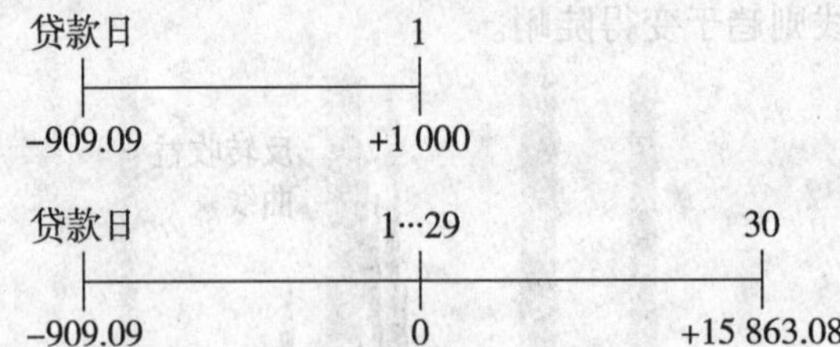

对未来偿付给银行的数额的影响，正好等于按照新的市场利率计算出的贷款偿付额的现值。

计算：

对于1年期贷款：

$$PV=\frac{1\ 000}{1.11}=900.90\text{（美元）}$$

对于30年期贷款：

$$PV=\frac{15\ 863.08}{1.11^{30}}=692.94\text{（美元）}$$

评价：

1年期贷款的价值减少了8.19美元（909.09－900.90），即减少了0.9%，而30年期贷款的价值减少了216.15美元（909.09－692.94），即减少了24%！市场利率的微小变化，经过更长时期的复利后，造成贷款偿付额的现值更大的变化。你应该明白了为什么投资者和银行认为长期贷款比短期贷款更具风险性。

概念检查

5. 名义利率和真实利率有何区别？
6. 利率和公司的投资水平有何关联？

5.4 资本的机会成本

可见，市场上的利率，基于报价方式、投资期限以及风险的不同而有所差异。本章给出了考虑这些差别的利率衡量工具，对于利率是如何决定的有了一些深入的了解。这为下一章学习债券知识打下了基础。

第3章的估值原理告诉我们，使用"市场利率"计算现值和评估投资机会。但是，有如此之多的利率可供选择，"市场利率"这一术语的含义本身就模棱两可。所以本书往后的部分，要基于投资者的**资本的机会成本**（opportunity cost of capital），简称为"资本成本"（cost of capital）这一折现率，来评估现金流，它是市场上与要折现的现金流具有可比（类似）风险和期限的投资的最可能的期望回报率。

为了更好地理解资本的机会成本，将你自己看成是一位财务经理，正与其他公司的财务经理争夺投资者的资金（资本），为吸引投资者投资你们公司，或吸引债权人贷给你们公司资金，你提供给他们的期望回报，至少与他们投资于其他具有相同风险和期限的项目所获得的回报一样。现在可以更容易地理解这一术语——资本的（机会）成本——投资于你公司的投资者，正放弃投资于其他项目的机会。对他们来说，这是一种机会成本，你必须提供与他们的机会成本相同或更高的回报。即使你们公司内部有这笔可供投资的资金，上述逻辑思想仍然适用。你可以把钱发放给股东，也可以投资其他地方，或是再投资于新项目，然而，只有再投资的回报高于股东自己的其他投资回报，你才应该把钱进行再投资。

资本的机会成本是投资者因接受新投资而放弃的回报率。对于无风险项目而言，它的机会成本通常相当于具有类似期限的美国国债的利率。而资本成本是更一般性的概念，它也可应用于风险投资。

利率、折现率和资本成本

迄今为止，你可能注意到我们使用了三种术语定义回报率，虽然许多人交替地使用这三种术语，但它们是有区别的。本书用“利率”表示市场中的报价利率。折现给定的现金流时，使用“折现率”较为恰当，但要与现金流的发生频率相匹配。最后，用“资本成本”表示投资于相似风险项目的回报率。

例 5.7　资本的机会成本

问题：

假如，现在一个朋友想向你借 100 美元，1 年后偿还你 110 美元。你在市场中搜寻其他的 100 美元投资机会，最终找到一个与把钱借给你朋友等风险的投资机会，这个投资机会的期望回报率为 8%，你应该怎么做选择呢？

解答：

分析：

你如何做决定，取决于把钱借给朋友的机会成本的大小。如果借钱给朋友，你就不能投资于期望回报率为 8% 的投资项目，借钱给朋友的同时，你正在放弃期望回报率为 8% 的投资机会。用 8% 的资本机会成本评价 1 年后的 110 美元，这样可以帮助你做出决策。

计算：

1 年后 110 美元的价值等于它的现值，用 8% 折现得：

$$PV=\frac{110}{1.08^1}=101.85\text{（美元）}$$

对你来说，现在的 100 美元贷款价值 101.85 美元，因此你应该把钱贷给朋友。

评价：

依据估值原理，可以用市场价格评价一项投资扣除成本后的净收益，进而确定投资的价值。正如本例所示，市场价格决定了最优的投资机会是什么，因而也就知道了一项投资是否值得这些成本。

第 3 章介绍的估值原理是全书的一个统一主题，本章和前面的章节引入了一些财务经理用来评价不同时点现金流的工具，本章的最后一节重申了使用市场信息确定资本的机会成本的重要性，资本的机会成本是估值计算中的折现率。下一章我们将学习债券及其定价，债券定价过程中将运用到迄今为止我们已经学到的知识。

概念检查

7. 什么是资本的机会成本？
8. 公司可以忽略其内部自有资金的资本成本吗？

本章小结

5.1 利率报价和调整利率

和其他价格一样，利率由市场因素决定，尤其是资金的供应与需求。

有效年利率（EAR）表示 1 年内的实际利息收益。EAR 可用作每年现金流的折现率。

给定有效年利率 r，等效的 n 年期折现率为：

$$(1+r)^n-1 \qquad \text{（公式 5.1）}$$

其中，n 可以大于或小于或等于 1 年（或某一分数）。

年度百分比利率（APR）是一种常用的利率报价方式，每期的实际利率等于 APR/每年的复利期数。APR 不能直接作为折现率使用。

知道 APR 的复利间隔，可确定 EAR：

$$1+\text{EAR}=\left(1+\frac{\text{APR}}{\text{m}}\right)^{\text{m}} \qquad \text{（公式 5.3）}$$

（m = 每年的复利期数）

给定 APR，EAR 随着复利频率的增加而增加。

5.2 应用：折现率与贷款

贷款利率通常以 APR 表示。使用基于贷款利率计算的每次偿付间隔的有效利率来评估，贷款的未偿还余额等于（尚未支付的）贷款现金流的现值。

分期还贷的每次偿付额包括贷款的利息和部分贷款余额。

5.3 利率的决定因素

报出的利率为名义利率，它表示投入的货币的增长率。真实利率表示调整了通货膨胀后，购买力的增长率。

已知名义利率和通货膨胀率，真实利率为：

$$\text{真实利率}=\frac{\text{名义利率}-\text{通货膨胀率}}{1+\text{通货膨胀率}}$$

$$\approx \text{名义利率}-\text{通货膨胀率} \qquad \text{（公式 5.5）}$$

通货膨胀率高时，名义利率往往就高，通货膨胀率低时，名义利率也变低。

通常，高利率会降低投资项目的净现值。美联储通过提高利率来缓和投资和应对通胀，通过降低利率来刺激投资和经济增长。

根据利率的期限结构，利率因投资期限而不同。可将利率表示为投资期限的函数，这一函数用图形表示，称作收益曲线。

应该用与现金流发生的期限相对应的折现率折现现金流。系列现金流的现值为：

$$PV=\frac{C_1}{1+r_1}+\frac{C_2}{(1+r_2)^2}+\cdots+\frac{C_N}{(1+r_N)^N} \quad \text{（公式 5.7）}$$

若折现率随期限而变动，则不能应用年金和永续年金公式。

收益曲线的形状，一般随着投资者对未来经济增长和利率的预期而变化。它大多在经济衰退之前发生反转，在走出衰退时会变得陡峭。投资者认为长期贷款更具有风险，因此，长期利率通常高于短期利率。

5.4　资本的机会成本

投资者的资本的机会成本（简称“资本成本”）就是市场上与要折现的现金流具有可比风险和期限的投资的最可能的期望回报率。

复习题

1. 解释为什么说利率是一种价格。

2. APR 为 6%、每半年复利 1 次的 EAR 为什么高于 6%？

3. 利率与现金流的发生频率相匹配为什么是重要的？

4. 相同的利率下，15 年期的抵押贷款偿还额为什么不是 30 年期的抵押贷款偿还额的两倍？

5. 若用名义利率折现真实现金流，会犯什么错？

6. 对通货膨胀的预期如何影响利率？

7. 对于投资者，名义利率可能是负的吗？真实利率会是负的吗？

8. 20 世纪 80 年代早期，通货膨胀率达到两位数，收益曲线急剧地向下倾斜。关于投资者对于未来通货膨胀率的预期，收益曲线告诉我们什么信息？

9. 资本的“机会成本”指的是什么？

练习题

利率报价与调整（第 1～7 题）

1. 银行为你提供的两年期储蓄账户，总共支付 20% 的利息。试确定与下列期限对应的等价折现率：

a. 6 个月；

b. 1 年；

c. 1 个月。

2. 你更偏好哪一种：是 EAR 为 5% 的 3 年期银行储蓄账户，还是具有下列条件的储蓄账户：

a. 每隔 6 个月支付 2.5% 的利息，连续支付 3 年；

b. 每隔 18 个月支付 7.5% 的利息，连续支付 3 年；

c. 每月支付 0.5% 的利息，连续支付 3 年。

3. 一家公司向你提供一份工作，而且有着丰厚的红利，只要你留在公司，从现在起，每隔 7 年你将会收到额外的 70 000 美元。利率为 6%（EAR），如果你在公司工作 42 年，这项待遇的现值是多少？

4. 你为 1 年期的存款找到了三种投资选择：10% 的 APR，按月复利；10% 的 APR，按年复利；9% 的 APR，按天复利。计算上述每种选择的有效年利率 EAR。（假设一年有 365 天）

5. 你的银行存款利率为 5% 的 EAR。如果每半年复利一次，存款的 APR 是多少？如果每月复利一次，APR 是多少？

6. 假设 APR 是 8%，按月复利。对于每隔 6 个月支付 100 美元的 5 年期年金，计算年金的现值。

7. 假如你刚考入大学。学校承诺在你在校的 4 年内，学费不会增长。到开学 6 个月后，要交第 1 笔 10 000 美元的学费。在那之后，每隔 6 个月就要进行同样的支付，直到你完成全部的 8 次支付。学校提供的银行账户允许你每隔 6 个月取出存款，在未来的 4 年里，存款的 APR 始终为 4%（每半年复利一次）。如果你以后不想再往这个账户里存钱，且所有的学费支付都出自该账户，在支付完最后一笔学费后恰好用完账户里的钱，那么你现在要一次性地存入多少钱？

应用：折现率与贷款（第 8 ~ 22 题）

8. 你每个月都要偿还车贷。贷款的 APR 为 5%（每月复利）。在你每月的支付中，偿还的本金的比率是多少？

9. 假如第一资本金融公司（Capital One）正在宣传一项 60 个月期限、APR 为 5.99% 的摩托车贷款。如果你要借入 8 000 美元购买你梦想的哈雷一戴维森牌摩托车，你每个月得向金融公司支付多少钱？

10. 假如欧本海默（Oppenheimer）银行可提供有效年利率 EAR 为 6.8% 的 30 年期按揭贷款。如果你打算借入 150 000 美元，你每月的还款额将为多少？

11. 你正在考虑买房，抵押放贷公司要求你先支付总贷款额的 1%，以将贷款的 APR 从 6.5% 降低为 6.25%。贷款总额为 400 000 美元，30 年期，按月偿还。你计划至少住 5 年，你应该怎么做决策呢？

12. 你决定为你的按揭贷款进行再融资。你计划的借款额就是当前按揭贷款的尚未偿还余额。你每月都按时支付 2 356 美元。按揭贷款的原始期限为 30 年，现已过去了 4 年零 8 个月。你刚进行了一次还贷。贷款利率为 6.375%（APR）。你现在还欠多少钱没还？

13. 你刚把你的房屋卖了，收到 100 万美元现金。你的住房按揭贷款的原始期限是 30 年，按月还款，初始余额是 80 万美元。到现在，贷款已经过去了 18 年半，你刚进行了一次还款。如果贷款利率是 5.25%（APR），在你还清贷款之后，你将从这笔卖房交易中得到多少现金？

14. 你刚买了一辆车，按揭贷款 50 000 美元。贷款期限为 5 年，按月还款，APR 为 6%。

a. 在第 1 个月里，你将支付多少利息，偿还多少本金？第二个月呢？第 1 年呢？（提示：计算 1 个月、两个月、1 年后的贷款余额）

b. 在第 4 年里（即从现在开始的第 3 年到 4 年之间），你将支付多少利息，偿还多少本金？

15. 这个月你有额外的现金，你打算用来偿还车贷。利率为 7%，每月的还款额为 600 美元，还有 36 个月未还。如果在偿还接下来的 600 美元（1 个月后到期）时，你额外再还 1 000 美元，这样做将减少多少未还金额？

16. 你有一项尚未偿还的助学贷款，要求在未来 4 年内每个月偿还 500 美元。贷款利率是 9%（APR，按月复利）。你打算现在额外偿还 100 美元（也即，你将额外支付 100 美元，而这 100 美元并非是要求支付的）。如果要求你每个月继续偿还 500 美元直到还清贷款，你的最后一笔支付额将是多少？你的这 100 美元赚取的有效回报率（以按月复利的 APR 来表示）是多少？

17. 再来考虑第 16 题的设定条件。既然你意识到最佳投资就是提前还清助学贷款，你决定每个月尽可能地多还贷。根据你的预算，除了要求的每个月偿还 500 美元外，你每个月还可以额外偿还 250 美元，即每个月总共能偿还 750 美元。还清贷款得多长时间？

18. 如果你决定举借第 10 题所述的按揭贷款，欧本海默银行可为你提供如下交易：不必按月偿还你在第 10 题中计算出的每月还款额，你可以每隔两个星期支付月还款额的一半（于是你每年要还款 52/2＝26 次）。如果 EAR 仍为 6.8%，还清这笔贷款需要多长时间？

19. 你的朋友告诉你，他有一种简单的技巧，可节省三分之一的还贷期限：在每年的 1 月 1 日，用你的圣诞节奖金进行一次额外的偿还（也就是说，在 1 月 1 日还款期的那天支付两次）。如果你在 7 月 1 日取得贷款，你的第 1 笔月还款就在 8 月 1 日，你在每年的 1 月 1 日还要进行一次额外的偿还，这样的话，还清贷款需要多长时间？假设按揭贷款的原始期限是 30 年，APR 是 12%。

20. 你的住房按揭贷款已经过去 5 年了。它要求每月还款 1 402 美元，贷款的原始期限为 30 年，利率为 10%（APR）。在这 5 年间，利率下跌，于是你决定进行再融资，也就是说，你要将当前尚未偿还的贷款余额经过重新磋商后展期为一项新的贷款。新贷款为 30 年期，要求按月还款，利率为 $6\frac{5}{8}\%$（APR）。

a. 新贷款要求每个月偿还多少？

b. 如果你仍然想在 25 年后还清贷款，那么再融资后，你每个月要还多少？

c. 假如你想每个月还是继续偿还 1 402 美元。再融资后，还清新贷款得多长时间？

d. 假如你想每个月还是继续偿还 1 402 美元，并且想在 25 年后还清贷款。作为再融资的一部分，你现在能额外借多少现金？

21. 你现有信用卡债务 25 000 美元，债务的 APR（按月复利）为 15%。每个月你仅进行最低额的支付。只要求你支付债务利息。你收到一封邮件，邮件的内容是，可提供给你另一种其他方面完全一样的、APR 为 12% 的信用卡。在考虑所有的方案之后，你决定换卡，将旧卡的未偿还余额转到新卡上，而且还额外借钱。在不改变要求的每月最低偿付额的前提下，你现在用新卡还能借多少钱？

22. 你公司以 9% 的 APR（按月复利）贷款 500 000 美元购买一些商业不动产，通常，商业不动产的贷款为 5 年期，分 15 年偿还，也就是说，每期的偿还额按 15 年计算，但是实际上你必须在 5 年内还清。按照 15 年的分期还款计划进行 59 次等额偿付，最后，第60次偿还时支付剩余的贷款余额。

a. 每月的还款额为多少？

b. 最后一次还款额为多少？

利率的决定因素（第23~26题）

23. 1975年，美国的利率是7.85%，通货膨胀率是12.3%。1975年的真实利率是多少？在那一年里，你的储蓄存款的购买力将会发生怎样的变化？

24. 如果通货膨胀率是5%，为使你的投资赚得3%的真实利率，名义利率应该是多少？

25. 考虑一个项目，要求初始投资100 000美元，5年后将产生150 000美元的单一现金流。

a. 如果5年期的利率是5%（EAR），项目的净现值为多少？

b. 如果5年期的利率是10%（EAR），项目的净现值是多少？

c. 要使该项目仍然盈利的话，最高的5年期利率会是多少？

26. 给定下面的利率期限结构，收益曲线的形状是什么样的？投资者对于未来利率可能有什么样的预期？

期限	1年	2年	3年	5年	7年	10年	20年
利率（EAR,%）	1.99	2.41	2.74	3.32	3.76	4.13	4.93

第6章　债券

学习目标

- 理解债券术语。
- 计算零息票债券的价格和到期收益率。
- 计算息票债券的价格和到期收益率。
- 分析债券价格随时间波动的原因。
- 知道信用风险如何影响持有公司债券的期望回报。

本章所涉及符号的含义：

CPN（债券的票息支付额）；*FV*（债券面值）；*n*（债券期限）；*P*（债券的初始价格）；*PV*（现值）；r_n（应用于 *n* 期发生的现金流的利率或折现率）；*y*（到期收益率）；*YTM*（到期收益率）；YTM_n（到期期限为 *n* 期的零息票债券的到期收益率）

派崔克·布朗访谈

"美国信贷市场的巨额资金——大约47万亿美元！——给那些熟悉当今固定收益证券市场动态的人们带来了相当多的职业机会，"派崔克·布朗（Patrick Brown），花旗集团旗下美邦密尔沃基办事处投资部的副总裁如是说。派崔克是马奎特（Marquette）大学2004级毕业生，主修财务和信息技术专业，他也是一名注册财务分析师。

他的财务专业知识使他掌握了分析固定收益产品必不可少的分析工具，包括分析公司债券、国债以及其他更复杂的债务工具，还有如何同机构客户打交道。"我每天都在运用基础理论，比如货币时间价值和债券估值技术。有了这些基础知识，我能够迅速地掌握更复杂的分析工具，拓展我的职业空间。"

2008年，债券市场经历了史无前例的震荡。"如今，固定收益证券市场的波动性极大且更复杂，"派崔克说，"财务金融从业者应该搞清楚，怎样分析这些证券及其带来的风险和收益。全面的基本面分析对于理解回报是必不可少的。在其他资产类别诸如股票的回报率较低时，某些固定收益投资却表现出色，对于投资者来说，其在分散化投资组合中的重要性不言而喻。"

派崔克通常关注主要综合固定收益指数中的证券，如雷曼综合债券指数和花旗广泛投资级指数。"这些指数相当于固定收益证券市场的标准普尔500指数，"他说，"基于客户的特定风险参数和需求，我们将最好的投资点子提供给合适的机构客户。"

实习和参加投资俱乐部等课外活动帮助派崔克做好了职业生涯的准备。"实习可以将理论和书本知识应用到实践中，帮助你更有效地选择职业道路，"他说道。他建议学生挑战自我，真正地理解知识而不是简单的死记硬背。"重视课堂上学到的知识。这些珍贵的知识最终将成为你事业成功的基石。"

本章将阐述债券相关知识，并运用现金流估值技术为债券估值。简单来说，债券就是借款。投资者从发行者手中购入债券时，就相当于投资者借钱给了债券发行者。谁是债券的发行者？联邦政府和地方政府为长期项目融资会发行债券，许多公司也把发行债券作为其债务融资的一种方式。

理解债券和债券定价是有用的，这是因为：首先，可以用无风险政府债券的价格确定无风险利率，这就产生了第 5 章曾讨论过的收益曲线。如第 5 章所述，收益曲线为无风险现金流估值及评估通货膨胀和经济增长预期提供了重要信息。其次，公司经常发行债券为投资筹措资金，投资者从这些债券上得到的回报是确定公司资本成本的一个因素。最后，债券为我们开始研究在竞争市场上如何为证券定价提供了机会。债券市场规模庞大而且流动性很强，市场上有超过 45 万亿美元的未清偿债券①。此外，本章提出的观点有助于我们在第 9 章探讨股票的估值。

债券定价使我们有机会应用前三章所学到的知识：利用竞争市场价格为现金流估值。正如本书第 3 章曾解释过的，估值原理表明，竞争市场中的证券价格应该等于投资者因持有该证券而将收到的现金流的现值。本章首先评估不同类型债券的承诺现金流。如果债券是无风险的，则其承诺现金流的支付是确定的，我们可应用一价定律，直接将债券的回报率和其价格联系起来。接下来，本章将讨论债券价格为什么以及如何随时间的推移而变动。在对无风险情形下公司债券的定价有了坚实的理解之后，我们将考察有违约风险的债券，这种债券的现金流无法确定。对于正打算发行公司债券的财务经理来说，违约风险及其影响是重要的考虑因素（第 14 章将详细介绍发行债券融资以及公司债券的一些其他特征）。

6.1 债券术语

回顾第 3 章的内容可知，债券是由政府和公司出售的一种证券，意在以承诺的未来支付作为交换，于今天向投资者筹集资金。债券的条款是**债券凭证**（bond certificate）的一部分，债券凭证表明所有支付的数额和日期。图 6.1 显示了一张债券凭证。直到最终的偿还日期才支付，这一日期称作债券的**到期日**（maturity date）。偿还日期之前的剩余时间称作债券的**期限**（term）。

债券对其持有者的支付通常分为两种。债券的本金或**面值**（face value，par value），是计算利息支付的名义金额。通常，面值在到期日偿付。面值一般以标准化的增量，如 1 000 美元来表示。例如，面值为 1 000 美元的债券，通常称为“1 000 美元债券”。

除了到期偿付面值，有些债券还承诺额外的支付，这些额外的支付称作**票息**（coupons）。债券凭证通常指明定期（如每半年）地支付票息，直到债券的到期日为止。如图 6.1 所示，历史记录显示，在付息日，债券持有者为得到下次支付要剪下下次的息票，凭此获得支付。由此可见，债券的利息支付就是票息。如今，绝大多数债券都采用电子登记，但**票息**这一术语延续至今。

每次票息支付的数额取决于债券的**息票利率**（coupon rate）。这一息票利率由发行者确定，并在债券凭证上标明。按惯例，息票利率表示为 APR，每次的票息支付额 *CPN* 为：

① Outstanding U. S. Bond Market Debt, Bond Market Association. November 2006.

图 6.1 艾尔迈拉和威廉斯波特（Elmira and Williamsport）铁路公司发行的面值为 500 美元的无记名债券和它的未剪息票

资料来源：Courtesy Heritage Auctions，Inc. © 1999–2006.

票息支付

$$CPN=\frac{\text{息票利率}\times\text{面值}}{\text{每年的票息支付次数}} \quad \text{（公式 6.1）}$$

例如，对于息票利率为 10%、每半年支付一次的 1 000 美元债券，将每隔 6 个月支付一次数额为 50 美元（1 000×10%/2）的票息。

表 6.1 归纳了目前介绍过的债券术语。

表 6.1 **债券术语回顾**

到期日(maturity date)	债券最终的偿还日期。在此日期之前，支付一直持续
期限(term)	债券最终偿还日期之前的剩余时间
票息	债券的承诺利息支付。通常每半年支付 1 次，支付频率在债券凭证上标明。支付数额等于：$\frac{\text{息票利率}\times\text{面值}}{\text{每年的票息支付次数}}$
本金或面值	计算利息的债券名义金额。通常在到期日偿付

概念检查

1. 债券购买者将得到哪些现金流支付？
2. 如何决定债券的定期息票支付？

6.2 零息票债券

并非所有债券都支付票息。不支付票息的债券称作**零息票债券**(zero - coupon bond)。作为最简单的债券类型，我们首先对其进行分析。零息票债券的投资者收到的唯一现金支付是到期日时的债券面值。**短期国库券**(treasury bills) 是期限为 1 年以内的美国政府零息票债券。

零息票债券的现金流

购买并持有零息票债券只涉及两种现金流：一是购买债券时支付的债券当前市场价格；二是债券到期时收到的债券面值。例如，假设面值为 100 000 美元的 1 年期无风险零息票债券的初始售价是 96 618.36 美元。如果你购买这一债券并持有至到期，你将有如下所示的现金流：

注意，该债券并不直接支付“利息”，但作为投资者，你通过按债券面值的折现值购买债券，从而获得了货币的时间价值补偿。由第 3 章的内容可知，未来现金流的现值小于现金流本身。因此，在到期日之前，零息票债券的价格总是小于其面值，即零息票债券总是**折价**(价格低于面值) 交易，它们也被称作**纯粹折价债券**(pure discount bonds)。

零息票债券的到期收益率

在理解零息票债券的相关现金流之后，就可以计算购买并将其持有至到期的 IRR了。

回顾前面章节的内容可知，投资机会的 IRR 是投资机会的 NPV 等于零时的折现率。债券投资的 IRR 是使债券未来现金流的现值等于债券当前市价（也即初始投资）的折现率。债券投资的 IRR 有一个专用名，**到期收益率**(yield to maturity, YTM)，或简称收益率：

债券的到期收益率是，使得债券承诺支付的现值等于债券当前市价的折现率。

凭直觉理解，零息票债券的到期收益率就是，你作为投资者，以当前市场价格购买债券，持有债券至到期得到承诺支付的面值所获得的回报率。

下面来确定前面提到的 1 年期零息票债券的到期收益率。根据定义，1 年期债券的到期收益率满足下式：

$$96\ 618.36=\frac{100\ 000}{1+YTM_1}$$

在本例中，

$$1+YTM_1=\frac{100\ 000}{96\ 618.36}=1.035$$

即该债券的到期收益率是 3.5%。因为该债券无风险，投资于该债券并持有至到期，如同这一初始投资能获得 3.5% 的利息收益：

$$96\ 618.36\times 1.035=100\ 000\ (\text{美元})$$

任何零息票债券的到期收益率都可以用这种方法来确定。

n 年期零息票债券的到期收益率

$$1+YTM_n=\left(\frac{\text{面值}}{\text{价格}}\right)^{1/n} \qquad (\text{公式 } 6.2)$$

公式 6.2 中的到期收益率（YTM_n）是指，从今天起持有债券至到期日 n 的每期回报率。

例 6.1　期限不同的债券的到期收益率

问题：

假设下面的零息票债券是按如下所示的价格交易，债券面值均为 100 美元。确定每一债券相应的到期收益率。

到期期限	1 年	2 年	3 年	4 年
价格（美元）	96.62	92.45	87.63	83.06

解答：

分析：

可以应用公式 6.2 计算债券的 YTM。上表给出了债券的价格及到期年限。债券面值为 100 美元。

计算：

应用公式 6.2 得到：

$YTM_1 = (100/96.62)^{1/1} - 1 = 3.50\%$

$YTM_2 = (100/92.45)^{1/2} - 1 = 4.00\%$

$YTM_3 = (100/87.63)^{1/3} - 1 = 4.50\%$

$YTM_4 = (100/83.06)^{1/4} - 1 = 4.75\%$

评价：

计算零息票债券的 YTM 与第 4 章计算内含回报率的方法一致。的确，YTM 就是购买债券的内含回报率。

无风险利率

前文计算得到的 1 年期无风险债券到期收益率为 3.5%。回顾估值原理，根据一价定律，所有的 1 年期无风险投资回报率必定都是 3.5%。也就是说，3.5% 是竞争市场无风险利率。

更一般地，前面的章节讨论过无风险现金流在从今天起到时期 n 这段期间，可利用的竞争市场利率 r_n；我们将这一利率作为发生在时期 n 的无风险现金流的资本成本。到期期限为 n 的无违约零息票债券，在相同的期间内提供了无风险回报，所以一价定律保证了无风险利率等于此类债券的到期收益率。通常把具有适当到期期限、无风险零息票债券的到期收益率称作无风险利率。由于这些利率是在某一时点上“现货市场”的报价，有些财务专业人士还使用**即期利率**（spot interest rates）这一术语指称这些无违约零息票债券的年度收益率。

第 5 章引入的收益曲线表明了不同到期日下的无风险年利率。这些无风险年利率与无风险零息票债券的年度收益率相对应。第 5 章引入的收益曲线也称作**零息票收益曲线**（zero-coupon yield curve）。图 6.2 描绘了与例 6.1 中债券价格相一致的零息票收益曲线。

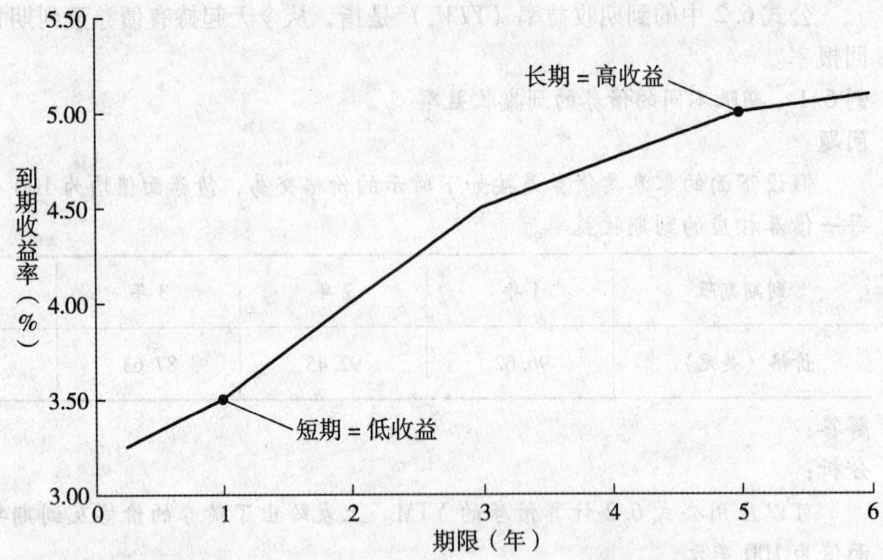

图 6.2　与例 6.1 中债券价格相一致的零息票债券收益曲线

注：回顾第 5 章的内容可知，收益曲线简单地描绘了不同到期期限的投资的到期收益率。图 6.2 描绘出了由例 6.1 的债券价格决定的到期收益率所形成的收益曲线。注意，如图所示，到期期限越长，则到期收益率越高。

在前面的例题中，我们用债券价格计算其到期收益率。根据到期收益率的定义，同样可以用债券的到期收益率计算其价格。就零息票债券而言，其价格就等于用到期收益率折现的债券面值的现值。

例 6.2　计算零息票债券的价格

问题：

给定图 6.2 所示的收益曲线，面值为 100 美元的 5 年期无风险零息票债票的价格是多少？

解答：

分析：

用债券的到期收益率作为折现率算出债券面值的现值，即为债券的价格。从收益曲线上找到 5 年期无风险零息票债券的年度收益率为 5.0%。

计算：

$P=100/(1.05)^5=78.35$（美元）

评价：

仅仅通过计算债券面值的现值就可以得到零息票债券的价格，使用的折现率是到期收益率。注意，由于收到面值的等待时间长，尽管面值相同，该 5 年期零息票债券的价格比例 6.1 中的零息票债券的价格还要低。

概念检查

3. 为什么要计算债券的到期收益率？
4. 债券价格和其到期收益率有什么联系？

6.3 息票债券

与零息票债券一样，**息票债券**(coupon bonds) 在到期日也向投资者支付债券的面值。此外，这些债券还定期向投资者支付息票利息。如表 6.2 所示，当前有两种美国政府息票债券在金融市场中交易：原始到期期限为从 1 年到 10 年的**中期国债**(treasury notes)，和原始到期期限长于 10 年的**长期国债**(treasury bonds)。原始到期期限是在债券初始发行时确定的到期期限。

表 6.2 **现有的美国政府债券**

政府债券名称	类　型	原始到期期限
短期国库券	折价债券	4、13、26 周
中期国债	息票债券	2、3、5、10 年
长期国债	息票债券	20、30 年

息票债券的现金流

投资者投资于零息票债券的回报来自于折价购买，而息票债券的回报有两个来源：(1) 买价与债券本金的差额；(2) 定期的票息支付。计算息票债券的到期收益率，需要知道其所有的现金流，包括利息数额及其支付时间。下面的例题将从债券的描述中提取债券的现金流信息。

例 6.3　*息票债券或票据的现金流*

问题：

假设美国财政部于 2008 年 5 月 15 日刚发行了将于 2013 年 5 月到期，息票利率为 5%、每隔半年支付 1 次票息的 1 000 美元债券。原始到期期限只有 5 年，所以称作"中期票据"而不是"长期债券"。第 1 次付息在 2008 年 11 月 15 日。如果你持有该债券至到期日，将收到什么样的现金流？

解答：

分析：

关于此证券的描述足以确定其所有现金流。"2013 年 5 月到期，面值 1 000 美元"表明这是一张 5 年期、面值 1 000 美元的中期债券。"息票利率为 5%、每隔半年付息 1 次"表明该债券每年总共支付其面值的 5%，在两个相等的半年度分期支付。最后，第一次付息是在 2008 年 11 月 15 日。

计算：

该债券的面值是 1 000 美元。因为每隔半年付息，根据公式 6.1，每隔 6 个月，你将收到的利息支付为：

CPN = 1 000×5%/2 = 25（美元）

下面是基于每 6 个月为 1 期的债券时间线，共有 10 次现金流支付：

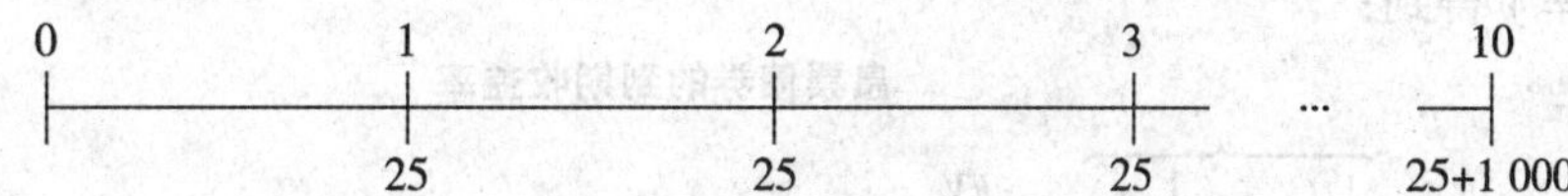

注意，最后一笔支付发生在从现在开始的 5 年（10 个 6 个月期）后，它由 25 美

元的票息支付和 1 000 美元的面值支付构成。

评价：

此债券其实是一系列现金流，为其估价，则要知道这些现金流。对该债券的描述包含了要构建现金流时间线所需的全部信息。

美国的国债市场

大多数年份，美国联邦政府都是入不敷出，支出远大于税收及其他收入途径所得。为填补财政赤字，美国财政部发行债务工具，即通常所说的“国债”。国债市场规模大而且流动性极强。2007 年，未偿付的公开国债总额接近 8.85 万亿美元。如下图所示，国债证券持有者包括机构投资者（如保险公司、养老基金和债券共同基金），个人投资者，甚至其他政府机构（如联邦储备委员会）。图中数据以 10 亿美元为单位。

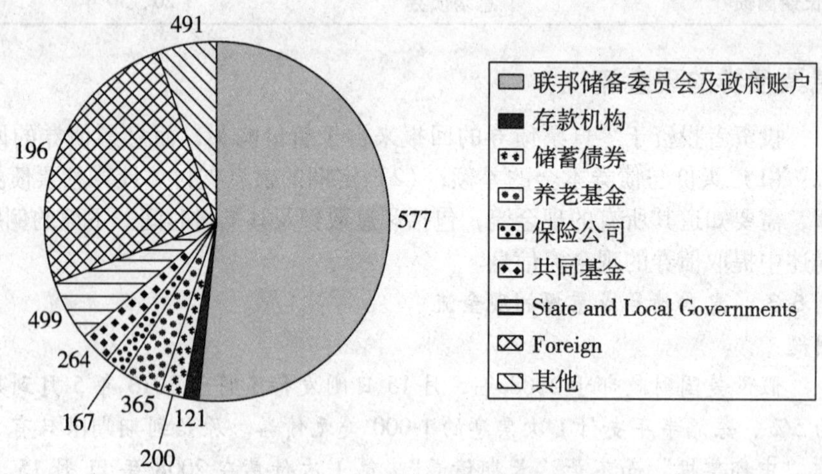

资料来源：*Treasury Bulletin Ownership of Federal Securities*, November 2007.

息票债券的到期收益率

知道息票债券的现金流，给定市场价格即可计算其到期收益率。回顾一下债券到期收益率的定义——投资于债券并持有至到期日的 IRR。该项投资的现金流用时间线表示如下：

0	1	2	3	…	N
$-P$	CPN	CPN	CPN		$CPN+FV$

债券的到期收益率是使得债券剩余现金流的现值等于其当前价格的单一折现率。零息票债券只有两笔现金流。而息票债券却有多笔现金流，到期收益率的计算较复杂。据时间线可知，票息支付表现为年金形式，故到期收益率可由求解如下公式中的利率 y 得到：

息票债券的到期收益率

$$P-CPN\times\overbrace{\frac{1}{y}\left(1-\frac{1}{(1+y)^{N}}\right)}+\frac{FV}{(1+y)^{N}} \quad \text{（公式 6.3）}$$

可惜的是，与零息票债券不同，对于息票债券，没有简单的公式可以直接解得到期收益率。倒是可以使用试错法，更普遍地是使用第 4 章介绍的财务计算器或电子数据表（使用 Excel 的 IRR 函数）进行求解。

在用公式 6.3 计算债券的到期收益率时，所计算的收益率为每次付息间隔的收益率。而收益率一般以年度百分比利率（APR）的形式表示，通过将这一收益率乘以每年的付息次数，可将其转换为与息票利率具有相同复利间隔的 APR。

例 6.4　计算息票债券的到期收益率

问题：

考虑例 6.3 所描述的 5 年期、息票利率为 5%、每隔半年付息 1 次的 1 000 美元债券。如果债券的当前交易价格是 957.35 美元，债券的到期收益率是多少？

解答：

分析：

例 6.3 中已经清楚了债券的全部现金流。由现金流时间线可知，该债券有 10 次年金支付，每次 25 美元，每 6 个月支付一次，5 年后一次性支付 1 000 美元（十个 6 个月间隔）。用公式 6.3 计算到期收益率。注意，整个公式中，必须统一使用 6 个月的间隔。

计算：

债券剩余 10 次票息支付，可通过公式 6.3 计算其收益率 y：

$$957.35 = 25 \times \frac{1}{y}\left(1 - \frac{1}{(1+y)^{10}}\right) + \frac{1\,000}{(1+y)^{10}}$$

运用试错法、使用财务计算器或电子表格求解到期收益率。使用财务计算器时，在 PV 栏里输入支付的价格，用负数表示（因为这是现金流出项）。PMT 栏输入利息，FV 一栏输入债券面值。最后，在 N 栏输入剩余票息的支付次数（10 次）。

	N	I/Y	PV	PMT	FV
Given:	10		−957.35	25	1000
Solve for:		3.00			
Excel Formula: =RATE(NPER,PMT,PV,FV)=RATE(10,25,−957.35,1000)					

解得 $y=3\%$。该债券每隔半年付息 1 次，这是 6 个月期的收益率。将其乘以每年的付息次数，即可转换为 APR。该债券的到期收益率等于 6% 的 APR，且每隔半年复利 1 次。

评价：

正如公式所示，到期收益率是使债券现金流的现值等于其价格的折现率。

也可使用公式 6.3，根据债券的到期收益率，计算债券价格。只需用收益率对现金流折现即可，如例 6.5。

在互联网上查询债券价格

股票交易有特定的场所，如纽约证券交易所，而债券却没有特定的交易场所。实际上，它们进行电子交易。最近，美国金融业监管局（FINRA）正尽可能地使债券价格普遍易得。他们的网址是 http：//www. finra. org/marketdata，允许任何人进入并查询债券的最新交易和报价。下图截自网站上关于百威（BUD）公司发行的一只债券的价格信息的网页。

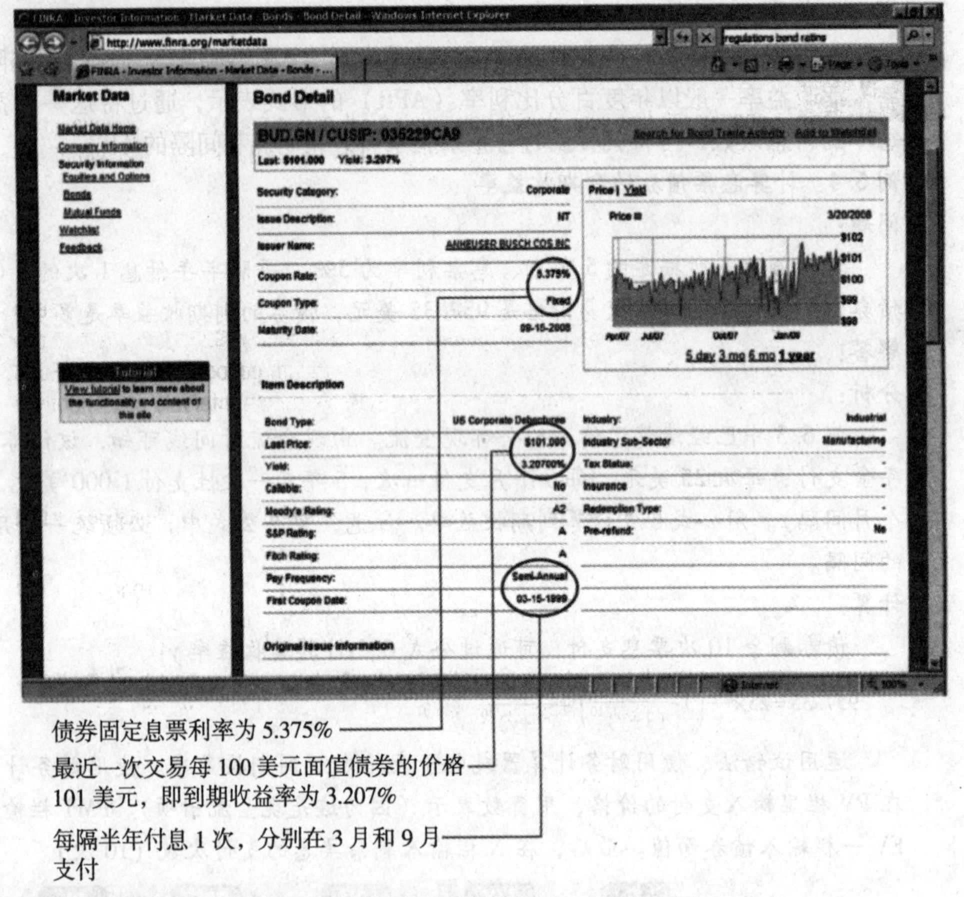

资料来源：http：//www. finra. org/marketdata，March 20，2008.

例 6.5　根据债券到期收益率计算债券价格

问题：

再次考虑例 6.4 中的 5 年期、息票利率为 5%、每隔半年付息 1 次的 1 000 美元债券。假设利率下降，债券的到期收益率降至 4.50%（以每隔半年复利 1 次的 APR 来表示）。债券的当前交易价格是多少？

解答：

分析：

给定收益率，用公式 6.3 计算债券价格。首先注意，4.50% 的 APR 等价于半年期的利率 2.25%。其次，回顾该债券的现金流，10 次年金支付，每次 25 美元，每 6 个月支付 1 次，5 年后（十个 6 个月间隔）一次性支付 1 000 美元（面值）。

计算：

将半年期收益率 2.25% 代入公式 6.3，债券价格为：

$$P=25\times\frac{1}{0.0225}\left(1-\frac{1}{1.0225^{10}}\right)+\frac{1\,000}{1.0225^{10}}=1\,022.17\text{（美元）}$$

也可以使用财务计算器：

	N	I/Y	PV	PMT	FV
Given:	10	2.25		25	1000
Solve for:			−1022.17		

Excel Formula: =PV(RATE,NPER,PMT,FV)=PV(.0225,10,25,1000)

评价：

将投资于该债券的半年期回报率从3%降至2.25%，债券价格升至1 022.17美元。利率下降，低回报率使得债券的收益率与较低的竞争性利率（即市场中具有相似风险和期限的其他债券的利率）相持平。

息票债券的报价

可以把任何价格转换成收益率，反之亦然，因此，价格和收益率经常交替使用。例如，例6.5中的每1 000美元面值债券的报价可以表示为，收益率为4.50%，或者价格为1 022.17美元。事实上，债券交易者一般更愿意报出债券的到期收益率而非债券价格，这样报价的一个好处是，收益率不依赖于债券的面值。在债券市场报出债券价格时，按惯例以每100美元面值为单位报价。这样，例6.5中的债券报价为102.217美元（每100美元面值），这意味着面值为1 000美元的债券的实际价格是1 022.17美元。

概念检查

5. 公司支付持有其息票债券的投资者哪些现金流？
6. 为息票债券定价需要哪些信息？

6.4 债券价格为什么会波动

正如我们先前提到的，零息票债券总是按折价交易，即在到期日之前，债券价格低于其面值。而息票债券，从例6.4和例6.5可以看出，可能以折价、溢价（价格高于其面值）交易。本节要确认债券何时以折价或溢价交易，以及由于时间的推移和利率的波动，债券价格将如何改变。

大多数息票债券的发行者选择一个息票利率，以使债券按平价或非常接近平价（即，按面值）的初始价格发行。例如，美国财政部据此为其发行的票据和债券设定息票利率。在发行日之后，债券的市场价格一般随着时间的推移而变动，原因右二：第一，随着时间的推移，债券越来越接近其到期日。持有固定到期收益率的债券，随着到期日的临近，债券剩余现金流的现值将发生变化。第二，在任何一个时点，市场利率的变化都会影响债券的到期收益率和债券价格（剩余现金流的现值）。我们在本节后续部分再来探讨这两种效应。

利率变化与债券价格

息票债券平价（按面值）发行时，投资者得到的唯一回报是债券支付的票息。在这种情况下，债券的息票利率恰好等于到期收益率。由于经济中利率的波动，投资者要求的债券投资收益率也将随之变动。假设市场利率暗含的YTM为8%时，你公司新发行债券并设定息票利率为8%。随后，利率上升，新债券的YTM变为9%。这些新债券应该以1 000美元出售，息票利率为9%。于是，对这1 000美元投资，到期日之前，投资者每年应该得到90美元。而你公司的债券是在利率较低时发行的，利率锁定为8%，到期日之前每年支付80美元。由于现金流低，息票利率为8%的债券的价格必定低于利率为9%的债券的价格[①]。于是，利率为8%的债券的价格将下降，直到对投资者来说，购买息票利率为8%的债券还是9%的债券毫无差别为止。图6.3显示了债券价格和到期收益率的关系。

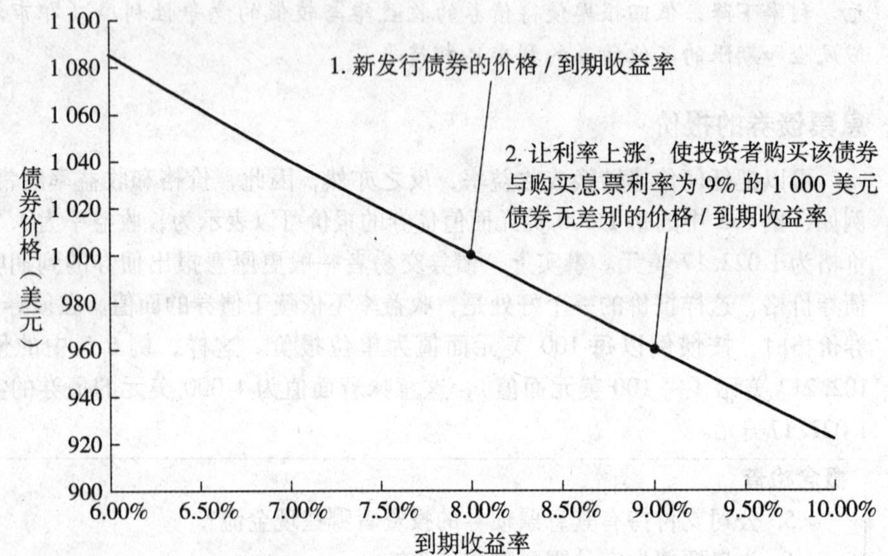

图6.3　债券价格与到期收益率

注：价格为1 000美元时，息票利率为8%、每隔半年付息1次的债券，其YTM为8%。要使息票利率为8%的债券的到期收益率更具竞争力，其价格必须下降，直至其到期收益率升至9%，与其他相似债券提供的收益率相等。这个例子中，对于剩余期限为5年的债券，其价格必须降至960.44美元，这样，投资者才会认为购买该债券与购买息票利率为9%的1 000美元债券无差别。

在前面的例题中，息票利率为8%的债券的价格将降至面值（1 000美元）以下，折价交易（也称为低于面值交易）。如果债券以折价交易，那么购买债券的投资者将获取的回报，来自于收到的票息，以及收到的超过债券买价的面值。如果债券以折价交易，其到期收益率将超过债券的息票利率。

息票债券也可按超出其面值的溢价进行交易（高于面值交易）。假设上例中市场利率降至7%，而不是升至9%。于是，息票利率为8%的债券的持有者不会以1 000美元的价格进行交易。相反，其价格将上升，直到以当前价格购买债券的到期收益率为7%为止。在这种情形下，由于收到的面值小于支付的债券买价，投资者从票息得到的回报减少了，因此，若债券的到期收益率小于其息票利率，债券就以溢价交易[②]。

这个例子表明了债券的一个一般特性：到期收益率高，即投资者要求的投资回报

---

① 否则，如果利率为8%的债券有相同或更高的价格，将产生套利机会：投资者可以卖出息票利率为8%的债券，买入利率为9%的债券，从而于今天收到现金和未来收到更高的利息。

② “折价”和“溢价”只是用于描述债券的价格，并非暗示投资者应该购买折价债券，避免购买溢价债券。在竞争性市场中，一价定律可确保所有相似债券的定价可获得相似的回报率。购买债券是一项净现值为零的交易：债券的价格恰好等于债券现金流的现值，投资者获得公平回报，不会获得超常的高（低）回报。

率高。对于剩余现金流，投资者用较高的折现率折现，现值降低，于是债券价格降低。反之亦然，利率下降时，投资者要求的到期收益率低，用较低的折现率折现债券现金流，得到的债券价格高。随着利率和债券收益率升高，债券价格将下降，反之亦然，因此，利率和债券价格总是反向变动。

表 6.3 总结了利率和债券价格的关系。

表 6.3　　　　支付票息后瞬间债券的价格

当债券价格为……	大于面值	等于面值	小于面值
称债券……	溢价交易	平价交易	折价交易
这种情形发生在……	息票利率>到期收益率	息票利率=到期收益率	息票利率<到期收益率

例 6.6　确定息票债券的折价或溢价

问题：

考虑三种 30 年期、每年付息 1 次的债券。这三种债券的息票利率分别是 10%、5% 和 3%。如果每种债券的到期收益率都是 5%，那么，每种 100 美元面值债券的价格分别是多少？它们分别是以溢价、折价还是平价交易？

解答：

分析：

根据债券的描述，可以确定其现金流。每种债券都是每年付息 1 次，支付 30 年，30 年后一次性支付面值总额。债券的定价都使得到期收益率为 5%，即 5% 是使现金流的现值等于债券价格的折现率。用公式 6.3 计算每种债券的价格：用 5% 的折现率计算现金流的现值。

计算：

对于 10% 的息票债券，现金流为每年 10 美元（面值 100 美元的 10%）。与之类似，5% 和 3% 的债券的年现金流分别为 5 美元、3 美元。假定所有债券面值都是 100 美元。

根据公式 6.3，分别计算每种债券的价格为：

$$P（10\%的息票利率）=10\times\frac{1}{0.05}\times\left(1-\frac{1}{1.05^{30}}\right)+\frac{100}{1.05^{30}}=176.86（美元）（溢价交易）$$

$$P（5\%的息票利率）=5\times\frac{1}{0.05}\times\left(1-\frac{1}{1.05^{30}}\right)+\frac{100}{1.05^{30}}=100.00（美元）（平价交易）$$

$$P（3\%的息票利率）=3\times\frac{1}{0.05}\times\left(1-\frac{1}{1.05^{30}}\right)+\frac{100}{1.05^{30}}=69.26（美元）（折价交易）$$

评价：

债券价格表明，息票利率大于到期收益率时，债券溢价交易。息票利率等于到期收益率时，债券平价交易。息票利率小于到期收益率时，债券折价交易。

时间与债券价格

下面考察时间对债券价格的影响。随着下一次支付的临近，债券价格上升，以反映现金流现值的增加。考虑一只每半年支付 50 美元票息的债券，假定上次票息支付后当日开始跟踪债券价格。随着下次50美元票息支付日的临近，债券价格将缓慢增长。就在付息之前达到峰值，因为此时购买债券你将立即获得50美元利息。如果付息后立即购买债券，你就不能享受立即获得50美元票息的权利。此时你愿意为债券支付的价格将比票息支付前少50美元。这一模式——随票息支付日临近，债券价格缓慢升高，付息后价格骤然跌落——在债券的整个寿命周期内周而复始。图6.4描绘了这一现象。

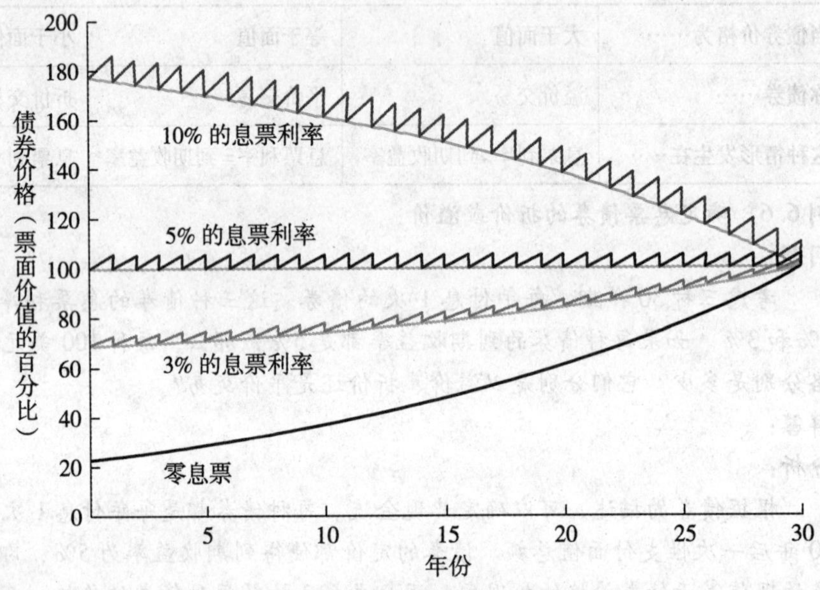

图6.4　时间对债券价格的影响

注：图示为债券收益率保持不变时，时间的推移对债券价格的影响。零息票债券的价格平滑地上升。图中锯齿形折线描绘了息票债券的价格。注意，在相邻的票息支付之间，息票债券价格上升，但在票息支付日下降，体现了票息的支付。对于每种息票债券，图中的灰色线条显示了债券价格在票息支付后瞬间的走势。

例6.7　时间对债券价格的影响

问题：

假如你购买30年期、到期收益率是5%的零息票债券。对于100美元面值的此类债券，其最初的交易价格为：

$$P\text{（30 年到期）}=\frac{100}{1.05^{30}}=23.14\text{（美元）}$$

如果债券的到期收益率仍为5%，5年后债券的价格将是多少？如果你以23.14美元的价格购买该债券，5年后售出，你的投资的IRR会是多少？

解答：

分析：

假设债券初始年限为30年，已经过去了5年，此时，债券距到期日还有25年。如果到期收益率保持不变，就可以用与计算年限为30年时一样的方法计算剩余25年的债券价格，只不过折现25年而非30年。

已知5年后债券的价格，即可用第4章介绍的方法计算此项投资的IRR。终值是5年后债券的价格，现值是初始价格（23.14美元），年数为5年。

计算：

$$P\text{（25 年到期）}=\frac{100}{1.05^{30}}=29.53\text{（美元）}$$

如果你以 23.14 美元的价格购买该债券，在 5 年后将其以 29.53 美元的价格售出，你的投资的 IRR 会是

$$\left(\frac{29.53}{23.14}\right)^{1/5}-1=5.0\%$$

也就是说，你的回报率与债券的到期收益率一样。

评价：

注意，距到期日越近，债券的价格越高，债券的折价幅度（债券价格与面值之差）就越小。折价缩小是因为收益率没有改变，但到收回面值的时间变短了。这个例子表明了债券的一个更一般的特性。如果债券的到期收益率不变，那么债券投资的 IRR 等于其到期收益率，即使你提前出售债券也是如此。

利率风险与债券价格

时间对债券价格的影响是可预见的，利率不可预见性的变化也会影响债券价格。而且，不同特征的债券对利率变动的反应不同——有些债券比其他债券反应更强烈。回顾第 5 章的内容可知，投资者认为长期贷款比短期贷款风险大。债券就相当于贷款，所以同样的道理也适用于短期债券和长期债券。

例 6.8　债券利率的敏感度

问题：

考虑 10 年期息票债券和 30 年期息票债券，年息票利率均为 10%。如果债券到期收益率从 5% 增加到 6%，则每只债券的价格变动百分比分别是多少？

解答：

分析：

根据每只债券的到期收益率计算其各自的价格及价格的变动百分比。面值为 100 美元时，两种债券的现金流都是每年 10 美元，到期日归还 100 美元面值。唯一不同的是到期日：10 年期和 30 年期。根据这些现金流，可以用公式 6.3 计算债券价格。

计算：

到期收益率	10 年期、10% 的息票债券	30 年期、10% 的息票债券
5%	$10\times\frac{1}{0.05}\left(1-\frac{1}{1.05^{10}}\right)+\frac{100}{1.05^{10}}=138.61$	$10\times\frac{1}{0.05}\left(1-\frac{1}{1.05^{30}}\right)+\frac{100}{1.05^{30}}=176.86$
6%	$10\times\frac{1}{0.06}\left(1-\frac{1}{1.06^{10}}\right)+\frac{100}{1.06^{10}}=129.44$	$10\times\frac{1}{0.06}\left(1-\frac{1}{1.06^{30}}\right)+\frac{100}{1.06^{30}}=155.06$

如果债券的到期收益率从 5% 增加到 6%，10 年期息票债券的价格变动 =（129.44−138.61）/ 138.61 = −6.6%。对于 30 年期息票债券，其价格变动 =（155.06−176.86）/ 176.86 = −12.3%。

评价：

30 年期息票债券对收益率变动的敏感性几乎是 10 年期息票债券的两倍。事实

上，如果做出两种债券收益率和价格的关系图，可以看出，30 年期债券要比 10 年期债券陡峭（30 年期债券用实线表示，10 年期债券用虚线曲线表示）。这表明 30 年期债券对利率变动更加敏感。

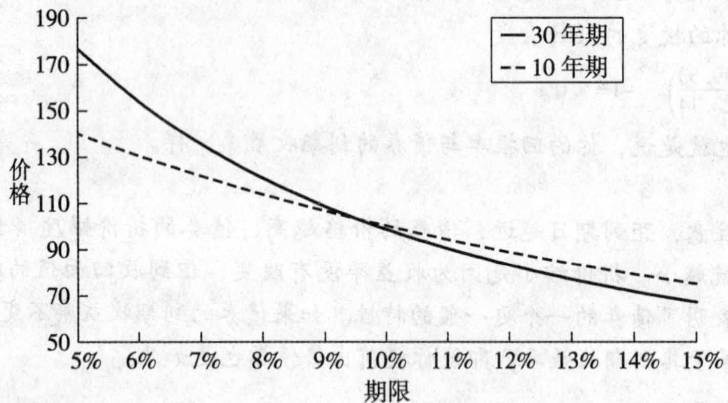

这个例子说明，不同到期日的债券对利率变动的敏感性有所不同。然而，如果债券的息票利率不同，即便到期日相同，其对利率变动的敏感性也有差别。相对于其他方面相同而息票利率较低的债券，息票利率较高的债券，由于前期支付较高的现金流，其对利率的变动也相对不敏感。表 6.4 总结了上述结论。

表 6.4 **债券价格和利率**

债券特征	对利率风险的影响
到期期限较长	增加
较高的利息支付	减少

例 6.9

问题：

考虑两种每半年付息 1 次，距到期日还有 5 年的债券。一种债券的息票利率是 5%，另一种是 10%，到期收益率都是 8%。如果到期收益率从 8% 降至 7%，每种债券的价格将变动多少？

解答：

分析：

计算方法同例 6.8，需要分别计算到期收益率为 8% 和 7% 时每种债券的价格，然后计算价格变动百分比。两种债券都剩余 10 次半年期付息以及到期日面值的偿付。对于第一种债券，每 100 美元面值债券的现金流为：每 6 个月 2.5 美元，到期日 100 美元。对于第二种债券，每 100 美元面值债券的现金流为：每 6 个月 5 美元，到期日 100 美元。现金流间隔半年，到期收益率的报价就是半年期复利的 APR，为与现金流发生的频率一致，要将 APR 除以 2。已知半年期利率分别为 4% 和 3.5%，可根据公式 6.3 计算债券价格。

计算：

到期收益率	5 年期、5%的息票债券	5 年期、10%的息票债券
8%	$2.50\times\frac{1}{0.04}\left(1-\frac{1}{1.04^{10}}\right)+\frac{100}{1.04^{10}}=87.83$	$5\times\frac{1}{0.04}\left(1-\frac{1}{1.04^{10}}\right)+\frac{100}{1.04^{10}}=108.11$
7%	$2.50\times\frac{1}{0.035}\left(1-\frac{1}{1.035^{10}}\right)+\frac{100}{1.035^{10}}=91.68$	$5\times\frac{1}{0.035}\left(1-\frac{1}{1.035^{10}}\right)+\frac{100}{1.035^{10}}=112.47$

息票利率为5%的债券的价格从87.83美元升至91.68美元，变动4.4%，而息票利率为10%的债券的价格从108.11美元升至112.47美元，变动4.0%。使用财务计算器可以快速计算出价格的变动。以5%的息票债券为例：

	N	I/Y	PV	PMT	FV
Given:	10	4		2.50	100
Solve for:			−87.83		
Excel Formula: =PV(RATE,NPER,PMT,FV)=PV(.04,10,2.5,100)					

输入有关债券的所有基本信息后，只需改变I/Y值，输入3.5%，再次计算PV即可。只需几次键盘键入，就可以计算出新的债券价格为91.68美元。

评价：

付息较少的债券对利率变动更加敏感，这是因为：与面值相比，利息数额较少，较大比例的现金流在后期流入，而根据例6.8，后期现金流受利率变动的影响较大。因此，与10%的息票债券相比，利率变动对于息票利率为5%的息票债券的影响更大。

实际债券价格

事实上，债券价格受时间推移和利率变动的双重影响。受时间的影响，债券价格收敛于其票面价值，但是，由于债券收益率不可预测的变动，债券价格同时呈现波动性。图6.5显示了30年期零息票债券在存续期内的价格变动情况。注意，随着到期日的临近，债券价格趋近于面值，与此同时，收益率下降时，价格升高，收益率上升时，价格下跌。

如图6.5所示，随着价格波动，在到期日前，债券遭受利率风险。如果投资者选择出售债券，且债券的到期收益率已经下降，该投资者将收到高的卖价，获得高的回报率。如果到期收益率已经上升，则债券的售价低，获得的回报率也低。

息票债券的纯价格和脏价格

如图6.4所示，息票债券的价格围绕每次票息支付的时间以锯齿形模式波动：随着下一次票息支付的临近，息票债券的价值趋于上升，然后在付息后下降。这种价格波动即使在债券到期收益率不变时也会发生。

债券交易者更关注由于债券收益率的改变而导致的债券价格变动，而不是这种围绕票息支付的可预见的价格变动模式，因此他们通常不以债券的实际现金价格——也称作债券的脏价格（dirty price）或发票价格（invoice price）——报价，而是通常以纯价格（clean price）报价，债券的纯价格等于债券的现金价格减去对应计利息的调整，应计利息为应计的下一次票息支付的数额：

$$纯价格=现金（脏）价格-应计利息$$

$$应计利息=票息金额\times\frac{距上次票息支付的天数}{当前付息期的天数}$$

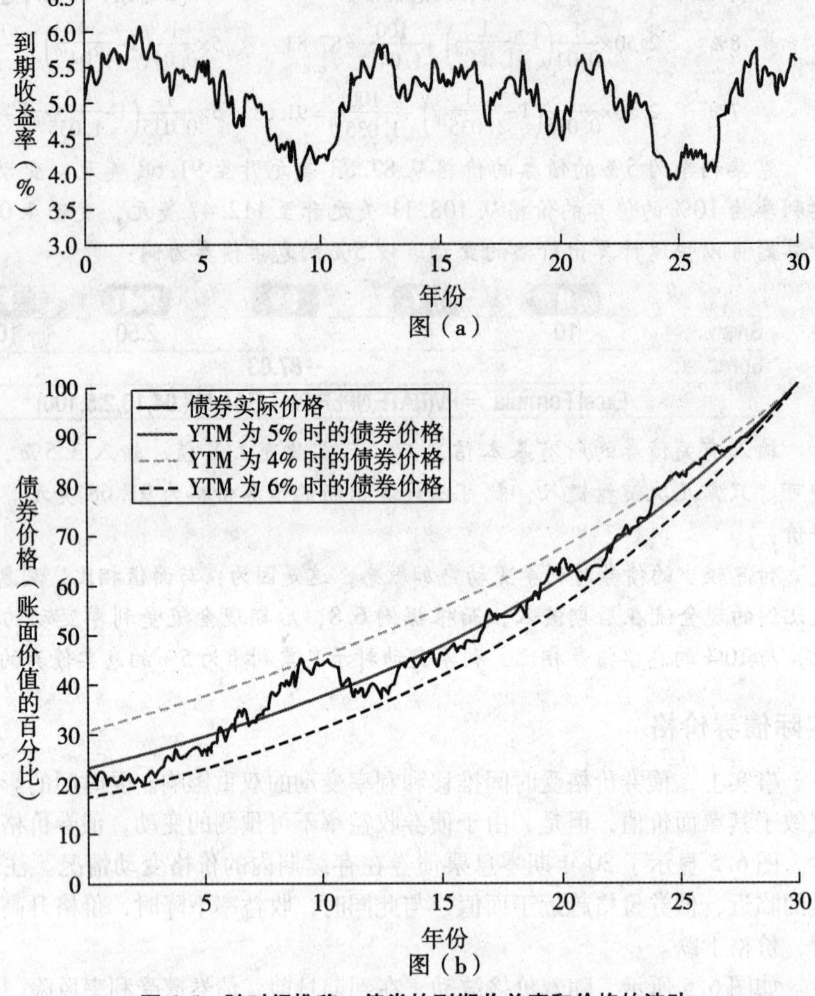

图 6.5　随时间推移，债券的到期收益率和价格的波动

注：这些曲线图显示了，30 年期的零息票债券在其存续期内，债券价格和收益率的变动。图（a）显示在存续期内债券到期收益率（YTM）的变动。在图（b）中，债券的实际价格用深灰色曲线表示。在存续期内债券的 YTM 不是固定不变的，所以在随着时间的推移债券价格趋于收敛为面值的过程中，债券价格将持续上下波动。图中还显示 YTM 保持为 4%、5% 或 6% 时的债券价格。图（a）显示债券的 YTM 保持在 4%～6% 之间。图（b）中的虚线表示 YTM 在相应水平上保持不变时对应的债券价格。注意，不论哪种情形，债券的价格在到期日必定最终收敛于 100 美元。

注意，在付息的前一刻，应计利息等于全额票息，但在付息后的即刻，应计利息等于零。因此，应计利息在每次付息前后将按锯齿形的模式上升和下降：

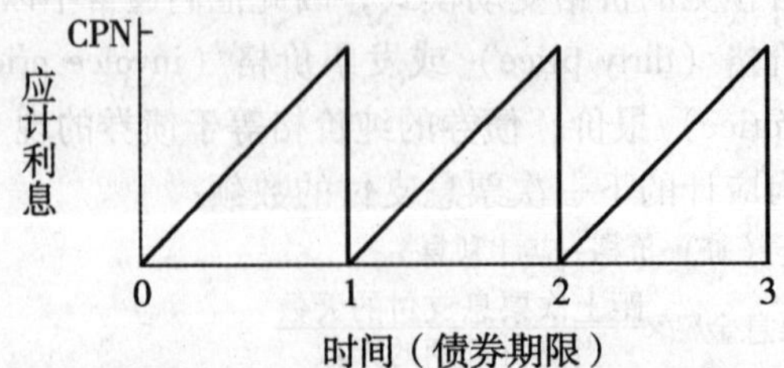

如果从债券的现金价格中减去应计利息，得到债券的纯价格，锯齿形模式就被消除了。

> **概念检查**
> 7. 利率和债券价格为什么反向变动？
> 8. 如果债券到期收益率不变，在两次票息支付之间，债券价格如何变动？

6.5 公司债券

前几节讨论了无违约风险的美国国债的定价的基本理论。本节开始重点关注**公司债券**(corporate bonds)，即由公司发行的债券。本节将考察定价中违约风险的影响和公司债券的到期收益率。我们会发现，违约风险高的公司需要支付较高的票息以吸引投资者购买其债券。

信用风险

表6.5列示了2007年年底不同借款主体为其发行的5年期债券支付的利率。利率变化幅度为什么这么大？支付最低利率的是美国中期国债。由于政府几乎不可能到期不支付或者拖欠支付利息，人们普遍认为美国政府债券是无风险的。如6.1节所述，提到“无风险利率”时，即指美国国债利率。

其余债券都是公司债券。对于公司债券，发行者有可能违约——即有可能不能全额支付债券发行说明书中所承诺支付的数额。例如，陷入财务困境的公司可能无法全额归还贷款。这种违约风险，也叫债券的**信用风险**(credit risk)，意味着债券的现金流是不确定的。为弥补公司可能违约的风险，投资者会要求比美国国债更高的回报率。国债利率和贷款利率的差异取决于投资者对公司违约概率的估计。例如，投资者认为固特异轮胎（Goodyear Tire）的违约风险比雅培制药（Abbott Labs）的高，于是要求固特异支付更高的信用息差，体现为较高的利率。

表6.5　　不同借款主体发行的5年期债券的利率（2007年）

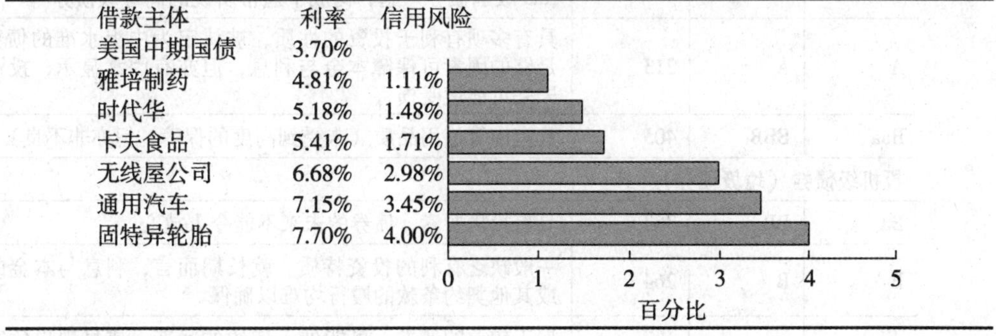

借款主体	利率	信用风险
美国中期国债	3.70%	
雅培制药	4.81%	1.11%
时代华	5.18%	1.48%
卡夫食品	5.41%	1.71%
无线屋公司	6.68%	2.98%
通用汽车	7.15%	3.45%
固特异轮胎	7.70%	4.00%

公司债券的收益率

违约的信用风险是怎样影响债券价格和收益率的呢？债券承诺支付的现金流是债券持有人希望收到的最大数额。信用风险使得公司债券的购买者预期收到的现金流少于这一数额。例如，2006年和2007年，福特汽车公司和通用汽车公司遭遇了财务危机，债券违约风险大幅增加。意识到这一点，通用汽车公司债券的投资者认为债券不能如约支付的可能性加大，于是债券价格下跌。通用汽车公司债券的到期收益率是通过比较其价格和承诺现金流计算得到的，因此，承诺支付的概率下降，则到期收益率提高。这个例子说明了下面的一般道理：

（1）与购买其他方面相同但无违约风险的债券相比，投资者为信用风险债券愿意支付的买价就要低些。

（2）由于债券到期收益率的计算使用的是承诺现金流，因此，具有信用风险的债券的收益率，要高于其他方面相同但无违约风险的债券的收益率。

通过这两点可以得出一个重要结论：违约债券的到期收益率不等于投资该债券的期望回报率。在计算到期收益率时使用的是承诺现金流，计算期望回报率时使用的是期望现金流，承诺现金流往往高于期望现金流，所以到期收益率总是高于投资债券的期望回报率。也可以说，较高的到期收益率并不一定意味着较高的期望回报率。

债券评级

违约概率显然严重影响投资者愿意为公司债券支付的价格。怎样评估公司违约的可能性？有几家公司对债券的信誉度进行评级，并将评级信息提供给投资者。通过参考这些评级，投资者可以评估特定债券发行的信誉度。债券评级激励了投资者的广泛参与，提高了相关市场的流动性。最知名的两家债券评级公司是标准普尔(Standard & Poor's)公司和穆迪（Moody's）公司。表6.6概括了每家公司使用的评级类别。具有最高等级（Aaa或AAA）的债券被认定为违约的可能性最小。

表6.6　2006年年底的债券评级和处于各个级别的美国上市公司的数量

穆迪	标准普尔	公司数量	评级描述（穆迪）
投资级债券			
Aaa	AAA	7	被评定为品质最佳的债券。此类债券的投资风险最小，通常被称作“金边”债券
Aa	AA	31	按照所有标准评判，此类债券被评定为高质量债券。它们与Aaa级别债券一起，构成了通常所说的高等级债券
A	A	213	具有多项有利于投资的性质，被认定为中上水准的债券，有足够的因素可保障本金与利息，但亦有因素显示，投资者在未来可能遭受损害
Baa	BBB	405	具有中等信用品质（未受到高度的保障，但亦非不良）
投机级债券（垃圾债券）			
Ba	BB	363	具有投机要素，债券的未来不能令人放心
B	B	264	一般缺乏有利的投资特质。就长期而言，利息与本金的偿付或其他契约条款的履行均难以确保
Caa	CCC	22	属于较差的债券，可能处于违约的状态，或显现出危害本金与利息安全的因素
Ca	CC	1	具有高度的投机性，通常处于违约状态，或有其他重大缺陷。
C	C，D	5	评级最低的债券，其未来可获得任何实质投资价值的希望极为渺茫

资料来源：www. moodys. com and S&P Compustat.

位于上端的四类债券通常被称作**投资级债券**(investment-grade bonds)，它们的违约风险低。位于下端的五类债券通常被称作**投机级债券**(speculative bonds)、**垃圾债券**(junk bonds) 或**高收益债券**(high-yield bonds)，它们承诺较高的收益是因为它们的违约可能性高。债券评级取决于破产风险，以及倘若发生破产债券持有者对公司资产提出要求的能力。从而，公司发行的、在破产时具有低优先级索取权的债券，与同一公司发行的、在破产时具有高优先级索取权，或者有诸如建筑物或厂房这样具体的资产作为抵押支持的债券相比，前者将具有较低的评级。

丽莎·布莱克访谈

丽莎·布莱克（Lisa Black）为全美教师保险和年金协会（TIAA）的常务（行政）董事，该协会为一家大型金融理财公司。她是注册财务分析师，监管多种固定收益基金，包括货币市场工具、中期债券、高收益债券、新兴市场债务以及通胀联结型债券基金。

提问：提及金融市场，许多人立刻想到的就是股票市场。与股票市场相比，债券市场有多大，有多活跃?

回答：每天的债券交易额大约是股票市场的10倍。例如，单独一笔150亿美元的10年期美国长期国债，在一天内即可售出。仅以美元计价的债务总额就已接近10万亿美元。

提问：债券市场怎样运作?

回答：公司和政府为新的建筑项目、弥补预算赤字和类似原因筹资而需借入资金时，它们会借助于债券市场，另一方面，也可以借助于市场上的TIAA-CREF（美国教师保险退休基金公司)、养老基金以及从事投资的基金会等投资理财机构。华尔街投资银行家作为资本筹集者和投资者的媒介，根据到期期限要求和风险偏好，对借款人与债权人进行协调和匹配。例如，由于我们公司为大学教授提供年金，所以我们要把资金投资较长的期限，这与频繁需要资金支付索赔的保险公司的投资策略不同。在投资机构界里，像我们所管理的债券基金，通常进行大宗交易，一次的交易额从500万美元到5 000万美元不等。

提问：是什么因素驱动美国长期国债价值的变化?

回答：简单来说，利率上升，债券价格就下降。关键是要深入认识现实的本质——为什么利率会上升和下降? 一个重要的影响因素就是投资者对通货膨胀和经济增长的预期。现在（2006年7月），联邦基金（隔夜）利率是5.25%。10年期的美国长期国债的收益率大约是5%，约比隔夜利率低0.25%。这种下滑的收益曲线表明，通货膨胀正处于可控制中，不会侵蚀那5%的收益率。否则，投资者对于贷给政府的10年期资金将要求更高的期望回报率。

对未来经济增长的预期会对利率产生重要的影响——预期经济增长将加速时，利率一般会上升，因为通货膨胀不会相距太远。2000年，当泡沫破裂，人们担心经济将会走向衰退时，利率就下降，这是由于对经济增长减慢及通货膨胀将有所改善的预期所致。

提问：还有其他因素会影响公司债券的价值吗?

回答：公司债券具有不对称的回报——你期望在债券的寿命期内收回本金和利率，但是，如果公司申请破产，你可能只能得到30美分到50美分。因此，另一个影响公司债券价值的因素是对公司违约可能性的预期。当经济状况非常好时，财务强健公司的债券将只需要向投资者提供比国债稍高一点的息差即可。例如，IBM公司提供的债券收益率可能只需要比10年期国债的收益率高出0.35%，就可以吸引到投资者。

另一方面，如果发行方的信用有问题，其债券收益率超过国债收益率的息差将扩大。自从通用汽车公司（GM）宣称高额亏损以来，GM债券的收益率息差就显著地扩大了。它们再也不能发行收益率超出10年期国债收益率达2.5%（即息差为2.5%）的债券；现在，GM债券的收益率大约比国债高5%。投资者要求更高的收益率补偿GM可能违约给他们带来的高风险。

问题讨论：

(1) 一些财务经理认为，强有力的资产负债表（低杠杆、充足的现金等）能使公司在市场中取得竞争优势。请根据布莱克女士对公司债券的讨论评价这一策略。

(2) 作为财务经理，可以在哪些方面利用收益曲线包含的信息?

公司债券的收益曲线

正如可从无风险国债中构造出收益曲线一样，也可为公司债券绘出类似的收益曲线。图6.6显示了3个具有不同标准普尔债券评级的美国公司息票债券的平均收益率曲线：其中两条曲线为投资级债券（AAA级和BBB级）、一条曲线为垃圾债券（B级）。图6.6也包括了美国（息票支付）国债的收益曲线。我们把公司债券收益率与国债收益率之间的差额，称作**违约息差**（default spread）或**信用息差**（credit spread）。图6.6中，这一息差可由最底端的表示国债收益曲线的蓝色线分别与红色、绿色、紫色线之间的距离（线段越靠近上方违约概率越大）来表示。信用息差随着对违约概率的看法或认识的改变而波动。显而易见，评级低因而违约可能性较高的债券的信用息差要高些。

例6.10 信用息差和债券价格

问题：

假设你公司的信用评级为A级。你注意到10年期债券的信用息差为90个基点，即0.90%。你公司10年期债券的息票利率为5%。最新的10年期国债按平价发行，其票面利率为4.5%。计算你公司未偿还的10年期债券的价格。

解答：

分析：

如果信用息差为0.9%，你公司债券的到期收益率就等于类似国债的YTM加上0.9%。新发行国债以4.5%的息票利率平价发行，100美元面值的国债售价也是100美元。因此，这类债券的YTM为4.5%，你公司债券的YTM=4.5%+0.9%=5.4%。

每100美元面值公司债券的现金流为每年5美元，实际支付为每6个月2.5美元。5.4%的收益率对应的6个月期利率=5.4%/2=2.7%。根据这些信息，就可以利用公式6.3计算债券的价格。

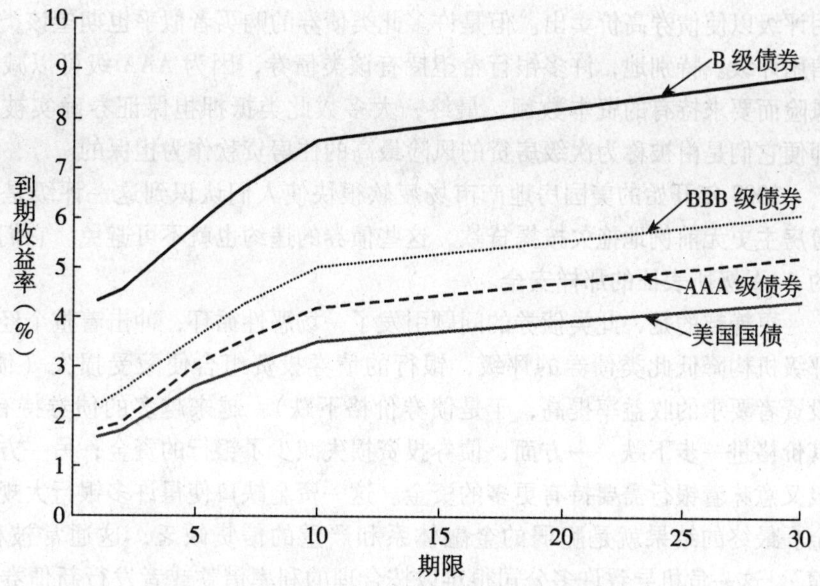

图 6.6　2008 年 3 月，不同等级公司债券的收益曲线

注：该图显示了美国国债和不同等级公司债券的收益曲线。注意违约概率高于美国国债的公司债券的到期收益率，是怎样变得更高的。

资料来源：路透社。

计算：

$$2.50\times\frac{1}{0.027}\left(1-\frac{1}{1.027^{10}}\right)+\frac{100}{1.027^{10}}=98.27\text{（美元）}$$

评价：

公司债券的票息（5%）高于相同到期日的国债（4.5%），但售价较低（98.27<100）。原因是信用息差。你公司较高的违约概率导致投资者要求较高的 YTM。为了提供较高的 YTM，债券的购买价格必须较低。如果公司债券支付 5.4% 的票息，售价将为 100 美元，等于国债价格。但要以此价格发行，你提供的利率必须比国债高 90 个基点——恰好足以弥补信用息差。

债券评级与 2007—2008 年的次贷危机

在过去的 30 年里，债券评级成为衡量和监管财务风险的一种越来越重要的手段——甚至银行货币储备的确定一定程度上也基于其所投资债券的等级。诸如穆迪、标准普尔和惠誉这样的信用评级公司是如何营利的？也就是说，谁为他们出具的评级报告买单？

自 20 世纪 70 年代以来，评级费用由债券发行者支付。公司希望其债券参与评级以证明其债券质量，从而更加吸引投资者，因此，他们愿意支付费用并同评级机构合作。同时，为使评级更具价值，信用评级公司必须维持公正的声誉。尽管支付评级费用的公司希望获得尽可能高的评级，评级公司还是会公正地进行信用评级。

然而，在于 2007 年结束的房地产热潮中，信用评级公司面临巨大的压力，将一种由住房抵押贷款作担保的特殊债券评为 AAA（最高）级。发行者自然希望高的信用评级以使债券高价卖出。但是许多此类债券的购买者似乎也期望该类债券得到高的信用评级。特别地，许多银行希望持有该类债券，因为 AAA 级可以减少银行为防范风险而要求持有的资本数额。最终，大多数此类抵押担保证券确实被评为 AAA 级，即便它们是由被称为次级房贷的风险最高的住房贷款作为担保的。

2007 年开始的美国房地产市场疲软很快使人们认识到这一评级是不可信的。随着房主史无前例地拖欠按揭贷款，这些债券的违约也就不可避免。它们远不如其所处的 AAA 级所表征的那样安全。

更糟糕的是，此类债券的问题引发了一场恶性循环，冲击着整个经济。随着信用评级机构降低此类债券的评级，银行的债券投资组合便蒙受损失（债券等级降低，投资者要求的收益率提高，于是债券价格下跌）。越来越多的债券持有者抛售债券，其价格进一步下跌。一方面，债券投资损失减少了银行的资金；另一方面，低债券评级又意味着银行需要持有更多的资金。这一资金缺口使得许多银行大规模缩减信贷资金。最终的结果就是脆弱的金融体系和严重的信贷缺乏，这通常被称为“信贷紧缩”。这一危机导致许多公司很难以按合理的利率借款或者发行新债券，在某些情况下，公司不得不放弃或者延迟新投资。

正如本章开始所提到的，债券市场虽然不像股票市场那样广为人知，却是规模巨大、举足轻重的。借债是大多数公司的重要融资渠道，财务经理必须熟悉债券及投资者对公司债券的定价方式。本章介绍了债券的主要分类，偿还投资者的方式以及定价方法。第 14 章将进一步探讨债券市场，包括发行债券的程序。

概念检查

9. 什么是垃圾债券？
10. 到期收益率是如何随债券违约风险变化的？

本章小结

6.1 债券术语

债券支付给投资者票息及本金或面值。按惯例，息票利率表示为 APR，每次的票息支付额 *CPN* 为：

$$CPN=\frac{\text{息票利率}\times\text{面值}}{\text{每年的票息支付次数}} \qquad \text{（公式 6.1）}$$

6.2 零息票债券

零息票债券不支付票息，投资者仅收回债券的面值。

债券的内含回报率称为到期收益率（或收益率）。债券的到期收益率是使债券未来现金流的现值等于债券当前市价的折现率。

零息票债券的到期收益率可以通过下式得到：

$$1+YTM_n=\left(\frac{\text{面值}}{\text{价格}}\right)^{1/n} \qquad \text{（公式 6.2）}$$

n 年期投资的无风险利率等于 n 年期无风险零息票债券的到期收益率。描绘该利率随到期日变化的曲线称为零息票债券收益曲线。

6.3 息票债券

息票债券的到期收益率y，是使债券未来现金流的现值等于其价格的折现率：

$$P = CPN \times \frac{1}{y}\left(1 - \frac{1}{(1+y)^N}\right) + \frac{FV}{(1+y)^N} \qquad \text{（公式 6.3）}$$

6.4 债券价格为什么变动

如果息票利率高于到期收益率，债券溢价交易。如果息票利率低于到期收益率，债券折价交易。如果息票利率等于到期收益率，债券平价交易。

随到期日临近，债券价格接近面值。

债券价格随利率变化而变化，利率上升，债券价格下跌，反之亦然。

长期零息票债券比短期零息票债券对利率变动更敏感。

低息票利率债券比到期期限相近的高息票利率债券对利率变动更敏感。

6.5 公司债券

债券发行者不能全额偿还债券所承诺的支付时，发行者违约。

可能发生违约的风险称为违约或信用风险。美国国债无违约风险。

公司债券的期望回报率，即公司债务的资本成本，等于无风险利率加上风险溢价。债券的到期收益率是用承诺现金流而不是期望现金流计算得出的，因此期望回报率低于债券的到期收益率。

债券评级为投资者提供了债券的资信等级。

国债收益率与公司债券收益率之差，称作信用息差或违约息差。信用息差补偿投资者遭遇的承诺现金流和期望现金流之差以及违约风险。

复习题

1. 债券与贷款哪些方面相似？
2. 投资者购买债券的投资回报如何实现？
3. 到期收益率和内含回报率有什么联系？
4. 是债券的到期收益率决定价格还是价格决定到期收益率？
5. 解释为什么折价交易的债券的收益率高于债券的息票利率。
6. 解释利率和债券价格之间的关系。
7. 为什么长期债券比短期债券对利率变动更敏感？
8. 解释公司债券的期望回报率不等于到期收益率的原因。

练习题

债券术语（第1~2题）

1. 对于10年期、息票利率为5.5%、每隔半年付息1次、面值为1 000美元的债券。

a. 债券的票息支付为多少？

b. 在时间线上画出债券的现金流。

2. 假设如下面的时间线所示，债券每6个月支付1次（每期为6个月）：

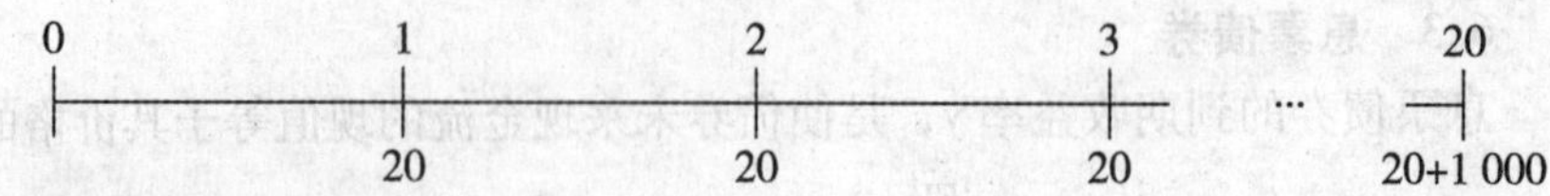

a. 债券的到期期限为几年？

b. 债券的息票利率是多少（以百分比表示）？

c. 债券的面值是多少？

零息票债券（第 3 ~ 6 题）

3. 下表列出了不同期限的无违约零息票债券的价格（以面值的百分比表示，单位：美元）：

到期期限（年）	1	2	3	4	5
价格（每 100 美元面值）	95.51	91.05	86.38	81.65	76.51

a. 计算每只债券的到期收益率。

b. 画出零息票收益曲线（头 5 年）。

c. 收益曲线为上滑、下滑还是平直的？

根据以下资料回答 4 ~ 6 题。无风险债券的当前零息票收益曲线如下所示：

到期期限（年）	1	2	3	4	5
YTM	5.00%	5.50%	5.75%	5.95%	6.05%

4. 每 100 美元面值的 2 年期、零息票、无风险债券的价格是多少？

5. 每 100 美元面值的 4 年期、零息票、无风险债券的价格是多少？

6. 5 年到期的无风险利率为多少？

息票债券（第 7 ~ 9 题）

7. 年息票利率为 7%、每半年付息 1 次、两年期的 1 000 美元债券，其到期收益率为 7.6% 的 APR，每半年复利 1 次。其价格是多少？

8. 假设 10 年期、年息票利率为 8%、每半年付息 1 次的 1 000 美元债券，其交易价格是 1 034.74 美元。

a. 债券的到期收益率是多少（以每半年复利 1 次的 APR 表示）？

b. 如果债券的到期收益率变为 9% 的 APR，债券的价格将是多少？

9. 假设 5 年期、按年付息的 1 000 美元债券的价格为 900 美元，到期收益率为 6%。那么，债券的息票利率是多少？

债券价格为什么变动（第 10 ~ 18 题）

10. 下表给出了几种 1 000 美元面值债券的价格：

债券	A	B	C	D
价格（美元）	972.50	1 040.75	1 150.00	1 000.00

分别说明这些债券是以折价、平价还是溢价交易？

11. 假设 7 年期、息票利率是 8%、每半年付息 1 次的 1 000 美元债券，在按 6.75% 的到期收益率交易。

a. 债券当前是以折价、平价还是溢价交易？请解释。

b. 如果债券的到期收益率上升到 7.00%（每半年复利的 APR），债券的交易价格将是多少？

假设通用汽车金融服务（General Motors Acceptance）公司发行 10 年期债券，面值为 1 000 美元，息票利率为 7%（按年付息）。在发行时，债券的到期收益率是 6%。根据以上资料回答 12 ~14 题。

12. 债券的发行价格是多少？

13. 假定到期收益率保持不变，在第 1 次付息前的瞬间，债券的价格是多少？

14. 假定到期收益率保持不变，在第 1 次付息后的瞬间，债券的价格是多少？

15. 假设你购买 10 年期、息票利率为 6% 的债券。你持有该债券 4 年，你在收到第 4 次票息支付后，立即将债券出售。如果你在购买和出售债券时，债券的到期收益率都是 5%，

a. 投资于每 100 美元面值的债券，你将要支付和收到的现金流是多少？

b. 投资的内含回报率是多少？

考察下列债券，回答 16、17 题。

债券名称	息票利率（按年支付）	到期期限（年）
A	0%	15
B	0%	10
C	4%	15
D	8%	10

16. 如果债券的到期收益率从 6% 下降到 5%，则每只债券的价格变动百分比是多少？

17. 如果利率从 6% 下降到 5%，债券 A 到 D 中，哪只债券的价格对 1% 的利率下降最为敏感？为什么？哪个债券最不敏感？不必计算，请对你的答案给出一个直觉性的解释。

18. 假设你购买 30 年期、到期收益率为 6% 的零息票债券。在出售前你已持有该债券 5 年。

a. 如果在你出售时，其到期收益率是 6%，你的投资的内含回报率是多少？

b. 如果在你出售时到期收益率是 7%，你的投资的内含回报率是多少？

c. 如果在你出售时，到期收益率是 5%，你的投资的内含回报率是多少？

d. 即使债券不存在违约的可能性，如果你计划在债券到期日之前将其出售，你的投资是无风险的吗？

公司债券（第 19 ~22 题）

19. 下表给出了几种 1 年期、零息票债券的到期收益率：

证券种类	收益率（%）
国债证券	3.1
AAA 级公司债券	3.2
BBB 级公司债券	4.2
B 级公司债券	4.9

a. 1 年期、AAA 级零息票公司债券的价格（用面值的百分比表示）是多少？

b. AAA 级公司债券的信用息差是多少？

c. B 级公司债券的信用息差是多少？

d. 随着债券评级的变化，信用息差怎样变化？为什么？

20. 安德鲁（Andrew）实业公司正打算发行 30 年期、息票利率是 7%（按年付息）、面值 1 000 美元的债券。公司相信，拟发行的公司债券可以获得标准普尔的 A 级评级。然而，由于公司最近遇到财务困难，标准普尔警告可能会下调公司债券的评级为 BBB 级。当前，A 级长期债券的收益率为 6.5%，BBB 级的收益率为 6.9%。

a. 如果公司的债券发行保持为 A 级，债券的价格是多少？

b. 如果评级下降，债券的价格将是多少？

21. HMK 公司想要筹集 1 000 万美元，以投资于资本性支出。公司计划发行面值是 1 000 美元、息票利率是 6.5%（按年付息）的 5 年期债券。下表列出了不同等级的 5 年期（按年支付）息票公司债券的到期收益率：

评级	AAA	AA	A	BBB	BB
YTM	6.20%	6.30%	6.50%	6.90%	7.50%

a. 假设债券被评定为 AA 级，债券的价格将是多少？

b. 假设债券被评定为 AA 级，今天为了筹集 1 000 万美元，HMK 公司要发行债券的本金总额是多少？（由于不能发行零点几份债券，假定所有的分数都四舍五入到最接近的整数）

c. 如果公司想以平价发行债券，债券的评级要为哪种等级？

d. 假设债券已发行，每张债券的价格是 959.54 美元。债券最可能的等级是哪一级？它们是垃圾债券吗？

22. 一只 BBB 级公司债券的到期收益率是 8.2%。美国国债的到期收益率是 6.5%。收益率按照每半年复利 1 次的年度百分比利率 APR 的方式报出。这两只债券的息票利率都为 7%，都为每隔半年付息 1 次，5 年后到期。

a. 美国国债的价格（以面值的百分比表示）是多少？

b. BBB 级公司债券的价格（以面值的百分比表示）是多少？

c. BBB 级债券的信用息差是多少？

数据案例

你是天狼星卫星广播（Sirius Satellite Radio）公司（以下简称“天狼星公司”）财务部的一名实习生。公司计划发行 5 000 万美元、年息票利率为 12% 的 10 年期债券。公司预测其债券等级会上升。你的上司要求你确定新债券发行的收益，假如新债券的评级高于公司当前的债券。为此，你得确定天狼星公司当前债务的评级以及对应的特定收益曲线。奇怪的是，公司里似乎没有人知晓这一信息；显然，他们仍然忙于试图弄明白，是谁决定聘用电台名嘴霍华德·斯特恩（Howard Stern）这一好主意。

1. 首先找出当前美国国债收益曲线。登录美国国债网站（www.treas.gov），使用关键词“收益曲线”（yield curve）进行搜索，然后选择“美国国债——每日国债收益曲线”（US Treasury—Daily Treasury Yield Curve）。注意：同样的标题很可能有两个链接。看链接下面的描述，选择**没有**写“实际收益率……”（Real Yield…）的那个链接。你要的是名义利率。正确的可能是网页上的第一个链接。当光标停留在表格上时，单击鼠标右键，选择“输出到 Microsoft Excel”（Export to Microsoft Excel），下载表格到 Excel。

2. 找出不同等级债券的当前收益率差价。可惜的是，当前的收益差只有付费才可获得，于是你将使用过去的数据。登录“债券在线网”（www. bondsonline. com），点击“今日市场”（Today's Market）栏目，然后点击“公司债券的息差”（Corporate Bond Spreads），下载表格到 Excel，并将其复制粘贴到同一国债收益率文档中。

3. 找出天狼星公司的当前债券评级。登录标准普尔网站（www. standardandpoors. com）。选择国家。从页面左边的列表中选择“查找评级”（Find a Rating），然后选择“信用评级搜索”（Credit Ratings Search）。此时，你需要注册（免费注册）或输入指导教师提供给你的用户名和密码才能进入。下一步你就可以输入“公司名称”进行搜索了——输入“天狼星”（Sirius），并选择“天狼星卫星广播”（Sirius Satellite Radio）。使用整个公司的信用评级，而不是具体的发行评级。

4. 返回 Excel，建立债券发行现金流的时间线，标明折现率，以评估新发行债券的价值。

a. 为得到天狼星债券发行所要求的即期利率，要在具有相同到期期限的国债的收益率上，再加上适当的息差。

b. 你所找到的收益曲线和收益率息差，没有完全覆盖和对应新债券的每一年。具体来说，没有到期期限为 4 年、6 年、8 年和 9 年的债券的收益率或息差。可以根据给出的收益率和息差，运用线性插值法得出这些数值和信息。例如，4 年期的即期利率和息差将是 3 年期和 5 年期的对应比率的平均值。对于 8 年和 9 年期的即期利率和息差，你需要根据 7 年期和跨过这两年的 10 年期之间的利率之差来计算。

c. 为计算天狼星公司当前债务评级的即期利率，要在对应不同到期日的国债利率上加上息差。不过要注意，息差的单位是以基点（即 1 个百分点的百分之一）表示的。

d. 计算每年将要支付给债券持有者的现金流，并将其表示在时间线上。

5. 使用即期利率，计算支付给债券持有者的每一笔现金流的现值。

6. 计算债券的发行价格和其初始到期收益率。

7. 基于天狼星公司能够将债券评级水平提升一个级别的假设，重复步骤 4～6。基于更高的债券评级，计算新的债券收益率，以及导致的新债券的价格。

8. 如果债券评级提高，计算从债券发行中能够得到的额外的现金收益。

第 6 章附录　收益曲线和一价定律

迄今我们已集中探讨了单个债券的价格与其到期收益率的关系。本节要研究不同债券的价格和到期收益率的关系。根据一价定律，分析表明，给定即期利率，即无违约风险、零息票债券的收益率，可以确定任何其他无违约风险债券的价格和收益率。收益曲线为所有这类债券的估值提供了足够的信息。

用零息票债券价格估计息票债券价值

研究表明，用零息票债券可以复制息票债券的现金流。因此，我们可以运用估值原理一价定律，基于零息票债券的价格计算息票债券的价格。例如，如下所示，可以用3种零息票债券复制一只3年期、年息票利率为10%的1 000美元债券：

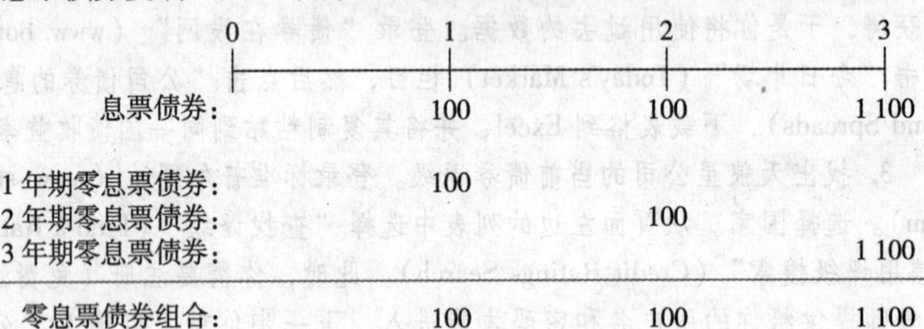

	0	1	2	3
息票债券：		100	100	1 100
1年期零息票债券：		100		
2年期零息票债券：			100	
3年期零息票债券：				1 100
零息票债券组合：		100	100	1 100

将每一次票息支付与一个零息票债券相匹配，该零息票债券的面值等于息票利息，并且期限等于距离付息日的时间。同样的，将3年后的债券最终支付（最后一笔票息加上回收的面值），与相应的面值为1 100美元的3年期零息票债券相匹配。息票债券的现金流与零息票债券组合的现金流相同，根据一价定律，零息票债券组合的价格一定与息票债券的价格相同。为了说明问题，假设当前零息票债券的收益率和价格如表6.7所示（与例6.1中的相同）。

表6.7

期限	1年	2年	3年	4年
YTM	3.50%	4.00%	4.50%	4.75%
价格（美元）	96.62	92.46	87.63	83.06

计算用来复制3年期息票债券的零息票债券组合的成本如下：

零息票债券	要求的面值(美元)	成本(美元)
1年	100	96.62
2年	100	92.45
3年	1 100	11×87.63=963.93
	总成本	1 153.00

根据一价定律，这个3年期的息票债券必须以1 153美元的价格交易。如果该息票债券的价格高于这一价格，你可以通过出售该息票债券，同时买入上述零息票债券组合进行套利。如果该息票债券的价格低于1 153美元，你可通过买入该息票债券并卖空上述零息票债券组合套利。

用零息票债券收益率估计息票债券价值

我们已经运用零息票债券的价格导出息票债券的价格。作为替代，也可运用零息票债券的收益率对息票债券估值。我们知道，零息票债券的到期收益率为，期限等于零息票债券期限的无风险投资的竞争市场利率。由于债券的相关现金流是票息支付和面值偿还，息票债券的价格必定等于按竞争市场利率折现的该债券所支付的票息和面值的现值（见第 5 章中的公式 5.7）：

息票债券的价格

$$P = PV（债券现金流）$$

$$= \frac{CPN}{1+YTM_1} + \frac{CPN}{(1+YTM_2)^2} + \cdots + \frac{CPN+FV}{(1+YTM_n)^n} \quad （公式 6.4）$$

其中，CPN 为债券每期支付的票息，YTM_n 为到期日与第 n 期票息支付时间相同的零息票债券的到期收益率，FV 为债券的面值。对于前面提及的 3 年期、年息票利率为 10% 的 1 000 美元债券，可使用表 6.7 列示的零息票债券收益率，运用公式 6.4 计算其价格：

$$P = \frac{100}{1.035} + \frac{100}{1.04^2} + \frac{100+1\ 000}{1.045^3} = 1\ 153 （美元）$$

这个价格与先前通过复制债券组合计算出的价格相同。这样，用零息票债券的收益率折现息票债券的现金流，可确定息票债券的无套利价格。换言之，零息票收益曲线所提供的信息足以为所有其他的无风险债券定价。

息票债券的收益率

给定零息票债券的收益率，可依据公式 6.4 为息票债券定价。6.1 节我们看到，如何根据息票债券的价格计算其到期收益率。结合这些结论，可确定零息票债券和息票债券的收益率之间的关系。

再来考虑 3 年期、年息票利率为 10% 的 1 000 美元债券。给定表 6.7 中的零息票收益率，计算出该债券的价格为 1 153 美元。根据公式 6.3，该债券的到期收益率 y 满足下式：

$$P = 1\ 153 = \frac{100}{(1+y)} + \frac{100}{(1+y)^2} + \frac{100+1\ 000}{(1+y)^3}$$

使用财务计算器求解收益率：

	N	I/Y	PV	PMT	FV
Given:	3		−1153	100	1000
Solve for:		4.44			

Excel Formula: =RATE(NPER,PMT,PV,FV)=RATE(3,100,−1153,1000)

债券的到期收益率是 4.44%。直接验证这一结果如下：

$$P = \frac{100}{1.0444} + \frac{100}{1.0444^2} + \frac{100+1\ 000}{1.0444^3} = 1\ 153 （美元）$$

由于息票债券在不同的时点提供现金流，故息票债券的到期收益率为，到期期限等于和短于息票债券到期期限的系列零息票债券收益率的加权平均值。权重取决于（以一种复杂的方式）每期现金流的大小。在本例中，对应的零息票债券的收益率分别是 3.5%、4.0% 和 4.5%。对于这一息票债券，它的大部分现值来自于第 3 年现金流的现值，因为它包含了本金，所以其收益率最接近于 3 年期零息票债券的 4.5% 的收益率。

例 6.11　期限相同的债券的收益率

问题：

给定如下的零息票收益率，试比较下列债券的到期收益率：① 3 年期的零息票债券；②3 年期、年息票利率为 4% 的息票债券；③3 年期、年息票利率为 10% 的息票债券。所有这些债券均无违约风险。

解答：

分析：

到期期限	1 年	2 年	3 年	4 年
零息票 YTM	3.50%	4.00%	4.50%	4.75%

由给出的信息可知，3 年期零息票债券的到期收益率是 4.5%。这些零息票收益率与表 6.7 中的完全匹配，前文已经计算过，10% 息票债券的到期收益率是 4.44%。为计算 4% 的息票债券的收益率，首先要用公式 6.4 计算其价格。已知票息为 4%，每年支付 1 次，即每年支付 40 美元，共支付 3 年。1 000 美元面值到期偿付。只要知道价格，就可以用公式 6.3 计算到期收益率。

计算：

依据公式 6.4 得到：

$$P=\frac{40}{1.035}+\frac{40}{1.04^2}+\frac{40+1\ 000}{1.045^3}=986.98\ (\text{美元})$$

4% 的息票债券的价格是 986.98 美元。根据公式 6.4：

$$986.98=\frac{40}{(1+y)}+\frac{40}{(1+y)^2}+\frac{40+1\ 000}{(1+y)^3}$$

运用财务计算器计算到期收益率：

	N	I/Y	PV	PMT	FV
Given:	3		−986.98	40	1000
Solve for:		4.47			
Excel Formula: =RATE(NPER,PMT,PV,FV)=RATE(3,40,−986.98,1000)					

总之，本例所考察的三种 3 年期债券的 YTM 分别为：

息票利率	0%	4%	10%
YTM	4.50%	4.47%	4.44%

评价：

注意，即使债券拥有相同到期期限，其收益率也会不同。事实上，保持到期期限不变，随着息票利率上升，债券的到期收益率下降。下面将讨论原因。

例 6.11 表明，具有相同到期期限的息票债券，可以有不同的到期收益率，这取决于它们的息票利率。息票债券的到期收益率为对应的一系列零息票债券收益率的加权平均。在计算现值时，当支付的票息增加，则较早期的现金流相对于较晚期的现金流，将显得更重要。根据收益曲线的走势，可以预测到期收益率的变动趋势：

（1）如果收益曲线向上倾斜（如例 6.11 中的收益率），这会导致到期收益率因息票利率的增加而降低。

（2）若零息票收益曲线向下倾斜，息票债券的到期收益率将随着息票利率的增加而上升。

（3）零息票收益曲线为平直的，即所有零息票债券和息票债券将具有相同的到期收益率，不受其到期期限和息票利率的影响。

国债的收益曲线

本节已阐明，可以用零息票收益曲线确定其他无风险债券的价格和到期收益率。具有不同到期期限的息票债券的收益率曲线，称作息票支付收益曲线（coupon-paying yield curve）。在美国，债券交易者所提到的"收益曲线"，通常是指息票支付国债收益曲线。如例 6.11 所示，到期期限相同的息票支付债券可能具有不同的收益率。按照惯例，金融从业人员总是绘出最新发行的、称作新券（on-the-run bonds）的债券收益率曲线。运用与本节相同的方法，我们可以应用一价定律，根据息票支付债券的收益曲线，确定零息票债券的收益率。这样的话，这两种类型的收益曲线都提供了足够的信息，以对所有其他的无风险债券估值。

第2篇的综合案例

本案例需要综合运用第3章~第6章的内容。

亚当·鲁斯特（Adam Rust）看了看他的汽车修理师，叹了口气。汽车修理师刚刚对他快散架的汽车“判了死刑”。这辆车一直表现良好——仅仅花费了500美元，却陪伴了他四年的大学生活，而且很少需要维修。而现在，他急需代步工具。他刚刚毕业，有一份不错的工作，起薪丰厚。他打算购买人生的第一辆新车。汽车销售商似乎认为他完全有能力支付汽车价款，这是他人生中的另一个第一次。

亚当看好了一款标价35 000美元的汽车。经销商提供了三种支付方式供其选择：

（1）零利率贷款。用存款支付首付4 000美元，余款用年利率为0%（APR）的贷款供款，期限为48个月。多亏丰厚的毕业贺礼，他支付首付绰绰有余。

（2）无首付，享受折扣。享受4 000美元的折扣，抵减首付（这样，他的存款就可以毫发无损），余款用普通的48个月的贷款偿付，年利率为8%的APR。他倾向于这一选择，因为这样他就可以用4 000美元干一些其他事了。

（3）现金支付。享受4 000美元的折扣，余款用现金支付。尽管他没有35 000美元，但他希望评估下这一选择。他的父母在买家用车时，通常支付现金；他在想，这是否真的是一个好主意。

亚当的研究生朋友，珍娜·霍桑（Jenna Hawthorne）则非常幸运。她的父母送给她一辆车作为毕业礼物。那是一辆小型现代车，虽然并非珍娜梦想的车型，但还是很实用的，至少她不用担忧买新车的问题。事实上，她正在决定将多少薪水存起来。她知道，如果承担繁重的汽车支付款，那么她优先考虑的退休储蓄存款就非常少了。她相信，她可以很轻松地从她45 000美元的薪水中留出3 000美元。她正考虑把存款投资于股票基金。她刚满22岁，距65岁退休还有很长一段时间，她合理估计了这一投资的风险。她关注的这只基金在过去15年的平均收益率为9%，而且，平均来看，可以预期这一收益率仍能持续。尽管她目前没有退休存款，但是5年前，她的祖父母曾赠予她一份30年期的美国国债，面值为10 000美元。

珍娜想知道在如下两种情形下她的退休收益：①以当前市价卖掉国债，将所得投资于股票基金；②从现在到65岁退休，每年年末都将额外的3 000美元存款投资于股票基金。一旦退休，她可望利用这些储蓄度过25年的退休生活直到90岁。

亚当和珍娜都需要做出他们的最优决策。

案例问题

1. 对亚当的三种汽车融资方式，与每种融资选择相关的现金流是多少？

2. 假设与他的父母一样，亚当在银行中存有足够多的现金，这样他就可以轻松地采取现金支付方式，而且现在或者可预见的将来都不用借债。如果银行存款的利率为5.4%的APR（按月复利），购买汽车的最优支付方式是哪种？

3. 事实上，亚当没有足够的现金支付他所有的债务，包括学生时代的贷款（数额较大）。贷款的年利率为10%的APR，支付了汽车款，就不能归还贷款了。现在，他的最优选择是什么？（提示：注意，今天的1美元额外存款，相当于一年后他将大约获得1.10美元，因为他可以用它偿还贷款。本例中，10%是亚当的货币时间价值）

4. 假如亚当有很多年利率为18%的APR的信用卡欠款，而且他也不确定自己在付清购车款前能否偿还全部的信用卡欠款。现在，他的最优选择是什么?

5. 假如，珍娜的国债息票利率为6.5%，每半年付息一次，现在，具有相同到期期限的国债的到期收益率为5.4435%（APR，每半年复利1次）。如果她刚刚收到债券的第10笔利息，她可按什么价格出售她持有的国债?

6. 假如珍娜卖掉了债券，将所得进行了再投资，然后按计划存款。如果存款的实际年收益率为9%，退休后，她每年可以取出多少钱?（假如退休当年，她就开始于每年年末从账户上等额取出存款）

7. 珍娜预期她的薪水会稳定增长。尽管不能保证，但她认为每年增长4%是可能的。她计划，第一年存款3 000美元，以后，随薪水增长，每年的存款数额增长4%。糟糕的是，受通货膨胀的影响，物价也会上涨。假如她预计每年的通货膨胀率为3%。退休后，为弥补通货膨胀的影响，她需要每年多取出一部分钱。这种情况下，她退休后的第1个月末可以取出多少钱?相当于现在的多少钱?（提示：建立电子数据表，跟踪她每个月的退休账户数额）

8. 珍娜是否应该卖掉国债并投资于股票基金?给出至少一个支持或反对这一计划的理由。

第3篇　公司估值

与估值原理的联系。财务经理的一个重要决策是选择公司的投资项目。这些决策是增加公司价值的基石。第3章介绍的NPV法则是估值原理的一个应用。本篇第7章了阐述NPV决策法则在投资决策中的有用性，同时也探讨了实务中应用的其他决策法则及其缺陷。公司给投资项目分配资本的过程称为资本预算。第8章概述了如何估计项目的增量现金流，增量现金流是NPV决策法则的输入变量。第8章还用实例表明了第4章和第5章介绍的折现工具的强大力量。资本预算是公司价值的主要驱动因素，于是第9章——股票估值，转而评估公司所有权的价值，即股票的价值。本篇说明了应用估值原理估计公司股权价值的多种不同方法，比如，考虑未来红利、自由现金流或者公司价值与相似的上市公司价值之比。

第 7 章　投资决策法则

学习目标

- 应用 NPV 法则制定投资决策。
- 理解可选择的投资决策法则及其局限。
- 互斥项目选择。
- 公司资源受限时对项目排序，资源约束时不能接受所有 NPV 为正的项目。

本章所涉及符号的含义：

C_n（n 期发生的现金流）；I（初始投资或项目的初始投入资本）；*IRR*（内含回报率）；*MIRR*（修正的内含回报率）；*NPV*（净现值）；*PV*（现值）；r（折现率）

凯瑟琳·帕格尔斯多夫访谈

凯瑟琳·帕格尔斯多夫（Katherine Pagelsdorf）是高等教育出版商培生教育出版集团的高级财务分析师，负责处理公司的各种财务问题。她是威斯康星大学麦迪逊分校 2003 届毕业生，学的是财务、投资和银行专业，她运用其专业知识做公司财务预算和五年发展规划，以及融资、销售和财务呈报分析。成功的新教书的发行是公司的生命线，凯瑟琳的工作职责之一就是对提议的教科书投资（如你正在阅读的这本教科书）进行评估。

有时你会对于是购买新教材、二手教材还是在线教材的决策进行评估。同样，凯瑟琳运用决策法则评估教科书的印刷版和多媒体版的盈利能力。“无论个人还是公司理财决策，NPV 决策法则都是适用的。所有投资都是为了获取利润。将未来某时点的期望利润折现到现在可得到该投资的现时价值。NPV 法则可比较两个项目或投资。NPV 值较高的项目就是相对较好的选择。”

凯瑟琳和编辑们一起与新书的潜在作者进行洽谈。她的财务专业知识和编辑对图书市场的判断配合地恰到好处。她说：“我们计算项目的净现值（NPV），考察其期望回报，据此决定项目是否值得投资。”受到公司资源限制时，她也与高层管理人员一起对项目排序。这种情况下，不可能采纳所有 NPV 值为正的项目。

除了 NPV 法则，公司也采用其他技术手段评估项目是否可取。学生时代，凯瑟琳学到了针对不同财务状况的多种决策方法。“掌握了这些技术，我就能决定哪种方法最适合特定项目的决策并令人信服地将结果呈献给同事。”这些可选择的投资决策法则与 NPV 法则得出的结论有时一致，有时相悖。“重要的是能同时运用这些方法”，凯瑟琳说，“如果几个项目的盈利能力相同，我们就会选择最符合我们公司战略的项目”。

2000 年，东芝公司和索尼公司开始试验新的 DVD 技术，索尼公司决定研发并生产蓝光高清 DVD 机，东芝公司决定生产 HD-DVD，由此引发一场长达八年的 DVD 格式之战，这场无烟之战直至 2008 年 2 月东芝公司决定停止生产 HD-DVD 并放弃 HD 格式才画上句号。东芝公司和索尼公司的管理层如何做出投资新的 DVD 格式的决策？东芝公司的管理者又是怎样得出停止生产 HD-DVD 是最优决策的结论？本章主要介绍管理者用以评估投资机会的决策制定工具。这些决策实例包括生产新产品，购买设备或者市场营销活动等。第 3 章介绍过 NPV 法则。NPV 投资决策法则能够最大化公司的价值，不过有些公司还是会用其他技术评估投资和决定要实施的项目。本章将介绍几种常用的投资评估技术或方法，即投资回收期法则和内含回报率法则。在每种情况下，我们定义和解释这些决策法则，并将基于这些法则做出的决策与基于 NPV 法则做出的决策相比较。我们也举例说明了每种法则可能导致错误的投资决策的情形。在运用这些决策法则对单一、独立的项目进行评估之后，我们将视野拓展到多种投资机会下如何选择最优方案。本章最后探讨了公司面临资本和管理者时间约束时的项目选择。

7.1 应用 NPV 法则

我们以考察要么接受要么放弃的单一独立项目的决策，来展开对投资决策法则的探讨。接受独立项目，不会限制公司接受其他项目的能力。先来分析第 3 章介绍的 NPV 法则：进行投资决策时，接受 NPV 值最大的投资机会。接受这一投资机会就相当于今天收到与 NPV 值相等的现金。NPV 法则是估值原理的直接运用，总能引导我们做出正确决策。在独立项目决策中，需要做出的选择是接受或者拒绝项目。NPV 法则意味着要将项目的 NPV 值与 0（拒绝项目并且什么也不做的 NPV）做比较。如果 NPV 为正，则接受该项目。

规划现金流并计算 NPV

弗雷德里克畜牧农场（Fredrick Feed and Farm）的研究人员取得了一项突破，他们相信他们可以生产出一种可显著节约公司现行肥料生产成本的新型环保肥料。生产这种肥料要求建造一座新厂，工厂可以立即建成，将耗资 8 160 万美元。财务经理估计，从第 1 年年末开始，生产新肥料每年将带来 2 800 万美元的收益，收益将持续 4 年，如下面的时间线所示：

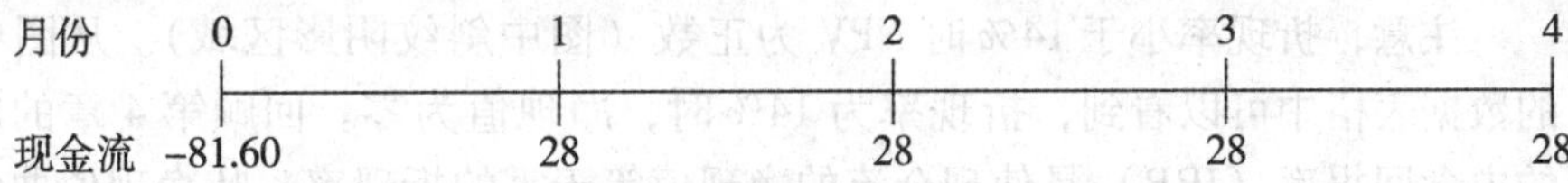

由上可知，项目的现金流包括立即流出的 8 160 万美元以及随后 4 年每年流入的 2 800 万美元。给定折现率 r，项目的 NPV 为：

$$NPV = -81.6 + \frac{28}{1+r} + \frac{28}{(1+r)^2} + \frac{28}{(1+r)^3} + \frac{28}{(1+r)^4} \quad \text{（公式 7.1）}$$

也可用第 4 章的年金公式计算 NPV：

$$NPV = -81.6 + \frac{28}{r}\left(1 - \frac{1}{(1+r)^4}\right) \quad \text{（公式 7.2）}$$

要运用 NPV 法则，需知道资本成本。负责这个项目的财务经理估计项目每年的资本成本为 10%。如果将公式 7.1 或公式 7.2 的 r 替换为项目的资本成本 10%，得到 NPV 是 720 万美元，为正值。如前所述，净现值是收益（现金流为正）的现值扣除成本（现金流为负）的现值后的净额。把所有现金流折算为现值，这样，对所有成本和收益的比较便站在同一基点上。此例中，收益的现值比成本的现值高 720 万美元。NPV 投资法则表明，通过投资，弗雷德里克畜牧农场的价值将增加 720 万美元，农场应该采纳这个项目。

净现值曲线

项目的 NPV 取决于相应的资本成本。通常，项目的资本成本可能不确定。这种情况下，计算并画出**净现值曲线**（NPV profile）很有帮助，该曲线描绘了不同折现率下项目的 NPV。最简单的做法是利用电子表格如 Excel 来完成。其过程仅仅是用一系列不同的折现率替代单一的 10% 的折现率，重复计算 NPV。通过描绘 NPV 作为折现率 r 的函数的图像[①]，图 7.1 呈现了弗雷德里克农场的项目的 NPV 曲线。

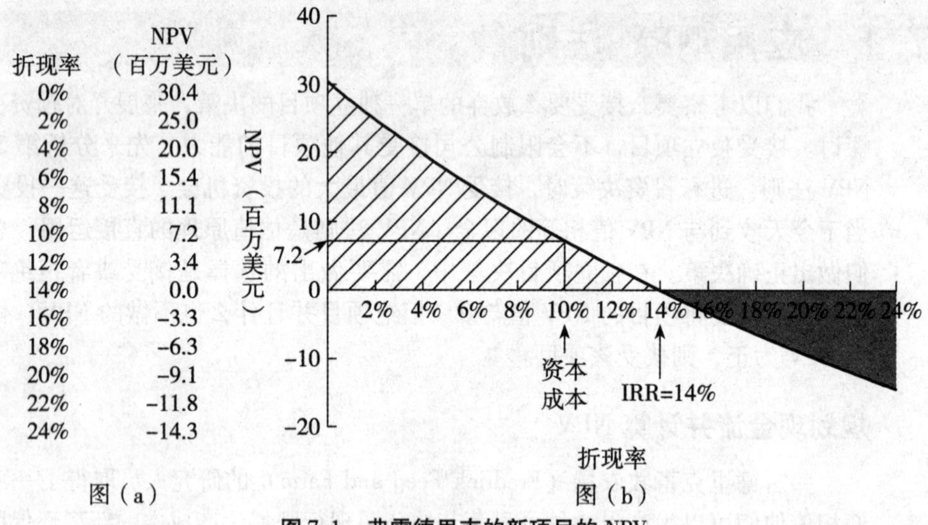

折现率	NPV（百万美元）
0%	30.4
2%	25.0
4%	20.0
6%	15.4
8%	11.1
10%	7.2
12%	3.4
14%	0.0
16%	−3.3
18%	−6.3
20%	−9.1
22%	−11.8
24%	−14.3

图（a）

图（b）

图 7.1　弗雷德里克的新项目的 NPV

注：图（b）为基于图（a）中的数据而绘出的 NPV 作为折现率的函数图像。只有在折现率小于 14% 的内含回报率（IRR）时，NPV 才为正，图中以斜纹区域表示。给定 10% 的资本成本，项目的 NPV 为正的 720 万美元。灰色阴影区域表明折现率大于 14% 时，NPV 为负数。

注意，折现率小于 14% 时 NPV 为正数（图中斜纹阴影区域）。从图中以及相应的数据表格中可以看到，折现率为 14% 时，净现值为零。回顾第 4 章的内容，投资的内含回报率（IRR）是使现金流的净现值等于零的折现率。从净现值曲线可知，弗雷德里克农场的项目的 IRR 为 14%。如第 4 章所述，也可以不用净现值曲线而是用财务计算器或电子数据表的 IRR 功能计算 IRR（详细计算指导见第 4 章附录）。

用 IRR 衡量投资的敏感性

在弗雷德里克畜牧农场的例子中，公司的管理者给出了资本成本。如果你不能确定对资本成本的估计，那么要紧的是，得确定你的分析结果对这种估计误差的敏感性。IRR 就可提供这一信息。对于弗雷德里克畜牧农场而言，如果资本成本的估计值高于 14% 的 IRR，则 NPV 为负（见图 7.1 灰色阴影区域）。因此，只要估计的资本成

① 本章附录介绍如何在 Excel 中绘制 NPV 曲线。

本 10% 与真实的资本成本相差不到 4%，接受该项目的决策就是正确的。通常，资本成本和 IRR 的差值，就是在不改变初始决策的前提下，资本成本估计的误差值。

可选择的其他法则与 NPV 法则的对比

NPV 法则表明，弗雷德里克畜牧农场应该实施肥料技术投资项目。本章后面的内容在评价项目选择的其他决策法则时，要记住，有时候依据其他法则会得出和依据 NPV 法则一样的答案，而有时得出的结论却不一致。这些法则产生冲突时，应该遵循 NPV 决策法则，这是最准确和可靠的决策法则。

概念检查

1. 解释独立项目的 NPV 法则。
2. 你怎样解释资本成本和 IRR 的差值?

7.2 可选择的决策法则

尽管 NPV 法则是最准确、最可靠的决策法则，实务中仍有许多其他法则被运用，它们通常与 NPV 法则配合使用。在 2001 年的一项研究中，约翰·格雷厄姆和坎贝尔·哈维（Graham and Harvey）发现，在他们所调研的公司中，有 74.9% 的公司使用 NPV 法则决策。这一结果与 L. J. 吉特曼和 J. R. 弗瑞斯特（Gitman and Forrester）[①] 于 1977 年进行的另一项类似的研究的发现大相径庭，那项研究发现，受访公司中只有 9.8% 的公司使用 NPV 法则。这说明，近些年来，商科学生遵循了他们的财务学教授的教导！即使如此，格雷厄姆和哈维的研究表明，仍有四分之一的美国公司没有使用 NPV 法则。在实践中使用其他资本预算技术的确切原因，未必很清楚。图 7.2 总结了问卷调查中使用频率最高的前三种决策法则。在商业社会中，你可能会遇到这些技术或方法，你应该知道它们是什么，怎样运用它们，以及它们如何与 NPV 相比。本节要考察评估公司的单一独立项目的其他决策法则。这里重点介绍投资回收期法则和**内含回报率法则**(IRR 法则)。

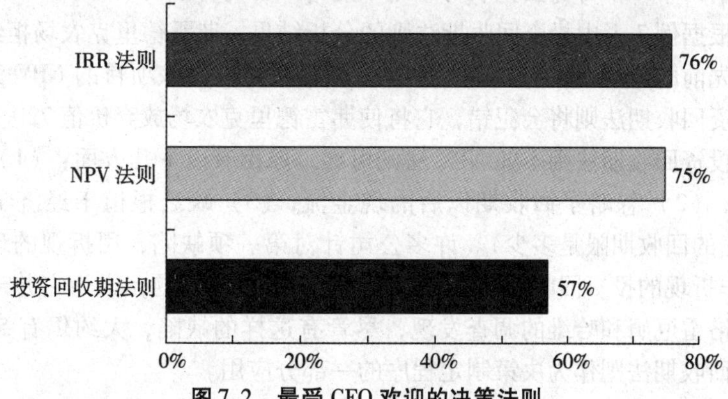

图 7.2 最受 CFO 欢迎的决策法则

注：条形图描绘了格雷厄姆和哈维教授 2001 年的调查中最受 CFO 欢迎的决策法则。许多 CFO 同时使用多种决策方法，但半数以上的 CFO 没有提及除这三种以外的其他决策方法。

① John Graham and Campbell Harvey, "The Theory and Practice of Corporate Finance: Evidence from the Field," *Journal of Financial Economics* 60 (2001): 187-243.

投资回收期法则

最简单的投资法则是**投资回收期法则**(payback investment rule)，其判断原则是：只接受在预定时间内，产生的现金流能收回初始投资的项目。它是基于这样的思想：初始投资回收得越快，就越是好的投资机会。应用投资回收期法则的要点是：

(1) 计算收回初始投资所花费的时间，称作**回收期**(payback period)。

(2) 如果回收期短于预定的时间——通常是几年，就接受这个项目。

(3) 如果回收期比预定的时间长，就拒绝该项目。

例如，某公司可能会采纳任何回收期短于两年的项目。

例 7.1　应用投资回收期法则

问题：

假设弗雷德里克农场要求，所有拟承担项目的投资回收期都不得超过 2 年。依据投资回收期法则，公司会接受这个新肥料项目吗?

解答：

分析：

要应用投资回收期法则，需要知道前两年项目总的现金流入是否大于初始投资。项目每年的现金流入量为 2 800 万美元，初始投资为 8 160 万美元。

计算：

从第 1 年到第 2 年的现金流量总额 = 2 800×2 = 5 600 万美元，不足以弥补初始投资 8 160 万美元。事实上，直到第 3 年现金流才能超过初始投资（2 800×3 = 8 400 万美元)。项目的回收期超过 2 年，弗雷德里克农场将拒绝该项目。

评价：

投资回收期法则计算简单，但它硬性规定了一个加总现金流的截止期限。另外，它也不对未来的现金流折现，而是简单地加总现金流并将其与现在的现金流出相比较。本例中，弗雷德里克农场拒绝了能增加公司价值的项目。

根据例 7.1 中投资回收期法则的分析结果，弗雷德里克农场拒绝了该项目。然而根据先前的分析，我们知道，资本成本为 10% 时，该项目的 NPV 为 720 万美元。遵循投资回收期法则将会犯错，它将使弗雷德里克农场放弃价值 720 万美元的价值。

投资回收期法则不如 NPV 法则可靠，原因有以下几方面：（1）忽略了货币时间价值；（2）忽略了回收期以后的现金流；（3）缺乏根植于经济学原理的决策标准(准确的回收期限是多少)。许多公司针对第一项缺陷，用折现的现金流计算回收期(称作折现的投资回收期)。但这仍不能解决根本问题，因为它并未解决其他两个缺陷。格雷厄姆和哈维的调查发现，尽管有这样的缺陷，大约仍有 57% 的受访公司将投资回收期法则作为决策制定程序的一部分应用。

为什么有些公司会考虑投资回收期法则呢？答案可能和它的简单性有关。这一法则一般用于小规模的投资决策，例如，是购买一台新的复印机呢还是将旧的那台维修后继续使用？在这种情况下，做出不正确决策的成本可能还不值计算 NPV 所耗费的时间。对于投资回收期法则的争议在于，它认为回收期短的项目好。一些公司不愿将资本投资于长期项目。而且，如果要求的回收期很短（1 至 2 年），则大多数满足投资回收期法则的项目都将有正的 NPV。于是公司可能会图省事，先使用回收期法，在回收期法行不通时才花时间计算 NPV。

内含回报率法则（IRR 法则）

与 NPV 法则相似，**内含回报率**(internal rate of return，IRR）法则是基于这样的想法：如果你正在考察的投资机会的回报率，大于市场上具有相同风险和期限的其他投资机会的回报率（也即项目的资本成本)，你就应该接受该投资机会。我们将这一法则正式表述如下：

IRR 投资法则：接受任何 IRR 大于资本机会成本的投资机会，拒绝 IRR 小于资本机会成本的投资机会。

IRR 投资法则在很多——但不是所有——情况下会给出正确的答案（与依据 NPV 法则得出的答案一致)。例如，对于弗雷德里克农场的肥料投资机会，依据 IRR 法则将得出正确的决策。根据图 7.1，当资本成本位于条纹区域即低于 IRR（14%）时，项目有正的 NPV，就应该进行投资。表 7.1 总结了对弗雷德里克农场新项目的分析。根据 NPV 法则和 IRR 法则，应接受该项目，而根据投资回收期法则，由于要求的回收期小于或等于两年，弗雷德里克农场应拒绝该项目。

表 7.1　**弗雷德里克的新项目的 NPV、IRR 及投资回收期的汇总**

NPV（基于 10% 的折现率计算）	720 万美元	接受（720 万美元>0）
投资回收期	3 年	拒绝（3 年>要求的 2 年回收期）
IRR	14%	接受（14%>10% 的资本成本）

一般地，IRR 法则适用于项目的所有负现金流都先于正现金流发生的独立项目。但有时在其他一些情况下，IRR 法则可能与 NPV 法则不一致，因而是不正确的。下面来考察几种应用 IRR 法则失效的情形。

延迟投资。篮球明星埃文 · 科尔即将大学毕业，获得财务学学位，并准备参加 NBA 选秀。已经有多家公司联系到他并有意与其签订代言合同。两家相互竞争的运动型饮料公司都想与他签约。QuenchIt 公司一次性预先支付签约金 100 万美元，三年内埃文只能代言该公司运动型饮料。PowerUp 公司将在未来三年的每年年末支付 50 万美元，要求埃文独家代言其产品。哪份代言合同的收益更高？一种直接的比较方法是，签约 QuenchIt 公司，埃文就要放弃 PowerUp 公司的合约，即每年 50 万美元。考虑其他收入来源和投资机会的风险，埃文估计其资本的机会成本为 10%。埃文的投资机会的时间线为：

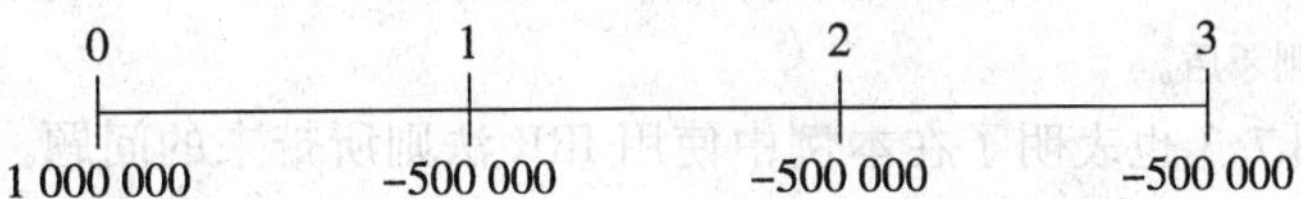

埃文的投资机会的 NPV 是：

$$NPV = 1\ 000\ 000 - \frac{500\ 000}{1+r} - \frac{500\ 000}{(1+r)^2} - \frac{500\ 000}{(1+r)^3}$$

令 NPV 等于 0，求解 r，即可得出 IRR。也可用财务计算器或者电子数据表计算 IRR：

	N	I/Y	PV	PMT	FV
Given:	3		1,000,000	−500,000	0
Solve for:		23.38			
Excel Formula: =RATE(NPER,PMT,PV,FV)=RATE(3,−500000,1000000,0)					

23.38%的 IRR 大于10%的资本机会成本。根据 IRR 法则，埃文应该签约。但是根据 NPV 法则，结论又将如何呢?

$$NPV=1\ 000\ 000-\frac{500\ 000}{1.1}-\frac{500\ 000}{1.1^2}-\frac{500\ 000}{1.1^3}=-243\ 426\text{（美元）}$$

可见，基于10%的折现率，NPV 为负，签约 QuenchIt 公司2将导致埃文的财富减少，他不应该与该公司签约，而应该与 PowerUp 公司签约。

为解决这一矛盾，可做出 QuenchIt 公司合约的 NPV 曲线。图7.3绘出了不同折现率下该投资机会的 NPV 图像。图像表明，不管资本成本是多少，IRR 法则和 NPV 法则都将给出完全相反的结论。即，只有资本的机会成本高于23.38%（IRR）时，NPV 才是正的。只有当资本的机会成本高于 IRR 时，埃文才应该接受该投资机会，这与 IRR 法则的结论相反。

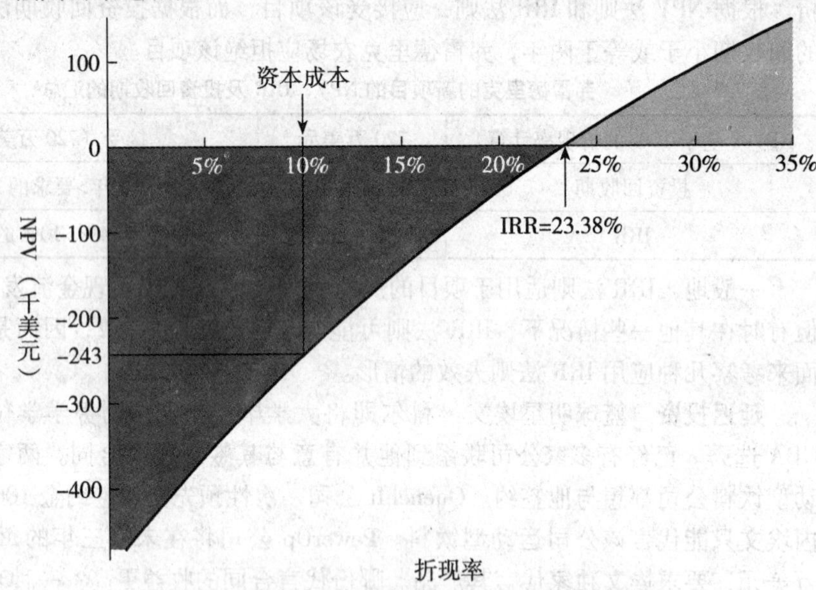

图7.3　科尔与 QuenchIt 公司100万美元合同的 NPV

注：若投资的收入先于成本发生，NPV 是折现率的增函数。图中浅灰区域的 NPV 为正，深灰色阴影区域的 NPV 为负。注意，资本成本大于23.38%，即大于 IRR 时，NPV 为正，NPV 法则与 IRR 法则矛盾。

图7.3也表明了在本例中使用 IRR 法则所带来的问题。对于大多数投资机会，成本费用是在期初发生的，现金则是在以后收到的。本例中，埃文可预先从 QuenchIt 公司得到现金，而放弃的 PowerUp 公司的现金流是在后期发生。这就好像埃文在借钱，而当你借钱时，你希望利率尽可能得低。只要埃文的借款利率低于他的资本成本，他的最佳决策就是借钱。

在这个例子中，IRR 法则未能给出正确的答案，但是 IRR 本身结合 NPV 法则还是能够提供一些有用的信息。就像前面所提到的，IRR 提供了关于投资决策相对于资本成本估计的不确定性的敏感性信息。在本例中，资本成本和 IRR 的差值很大——10% 对 23.38%。为使 NPV 为正，埃文得将资本成本低估 13.38%。

多重 IRR。埃文接洽 QuenchIt 公司，要求增加签约金，他才会接受代言合同。作为回应，QuenchIt 公司同意 10 年后额外支付 60 万美元的递延酬劳，因为埃文的短期代言可能带来公司长期的销售增长。他应该接受还是拒绝这个新合同呢？

画出新的时间线：

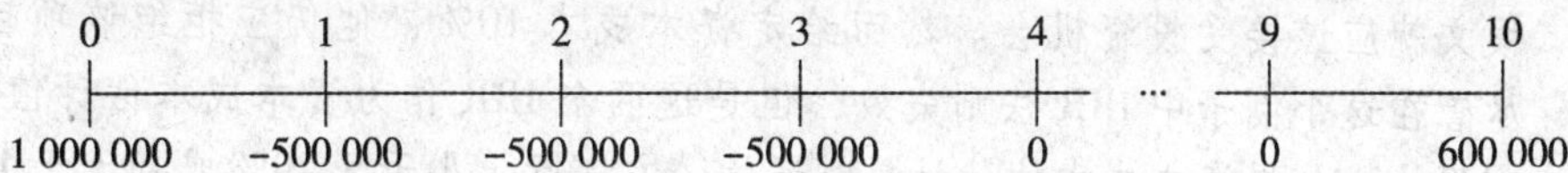

埃文的新投资机会的 NPV 是：

$$NPV = 1\ 000\ 000 - \frac{500\ 000}{1+r} - \frac{500\ 000}{(1+r)^2} - \frac{500\ 000}{(1+r)^3} + \frac{600\ 000}{(1+r)^{10}}$$

绘出 NPV 曲线并注意其零值点，可以得到该投资机会的 IRR。图 7.4 绘出了该投资机会不同折现率对应的 NPV。本例有两个 IRR，即有两个 r 值可以使 NPV 等于 0，分别是 5.79% 和 13.80%，代入 IRR 方程中即可验证。存在多重 IRR，无法应用 IRR 法则。同样，用电子数据表或财务计算器计算 IRR 时也要特别留意。回顾前面所学内容，试错法也可得到 IRR。存在多重 IRR 时，电子数据表和财务计算器将简单的给出找到的第一个值，并不提示还有其他值！此时，通常要做 NPV 曲线。

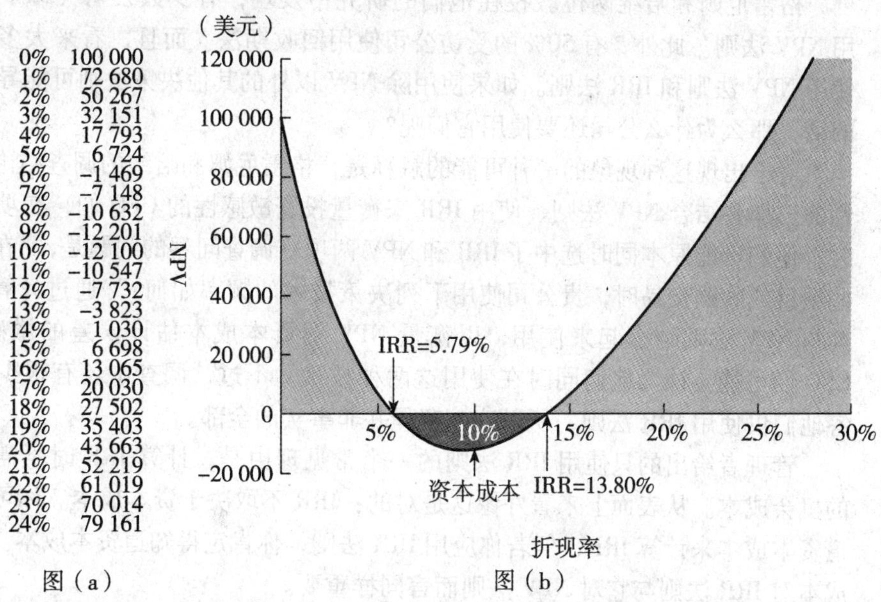

图 7.4　考虑额外的递延酬劳后，埃文代言运动型饮料合同的 NPV

注：基于图（a）中的数据，图（b）描绘了考虑额外的递延酬劳后，埃文的代言合同的 NPV。本例有两个 IRR，IRR 法则失效。见图中浅灰色区域，资本的机会成本低于 5.79% 或高于 13.80% 时，NPV 为正，埃文应该接受合约。两个 IRR 之间的任何一点，NPV 为负（见灰色阴影区域）。

常见错误：IRR 与 IRR 决策法则

本节对 IRR 本身和 IRR 法则进行了区分。我们指出了应用 IRR 法则进行投资决策的不足之处，但 IRR 本身仍然是一种非常有用的财务工具。它能衡量投资的平均回报率和 NPV 对资本成本估计误差的敏感性，因此，知道项目的 IRR 是非常有用的，但若作为投资决策的依据则有些冒险。

我们可从 NPV 法则那里得到指引。如果资本成本低于 5.79% 或者高于 13.80%，埃文就应该接受投资机会。然而给定资本成本 10%，他仍应拒绝该项目。注意到，尽管在这个例子中 IRR 法则失效，但是这两个 IRR 作为资本成本估计值的界限还是有用的。如果资本成本的估计是错误的，它实际上小于 5.79% 或者大于 13.80%，那么不接受该项目的决策就要改变，因为此时其 NPV 为正值。

若投资项目有多重 IRR，就不存在简单且固定的 IRR 法则。在这个例子中，处于两个 IRR 之间的 NPV 为负，然而，相反的情形也有可能出现（如图 7.5 所示）。此时，当折现率处于两个 IRR 之间而不是低于较低的 IRR 或高于较高的 IRR 时，项目有正的 NPV。而且还会有出现多于两个 IRR 的情形①。在这种情形下，唯一的选择就是依靠 NPV 法则决策。

为什么除 NPV 法则外的其他法则还在继续使用？

格雷厄姆和哈维两位教授在他们的研究中发现，有少数公司（25%）根本不使用 NPV 法则。此外，有 50% 的受访公司使用回收期法。而且，看来大多数公司同时使用 NPV 法则和 IRR 法则。如果使用除 NPV 以外的其他决策法则可能导致错误决策的话，那么为什么公司还要使用它们呢？

对于出现这种现象的一种可能的解释是，格雷厄姆和哈维的调查结论可能是误导性的。那些结合 NPV 法则、使用 IRR 来衡量投资敏感性的 CFO 们，在填写调查问卷时，他们可能原本同时选中了 IRR 和 NPV 两项。调查问卷的问题是，“在决定实施哪些项目或收购交易时，贵公司使用下列决策技术的频率如何？”通过计算 IRR，并将其与 NPV 法则结合起来使用，以衡量 NPV 对资本成本估计误差的敏感性，如此，CFO 们可能会认为他们同时在使用这两种技术。不过，调查中还有很少的受访者回答他们仅使用 IRR 法则，所以这一解释并非事实的全部。

管理者给出的只使用 IRR 法则的一个常见理由是，计算 IRR 时不需要知道资本的机会成本。从表面上来看好像这是对的：IRR 不取决于资本成本。你可能不需要知道资本成本来计算 IRR，但若你应用 IRR 法则，你肯定得知道资本成本。资本的机会成本对 IRR 法则与它对 NPV 法则而言同样重要。

在我们看来，有些公司仅使用 IRR 法则是因为，IRR 用一个数字就概括了投资机会的吸引力，而不需要进行大量的数字运算估测资本成本。然而，如果 CFO 想要一个关于投资机会的简要概括，但不希望员工估计资本成本，那么他（她）也可以绘出 NPV 基于折现率的函数的图像。无论是绘出 NPV（作为折现率的函数）图像，还

① 通常，IRR 的个数和项目的现金流改变符号的次数相等。

是计算 IRR，都不需要知道资本成本，而 NPV 曲线具备明显的优点：信息含量更丰富，更可靠。

修正的内含回报率

IRR 的一个明显缺陷是项目的现金流可能存在多重 IRR。为解决这一问题，已有多种在计算 IRR 前先修正现金流的方法。所有的修正方法都有一个共同特征：将现金流按正、负汇总，使之只有一项负现金流。此时，整个现金流只发生一次符号改变，也就只有一个 IRR。这一新的 IRR 是使项目修正后的现金流的 NPV 等于零的折现率，称为**修正的内含回报率**(modified internal rate of return，MIRR)。

MIRR 技术

下面举例说明。你正在考虑一个项目，项目有如下 3 笔现金流：

图 7.5 描绘了项目的 NPV 曲线，从图中可以看出，该项目有两个 IRR：10% 和 40%。

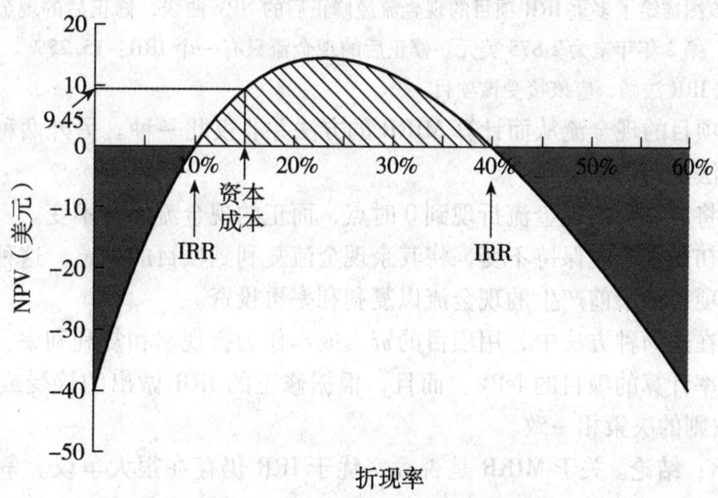

图 7.5　多重 IRR 项目的 NPV 曲线

注：该图描绘了多重 IRR 项目的 NPV 曲线，该项目第 0、1、2 年的现金流分别为 -1 000 美元、2 500 美元、-1 540 美元。如 NPV 曲线所示，项目有两个 IRR：10% 和 40%。

假定该项目的折现率为 15%。如图 7.5 所示，折现率为 15% 时，项目的 NPV 为 9.45 美元。需要修正项目的现金流以解决多重 IRR 问题。将所有负的现金流折为现值，将所有正的现金流复利为项目期末的终值，这样，全部现金流就变成只有两笔，只产生一个 IRR。那么，折现率和复利利率如何确定？通常使用项目的资本成本，这里是 15%。

图 7.6 描绘了修正的现金流的 NPV 曲线。如图 7.6 所示，项目只有一个 IRR，15.25%。资本成本为 15% 时，根据 IRR 法则，正确的决策是接受该项目。另外，修正现金流时用 15% 作为折现率和复利利率的好处是，折现率为 15% 时的修正后现金流的 NPV 等于折现率为 15% 的真实现金流的 NPV。图 7.6 还说明了一个重要问题：我们不再评估项目的真实现金流，而是修正它并迫使其产生唯一的 IRR。图 7.5 描绘

了项目的真实现金流的 NPV 曲线，明显区别于图 7.6 所示修正后的现金流的 NPV 曲线。

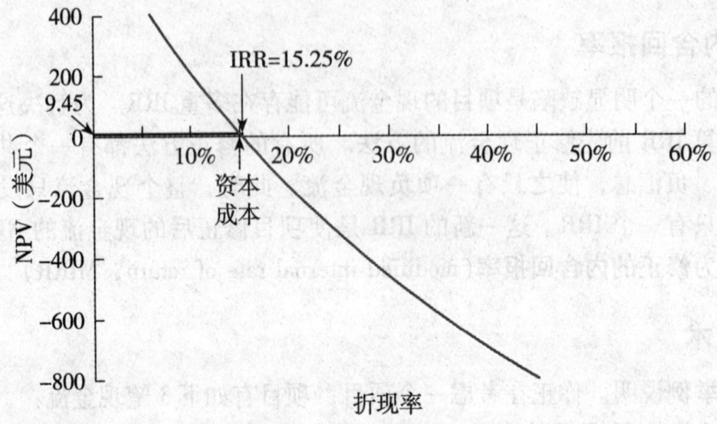

图 7.6　图 7.5 中多重 IRR 项目的现金流经修正后的 NPV 曲线

注：该图描绘了多重 IRR 项目的现金流经修正后的 NPV 曲线，修正后的现金流——第 0 年为 –2 164.46，第 2 年年末为 2 875 美元。修正后的现金流只有一个 IRR：15.25%。给定 15% 的资本成本，根据 IRR 法则，应该接受该项目。

修正项目的现金流从而计算 MIRR 的方法并非仅此一种。另外两种解决多重 IRR 问题的方法是：

（1）将所有负的现金流折现到 0 时点，而正的现金流保持不变。

（2）初始现金流保持不变，将其余现金流复利到项目的期末。这种方法隐含的假设是，将项目结束前产生的现金流以复利利率再投资。

同样在这两种方法中，用项目的资本成本作为折现率和复利利率，将不会改变基于该折现率计算的项目的 NPV。而且，根据修正的 IRR 做出的接受或拒绝决策与基于 NPV 法则的决策相一致。

MIRR：结论。关于 MIRR 是否确实优于 IRR 仍存在很大争议。争论的焦点在于修正项目的现金流是否合理。IRR 确实是仅仅基于项目的实际现金流计算得到的内含回报率。然而，IRR 隐含地假设项目结束前产生的全部现金流是以项目的 IRR 而不是公司的资本成本进行再投资。对于 IRR 大的项目，这一假设可能不切实际。另外，多重 IRR 使其应用复杂化，IRR 可以避免此类问题，然而，其计算是基于经由特定选择的折现率和复利利率修正后的系列现金流。这样，MIRR 并非真正的内含回报率，而且也不再仅仅基于项目的实际现金流。最后，MIRR 仍未解决应用 IRR 选择项目时面临的一些其他问题。

概念检查

3. 怎样应用投资回收期法则？
4. 什么条件下 IRR 法则与 NPV 法则得出的结论一致？

7.3　多项目决策

迄今为止我们考虑的仅仅是要么接受要么拒绝的单一、独立的项目决策。然而，有时公司必须从几个可能的方案中选出一个方案。比如，管理者正在为新产品选择外包装设计。管理者只能选择一种设计方案。若接受任何一个项目就必须放弃其他项目，我们称之为**互斥项目**(mutually exclusive projects)。

若备选项目像包装设计那样为互斥的话，仅确定哪些项目有正的 NPV 是不够的。对于互斥项目，管理者的目标是给项目排序，从中选出最好的一个。在这种情况下，NPV 法则提供了直接的答案：选择 NPV 最高的项目。

例 7.2 NPV 和互斥项目

问题：

你在一所大学附近有一小块商业用地，正在考虑如何利用。最近有人联系到你，愿出价 22 万美元购买此地。同时，你正在考虑三个自己使用该土地的项目：开设酒吧、咖啡屋和服装店。你认为一旦做出选择，就会无限期地经营下去，代代相传。你已经搜集到如下信息。你将如何抉择？

	初始投资（美元）	第 1 年的现金流（美元）	增长率	资本成本
酒吧	400 000	60 000	3.5%	12%
咖啡屋	200 000	40 000	3%	10%
服装店	500 000	75 000	3%	13%

解答：

分析：

你只能选择其中一个项目（你只有一块地），因此这几个项目为互斥项目。要决定哪个项目最有价值，需要根据 NPV 排序。每个项目（除了卖掉土地）的现金流可视为永续增长年金，根据第 4 章的内容，现金流入量的现值为 $CF_1/(r-g)$。每项投资的 NPV 将为：

$$\frac{CF_1}{r-g}-\text{初始投资}$$

计算：

各个备选项目的 NPV 分别为：

酒吧：$\frac{60\ 000}{0.12-0.035}-400\ 000=305\ 882$（美元）

咖啡屋：$\frac{40\ 000}{0.10-0.03}-200\ 000=371\ 429$（美元）

服装店：$\frac{75\ 000}{0.13-0.03}-500\ 000=250\ 000$（美元）

排序为：

备选项目	NPV（美元）
咖啡屋	371 429
酒吧	305 882
服装店	250 000
卖掉土地	220 000

因此，应该选择开咖啡屋。

评价：

所有选择都有正的 NPV，但只能选择其中之一，应选择创造的价值最大的项目。咖啡屋的现金流最低，但是较低的开店（启动）成本和较低的资本成本（风险较小），使其成为最优选择。

IRR 可衡量项目投资的期望回报率，你可能想把 IRR 法则扩展运用到互斥项目的决策中，选择 IRR 最高的项目。遗憾的是，仅仅是由于某个项目的 IRR 比其他项目的 IRR 高从而就选择该项目，这可能会导致错误的决策。当互斥投资的规模不同（要求的初始投资不同）、现金流模式不同时，就会出问题。在本节，我们分别对上述每种情形进行讨论。

投资规模差异

你会选择回报率为 200% 的 1 美元投资，还是会选择回报率为 10% 的 100 万美元投资？前者毫无疑问听起来很吸引人而且会增加你炫耀投资水平的资本，但最终你却只赚得 2 美元。后者看起来也许很平淡无奇，但你却赚得了 100 000 美元。这一对比揭示了 IRR 的一个重大不足：IRR 是回报率，如果不知道初始投资，就不知道实际创造了多少价值——同样是 10% 的回报率，初始投资为 100 万美元和初始投资为 1 亿美元其蕴含的价值相差悬殊。

如果项目有正的 NPV，且假如可以将它的规模再扩大一倍，它的 NPV 就会加倍：根据一价定律，投资机会的现金流加倍，其价值必定为原先价值的两倍。然而，IRR 法则却不具备这一性质，它测量的是投资的平均回报率，不受投资规模的影响。所以 IRR 法则不能用来比较不同规模的项目，下面举例来解释这一观念。

同等规模。我们先来考虑投资规模相同的两个互斥项目。贾维尔（Javier）正在评估两项投资机会。如果他和他的女朋友合伙做生意，他需要投资 10 000 美元，每年将产生 6 000 美元的增量现金流，持续 3 年。另一种选择是，他可以开一家有两台电脑的网络咖啡屋。购置电脑的总成本为 10 000 美元，三年内将每年获利 5 000 美元。这两个投资机会的资本机会成本都是 12%，都将占用他全部的时间，他只能从中选择一个。每一项投资机会的价值是多少？他应该选择哪一个呢？

分别考察每个项目的 NPV 和 IRR。贾维尔和女朋友合伙投资的时间线：

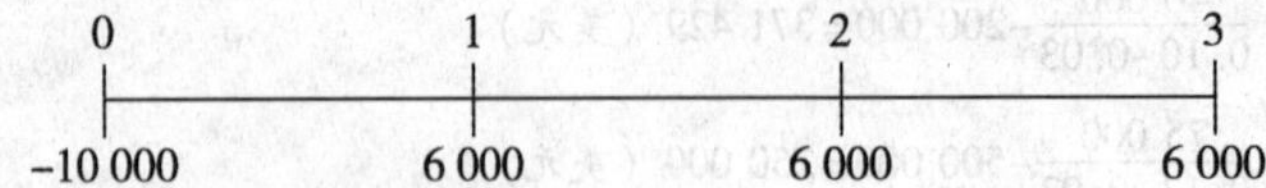

$r=12\%$ 时，合伙投资的 NPV 是：

$$NPV=-10\ 000+\frac{6\ 000}{1.12}+\frac{6\ 000}{1.12^2}+\frac{6\ 000}{1.12^3}=4\ 411\text{（美元）}$$

用财务计算器或电子数据表可确定投资的 IRR：

	N	I/Y	PV	PMT	FV
Given:	3		−10,000	6000	0
Solve for:		36.3			

Excel Formula: =RATE(NPER,PMT,PV,FV)=RATE(3,6000,−10000,0)

贾维尔与女朋友合伙投资的 IRR 是 36.3%。

他自己投资网络咖啡屋的时间线如下：

0	1	2	3
-10 000	5 000	5 000	5 000

该投资机会的 NPV 是：

$$NPV=-10\ 000+\frac{5\ 000}{1.12}+\frac{5\ 000}{1.12^2}+\frac{5\ 000}{1.12^3}=2\ 009\ (\text{美元})$$

网络咖啡屋投资的2009 美元的 NPV 低于与女朋友合伙投资的4 411 美元的 NPV，贾维尔应该加入他女朋友的生意。幸运的是，看起来贾维尔不必在金钱和感情之间进行选择!

也可以比较 IRR。对于网络咖啡屋，解得 IRR 为 23.4%，低于投资他女朋友的生意所产生的 IRR。如图 7.7 所示，在这个例子中，IRR 高的项目的 NPV 也高。

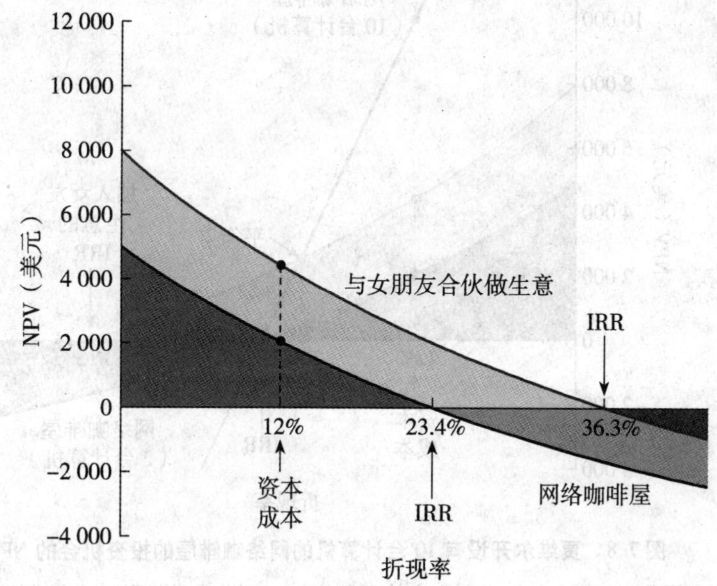

图 7.7　贾维尔开设有两台电脑的网络咖啡屋的投资机会的 NPV

注：和女朋友合伙做生意的 NPV 总是大于开设网络咖啡屋的 NPV。IRR 也是如此；前者的 IRR 为 36.3%，而网络咖啡屋的 IRR 是 23.4%。

改变投资规模。如果改变其中一个项目的投资规模，会发生什么？贾维尔的财务学教授向他指出，如果有安置设备的足够空间，他就可以轻易地在网络咖啡屋里安放 5 倍数量的计算机。这样，期初设立成本将为 50 000 美元，每年的现金流就是 25 000 美元。贾维尔现在该如何决策?

注意 IRR 不受投资规模的影响。将所有现金流按比例放大五倍，拥有 10 台计算机的网络咖啡屋与拥有 2 台计算机的网络咖啡屋，其 IRR 是完全一样的，他女友生意的 IRR，仍然比网络咖啡屋的高。

	N	I/Y	PV	PMT	FV
Given:	3		−50,000	25,000	0
Solve for:		36.3			
	Excel Formula: =RATE(NPER,PMT,PV,FV)=RATE(3,25000,−50000,0)				

然而，网络咖啡屋的 NPV 却随着投资规模的扩大而增加了，现在是以前的 5 倍：

$$NPV=-50\ 000+\frac{25\ 000}{1.12}+\frac{25\ 000}{1.12^2}+\frac{25\ 000}{1.12^3}=10\ 046\ （美元）$$

现在，贾维尔应该投资拥有 10 台计算机的网络咖啡屋。如图 7.8 所示，资本成本小于 20% 时，有 10 台计算机的网络咖啡屋的 NPV 超过了他与女友合做生意的 NPV。在本例中，尽管与女友合做生意的 IRR 超过网络咖啡屋的 IRR，但是选择 IRR 高的投资机会，却未能导致采纳 NPV 高的机会。

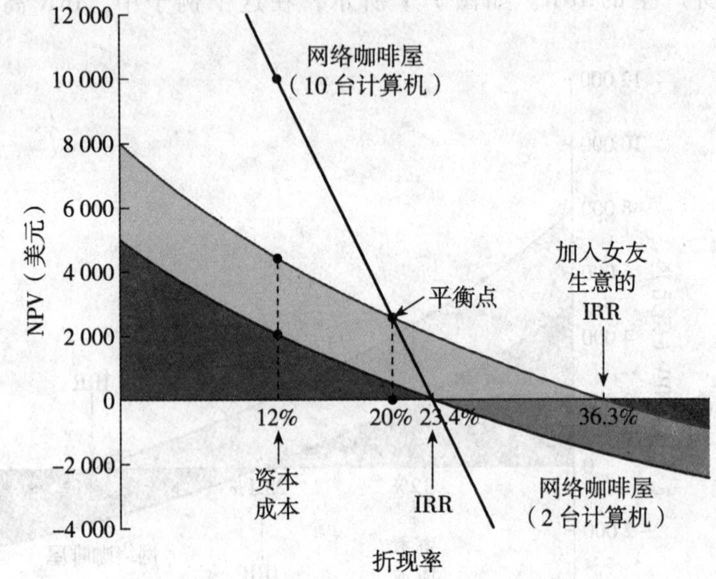

图 7.8　贾维尔开设有 10 台计算机的网络咖啡屋的投资机会的 NPV

注：和图 7.7 一样，加入女友生意的 IRR 为 36.3%，自己投资网络咖啡屋的 IRR 为 20%。但在本例中，只有当折现率超过 20% 时，与女友合作投资的 NPV 才会大于他独自开设有 10 台计算机的网络咖啡屋的 NPV。

百分比回报率及其对价值的定量影响。这一结果看起来似乎与直觉相反而且可以想象，贾维尔很难和女朋友解释不加入她的生意，反而投资于低回报率项目的原因。为什么有人会放弃回报率（IRR）为 36.3% 的投资机会而采纳回报率仅为 23.4% 的项目呢？答案是，后者，网络咖啡屋，会赚更多的钱。回顾本节开始时的对比例子：回报率为 200% 的 1 美元投资和回报率为 10% 的 100 万美元投资。按回报率排序和按创造的价值排序得出的结论是不一致的。IRR 度量的是平均回报率，这可能是有价值的信息。然而，在比较不同规模的互斥项目时，需要知道各个项目对价值——NPV 的定量影响。

迪克·格莱尼斯访谈

迪克·格莱尼斯（Dick Grannis）现任高通（Qualcomn）公司的高级副总裁和财务长，该公司为数字无线通讯技术和半导体生产的世界级龙头公司，公司总部设于圣地亚哥（San Diego）。迪克·格莱尼斯于1991年加入高通，管理着公司100亿美元的现金投资组合。他主要从事与投资银行、资本结构和国际金融相关的工作。

提问：高通在不同业务范围内有种类繁多的产品。你们的新产品的资本预算过程是怎样进行的？

回答：高通使用传统的财务计量方法或工具（包括DCF模型、IRR水平、达到累积正的净现金流所需要的时间、投资对报告净收益的短期影响以及追踪项目的最高资金需求额等）评估新项目（如新产品、设备、技术、研究和开发、收购及战略投资）。对于战略投资而言，我们要考虑可能的财务、竞争力、技术价值和（或）对公司核心业务市场价值的提升，即使这些优势不能够被量化。总的来说，我们的资本预算决策是基于目标分析与我们自己的商业判断相结合而做出的。

如果项目是我们的业务经营所必需的且是紧急的，我们就不进行资本预算和分析。比如，要开始一项已经得到批准的项目，对于该项目所需要的新软件或产品设备决策就无须进行资本预算。

我们也留心在不同项目之间分配内部工程资源时的机会成本。我们将此视作一种持续但仍值得去尝试的挑战，因为我们有许多有吸引力的机会，可惜资源有限。

提问：高通要多久估计一次折现率？在设定折现率时要考虑哪些因素？你们怎样跨区域分配资本以及怎样评估美国之外投资的风险？

回答：高通鼓励财务规划人员依据特定项目的风险来使用最低的要求回报率（或折现率）。我们预期的回报率与项目的风险相称。我们的财务人员要从大范围的折现率中，选择一个与项目的预期风险和投资期限相适宜的折现率。这一范围，对于国内市场相对安全的投资而言，大致为从6%到8%，对于国外市场流动性可能较低且难以预测的股权投资而言，要求的回报率可能达到50%或更多。我们至少每隔1年就重新估计一次最低要求回报率。

我们分析的主要因素包括：(1) 市场接受或采用风险（消费者是否按我们预期的价格和数量购买新产品或服务），(2) 技术开发风险（我们是否能按预期开发出新产品或服务以及取得它们的专利权），(3) 执行风险（我们是否能高效、低成本、及时地投放新产品或服务），(4) 资产专用风险（完成工作所必须消耗的资源数量）。

提问：怎样对项目进行分类？怎样确定新项目的最低要求回报率？如果高通简单地依据相同的最低要求回报率评价所有的新项目会怎样？

回答：我们主要按照风险水平对项目进行分类，但我们也按预期的投资期限对项目分类。我们要考虑短期项目和长期项目，以平衡需求和达到目标。例如，紧急项目和机会可能需要大量的关注，但我们也关注长期项目，因为它们通常为股东创造更大的长期价值。

如果我们以相同的最低要求回报率来评估所有新项目，那么我们的业务规划人员将始终默认选择投资于风险最高的项目，因为这样的项目在 DCF 模型或 IRR 分析中具有最高的期望回报率。看来这并非长远之计。

问题讨论：

格莱尼斯提到，如果项目已经得到批准，高通对于该项目所需资源不再进行分析。项目的这些潜在需求是否应在投资决策程序中予以考虑？如果是，在哪个步骤考虑？

例 7.3　计算交叉点

问题：

帮助贾维尔计算图 7.8 中的交叉点。

解答：

分析：

交叉点是使两种选择的 NPV 相等时的折现率。令两个项目的 NPV 相等，求解即可得到要求的折现率。一般而言，总能计算出经营网络咖啡屋而不加入他女朋友的生意对其财富的影响，即二者 NPV 的差值。交叉点的差值为零。

计算：

令差值为零：

$$NPV=-50\,000+\frac{25\,000}{1+r}+\frac{25\,000}{(1+r)^2}+\frac{25\,000}{(1+r)^3}-\left(-10\,000+\frac{6\,000}{(1+r)}+\frac{6\,000}{(1+r)^2}+\frac{6\,000}{(1+r)^3}\right)-$$

$$40\,000+\frac{19\,000}{(1+r)}+\frac{19\,000}{(1+r)^2}+\frac{19\,000}{(1+r)^3}=0$$

如你所见，计算交叉点与计算 IRR 相似，要使用财务计算器或电子数据表：

	N	I/Y	PV	PMT	FV
Given:	3		−40,000	19,000	0
Solve for:		20.04			

Excel Formula: =RATE(NPER,PMT,PV,FV)=RATE(3,19000,−40000,0)

解得交叉点的折现率为 20%（准确值为 20.04%）。

评价：

项目的 NPV 表明接受项目对价值的影响，两个项目的 NPV 之差则表示选择一个项目而放弃另一个的增量影响。交叉点是使两个项目无差别的折现率，该点表示的增量价值为零。

现金流的时机选择

项目投资规模相同，而现金流的时机选择不同，IRR 也可能导致错误的排序。其原因在于，IRR 是回报率，而获得给定回报率的定量价值——即 NPV——与什么时间获得回报有关。考虑一个现金流可迅速回收的高 IRR 项目。与现金流要在较长一段时间内回收的低 IRR 项目相比，其 NPV 可能较低。对时间的敏感性是不能依据 IRR

进行互斥项目投资决策的另一原因。为理解这一点，我们仍以贾维尔的网络咖啡屋的例子来说明。

贾维尔相信，网络咖啡屋开始营业的第1年年末，即可按40 000美元出售公司股份（卖掉股份后贾维尔将继续留任并经营公司）。加上利润，他第一年共赚了65 000美元。此例中，时间线为：

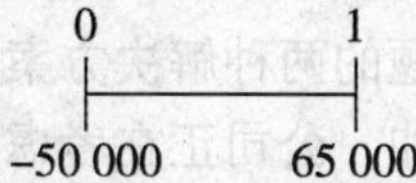

图7.9描绘了1年后出售或者不出售股份，咖啡屋的NPV曲线。如果卖掉股份，净现值曲线与X轴相交于30%，此点即IRR。如果不卖掉股份，投资咖啡屋项目的IRR仍然是23.4%。因此，如果贾维尔接受IRR高的方案，他应转让股份。每条线的高度表示各个方案的NPV，可以看到，给定资本成本12%，不卖股份的NPV更大（事实上，只要资本成本低于16.3%，不卖股份的NPV就相对更高）。直觉地看：转让股份的IRR较高，为30%，但只在第一年得到回报。而不卖股份的IRR尽管不如卖股份的IRR值高，相对于资本成本仍然是有吸引力的，而且较长一段时间内都会有回报。这再次说明，只有比较NPV才能正确做出哪种方案更有价值的决策。

IRR的底线

这个例子清楚地表明，选择具有最大IRR的投资机会有可能出错。通常，在项目之间进行选择，或者接受或拒绝一个项目的决策会影响到其他项目的决策时，依据IRR进行决策是不可靠的。在这些情况下，一般要运用NPV法则。

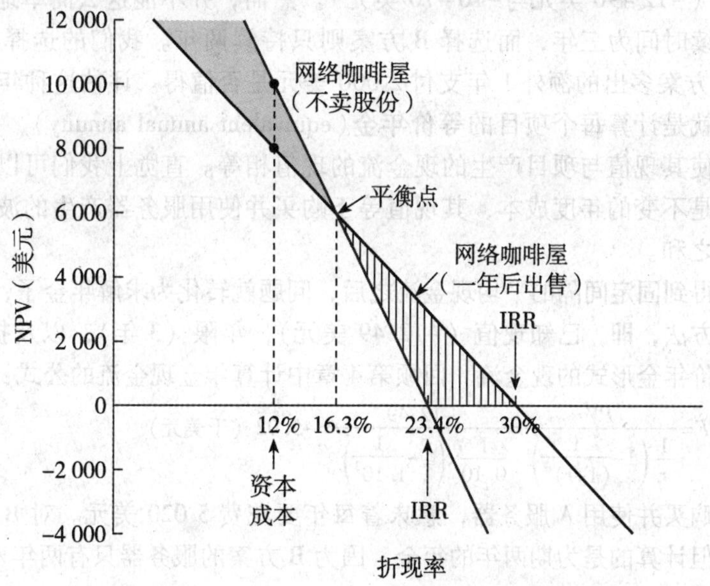

图7.9　卖或者不卖股份时的NPV

注：1年后卖出股份的IRR（30%）大于不卖股份的IRR（23.4%）。但是，只有折现率大于16.3%时，1年后卖出股份的NPV才会大于不卖股份的NPV（见灰色区域和条纹区域）。给定资本成本为12%，尽管IRR较高，1年后最好还是不要转让网络咖啡屋的股权。

概念检查

5. 对互斥项目进行选择时，哪种方法最可靠？
6. 请解释，对于互斥项目，为什么选择 IRR 较大的项目可能会出错？

7.4 年限不同项目的评估

通常，公司需要在同一问题的两种解决方案中进行选择。若这些方案的持续时间不同，问题就变得复杂了。例如，公司正在考虑其内部网络服务器的两家供货商。两家供应商的服务质量相同，只是使用的设备不同。A 供货商提供的服务器价格较高，但每年的运行成本较低，并保证可使用 3 年。B 供货商提供的服务器价格较低，但每年运行成本较高，只能保证使用两年。表 7. 2 列出了每种选择的成本及其现值，10%的折现率为此项目的资本成本。

表 7. 2 **两种网络服务器方案的现金流** 单位：千美元

年	现值（10%的折现率）	0	1	2	3
A	−12. 49	−10	−1	−1	−1
B	−10. 47	−7	−2	−2	

注意，所有的现金流都是负数，现值也是。该项目为内部服务器的选择，会惠及整个公司（没有内部网络，公司将不能有效运营），所以必须接受一种选择。因此，要使公司接受服务器的成本最低。表 7. 2 表明，根据现值，选择 A 方案成本较高（−12 490 美元与−10 470 美元）。然而，并不能这么简单地进行比较：A 方案的持续时间为三年，而选择 B 方案则只持续两年。我们的选择实质上就是，为接受 A 方案多出的额外 1 年支付 2 000 美元是否值得。评估这种年限不同项目的一种方法就是计算每个项目的**等价年金**（equivalent annual annuity），即计算年平均现金流，使其现值与项目产生的现金流的现值相等。直觉上我们可以认为，每个方案的成本是不变的年度成本，其现值等于购买并使用服务器产生的波动的系列现金流的现值之和。

得到固定间隔的平均现金流之后，问题就转化为求解年金了，这正是解决这一问题的方法，即，已知现值（−12. 49 美元），年限（3 年），以及折现率（10%），计算等价年金形式的现金流。回顾第 4 章中计算年金现金流的公式：

$$CF=\frac{PV}{\frac{1}{r}\left(1-\frac{1}{(1+r)^{N}}\right)}=\frac{-12.49}{\frac{1}{0.10}\times\left(1-\frac{1}{1.10^{3}}\right)}=-5.02\text{（千美元）}$$

购买并使用 A 服务器，意味着每年要花费 5 020 美元。对 B 方案重复此计算过程，但计算的是为期两年的年金，因为 B 方案的服务器只有两年寿命：

$$CF=\frac{PV}{\frac{1}{r}\left(1-\frac{1}{(1+r)^{N}}\right)}=\frac{-10.47}{\frac{1}{0.10}\times\left(1-\frac{1}{1.10^{2}}\right)}=-6.03\text{（千美元）}$$

表 7. 3 重新解释了每个方案的成本：

表 7.3　　网络服务器方案的现金流，用等价年金表示　　单位：千美元

年	现值（10% 的折现率）	0	1	2	3
A	−12.49	0	−5.02	−5.02	−5.02
B	−10.47	0	−6.03	−6.03	

现在，我们已经掌握了在两种服务器供货方案中进行选择所需要的资料。要拥有网络服务器，选择 A 方案意味着每年要花费 5 020 美元，选择 B 等价于每年要花费 6 030美元。这样看来，A 方案的成本较低。

例 7.4　计算等价年金

问题：

你正打算与表 7.2 中的 A 供货商签订合同，这时，第三家供货商找到了你，并给带给你一份持续 4 年的合约。C 方案提供的服务器的现金流如下。你应该选择新合约还是坚持使用 A 服务器？

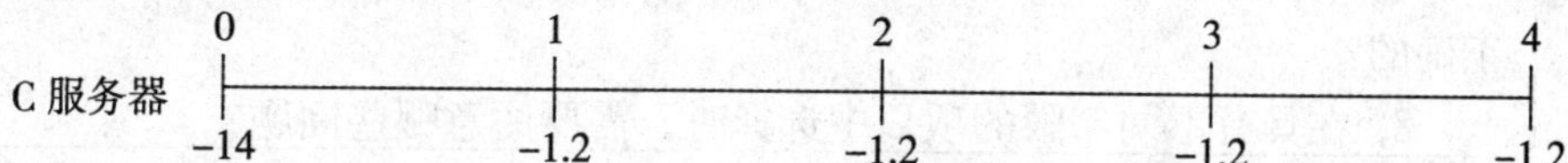

解答：

分析：

要将二者进行对比，需要有相同的比较基础，计算 C 方案的年均成本。计算过程如下：

（1）用上面使用过的折现率 10%，计算 NPV。

（2）计算具有相同现值的 4 年期等价年金。

计算：

$$PV=-14-1.2\times\left(\frac{1}{0.10}-\frac{1}{0.10\times1.10^4}\right)=-17.80\ （千美元）$$

$$CF=\frac{PV}{\left(\frac{1}{0.10}-\frac{1}{0.10\times1.10^4}\right)}=\frac{-17.80}{\left(\frac{1}{0.10}-\frac{1}{0.10\times1.10^4}\right)}=-5.62\ （千美元）$$

C 方案的年均成本为 5 620 美元，高于 A 方案的年均成本（5 020 美元），故仍应采纳 A 方案。

评价：

此例中，与购买并维护服务器 C 相关的额外成本，不值从这额外的 1 年中得到的收益。将这些成本全都转化为等价年金，根据等价年金法可以得出上述结论。

应用等价年金法时要考虑的重要因素

尽管服务器 A 似乎是成本最低的选择，在做出决策前，还要考虑诸多因素。

需求年限。计算服务器 A 的等价年均成本时，假设该服务器将使用 3 年。但是假设第 3 年，公司可能不再需要该服务器。那么就相当于在为不需要的东西付费。在这种情况下，购买服务器 B 可能会更便宜，服务器 B 将以较低的总成本提供客户所需要的服务年限。

替换成本。基于等价年均成本比较服务器 A 和 B 时，假设该期限内服务器的成本不会改变，但若假如第 3 年将有一次重大技术变革，将降低服务器的成本，到那时服务器的年度成本为每年 2 000 美元。这样，服务器 B 就更有优势，因为公司可以及时将其升级使用新技术。在这种情形下，每种方案在三年内的成本分别如下所示（单位：千美元）：

年	现值（10% 的折现率）	0	1	2	3
A	−12.49	0	−5.02	−5.02	−5.02
B	−11.97	0	−6.03	−6.03	−2.00

如果预期成本或绩效将发生重大改变，尽管服务器 B 的等价年均成本更高，但选择该方案可能更便宜，因为它能提供给客户尽快转向新技术的选择权。

概念检查

7. 请解释，当项目具有不同年限时，为什么选择 NPV 最高的项目并不总是正确的？

8. 在具有不同年限的项目中选择时，需要注意哪些问题？

7.5 资源约束条件下的项目选择

前面比较了具有同样的资源需求的项目。例如，在贾维尔的例子中，假定开网络咖啡屋或与女友合伙做生意都要占用他 100% 的时间。本节将介绍一种资源需求不同情况下的项目选择方法。

资源需求不同时的项目评估

在某些情况下，不同的投资机会对某一特定资源的需求是不同的。如果资源的供给是固定的，以至于你不能够采纳所有可能的投资机会，而若仅简单地选择 NPV 最高的投资机会，可能不会做出最好的决策。

我们通常假定能为所有 NPV 为正的项目筹措到资金。而事实上，管理者通常受到预算的约束，这就限制了一定期间内可用于投资的资本数额。这种约束迫使管理者在 NPV 大于零的项目中进行选择，使总的 NPV 最大且不超出预算。假如你正在考虑表 7.4 中的 3 个项目，预算为 20 000 万美元。表 7.4 给出了每个项目的 NPV 和要求的初始投资额。A 项目有最高的 NPV，但是要用完全部预算。可以同时采纳项目 B 和 C（它们一起用完全部预算），它们的 NPV 之和超过了项目 A 的 NPV；你应该同时开始这两个项目。它们的 NPV 之和为 14 500 万美元，而单独的项目 A 的 NPV 仅为 10 000 万美元。

表 7.4　**20 000 万美元预算范围内的可能项目**

项目	NPV（百万美元）	初始投资（百万美元）	NPV / 初始投资
A	100	200	0.500
B	75	120	0.625
C	70	80	0.875

获利指数

注意，表 7.4 的最后一列计算了项目的 NPV 与初始投资的比值。可以看出，项目 A 每花费 1 美元可产生 50 美分的价值（超过投资的 1 美元）。项目 B 和 C 每投资 1 美元，产生的 NPV 都大于项目 A。这与给定 20 000 万美元预算时得出的结论一致，即 B 和 C 这两个项目的 NPV 之和大于单独的项目 A 的 NPV。

在这个简单的例子中，我们可以直接识别出要采纳的最优项目组合。在有许多项目和资源的实际情况下，要找到最优组合可能是很难的。这时，理财从业者通常使用**获利指数**（profitability index）寻找要采纳的最优项目组合。

获利指数

$$\text{获利指数}=\frac{\text{创造的价值}}{\text{消耗的资源}}=\frac{\text{净现值}}{\text{消耗的资源}} \qquad \text{（公式 7.3）}$$

获利指数衡量“花小钱而获大利”（花最少钱取得最大效果）的能力，也就是消耗每单位资源所创造的以 NPV 表示的价值的能力。计算出获利指数之后，就可以在此基础上对项目进行排序。从获利指数最高的项目开始，将全部项目按照获利指数高低，由高到低排列，接受直到资源被消耗完之前的所有项目。表 7.4 中最后一列的比率即为获利指数。注意依据获利指数法则是如何选择项目 B 和 C 的。

例 7.5　人力资源约束条件下的获利指数

问题：

大型网络公司 NetIt 的某个部门，提出了一套开发新型家庭网络路由器的方案。新型路由器项目的期望 NPV 为 1 770 万美元，需要 50 名软件工程师参与开发。NetIt 现在总共有 190 名工程师可用，短期内无法再雇用到有资格的工程师。路由器项目必须与下列其他项目竞争工程师：

项目	NPV（百万美元）	需要的工程师人数
路由器	17.7	50
A	22.7	47
B	8.1	44
C	14.0	40
D	11.5	61
E	20.6	58
F	12.9	32
合计	107.5	332

NetIt 应该如何对这些项目排序？

解答：

分析：

我们的目标是用这 190 名工程师（最多）创造出最大的总体 NPV。可以用公式 7.3 计算每个项目的获利指数。本例中，工程师是受约束的资源，所以用工程师的人数作为分母。只要得到每个项目的获利指数，即可基于此对项目进行排序：

计算：

项目	NPV（百万美元）	工程师人数	获利指数 （每位工程师创造的 NPV）	累积要求的 工程师人数
A	22.7	47	0.483	47
F	12.9	32	0.403	79（47+32）
E	20.6	58	0.355	137（79+58）
路由器	17.7	50	0.354	187（137+50）
C	14.0	40	0.350	
D	11.5	61	0.189	
B	8.1	44	0.184	

现在依据获利指数按照从高到低的顺序给这些项目分配资源。最右边一列表示的是，接受每个项目后的累积资源耗用，直到所有的资源都用完。要在 190 名工程师的资源约束内最大化 NPV，NetIt 应该选择上表中的前 4 个项目。

评价：

将每个项目按每位工程师创造的 NPV 排序，即可得到给定 190 名工程师可以创造的最大价值。若没有更多的工程师，其他项目组合都不能创造更大的价值。排序同时也准确地显示了工程师人数限制带来的成本——资源约束迫使 NetIt 放弃了另外 3 个有价值的项目（C、D 和 B），总的 NPV 为 3 360 万美元。

获利指数的缺点

获利指数的计算和使用都很简单，但在某些情况下，依据获利指数却无法给出准确的答案。例如，假设在例 7.5 中，NetIt 额外还有一个 NPV 为 100 000 美元、需要 3 名工程师的小项目。它的获利指数是 0.1/3 = 0.03（NPV 单位为百万美元），该项目会出现在项目排序的底部。然而我们注意到，在选择前 4 个项目之后，190 名工程师还有 3 名空闲，恰好可以用来实施这个小项目。尽管这个项目的获利指数排序位于最后，接受该项目还是合理的，因为这样刚好能充分利用所有资源。

一般情况下，获利指数考虑了资本成本（通过计算 NPV），更好的途径是公司能筹集额外的资金解除约束。如果该约束来源于其他因素（如工程师人数或者实际生产能力），公司不能迅速地解除约束，从而不可避免地要进行项目选择。然而，参与排序的所有项目的 NPV 均为正，都能增加公司价值，因此最好还是把重心放在解除约束瓶颈上。

存在多重资源约束时，应用获利指数法则会出现更严重的问题。在这种情况下，获利指数有可能完全失灵。要找到最优项目组合的唯一有效的方式就是，检查所有的项目。尽管这一过程看起来可能非常耗时，但已经开发出更先进的技术，专门用于解决这种问题。在计算机上使用这种技术，几乎在瞬间就可以得出结果。

概念检查

9. 在评估具有不同资源需求的项目时，为什么 NPV 最大值的项目不一定为最优选择？

10. 根据获利指数可以得出什么结论？

7.6 总结

表 7.5 总结了本章介绍的所有决策法则。在财务经理的职业生涯中，可能要用到多种投资决策法则。事实上，在本章的访谈中，高通公司的财务主管提到了他们公司在评估投资机会时应用的五种不同决策法则。本章阐明，可选择的决策法则有时（甚至经常）可能会与 NPV 决策法则得出一致结论，但是，只有 NPV 决策法则的结论总是正确的。这是因为，NPV 法则提供了一种衡量项目对股东财富影响的定量方法。因此，它是唯一直接与股东财富最大化的目标相挂钩的决策法则。知道项目的 IRR，就可以估计决策对折现率估计错误的敏感性，IRR 法则可以作为 NPV 法则的一种辅助手段。有些决策方法的计算非常简单——如投资回收期法，但是，绝不能仅仅依赖于一种决策法则做出投资决策。

如果你受雇于一家只应用 IRR 法则（或其他法则）的公司，我们给你的建议就是，一定要计算 NPV。如果二者结论一致，你就可以放心地提交根据 IRR 法则得出的投资建议。而如果两者得出的结论相悖，那么你就要应用本章知识探究 IRR 法则失效的原因。一旦找出问题所在，就要提醒你的上司注意这一问题，如果可能的话，说服他们采用 NPV 法则。

表 7.5　**决策法则总结**

NPV	
定义	投资收益的现值与成本的现值之差
法则	接受 NPV 为正的投资机会；拒绝 NPV 为负的投资机会
优点	与项目对公司价值的影响直接相关 估值原理的直接应用
缺点	依赖于对折现率的准确估计 计算比较费时
IRR	
定义	使现金流的净现值等于零的利率；投资的平均回报率
法则	接受 IRR 大于资本的机会成本的投资机会；拒绝 IRR 小于资本的机会成本的投资机会
优点	与 NPV 法则相关，经常得出相同（正确）结论
缺点	计算复杂 可能存在多重 IRR，不能得出明确结论 不能应用于多项目选择 如果项目未来有负债，结果可能不正确

续表

投资回收期	
定义	收回初始投资所需要的时间
法则	如果回收期小于预先设定的期限——通常是几年——就接受该项目；否则拒绝该项目
优点	计算简单 偏向于短期、流动性好的项目
缺点	没有正确的回收期截止日期作为决策指导 完全忽视回收期之后的现金流 结论常常是错误的
获利指数	
定义	NPV / 消耗的资源
法则	在有限资源的约束下，将项目按照获利指数（PI）高低排序，根据列表，自上至下接受能创造价值的项目，直至资源耗尽
优点	用 NPV 衡量收益 将项目按消耗的每单位资源所创造的价值进行排序
缺点	约束条件多于一个时，该法则失效 注意要确保受约束的资源全部用尽

本章小结

7.1　应用 NPV 法则

（1）如果你的目标是财富最大化，NPV 法则总能给出正确的答案。

（2）资本成本和 IRR 的差额就是，在不改变最初决策的前提下，资本成本估计中可能存在的最大估计误差。

7.2　可选择的决策法则

（1）投资回收期法则：计算收回初始投资所要花费的时间（回收期）。如果回收期小于预先设定的期限，就接受该项目；否则拒绝。

（2）IRR 投资法则：接受任何 IRR 超过资本的机会成本的投资机会。拒绝 IRR 小于资本机会成本的投资机会。

（3）如果现金流有预先支付（预先收到现金流，初始现金流为正，即负的投资），此时应用 IRR 法则可能会给出错误的结论。当存在多重 IRR 或 IRR 不存在时，不能应用 IRR 法则。

（4）修正项目的现金流可以消除多重 IRR 问题。可基于修正的现金流计算修正的 IRR。

7.3　多项目选择

从互斥投资机会中选择时，应该选择 NPV 最高的投资机会。不要使用 IRR 法则进行互斥投资机会的选择。

7.4　**年限不同项目的评估**

当从年限不同的项目中选择时，需要有一个比较基准。首先计算年金，使该年金的现值与每个项目的 NPV 相等。然后就可基于每年的成本或每年创造的价值比较项目。

7.5　**资源约束条件下的项目选择**

在从竞争同一种资源的项目中进行选择时，将备选项目按照获利指数高低排序，选择那些在有限的资源下仍然能够被采纳的具有最高获利指数的项目。

$$\text{获利指数}=\frac{\text{创造的价值}}{\text{消耗的资源}}=\frac{\text{净现值}}{\text{消耗的资源}} \quad \text{(公式 7.3)}$$

复习题

1. NPV 法则与股东财富最大化的目标是如何联系起来的？
2. 投资回收期法则的直觉依据是什么？其缺陷有哪些？
3. IRR 法则的直觉依据是什么？其不足之处有哪些？
4. 何种情况下，IRR 法则和 NPV 法则得出的接受或拒绝的结论一致？
5. 何种情况下可能得到多重 IRR？
6. MIRR 怎样解决多重 IRR 的问题？
7. 为什么运用 IRR 进行互斥项目选择通常是不明智的？
8. 何时应该用等价年金法？
9. 获利指数隐含的直觉依据是什么？

练习题

应用投资回收期法则（第 1～5 题）

1. 你的工厂接到一份生产一种新型打印机的一个零部件的合同。合同期限为 3 年，每年现金流为 500 万美元。达到生产该零部件的条件的前期投入成本为 800 万美元。合同的折现率为 8%。

a. 根据 NPV 法则，应该怎样决策？

b. 如果接受合同，公司价值将发生什么变化？

2. 你正在考虑新开一家工厂。要预先投入 1 000 万美元，耗时 1 年建成。建成投产后，预期在每年年末会产生 3 000 万美元的永续现金流（利润）。如果资本成本是 8%，计算该投资机会的 NPV。你应该实施这项投资吗？计算项目的 IRR，并用它来确定，在不改变最初决策的前提下，所允许的资本成本估计的最大偏差。

3. 据报道，为写作《我的路》（*My Way*）一书，比尔·克林顿（Bill Clinton）收到 1 000 万美元的报酬。这本书要花 3 年时间才能完成。在写书期间，他原本可以通过演讲赚钱。给定他的知名度，假设他每年可通过演讲而非写作赚取 800 万美元（在年末收到）。假设他每年的资本成本是 10%。

a. 同意写书的 NPV 是多少（不考虑版税）？

b. 假设在书完成后的第 1 年，预期他会收到 500 万美元的版税（在年末支付），版税收入随后逐年减少 30%，一直持续下去。在有版税的情形下，出书的 NPV 是多少？

4. 快速自行车公司（Fast Track Bikes, Inc.）正在考虑开发一种新型混合式道路自行车。新车开发要持续 6 年，每年耗费的成本为 200 000 美元。新车一旦投入生产，预期会在未来的 10 年内，每年产生 300 000 美元的现金流。

假设资本成本为 10%，

a. 计算该投资机会的 NPV。公司应该投资吗？

b. 计算投资机会的 IRR，并用它来确定，在不改变最初决策的前提下，所允许的资本成本估计的最大偏差。

c. 为使决策改变，新车开发要持续多长时间？

假设资本成本为 14%，

d. 计算该投资机会的 NPV。公司应该投资吗？

e. 为使决策改变，资本成本的估计偏差要达到多少？

f. 使决策改变的产品开发时间要为多久？

5. OpenSeas 公司正在评估是否购买一艘新的游艇。游艇成本为 50 000 万美元，可运营 20 年。公司预期经营游艇每年的现金流为 7 000 万美元，资本成本为 12%。

a. 绘出购买游艇的 NPV 曲线。

b. 在图中确定 IRR。

c. 公司应该购买该游艇吗？

d. 在不改变购买决策的前提下，公司估计的资本成本的最大误差是多少？

可选择的决策法则（第 6 ~ 17 题）

6. 假如你是房地产经纪人，打算在当地的公共汽车站放置一块广告牌来宣传自己的服务。做广告的成本是一年 5 000 美元。你预计你每个月的收入会因为投放广告牌而额外增加 500 美元。投资回收期为多长？

7. 在第 1 题中，依据 IRR 法则与 NPV 法则得出的结论一致吗？

8. 在第 3 题的（a）问中，有几个 IRR？在这种情况下，IRR 法则给出的答案是正确的吗？

9. 在第 3 题的（b）问中，有几个 IRR？在这种情况下，IRR 法则奏效吗？

10. 温迪·史密斯教授（Wendy Smith）教授现有如下交易机会：一家律师事务所要预付 50 000 美元聘请他。作为回报，事务所在下一年每月会占用他 8 小时的时间。史密斯每小时的收费是 550 美元，他的资本机会成本是 15%（EAR）。依据 IRR 法则，对于该投资机会你有什么建议？依据 NPV 法则呢？

11. 创新公司正考虑将一种新软件投入市场。产品的前期市场调研与开发成本为 500 万美元。预期该产品在未来的 10 年内每年将产生 100 万美元的利润。公司预期的产品售后支持成本为每年 10 万美元，且为永久性的。假设所有的利润和费用支出都发生在年末。

a. 如果资本成本是 6%，投资的 NPV 是多少？公司应该接受该项目吗？在折现率分别是 2% 和 11% 时，重复上述计算和分析。

b. 该投资机会有几个 IRR？

c. 对于这一投资机会，IRR 法则有何建议？

12. 你拥有一家采煤公司，现打算开采一座新矿。开矿要耗资 12 000 万美元，如果立即投产，在未来 10 年内，每年将产生 2 000 万美元的收益。10 年后，煤矿开采完毕，还要清理矿场，使其达到要求的环境标准。预期每年的清理和维护要花费 200 万美元，清理和维护需要永久性地持续下去。根据 IRR 法则，你是否应接受该投资机会？如果资本成本为 8%，根据 NPV 法则会得出何种结论？

13. 你公司正在考虑一项前期投入为 455 万美元的项目，三年内每年产生 350 万美元的现金流，第四年需要支付 600 万美元的清理和关停费用。

a. 该项目有几个 IRR？

b. 对现金流出进行折现，而现金流入不变，计算项目的修正 IRR。假设折现率和复利利率为 10%。

c. 根据 MIRR 和 10% 的资本成本，你会选择该项目吗？

14. 你刚刚收到一份为期五年、每年收益 100 万美元的合同。接受该合同，需要购买一些新设备。该项目的折现率为 12%。设备购买价格正在洽谈中。你可接受的设备的最高价格为多少（确保 NPV 为正）？

15. 你正打算启动一个新项目，项目结束时，将发生清理和关停费用。项目需要前期投入 540 万美元，预期每年创收 110 万美元，持续 10 年，第 11 年会产生关停成本。在项目的资本成本为 15% 的前提下，运用 MIRR 方法计算你可承受的最高的停产成本。

16. 你正考虑投资开采位于南非的一座新的金矿。南非的金子埋藏得很深，所以要求初始投入 25 000 万美元。一旦进行开采，预期在未来 20 年内，每年将产生3 000 万美元的收入。每年还要花费 1 000 万美元来经营金矿。20 年后，金矿将枯竭。要持续地稳定金矿，每年都得永久性地花费 500 万美元。计算该投资的 IRR。（提示：将因变量 NPV 作为自变量折现率的函数，绘出函数图像）

17. 你打算拍一部电影。预计初始要投入 1 000 万美元，耗时 1 年来拍摄。拍完之后，预计会在上映的那年的年末收入 500 万美元，在接下来的 4 年里，每年将收入 200 万美元。这项投资的回收期是多久？如果你要求的回收期为两年，你会拍这部电影吗？如果资本成本是 10%，拍这部电影会有正的 NPV 吗？

多项目选择（第 18 ~ 21 题）

18. 你正在两个项目间选择，但只能选一个。下表给出了两个项目的现金流：

	0	1	2	3	4
A	−50	25	20	20	15
B	−100	20	40	50	60

a. 两个项目的 IRR 分别为多少？

b. 假定折现率为 5%，两个项目的 NPV 分别为多少？

c. 为什么根据 IRR 和 NPV 的排序结果不同？

19. 你正在两个互斥投资机会间选择。两者都要求同样的初始投资 1 000 万美元。投资 A 会以永续年金的形式每年产生 200 万美元的现金流（从第 1 年年末开始）。投资B将在第1年年末产生150万美元的现金流，然后其收益将逐年以2%的比率增长。

a. 哪项投资的IRR较高？

b. 当资本成本是7%时，哪项投资的NPV较高？

c. 在本例中，何时选择具有较高IRR的投资机会，将给出关于最佳投资机会的正确答案？

20. 你正在以下两个项目间选择且只能选一个。资本成本为11%。

	0	1	2	3	4
A	−100	25	30	40	50
B	−100	50	40	30	20

a. 根据给定的资本成本，每个项目的NPV分别为多少？

b. 每个项目的IRR是多少？

c. 资本成本是多少时，两个项目无差别？

d. 你该如何抉择？

21. 你的生产流程中需要一台特殊设备。如果你能保证租期为5年，一家设备租赁公司愿意以每年1万美元的租金将设备租赁给你。作为租赁合同的一部分，租赁公司负责设备的保养。或者，你也可以自己购买并负责保养设备。购买设备发生的现金流（单位：千美元）如下表所示（设备的经济寿命为5年）。如果折现率为7%，你会如何抉择？

0	1	2	3	4	5
−40	−2	−2	−2	−2	−2

评估寿命期不同的项目（第22~23题）

22. Gateway Tours公司正在两种巴士型号间进行选择。一种型号巴士的购买和保养费用较高，但比其他型号寿命长，其折现率为11%。公司计划在可预见的将来持续购买其中一种型号的巴士；公司应该选择哪种型号？根据下表所示每种型号的成本，公司应选择哪种巴士？

型号	0	1	2	3	4	5	6	7
旧款可靠型	−200	−4	−4	−4	−4	−4	−4	−4
简短温馨型	−100	−2	−2	−2	−2			

23. Hassle-Free网络公司正在竞标为里斯本酒店提供网页设计服务。酒店目前每年支付给其网页设计和交易处理服务提供商的费用为1万美元。Hassle-Free公司经计算得知，要提供3年的服务，需要前期投入1.5万美元购买设备，继而每年支付2 000美元的监控、更新及宽带费用。假定Hassle-Free公司的资本成本为10%，提供该项服务的报价能否低于每年1万美元？前提是能够增加公司价值。

资源约束条件下的项目选择（第24~26题）

24. Fabulous制造公司需要决策，今年应如何为其生产设备分配空间。考虑如下几个选择：

	NPV（百万美元）	对设施的使用
A	2	100%
B	1	60%
C	1.5	40%

a. 项目的获利指数是多少？

b. 公司该怎样分配空间？

25. 卡特曼（Kartman）公司正在对4个房地产投资项目进行评估。管理者计划现在购置这些房产，3年后再将其售出。这些投资的年度折现率是15%。下面的这张表概括了每一项资产的初始投资成本和3年后的售价。

	今天的成本（美元）	3年后的售价（美元）
Parkside Acres	500 000	900 000
Real Property Estates	800 000	1 400 000
Lost Lake Properties	650 000	1 050 000
Overlook	150 000	350 000

公司投资房地产的总预算为800 000美元。应该选择哪些房地产进行投资？

26. 兰花生物科技公司正在对几个试验药品的开发项目进行评估。尽管项目未来的现金流难以预测，公司还是对各个项目的初始资本需求和NPV做出了如下的估测。由于各个项目具有不同的人员需求，公司还估计出每个开发项目所需要的科研人员数量（所有成本都以百万美元为单位）。

项目号	初始投资	所需科研人员数量	NPV
Ⅰ	10	2	10.1
Ⅱ	15	3	19.0
Ⅲ	15	4	22.0
Ⅳ	20	3	25.0
Ⅴ	30	10	60.2

a. 假设公司的资本预算总额为6 000万美元。公司应如何对这些项目进行优先排序？

b. 假如公司当前有12名科研人员，并且预计在近期不想再雇用其他人员了。公司应该如何对这些项目进行优先排序？

数据案例

2004年10月6日，天狼星公司宣布与霍华德·斯特恩（Howard Stern，美国著名的广播主持人）达成了独家播放他的电台节目的协议。消息一宣布，该公司的股价立即大幅上涨。你现为一家大投资公司的股票分析师。XM广播公司，同样也是一家卫星广播公司，是你正在追踪分析的公司之一。如果XM公司也打算追随天狼星公司的做法，试图与某个重要人物签约的话，你的上司想对此有所准备。她要你估计市场预期的天狼星公司签约斯特恩交易的净现金流。她建议你将市场预期的价值变动作为签约交易的 NPV，然后再从 NPV 倒推确定每年的现金流。在消息宣布之前，市场上已经有关于这项潜在交易的传闻了。所以，天狼星公司的股价在消息宣布之前已经上涨了一些时日了。为此上司向你建议，计算该笔交易全部价值的最好方法是，取得从 2004 年 9 月 28 日到 2004 年 10 月 7 日之间的天狼星公司股价变动信息。你点头表示同意，试图使自己看起来像是明白如何行事。你刚接手这项工作，对于 NPV 之类的术语也只是略有了解。

1. 为确定这段时期股票价格的变化，登录雅虎财经（http://finance.yahoo.com），输入天狼星公司的股票代码（SIRI）。然后点击“历史价格”，输入相应的日期。使用这两天（9 月 28 日与 10 月 7 日）的调整后收盘价。

2. 为确定这一期间天狼星公司价值的变化，将股价变动额乘以流通股股数。要找到那段时期内的流通股股数，可登录 finance.google.com，在“搜索”窗口中键入“SIRI”。接下来，选择点击屏幕左边的利润表，然后选择右上角的“年度数据”。在点击后出现的 2004 年 12 月 31 日的利润表上，即可找到“稀释后的加权平均股数”。

由于价值变动代表签约交易的“预期”NPV，你要找到能够提供或产生这一 NPV 的年度净现金流。为此，你需要估测这一交易的资本成本。我们将在后面的章节讲述如何计算资本成本；目前暂时你可以利用纽约大学（NYU）的资本成本网站（http://pages.stern.nyu.edu/~ adamodar/New_ Home_ Page/datafile/wacc.htm）。在最右边的“娱乐技术”行业一栏里，找到资本成本数据。

3. 用你从 NYU 网站上找到的资本成本和你算出的 NPV，计算能够提供这一 NPV 的固定年度现金流，分别计算 5 年期、10 年期、15 年期的年度现金流。

4. 你的上司提到，她相信天狼星公司与霍华德·斯特恩签约，实际上对 XM 公司有利，因为这表明，这一行业有很强的增长潜力。为确定他的预见是否正确，你还应该计算同期 XM（XMSR）的股价反应（以百分比表示）。

第 7 章附录　利用 Excel 绘制 NPV 曲线图

绘制项目的 NPV 曲线是非常有用的，你可以真实地“看到”项目的 IRR 以及项目的 NPV 如何随折现率变动。以 7.1 节的弗雷德里克农场肥料项目为例。在如下的 Excel 屏幕截图中，项目的现金流输入到单元格 D2 至 H2 中（黑色字体）。单元格 B5 显示的是 NPV，用单元格 B1 中的数据作为折现率。计算公式位于单元格 B2 的左侧。注意，为了使 NPV 成为折现率（不管输入单元格 B1 的折现率是多少）的动态函数，在公式取值折现率的单元格中，你输入的是“B1”，而不是“10%”，为引用方便，同时在单元格 B3 中计算 IRR，计算公式在位于单元格 B3 左侧的单元格给出。

建立项目现金流，在单元格 B5 中输入 NPV，NPV 作为折现率的动态函数，现在就可以用 Excel 的数据表功能计算一系列不同折现率下的 NPV 了。数据表显示了当改变电子数据表中的一个单元格（如折现率）时，公式的结果（如 NPV）如何变化。步骤如下：

1. 将系列折现率输入一列，如下图中的单元格 A6 至 A30。这些折现率的位置非常重要。必须始于 NPV 所在单元格的左下方单元格。（单元格 A6 紧挨单元格 B5 并

位于其左下方）

2. 如下面的截图所示，选中包含折现率范围和 NPV 的单元格区域（单元格 A5 至 B30）。

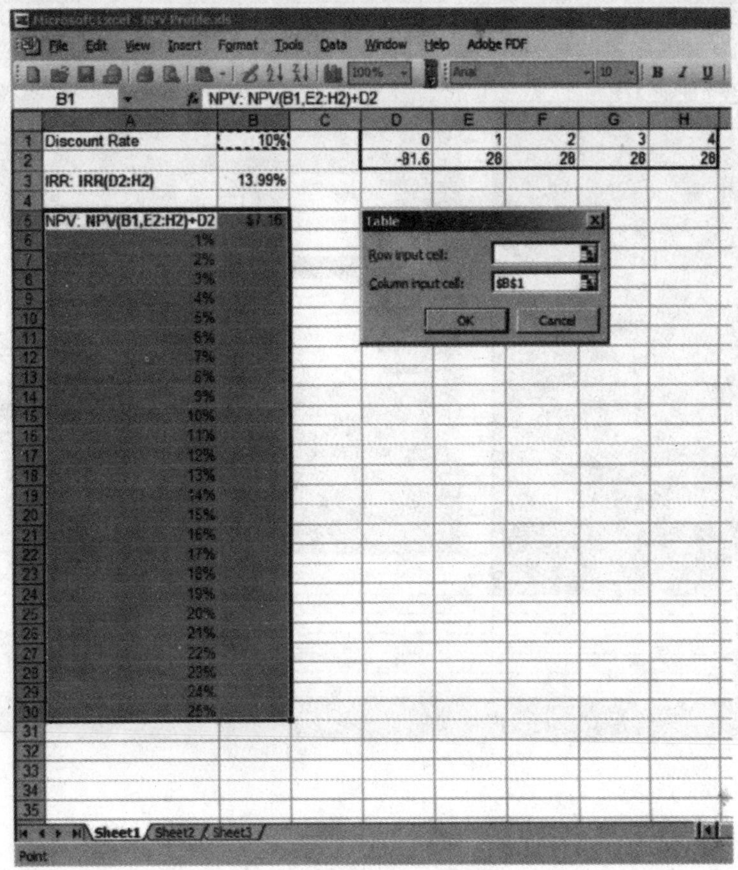

3. 在“数据”（Data）的下拉菜单中选择“表格”（Table）。

4. 由于折现率在同一列中，故选择“按列输入单元格”，而不是“按行输入单元格”。在按列输入单元格的输入框中，输入 B1 或单击 B1 单元格。这样做，就是在告诉 Excel，将此列中的数字由上到下依次代入单元格 B1，B1 中是折现率，每次重新计算 NPV。

5. 单击“确定”。

如下面的屏幕截图所示，单击“确定”之后，紧挨折现率变动范围的单元格中将填满与每一个折现率相对应的 NPV。绘出这些 NPV 值作为折现率的函数的图像，即为 NPV 曲线：

（1）选中折现率和 NPV 所在区域：单元格 A6 至 B30。

（2）单击“图表”(Chart)图标，或从“插入”(Insert）下拉菜单中选择“图表”。

（3）图表类型选择 XY 散点图，然后单击选择如下屏幕截图所示的图表子类型。

（4）单击“下一步”进一步修饰图表，或单击“完成”（Finish）显示图像。

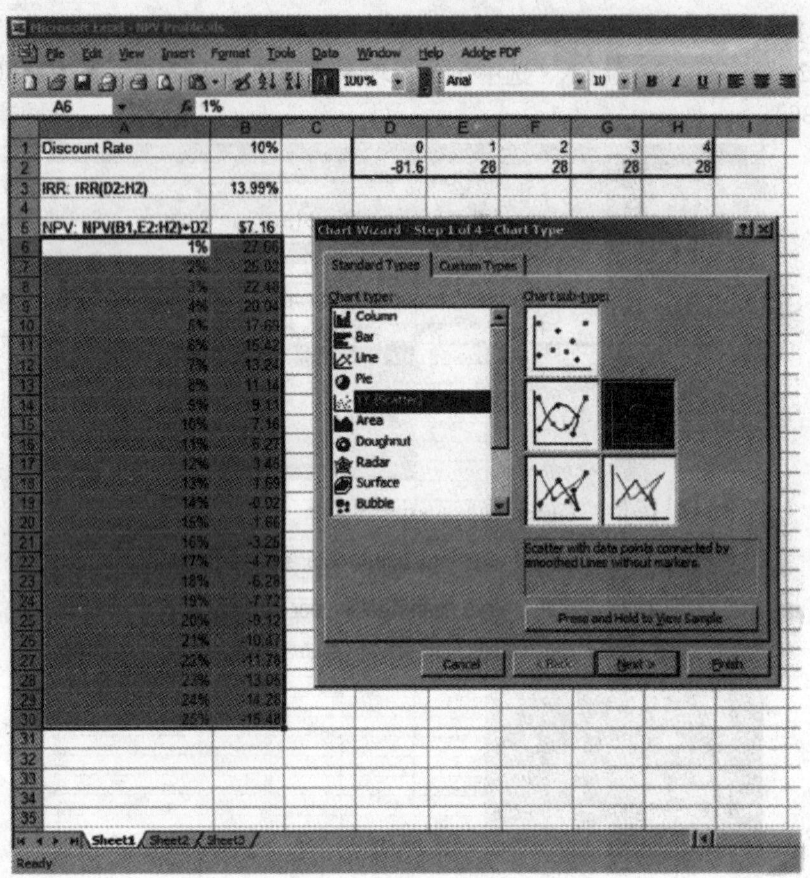
File Edit View Insert Format Tools Data Window Help Adobe PDF
A6
1%
Discount Rate
10%
IRR: IRR(D2:H2)
13.99%
NPV: NPV(B1,E2:H2)+D2
$7.16
0 1 2 3 4
-81.6 28 28 28 28
Chart Wizard - Step 1 of 4 - Chart Type
Standard Types
Custom Types
Chart type:
Column
Bar
Line
Pie
Area
Doughnut
Radar
Surface
Bubble
Chart sub-type:
Scatter with data points connected by smoothed Lines without markers.
Press and Hold to View Sample
Cancel
< Back
Next >
Finish
Sheet1
Sheet2
Sheet3
Ready

第 8 章　资本预算基本原理

学习目标

- 识别资本预算过程中现金流的种类。
- 在预测收益表中预测项目的增量收益。
- 将预测的收益转换为自由现金流，计算项目的净现值。
- 在确定项目的增量自由现金流时，要识别常见的陷阱。
- 评估项目的 NPV 对改变假设的敏感性。
- 了解项目中通常蕴含的期权，理解为什么期权是有价值的。

本章所涉及符号的含义如下：

CapEx（资本性支出）；*NPV*（净现值）；*EBIT*（息税前利润）；NWC_t（第 t 年的净营运资本）；FCF_t（第 t 年的自由现金流）；*PV*（现值）；*IRR*（内含回报率）；r（预测的资本成本）

詹姆斯·金访谈

詹姆斯·金（James King）是利曼斯有限责任公司（Limitless LLC）的一名财务分析师，公司位于迪拜。2006 年，他毕业于澳大利亚新南威尔士州的西悉尼大学，获商学学士学位，他主修产权经济学。

利曼斯是迪拜世界公司的一个事业部，作为综合性的国际不动产总开发商，迪拜世界公司在三个特定的专业领域取得了独特的、可持续的发展：大型城市社区的总体规划；从事海滨开发；实施大规模的平衡项目。回顾求学历程，詹姆斯说，“我在财务课程中先学到了理论知识，然后再应用。例如，我学了折现现金流分析理论以及这种方法所要运用的数学知识。现在我天天用这些技术和方法，评估公司的投资决策。”他在利曼斯公司的主要职责是分析全球潜在项目的财务可行性，并提出可行性研究报告。

利曼斯公司使用传统的财务工具，如预期净利润和利润率，评估独立项目的财务可行性。但是詹姆斯认为，房地产存在开发周期长、资本支出的回报时间延迟（不能快速得到回报）等特点，对此类项目的评估很大程度上更加依赖于考虑了货币时间价值的绩效指标。这些指标包括内含回报率（IRR）和净现值（NPV）。“项目的回报率必须大于股权资本成本或利曼斯公司投资基金的回报率。对于每一类市场，我们都预先确定了一个比率，然后根据项目的类型及其他影响因素进行调整。”

每一家公司选择的资本预算方法都可能不同，重要的是你必须把它们全部搞懂。詹姆斯建议：“要好好利用教育提供的每一次机会。学到的基本技能将给你带来更多的工作机遇以及在日益激烈的国际竞争环境中取得竞争优势。”

公司财务经理的一个重要职责是，决定公司应该接受和从事哪些项目或投资。本章主要介绍资本预算，资本预算是分析投资机会并决定接受哪些投资的过程。在此过程中，我们将公司的资金分配给不同的项目——即进行资本预算。第 7 章介绍了多种项目评估方法，并论证了 NPV 是最可靠、最准确的决策法则。现在看来，NPV 法则是唯一直接与估值原理相联系的决策法则，这不足为奇。要运用 NPV 法则，需要计算项目的 NPV，只接受 NPV 为正的项目。上一章介绍了索尼公司和东芝公司分别运用投资决策法则竞夺高清 DVD 标准之争（最终，东芝公司决定放弃 HD-DVD）。要运用投资决策法则，例如，东芝公司的财务经理，首先要预测该投资的增量现金流，然后预测与放弃投资 HD-DVD 有关的增量现金流。预测这些现金流的过程以及投资决策过程中的关键输入量，构成了本章的重点内容。

这个过程的第一步是，预测项目的收入和成本，估计项目的期望现金流。根据这些现金流计算项目的 NPV，即项目对股东价值的贡献。然后，由于现金流的预测总是具有不确定性，我们会举例说明，如何计算 NPV 相对于预测的不确定性的敏感度。最后，我们将考察项目的弹性与项目的 NPV 之间的关系。

8.1 资本预算过程

分析各种投资机会的第一步是编制备选项目的列表。**资本预算**（capital budget）列出了公司未来年度计划从事的项目和投资。为了确定项目和投资列表，公司要对备选项目进行分析，并决定接受哪些项目，这一过程称作**制定资本预算**（capital budgeting）。它始于预测项目对公司的影响的后果。这些后果中的一部分将影响公司的收入；另一部分将影响公司的成本。我们的最终目标是确定接受或拒绝项目的决策对公司现金流的影响，计算现金流的 NPV，进而估计决策对公司价值的影响后果。图 8.1 描绘了一些典型项目的现金流模式。在对资本预算的探讨过程中，我们将讨论每一种模式。

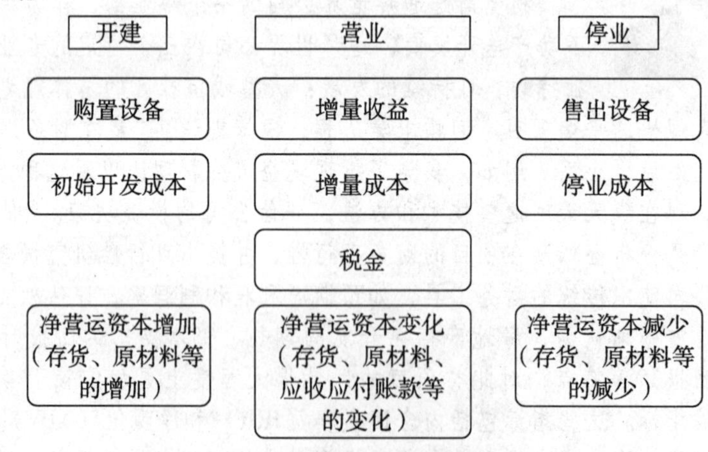

图 8.1　典型项目的现金流

注：此图为项目分析和进展时序中涉及的一些典型现金流。

当然，预测现金流并非易事，这大多通常需要依赖公司内部的专业人士的估算。例如，营销部提供销售预测，运营部经理提供产品成本信息，公司的工程师估计启动项目需要的前期研究和开发成本。这些信息的另一个重要来源是公司的历史项目纪录或者同行业其他公司的相关数据。尤其是理财从业人员对项目的收入和成本的估计，常常基于公司或其竞争者的历史财务报表得出。

得到估计值后，如何进行分析？通常的做法是从考察项目对公司收益的影响后果开始。因此，8.2 节首先确定项目的**增量收益**（incremental earnings），即由于投资决策而导致的公司预期收益的改变。预测的增量收益从会计视角说明了决策如何影响公司的报告利润。然而，第 2 章曾强调过，收益并非实际的现金流。你需要估计项目的现金流，计算 NPV，方能确定定该项目对公司是否有利。接下来在 8.3 节，我们将说明怎样运用增量收益预测项目的实际现金流。理解如何基于项目的收益来计算现金流，这一点非常重要，原因在于：①实践中，财务经理常常从预测收益开始。②在考察历史数据时，会计信息往往是随时可用的唯一信息。

概念检查

1. 什么是资本预算？其目标是什么？
2. 制定资本预算时，为什么只计算项目对公司收益的影响是不够的？

8.2 预测增量收益

我们借助一个简单的例子来讨论增量收益，此例将贯穿本节始终。假设你正在考虑是否购买一台新设备以升级制造设施从而扩大产能。设备的购买成本为 100 万美元，运输和安装还需要支出 2 万美元。你还需要支付 5 万美元的工程费用重新设计厂房以适应提高的生产能力。这项决策对收益的初始影响是多少？

营业费用和资本性支出

大多数项目需要一些前期投资——可能需要进行市场调查，开发样品或者发起一场广告战。这些成本在发生时即计为当年的营业费用。但是，很多项目还会发生厂房、财产和设备投资，这些投资称为资本性支出。回顾第 2 章的内容可知，虽然厂房、财产和设备的投资为现金开支，但在计算收益时它们并不直接列示为费用，而是公司每年以折旧的方式扣除这些项目的一部分成本。财务经理计算折旧有几种不同的方法。最简单的是**直线折旧法**（straight-line depreciation），即在资产的折旧年限内等额地分割其成本（8.4 节将讨论其他常见的折旧方法）。

本例中，为提高产能的先期投入对公司收益有两方面的明显影响。首先，重新设计厂房所支出的 5 万美元应作为 0 年的营业费用。根据会计准则和税法，购买、运输、安装设备花费的 102 万美元要在设备的折旧年限内计提折旧。假设该设备的折旧年限为 5 年，用直线法计提折旧，则 5 年内每年将计提折旧费用 204 000 美元（1 020 000/5）。（选择这种会计处理方法是为了将购置机器的成本与产生收入的时间相匹配）

单位：美元

1	年份	0	1	2	3	4	5
2	营业费用（重新设计厂房）	-50 000					
3	折旧（新设备）		-204 000	-204 000	-204 000	-204 000	-204 000

如时间线所示，前期购买及安装机器的 102 万美元现金流出并不作为 0 年的费用列示，而是作为第 1 年至第 5 年的折旧费用。记住，折旧费用并非公司的实际现金流出。会计和税法对资本性支出的这种处理是造成收益不能精确地代表现金流的主要原因之一。8.3 节将继续讨论这个问题。

增量收入及成本估计

下一步要估计项目的持续收入和持续成本。预测未来收入和成本是非常具有挑战性的。优秀的理财从业人员在预测之前会收集尽可能多的信息——估计销售收入时，他们会与营销部员工、销售团队以及公司经济学家沟通，估计成本时，他们会访谈工程和生产团队。

估计项目的收入和成本，要考虑多种因素，包括：

(1) 新产品刚上市时销售量通常较低，顾客需要时间慢慢熟悉产品。之后，随着产品面临淘汰或竞争压力越来越大，销售量先是加速增长，然后平稳增长，最终趋于下降。

(2) 产品的平均售价和生产成本一般会随时间而改变。价格和成本随着经济中的通货膨胀水平的上升而上升。高科技产品的价格通常会因更新、更先进技术的出现及产品成本的降低而下跌。

(3) 大多数行业，随着时间的推移，竞争会降低边际收益。

本章在此集中探讨如何通过这些预测数据计算增量收益，进而计算现金流；第 17 章将更详细地讨论预测方法。

所有对收入和成本的估计都应该是增量，即只关注项目带来的额外收入和额外成本。例如，评估购买一台生产效率更高的制造机械，只需关注新机器带来的额外销售量（和售价）以及增量成本即可。我们并不预测总的销售收入和成本，因为它们包括使用旧机器生产出来的产品。记住，要评估的是项目将如何改变公司的现金流。这就是为什么关注增量收入和增量成本的原因。

回到工厂升级的例子。假设购买、安装设备并重新设计厂房后，提高的生产能力在未来 5 年每年能产生 50 万美元的增量收入。同时，每年的增量成本为 15 万美元。此例中，项目的收入、成本以及折旧的估计如下表所示：

单位：千美元

1	年份	0	1	2	3	4	5
2	增量收入		500	500	500	500	500
3	增量成本	−50	−150	−150	−150	−150	−150
4	折旧		−204	−204	−204	−204	−204

有了这些估计值，就可以计算项目对公司收益的影响后果了。如第 2 章所述，折旧费用和实际生产成本（如产品销售成本）都要从收入中扣除，于是有：

增量息税前利润（EBIT）= 增量销售收入−增量付现成本−折旧　　（公式 8.1）

税费

必须考虑的最后一项费用为公司税。使用的正确税率应该是**公司边际税率**

(marginal corporate tax rate)，该税率基于增量税前收益。增量所得税费用的计算如下：

所得税=EBIT×公司的边际税率 （公式8.2）

预测增量收益

现在可以归纳前面的内容，预测增量收益。假设公司的边际税率为40%。增量收益（或净利润）如下表所示：①

单位：千美元

1	年份	0	1	2	3	4	5
2	增量收入		500	500	500	500	500
3	增量成本	-50	-150	-150	-150	-150	-150
4	折旧		-204	-204	-204	-204	-204
5	**EBIT**	-50	146	146	146	146	146
6	40%的所得税	20	-58.4	-58.4	-58.4	-58.4	-58.4
7	**增量收益**	-30	87.6	87.6	87.6	87.6	87.6

也可以合并公式8.2和公式8.1，直接计算增量收益。例如，从第1年到第5年：

增量收益=（增量收入-增量成本-折旧）×（1-税率） （公式8.3）

增量收益=（500-150-204）×（1-0.4）=87.6（千美元）

例8.1 增量收益

问题：

假设Linksys公司正在考虑研发一种无限家庭网络设备，称作家庭网络(HomeNet)，可提供运行整个家庭网络连接所需要的硬件和软件。除了可连接个人电脑和打印机外，家庭网络还可控制新型可联网立体声音响设备、数字录像机、供暖和空调设备、主要家用电器、电话和安全系统、办公设备等。家庭网络的主要竞争对手是一款由Brandt-Quigley公司研发的产品。

基于广泛的市场调查，预测家庭网络的年销售量为50 000件。考虑到科技变革的速度，Linksys预计该产品只能生产4年，批发价为每件260美元（Linksys卖给商店的售价）。实际的产品制造将以每件110美元的成本外包（包括包装）。

为检验新用户的因特网接入设备与家庭网络系统的兼容性，Linksys还得修建一个新的测试实验室。它将租用实验室，但还要购买价值750万美元的新设备。设备的寿命期为5年，使用直线折旧法。

1年后实验室将投入使用。到那时，家庭网络产品将要准备装运。Linksys预计，实验室的租金及该产品的市场营销和支持每年将花费共计280万美元。预测家庭网络

① 尽管收入和成本是在全年中发生的，但我们在此采纳的标准惯例是，将收入和成本列示在发生的当年。与那些发生在下一年年初的现金流相比，发生在年底的现金流将被列示在不同的列中，即使它们的发生时间可能只隔几周。若要求格外精确地计量，现金流通常按季度或按月估计。

项目的增量收益。

解答：

分析：

计算增量收益，需要四个已知条件：（1）增量收入，（2）增量成本，（3）折旧，（4）边际税率。

增量收入＝增加的销售量×单价＝50 000×260 ＝13 000 000（美元）

增量成本＝增加的销售量×产品成本＝50 000×110 ＝5 500 000（美元）

销售、一般及管理费用＝2 800 000 美元（租金、营销和支持费用）

折旧＝折旧基础／折旧年限＝7 500 000／5＝1 500 000（美元）

边际税率：40%

注意，虽然项目持续 4 年，但设备的寿命期为 5 年，仍需计算第 5 年的折旧费用。

计算：

单位：千美元

1	年份	0	1	2	3	4	5
2	收入		13 000	13 000	13 000	13 000	—
3	销售成本		−5 500	−5 500	−5 500	−5 500	—
4	**毛利润**		7 500	7 500	7 500	7 500	—
5	销售、一般及管理费用		−2 800	−2 800	−2 800	−2 800	—
6	折旧		−1 500	−1 500	−1 500	−1 500	−1 500
7	**EBIT**		3 200	3 200	3 200	3 200	−1 500
8	40%的所得税		−1 280	−1 280	−1 280	−1 280	600
9	**增量收益**		**1 920**	**1 920**	**1 920**	**1 920**	**−900**

评价：

计算增量收益是计算增量现金流的中间步骤，增量现金流是分析家庭网络项目的基础。设备的成本不影响购买当年的收益，而是以折旧费用的形式影响未来 5 年的收益。注意，折旧年限的确定是基于会计准则的，并不一定等同于资产的经济寿命——能创造价值的期间。此例中，公司只使用设备 4 年，而折旧年限却为 5 年。

预测表

再回到例 8.1 升级工厂的例子，计算增量收益的表格通常称为**预测表**（pro forma），它的编制不是以实际数据为基础，而是描述了在一系列给定的假设条件下公司的财务状况。在家庭网络的例子中，Linksys 预测的收入和成本都是假设的，在此基础上预测增量收益，形成预测表。

税费和负的 EBIT

注意，在工厂升级项目的第 0 年和家庭网络项目的第 5 年，EBIT 为负。在这种情形下，还要考虑税费吗？考虑家庭网络的例子。家庭网络项目使 Linksys 第 5 年的应纳税所得减少了 150 万美元。只要 Linksys 第 5 年在别处赚取了应纳税所得，即可抵消家庭网络项目的亏损，Linksys 第 5 年将比不接受该项目少交 60 万美元（150×40%）的税。由于该笔税费节约得益于家庭网络项目所购买设备的折旧，公司应在家庭网络项目中贷记这笔税费节约。

例 8.2　盈利公司亏损项目的纳税

问题：

家乐氏公司计划上马一套新的生产线，生产高纤维、无反式脂肪早餐糕点。推广新产品的高昂广告费，导致明年的新产品经营损失为 1 500 万美元。公司预计，明年将从除新糕点之外的其他产品经营中赚得 46 000 万美元的税前收益。假设公司所得税税率为 40%，那么明年，如果没有新糕点业务，公司要交多少税金？有新糕点业务呢？

解答：

分析：

需要知道家乐氏公司有新产品经营损失和没有新产品经营损失时的税前收益。公司税率为 40%。分别计算有新产品经营损失和没有新产品经营损失的应交税费并比较。

计算：

如果没有新糕点业务，公司明年应交所得税 18 400 万美元（46 000×40%）。如果有新糕点业务，公司明年的税前收益将只有 44 500 万美元（46 000−1 500），应交所得税 17 800 万美元（44 500×40%）。

评价：

生产新产品将导致公司明年少交 600 万美元（18 400−17 800）所得税。新产品的损失大大减少了家乐氏公司的应纳税所得额，视同新产品的税费为负的 600 万美元。

利息费用是多少。在第 2 章我们看到，要计算公司的净利润，必须首先从 EBIT 中扣除利息费用。然而，在评价资本预算决策时，我们一般不考虑利息费用。任何增加的利息费用将被视为与项目的融资决策有关，融资决策是独立于投资的决策。这里，我们希望评价项目本身对公司收益的影响，因而将其与融资决策相分离。最终，管理者可能还要考虑项目的不同的融资方法对增量收益的影响。

所以在评价项目时，视同公司不采用任何债务为项目融资（无论这是否为事实），本书将项目的融资选择问题推迟到第 5 篇来考察。由于计算净利润时，假设无债务（无杠杆），故将利用公式 8.3 计算出的净收益（见例 8.1 的预测表）称作项目的**无杠杆净收益**（unlevered net income），以表明它不考虑任何与债务相关的利息费用。

概念检查

3. 计算增量收益时，对营业费用和资本性支出的处理有何不同？
4. 为什么只关注增量收入和增量成本，而不是公司的全部收入和成本？

8.3 确定增量自由现金流

如第 2 章所述，收益为公司业绩的一种会计计量。它们不代表真实的现金流：公司不能用它的收益购买商品、支付员工工资、为新投资提供资金或向股东发放红利。做上述事情，公司需要现金。要评价一项资本预算决策，必须要确定它对公司可动用现金的影响后果。项目对公司可动用现金的增量影响即为该项目的增量**自由现金流**(free cash flow)。

根据收益计算自由现金流

如第 2 章所述，收益与现金流有显著差异。计算收益要考虑非现金费用，如折旧，但不考虑资本性投资的成本。要根据项目的增量收益确定其自由现金流，必须调整这些差异。

资本性支出和折旧。前面已经强调过，折旧不是由公司支出的现金费用。折旧是为会计和纳税目的，在资产寿命期内，分摊资产初始购买成本的一种方法。折旧不是现金流，预测现金流时不应考虑在内。但这并不意味着可以忽视折旧。折旧费用减少了应纳税收益，进而减少了税费。税费是现金流，因此折旧也会影响现金流，是要考虑的。对折旧的处理方法是将其加回增量收益，以反映现金流与折旧相关的事实。

例如，某项目的增量毛利润（收入-付现成本）为 100 万美元，折旧费用为 20 万美元。假设公司税率为 40%，则增量收益为：48 万美元（（100-20）×（1-0.40））。但是公司有 68 万美元现金，因为 20 万美元的折旧费用并不是实际的现金流出。表 8.1 列示了本例中增量自由现金流的计算过程。标记为“正确”的一列是实际现金流。为核对增量自由现金流是正确的，可加总实际现金流。本例中，公司产生 100 万美元的毛利润（正的现金流），支付税费 32 万美元（负的现金流），剩余 68 万美元（100-32），即为增量现金流。标记为“错误”的最右一列，是忽视折旧得到的错误结果。不考虑折旧，EBIT 偏高，税费也就高，于是增量现金流就会降低。(注意，两种做法相差 8 万美元，完全是因为对于税费支付的不同处理所致)

表 8.1 **先扣除折旧然后再加回折旧** 单位：美元

	正确	错误
增量毛利润	1 000 000	1 000 000
折旧	-200 000	
EBIT	800 000	1 000 000
40%的所得税	-320 000	-400 000
增量收益	480 000	600 000
加回折旧	200 000	
增量自由现金流	680 000	600 000

例 8.3　增量自由现金流

问题：

回到家庭网络的例子。例 8.1 中，我们计算了家庭网络项目的增量收益，决定 Linksys 是否接受该项目，还需要知道增量自由现金流。

解答：

分析：

为实验室购买的设备是造成家庭网络例子中增量收益和增量自由现金流差异的原因。需要将第 0 年的 750 万美元的购买支出视为现金流出，并将第 1 年至第 5 年每年计提的 150 万美元的折旧费用加回，因为折旧并非真实的现金流出。

计算：

单位：千美元

1	**年份**	0	1	2	3	4	5
2	收入		13 000	13 000	13 000	13 000	—
3	销售成本		−5 500	−5 500	−5 500	−5 500	—
4	**毛利润**		7 500	7 500	7 500	7 500	—
5	销售、一般及管理费用		−2 800	−2 800	−2 800	−2 800	—
6	折旧		−1 500	−1 500	−1 500	−1 500	−1 500
7	**EBIT**		3 200	3 200	3 200	3 200	−1 500
8	40%的所得税		−1 280	−1 280	−1 280	−1 280	600
9	**增量收益**		**1 920**	**1 920**	**1 920**	**1 920**	**−900**
10	加回折旧		1 500	1 500	1 500	1 500	1 500
11	购买设备	−7 500					
12	**增量自由现金流**	**−7 500**	**3 420**	**3 420**	**3 420**	**3 420**	**600**

评价：

将第 0 年购买设备的支出视为现金流出，即当时有 750 万美元流出公司。将第 1 年至第 5 年每年 150 万美元的折旧费用加回，调整增量收益，以反映折旧费用并非现金流出的事实。

净营运资本（NWC）。净营运资本变动时，增量收益和自由现金流也可能产生差异。在第 2 章，我们将净营运资本定义为，流动资产和流动负债的差额。净营运资本的主要构成为现金、存货、应收账款及应付账款：

净营运资本＝流动资产−流动负债

＝现金+存货+应收账款−应付账款　　　　（公式 8.4）

大多数项目都需要公司投入净营运资本。公司可能需要维持最低的现金余额,[①]以应付未预料到的支出，并适量地保持原材料和产成品存货，以适应生产的不确定性和需求波动。此外，客户可能不会立即就支付购买货物的款项。此时，虽然销售收入立即被算作收益的一部分，但公司却没有收到任何现金，直到客户实际付款。在此期间，公司的收益中包括了客户赊欠公司的应收账款。应收账款衡量了公司给予其客户的信用额度。同理，应付账款衡量了公司从其供应商处得到的信用额度。应收账款与应付账款的差额为，公司为这些信用交易而占用或投入的资本净额，信用交易也称作**商业信用**(trade credit)。

之所以关注净营运资本是因为它是一项短期投资，其占用的现金流本可有其他用处。例如，若公司持有大量待售存货或者有大笔未收回的应收账款，现金流就以存货或者给予客户信用的形式被绑定。绑定现金流对公司而言成本很高，这延迟了现金流可用于再投资或分红的时间。货币有时间价值，预测项目的现金流时对这一延迟效应不容忽视。因此，净营运资本的增加，反映了对营运资本的额外投资，从而导致当年现金流减少。

注意，只有净营运资本的变动才会影响现金流。例如，考虑一个 3 年期的项目，该项目要求公司持有 2 万美元的初始存货，且第 1、第 2 年保持该存货水平，随着项目的结束逐渐削减存货直至最后一件产品售出。第一笔销售达成前，存货的初始增长是必要的，因此，第 0 年年末存货水平较高。每年的增量净营运资本水平、与之相联系的净营运资本的增加及其对现金流的影响，如下表所示：

单位：美元

1	**年份**	0	1	2	3
2	增量 NWC	20 000	20 000	20 000	0
3	增量 NWC 的变动	+20 000	0	0	−20 000
4	**增量 NWC 的变动对现金流的影响**	**−20 000**	**0**	**0**	**+20 000**

注意，净营运资本的变动对现金流的影响与净营运资本的变动数值相等，符号相反。例如，存货的增加表示一项投资或现金流出，而存货的减少将释放该项资本投资，体现为现金流入。因此，制定资本预算时，计算现金流时要扣除净营运资本的变动。另外，需要注意的是，第 1 年和第 2 年的增量净营运资本水平并未发生变动，也就不会对现金流产生影响。直观看来，公司耗尽存货然后重新补足，存货的净投资为 0，也就不需要额外的现金流出。最后，项目寿命期间的增量净营运资本为 0，因此，净营运资本的变动（第 0 年为 20 000 美元，第 3 年为−20 000 美元）总额为 0。会计准则要求项目在寿命期内回收营运资本，从而保证了这一结果。

通常定义第 t 年净营运资本的增加为：

$$\text{第 } t \text{ 年 } NWC \text{ 的变动} = NWC_t - NWC_{t-1} \qquad \text{（公式 8.5）}$$

---

① 净营运资本中包含的现金，不是指为了赚取市场回报率而投入的现金。它包括保存在公司的支票账户、保险箱或钱柜、收银机（对零售店而言）里以及其他场所的现金。

项目引起 NWC 变动时，计算增量自由现金流时必须从增量收益中减去这一变动。

例 8.4　考虑净营运资本的变动

问题：

假设家庭网络项目没有增量现金或存货需求（产品将从签约制造商直接发运给客户）。与家庭网络项目相关的应收账款预计占年度销售收入的 15%；相关的应付账款预计占年度商品销售成本（COGS）的 15%。1 300 万美元销售额的 15% 是 195 万美元，550 万美元销售成本的 15% 是 82.5 万美元。家庭网络项目的净营运资本需求如下表所示：

单位：千美元

1	**年份**	0	1	2	3	4	5
2	**预测净营运资本**						
3	现金需求	0	0	0	0	0	0
4	存货	0	0	0	0	0	0
5	应收账款（销售收入的 15%）	0	1 950	1 950	1 950	1 950	0
6	应付账款（销售成本的 15%）	0	–825	–825	–825	–825	0
7	**净营运资本**	0	1 125	1 125	1 125	1 125	0

上述净营运资本需求如何影响项目的自由现金流？

解答：

分析：

任何净营运资本的增加都意味着公司可动用现金的减少，从而减少自由现金流的投资。我们可运用对家庭网络项目净营运资本需求的预测，来完成对项目自由现金流的估计。在第 1 年，净营运资本增加了 112.5 万美元。这一增加表示为公司的一项成本。与这一自由现金流的减少相对应的事实是，第 1 年的公司销售收入中有 195 万美元没有收到客户的现金支付，销售成本中有 82.5 万美元尚未支付给供货商。

在第 2 年到第 4 年，净营运资本没有变化，所以没有再投入的必要。在第 5 年，项目结束时，净营运资本下降了 112.5 万美元，这是由于公司收到最后客户的付款，并且公司最终的账单也付清了。我们将这 112.5 万美元加到第 5 年的自由现金流中。

计算：

单位：千美元

1	**年份**	0	1	2	3	4	5
2	净营运资本	0	1 125	1 125	1 125	1 125	0
3	NWC 的变动		1 125	0	0	0	–1 125
4	NWC 的变动对现金流的影响		–1 125	0	0	0	1 125

增量自由现金流为：

单位：千美元

1	**年份**	0	1	2	3	4	5
2	收入		13 000	13 000	13 000	13 000	—
3	销售成本		−5 500	−5 500	−5 500	−5 500	—
4	**毛利润**		7 500	7 500	7 500	7 500	—
5	销售、一般及管理费用		−2 800	−2 800	−2 800	−2 800	—
6	折旧		−1 500	−1 500	−1 500	−1 500	−1 500
7	**EBIT**		3 200	3 200	3 200	3 200	−1 500
8	40%的所得税		−1 280	−1 280	−1 280	−1 280	600
9	**增量收益**		**1 920**	**1 920**	**1 920**	**1 920**	**−900**
10	加回折旧		1 500	1 500	1 500	1 500	1 500
11	购买设备	−7 500					
12	减去 NWC 的变动		−1 125	0	0	0	1 125
13	**增量自由现金流**	**−7 500**	**2 295**	**3 420**	**3 420**	**3 420**	**1 725**

评价：

考虑购买设备的资本性支出、折旧和净营运资本的变动对现金流的影响后，自由现金流与无杠杆净收益出现差异。注意在头两年，自由现金流低于无杠杆净收益，这反映了前期对项目要求的设备和净营运资本的投资。在随后几年里，由于折旧不是现金支出，自由现金流超过了无杠杆净收益。在最后一年，公司最终收回了对净营运资本的投资，从而进一步提升了自由现金流。

直接计算自由现金流

正如本章开头所提到的，由于理财从业者的资本预算过程通常从预测收益开始，所以我们也选择了这样做。不过，可以通过运用下面的简化公式，直接计算项目的自由现金流：

$$\text{自由现金流}=\overbrace{\underbrace{(\text{收入}-\text{付现成本}-\text{折旧})\times(1-\text{税率})}_{\text{无杠杆净收益}}}^{\text{自由现金流}}+\text{折旧}-\text{资本性支出}-\text{净营运资本的变动} \quad (\text{公式 } 8.6)$$

注意，在计算项目的增量收益时，先减去折旧，然后在计算自由现金流时，又将其加回（折旧为非现金费用）。这样看来，折旧带来的唯一效应就是，减少了公司的应税所得。其实，可将公式 8.6 改写为：

$$\text{自由现金流}=(\text{收入}-\text{付现成本})\times(1-\text{税率})-\text{资本性支出}-\text{净营运资本的变动}+\text{税率}\times\text{折旧} \quad (\text{公式 } 8.7)$$

公式 8.7 的最后一项，税率×折旧，称作**折旧税盾**（depreciation tax shield）。它是由于折旧扣除而产生的节税额。结果是，折旧费用对自由现金流有正的影响。回到表

8.1 的例子，公司若忽略折旧，其税费是 40 万美元而非 32 万美元，导致增量自由现金流为 60 万美元而非 68 万美元。注意，8 万美元的差额恰好等于税率（40%）乘以折旧费用（20 万美元）。每 1 美元的折旧费用为公司节省了 40 美分的税费，因此，20 万美元的折旧费用意味着 8 万美元的纳税节约。

公司经常出于会计目的和纳税目的而报告不同的折旧费用。由于只有折旧的纳税后果与自由现金流有关，所以在自由现金流的预测中，应该使用公司为纳税目的而报告的折旧费用。出于纳税目的，许多公司采用修正的加速成本回收系统（modified accelerated cost recovery system），将在下一节介绍这一折旧方法。

计算 NPV

预测增量自由现金流的目的是获得计算项目 NPV 所必需的输入量。为计算项目的 NPV，必须以适当的资本成本折现项目的自由现金流。正如第 5 章所讨论过的，项目的资本成本为投资于具有相似风险和期限的备选项目，投资者可能获得的最高期望回报率。我们将在本书的第 4 篇讨论风险和回报时，再来探讨估计资本成本的技术和方法。目前，暂且假设已知项目的资本成本。

以项目的资本成本折现未来每期的自由现金流，计算现值。如第 4 章所述，用 r 表示资本成本，第 t 年的自由现金流（或 FCF_t）的现值是：

$$PV(FCF_t)=\frac{FCF_t}{(1+r)^t}=FCF_t\times\underbrace{\frac{1}{(1+r)^t}}_{t\text{年的折现因子}} \qquad \text{（公式 8.8）}$$

例 8.5 计算项目的 NPV

问题：

假设 Linksys 的经理们认为，家庭网络项目的风险与公司现有其他项目的风险相似，且这些项目的适当的资本成本是 12%。计算家庭网络项目的 NPV。

解答：

分析：

由例 8.4 可知，家庭网络项目的增量自由现金流是：

单位：千美元

1	年份	0	1	2	3	4	5
2	增量自由现金流	−7 500	2 295	3 420	3 420	3 420	1 725

为计算 NPV，加总所有现金流的现值，注意，第 0 年的现金流出本身就是现值。

计算：

根据公式 8.8，

$$NPV=-7\,500+\frac{2\,295}{1.12^1}+\frac{3\,420}{1.12^2}+\frac{3\,420}{1.12^3}+\frac{3\,420}{1.12^4}+\frac{1\,725}{1.12^5}=2\,862\ \text{（千美元）}$$

评价：

基于我们的估计，家庭网络项目的 NPV 是 286.2 万美元。项目的前期投资成本为 750 万美元，公司将从项目中额外收到的自由现金流的现值是 1036.2 万美元。实施家庭网络项目就相当于公司的当前银行存款增加了 286.2 万美元。

概念检查

5. 既然折旧费用并非一项现金流，为什么要先扣除再加回？为什么不能忽略它？

6. 为什么净营运资本的增加代表现金流出？

8.4 对增量自由现金流的其他影响

在计算投资决策的增量自由现金流时，有该项目时的公司自由现金流，相对于无该项目时的公司自由现金流的所有改变，都要考虑进来。由于该项目公司所放弃的投资机会以及该项目对公司其他部门的影响，也应纳入分析之中。本节讨论这些影响以及要避免的陷阱和常见错误，预测增量自由现金流时要考虑上述影响的复杂性。

机会成本。许多项目要使用公司已有的资源。由于公司不必为新项目而支付现金购置这些资源，所以，决策者不禁会认为，这些资源的取得是免费的。然而，在许多情况下，这些资源可通过其他机会或项目而为公司创造价值。使用资源的**机会成本**（opportunity cost）就是，假如该资源作为他用时可为公司提供的最大价值。[①] 若另一项目使用这一资源，这一价值就失去了，所以应将机会成本作为项目的增量成本包含在内。例如，你公司可能正在考虑在其拥有的土地上新建一个零售商店。尽管公司拥有该土地，土地对于开设商店的项目而言也不是免费的。如果商店不是建在这片土地上，则公司可以将土地挪作他用，如卖掉。这一放弃的土地市场价格就是零售商店项目的一种机会成本。

常见错误：闲置资产的机会成本

一个常见的错误结论是，如果一项资产当前闲置，它的机会成本就为零。例如，公司当前可能有一个空置的仓库或有一台没有被使用的机器。通常，这项资产可能是因为预期要从事新项目而被闲置的，不然的话公司早已将其投入使用。即使公司对于该项资产没有其他使用途径，公司也可以选择将其出售或出租。从将资产他用所获得的价值，如出售或租金收入，即为该资产的机会成本，因而在计算增量现金流时必须加以考虑。

项目的外部性。**项目的外部性**（project externalities）是指，项目带来的可能增加或减少公司其他经营活动利润的间接效应。例如，一些苹果 iPhone 手机的购买者，原本可能要购买的是苹果的 iPod。新产品的销售部分地取代了已有产品的销售，这种情形通常称为**侵蚀**（cannibalization）。现有项目销售额的减少构成了公司生产新产品的增量成本。

沉没成本（sunk cost）是指公司已经发生的不可收回的成本。不论项目决策是否继续，沉没成本已经或者将要支付。沉没成本与现有决策的增量无关，在决策分析中不应考虑。你可能雇用一家市场调查公司做市场调查，分析你打算投产的新产品是否有市场需求，分析结果显示，市场对该产品并没有充足的需求，于是你决定放弃该项

---

① 第5章将资本的机会成本定义为，你从具有同等风险的其他投资上所能获得的回报率。类似地，我们把在项目中使用现有资产的机会成本定义为，该资产的次佳使用方式所产生的现金流。

目。那么，你能否不支付调查公司的费用？当然不能！这说明，该项成本是沉没成本，不管项目是否被接受都将发生。

要记住这样的一条规则：如果决策不影响现金流，那么该现金流就不影响决策。如果不管是否采纳项目，现金流都不会发生变化，那么它就是与决策无关的。以下是一些你可能会遇到的关于沉没成本的常见例子。

固定间接费用。**间接费用**(overhead expenses) 是与不能够直接归属于一项单独的经营活动、但影响公司很多不同领域的活动相联系的。例如，公司总部的营业费用和CEO 的薪水。在会计处理上，这些费用通常被分配到不同的经营活动中。在某种程度上，这些间接成本是固定的，而且不管怎样都会发生，它们不是项目的增量支出，不应考虑。只有由于采纳项目的决策所引起的额外间接费用，才应视为项目的增量费用而包含在决策分析中。

常见错误：关于沉没成本的谬误

沉没成本导致错误决策非常常见，这种现象被称作沉没成本谬误。最常见的问题就是，人们受沉没成本影响而“想补偿损失反而损失更大”（花钱填无底洞，赔了夫人又折兵）。也就是说，人们有时持续投资于 NPV 为负的项目，是因为他们已经在该项目上进行了大量的投资，觉得如果不继续这个项目，先前的投资就将作废。沉没成本谬误有时也被称作“协和式飞机效应”，这一术语指的是，尽管飞机的销售收入显然远远不能达到弥补继续开发的必要费用，英国和法国政府还是决定继续为联合开发协和式飞机提供资金。虽然该项目被英国政府视作商业和金融灾难，但中止该项目的政治意味却是，等于公开承认项目所有过去的支出毫无结果，这一政治考虑最终阻碍了任一方政府放弃该项目。

过去的研发支出。制药公司可能投资数百万美元研发某种新药，然而在临床试验中该药品却未能发挥疗效（或者更糟的是只有负面作用），公司是否应该继续该药品的研发？公司不能收回已投资的研发成本，所以这些成本不应影响公司是否继续研发这一失败的药品的决策。

如果公司已经投入大量资源开发新产品，则即使市场条件已经改变，产品开发不大可行，公司也可能倾向于继续投资于该产品。理由往往是：如果放弃产品开发的话，那么已经投入的大量资金岂不将白白被“浪费”了。在其他一些情况下，做出放弃项目的决策理由是，因为项目不太可能成功地补偿或回收已经投入的资金。事实上，这两种观点都是错误的：任何已经花费的资金都是沉没成本，与项目决策无关。是继续还是放弃项目的决策，应该仅根据继续进行该产品研发的增量成本和收益来决定。

调整自由现金流

这里我们要描述，在估计项目的自由现金流时可能会出现的一些复杂情况。

现金流的时机选择。为简便起见，我们视所有例题中的现金流为每隔 1 年发生。实际上，现金流的发生将遍及全年。尽管通常按年度预测自由现金流，但是，若要求更准确，可以按季度或者按月进行。实务中，对于风险较大的项目，公司通常选择较短的预测间隔，可能按月预测高风险项目的现金流。例如，预测在欧洲的一个新设施的现金流可能按季度或者年度进行，但是，若相同的设施处在政局不稳的国家，则应按月预测现金流。

加速折旧。折旧税盾增加了公司的现金流，在税制允许的前提下，采用最快的加速折旧法对公司是最有利的。这样做，公司将增加节税额，从而增加节税额的现值。在美国，国内税务局（IRS）允许的最快的加速折旧法为 MACRS（modified accelerated cost recovery system，修正的加速成本回收系统）。要运用 MACRS 折旧，即加速成本回收折旧法，公司首先要根据资产的回收期对资产进行分类。MACRS 折旧表基于回收期分配公司每年可回收的那部分购买价格。本章附录提供了常见资产的 MACRS 折旧表和回收期。

例 8.6　计算加速折旧

问题：

根据 MACRS 折旧法，假如指定实验室设备的回收期为 5 年，税法允许的家庭网络项目价值 750 万美元的实验室设备每年计提的折旧为多少？（MACRS 折旧表见附录）

解答：

分析：

本章附录 A 中的表 8.4 提供了每年允许计提折旧的资产购置成本的百分比。根据 MACRS，将表中每年的百分比乘以设备的初始购买价，计算当年的折旧。

计算：

据表 8.4，实验室设备每年允许计提的折旧费用如下所示：

单位：千美元

1	年份	0	1	2	3	4	5
2	MACRS 折旧						
3	实验室设备的成本	−7 500					
4	MACRS 折旧率	20.00%	32.00%	19.20%	11.52%	11.52%	11.52%
5	折旧费用	−1 500	−2 400	−1 440	−864	−864	−432

评价：

与直线折旧法相比，MACRS 法在资产寿命期的早期允许更大的折旧扣除，这就增加了折旧税盾的现值，从而提高项目的 NPV。在家庭网络项目的例子中，运用 MACRS 折旧法计算出的 NPV 为 317.9 万美元。

清算价值或残值。不再需要使用的资产通常有一个转售价值，或者如果将资产的某部分当做残余物出售而得到的残值。某些资产的清算价值可能为负，例如，移除和处置用过的旧设备可能要花钱。

计算自由现金流时，要将不再需要使用和可能被处置的资产的清算价值包含在内。一项资产被清算时，资本利得要作为收益而纳税。资本利得即为清算资产的售价与账面价值的差额：

资本利得 = 售价 − 账面价值　　（公式 8.9）

账面价值等于资产的原始成本减去税法允许的累计已计提折旧额：

账面价值=买价-累计折旧　　（公式 8.10）

必须调整项目的自由现金流，考虑因资产出售而产生的税后现金流：

因出售资产而产生的税后现金流=售价-税率×资本利得　　（公式 8.11）

例 8.7　计算出售资产的税后现金流

问题：

作为生产经理，你正考虑关闭一条停产的生产线。设备总售价为 5 万美元。设备于 4 年前购买，初始购买价格为 50 万美元，运用 MACRS 折旧法计提折旧，折旧期限为 5 年。假设边际税率 35%，销售该设备可得到的税后现金流是多少？

解答：

分析：

要计算税后现金流，就要计算资本利得，根据公式 8.9，需要知道设备的账面价值。账面价值可根据公式 8.10 计算得出，即设备的初始购买价格减累计折旧。根据以上分析，计算步骤为：

（1）用 MACRS 折旧法计算累计折旧。

（2）确定账面价值，即买价减累计折旧。

（3）计算资本利得，即售价减账面价值。

（4）根据公式 8.11，计算资本利得应交的税费，从售价中扣除资本利得税。

计算：

从附录中可知，5 年期 MACRS 折旧计划的前 5 年的折旧比例为（包括第 0 年）：

1	年份	0	1	2	3	4
2	折旧率	20.00%	32.00%	19.20%	11.52%	11.52%
3	折旧费用（美元）	100 000	160 000	96 000	57 600	57 600

所以，累计折旧 471 200 美元（100 000 + 160 000 + 96 000 +57 600+57 600），剩余的账面价值为 28 800 美元（500 000 － 471 200）。（注意，也可以这样计算，根据 MACRS 折旧法，计算剩余年限的折旧百分比之和，第 5 年还剩余的折旧比例为 5.76%，0.0576×500 000=28 800）

资本利得为 21 200 美元（50 000-28 800），应交税费等于 7 420 美元（0.35×21 200），售价减去应交税费即为税后现金流 42 580 美元（50 000-7 420）。

评价：

由于只根据售价的资本利得部分计算税费，因此计算出的税后现金流并非简单地减去税率与售价的乘积。需要计算售价中的资本利得部分，并据此计算税费。以低于账面价值的价格出售设备的计算过程与此相同——这一损失可以抵减公司的其他活动所产生的应纳税所得。

纳税递延。公司一般基于其总体税前收益水平确定其纳税等级，从而确定公司的边际税率。税法还有两个特性，分别称作**税损递延与追溯**（tax loss carryforwards and carrybacks），其内涵是，允许公司承担本年度的亏损，并用近几年的收益弥补亏损。从 1997 年开始，公司可以将本年亏损向后“追溯”两年，或将亏损向前（未来）“递延” 20 年。这项纳税规定意味着，公司可以用当年的亏损抵消前 2 年的所得，或者保留亏损用未来20年的所得弥补。当公司可以追溯纳税亏损时，公司当年将收到以前年度的纳税返还。不然，公司必须递延亏损，并用它来抵免未来应纳税所得。若公司的税损递延大幅超过当前的税前收益，在用尽递延数额后，公司的额外所得应纳税。

设备更新决策

财务经理常常需要决策是否更新公司的现有设备。新设备可能提高产量，产生增量收入，也可能仅仅提高效率，降低成本。与这一决策相关的典型增量影响有：旧设备的残值，新设备的购买价，成本节约和收入增加，以及折旧的影响。

例 8.8　更新现有机器设备

问题：

你正在考虑是否更新生产线上的一台设备。新设备的成本为100万美元，由于比旧设备的效率高，每年可减少成本50万美元。旧设备已提足折旧，但可按5万美元的价格售出。新设备采用MACRS折旧法计提折旧，折旧年限为5年。新设备不改变营运资本需求。税率为35%。

解答：

分析：

增量收入：0

增量成本：−50万美元（分析时，在成本这一行上，成本的减少以正数表示）

折旧表（参见附录）：

单位：美元

1	年份	0	1	2	3	4	5
2	折旧率	20.00%	32.00%	19.20%	11.52%	11.52%	5.76%
3	折旧费用	200 000	320 000	192 000	115 200	115 200	57 600

残值的资本利得=50 000−0=50 000（美元）

残值带来的现金流=50 000−50 000 × 0.35 =32 500（美元）

计算：

单位：千美元

1	年份	0	1	2	3	4	5
2	增量收入						
3	增量销售成本		500	500	500	500	500
4	**增量毛利润**		500	500	500	500	500
5	折旧	−200	−320	−192	−115.2	−115.2	−57.6
6	EBIT	−200	180	308	384.8	384.8	442.4
7	35%的所得税	70	−63	−107.8	−134.68	−134.68	−154.84
8	**增量收益**	−130	117	200.2	250.12	250.12	287.56
9	加回折旧	200	320	192	115.2	115.2	57.6
10	购买设备	−1 000					
11	残值现金流	32.5					
12	**增量自由现金流**	−897.5	437	392.2	365.32	365.32	345.16

评价：

尽管这一决策不影响收入，但影响现金流，因为成本降低了。而且，出售旧机器和购买新机器都会产生带有纳税影响的现金流。

概念检查

7. 是否应该将沉没成本计入项目的现金流？为什么？
8. 请解释，为什么采用税法允许的最快的加速折旧法对公司可能是有利的？

8.5 项目分析

评估资本预算项目时，财务经理应该制定使得 NPV 最大化的决策。正如我们所讨论过的，要计算项目的 NPV，需估计增量现金流以及选择合适的折现率。给定这些输入变量，NPV 的计算就相对简单直接了。资本预算最棘手的部分是确定现金流和资本成本。这些估计通常受到一些很不确定因素的影响。本节考察评估这种不确定性的重要性，以及识别项目的价值驱动因素的方法。

敏感性分析

在预测时，一种重要的评估不确定性的影响的资本预算方法是敏感性分析。**敏感性分析**（sensitivity analysis）将 NPV 计算分解为各组成成分假设，并显示在基本假设改变时，NPV 是如何随之变动的。这样，敏感性分析使得我们能够探究项目的 NPV 估计误差的影响。借助敏感性分析，可以得知哪些假设是最重要的，然后就可以投入更多的资源和努力来改进这些假设。这样的分析也可揭示出，在实际管理项目时，项目的哪些方面更关键。

事实上，第 7 章勾画 NPV 曲线时，就已经用到了一类敏感性分析。描绘项目的 NPV 曲线时，将 NPV 作为折现率的函数，其实就是在估计 NPV 对正确的资本成本的不确定性的敏感度。实际工作中，财务经理需要考察 NPV 对多种影响因素的敏感性，而不仅仅考察其对折现率的敏感性。

举例说明，考虑例 8.5 中计算家庭网络项目的 NPV 的基本假设。围绕收入和成本的每项假设都可能存在很大的不确定性。除了假设基准情形下的销售量、售价、销售成本、净营运资本和资本成本等参数，公司管理者还要确定每一个参数在最好和最差情形下的估计值。例如，假定各参数在最好和最差情形下的估计值如表 8.2 所示。注意，这是就每一个参数的最好和最差情形而言的，不代表一种最差情形和一种最好情形。

表 8.2　**家庭网络项目每个参数的最好和最差假设**

参数	初始假设	最差情形	最好情形
销售量（千件）	50	35	65
销售价格（美元 / 件）	260	240	280
销售成本（美元 / 件）	110	120	100
净营运资本（千美元）	1 125	1 525	725
资本成本	12%	15%	10%

为了考察这种不确定性的重要程度，对于每一个参数，在假定的最好和最差情形下，分别重新计算家庭网络项目的 NPV。例如，如果每年的销售量只有 35 000 件，项目的 NPV 会降到-124 万美元。对每一个参数都重复这一计算。结果如图 8.2 所示，它揭示了该项目中最重要的参数设定为销售量和单位售价。对于这些重要假设，在估计过程中应仔细研究和推敲。此外，作为项目价值的最重要动因，这些因素在项目启动后的管理和营运中应该受到密切关注。

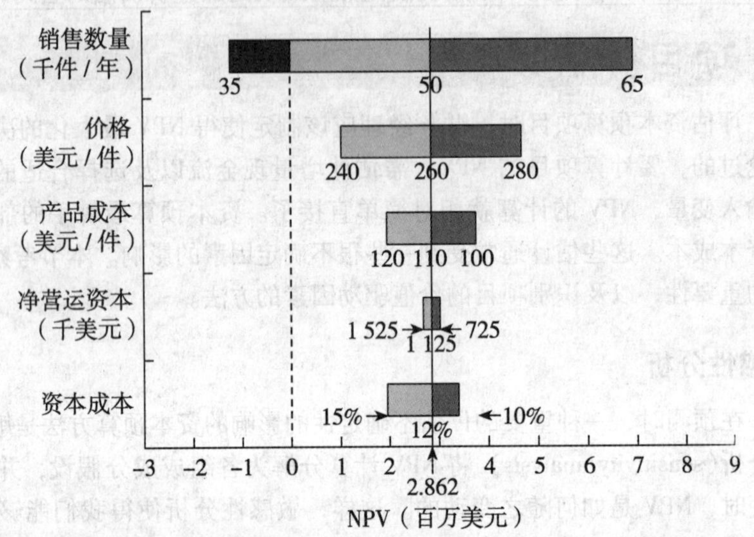

图 8.2　基于每个参数最好和最差情形下的假设，计算家庭网络项目的 NPV

注：条形图表示，每个参数从好的情形假设变为差的情形假设，导致 NPV 的改变。例如，项目的 NPV 的变化范围为：从销售量只有 3.5 万件时的-124 万美元到销售量为 6.5 万件时的 696 万美元。在初始基准假设下，家庭网络项目的 NPV 为 286.2 万美元。

盈亏平衡分析

敏感性分析的自然延展就是，确定每个参数值为多少时，项目恰好**保本**（break even），保本水平即使得投资的 NPV 为零时的水平。我们已经考察过的内含回报率（IRR）的计算就是一例。由第 7 章的内容可知，项目的 IRR 与资本成本之差表明，若不改变投资决策，资本成本的最大估计误差为多少。做出 NPV 曲线或者运用 Excel 的 IRR 函数，可以得出例 8.5 中家庭网络项目自由现金流的 IRR 是 26.6%。要使项目仍然具有正的 NPV，项目的真实资本成本可高达 26.6%。

我们也可确定其他参数的不确定性。**在盈亏平衡分析**（break-even analysis）中，对于每一个参数，都要计算项目的 NPV 为零时的该参数值。手工计算非常繁琐，实务中通常运用电子数据表。正如用 NPV 曲线可以确定折现率，也可以做出 NPV 基于每一个关键假设的函数图像。在每一种情形下，保持所有其他参数为其基准值，而只改变待考察的参数值。图 8.3 给出了家庭网络项目的销售量和销售成本这两个参数的盈亏平衡点。

会计保本点。我们已经基于项目的 NPV 考察了保本水平，这是制定财务决策的最有效的视角。不过，有时也需要考虑基于其他会计指标的保本水平。例如，可以计

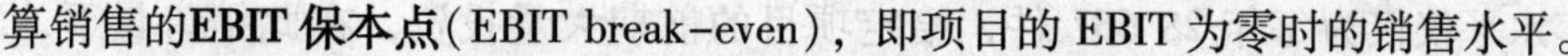

算销售的**EBIT 保本点**（EBIT break-even），即项目的 EBIT 为零时的销售水平。

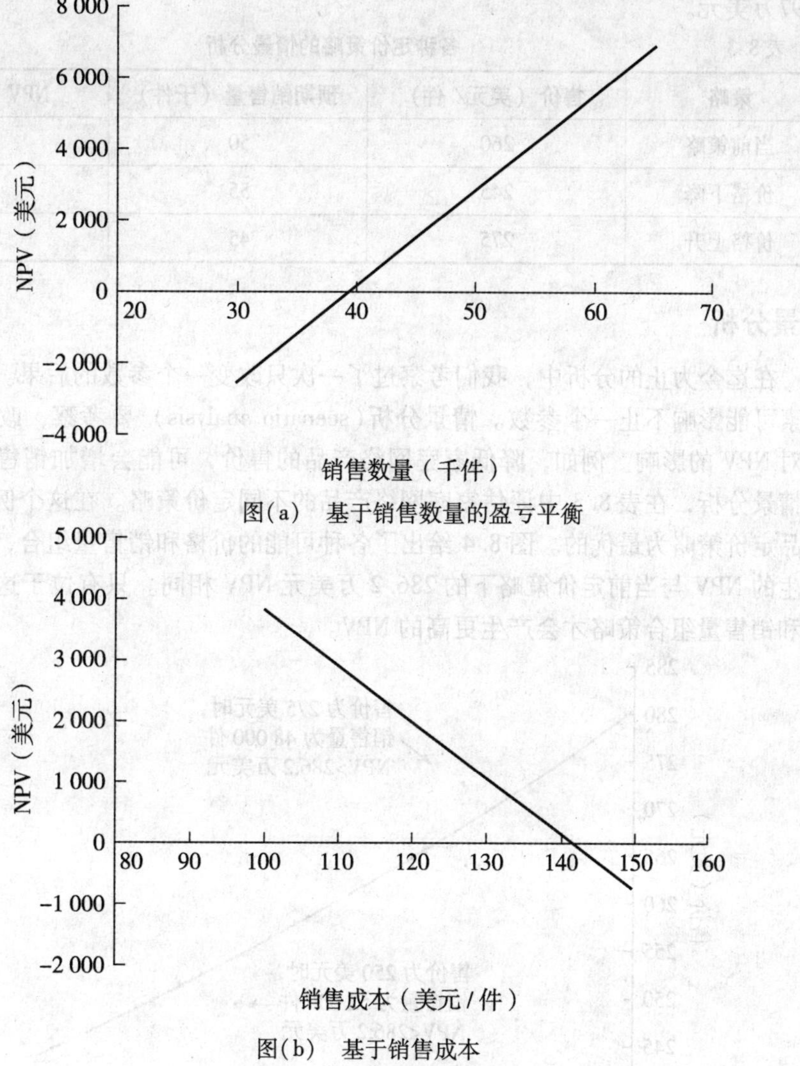

图(a)　基于销售数量的盈亏平衡

图(b)　基于销售成本

图 8.3　盈亏平衡分析图

注：图 a 和图 b 将两个关键参数与项目的 NPV 联系起来，以确定每个参数的盈亏平衡点。例如，基于初始假设，每年的销售量稍低于 4 万件时，家庭网络项目盈亏平衡（NPV 为 0）。同理，销量及其他参数保持为初始假设不变，每件产品的销售成本稍高于 141 美元时，项目盈亏平衡。

回顾公式 8.1，项目的 EBIT 等于：收入-成本-折旧。成本包括已销商品成本和销售、一般及管理费用（SG&A）。收入等于销售量×销售价格，已销商品成本等于销售量×单位成本，由此得到：EBIT=（销售量×销售价格）-（销售量×单位成本）-SG&A-折旧。令公式等于零并求解销售量：

$$\text{销售量}\times(\text{售价}-\text{单位成本})-\text{SG\&A}-\text{折旧}=0$$

$$\text{销售量}=\frac{2\ 800\ 000+1\ 500\ 000}{260-110}=28\ 667\ (\text{件})$$

但是，这一 EBIT 盈亏平衡点将导致错误决策。若家庭网络项目的 EBIT 保本销售水平仅仅为每年 28 667 件，给定项目的前期大量投资，在此销售量下，NPV 为 –297万美元。

表 8.3 各种定价策略的情景分析

策略	售价（美元/件）	预期销售量（千件）	NPV（千美元）
当前策略	260	50	2 862
价格下降	245	55	2 725
价格上升	275	45	2 725

情景分析

在迄今为止的分析中，我们考察过了一次只改变一个参数的后果。事实上，某些因素可能影响不止一个参数。**情景分析**（scenario analysis）要考察，改变多个项目参数对 NPV 的影响。例如，降低家庭网络产品的售价，可能会增加销售量。我们可应用情景分析，在表 8.3 中评估家庭网络产品的不同定价策略。在这个例子中，当前的产品定价策略为最优的。图 8.4 给出了各种可能的价格和销售量组合，这些组合策略产生的 NPV 与当前定价策略下的 286.2 万美元 NPV 相同。只有位于这条线上方的售价和销售量组合策略才会产生更高的 NPV。

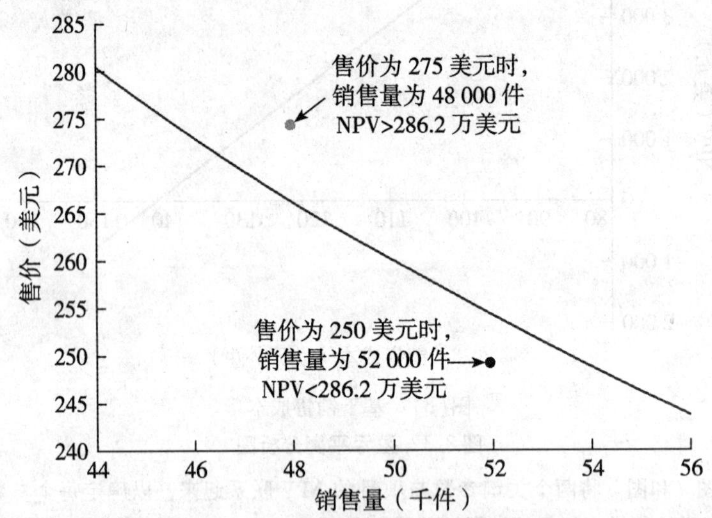

图 8.4 家庭网络项目等 NPV 下的价格和销量组合

注：图示为，NPV 等于 286.2 万美元时的各种售价和年销量组合。这条曲线上方的组合所代表的定价策略，将产生较高的 NPV，比现行策略更优。例如，如果管理者估计单位售价为 275 美元时，销售量将达到 48 000 件，那么这一策略将产生较高的 NPV（362.7 万美元）。

概念检查

9. 什么是敏感性分析？
10. 情景分析与敏感性分析有什么区别？

8.6 资本预算中的实物期权

迄今为止，我们对资本预算的探讨只关注初始投资决策，而没有明确考虑项目寿命周期内可能需要制定的未来决策。我们假定对项目预期未来现金流的预测已经包括可能的未来决策的影响。事实上，大多数项目都包含实物期权。**实物期权**（real option）是一种权利，而不是一种义务，是做出特定经营决策的权利。由于你并没有必须采取某种行动的义务，所以，只有当它能增加项目的 NPV 时，你才会接受。尤其是实物期权允许决策者在了解新信息后做出最优决策，因此能增加投资机会的价值。估计实物期权带来的实际价值的方法超出了本章范围，将在本书的后面章节介绍。本节先介绍相关概念，大致介绍你可能遇到的实物期权类型，使你对灵活性（更多的选择）是有价值的这一理念有一个直觉的理解。下面将以 Linksys 公司的家庭网络项目为例，介绍几种最常见的实物期权。

延迟期权

延迟执行期权（option to delay commitment）（投资时机选择期权）是最常见的一种期权。Linksys 可以等待实施家庭网络项目的最佳时机。如果 Linksys 预期元件将大幅降价，即将公开的新技术将淘汰现有元件，或者上网设备的销量增加（增加对家庭网络产品的需求量），则这种等待就是有价值的。此外，Linksys 也需要更多的时间搜集家庭网络产品的潜在市场信息。与其他资本预算决策一样，如果这样做能弥补延迟时间的资本成本，增加项目的 NPV，那么 Linksys 就会选择延迟投资。

扩张期权

敏感性分析一节考察了销售量的变动。但所有这些分析都是假设 Linksys 将全力生产并将家庭网络产品销往世界各地。我们并没有考虑**扩张期权**（option to expand），这是一种先少量生产，只有在产品成功后才扩大生产的选择权。实际上，Linksys 在全力投入生产前，可以先小规模推出产品，探测市场反应。这样做公司就拥有了一种选择权：只有家庭网络产品小规模推广成功后，才扩大到世界范围。缩小前期投入生产的规模，产品获得成功后才扩大生产，这样做，Linksys 可能会增加家庭网络产品的 NPV。但是，在这个特定的例子中，不管 Linksys 卖 1 件还是一百万件产品，都需要前期投入大量的研发成本，所以限制初始市场规模并没有显著地减少资金投入。因此，在家庭网络的例子中，Linksys 可能不会选择附有扩张期权的有限初始投入。

放弃期权

放弃期权（option to abandon）是一种放弃投资的选择权。如果项目证明不成功，公司可以选择放弃，放弃期权能增加项目的价值。想象竞争者研发成功一项新技术，利用该技术可以生产一种竞争产品，产品定价 170 美元。若以这个价格出售，则家庭网络项目每年将产生负的现金流。如果 Linksys 只能以该价格销售并蒙受损失，它还会继续销售家庭网络产品吗？也许不会。Linksys 有放弃该项目的选择权。它可以停止生产家庭网络产品并卖掉设备。取决于放弃项目 Linksys 预期的设备售价，放弃期权有可能使得（接受）家庭网络项目具有吸引力，即使它面临竞争产品带来的巨大风险。

所有这些期权将得出同一个结论：提高项目的灵活性会增加项目的 NPV。第 20

章将探讨如何确定期权的价值，从而可估计出具有更大灵活性的项目的价值会增加多少。

概念检查

11. 什么是实物期权？
12. 实物期权为什么可以增加项目的 NPV？

本章小结

8.1 资本预算过程

（1）资本预算是分析并决定接受哪些投资机会的过程。资本预算列出了公司计划在今后一个时期实施的全部项目。

（2）我们运用 NPV 法则评估资本预算决策，确定使得 NPV 最大化的决策。在决定是接受还是拒绝项目时，接受 NPV 为正的项目。

8.2 预测增量收益

（1）项目的增量收益由预期该项目对公司的收益所带来的改变构成。

（2）增量收益应该包括所有与项目有关的增量收入和增量成本。

增量收益=（增量收入-增量付现成本-折旧）×（1-税率）　（公式 8.3）

（3）确定项目的无杠杆净收益时，不考虑利息和其他与项目融资有关的费用。

8.3 确定增量自由现金流

（1）根据增量收益计算自由现金流，在增量收益的基础上，排除所有非现金费用，考虑所有资本性投资。

（2）折旧不是现金费用，应该加回。

（3）实际的资本性支出要扣除。

（4）净营运资本的增加要扣除，减少要加回。净营运资本的定义为：

净营运资本=现金+存货+应收账款-应付账款　（公式 8.4）

（5）自由现金流的基本计算公式为，

$$\text{自由现金流}=\overbrace{(\text{收入}-\text{付现成本}-\text{折旧})\times(1-\text{税率})}^{\text{无杠杆净收益}}+\text{折旧}-\text{资本性支出}-\text{净营运资本的变动}\quad(\text{公式 8.6})$$

8.4 对增量自由现金流的其他影响

（1）机会成本是使用现有资产的成本。

（2）项目的外部性是指项目对公司业务的其他领域现金流产生的影响。

（3）沉没成本是指已经发生的不可恢复成本。

（4）折旧费用只是通过折旧税盾影响自由现金流。公司应该尽可能地使用最快的加速折旧时间表。

（5）项目的折现率就是项目的资本成本：与该项目具有类似风险和期限的证券投资的期望回报率。

（6）出售资产时，超过账面价值的部分要交税：

因出售资产而产生的税后现金流=售价-税率×资本利得　（公式 8.11）

8.5　**项目分析**

（1）敏感性分析将 NPV 计算分解成关于其组成成分的假设，它显示在各项基本假设改变时，NPV 如何随之变动。

（2）盈亏平衡（保本）分析计算，使得项目的 NPV 等于零的各个参数水平。

（3）情景分析考察同时改变多个参数对项目或投资的 NPV 产生的影响。

8.6　**资本预算中的实物期权**

实物期权指的是收集更多信息后，做出某一经营决策的权利。实物期权能增加项目的 NPV。

复习题

1. 什么是预计增量收益？
2. 预计增量收益和预计自由现金流有何区别？
3. 净营运资本在项目中有何作用？
4. 净营运资本如何影响项目的现金流？
5. 为什么要根据项目的外部性调整项目的销售收入和成本？
6. 与直线折旧法相比，加速折旧通常增加还是减少 NPV？
7. 怎样进行敏感性分析？其目的是什么？

练习题

资本预算过程（第 1 ~ 6 题）

1. Daily 公司正考虑购买一台价值 1 000 万美元的机器。购买该机器还需支付 5 万美元的运输和安装费用。机器折旧年限为 5 年，期末无残值。假设公司采用直线折旧法，机器每年的折旧费用是多少？

2. 第 1 题中的设备每年将产生 400 万美元的增量收入以及每年 120 万美元的增量成本。假设 Daily 公司的边际税率为 35%，每年新机器的增量收益是多少？

3. 你正在为公司的唯一产品升级生产设备。新设备可使公司在相同时间内的产量提高。因此，你预期下年销售总量将增长 20%，当前的销售量为 10 万件。假设单位售价为 20 美元，设备升级带来的下一年的增量收入是多少？

4. 比萨比萨饼（Pisa Pizza）为一家冷冻比萨饼销售商，公司正考虑引进生产一种更有利于健康的比萨饼，这种比萨饼胆固醇含量低，而且不含反式脂肪。公司预期新款比萨饼每年的销售额为 2 000 万美元。尽管新款比萨饼的大部分销售额将来自新顾客，公司还是预计有 40% 的销售额将来自老顾客，他们将放弃旧款的比萨饼而改吃新的、更健康的比萨饼。

a. 假设顾客在新旧两款比萨饼上花费的金额相同。引进新比萨饼的增量销售收入为多少？

b. 假如公司不引进更健康的新型比萨饼，那些原本要从旧款比萨饼转向健康比萨饼的顾客中，将有 50% 的顾客转向消费其他品牌的比萨饼。在这种情况下，引进新款比萨饼的增量销售额是多少？

5. 可可饼（Kokomochi）公司正打算为其新近推出的甜品——迷你咀嚼饼做广

告。公司今年计划花费500万美元在电视、广播电台和纸媒上做广告。预计做广告会使今年的迷你咀嚼饼销售额增加900万美元，下一年的销售额将增加700万美元。另外，公司预期尝试迷你咀嚼饼的新顾客，将更可能尝试公司的其他产品。其他产品的销售额预计每年将增加200万美元。

迷你咀嚼饼的毛利率是35%，公司其他产品的平均毛利率是25%。公司今年和明年的边际税率都是35%。要求计算，与广告投放相关的增量收益是多少？

6. 海波龙（Hyperion）公司当前销售的最新高速彩色打印机Hyper500，售价为350美元每台。公司计划明年把售价降低到300美元。Hyper500打印机的销售成本是每台200美元，今年的销售量预期为20 000台。

a. 假设公司立即把价格降到300美元，此举可使今年的销售量增长25%，达到25 000台。降价对今年的息税前收益（EBIT）的增量影响为多少？

b. 假设公司预期，每销售一台打印机，未来3年中的每年就将有额外75美元的墨盒售出，墨盒的毛利率是70%。今年的降价，对未来3年的EBIT的增量影响为多少？

确定增量自由现金流（第7~14题）

7. 你正在预测Daily公司的增量自由现金流。根据第1题、第2题的信息，与新设备有关的增量自由现金流是多少？

8. 城堡风景游戏（Castle View Games）公司要对一个分部投资，开发视频游戏软件。为评估这一决策，公司首先要估计该经营项目的营运资本需求。公司的首席财务官（CFO）做出了下面的预测：

单位：百万美元

1	年份	1	2	3	4	5
2	现金	6	12	15	15	15
3	应收账款	21	22	24	24	24
4	存货	5	7	10	12	13
5	应付账款	18	22	24	25	30

假设公司当前对该分部没有任何营运资本投资，计算该项投资在最初5年间，与营运资本变动有关的现金流？

9. 在本章家庭网络一例中，应收账款为销售收入的15%，应付账款占销售成本的15%。假设销售收入和销售成本如下表所示，预测家庭网络项目的净营运资本投资需求。

单位：千美元

1	年份	0	1	2	3	4
2	销售收入		23 500	26 438	23 794	8 566
3	销售成本		9 500	10 688	9 619	3 483

10. 爱慕达（Elmdale）公司正在决定是否要扩充生产设施。尽管长期现金流难以估计，管理者还是做出了最初两年的现金流预测：

单位：百万美元

1	年份	1	2
2	收入	125	160
3	营业费用（不包括折旧）	40	60
4	折旧	25	36
5	净营运资本的增加	2	8
6	资本性支出	30	40
7	边际公司税率	35%	35%

a. 该项目在第 1 年和第 2 年的增量收益分别是多少？

b. 该项目最初 2 年的自由现金流分别是多少？

11. 移动电话接入（Cellular Access）公司为一家移动电话服务商，公司报告了最近财年的净收益为 25 000 万美元。折旧费用是 10 000 万美元，资本性支出是 20 000万美元，没有利息费用。营运资本增加了 1 000 万美元。计算该公司最近财年的自由现金流。

12. 回顾本章家庭网络的例子。假设家庭网络项目实验室将占用仓库空间，原本这一仓库空间可以另行对外出租，在第 1 到第 4 年里的每年租金为 200 000 美元。这项机会成本对项目的增量收益会产生怎样的影响？

13. 1 年前，你公司耗资 110 000 美元购买了一台机器。你得知，一台新机器可以提供许多好处；现在购买它需要花费 150 000 美元。新机器采用直线法计提折旧，折旧年限为 10 年，无残值。你预计在未来的 10 年里，新机器每年将产生 40 000 美元的毛利润（收入减去除折旧之外的经营费用）。预计当前的旧机器每年将产生毛利润 20 000 美元。旧机器也按直线法折旧，折旧（使用）年限为 11 年，无残值，所以旧机器每年的折旧费是 10 000 美元。旧机器的当前市场价值是 50 000 美元。公司税率是 45%，此类设备的资本机会成本为 10%。公司应该置换这台旧机器吗？

14. 绿宝石冰茶（Beryl's Iced Tea）公司当前租用了一台装瓶机，每年租金为 50 000美元，包括所有维护保养费用。公司现打算购买一台机器，取代租赁，公司正在比较如下两种选择：

a. 购买公司当前正在租用的机器，要花费 150 000 美元。这台机器每年还需要支出 20 000 美元的持续维修保养费用。

b. 购买一台新的、更先进的机器需要 250 000 美元。每年还需要花费 15 000 美元的持续维修保养费用，每年可降低装瓶成本 10 000 美元。而且，购买新机器，前期还需要花费 35 000 美元培训新机器操作员。

假设每年适当的折现率为 8%，并且现在就要购买机器。维修保养费用和装瓶成本在每年年末支付，租金也于每期期末支付。假设机器按直线法计提折旧，折旧年限为 7 年，机器的寿命期为 10 年，残值可忽略不计。边际公司税率为 35%。公司应该继续租用、购买现有机器还是购买先进机器呢？

对增量收益的其他影响（第15～20题）

15. 琼斯公司刚计提完一台设备的第三年的折旧，该设备适用MACRS折旧法，折旧期限为5年，初始购买价为30万美元。

a. 设备的账面价值是多少？

b. 如果现在出售设备，售价为18万美元，税率为35%，出售设备的税后现金流是多少？

16. 第15题中，琼斯公司就在准备出售设备之前，收到了一份新订单。如果继续持有旧设备就可以接受新订单。接受新订单是否有成本？如果有，是多少？请解释。

17. 住宅建筑供应商（Home Builder Supply）为一家家居装饰行业的零售商，公司当前在佐治亚州和南卡罗莱纳州经营7家零售店。公司管理层正打算在其经营最成功的零售店所在城镇的另一头开设第8家零售店。公司已经拥有开店的土地，目前在这片土地上有一个废弃的仓库。上个月，公司营销部花费10 000美元进行市场调查，以确定顾客对开设这家新店的需求程度。现在，公司必须决定是否应开设这家新店。

下列哪些项目应作为拟开设新店的增量收益的一部分？

a. 新零售店占用的土地的初始购买价格。

b. 拆除废弃仓库和清理场地的成本。

c. 如果以前开车穿越城镇到现有零售店购物的顾客，在新店建成后，转而成为新店的顾客，由此导致的现有零售店的销售额损失。

d. 为评估顾客对新店的需求，花费10 000美元市场调查费。

e. 新店的建筑施工成本费用。

f. 如果出售土地，土地的价值。

g. 为支付建筑施工费用，而借入债务的利息费用。

18. 如果Daily公司采用MACRS折旧法而不是直线折旧法，第7题的增量自由现金流将如何改变？

19. 马尔可夫（Markov）制造公司最近耗资1 500万美元购买了某种设备，用于制造磁盘驱动器。公司预期该设备可以使用5年，边际公司税率是35%。公司计划采用直线法折旧。

a. 与该设备有关的年折旧费用是多少？

b. 每年的折旧税盾是多少？

c. 假如不采用直线法折旧，而采用针对5年期资产的MACRS加速折旧法。计算在加速折旧时间表下，该设备每年的折旧税盾。

d. 如果公司可以在直线法和MACRS折旧时间表这两者之间选择，并且预期边际公司税率保持不变，应该采用哪一种折旧法？为什么？

e. 如果公司预料在未来5年其边际公司税率将大幅增加，上一问的答案会有何改变？

20. 假如你是渗滤纤维（Percolated Fiber）公司的一位经理，公司正在考虑扩张其合成纤维生产业务。你的老板来到你的办公室，将咨询顾问们做出的报告丢到你的桌上，他抱怨道："为这个报告我们要付给咨询顾问100万美元，而且我也无法确定他们的分析是否讲得通。在我们为该项目所需要的新设备投入2 500万美元之前，你再仔细检查下这份报告，然后给出你的建议。"你翻开报告，看到了下面的估计：

单位：千美元

1	**年份**	1	2	……	9	10
2	销售收入	30 000	30 000		30 000	30 000
3	销售成本	18 000	18 000		18 000	18 000
4	**毛利润**	12 000	12 000		12 000	12 000
5	销售、一般及管理费用	2 000	2 000		2 000	2 000
6	折旧	2 500	2 500		2 500	2 500
7	**净营业利润**	7 500	7 500		7 500	7 500
8	所得税	2 625	2 625		2 625	2 625
9	**净利润**	4 875	4 875		4 875	4 875

报告里所有的估计数字看起来都正确。你注意到，咨询顾问们对将于现在（第0年）购买的新设备采用直线法折旧，这是公司会计部门推荐的。同时，咨询顾问们在计算折旧时，假设设备无残值，这也是公司对这一业务的假设。报告得出结论，由于该项目在未来10年里每年将增加收益487.5万美元，所以项目总价值为4 875万美元（487.5×10）。你不禁回想起你学习财务课程那段美好的日子，你意识到这个报告还有许多工作要做！

首先，你注意到，顾问们没有考虑项目最初（第0年）需要投入1 000万美元营运资本，并将在第10年年末全部收回这一事实。其次，你发现他们归结的每年200万美元的销售、一般及管理费用中，其中有100万美元是即使项目被拒绝也要发生的一般管理费用（间接费用）。最后，你知道会计收益不是正确的决策所关注的焦点！

a. 给定已有信息，从第0年到第10年间，用于评估该项目的每年自由现金流是多少？

b. 如果项目的资本成本是14%，你对新项目的估值是多少？

项目分析（第21～22题）

21. 鲍尔（Bauer）实业公司为一家汽车制造商。公司管理层正在评估一个制造轻型卡车的建厂项目。公司计划使用12%的资本成本评估该项目。基于广泛的调查研究，公司给出了如下的增量自由现金流预测：

单位：百万美元

1	**年份**	0	1—9	10
2	收入		100.00	100.00
3	制造费用（不包括折旧）		−35.0	−35.0
4	营销费用		−10.0	−10.0
5	折旧		−15.0	−15.0
6	**EBIT**		40.0	40.0
7	35%的所得税		−14.0	−14.0
8	**无杠杆净收益**		26.0	26.0
9	折旧		+15.0	+15.0
10	净营运资本的增加		−5.0	−5.0
11	资本性支出	−150.0		
12	持续价值			+12.0
13	**自由现金流**	**−150.0**	**36.0**	**48.0**

a. 对于这一基准情形，制造轻型卡车项目的 NPV 是多少？

b. 根据营销部提供的信息，鲍尔不能确定其收入预测。管理层特别想知道项目 NPV 对销售收入预测的敏感度。如果预测的销售收入比基准预测高出 10%，项目的 NPV 是多少？如果低 10%，项目的 NPV 又是多少？

c. 与其假设该项目的现金流是固定不变的，管理层宁愿探究，销售收入和经营费用的可能增长对于项目分析的敏感度。具体而言，管理层假定第 1 年的销售收入、制造费用和营销费用，正如表中给定的数值一样，然而从第 2 年开始，这三项每年均以 2% 的比率逐年递增。管理层还假定初始资本性支出、折旧、营运资本的增加以及持续价值与表中最初设定的数值一样。在更改了假设后，项目的 NPV 是多少？如果销售收入和经营费用每年增长 5% 而不是 2%，NPV 如何变化？

d. 为考察该项目对折现率的敏感度，管理层想要计算不同折现率下的 NPV。以折现率为 x 轴、NPV 为 y 轴，折现率的取值范围为 5% ~30%，画出 NPV 基于折现率的函数图像。要使项目 NPV 为正，折现率的取值处于什么范围？

22. 白金汉包装（Billingham Packaging）公司正在考虑购买一台新机器 XC-750 以扩大生产能力。XC-750 的成本是 275 万美元。遗憾的是，安装调试这台机器需要花费几个月的时间，导致生产部分中断。公司刚刚花费 50 000 美元完成了关于购买 XC-750 的决策可行性研究，以下为评估结果：

市场营销：一旦 XC-750 明年投入运营，预计产能的提高将使得，在机器的 10 年使用期内，每年的销售额增加 1 000 万美元。

营运：本年由于安装机器而引起的部分生产中断，将减少 500 万美元的销售额。同公司现有产品一样，由 XC-750 生产的产品的成本预计为售价的 70%。在项目寿命期内，产量的增加要求增加存货 100 万美元，包括第 0 年。

人力资源：产能扩张导致每年需要增加的销售和管理人员成本为 200 万美元。

会计：XC-750 在 10 年寿命期内按直线法计提折旧。公司预计由新（增）销售产生的应收账款为销售收入的 15%，应付账款为已销商品成本的 10%。公司的边际税率是 35%。

a. 确定购买 XC-750 的增量收益。

b. 确定购买 XC-750 的自由现金流。

c. 如果这一扩张项目的资本成本是 10%，计算购买新设备的 NPV。

d. 预期由产能扩张带来的每年销售额增加 1 000 万美元，假如估计每年增加的销售额为从 800 万美元到 1 200 万美元。在最差情形下，NPV 是多少？最好情形下呢？

e. 由扩张带来的新增销售额的保本水平是多少？已销商品成本的保本水平是多少？

f. 公司也可以选择购买 XC-900，它的产能更大。XC-900 的购置成本是 400 万美元。在机器投入运营的最初两年内，增加的产能没有用处，但在接下来的 3—10 年内，每年销售额都将提高。预期每年（接下来的 3-10 年里）销售额需要增加（高于预期 XC-750 的 1 000 万美元）多少，才值得购买产能更大的机器 XC-900？

资本预算中的实物期权（第23～25题）

23. 为什么实物期权一定有正的价值？

24. 第22题中，白金汉公司的新机器XC-900隐含哪种类型的实物期权？

25. 如果白金汉公司两年后可按200万美元的价格将XC-750卖给另一家公司，这是哪种类型的实物期权？

数据案例

你刚被戴尔计算机公司（Dell Computers）的资本预算部门聘用。你的第一项任务是，确定拟议中的新型便携式计算机系统项目的净现金流和NPV，该计算机与掌上黑莓大小相似，但它具备运行高端台式计算机系统的功能。

开发新系统要求的初始投资等于，在2008年2月1日结束的财年的固定资产（财产、厂房和设备，PPE）价值的10%。在项目的第1年后，要求追加的投资等于初始投资的10%，第2年后追加的投资为该年初投资的5%，第3—5年后追加的投资分别为该年初投资额的1%。产品的预期寿命是5年。新产品第1年的销售收入预计为戴尔公司于2008年2月1日结束的财年的总收入的3%。预计新产品的销售收入在第2年增长（均为在上一年的基础上增长）15%，第3年增长10%，在项目预期寿命期的最后两年内每年增长5%。你的任务是，确定与该项目有关的其余现金流。你的上司曾指出，项目的经营成本和净营运资本需求与公司的其他业务相似，出于资本预算目的，折旧采用直线法。欢迎回到“真实世界”。既然你的上司没有给你太多的帮助，这里有一些建议，可以引导你的分析：

1. 获取戴尔公司的财务报表（如果你确实为戴尔公司工作，你将已经获得这些数据，不然，即使你的分析偏离目标，至少你不会被解雇）。从市场观察（www. markerwatch. com）网站下载戴尔公司前4个财年的年度利润表、资产负债表和现金流量表。输入戴尔公司的股票代码，然后点击确定进入“financials”（财务报表）。光标进入每张报表后，点击鼠标右键选择导出Excel报表。

2. 你现在准备确定自由现金流。运用本章中的公式8.6，计算每年的自由现金流：

$$\text{自由现金流} = \overbrace{(\text{收入} - \text{付现成本} - \text{折旧}) \times (1 - \text{税率})}^{\text{无杠杆净收益}} + \text{折旧} - \text{资本性支出} - \text{净营运资本的变动} \quad (\text{公式 } 8.6)$$

画出该项目的时间线，计算项目寿命期内、在隔开的相邻栏里每年的自由现金流。确保现金流出为负，流入为正。

a. 假定项目的收益率与戴尔公司在2007年的现有项目相似，使用2007年的EBITDA／销售收入乘数（利润率）来估计项目每年的EBITDA（收入－付现成本）。

b. 假设资产折旧采用直线法，折旧年限为10年，确定每年的折旧费用。

c. 使用戴尔公司2007年的所得税税率，作为新项目的税率。

d. 假设项目每年的净营运资本（NWC）需求水平为项目当年销售额的固定百分比，计算每年需要的净营运资本。使用戴尔公司2007年的NWC／销售收入比率估计要求的百分比。(仅用应收账款、应付账款及存货来衡量营运资本。其他的流动资产和流动负债构成项目，由于难以解释，且没有必然反映出项目要求的NWC，例如，戴尔公司的库存现金，因而不予考虑)

e. 为确定自由现金流，计算每年增加的资本性投资和净营运资本的变动。

3. 使用Excel函数，确定项目的IRR，以及按12%的资本成本确定项目的NPV。计算NPV时，在NPV函数中输入从第1年到第5年的现金流，然后再减去初始投资成本(也即，$=NPV(rate, CF_1: CF_5)+CF_0$)。计算IRR时，输入现金流的范围为从0年到第5年的现金流。

第8章附录 MACRS折旧

美国税法允许大多数资产采用加速折旧。对于任何特定资产，你所使用的折旧方法事实上在你将资产投入使用的当时就由税法决定了(多年来，国会对折旧规则进行了多次修改，所以许多公司的长期资产可能不得不同时使用几种折旧方法)。

对于大多数自1986年以后投入使用和服务的经营资产，美国国内税务局(IRS)允许公司使用MACRS(修正的加速成本回收系统，Modified Accelerate Cost Recovery System)法对资产计提折旧。根据这种方法，你要将每一经营资产进行分类，然后再依据不同的回收类别来确定可以冲销资产成本的时限。最常用的资产项目归类如下：

3年期资产：拖拉机机组、超过2岁的赛马、所有超过12岁的马。

5年期资产：汽车、公共汽车、卡车、计算机及外围设备、办公机器以及研究和实验用资产，也包括种牛和奶牛。

7年期资产：办公家具及固定装置，以及没有被指定为属于其他类的任何资产。

10年期资产：水上运输设备、农业或园艺专用设施(构筑物)、树木或结有果实或坚果的攀爬植物(如葡萄树)。

15年期资产：应提折旧的土地改良物，如围墙、道路及桥梁。

20年期资产：除农业或园艺构筑物之外的农场建筑物。

27.5年期资产：出租用住宅资产。

39年期资产：非住宅用房地产，包括家庭办公室(注意，土地的价值不可以提折旧)。

一般来说，住宅用和非住宅用房地产按直线法折旧，但是对于其他类别资产，可以在早期更快地折旧。表8.4列出了其他回收类别资产的标准折旧率；在具体应用时，还要根据资产投入使用的月份，对该表进一步细化(参考IRS指南)。该表表明资产成本每年可以计提折旧的百分比，第1年是指资产最初投入使用的那一年。通常，第1年是资产的取得年度，而且该表包含“半年度”形式，允许在资产取得年度计提半年折旧。这就是第1年的折旧百分比低于第2年的原因。

表8.4 MACRS折旧表显示的基于资产回收期的、每年可计提折旧的资产购置成本百分比

	对应于回收期的折旧率（%）					
年	3年	5年	7年	10年	15年	20年
1	33.33	20.00	14.29	10.00	5.00	3.750
2	44.45	32.00	24.49	18.00	9.50	7.219
3	14.81	19.20	17.49	14.40	8.55	6.677
4	7.41	11.52	12.49	11.52	7.70	6.177
5		11.52	8.93	9.22	6.93	5.713
6		5.76	8.92	7.37	6.23	5.285
7			8.93	6.55	5.90	4.888
8			4.46	6.55	5.90	4.522
9				6.56	5.91	4.462
10				6.55	5.90	4.461
11				3.28	5.91	4.462
12					5.90	4.461
13					5.91	4.462
14					5.90	4.461
15					5.91	4.462
16					2.95	4.461
17						4.462
18						4.461
19						4.462
20						4.461
21						2.231

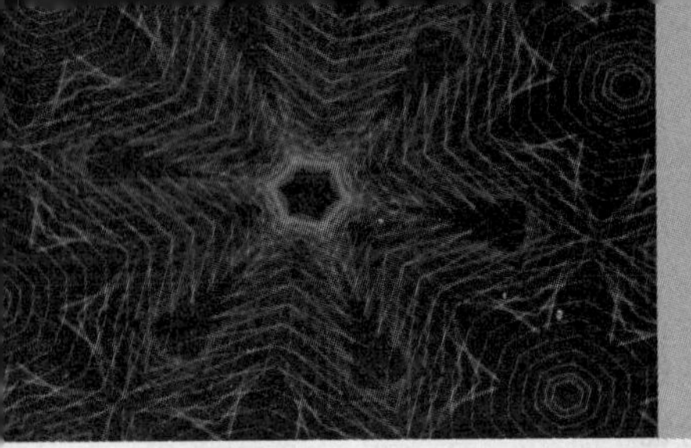

第 9 章 股票估值

学习目标

- 阅读股票报价。
- 使用期望未来红利的现值确定股票价值。
- 理解股票估值中红利与增长之间的权衡。
- 使用公司总支出或自由现金流的现值确定股票价值。
- 使用基于可比公司价值的乘数确定股票价值。
- 比较股票估值的不同方法。
- 理解股票价格是如何通过有效市场中的竞争获取信息。

本章所涉及符号的含义如下：

P_t（第 t 年年末的股票价格）；r_E（股权资本成本）；N（预测期期末或预测期限）；g（期望红利增长率）；Div_t（第 t 年支付的红利）；EPS_t（t 期的每股收益）；PV（现值）；$EBIT$（息税前收益）；FCF_t（t 期的自由现金流）；V_t（t 期的公司价值）；r_{wacc}（加权平均资本成本）；g_{FCF}（预期自由现金流的增长率）；$EBITDA$（息、税、折旧和摊销前收益）

克里斯多夫·布里格姆访谈

克里斯多夫·布里格姆（Christopher Brigham，以下简称“克里斯”），2003 年毕业于密歇根州立大学（Michigan State University），主修理财专业，现任卢米斯·赛勒斯公司（Loomis，Sayles & Company）股权研究助理。这家位于美国波士顿的投资公司，为机构投资者和共同基金管理着超过 1 300 亿美元的股票和固定收益资产。

在卢米斯·赛勒斯公司，股权研究分析师与投资组合经理相互协作，共同建立最优投资组合。“我负责研究金融服务业，如银行、证券经纪公司和保险公司，”克里斯说，“要确定公司的价值，就要分析公司的基本面，应用股票估值模型。根据这些信息，我们一起决定哪些公司股票值得买进、哪些要远离以及何时抛售现有股票。”

卢米斯·赛勒斯公司综合运用多种方法估计普通股的价值。“各行业各公司均不相同，所以股票估值没有严格的规则约束”，克里斯解释说。除了像红利折现模型这样的内在价值估值模型，卢米斯·赛勒斯公司还运用相对历史估值乘数，如市盈率和市净率，并考虑宏观经济或行业动态因素。“由于存在众多变量，对未来收益或增长率的预测一直是运用收益和自由现金流折现模型的最大挑战。”

有时，估值分析预测的股票价格与当前市价大相径庭。“这时，我们就要找出模型中可能遗漏的所有市场定价因素变量。例如，由于行业趋势和管理质量难以量化，不同分析师对于同一只股票的假设和估值可能大不相同。”

克里斯密切关注公司和行业新闻，阅读公司报告和财务报表，分析行业和经济走势。他还监控相对估值指标，开发出与时俱进的精确收益模型。“大学的理财课程赋予我从事这份工作所需要的知识背景，”克里斯说，“最重要的课程训练包括分析财务报表、建立模型、预测收益及现金流。”

2006 年 1 月 16 日，鞋靴及时装制造商肯尼思科尔（Kenneth Cole Productions）公司宣布，任职 15 年的公司总裁保罗·布卢姆（Paul Blum）已辞职另谋高就。在过去的两年里，公司股价的下跌已经超过 16%，公司现正着力重构其品牌。消息宣布后的第二天，在纽约证券交易所上市交易的肯尼思科尔股票的价格下跌了超过 6%，报收于 26.75 美元，成交量为 30 万股，为平均日成交量的两倍还多。

投资者怎样决定在这一价格上是买进还是卖出像肯尼思科尔这样的股票呢？为什么消息宣布后股票的价值突然就减少了 6%？肯尼思科尔的管理者可采取什么措施提高股价？

为了回答这些问题，我们求助于估值原理。第 3 章的分析表明，估值原理意味着，证券的价格应该等于投资者因拥有该证券而将得到的期望现金流的现值。本章把这一思想应用到股票估值中去。因而，为对股票估值，需要知道投资者将得到的期望现金流，以及用以折现现金流的合适的资本成本。这些数值的估计都很复杂，并且这样做需要的许多细节将贯穿于本书余下的章节中。本章先识别与股票估值相关的现金流，然后阐述理财从业人员用以评估这些现金流的主要工具。

首先，理财人员需要考虑在不同时期持有股票的投资者所得到的红利和资本利得，从中发展出股票估值的红利折现模型。其次，应用第 7 章的工具，基于公司产生的自由现金流为股票估值。在开发出这些基于折现现金流的股票估值方法后，接下来需要将它们与基于可比公司的估值乘数方法相联系。最后，需要讨论竞争对股价中包含的信息的影响，及其对投资者和公司管理者带来的启示。

9.1 股票基础知识

如第 1 章所述，公司的所有权被分割为股份。图 9.1 是根据谷歌财经上的肯尼思科尔制造公司股票基本信息所绘制的股票报价。[①] 网页显示，该公司是一家上市公司（股票在市场上公开持有并交易），其股票在 NYSE（纽约证券交易所）上市交易，股票代码为 KCP。**股票代码**（ticker symbol）是上市公司交易情况在股票行情指示器（交易活动的即时电子显示）上显示时所使用的唯一名称缩写。在 NYSE 上市的股票，其股票代码由三个或更少的字符组成，而在 NASDAQ 上市的股票，其股票代码通常有四个或更多个字符。

① 许多网站可以免费获得股票信息，如雅虎财经、MSN 投资频道、华尔街日报（网址 wsj. com）及证券交易所的网址（nyse. com 和 nasdaq. com）。

图 9.1　肯尼思科尔制造商（KCP）的股票报价

注：谷歌财经上的这张屏幕截图显示了肯尼思科尔制造商普通股的基本股价信息和历史价格曲线。历史价格曲线的期间是 2006 年 1 月到 10 月。2007 年 4 月 10 日的股票价格是 27.30 美元。

资料来源：http://finance.google.com/finance? q=kcp&hl=en

图 9.1 显示的是肯尼思科尔制造商 2007 年 4 月 10 日的普通股信息。**普通股**（common stock）是公司的每股权益，赋予其持有者获得普通股股利的权利以及选举董事、并购及公司其他重大事件的投票权。作为一种所有权凭证，普通股的持有者有权以红利的形式享有公司收益。红利通常以现金的形式定期支付，作为对股东投资于公司的部分回报。董事会决定支付红利的时间和数额。股东按其持股比例获

得红利。

图9.1的曲线显示了肯尼思科尔制造商（KCP）2006年1月至10月期间普通股的股票价格。在该图覆盖的期间内，公司对其普通股股东进行了两次红利支付，一次是在2006年5月，另一次是在2006年8月。红利支付的时点标注了“D”及红利数额。本例中，两次红利支付都是每股18美分。如果你拥有KCP公司1 000股股票，每个红利支付日将收到180美元（0.18×1 000）。该图也清晰地显示，2006年1月，KCP公司股价下跌，本章引言部分已经讨论过。

最后，该网页显示KCP股票业绩的一些基本信息。请注意市场上KCP股票的最后成交价（27.30美元）、当天该股票的开盘价（27.35美元）、当天交易期间曾达到的最高价和最低价（27.41美元和27.16美元）、当天成交量（19 000股）。KCP的所有股票的总价值就是其总市值，等于每股价格乘以流通股股数，为54 673万美元。在过去的52周，KCP曾达到的最高价格为28.30美元，最低价格是21.75美元，日均交易量为140 000股。另外，注意公司的一些基本信息：第2章曾讨论过的市盈率（P/E）和每股收益（EPS），以及根据未来收益估计值计算的P/E（预期P/E），这一KCP数据不能直接得到。该网页上还有KCP的贝塔（β）为0.7，贝塔是衡量风险的一种指标，本书第11章会对其进行介绍。

KCP的当前价格为27.30美元，但股票价格一直在不停波动。前面几章中已学习财务经理如何制定影响公司价值的决策，本章将介绍投资者获取公司信息（即股票估值）的不同方式，包括获取财务经理制定决策的现金流信息。

概念检查

1. 什么是股票?
2. 什么是红利?

9.2 红利折现模型

估值原理表明，对任何证券估值，都必须确定投资者因拥有该证券而将得到的期望现金流。我们先考察投资期限为1年的投资者的现金流，说明股价与投资者的回报是如何联系起来的。然后，再从长期投资者的视角来考察。最终，我们要实现目标，即建立第一种股票估值模型：红利折现模型。

1年期投资者

拥有股票有两个可能的现金流来源：

(1) 公司可能以红利的形式向股东支付现金；

(2) 投资者可能在未来选择出售股票以获得现金。

投资者从红利发放和出售股票所得到的总金额，取决于投资期限。先考察1年期投资者的情形。

投资者购买股票时，为每股股票支付的当前市场价格是P_0。当他继续持有股票，有权得到股票支付的任何红利。以Div_1表示年内每股股票支付的红利总额。在年末，投资者将以新的市场价格P_1出售其所持有的股票。为简化分析，假设所有红利都在年末支付，这一投资的时间线如下所示：

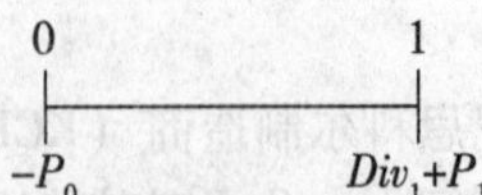

当然，上面时间线上的未来红利支付和股价并不是确定可知的。更确切地讲，这些价值是基于投资者在购买股票时的预期。给定这些预期，投资者今天愿意为得到股票而支付的价格为，使得这一交易的 NPV 为零的价格——也即，当前价格等于期望未来红利和卖价的现值。

这些现金流是有风险的，不能以无风险利率折现，而必须基于公司股权的资本成本。前面章节将投资的资本成本定义为，投资者可能从相似风险和到期日的其他最优投资中得到的期望回报率。因此，必须基于**股权资本成本**（equity cost of capital）r_E 对股权的现金流折现，股权资本成本就等于，资本市场上与公司股票具有同样风险和期限的其他投资的期望回报率。这样就导出了下面的股票价格公式：

$$P_0=\frac{Div_1+P_1}{1+r_E} \qquad \text{（公式 9.1）}$$

如果当前的股价低于这个数额，这将是一项净现值为正的投资。可以预期，投资者将竞相购买，从而推动股价上涨。如果股价超过这个数额，则出售股票会产生正的净现值，股价将迅速下跌。

红利收益率、资本利得与总回报率

公式 9.1 中计算股票价格的一个关键变量是公司的股权资本成本——r_E。本节开始曾指出，投资者持有股票的回报来源于红利和卖出股票获得的现金。重写公式 9.1，使之包含这两个回报部分。如果将公式两边同时乘以（$1+r_E$），除以 P_0，然后再减去 1，就可以重新解释公式 9.1：

$$\overbrace{r_E=\frac{Div_1+P_1}{P_0}-1}^{\text{总回报率}}=\underbrace{\frac{Div_1}{P_0}}_{\text{红利收益率}}+\underbrace{\frac{P_1-P_0}{P_0}}_{\text{资本利得率}} \qquad \text{（公式 9.2）}$$

公式 9.2 右边的第一项为**红利收益率**（dividend yield），它是股票的期望年度红利除以其当前价格。红利收益率是投资者预期从股票支付的红利中赚取的百分比回报。公式 9.2 右边的第二项反映的是投资者将在股票上赚取的**资本利得**（capital gain），它是股票的期望卖价和初始购买价格之差，P_1-P_0。将资本利得除以当前股价，表达为资本利得的百分比回报，称作**资本利得率**（capital gain rate）。

红利收益率与资本利得率之和称作股票的**总回报率**（total return）。总回报率为投资者投资股票 1 年将获得的期望回报率。公式 9.2 说明，股票的总回报率应该等于股权资本成本。换言之，股票的期望总回报率应该等于市场上具有同等风险的其他投资的期望回报率。

这个结论正是我们预期到的：公司向其股东提供的回报率，必须与他们从事同等风险的其他投资可获得的回报率相当。如果股票提供的回报率高于其他具有同等风险证券的回报率，那么投资者将出售其他投资并买进股票。这种行为将抬高股票的当前价格，降低其红利收益率和资本利得率，直到公式 9.2 成立为止。如果股票的期望回报率较低，投资者将出售股票，驱使股价下跌直至公式 9.2 再次成立。

例 9.1　股票价格和回报率

问题：

假设你预期，龙斯药店（Longs Drug Stores）来年将发放每股 0.56 美元的红利，在年末，股票将按每股 45.50 美元的价格交易。假如与龙斯股票具有同等风险的其他投资的期望回报率是 6.80%，那么，你今天最多会为龙斯股票支付的买价是多少？按这个价格，你预期的红利收益率和资本利得率分别是多少？

解答：

分析：

根据给定的期望值：红利（Div_1 = 0.56 美元），未来价格（P_1 = 45.50 美元）及愿意投资的期望回报率（r_E = 6.8%），可利用公式 9.1 计算今天需要支付的价格。然后利用公式 9.2 计算红利收益率和资本利得。

计算：

应用公式 9.1，可得

$$P_0=\frac{Div_1+P_1}{1+r_E}=\frac{0.56+45.50}{1.0680}=43.13\ (\text{美元})$$

根据公式 9.2 可得，按这个价格，

投资于龙斯股票的红利收益率 = Div_1/P_0 = 0.56/43.13 = 1.30%

预期的每股资本利得 = 45.50−43.13 = 2.37（美元）

资本利得率 = 2.37/43.13×100% = 5.50%

评价：

按 43.13 美元的价格交易，龙斯股票的期望总回报率是 6.80%（1.30% + 5.50%），等于其股权资本成本（与龙斯等风险投资机会的回报率）。这一价格是投资者最多会支付的价格。如果需要支付更高的价格，期望回报率将低于 6.8%，那么投资者将更愿意选择其他投资。

多年期投资者

现在，把对 1 年期投资者回报率的研究拓展至多年期投资者。公式 9.1 依赖于期望的 1 年后的股价 P_1。如果计划持有股票两年。那么在出售股票前将收到第 1 年和第 2 年的红利，如下面的时间线所示：

0	1	2
$-P_1$	Div_1	Div_2+P_2

在这种情形下，令股价等于未来现金流的现值意味着[①]：

$$P_0=\frac{Div_1}{1+r_E}+\frac{Div_2+P_2}{(1+r_E)^2} \qquad (\text{公式 9.3})$$

公式 9.1 与公式 9.3 不同：作为 2 年期的投资者，我们关心的是第 2 年的红利和

① 假设股权资本成本不依赖于现金流的期限，对于这两个期间，使用相同的股权资本成本，也就是说，第 2 年（或其他任意年度）的 r_E 不变，否则就要根据股权资本成本的期限结构进行调整（如同第 5 章对无风险现金流的收益曲线的处理一样）。这样做将使分析变得复杂，但不会改变结果。

股价，但公式 9.1 中没有出现这两项。这种差别是否意味着 2 年期投资者对股票的估值，与 1 年期投资者相比有所不同?

答案为否。尽管 1 年期投资者并不直接关注第 2 年的红利和股票价格，但投资者将间接地关注它们，因为它们将影响投资者可在第 1 年年末出售股票的价格。例如，假设投资者将股票卖给另一个对该股票具有同样信念的 1 年期投资者。新投资者预期在第 2 年年末将得到红利和股票的转售价格，所以为得到股票，新投资者将愿意支付：

$$P_1=\frac{Div_2+P_2}{1+r_E}$$

将这个 P_1 的表达式代入到公式 9.1 中，可得到与公式 9.3 相同的结果：

$$P_0=\frac{Div_1+P_1}{1+r_E}=\frac{Div_1}{1+r_E}+\frac{1}{1+r_E}\overbrace{\left(\frac{Div_2+P_2}{1+r_E}\right)}^{P_1}$$

$$=\frac{Div_1}{1+r_E}+\frac{Div_2+P_2}{(1+r_E)^2}$$

因此，2 年期投资者支付的股价的表达式，与连续的两个 1 年期投资者的相同。

红利折现模型公式

我们可以对任何年限继续这一过程，方法是以下一个股票持有者愿意支付的价值替换最后的股价。这样，可推导出股票估价常用的**红利折现模型**(dividend-discount model)，这里的时限 N 为任意的：

红利折现模型

$$P_0=\frac{Div_1}{1+r_E}+\frac{Div_2}{(1+r_E)^2}+\cdots+\frac{Div_N}{(1+r_E)^N}+\frac{P_N}{(1+r_E)^N} \quad \text{(公式 9.4)}$$

公式 9.4 适用于单一的 N 年期投资者，他将收到 N 年红利，然后在 N 年后卖出股票；或者适于一系列的投资者，他们短期持有股票，然后再转售。注意，公式 9.4 适用于任意的时限 N。从而，所有投资者（对所投资的股票具有相同信念）将对股票赋予相同的价值，而不管他们的投资时限长短。他们打算持有股票多久，以及他们是以红利还是以资本利得的方式得到回报都是不相关的。对于公司总是支付红利，并且公司从未被收购或清算的特殊情形，永远持有股票是可能的。这种情形下，不存在出售股票的红利支付终止点，重写公式 9.4 表示红利支付一直持续到未来：

$$P_0=\frac{Div_1}{1+r_E}+\frac{Div_2}{(1+r_E)^2}+\frac{Div_3}{(1+r_E)^3}+\cdots \quad \text{(公式 9.5)}$$

即，股票价格等于股票将要支付的期望未来红利的现值。

概念检查

3. 怎样计算股票的总回报率?
4. 使用什么折现率折现股票的未来现金流?

9.3 估计红利折现模型中的红利

公式 9.5 以公司将支付的期望未来红利确定股票的价值。当然，估计这些红利，尤其对于遥远的未来的红利，是非常困难的。一种常用的近似估计是，假设从长远来看，红利将按一个不变的比率增长。本节考察这一假设对股价的影响，探讨红利和增长的权衡。

不变的红利增长率

对公司未来红利最简单的预测是，红利将永远按一个恒定的增长率 g 增长。那样的话，对于今天购买股票并一直持有的投资者而言，其现金流的时间线如下所示：

0	1	2	3	…
$-P_0$	Div_1	$Div_1(1+g)$	$Div_1(1+g)^2$	

由于预期的红利为以恒定比率增长的永续年金，可以运用公式 4.9 计算它们的现值。于是得到股票价格的简单公式如下：[①]

不变红利增长率模型

$$P_0=\frac{Div_1}{r_E-g} \qquad \text{（公式 9.6）}$$

根据**不变红利增长率模型**（constant dividend growth model），公司股权的价值取决于下一年的红利水平除以根据增长率调整后的股权资本成本。

例 9.2　对具有不变红利增长率的公司估值

问题：

联合爱迪生（Consolidated Edison）公司是一家受政府管制的公用事业公司，公司服务于纽约市地区。假设公司计划在明年每股支付 2.30 美元的红利。如果其股权资本成本是 7%，预计未来每年红利增长 2%，估计联合爱迪生公司的股票价值。

解答：

分析：

如果预计红利每年按不变比率永续增长，可以运用公式 9.6 估值爱迪生公司。预期下一年的红利（Div_1）为 2.30 美元，增长率（g）为 2%，股权资本成本（r_E）为 7%。

计算：

$$P_0=\frac{Div_1}{r_E-g}=\frac{2.30}{0.07-0.02}=46.00\text{（美元）}$$

评价：

你愿意支付今年红利（2.30 美元）的 20 倍以拥有爱迪生公司的股票，这是因为你购买的是一项权利，这一权利让你可以获得今年的红利以及永续增长的系列未来红利。

注意，将公式 9.6 重新整理如下，可得到另一种理解：

$$r_E=\frac{Div_1}{P_0}+g \qquad \text{（公式 9.7）}$$

比较公式 9.7 和公式 9.2 可知，红利增长率 g 等于期望的资本利得率。换句话

① 如第 4 章所述，这个公式要求 $g<r_E$。否则，永续增长年金的现值将是无穷的。这意味着红利不可能永远以大于 r_E 的增长率 g 增长。如果增长率确实超过 r_E，那也必定是暂时的，否则无法应用不变增长率模型。

说，在期望红利增长率固定不变的前提下，股价的期望增长率（即资本利得率）与红利增长率是一致的。

红利与投资及增长

公式9.6中，股价随着当前的红利水平 Div_1 和期望增长率 g 的增加而增加。为了使股票价格最大化，公司应把这两个变量都提高。然而，公司通常需要权衡：提高增长率可能需要加大投资，而花在投资上的资金就不能用来支付红利。不变红利增长率模型有助于深入理解这种权衡。

一个简单的增长模型。是什么决定了公司的红利增长率？如果将公司的**红利支付率**（dividend payout rate）定义为公司每年将其收益作为红利支付的部分，则可将 t 期的每股红利写成如下形式：

$$Div_t = \underbrace{\frac{t\text{期收益}}{t\text{期流通股数}}}_{EPS_t} \times t\text{期红利支付率} \qquad \text{（公式9.8）}$$

即每年的红利为公司的每股收益（EPS）乘以其红利支付率。公司可通过三种方式增加红利：

（1）增加收益（净收益）；

（2）提高红利支付率；

（3）减少流通股的数量。

假设公司不发行新股（或回购现有股票），已发行股数是固定的，我们要探讨的是，在选择1和选择2之间怎样权衡。

公司对其收益的支配，可从以下两者中选择其一：将收益支付给投资者，或将收益留存进行再投资。公司今天投入现金，可以提高未来的红利。为简单起见，假设如果没有新投资，公司就不会增长，于是公司当前产生的收益水平就将保持不变。如果所有未来收益的增加，都只来自于用留存收益进行的新投资，那么：

$$\text{收益变动量} = \text{新投资} \times \text{新投资的回报率} \qquad \text{（公式9.9）}$$

新投资等于收益乘以**留存比率**（retention rate），留存比率是公司当前收益被留存的比例：

$$\text{新投资} = \text{收益} \times \text{留存比率} \qquad \text{（公式9.10）}$$

将公式9.10代入到公式9.9中，然后将表达式两边同时除以收益，即可得到收益增长率的表达式：

$$\text{收益增长率} = \frac{\text{收益变动量}}{\text{收益}} = \text{留存比率} \times \text{新投资的回报率} \qquad \text{（公式9.11）}$$

如果公司选择保持红利支付率固定不变，红利的增长率就等于收益的增长率：

$$g = \text{留存比率} \times \text{新投资的回报率} \qquad \text{（公式9.12）}$$

盈利性增长。公式9.12表明，公司可通过保留更多的收益提高其增长率。然而，如果公司保留更多的收益，则公司付出的收益将减少；根据公式9.8，这意味着公司将不得不减少红利。如果公司想提高股价，它应该削减红利从而投资更多，还是应削减投资增加红利支付？不必惊讶，答案将取决于公司投资的盈利能力。我们通过下面的例子说明这一点。

例 9.3　为盈利性增长而削减红利

问题：

克兰（Crane）体育用品公司预计来年的每股收益是 6 美元。公司不打算将这些收益再投资从而获得增长，而是计划将所有的收益都作为红利支付给股东。在公司未来没有增长这种预期下，公司当前的股价是 60 美元。

假设在可预见的未来，公司可以削减其红利支付率到 75%，并用留存收益开设新店。预期这些新店的投资回报率是 12%。假设这些新投资的风险与公司现有投资的风险相同，则公司的股权资本成本不变。新政策对公司的股价会产生什么影响？

解答：

分析：

要计算这一政策对公司股价的影响，第一，需要计算公司的股权资本成本；第二，必须知道克兰公司在这一政策下的红利和其增长率。

第一步，已知克兰公司当前增长率为 0（g=0），红利为 6 美元，股价为 60 美元，就可以根据公式 9.7 估计 r_E。第二步，新的红利可以简单地等于原红利（6 美元）的 75%。最后，有了新的红利、克兰公司的股权资本成本和新的增长率，就可以根据公式 9.6 计算公司采取新政策后的每股价格。

计算：

首先，运用公式 9.7 估计 r_E：

$$r_E=\frac{Div_1}{P_0}+g=10\%+0\%=10\%$$

也就是说，在当前的财务政策下，与克兰公司的股价相适应，市场内具有同等风险的其他股票的期望回报率一定是 10%。

其次，我们考察新政策的后果。如果克兰公司将红利支付率降到 75%，根据公式 9.8 可知，来年的红利将下降到：

$$Div_1=EPS_1\times75\%=6\times75\%=4.50\text{（美元）}$$

同时，由于公司现在要留存其收益的 25% 投资于新商店，由公式 9.12，其增长率将增加到

$$g=\text{留存收益比率}\times\text{新投资的回报率}=25\%\times12\%=3\%$$

假设公司按这一比率持续增长，运用公式 9.6 的不变红利增长率模型，计算新红利政策下的股价：

$$P_0=\frac{Div_1}{r_E-g}=\frac{4.50}{0.10-0.03}=64.29\text{（美元）}$$

评价：

如果公司削减红利，增加投资促进增长，则股价将从 60 美元增加到 64.29 美元，这意味着投资具有正的 NPV。公司用其收益进行项目投资的回报率（12%）大于股权资本成本（10%），克兰公司为其股东创造了价值。

例 9.3 中，削减公司的红利支付，有利于公司的成长，继而提高股价。但是情况并非总是如此，如例 9.4 所示。

例 9.4　无价值（没有收益）的增长

问题：

假设同例 9.3，克兰体育用品公司决定将红利支付率降到 75%，以留存收益投资开设新商店。但现在假设，新投资的回报率是 8% 而不是 12%。给定公司本年的期望每股收益是 6 美元，股权资本成本是 10%（再次假设新投资的风险与现有投资的风险相同），在这种情形下，公司当前的股价将会是多少？

解答：

分析：

本例将按例题 9.3 的步骤计算，不同的是，本例中，计算新的增长率（g）时，假设新投资的回报率为 8%，而不是例题 9.3 中的 12%。

计算：

如同例 9.3，公司的红利将下降到 6×75% =4.50 美元。在新政策下，新投资的回报率较低，现在的红利增长率为 25% ×8% =2%。新的股价为：

$$P_0=\frac{Div_1}{r_E-g}=\frac{4.50}{0.10-0.02}=56.25\ (\text{美元})$$

评价：

公司在新政策下收益也在增长，但新投资的 NPV 为负。如果公司削减红利从事回报率只有 8% 的新投资，股价将下跌。将其收益以低于股权资本成本（10%）的回报率（8%）再投资，克兰公司降低了股东价值。

比较例 9.3 和例题 9.4 可知，公司削减红利以追求成长的效应，关键取决于新投资的回报率。例 9.3 中，新投资的 12% 的回报率超过了 10% 的股权资本成本，投资具有正的 NPV。例 9.4 中，新投资的回报率只有 8%，即使新投资也导致收益增长，但新投资的 NPV 为负。唯有新投资的 NPV 为正时，削减红利增加投资才会提升股价。

玛丽莲·费达克访谈

玛丽莲·费达克（Marilyn G. Fedak）为联博公司（Alliance Bernstein）全球价值权益投资部门的主管，联博公司是一家公开上市交易的全球资产管理公司，管理着价值约 6 180 亿美元的资产。这里，她介绍了联博公司用于识别市场中估值可能过低的股票的方法。

提问：你们使用什么估值方法识别和确定买入机会？

回答：从 20 世纪 80 年代初开始，我们就已经对美国大盘股使用红利折现模型了。在最基础的层面上，红利折现模型为我们提供了一种估值方法，用来评估为得到公司未来收益，今天要付出多少。在同等条件下，我们寻求尽可能以低价购买尽可能高的盈利能力。

如果你能正确地预测公司的未来收益，红利折现模型就是一种非常可靠的方法。成功运用这一模型的关键是，深入地进行基础研究——大批的分析师，用一致的程序建立收益预测模型。我们要求我们的分析师提供他们所追踪公司 5 年的预测数据。

对于非美国股票和小盘股，我们关注的是公司的当前特性，而不是预测值。这些资产类别太多，以至于无法进行定性预测，即使有超过 50 名分析师的研究团队也无力胜任。我们采用多种估值方法，诸如 P/E（市盈率）和市净率（price-to-book ratios），并且选择关键因素，如 ROE（股权回报率）和价格动能。我们对公司进行排序，并关注等级最高的股票。然后，投资政策团队与追踪这些证券的分析师碰头，以确定定量分析工具是否正确地反映了每个公司可能的未来财务前景。

提问：红利折现模型有缺点吗？

回答：有两点使得红利折现模型在实际中难以应用。第一点，要对大范围的股票——超大规模的公司就有超过 650 家——进行准确地预测，需要一个大的研究部门。由于这是相对估值方法，那么你对排在第 450 位股票的预测，需要像对排在第 15 位股票的预测那样有信心。第二点，有时，红利折现模型的结果与股票市价相差很大，到底是模型正确还是市场正确？例如，2000 年，在股市泡沫达到顶点时，红利折现模型发现科技股被极度高估。这对于大多数投资组合经理来说很难抉择，置模型于不顾，说模型不管用的压力是极大的。这是极端的情形。但红利折现模型几乎总是使你处在购买那些受冷落股票的位置上——难以持续保持的尴尬位置。

提问：为什么你们侧重于股票估值？

回答：我们不给公司贴上标签。我们的估值模型是这样的，如果公司股价比基于其长期收益的估值便宜，我们就买进。比如，现在我们拥有微软、通用电气、时代华纳（Time Warner）——就在几年前被我们视为首要的成长股。通过运用这种一致的估值方法，以及投入大量的研究，长期以来我们已经能够为我们的客户创造不俗的投资业绩。我们相信这一过程在未来仍会成功，因为它依赖于人类行为的持久特性（如厌恶损失）和自由经济体系中资本的流动。

讨论题：

1. 为什么红利折现模型对网络股的估值与市场估值不一致？
2. 你认为这是模型的一个漏洞，还是问题在于模型的应用？

改变增长率

成功的初创公司通常具有非常高的初始收益增长率。在高增长时期，公司通常会保留 100% 的收益去开发有利可图的投资机会。当公司步入成熟期，增长速度放慢，变成更典型的功成名就的公司。在此阶段，公司的收益超过了投资需求，于是开始支付红利。

不能使用不变红利增长率模型对这类公司的股票估值，这有如下几个原因：

（1）这些公司在初创时，经常不支付红利。

（2）在步入成熟期之前，公司的增长率随时间不断变化。

但我们可以使用红利折现模型的一般形式为这样的公司估值。一旦公司进入成熟期，期望增长率变得稳定，就可应用固定红利增长率模型，计算公司的未来股价 P_N：

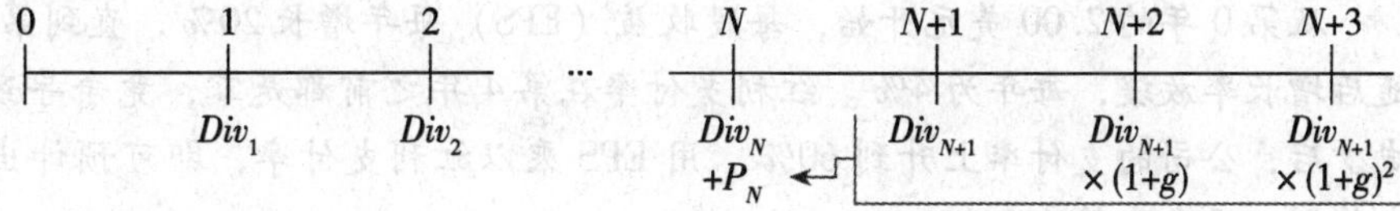

具体来说，如果预期公司在 $N+1$ 年后，按 g 的长期增长率增长，则由不变红利增长率模型可得：

$$P_N=\frac{Div_{N+1}}{r_E-g} \quad \text{（公式 9.13）}$$

把这个估计的 P_N 作为红利折现模型的期末现金流。直观上来看，股票的估价等于收到的红利的现值加上未来出售股票的预期价格的现值。例如，考虑一家公司，未来三年每年的预期红利分别为2.00美元，2.50美元和3.00美元。此后，预期红利以5%的不变增长率增长。如果股权资本成本是12%，联合公式9.4和公式9.13，可得：

$$P_0=\frac{2.00}{1.12}+\frac{2.50}{1.12^2}+\frac{3.00}{1.12^3}+\frac{1}{1.12^3}\times\left(\frac{3.00\times1.05}{0.12-0.05}\right)$$

$$P_0=\frac{2.00}{1.12}+\frac{2.50}{1.12^2}+\frac{3.00}{1.12^3}+\frac{45.00}{1.12^3}=37.94\text{（美元）}$$

例 9.5　对具有两个不同增长率的公司估值

问题：

Small Fry 公司发明了一种马铃薯片，它的外表和口感都像法式炸薯条。市场对这一产品的反应格外热烈，公司决定将所有收益进行再投资以扩大经营。在过去的1年，公司的收益是每股2美元，期望以后每年的收益增长率为20%，直到第4年年末。到那时，其他公司很可能也推出有竞争力的类似产品。分析师预计，在第4年年末，Small Fry 公司将削减投资，开始将60%的收益作为红利支付给股东，于是公司的增长将放缓，长期增长率为4%。如果公司的股权资本成本是8%，今天的每股价值为多少？

解答：

分析：

用公司的预期收益增长率和红利支付率，预测未来收益和红利。4年后，公司将以不变的4%的增长率增长，因此可以用不变红利增长模型（公式9.3）估计此后红利的价值。最后，根据红利折现模型（公式9.4），综合所有已知条件进行计算。

计算：

下表预测了公司的未来收益和红利：

单位：美元

1	年份	0	1	2	3	4	5	6
2	收益							
3	EPS 增长率（与上一年相比）		20%	20%	20%	20%	4%	4%
4	EPS	2.00	2.40	2.88	3.46	4.15	4.31	4.49
5	红利							
6	红利支付率		0%	0%	0%	60%	60%	60%
7	红利		—	—	—	2.49	2.59	2.69

从第0年的2.00美元开始，每股收益（EPS）每年增长20%，直到第4年年末；随后增长率放缓，每年为4%。红利支付率在第4年之前都是零，竞争导致投资机会减少后，公司的支付率上升到60%。用EPS乘以红利支付率，即可预计出公司的未来红利，见表中第4行。

从第 4 年往后，红利每年将按照预期的 4% 的长期增长率增长。使用不变红利增长率模型估计第 3 年年末公司的股价。给定股权资本成本为 8%，

$$P_3=\frac{Div_4}{r_E-g}=\frac{2.49}{0.08-0.04}=62.25\text{（美元）}$$

然后，把这个预测期期末（持续）价值代入红利折现模型（公式 9.4）：

$$P_0=\frac{Div_1}{1+r_E}+\frac{Div_2}{(1+r_E)^2}+\frac{Div_3}{(1+r_E)^3}+\frac{P_3}{(1+r_E)^3}=\frac{62.25}{1.08^3}=49.42\text{（美元）}$$

评价：

红利折现模型的应用非常灵活，足以应对任何一种预期的红利模式。这里，红利在几年之内都是 0，此后固定为某一固定增长率，此时，应用不变增长率模型就是一条捷径。

红利折现模型的局限性

红利折现模型基于未来支付给股东的红利估计股票的价值。与现金流可确定的美国长期政府债券不同，未来红利的预测具有很大的不确定性。

考虑本章导言中所提到的肯尼思科尔制造商（KCP）的例子。2006 年初，KCP 支付了每股 0.72 美元的年度红利。假设股权资本成本是 11%，预期红利增长率是 8%，根据不变红利增长率模型，KCP 的每股价格是：

$$P_3=\frac{Div_1}{r_E-g}=\frac{0.72}{0.11-0.08}=24\text{（美元）}$$

这与公司当时 26.75 美元的股价相当接近。然而，若红利增长率是 10%，这一估值将上升到每股 72 美元；若红利增长率为 5%，估值将下降到每股 12 美元。从图 9.2 中可以看出，甚至假定的红利增长率的小的改变，都可导致估计的股价大幅变动。

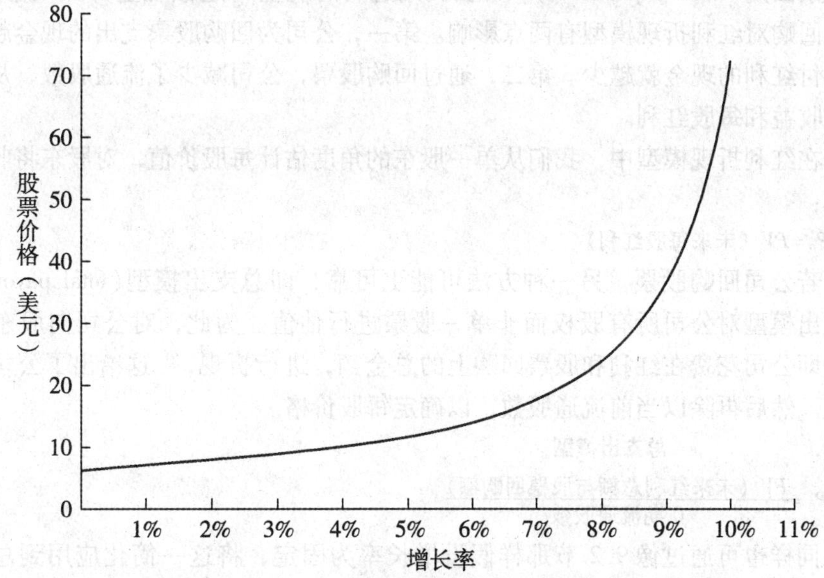

图 9.2　不同的预期增长率下 KCP 的股票价格

注：股票价格基于不变红利增长率模型确定，下一年的红利是 0.72 美元，股权资本成本为 11%。预期红利增长率变动范围是从 0% 至 10%。注意预期增长率的小幅变动，如何引起股价的大幅变动。

而且，我们难以知道估计的红利增长率哪一个是更合理的。KCP 在 2003—2005 年间，红利增长了两倍多，但是收益在这几年中却保持相对平缓。因此，这种增长是不可持续的。由公式 9.8 可知，预测红利需要预测公司的收益、红利支付率和未来股数。但是未来收益与利息支出（利息支出又取决于公司借款的多少）有关，股数和红利支付率将取决于公司是否用部分收益回购股票。借款和回购决策是由管理层自行决定的，要想可靠地预测它们，比预测公司现金流的其他更基本的方面困难得多。①下一节考察可以部分地避免这些困难的其他两种方法。

概念检查

5. 公司可采用哪三种方法增加未来的每股红利？
6. 公司在什么情况下，可以通过削减红利和增加投资来提高股价？

9.4 总支出和自由现金流估值模型

本节概要地介绍其他两种股票估值方法，可避免应用红利折现模型所遇到的一些困难。首先考虑总支出模型，该模型允许忽略公司在红利和股票回购之间的选择。然后考虑折现自由现金流模型，该模型侧重于公司所有投资者（包括债权人和股东）的现金流。该模型可以避免估计公司的借款决策对收益的影响。

股票回购与总支出模型

在讨论红利折现模型时，我们隐含地假定，公司支付给股东的任何现金流，都是以红利的形式发放的。然而最近几年来，越来越多的公司用股票回购取代了红利。所谓**股票回购**（share repurchase），即公司用过剩的现金（超额现金）买回本公司股票。股票回购对红利折现模型有两点影响。第一，公司为回购股票支出的现金越多，可用于支付红利的现金就越少。第二，通过回购股票，公司减少了流通股数，从而增加了每股收益和每股红利。

在红利折现模型中，我们从单一股东的角度估计每股价值，对股东将收到的红利折现：

$$P_0 = PV\text{（未来每股红利）} \qquad \text{（公式 9.14）}$$

若公司回购股票，另一种方法可能更可靠，即**总支出模型**（total payout model）。总支出模型对公司所有股权而非单一股票进行估值。为此，对公司向股东的总支出——即公司花费在红利和股票回购上的总金额，进行折现，② 这给出了公司股权的总价值。然后再除以当前流通股数，以确定每股价格。

总支出模型

$$P_0 = \frac{PV\text{（未来红利总额与股票回购额）}}{0\text{ 期流通股数}} \qquad \text{（公式 9.15）}$$

同样也可通过像 9.2 节那样假设增长率为固定，将这一简化应用到总支出模型中。唯一不同的是，在预测公司总支出的增长时，我们对红利总额和股票回购金额折

① 我们在本书第 6 篇讨论管理者的借款或回购股票的决策。
② 你可以将总支出视作拥有公司 100% 的股份时所得到的金额：你将收到全部红利，加上来自于股票回购时将股票卖回给公司所产生的收入。

现，并且使用收益（而不是每股收益）增长率。在公司进行股票回购时，这种方法比红利折现模型更可靠，应用起来更简单。

例 9.6　股票回购时的估值

问题：

泰坦（Titan）公司有流通股 21 700 万股，预期在本年末的收益是 86 000 万美元。公司计划将收益的 30% 作为红利支付，使用收益的 20% 回购股票，总计支出为收益的 50%。如果预期公司的收益每年增长 7.5%，并且上述支付的比率保持不变。此外，假设公司的股权资本成本是 10%。要求确定泰坦的股价。

解答：

分析：

基于 10% 的股权资本成本和 7.5% 的期望收益增长率，公司未来支付的现值，可视为固定增长率的永续年金来计算。这里唯一的未知变量是公司今年的总支付，可用收益的 50% 计算得到。公司未来总支出的现值就是所有股权的价值。将股权的总价值除以流通股股数（21 700 万股），即可得到每股股价。

计算：

公司本年的总支出 = 50% ×86 000 = 43 000（万美元）

根据固定增长率永续年金公式，

$$PV（未来红利总额和股票回购金额）=\frac{43\ 000}{0.10-0.075}=1\ 720\ 000（万美元）$$

这个现值代表公司股权的总价值（即总市值）。为计算每股价格，需要将其除以当前的流通股数：

$$P_0=\frac{1\ 720\ 000}{217}=79.26（美元／股）$$

评价：

使用总支出模型，不必知道公司的支出在红利和股票回购之间的分配。将这种方法与红利折现模型相比，我们注意到，

公司将支付的每股红利 = 30% ×86 000÷21 700 = 1.19（美元／股）

红利收益率 = 1.19÷79.26×100% = 1.50%

由公式 9.7 可知，

公司的期望 EPS、红利和股价增长率 $g=r_E-D_{iv_1}/P_0=8.50\%$

这个增长率超过了 7.50% 的收益增长率，这是因为公司的股数由于股票回购而减少的缘故。①

折现自由现金流模型

在总支出模型中，首先估计公司股权的价值，而不是单一股票的价值。**折现自由现金流模型**（discounted free cash flow model）则更进一步，先确定对所有投资者——

① 可以检验，8.5% 的 EPS 增长率与 7.5% 的收益增长率及公司的回购计划是一致的。给定明年的期望股价 79.26×1.085 = 86.00 美元，公司明年将回购 20% ×86 000÷86.00 = 200 万股。流通股数将从 21 700 万股减少到 21 500 万股，于是 EPS 的增长系数为 1.075×（217÷215）= 1.085（或 8.5%）。

股东和债权人——而言的公司的总价值。就是说，先估计公司价值，第 2 章将公司价值定义为①：

公司价值=股权的市场价值 + 债务-现金 （公式 9.16）

公司价值为公司基础业务的价值，这些基础业务不受债务的束缚，并且与任何现金及有价证券相分离。可以把公司价值解释为，取得公司的股权、得到其现金、偿付其所有债务所付出的净成本。本质上，等同于拥有无杠杆公司和业务。折现自由现金流模型的优点是，在对公司估值时，不需要明确地预测红利、股票回购或债务的运用。

估算公司价值。怎样估算公司价值呢？为估算公司股权的价值，要计算公司向股东的总支付的现值。同样地，为估算公司价值，要计算自由现金流（FCF）的现值，自由现金流是公司可向所有投资者（包括债权人和股东），支付的现金流。第 8 章已阐述过如何计算项目的自由现金流，现在对整个公司做同样的计算：

自由现金流= EBIT ×（1-所得税税率）+ 折旧-资本性支出-净营运资本的增加 （公式 9.17）

自由现金流衡量的是，公司产生的、在考虑向任何债权人或股东支付之前的现金。

正如通过计算项目自由现金流的 NPV 来确定项目的价值一样，可通过计算公司自由现金流的现值以估计当前的公司价值 V_0：

折现自由现金流模型

$V_0=PV$（公司的未来自由现金流） （公式 9.18）

给定公司价值，可利用公式 9.16 解出股权价值，然后再将其除以总流通股数，从而估算出股价为：

$$P_0=\frac{V_0+Cash_0-Debt_0}{\text{流通股数}_0} \quad \text{（公式 9.19）}$$

直观地看，折现自由现金流模型和红利折现模型存在差别。在红利折现模型中，公司的现金和债务，通过利息收入和费用对收益的影响，间接地被包含在模型里。而在折现自由现金流模型中，不考虑利息收入和费用，自由现金流的计算是基于 EBIT（息税前收益）的，但随后直接调整现金和债务（见公式 9.19）。

模型的应用。折现自由现金流模型和我们前文探讨过的模型的关键差别在于折现率。在前文的计算中，使用公司的股权资本成本 r_E 作为折现率，因为折现的是流向股东的现金流。而在这里，对将要支付给债权人和股东的自由现金流折现。应使用公司的**加权平均资本成本**(weighted average cost of capital, WACC)，用 r_{wacc} 表示；它是反映公司总体业务的风险，即公司股权和债务的组合风险的资本成本。目前，我们暂时将 r_{wacc} 解释为，公司必须支付给投资者的期望回报率，以补偿他们持有公司债务和股权的风险。如果公司没有债务，则 $r_{wacc}=r_E$。本书的第 4 篇将探讨计算 WACC 的明确方法。②

给定公司的加权平均资本成本，应用折现自由现金流模型，与应用红利折现模型大致相同。就是说，在某一时限之内，预测公司的自由现金流，以及公司的（预测期）期末价值（持续价值）：

---

① 准确地讲，这里提到的现金，是指超出公司营运资本需求的现金，是可按竞争市场利率投资的现金额。

② 也可将公司的加权平均资本成本解释为，与公司所有项目有关的平均资本成本。从这个意义上讲，WACC 反映了与公司投资的平均风险有关的期望回报。

$$V_0=\frac{FCF_1}{1+r_{wacc}}+\frac{FCF_2}{(1+r_{wacc})^2}+\cdots+\frac{FCF_N}{(1+r_{wacc})^N}+\frac{V_N}{(1+r_{wacc})^N}\qquad(公式9.20)$$

通常，持续价值的预测是通过对超过 N 年的自由现金流，假定一个固定的长期增长率 g_{FCF} 实现的，所以有：

$$V_N=\frac{FCF_{N+1}}{r_{wacc}-g_{FCF}}=\left(\frac{1+g_{FCF}}{r_{wacc}-g_{FCF}}\right)\times FCF_N\qquad(公式9.21)$$

长期增长率 g_{FCF} 通常是以公司收入的期望长期增长率为基础的。

例 9.7　使用自由现金流估计肯尼思科尔公司的股票价值

问题：

肯尼思科尔（KCP）公司 2005 年的销售收入为 51 800 万美元。假设你预期公司在 2006 年的销售收入增长 9%，但是以后每年逐年递减 1%，直到 2011 年及以后，达到成衣行业 4% 的长期增长率。基于 KCP 过去的盈利能力和投资需求，你预计 EBIT 为销售收入的 9%，净营运资本需求的增加为销售收入增加额的 10%，资本性支出等于折旧费用。假如 KCP 有现金 10 000 万美元，债务 300 万美元，流通股 2 100 万股，公司所得税税率是 37%，加权平均资本成本是 11%，你估计 2006 年初 KCP 的股价为多少？

解答：

分析：

可通过编制预测报表估计 KCP 的未来自由现金流，正如第 8 章家庭网络例题所做的那样。唯一不同的是，预测报表是针对整个公司，而不仅仅是一个项目。另外，在项目结束时，需要计算 KCP 的期末价值（或持续价值）。由于预期 2011 年以后 KCP 的自由现金流以固定的增长率增长，可以运用公式 9.21 计算公司的期末价值。2006—2011 年间的自由现金流和期末价值的现值就是 KCP 的公司总价值。在这一价值基础上，减去债务，加上超额现金，然后再除以流通股股数，即可得到每股价格（公式 9.19）。

计算：

下表是基于上述信息编制的 KCP 公司简化预测报表：

1	年份	2005	2006	2007	2008	2009	2010	2011
2	预测的 FCF（百万美元）							
3	销售收入	518.0	564.6	609.8	652.5	691.6	726.2	755.3
4	相对上一年的增长率		9.0%	8.0%	7.0%	6.0%	5.0%	4.0%
5	EBIT（销售收入的 9%）		50.8	54.9	58.7	62.2	65.4	68.0
6	减：所得税（37%）		-18.8	-20.3	-21.7	-23.0	-24.2	-25.1
7	加：折旧		—	—	—	—	—	—
8	减：资本性支出		—	—	—	—	—	—
9	减：NWC 的增加（销售收入增量的 10%）		-4.7	-4.5	-4.3	-3.9	-3.5	-2.9
10	自由现金流		27.4	30.1	32.7	35.3	37.7	39.9

由于预计资本性支出等于折旧，表中第 7 行和第 8 行即相互抵消。故可令它们为零，不需要明确地预测。

假设 KCP 的自由现金流在 2011 年后，以 4% 的不变比率增长，加权平均资本为 11%，应用公式 9.21，计算预测期期末的公司价值（持续价值）：

$$V_{2011}=\left(\frac{1+g_{FCF}}{r_{wacc}-g_{FCF}}\right)\times FCF_{2011}=\left(\frac{1.04}{0.11-0.04}\right)\times 39.9=592.8\text{（百万美元）}$$

据公式 9.20 可知，KCP 当前的公司价值为其自由现金流的现值，加上期末价值的现值：

$$V_0=\frac{27.4}{1.11}+\frac{30.1}{1.11^2}+\frac{32.7}{1.11^3}+\frac{35.3}{1.11^4}+\frac{37.7}{1.11^5}+\frac{39.9}{1.11^6}+\frac{592.8}{1.11^6}=456.9\text{（百万美元）}$$

利用公式 9.19 估计 KCP 股票的每股价值：

$$P_0=\frac{456.9+100-3}{21}=26.38\text{（美元）}$$

评价：

估值原理告诉我们，KCP 产生的所有未来现金流的现值加上公司当前持有现金的价值，必定等于对这些现金流和现金的要求权（债权和股权）的当前总价值。根据这一原理，计算对 KCP 要求权的总价值，扣除债权部分，即得股权价值。

与资本预算相联系。折现自由现金流模型与第 7 章所阐述的资本预算的 NPV 法则之间，有着重要的联系。因为公司的自由现金流等于公司当前和未来投资产生的自由现金流之和，所以可将公司价值解释为，公司从继续其现有项目和启动新项目中将获得的总的 NPV。任何个别项目的 NPV 表示其对公司价值的贡献。为使公司的股票价格最大化，应该接受 NPV 为正的项目。

由第 7 章的内容可知，要估计项目的自由现金流，需要许多预测和估计。对公司自由现金流的估计也是如此：要预测未来的销售收入、营业费用、税费、资本需求以及其他因素。一方面，用这种方法估计自由现金流，使得我们在考虑许多关于公司未来前景的具体细节时，更具灵活性。另一方面，围绕每个假设，不可避免地会有一些不确定性。考虑到这一事实，如第 7 章所述，实施敏感性分析就显得尤为重要，它可把这种不确定性转化为一定范围内的股票的潜在价值。

例 9.8　股票估值的敏感性分析

问题：

例 9.7 假设 KCP 的 EBIT 为销售收入的 9%。如果 KCP 可减少经营开支，从而将 EBIT 提高到销售收入的 10%，你对股票价值的估计将怎样变化？

解答：

分析：

在这种情形下，与例 9.7 相比，EBIT 的增加等于销售收入的 1%。这样，就可以根据税率（37%）计算每年对自由现金流的影响。只要知道新的自由现金流，就可以重复例 9.7 中的步骤，计算新的股票价格。

计算：

在第 1 年，EBIT 将增加百万美元（1%×564.6）。EBIT 的增加将导致在税后，第 1 年的自由现金流增加百万美元（（1-0.37）×5.6），达到 30.9 百万美元。对以后每一年都重复上述计算，可得到下面修正的FCF估计值：

（单位：百万美元）

年份	2006	2007	2008	2009	2010	2011
FCF	30.9	33.9	36.8	39.7	42.3	44.7

与例9.7的做法一样，现在重新估计股票的价格。期末价值（持续价值）为：

$V_{2011}=[1.04\div(0.11-0.04)]\times 44.7=664.1$（百万美元）

$V_0=\frac{30.9}{1.11}+\frac{33.9}{1.11^2}+\frac{36.8}{1.11^3}+\frac{39.7}{1.11^4}+\frac{42.3}{1.11^5}+\frac{44.7}{1.11^6}+\frac{664.1}{1.11^6}=512.5$（百万美元）

重新估计股票价值：

$P_0=(512.5+100-3)\div 21=29.02$（美元/股）

与例9.7比较，股价相差大约10%。

评价：

KCP的股票价格对盈利性假设的变动非常敏感。利润率的1%的永久性变动对股价的影响为10%。

图9.3总结了迄今为止所讨论过的不同的估值方法。股票的价值由其未来红利的现值决定。可以根据公司的总支出的现值估计股权的总市值，总支出包括红利和股票回购。最后，公司自由现金流的现值确定了公司价值，自由现金流是公司可供支付给股东和债权人的现金。

……的现值	决定……
红利支付	股价
总支出 （所有红利与股票回购）	股权价值
自由现金流 （可供支付给所有证券持有者的现金）	公司价值

图9.3 股票估值的折现现金流模型的比较

注：通过计算公司红利、总支出或自由现金流的现值，可估计股票的价值、公司股权的总价值或公司价值。

概念检查

7. 总支出模型中使用的增长率和红利折现模型中使用的增长率有什么不同？
8. 为什么在折现自由现金流模型中，不考虑公司债务的利息支出？

9.5 基于可比公司的估值

到目前为止，我们通过考虑公司将提供给其所有者的期望未来现金流，来评估公司或其股票的价值。估值原理告诉我们，公司价值等于其未来现金流的现值，因为这个现值就是我们为复制具有相同风险的现金流，而在市场上进行其他投资所需要的投资额。

一价定律的另一种应用为比较法。在应用**比较法**（method of comparables）时，我们基于预期在未来将产生与待估值公司非常相似的现金流的其他可比公司或投资的价值，来评估目标公司的价值，而非直接评估公司的现金流。例如，考虑与现有某上市公司相当的一家新公司的例子。如果这两家公司将产生相同的现金流，估值原理通过一价定律表明，可以用现有公司的价值来确定新公司的价值。

当然，不会存在完全相同的公司。即使处于同一行业的两家公司，销售同样类型的产品，虽然在许多方面相似，但公司的大小或规模也可能不同。例如，捷威（Gateway）和戴尔（Dell）都是通过互联网将个人电脑直接销售给消费者。2006 年，捷威的销售额仅为 40 亿美元，而戴尔的销售额接近 560 亿美元。本节考察使用可比数据调整规模差异的方法，评估业务相近公司的价值，然后再讨论这种方法的优缺点。

估值乘数

通过将公司价值用**估值乘数**（valuation multiple）表示，可以调整业务相近公司间的规模差异。估值乘数为公司价值除以衡量公司规模的一些指标所形成的比率。打个比方，考虑评估一栋办公楼，很自然想到的衡量指标是，在同一区域最近出售的其他建筑物每平方米的价格。将待评估办公楼的建筑面积乘以每平方米的平均售价，通常可提供对其价值的合理估计。同样，可将这一思想应用到股票上，用一些能够衡量公司规模的更合适的指标取代建筑面积。

市盈率。最常用的估值乘数为市盈率（P/E），第 2 章曾介绍过这个比率。市盈率很常见，往往作为股票计算的基础统计数据的一部分（如图 9. 1 所示，谷歌财经的 KCP 公司截图）。公司的市盈率等于每股价格除以每股收益。使用市盈率背后的直觉是，你购买股票时，从某种意义上说，你购买的是对公司未来收益的要求权，以及可能持续存在的公司间的收益差别。你应该愿意对当前收益较高的股票相应地支付更高的价格。我们可通过将待评估公司当前的每股收益，乘以可比公司的平均市盈率的方式，来估计公司股权的价值。

在计算公司的市盈率时，既可以使用**历史收益**（追溯收益）（trailing earnings）（过去 12 个月（上一财年）的收益），也可使用**预测收益**（forward earnings）（未来 12 个月的期望收益），相应的比率分别称作**追溯 P/E**（trailing P/E，历史 P/E）或**预测 P/E**（forward P/E）。出于估值目的，通常首选预测 P/E，因为我们最关注的是未来收益。可基于先前介绍过的红利折现模型或总支出模型来解释预测 P/E。例如，就不变红利增长率模型而言，将公式 9. 6 两边同时除以 EPS_1，得到：

$$\text{预测 } P/E = \frac{P_0}{EPS_1} = \frac{Div_1/EPS_1}{r_E - g} = \frac{\text{红利支付率}}{r_E - g} \qquad \text{（公式 9. 22）}$$

公式 9. 22 意味着，如果两只股票具有相同的红利支付率和 EPS 增长率，并且具有同等风险（因此股权资本成本相同），它们应该有相同的 P/E。这也说明，具有高增长率的公司和行业，能够产生超过投资需求的现金从而能保持高支付率，应该有较高的 P/E 乘数。

例如，回顾例 9. 3 和例 9. 4，假设收益的增长率将分别为 3% 和 2%，计算克兰体育用品公司的每股价格。例 9. 3 计算得到的股价为 64. 29 美元，例 9. 4 为 56. 25 美元。两个例子中，克兰公司的初始收益都是 4. 5 美元，相应的市盈率，高增长情形下为 14.3，低增长情形下为 12.5。图 9.4 描绘了预期收益增长率和市盈率之间的关系。

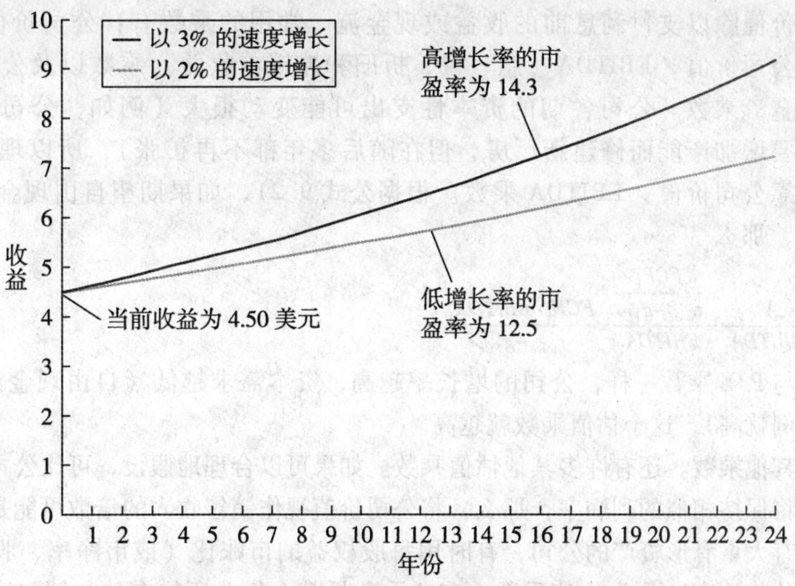

图 9.4 红利折现模型中市盈率和预期未来增长率之间的联系

注：该图描绘了例 9.3 和例 9.4 中收益的预期增长。这里例题中计算的股票价格是基于当前收益和预期未来增长率。用得到的这些股价除以当前收益 4.5 美元，分别得到市盈率 14.3（3% 的高增长率）和 12.5（2% 的低增长率）。该图表明，较高的预期增长率意味着较高的市盈率。

例 9.9 利用市盈率估值

问题：

假设家具制造商赫曼米勒（Herman Miller）公司的每股收益是 1.38 美元。如果可比家具公司股票的平均 P/E 为 21.3，用 P/E 作为估值乘数，对赫曼米勒公司股票估值。这一估值的基础假设是什么？

解答

分析：

将 EPS 与可比公司的 P/E 相乘，估计出赫曼米勒公司的股价：

EPS × P/E = 每股收益 ×（每股价格 ÷ 每股收益）= 每股价格

计算：

$P_0 = 1.38 \times 21.3 = 29.39$（美元）

估值的潜在假设是，赫曼米勒与同行业中的可比公司，将具有相似的未来风险、红利支付率和收益增长率。

评价：

估值乘数应用起来非常简单，但假设条件十分苛刻，要求估值公司与可比公司极其相似。考虑这些假设条件是否很合理非常重要——如果合理，就可用估值乘数估值——每种情况都要进行上述分析。

公司价值乘数。运用基于公司价值的估值乘数也是很普遍的。如第 9.3 节所讨论的，公司价值代表公司基础业务的总价值，而不仅仅是股权价值，如果想比较具有不同杠杆水平的公司，使用公司价值是有利的。

公司价值表示偿付债务前公司的整体价值，为构造适合的估值乘数，我们将公司价值除以支付利息前的收益或现金流。常用的乘数有：公司价值／EBIT 乘数、公司价值／EBITDA（息、税、折旧和摊销前收益）乘数以及公司价值／自由现金流乘数。公司各期的资本性支出可能变动很大（例如，公司可能在某一年需要增加产能而修建新厂房，但在随后多年都不再扩张），所以理财从业者大多依靠公司价值／EBITDA 乘数。根据公式 9. 21，如果期望自由现金流的增长率不变，那么

$$\frac{V_0}{EBITDA_1}=\frac{\frac{FCF_1}{r_{wacc}-g_{FCF}}}{EBITDA_1}=\frac{FCF_1/EBITDA_1}{r_{wacc}-g_{FCF}} \quad \text{（公式 9. 23）}$$

与 P/E 乘数一样，公司的增长率越高，资本需求越低（自由现金流占 EBITDA 的比例就高），这个估值乘数就越高。

其他乘数。还有许多其他估值乘数。如果可以合理地假设，可比公司和目标公司未来将保持相似的利润率，那么，将公司价值视作销售收入的倍数可能是有用的。对于拥有大量有形资产的公司，有时用每股权益的市账比（或市净率、股权的市值与账面价值比率）作为估值乘数。有些乘数是某个行业所特有的，例如，对于有线电视行业的公司，估值时考虑的乘数自然是分摊到每个用户的公司价值。

乘数的局限性

如果可比公司是相同的，则公司的估值乘数会正好相配。当然，公司间不可能相同。估值乘数的有效性将取决于公司间差异的性质，以及乘数对这些差异的敏感性。

表 9. 1 列举了 2006 年 1 月制鞋行业公司的几种估值乘数。表中也给出了每个乘数的平均值，连同乘数围绕平均值的变动范围（以百分比表示）。最后几行显示了变动范围，对于所有乘数而言，乘数在制鞋业中的分散性非常明显（例如，BWS 的 P/E 为 22. 62，而 RCKY 的 P/E 仅为 8. 66）。尽管“公司价值/EBITDA”乘数的变动幅度最小，运用该乘数也不能期望得到精确的估值。

这些乘数的差别很可能反映了期望未来增长率和风险（资本成本）的差异。以彪马（Puma）为例，这种差别体现为美国和德国在会计惯例上的差异。市场上的投资者知道这些差异存在，相应地，股票的定价已经考虑了这些差异。但在利用乘数为公司估值时，除了通过限定可比公司的选择外，还没有关于怎样调整这些差异的明确的指引。

比较法的另一个局限性在于，它们提供的只是关于待评估公司相对于其他可比公司的价值的信息。例如，如果整个行业都被市场高估，利用乘数估值将不能帮助我们做出正确的决定。在 20 世纪 90 年代末的互联网繁荣期，这个问题变得尤为严重。许多这类公司没有正的现金流或收益，于是它们创造出来一些新的乘数（如价格／页面浏览量比率）。利用这些乘数，可以调整这些可比公司的相对价值，而对于许多这类公司而言，估计现实的现金流和根据折现自由现金流法估价尤为困难。

表 9.1　　2006 年 1 月制鞋业的股价和估值乘数

名称	股票总市值（百万美元）	公司价值（百万美元）	P / E	P / B	公司价值 /销售收入	公司价值 / EBITDA
Nike	21 830	20 518	16. 64	3. 59	1. 43	8. 75
Puma AG	5 088	4 593	14. 99	5. 02	2. 19	9. 02
Reebok International	3 514	3 451	14. 91	2. 41	0. 90	8. 58
Wolverine World Wide	1 257	1 253	17. 42	2. 71	1. 20	9. 53
Brown Shoe Co	800	1 019	22. 62	1. 91	0. 47	9. 09
Skechers U. S. A.	683	614	17. 63	2. 02	0. 62	6. 88
Stride Ride Corp	497	524	20. 72	1. 87	0. 89	9. 28
Deckers Outdoor Corp	373	367	13. 32	2. 29	1. 48	7. 44
Weyco Group	230	226	11. 97	1. 75	1. 06	6. 66
Rocky Shoes & Boots	106	232	8. 66	1. 12	0. 92	7. 55
R. G. Barry Corp	68	92	9. 20	8. 11	0. 87	10. 75
LaCrosse Footwear	62	75	12. 09	1. 28	0. 76	8. 30
		平均值	**15. 01**	**2. 84**	**1. 06**	**8. 49**
		最大	+51%	+186%	+106%	+27%
		最小	-42%	-61%	-56%	-22%

与折现现金流法的比较

使用基于可比公司的估值乘数，被看做是折现现金流估值法的最佳“捷径”。不用单独地估计公司的资本成本、未来收益或自由现金流，我们依靠具有相似未来前景的其他公司的市场估值。除了简单外，乘数方法的还具有以下优点：估值过程是基于真实公司的实际价格，而非基于对未来现金流的可能不切实际的预测。

比较法的一个缺点是，它没有考虑公司间的重要差异，诸如某家公司拥有不寻常的管理团队、高效的制造工艺和程序、或刚取得一项新技术的保护专利等，在应用估值乘数时这些差异都被忽略。而折现现金流法具有这方面的优势，它可以将关于公司资本成本或未来增长的具体特定信息，吸收进或整合到估值模型中。公司价值的真正动因是其为投资者创造现金流的能力，折现现金流法很可能比使用估值乘数更准确。

股票估值技术：结论

最后，没有哪一种技术或方法能够对股票的真正价值给出最终的答案。所有估值方法都需要假设或预测，而随之而来的是这些不确定性，导致我们无法给出有关公司价值的确定估值。现实世界中的大多数从业者都是综合使用这些方法，如果依据不同方法得出的结论是一致的，对估值的信心和把握就会大增。

图 9.5 比较了应用本章所讨论的估值方法得出的肯尼思科尔制造公司的估值范围。2006 年 1 月，公司的股价是 26.75 美元，处在由所有这些估值方法得出的估价范围之内。仅仅据此，我们还不能得出股价被明显低估或高估的结论。

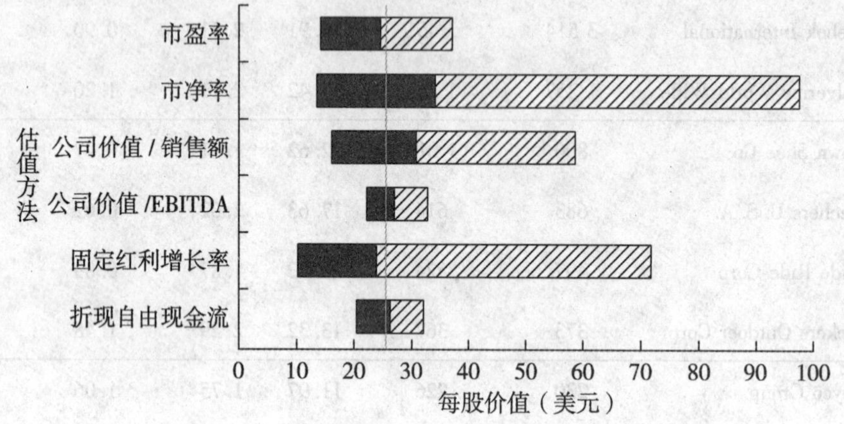

图 9.5 使用不同估值方法得到的 KCP 股票估值范围

注：基于表 9.1 中可比公司乘数的最低、最高和平均值（见练习题 20 题和 21 题）进行估值。如我们在 9.2 节末所讨论的那样，不变红利增长率模型是基于 11% 的股权资本成本和分别假设为 5%、8% 和 10% 的红利增长率。折现现金流模型是基于例 9.7 的假设及练习题第 18 题设定的参数范围。图中的中点即灰色和条纹分界处表示，基于乘数的平均值或基准假设而得出的价值。灰色和条纹区域分别表示，每股价值在最低乘数 / 最差情形和最高乘数 / 最好情形之间随乘数的变动。KCP 的实际股价 26.75 美元由垂直的灰线表示。

现在，重新考虑本章开始时提出的问题。第一，投资者怎样决定买入还是卖出股票呢？他应该根据自己的预期，尽可能运用本章讨论的估值方法，估计股票价值。图 9.5 显示了基于对 KCP 股票的一系列合理预期计算的估值结果。如果他的预期存在很大差异，那么他得出的结论可能是股票价格高于或低于 26.75 美元。基于这一结论，她会买入或卖出股票，时间将证明她的预期是否优于市场表现。

第二，为什么 KCP 股票价格突然下跌 6% 呢？常任总裁辞职的消息降低了投资者对未来现金流的预期，这足以使得对现金流要求权的价值减少 6%。当投资者消化这一消息并更新预期后，他们会认为，根据最新消息，前一日的收盘价太高了。抛售压力迫使股票价格下跌，直至买卖平衡。

第三，KCP 管理者应该采取什么措施提高股价呢？提升股价的唯一途径是制定增值决策。如第 7 章和第 8 章所述，根据资本预算分析，管理者可以确定具有正 NPV 的项目。这类项目产生的增量未来自由现金流的现值高于其成本的现值。正如本章所知，KCP 股票价值就是其自由现金流的现值。实施 NPV 为正的项目，增加这一现值，KCP 的管理者就可以提高股价。

概念检查

9. 常用的估值乘数有哪些？
10. 基于可比公司的乘数估值法，隐含的假设是什么？

9.6 信息、竞争和股票价格

如图 9.6 所示，本章所叙述的估值模型将公司的期望未来现金流、资本成本（由公司的风险决定）和股票价值联结起来。但是，如果股票的实际市场价格与我们的估值看来并不一致，则应该得出什么样的结论呢？是股票被错误定价，还是我们弄错了股票的风险及未来现金流？本章最后来考虑这个问题，并以给出对于公司管理者的启示结束本章。

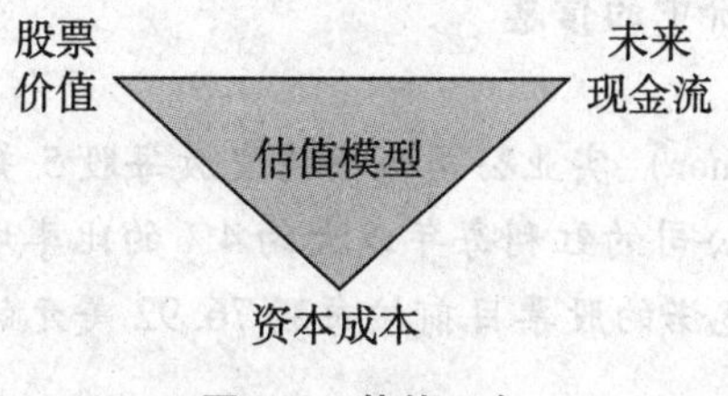

图 9.6 估值三角

注：估值模型决定了公司未来现金流、资本成本和股票价值之间的关系。股票的期望现金流和资本成本可用来估计股票的市场价格。相反的，股票市价可用来估计公司的未来现金流或资本成本。

股票价格中的信息

考虑下面的情形。作为一名新任初级分析师，你被安排研究肯尼思科尔制造公司的股票，评估其价值。你详细审查公司最近的财务报表，观察行业的发展趋势，预计公司的未来收益、红利和自由现金流。通过仔细地运算，你估计出肯尼思科尔股票的每股价值为 30 美元。在给上司呈送你的估值分析报告的途中，你在电梯里偶然碰见一位比你稍有经验的同事。结果你发现你同事他也在研究这只股票。但是根据他的分析，每股价值仅为 20 美元。对此，你会怎么做？

尽管你可以只假定你同事弄错了，但大多数人在这种情况下，会重新考虑自己的分析。别人也曾仔细地研究过同一只股票，并得出很不一样的结论，这一事实就是我们可能犯错的有力证据。面对从同事处得到的这一信息，你可能会下调股票的估值。当然，你同事也可能根据你的估值修改他的看法。在分享了各自的分析和估值之后，最终你们很可能在每股 20 美元和 30 美元之间的某个估计值上达成共识。

这类相遇每天在股票市场上会发生无数次。当买方寻求购买某只股票，而其他各方愿意出售，这表明他们对于股票的估值不同。这个信息会引导买方和卖方修改他们的估值，直到最后他们关于股票价值达成共识才进行交易。这样，股票市场就聚集了大量投资者的不同信息和看法。

如果你根据估值模型得出每股价值为 30 美元，而同时该股票的市场交易价格是每股 20 美元，这个差异相当于知道，很多投资者——他们中有许多人是可以得到最好信息的专业人员——不同意你的估值。这一信息将会促使你重新考虑你原先的分析。在面对这些相反的意见时，你需要非常强有力的证据使你相信自己的估计。

从上述讨论中可以得出什么结论呢？回顾图9.6，图中的估值模型联结着公司的未来现金流、资本成本和股票价格。也就是说，给定关于其中任何两个变量的准确信息，根据估值模型就可推断出第三个变量。我们使用估值模型的方式将取决于信息的质量：关于哪一个变量的先验信息是最不可靠的，估值模型将告诉我们一切。

对于上市公司而言，股票市价应该已经向市场提供了关于股票真实价值的非常准确的信息，它聚合了众多投资者的信息。在大多数情形下，基于当前股价，估值模型最适用于告诉我们有关公司未来现金流或资本成本的信息。只有在相对极少数情况下，我们知道一些其他投资者未知的关于公司现金流和资本成本的有用信息，这时重新估测股价是明智的。

例9.10　利用股票市价中的信息

问题：

假设泰克诺（Tecnor）实业公司今年将发放每股5美元的红利。公司的股权资本成本是10%，你预期公司的红利每年以大约4%的比率增长，虽然你对准确的增长率有些不确定。如果泰克诺的股票目前按每股76.92美元的价格交易，你会怎样修正你对红利增长率的预期？

解答：

分析：

如果基于4%的增长率应用不变红利增长率模型，用公式9.6就可以估计股票价格。如果股票市价高于估计值，这意味着市场预期的红利增长率高于4%。相反，如果市场价格低于估计值，则市场预期的红利增长率低于4%。代入市场价格，就可以用公式9.7求出增长率，即估计的市场预期增长率。

计算：

Div_1为5美元，股权资本成本为10%，红利增长率为4%，运用公式9.6，计算得到：

$P_0=5\div(0.10-0.04)=83.33$（美元／股）

然而股票市价是76.92美元，这意味着大多数投资者期望的红利增长率有点低。

事实上，如果继续假定一个不变的红利增长率，则可以应用公式9.7，求出符合当前市价的增长率：

$g=r_E-Div_1/P_0=10\%-5\div 76.92=3.5\%$

3.5%的增长率低于我们的预期增长率4%。

评价：

给定股票76.92美元的市场价格，我们应降低对4%的红利增长率的预期，除非有足够的理由支持我们自己的估计。

竞争和有效市场

市场汇聚了大量投资者的信息，并且这些信息反映在证券的价格上，这一观念是投资者竞争的自然结果。如果有信息表明，购买股票会得到正的净现值，那么获得这一信息的投资者会选择购买股票；他们的购买意图会驱动股价上升。按照同样的逻辑，投资者若得到信息表明出售股票会得到正的净现值，他们将愿意出售股票，从而引起股价下跌。

投资者之间的竞争会消除所有净现值为正的交易机会，这一观念被称之为**有效市场假说**(efficient markets hypothesis)。这意味着，给定投资者知晓所有信息，基于证券的未来现金流，证券将被公平定价。

有效市场假说的基本原理在于竞争的存在。如果有影响公司价值的新信息出现，将会怎样？竞争的程度和有效市场假说的准确性，将取决于拥有这一信息的投资者的数量。下面来考虑两种重要的情形。

公开的、易于解释的信息。所有投资者都可获得的信息包括：新闻报道、财务报表、公司新闻发布或其他公开资料来源中的信息。如果该信息对公司未来现金流的影响容易被确定，那么所有投资者都可确定该信息将如何改变公司价值。

在这种情形下，可以预料到，投资者之间的激烈竞争，将导致股价对这类消息几乎在瞬时做出反应。少数幸运的投资者或许在价格完全调整之前交易少量的股票。然而大多数投资者在他们原本可以利用该信息之前将会发现，股票价格已经反映了新信息。也就是说，可以预期，就这类信息而言，有效市场假说完全成立①。

例 9.11　股价对公开信息的反应

问题：

Myox 实验室宣布，由于潜在副作用的影响，实验室要将一种主要的药品撤出市场。结果，在未来 10 年里，其未来期望自由现金流每年将减少 8 500 万美元。Myox 现有 5 000 万股流通股，没有债务，股权资本成本是 8%。如果这个消息的宣布完全出乎投资者的意料，那么在消息宣布后，Myox 的股价应发生什么变化？

解答：

分析：

在这种情形下，可以使用折现自由现金流法。没有债务，故 $r_{wacc}=r_E=8\%$。对 Myox 公司价值的影响是损失了未来 10 年的年金，每年 8 500 万美元。

计算：

应用年金公式，每年的期望自由现金流的减少，将使得 Myox 的公司价值减少

$$8\,500\times\frac{1}{0.08}\times\left(1-\frac{1}{1.08^{10}}\right)=57\,000\text{（万美元）}$$

每股价格将下跌 = 11.40 美元（570 / 50）。

评价：

由于这个消息是公开的，且其对公司期望自由现金流的影响是清楚的，我们预期股价几乎在瞬间下跌 11.40 美元。

私密或难以解释的信息。当然，有些信息不是可公开获得的。例如，分析师可能要耗费大量时间和精力，从公司的雇员、竞争者、供应商或客户那里，搜集与公司的未来现金流有关的信息。其他没有投入类似努力去搜集信息的投资者，就不会得到这类信息。

即使信息是可以公开获得的，它也可能难以理解和判断。非此领域的专业人员可

① 这类市场效率通常被称作“半强式”市场效率，以区别于“强式”市场效率。强式市场效率是指，所有信息（甚至私密信息）都已反映在股价中。“弱式”市场效率是指，股价只反映了关于股票价格变动的历史信息。

能发现，评估关于新技术的研究报告很困难。例如，为理解高度复杂的商业交易的全部后果，可能需要大量的法律和会计专业知识，以及付出加倍的努力。某些咨询专家可能对消费者的品位和产品的认同度有更深入的理解和洞察。在这种情况下，尽管基本信息可能是公开的，但对该信息将怎样影响公司未来现金流的解释和判断本身，却是私有信息。

例如，芬尼思（Phenyx）制药公司刚刚宣布，公司研发了一种新药，正在寻求食品及药品管理局（FDA）的批准。如果被批准，新药于未来产生的利润，将使得公司的市场价值提高 75 000 万美元，或者使公司 5 000 万股流通股的每股价格上涨 15 美元。如果该新药的研发出乎投资者的预料，且预期 FDA 批准新药的平均可能性是 10%。这样，许多投资者很可能知道 FDA 批准该种新药的可能性是 10%，竞争应导致股价立即上涨 1. 50 美元（10% ×15）。然而等过段时间，这一领域（药品研发）的分析师和专家很有可能对该药的大致疗效自行评估。如果他们得出的结论是，该药被批准的可能性看起来比平均更高，他们将开始利用他们的私有信息交易，买入股票，于是股价将趋于随时间而逐渐向更高的价格漂移。如果专家的结论是该药被批准的可能性看起来比平均可能性小，他们将倾向于卖出股票，股价将随时间而向较低的价格漂移。当然，消息宣布时，不知情的投资者并不知道股价的走向。图 9. 7 显示了可能的价格变动轨迹。

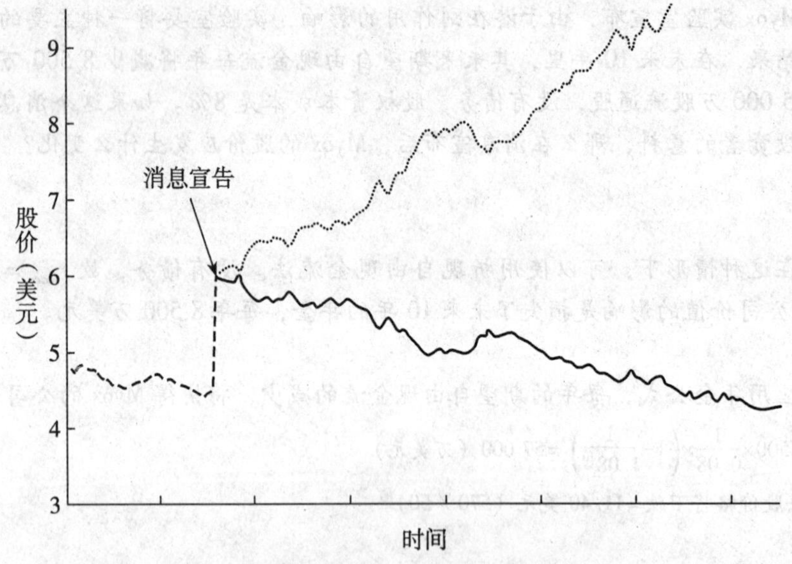

图 9. 7　芬尼思制药公司可能的股价变动轨迹

注：芬尼思的股价在消息宣告时，基于新药被批准的平均可能性而跃升。以后，随着知情投资者利用他们对新药被批准并进入美国市场的可能性更准确地评估而进行交易，股价将向上漂移（点线轨迹）或向下漂移（实线轨迹）。消息宣布时，不知情的投资者并不知道股价的走向。

少数投资者获得私密信息时，这些投资者就可利用他们的私有信息获利。[①] 在这种

① 即使拥有私密信息，知情投资者也可能发现难以利用该信息获利，因为他们必须找到愿意与他们交易的其他投资者；就是说，股票市场必须是充分流动的。流动的市场要求市场中的其他投资者具有别样的交易动机（例如，出售股票以购买住房），因而即使在面临其他交易者可能更知情的风险时，他也愿意交易。

情况下，从严格意义上来说，有效市场假说将不成立。然而，当这些知情交易者开始交易，他们势必将推动价格变化，随着时间的推移，价格也将开始反映他们的私有信息。

如果拥有此类信息的获利机会很大，则其他人也将试图得到专家的意见，并投入为获取信息所需要的资源。随着更多的人成为知情者，利用这类信息的竞争将加剧。从长远来看，我们应该预料到，市场“无效率”的程度，将受到信息获取成本的限制。

对投资者和公司管理者的启示

基于有关股票价格的信息而进行的竞争，对投资者和公司管理者都带来了重要的后果。

对投资者的影响。如同在其他市场一样，只有在自由竞争存在一些障碍或限制时，投资者才应该能在证券市场中识别 NPV 为正的交易机会。投资者的竞争优势可能表现为多种形式。例如，投资者可能有专长，或者有机会得到只有极少数人知道的信息。此外，投资者的交易成本可能比其他市场参与者的要低，他可以利用在其他人看来无利可图的机会。不过在任何情况下，正 NPV 交易机会的来源必定是难以复制的；否则，任何收益都将因竞争而立即消失。

尽管难以得到正 NPV 交易机会的事实不免令人失望，但也有好的消息。如果股票是依据估值模型而被公平定价，那么购买股票的投资者可以期望得到能够公允地补偿他们的投资风险的未来现金流。在这种情况下，普通投资者可以有信心地投资，即便他并不完全知情。

对公司管理者的启示。如果股票是依据我们所叙述的模型被公允地估值，公司的价值就由公司可支付给投资者的现金流来确定。这一结论为公司管理者带来几点关键启示：

关注 NPV 和自由现金流。管理者要想提高公司的股价，就应该投资于能够增加公司自由现金流的现值的项目。这样，第 7 章所阐述的资本预算方法，就与公司股价最大化的目标完全一致了。

避免会计假象。许多管理者易犯这样的错误，他们只关注会计收益，而不在乎自由现金流。根据有效市场假说，决策的会计后果并不直接影响公司的价值，因而不应该驱动决策的制定。

利用金融交易支持投资。在有效市场上，公司可按公平价格出售其股份给新投资者。公司可以不受约束地为具有正 NPV 的投资机会筹资。

有效市场假说与无套利

有效市场假说与第 3 章介绍的正常市场概念的重要差别在于，正常市场是基于套利思想得出的。所谓套利机会是指这样的情形，两只具有**相同**现金流的证券（或投资组合）却具有不同的价格。在这种情形下，任何人都可通过买入低价证券并卖出高价证券而肯定地赚取利润，故我们预期投资者将立即利用这些机会，从而也就消除了这些套利机会。在正常市场中，套利机会将不会存在。

用公式 9.2 所示的回报率来表达有效市场假说是最合适不过了。它表明，具有**同等风险**的证券应该有同样的**期望回报率**。如果没有对“同等风险”的定义，有效市场假说就是不完全的。而且，不同的投资者对风险与回报的认知可能也不相同（基于他们的信息和偏好）。我们没有理由期待有效市场假说能够完美地成立，最好将它看做是对高度竞争市场的一种理想化近似。

同等风险问题将在本书第4篇详细讨论。后面的章节将试图理解风险和回报的历史权衡，学习如何衡量证券的相关风险，并探寻给定风险下证券期望回报率的估计方法。

概念检查

11. 阐述有效市场假说。
12. 有效市场假说对公司管理者有哪些启示？

本章小结

9.1 股票基础知识

公司的所有权被分割为股份。这些股份的持有者有权通过未来红利支付分享公司收益。

9.2 红利折现模型

估值原理表明，股票的价值等于，投资者将收到的红利与未来的股票卖价二者的现值。这些现金流是有风险的，它们必须以股权资本成本折现，即市场上与该股票具有同等风险的其他证券的期望回报率。

股票的总回报率等于红利收益率加上资本利得率。股票的期望总回报率应该等于其股权资本成本：

$$r_E=\frac{Div_1+P_1}{P_0}-1=\underbrace{\frac{Div_1}{P_0}}_{\text{红利收益率}}+\underbrace{\frac{P_1-P_0}{P_0}}_{\text{资本利得率}} \quad \text{（公式 9.2）}$$

投资者对股票有共同的看法和信念时，红利折现模型表明，对于任何时限 N，股票的价格满足下面的公式：

$$P_0=\frac{Div_1}{1+r_E}+\frac{Div_2}{(1+r_E)^2}+\cdots+\frac{Div_N}{(1+r_E)^N}+\frac{P_N}{(1+r_E)^N} \quad \text{（公式 9.4）}$$

如果股票最终支付红利，且从未再转售（即公司永续经营），则红利折现模型意味着，股票价格等于所有未来红利的现值。

9.3 在红利折现模型中估计红利

不变红利增长率模型假定，红利按固定的期望比率 g 增长。在这种情况下，g 也是期望资本利得率，且有：

$$P_0=\frac{Div_1}{r_E-g} \quad \text{（公式 9.6）}$$

未来红利取决于收益、流通股股数以及红利支付率：

$$Div_t=\underbrace{\frac{t\text{ 期收益}}{t\text{ 期流通股数}}}_{EPS_t}\times\text{红利支付率} \quad \text{（公式 9.8）}$$

如果红利支付率和流通股数不变，而且，如果收益的改变只是源于来自于留存收益的新投资的结果，则公司的收益、红利和股价的增长率可计算如下：

g=留存收益比率 × 新投资的回报率 （公式 9.12）

当且仅当新投资的 NPV 为正时，削减公司红利以增加投资才会提高股票价格。

如果公司在 $N+1$ 期后的长期增长率为 g，可以应用红利折现模型对股票估值，同时依据不变红利增长率公式估计股票的持续价值（预测期期末价值）P_N。

红利折现模型对红利增长率非常敏感，而红利增长率又难以准确估计。

9.4 总支出和自由现金流估值模型

如果公司采取股票回购，则使用总支出模型对公司估值更可靠。在这个模型中，股权价值等于未来红利总额与回购金额二者的现值。为确定每股价格，将股权价值除以公司的初始流通股数：

$$P_0=\frac{PV\text{（未来红利总额与回购）}}{\text{初始流通股数}} \qquad \text{（公式 9.15）}$$

公司总支出的增长率，取决于总收益而非每股收益的增长率。

公司有杠杆时，使用折现自由现金流模型估值更可靠。在这个模型中，公司价值等于公司未来自由现金流的现值：

$$V_0=PV\text{（公司未来自由现金流）} \qquad \text{（公式 9.18）}$$

使用加权平均资本成本折现现金流，它是公司必须支付给投资者以补偿他们持有公司债务和股权的风险的期望回报率。

可假定自由现金流按不变的比率（通常等于长期收益增长率）增长，从而估计预测期期末的公司价值。

将公司价值减去债务，加上超额现金，然后再除以公司的初始流通股数，即可确定股票的价格：

$$P_0=\frac{V_0+Cash_0-Debt_0}{N_0} \qquad \text{（公式 9.19）}$$

9.5 基于可比公司的估值

也可通过使用基于可比公司的估值乘数来为股票估值。出于估值目的而通常使用的乘数包括，P/E 比率和公司价值 / EBITDA 比率。使用估值乘数时，假定可比公司与被评估公司具有相同的风险和未来增长。

没有哪个估值模型能够为股票提供一个确定的价值。最好是同时使用几种方法以确定一个合理的估值范围。

9.6 信息、竞争和股票价格

股票价格汇聚了众多投资者的信息。如果我们的估值与股票的市场价格不一致，这最有可能表明，我们关于公司现金流的假设是错误的。

投资者之间的竞争趋于消除 NPV 为正的交易机会。当信息是公开和易于理解判断时，竞争将最激烈。知情交易者私下可能会从他们的信息中获利，这样的私人信息只能逐渐地反映到价格上。

有效市场假说表明，竞争会消除所有 NPV 为正的交易机会，这相当于说，具有同等风险的证券，具有相同的期望回报率。

在有效市场上，如果没有一些竞争优势来源，投资者将不会找到 NPV 为正的交易机会。相比之下，普通投资者将赚取其投资的公平回报。

在有效市场中，为提高股价，公司管理者应该关注最大化公司投资所产生的自由现金流的现值，而不是会计后果或财务政策。

复习题

1. 持有股票享有哪些权利？
2. 股票对投资者的总回报由哪两个部分构成？
3. 如何应用红利折现模型对股票估值？
4. 将现金流再投资的 NPV 与股价变动有什么联系？
5. 未来红利增长率变动时，怎样应用红利折现模型？
6. 什么是股票回购？股票估值中怎样考虑股票回购？
7. 用乘数估值的直观动因是什么？这一技术有什么缺陷？
8. 什么是有效市场？
9. 市场互动怎样使得信息反映在股票价格中？
10. 为什么市场有效性会使管理者关注 NPV 和自由现金流？

练习题

红利折现模型（第 1～4 题）

1. 假设 Evco 公司的当前股价是 50 美元，1 年后将支付 2 美元的红利；股权资本成本为 15%。公司 1 年后支付红利后，预期的当时股票卖价是多少才算合理？

2. 安乐（Anle）公司当前股价为 20 美元，预期 1 年后支付红利 1 美元。支付红利后，预期股价为 22 美元。

a. 公司的股权资本成本是多少？

b. 预期公司的股权资本成本中，红利收益率占多少，资本利得率占多少？

3. 假设增智电子（Acap）公司将于今年年末支付每股 2. 80 美元的红利，下一年年末支付 3. 00 美元的红利。你预期公司的股价在两年后是 52. 00 美元。如果公司的股权资本成本是 10%：

a. 如果你打算持有股票两年，当前你愿意支付的每股买价是多少？

b. 假设你打算持有该股票 1 年，你预期 1 年后股票可以按什么价格出售？

c. 给定（b）问的答案，如果你打算持有股票 1 年，当前你愿意支付的每股买价是多少？将答案与（a）问的答案相比如何？

4. 科莱尔（Krell）公司今天的每股价格是 22. 00 美元。如果预期公司今年的每股红利支付为 0. 88 美元，并且在年末股价有望增长到 23. 54 美元，则公司的红利收益率和股权资本成本分别为多少？

在红利折现模型中估计红利（第 5～13 题）

5. 无成长（NoGrowth）公司当前每季度支付 0. 50 美元的红利，并且持续支付这一红利到永远。如果股权资本成本是 15%，每股价格是多少？

6. 顶峰系统（Summit Systems）公司今年将支付红利 1. 5 美元。如果你预期红利每年增长 6%，假定股权资本成本是 11%，每股价格是多少？

7. 道派克（Dorpac）公司的红利收益率是 1. 5%。公司的股权资本成本是 8%，预期红利以固定的比率增长。

a. 公司的期望红利增长率是多少？

b. 期望股价增长率是多少？

8. 罗瑞尔（Laurel）公司预期下一年的每股收益为 4 美元，留存收益率为 70% 并计划保持不变。股权资本成本为 10%，也是新投资的期望回报率。如果预期公司收益将以每年 4% 的增长率永续增长，请估计公司当前的股价。

9. DFB 公司预期今年的每股收益是 5 美元，计划向股东支付每股 3 美元的红利。公司将保留 2 美元的每股收益再投资于新项目，新项目每年的期望回报率是 15%。假设公司未来将保持同样的红利支付率、留存收益比率以及新投资的回报率，且流通股数不变。

a. 预测公司的收益增长率。

b. 如果股权资本成本是 12%，估计股票价格。

c. 假设公司本年支付每股 4 美元的红利，且只保留每股 1 美元的收益。如果公司未来保持这一较高的支付率，你估计现在的股价是多少？公司应该提高红利支付吗？

10. 库珀顿（Cooperton）矿业公司刚刚宣布将要削减红利，从每股 4 美元下降到 2. 50 美元，并用更多的资金进行扩张。消息宣布前，公司的期望红利增长率是 3%，股价是 50 美元。有了新扩张，公司的期望红利增长率为 5%。你预期消息宣布后的股价会是多少？（假设新扩张不会改变公司的风险）这一扩张是 NPV 为正的投资吗？

11. 吉列（Gillette）公司将在下一年支付每股 0. 65 美元的年度红利。分析师预期自那之后，红利将以每年 12% 的增长率增长，直到第 5 年。此后，红利增长将趋于平稳，每年的增长率固定为 2%。根据红利折现模型，如果公司的股权资本成本是 8%，每股价值是多少？

12. 高露洁棕榄（Colgate－Palmolive）公司刚支付了每股 0. 96 美元的年度红利。分析师预测，公司在未来 5 年间，每年的收益增长率是 11%。之后，预期公司的收益每年按当前 5. 2% 的行业平均增长率增长。如果公司的股权资本成本每年是 8. 5%，并且红利支付率保持不变，应用红利折现模型预测，高露洁股票应以什么价格出售？

13. 好利福得（Halliford）公司预期来年的每股收益是 3 美元。公司计划在未来两年里保留所有收益。然后在接下来的两年里，公司将留存 50% 的收益。从那以后，公司每年将保留 20% 的收益。每年的留存收益将被用来投资于新项目，新项目每年的期望回报率是 25%。没有留存下来的收益将作为红利支付。假设公司的流通股数保持不变，所有的收益增长都源于留存收益的投资。如果公司的股权资本成本是 10%，你估计公司的股价会是多少？

总支出和自由现金流估值模型（第 14 ~ 18 题）

14. 假设思科公司去年没有支付红利，而是花费 50 亿美元用于股票回购。如果思科公司的股权资本成本是 12%，且如果花费在回购上的金额预期每年增长 8%，估计思科公司的股票总市值。如果思科公司有 60 亿股流通股，与此相应的股价是多少？

15. 梅纳德（Maynard）钢铁公司今年计划支付每股 3 美元的红利。预期公司每年的收益增长率是 4%，股权资本成本是 10%。

a. 假设公司的红利支付率和期望增长率保持不变，不发行新股或回购股票，估计公司的股价。

b. 假设公司决定今年支付每股1美元的红利，用剩余的每股2美元留存收益回购股票。如果公司的总支付率保持不变，估计公司的股价。

c. 如果公司保持（b）问中给定的红利和总支付率，预期公司的红利和每股收益的增长率分别为多少？

16. 预期重金属（Heavy Metal）公司在未来5年将产生如下的自由现金流：

年份	1	2	3	4	5
FCF（百万美元）	53	68	78	75	82

之后，预期自由现金流每年以4%的行业平均增长率增长。使用折现自由现金流模型计算下列各问，假设加权平均资本成本是14%：

a. 估计重金属公司的公司价值。

b. 如果公司没有超额现金，债务为3亿美元，流通股数为4 000万股，估计公司的股价。

17. 索拉（Sora）公司有6 000万股流通股，有12 000万美元债务和4 000万美元现金，公司预测未来4年的自由现金流如下：

1	年份	0	1	2	3	4
2	**预测收益和FCF（百万美元）**					
3	销售收入	433. 0	468. 0	516. 0	547. 0	574. 3
4	相对上一年的增长率		*8. 1%*	*10. 3%*	*6. 0%*	*5. 0%*
5	销售成本		−313. 3	−345. 7	−366. 5	−384. 8
6	**毛利润**		154. 4	170. 3	180. 5	189. 5
7	销售、一般及管理费用		−93. 6	−103. 2	−109. 4	−114. 9
8	折旧		−7. 0	−7. 5	−9. 0	−9. 5
9	**EBIT**		53. 8	59. 6	62. 1	65. 2
10	减：所得税（40%）		−21. 5	−23. 8	−24. 8	−26. 1
11	加：折旧		7. 0	7. 5	9. 0	9. 5
12	减：资本性支出		−7. 7	−10. 0	−9. 9	−10. 4
13	减：NWC的增加		−6. 3	−8. 6	−5. 6	−4. 9
14	**自由现金流**		**25. 3**	**24. 6**	**30. 8**	**33. 3**

a. 假设预期公司的收益和自由现金流在第4年以后按5%的比率增长。如果公司

的加权平均资本成本是10%，基于这一信息，公司股票的价值是多少？

b. 假设公司的产品销售成本为销售收入的67%。如果产品销售成本实际上为销售收入的70%，股票估值将会如何变化？

c. 再回到（a）问中的假设，且假设公司可保持产品销售成本为销售收入的67%。不过，现在假设公司将销售、一般及管理费用从销售收入的20%，减少到16%。现在你估计股价是多少？（假设除了税费外，其他费用都不受影响）

d. 估计公司的净营运资本需求为销售收入的18%（在0年的现时水平）。如果于第1年开始，公司可将净营运资本需求减少到销售收入的12%，但是其他假设与（a）问的相同，估计公司的股价是多少？（提示：这种改变将对公司第1年的自由现金流产生最大的影响）

18. 考虑例9.7肯尼思科尔制造公司的估值过程。

a. 假设你相信，KCP的初始销售收入增长率将处于7%~11%之间（到2011年，增长率逐步线性降低到4%）。与这一预测一致的KCP股价的范围是什么？

b. 假设你相信，KCP的初始息税前收益率（EBIT/销售收入比率）处于8%~10%之间。与这一预测一致的KCP股价的范围是什么？

c. 假设你相信，KCP的加权平均资本成本处于10.5%~12%之间。与这一预测一致的KCP股价的范围是什么？

d. 如果同时改变（a）、（b）、（c）问的估计，与此一致的股价范围是什么？

基于可比公司的估值（第19~24题）

19. 你注意到，戴尔公司的股票价格为27.85美元，EPS为1.26美元。其竞争对手惠普公司的EPS为2.47美元。据此，惠普公司的每股价格是多少？

20. 假设2006年1月，肯尼思科尔制造公司的EPS是1.65美元，股权的账面价值是每股12.05美元。

a. 使用表9.1中的平均P/E乘数，估计KCP的股价。

b. 基于表9.1中最高和最低的P/E乘数，估计的股价范围是什么？

c. 使用表9.1中的平均市净率乘数，估计KCP的股价。

d. 基于表9.1中最高和最低的市净率乘数，估计的股价范围是什么？

21. 假设2006年1月，肯尼思科尔制造公司有51 800万美元的销售收入、5 560万美元的EBITDA、10 000万美元的超额现金、300万美元的债务以及2 100万股流通股。

a. 使用表9.1中的平均“公司价值/销售收入”乘数，估计KCP的股价。

b. 基于表9.1中最高和最低的“公司价值/销售收入”乘数，估计的股价范围是什么？

c. 使用表9.1中的平均“公司价值/EBITDA”乘数，估计KCP的股价。

d. 基于表9.1中最高和最低的“公司价值/EBITDA”乘数，估计的股价范围是什么？

22. 除鞋类之外，KCP还设计和销售手提包、服装及其他附属品。给定这一业务跨度，你决定考虑制鞋业以外行业中的KCP的可比公司。

a. 假设化石（Fossil）公司的“公司价值/EBITDA”乘数是9.73，P/E乘数是

18.4。基于第19和21题的数据，分别运用这些乘数，估计KCP的股价。

b. 假设汤米·希绯格（Tommy Hilfiger）公司的“公司价值／EBITDA”乘数是7.19，P/E乘数是17.2。基于第19和21题的数据，分别利用这些乘数，估计KCP的股价。

23. 假设Rocky鞋靴公司的每股收益是2.30美元，EBITDA为3070万美元。公司流通股股数为540万股，债务为12 500万美元（扣除现金）。你认为，Deckers户外用品公司基础业务与Rocky公司相似，可作为可比公司，但是，Deckers公司无负债。如果Deckers公司的市盈率为13.3，“公司价值／EBITDA”乘数是7.4，分别用两种乘数估计Rocky公司的股价。哪个估计值更准确？

24. 如下为2007年中期的汽车制造业数据（EV表示公司价值，BV表示股权账面价值，NM表示无意义，因为除数为负数）。讨论利用乘数对汽车制造公司估值的有用性。

价值单位：百万美元

公司名称	股票市值	公司价值EV	EV/销售收入	EV/EBITDA	EV/EBIT	P/E	P/B
本田	62 539.5	92 258.5	1.0	8.9	11.5	12.0	1.6
戴姆勒—克莱斯勒	108 692.8	205 823.76	1.2	9.9	31.8	14.0	2.2
尼桑	45 072.2	83 307.2	1.2	6.4	11.7	11.1	1.4
大众	101 611.8	129 151.4	0.9	6.9	17.0	20.6	2.5
通用	22 629.2	191 232.4	1.0	9.0	15.7	NM	NM
标致雪铁龙	19 979.7	53 947.8	0.3	144.1	184.7	109.2	1.0
福特	18 392.4	156 428.4	1.0	18.2	NM	NM	NM
三菱	8 730.4	9 970.4	0.4	10.7	52.5	117.3	3.5
大发	4 355.93	5 440.0	0.1	5.0	11.7	14.8	1.6

资料来源：公司财务报告、路透社、市场观察（道琼斯指数）和雅虎财经等。

信息、竞争和股价（第25~28题）

25. 你从报纸上看到消息，顶峰系统公司（见第6题）修正了预期增长率，预期红利将以每年3%的增长率永续增长。

a. 基于这一消息，顶峰系统公司每股股价是多少？

b. 看到这一消息后，如果你试图卖掉持有的顶峰公司股票，可能的交易价格是多少？为什么？

26. 2006年中期，可口可乐公司的股价是43美元，红利是1.24美元。你预期以后可口可乐公司每年的红利增长率大约为7%，并且永久性地增长下去。

a. 如果可口可乐公司的股权资本成本是8%，基于估计的红利增长率，你预期可口可乐的股价是多少?

b. 基于估计的股价和2006年中期的实际股价对比，你对于你估计的未来红利增长率，会得出什么结论?

27. Roybus公司是一家闪存制造商，公司刚报道说，公司在台湾的主要生产设施毁于一场大火。尽管工厂参加了全额保险，但由于生产损失，公司今年年底的自由现金流将减少18 000万美元，下一年年末将减少6 000万美元。

a. 如果公司有3 500万股流通股，加权平均资本成本是13%，在上述消息宣布后，你预期公司的股价会怎样变化?（假设公司的债务价值不受这个事件的影响）

b. 一听到这个消息，你希望能够卖出该股票而获利吗?请解释。

28. 艾本奈（Apnex）公司是一家生物科技公司，公司将要宣布一种有潜力的新抗癌药物的临床试验结果。如果试验成功，公司股票每股将值70美元。如果试验不成功，每股将值18美元。假设在安排公布试验结果那天的早晨，艾本奈的股票按每股55美元的价格交易。

a. 基于当前的股价，投资者对试验成功的预期看来是什么样的?

b. 假设对冲基金经理保罗·克莱勒（Paul Kliner）聘请了几位杰出的研究员，他们自己来检查药物的公开数据，对药物的前景进行评估。克莱勒的基金能通过在试验结果宣布前的几个小时交易股票而获利吗?

c. 是什么限制了基金利用其信息获利的能力?

数据案例

作为一家大型经纪公司的新任分析师，你渴望展示你在大学里学到的技能，以证明你是值得拿这份高薪的。你的第一项任务是分析通用电气（GE）公司的股票。你的上司建议你综合运用红利折现模型和折现自由现金流估值法以确定股价。GE的股权资本成本是10.5%，税后加权平均资本成本是7.5%。新投资的期望回报率是12%。不过，你有点担心，你的财务学教授曾告诉过你，在应用实际数据时，这两种方法的估计结果可能会相差很大。你真的希望这两种方法将得出相似的价格。祝你好运!

1. 登录雅虎财经网页（http://finance.yahoo.com），输入通用电气的股票代码(GE)。从GE的主页中搜集下面的信息，并将信息输入电子数据表中:

a. 当前的股票价格（上次交易）在页面上方。

b. 当前的红利金额，位于与当前股价同一栏的右下角单元格。

2. 接下来在主页的左边点击“Key Statistics”(主要统计数据)。打开统计数据页面后，搜集如下信息并输入同一张电子数据表中:

a. 流通股股数。

b. 红利支付率。

3. 接下来，在GE主页的左边点击“Analyst Estimates”（分析师预测）。打开分析师预测页面后，找到公司未来5年的期望增长率，将其输入同一张电子数据表中。这个数据的位置接近本页的最底端。

4. 再接着点击“Income Statement”（利润表），它位于主页左边菜单栏的底端。将光标停留在利润表的中央，然后点击鼠标右键，选择“Export to Microsoft Excel”（输出到Microsoft Excel表）。将近3年的利润表，复制和粘贴到现有Excel文档的一个新的工作表中。对GE的资产负债表和现金流表重复这一过程。将所有不同的财务报表置于同一Excel工作表中。

5. 基于红利折现模型确定股票价值：

a. 在Excel中创建5年期的时间线。

b. 使用从“雅虎财经”得到的红利数据作为当前红利，然后基于5年期的增长率，预测未来5年的年度红利。

c. 基于GE的红利支付率（即1减去留存收益比率），利用公式9.12确定长期增长率。

d. 根据公式9.13，使用长期增长率确定第5年年末的股价（持续价值）。

e. 使用例9.5中的方法，确定GE的当前股价。

6. 基于折现自由现金流法确定股票价值：

a. 为了预测未来自由现金流，首先使用从“雅虎财经”下载的财务报表中的历史数据，计算下列比率的三年平均值：

EBIT / 销售收入

税率（所得税费用 / 税前利润）

财产、厂房及设备 / 销售收入

折旧 / 财产、厂房及设备

净营运资本 / 销售收入

b. 创建未来7年的时间线。

c. 基于最近年度的总收入，按从雅虎得到的5年期（年度）增长率，预测未来最初5年的销售收入；基于长期增长率预测第6年和第7年的销售收入。

d. 使用步骤（a）计算的平均比率，预测未来7年的EBIT、固定资产（财产、厂房及设备）、折旧以及净营运资本。

e. 使用公式9.17预测未来7年的自由现金流。

f. 使用公式9.21确定第5年年末的公司价值（公司的持续价值）。

g. 计算自由现金流的现值，确定公司价值。

h. 利用公式9.19确定每股价格。

7. 将依据两种方法计算出的股价，与GE实际的股价相比较。基于你的估值，关于客户应买入还是卖出GE股票，你将给客户提出什么建议？

8. 向你的上司解释，为什么这两种方法的估计值会不同。你要明确地说明估值模型本身所隐含的假设，以及你在准备分析过程中所做的假设。为什么这些估计值与GE的实际股价不同？

第3篇的综合案例

此案例根据第7章至第9章的内容编写。

Nanovo公司是一家低成本微电池制造商，微电池广泛应用于小型电子设备中，如儿童玩具、无线发射机和传感器。对此类设备或器件的使用的稳定增长，给Nanovo公司的产品带来了从未有过的高需求。Nanovo公司已经对这一需求增长做出了应对，在过去十年间，公司的规模扩大了两倍多，生产能力大幅提高。但是，公司仍不具备充足的生产能力来满足市场对其寿命期极长的低电压电池产品的需求。要求你评估扩张Nanovo公司的一个现有工厂规模的两个方案，并给出建议。

方案1

当前工厂的月产量为25 000块。第一个方案是进行大的扩张，使工厂的现有生产能力提高两倍，每月生产50 000块电池。与公司的设计工程师、销售经理及生产工人交谈后，你做出了如下估计：

扩大工厂规模需要购买一台价值360万美元的新设备，支付前期设计和工程费用390万美元。扩张项目一开始，这些费用就需要立即支付。

为适应更高的生产能力，安装新设备以及重新设计期间，该工厂需要关闭9个月。这段期间工厂的生产将停止。工程结束之后，工厂将以其原生产能力的两倍运营。

产量的扩大将使每年的销售费用、广告费用和管理费用增加100万美元。这些成本在第1年就会发生（即使此时工厂正在建设而且已经停产）。

方案2

工程人员同时提出了第2套方案，只进行小型的扩张，公司的生产能力只提高50%，达到每月生产37 500块电池。由于生产能力比较小，此次扩张成本较低，破坏力也比较小：

小规模扩张只需要购买一台价值240万美元的新设备，设计及工程费用支出为150万美元。

现有工厂只需关闭4个月。

营销费用及管理费用将只增加50万美元。

公司认为，不管扩张与否，6年后，公司现有技术将被淘汰，而且无残值，到那时，工厂本身需要一次彻底检修。你还掌握了如下其他基本信息：

不管是否扩张，公司都能将其生产的全部产品卖掉，平均批发售价为每块电池80美元。预期随后6年内，价格将保持不变。

公司电池业务的毛利润率为55%。

公司每年年末的平均净营运资本等于当年销售收入的15%。

公司支付40%的所得税。

所有设计和工程费用都作为营业费用，于发生时一次扣除。所有资本性支出按照税法要求，在随后的6年内采用直线折旧法计提折旧。

公司管理层认为，扩张的风险与公司现有项目的风险相似。而且，由于公司为全权益融资，扩张的风险也与公司股票的风险相似。你所掌握的关于公司股票的信息如下：

公司无债务，流通股为200万股。公司的当前股价为每股75美元。

分析师预计，公司今年年底将支付3美元红利，未来红利每年平均提高8%。

基于以上信息，你需要对公司的扩张提出建议（建议运用Excel，但也可以不用）。

案例问题

1. 与维持现状（不进行扩张）相比，确定与每个扩张方案相关的年度增量自由现金流。

2. 计算每个扩张方案的IRR和回收期。哪个方案的IRR更高？哪个方案的投资回收期更短？

3. 估计公司的股权资本成本。用它计算每个扩张方案的NPV。哪个方案的NPV更高？

4. 公司应该进行扩张吗？如果是，应采用哪个方案？请解释。

5. 假设公司决定进行大规模扩张。如果投资者没有预期到这一扩张行为，而且如果他们同意上述预测，扩张的消息一宣布，公司股价将如何变动？

6. 假设公司宣布了将进行大规模扩张的消息，而且股价的变动与第5题的结论一致。公司以该价格发行新股，以应对扩张要求的前期自由现金流的流出，此后，公司将扩张前预期的支付总额加上与扩张有关的额外自由现金流，作为红利支付给投资者。此后8年间，公司将支付的每股红利是多少？给定这些红利，公司股票的当前公平价格是多少？

第4篇　风险与回报

与估值原理的联系。要应用估值原理，就必须折现决策的未来成本和收益。为此，就需要一个能反映未来成本和收益的风险或不确定性的折现率。本书这一篇的目标是，解释如何衡量和比较不同投资机会的风险，并利用这些知识确定投资机会的折现率或资本成本。第10章引入了一个关键的洞见，即只对于那些无法自行通过无成本的多元化投资组合分散的风险，投资者才会要求风险溢价。在比较投资机会时，只有不可分散风险才是重要和相关的。第11章对这一理念进行数量化分析，并由此导出了金融经济学的核心模型——资本资产定价模型（CAPM），该模型将等价风险量化，并给出了风险与回报的关系。第12章运用所学知识评估一家公司的整体资本成本。

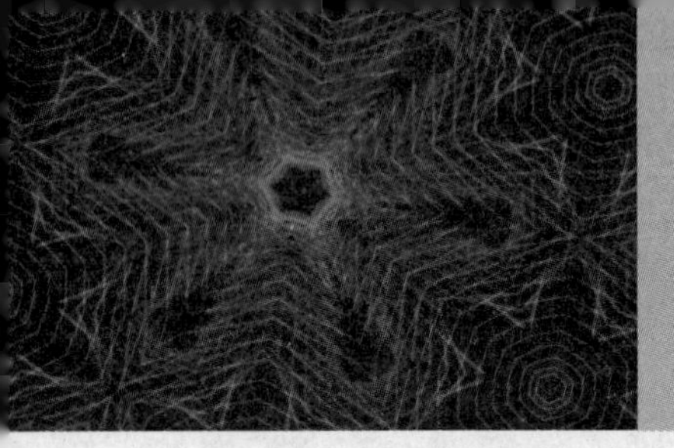

第 10 章 资本市场中的风险与回报

学习目标

- 识别哪类证券具有最高的历史回报率和最大的波动性。
- 依据资产的历史价格计算平均回报率及回报率的波动率。
- 理解大投资组合以及个股的回报率与风险之间的权衡关系。
- 描述共同风险与独立风险的差异。
- 解释如何利用投资组合分散独立风险，仅剩下要求风险溢价补偿的共同风险。

本章所涉及符号的含义如下：

Div_t（t 期支付的红利）；P_t（t 期的股价）；R_t（证券于 $t-1$ 期至 t 期间的实际回报率或总回报率）；$\bar{R}$（平均回报率）；$SD(R)$（回报率 R 的标准差）；$Var(R)$（回报率 R 的方差）

乔恩·克希荷夫访谈

2004 年毕业于明尼苏达大学后，乔恩·克希荷夫（Jon Kirchoff）加入 3M 公司，成为近 110 亿美元养老基金的投资分析师。他的财务和会计专业背景为他从事多种工作打下了坚实的基础，这些工作包括投资分析与管理、投资业绩评价以及担任 3M 员工信托委员会的成员，负责监督信托投资活动。"学习全面地研究、分析和解决复杂商业问题，为成为一名见多识广的、睿智的投资者提供了很好的培训，"他说，"尽管理解投资回报率与业绩贡献必然包含数量化因素，但我的教育背景能帮助我欣赏投资过程的艺术。"

乔恩认为风险和回报的理念是财务学的基本原则。"风险和回报的关系就是权衡并理解这些权衡的意义。对新兴市场的股权投资与美国政府债券投资相比，它们的风险与回报是不同的。一种投资并不必然比另一种投资要好，但投资者应该在投资前，量化和理解每种投资的风险与回报的权衡。"

风险和回报对于构建 3M 的养老金投资组合非常关键。"为了满足养老金计划参与者的月收益支付，我们对必须要达到的长期平均回报率有着清楚的认识。我们的目标是以最小的风险达到或超过目标回报率。对不同的投资、资产类别和行业分部进行多元化投资，每单位风险会得到更高的总体回报。我们根据不同类别资产的风险与回报的历史关系构建有效投资组合。"这些原则也可以应用于个人理财决策。"不要把所有的鸡蛋都放到同一个篮子里的古老格言，不仅适用于个人投资者，对于拥有数十亿美元的大公司而言也是如此。"

金融市场是多变的和具有创新性的，乔恩强调了紧随市场发展的重要性。"不管职业和兴趣是什么，任何人都应该懂得投资，因为越来越多的人要为自己的退休理财规划。尽早开始定期存款，分散投资以最小化风险，剩下的就交由市场去做。"

2001—2006 年的 6 年间，百威（Anheuser-Busch）公司的投资者，平均每年赚得的回报率为 3.7%。这段时期中，每年的回报率差别很大，年回报率在 2004 年的 -2% 到 2006 年的 17% 之间变动。在同一时期，雅虎公司的投资者平均每年赚得的回报率为 27.2%。不过，这些投资者在 2001 年损失了 41%，在 2003 年却赚得了 175% 的回报。最后，投资于 3 个月期美国国库券的投资者在此期间赚得的年均回报率为 2.6%，最高回报率为 2006 年的 5%，最低为 2003 年的 1.0%。显然，上述三个投资机会的平均回报率水平和回报率的波动性存在着很大的差别。雅虎股票的平均回报率是这三者中最高的，但它的回报率的波动性也是最大的。

本章的学习目标是理解风险和回报的关系。在前面 3 章中，我们知道项目或公司的价值是由自由现金流的现值决定的。前面几章集中阐述了如何预测和折现自由现金流。本章和接下来的两章主要探讨折现率问题。正如我们曾强调过的，折现率就是资本成本，资本成本是由项目的风险决定的。但如何准确地衡量风险及其对应的资本成本呢？

我们将看到如何通过持有很多资产来影响风险敞口。下一章将在此基础上发展一种理论，以解释如何确定投资机会的资本成本。最后，在第 12 章，将利用我们所学到的有关风险与回报关系的知识确定整个公司的资本成本。

我们首先通过考察公开交易证券的历史数据来研究风险与回报的关系。我们将发现股票的风险大于债券，年均回报率也高于债券。我们将此解释为，股票的平均回报率比债券高是对投资者持有股票承担更大风险的一种补偿。我们还将发现，并不是所有的风险都需要补偿，通过持有包含许多不同投资的投资组合，投资者能够消除单个证券的特有风险。只有那些通过持有大的投资组合不能被消除的风险，才决定了投资者要求的风险溢价。

10.1 对风险和回报率的初步考察

假如你的曾祖父母在 1925 年将 100 美元投资于一些小公司股票投资组合，那么今天它就会升值到 1 000 万美元。然而，正如我们将看到的，这样的投资决策伴随着相当大的风险，我们也是事后才知道这是项有利可图的投资。

我们通过说明风险溢价如何影响投资决策和回报，来考察风险与回报的关系。假如你的曾祖父母确实在 1925 年年末以你的名义投资了 100 美元。他们指示经纪人将账户中赚得的所有红利或利息，持续再投资直到 2007 年年初。如果将最初的 100 美元投资于下面的某个组合，那么这 100 美元最终将增长为多少钱？

（1）标准普尔 500 指数（S&P500）：由标准普尔公司构造的投资组合，1957 年之前，该组合由 90 只美国公司股票构成，此后该组合中的股票数量上升为 500 只。就市值而言，这些在美国市场上交易的公司，为各自行业的领先者和最大型公司。

（2）小公司股票（也称小盘股）：在纽约证券交易所（NYSE）交易的全部股票中，由市值最低的 10% 比例数量的美国公司股票构成。（由于股票市值的变化，这一投资组合经常被更新，以使其总是包含市值最低的 10% 比例数量的股票，即纽约股票交易所列出的以市值排序最小的 10% 的公司）

（3）世界股票投资组合：由来自北美、欧洲和亚洲等世界主要股票市场的国际股票所构成的投资组合。

（4）公司债券：由 AAA 级美国长期公司债券构成的投资组合。这些债券的到期期限大约为 20 年。

（5）短期国库券：期限为 3 个月的美国短期国库券（债券到期时再投资）。

图 10.1 显示了，在 1925 年年底分别投资 100 美元于这五种投资组合，截至 2006 年年末的结果。这一结果令人印象深刻——假如你的曾祖父母将 100 美元投资于小公司股票组合，那么到 2007 年初，这一投资的价值将超过 1 000 万美元！与之相对比，如果他们投资于国库券，该投资将仅值大约 2 107 美元。

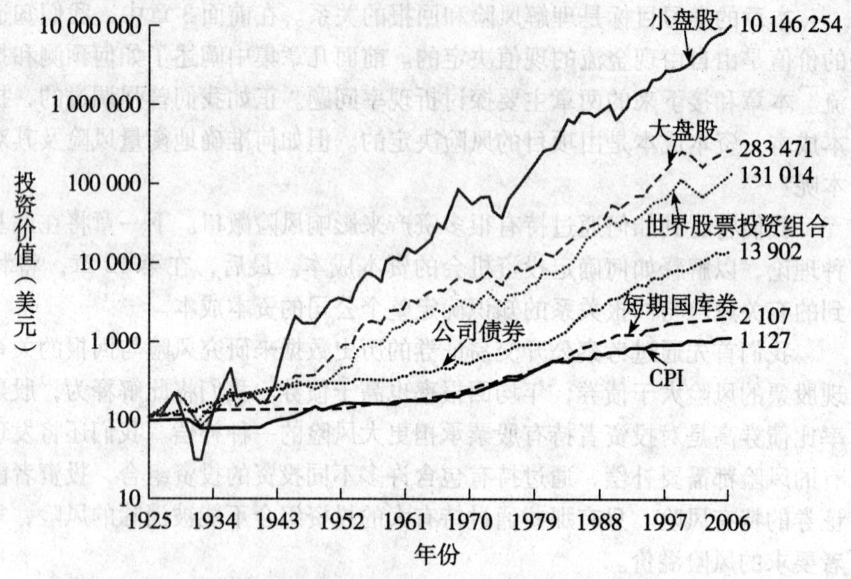

图 10.1　在 1925 年年底投资 100 美元于美国大盘股（S&P500）、小盘股、世界股票投资组合、公司债券和短期国库券的投资价值

注：注意，那些长期来看表现最好的投资，同时每年的波动性也最大。图中也给出消费者物价指数（CPI）的变动作为参照。

资料来源：Global Financial Data.

为了对比，我们也给出了消费者物价指数（CPI），以表明在同期物价是怎样变动的，即图 10.1 中最下面一条线。1925—2006 年，美国的小公司股票经历了最高的长期回报，接下来依次为标准普尔 500 指数代表的大公司股票（或简称大盘股）、世界股票投资组合中的国际股票、公司债券，最后是短期国库券的回报最低。所有投资的增长速度都快于通货膨胀的增长（按 CPI 衡量）。

图 10.1 还表现出另一个明显的特征。尽管从长期来看，小盘股的表现最好，但它的价值也经历了最大的波动。例如，在 20 世纪 30 年代的大萧条时期，小盘股投资者损失最为惨重：假如你的曾祖父母当初将 100 美元投资于小盘股，为他们 15 年以后即 1940 年退休作打算，那么，与同样把 100 美元投资于公司债券组合将得到的 217 美元相比，他们在退休时将仅能得到 175 美元。而且，在这 15 年间，他们也将看到投资价值甚至会下跌到 33 美元之低。要是投资于短期国库券，他们在大萧条时期将不会遭受任何损失，而是每年享受稳定的、尽管较低的回报。确实，如果按照价值增

减的幅度来对这些投资排序的话，我们将得到与以前一样的排序：回报变化无常的小盘股，随后是标准普尔500综合指数、世界股票投资组合、公司债券，最后为短期国库券。

投资者厌恶投资价值的波动，因此较高风险的投资有着更高的期望回报率。尤其在艰难时期，投资者不希望他们的投资再遭受损失从而进一步恶化他们的困境。实际上；即使在1925年，你的曾祖父母真的投资100美元购买小公司股票组合，你也不大可能就能得到收益。而更可能发生的是，在大萧条的深渊里，你的曾祖父母将变现投资补贴生活，以度过这段艰难时期。表10.1给出了图10.1中几种投资的回报率。其中投资回报率为负的用红色标注。很明显，从1929到1932年，小盘股的回报率为负且绝对值大。不幸的是，你的曾祖父母所投资的小盘股组合对于他们在大萧条时期的生计改善无能为力：在1932年，他们的100美元的原始投资将缩水为区区33美元。从事后80年的收益来看，小盘股组合看上去是一项很好的投资，但在1932年，投资它似乎犯了一个很大的错误。或许这就是你的曾祖父母当年为什么没有为你投资于小盘股组合的原因吧。知道他们的曾孙或许在未来某一天成为百万富翁而带来的喜悦，可能无法弥补就在当时为生计急需用钱却眼看着投资失败所承受的痛苦。

表10.1　1926—2006年小盘股、S&P500、公司债券和短期国库券的实际回报率（%）

年份	小盘股	S&P 500	公司债券	短期国库券
1958	78.32	43.34	0.85	1.71
1959	15.39	11.90	0.16	3.48
1960	-6.80	0.48	6.72	2.81
1961	28.33	26.81	3.68	2.40
1962	-8.15	-8.78	6.20	2.82
1963	16.67	22.69	3.17	3.23
1964	28.08	16.36	3.99	3.62
1965	49.69	12.36	2.08	4.06
1966	-13.31	-10.10	-0.25	4.94
1967	93.38	23.94	-1.16	4.39
1968	62.51	11.00	22.46	5.49
1969	-27.13	-8.47	-2.46	6.90
1970	-8.33	3.94	11.18	6.50
1971	20.34	14.30	9.68	4.36
1972	3.51	18.99	8.32	4.23
1973	-32.08	-14.69	2.99	7.29
1974	-22.97	-26.47	0.23	7.99
1975	74.99	37.23	11.04	5.87
1976	56.98	23.93	14.56	5.07
1977	20.53	-7.16	5.51	5.45

续表

年份	小盘股	S&P 500	公司债券	短期国库券
1978	20. 17	6. 57	1. 83	7. 64
1979	44. 84	18. 61	-1. 56	10. 56
1980	22. 94	32. 50	-4. 98	12. 10
1981	17. 53	-4. 92	8. 98	14. 60
1982	39. 49	21. 55	34. 90	10. 94
1983	51. 86	22. 56	7. 32	8. 99
1984	-7. 69	6. 27	17. 10	9. 90
1985	37. 24	31. 73	29. 49	7. 71
1986	4. 53	18. 67	20. 91	6. 09
1987	-9. 64	5. 25	-1. 58	5. 88
1988	21. 46	16. 61	13. 79	6. 94
1989	9. 93	31. 69	15. 31	8. 44
1990	-33. 08	-3. 10	8. 61	7. 69
1991	38. 23	30. 46	15. 87	5. 43
1992	27. 63	7. 62	10. 64	3. 48
1993	29. 12	10. 08	14. 66	3. 03
1994	-0. 14	1. 32	-2. 43	4. 39
1995	32. 13	37. 58	21. 99	5. 61
1996	17. 43	22. 96	4. 24	5. 14
1997	18. 95	33. 36	10. 85	5. 19
1998	-4. 36	28. 58	10. 91	4. 86
1999	18. 92	21. 04	-3. 04	4. 80
2000	2. 64	-9. 10	11. 69	5. 98
2001	21. 71	-11. 89	11. 46	3. 33
2002	13. 86	-22. 10	11. 18	1. 61
2003	51. 57	28. 68	9. 23	1. 03
2004	17. 28	10. 88	6. 51	1. 43
2005	7. 15	4. 91	7. 76	3. 30
2006	19. 82	15. 80	4. 14	4. 97

资料来源：Global Financial Data.

我们已经理解了投资者不喜欢风险，对承担的风险要求风险溢价的一般原理，本章的目标是进一步理解这一事实，即投资者可以通过持有大的股票组合以消除部分风险，所以并不是所有的风险都要求风险溢价。为了说明这一点，必须首先发展出一种能够计量风险和回报的工具。

概念检查

1. 从历史来看，哪种投资具有最高的平均回报率？哪种投资每年的波动性最大？它们之间存在联系吗？

2. 对于较高风险证券的投资，为什么投资者要求较高的回报率？

10.2 股票的历史风险和回报率

本节将阐释怎样运用股票市场历史数据计算平均回报率和衡量风险（波动率）。研究回报率的历史分布有助于我们估计可能的未来回报率。首先我们来说明怎样计算历史回报率。

计算历史回报率

首先我们来介绍一下单项投资和投资组合的已实现回报率。**已实现回报率**（realized return）是在一个特定时期中实际发生的总回报。

单项投资的已实现回报率。假如1个月前你花10美元购买了一只股票。今天你获得0.50美元的红利，随后以11美元出售该股票。你的回报率是多少？你的回报来自两部分：红利和价格变动。你从10美元投资中获得0.50美元的红利，回报率是5%（0.50÷10）=5%，而且你还从股价上涨中赚得1美元，回报率是1/10或10%，你总的回报率是15%：

$$回报率=\frac{0.50}{10}+\frac{(11-10)}{10}=5\%+10\%=15\%$$

假如你在 t 期以价格 P_t 买入股票。如果在 t+1 期，股票支付红利 Div_{t+1}，同时你以价格 P_{t+1} 出售该股票，股票投资现金流的时间线如下所示：

t		$t+1$
$-P_t$		$+D_{t+1}$ $+P_{t+1}$

从 t 期到 t+1 期，股票投资的已实现回报率为：

$$R_{t+1}=\frac{Div_{t+1}+P_{t+1}-P_t}{P_t}=\frac{Div_{t+1}}{P_t}+\frac{P_{t+1}-P_t}{P_t}$$

=红利收益率+资本利得率　　（公式10.1）

从 t 期到 t+1 期获得的回报率为红利收益率和资本利得率（以初始股价的百分比表示）之和；如第9章所述，它也被称作总回报率。在 t 期每投资1美元，在 t+1 期将获得 $1+R_{t+1}$。可按同样的方式计算任何证券的总回报率，只需用证券支付的现金流代替红利即可（例如，对债券而言，用利息支付代替红利）。

例 10.1　已实现回报率

问题：

2004 年 11 月 15 日，微软发放每股 3.08 美元的一次性特别红利。假如你在 2004 年 11 月 1 日以 28.08 美元买入微软股票，并在红利发放后立即以 27.39 美元卖出。你持有微软股票的已实现回报率是多少？

分析：

可以利用公式 10.1 来计算已实现回报率。已知购买价格（28.08 美元），出售价格（27.39 美元）和红利（3.08 美元）后，即可代入公式计算。

计算：

根据公式 10.1，从 2004 年 11 月 1 日到 2004 年 11 月 15 日的回报率等于：

$$R_{t+1}=\frac{Div_{t+1}+P_{t+1}-P_t}{P_t}=\frac{3.08+(27.39-28.08)}{28.08}=0.0851\text{（或 8.51\%）}$$

8.51% 的回报率可分解成红利收益率和资本利得率两部分：

$$\text{红利收益率}=\frac{Div_{t+1}}{P_t}=\frac{3.08}{28.08}=0.1097\text{（或 10.97\%）}$$

$$\text{资本利得率}=\frac{P_{t+1}-P_t}{P_t}=\frac{(27.39-28.08)}{28.08}=-0.0246\text{（或}-2.46\%\text{）}$$

评价：

总的回报包含资本利得（本例中是资本损失）和收到的红利两部分。资本利得和红利都是总回报的组成部分，忽略任何一项都会在评价微软的业绩时误入歧途。

如果你在收到第一次红利后继续持有股票，在计算回报率时，你必须明确，对于期间收到的红利你是怎样投资的。为侧重考察单一证券的回报率，我们假设，*所有红利被立即再投资于额外购买同一股票或证券*。在这种情形下，可使用公式 10.1 计算每次红利支付期间的股票回报率，然后将每一次红利支付间隔的回报率进行复利，从而求得更长时期内的回报率。如果一只股票于每季度末支付红利，每季度的已实现回报率为 R_1，…，R_4，该股票 4 个季度的回报率如下：

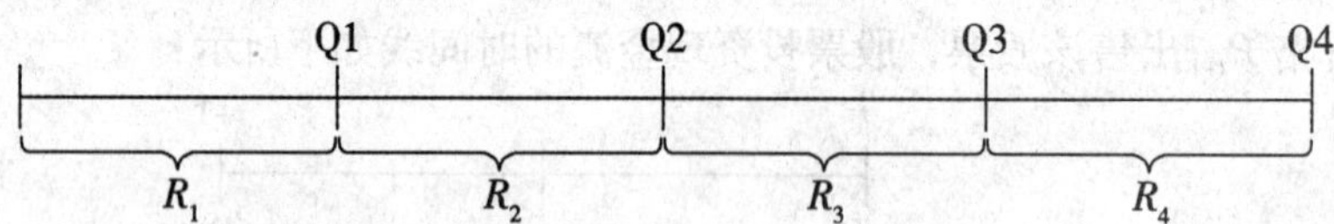

它的年度已实现回报率 R_{annual} 为：

$$1+R_{annual}=(1+R_1)(1+R_2)(1+R_3)(1+R_4) \quad\text{（公式 10.2）}$$

例 10.2　复利已实现回报率

问题：

假如你在 2004 年 11 月 1 日购买微软股票，持有 1 年后于 2005 年 10 月 31 日卖出。你的已实现回报率是多少？

解答：

分析：

需要分析持有微软股票期间每个季度的现金流。为了得到这些现金流，要查找年初、年末以及红利支付日的股价和红利数据（见第 9 章及本书网站，可在线获得股价和红利数据）。利用这些数据创建下表，据此画出现金流的时间线（以下数据来自本书网站）：

日期	股价（美元）	红利（美元）
2004 年 11 月 1 日	28.08	
2004 年 11 月 15 日	27.39	3.08
2005 年 2 月 15 日	25.93	0.08
2005 年 5 月 16 日	25.49	0.08
2005 年 8 月 15 日	27.13	0.08
2005 年 10 月 31 日	25.70	

接下来利用公式 10.1 计算每段时期的回报率，然后根据公式 10.2，将各段时期的回报率复利，得到全年的已实现回报率。

计算：

例 10.1 中已经计算了 2004 年 11 月 1 日到 2004 年 11 月 15 日的已实现回报率是 8.51%。在此基础上，使用公式 10.1 继续计算各期的回报率。例如，从 2004 年 11 月 15 日到 2005 年 2 月 15 日，已实现回报率为：

$$R_{t+1}=\frac{Div_{t+1}+P_{t+1}-P_t}{P_t}=\frac{0.08+(25.93-27.39)}{27.39}=-0.0504\text{（或}-5.04\%\text{）}$$

然后通过复利计算 1 年的回报率。

注意使用公式 10.2 的前提是，对投资进行复利。如第 4 章在计算复利时，加上 1 表示投资 1 美元的结果。第 1 期的回报率是 8.51%，意味着可得到或 1.0851 美元（1+0.0851）。负的回报率道理也一样：第 2 期的回报率为 -5.04%，期末可得到或 0.9496 美元（1-0.0504）。计算最终的复利回报率时，减去初始投资 1 美元即可得到：

$$1+R_{annual}=(1+R_1)(1+R_2)(1+R_3)(1+R_4)(1+R_5)$$

$$1+R_{annual}=1.0851\times0.9496\times0.9861\times1.0675\times0.9473=1.0275$$

$$R_{annual}=1.0275-1=0.0275\ (2.75\%)$$

下表给出了每期的已实现回报率。

评价：

重复这些步骤，计算出投资者持有微软股票 1 年的实际回报率。从这个练习中可以看出，回报是有风险的。这一年里，微软股票的回报率上下波动，最后只微涨了 2.75%。

在 2004 年 11 月 1 日投资微软股票的投资者期望恰好得到例 10.2 计算出的实际回报率是不大可能的。在任何给定的年度，我们只能从所有可能实现的回报率中观察到一个实际回报率。但是我们可以观察很多年的实际回报率。通过计算实际回报率落入某一特定范围内的次数，我们可以描绘出各种可能回报率的分布。下面用表 10.1 中的数据说明这个过程。

图 10.2 描绘了表 10.1 中每种投资的年回报率的直方图。每个条形图的高度表示年回报率落在 X 轴所标示的每一范围内的年数。请注意：与国库券相比，股票回报率的波动性要大得多。

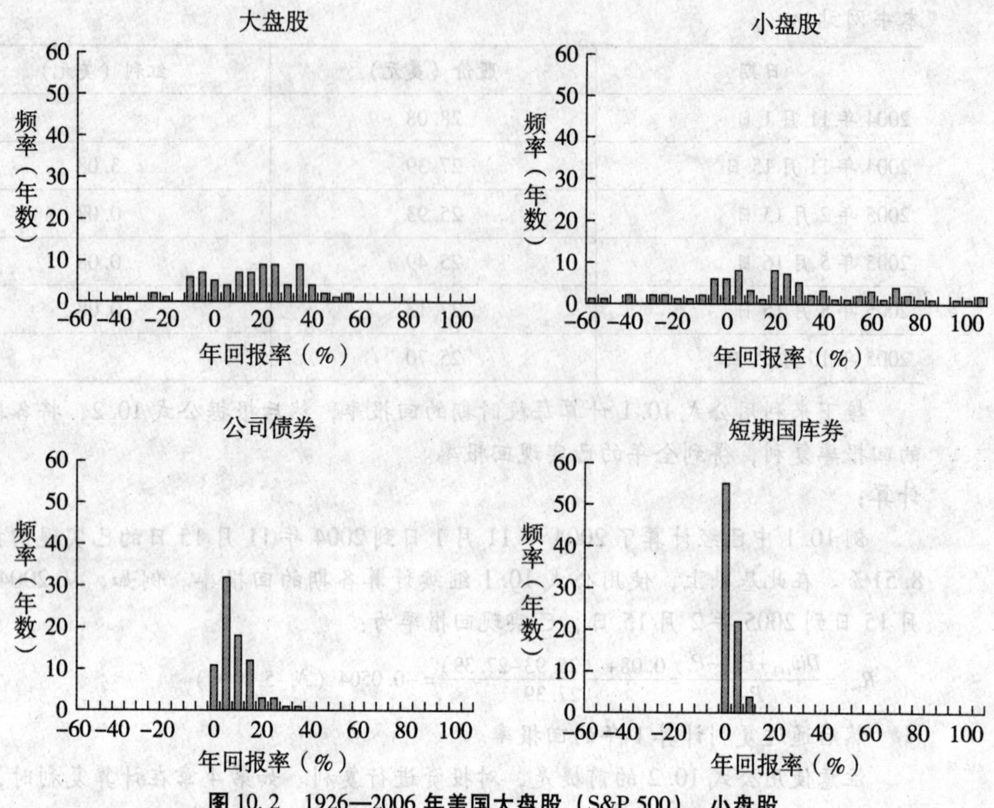

图 10.2　1926—2006 年美国大盘股（S&P 500）、小盘股、公司债券以及短期国库券的年回报率的分布

注：每一条形的高度表示年回报率落在每一范围内的年数。例如，三个月短期国库券的条形图表明超过 50% 的年份的回报率在 0 到 5% 之间。注意与公司债券或短期国库券的回报率相比，股票回报率具有较高的变动性（特别是小盘股）。

年均回报率

图 10.2 描绘了每种证券的回报率的分布，此外我们还想知道最可能出现的回报率（用平均回报率来表示）。在某一段历史时期内，投资的**年均回报率**（average annual return）等于每年实际回报率的简单平均值。也即，如果 R_t 为证券在第 t 年的实际回报率，那么从 1 到 T 年间，证券的年均回报率为：

证券的年均回报率

$$\bar{R}=\frac{1}{T}\left(R_1+R_2+\cdots+R_T\right) \tag{公式 10.3}$$

如果假设可能回报率的分布是相同的，则平均回报率提供了对期望回报率（预期某一年的回报率）的一个估计值。这种思想不仅适用于回报率。例如，星巴克的经理并不能准确地知道今天会有多少顾客来消费，但他可以根据以往的顾客数估计一个平均数，从而对需要雇用的员工数量和进货量有个大致的预期。

基于表 10.1 中 S&P 500 的实际回报率，可计算出 S&P 500 2002—2006 年的平均回报率为：

$$\frac{1}{5}\times\left(-22.10\%+28.68\%+10.88\%+4.91\%+15.80\%\right)=7.63\%$$

同期短期国库券的平均回报率为2.47%。在这一时期，持有S&P500指数组合的投资者，比持有短期国库券的投资者，平均每年多赚了5.17%（7.63%-2.47%）。这仅仅计算了5年的平均回报率。自然，采用的数据越多，对回报率分布的真实平均值的估计就越准确。图10.3显示了1926—2006年间美国不同投资组合的年均回报率。

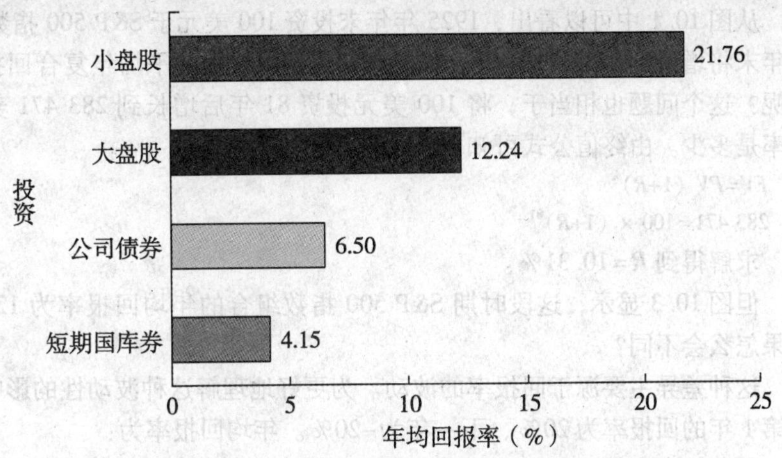

图10.3　1926—2006年间美国小盘股、大盘股（S&P500）、公司债券以及短期国库券的年均回报率

注：条形图表示投资的平均回报率。

回报率的方差和波动率

由图10.2可见，每种投资的回报率的变动性明显不同。小盘股的回报率的分布最分散，如果你投资于小盘股，在某些年份你的损失可能高达50%之多，而在有些年你的回报率可能高于100%。S&P 500指数所代表的大盘股的回报率的变动范围小于小盘股，但比公司债券或短期国库券则大得多。从图10.2中能看出这种回报率变动性的差异，但需要有一种方式来量化它们。为确定回报率的变动性，我们计算实际回报率分布的标准差。**标准差**(standard deviation）为实际回报率分布的方差的平方根。**方差**(Variance）衡量了回报率的变动性，它是通过求每期回报率与平均回报率的差，然后再对差求平方和得到的。对每期回报率与平均回报率的差值进行平方，这是因为根据定义，如果不对差值平方就加总，结果必定为0。对回报率平方，得到的方差是以$\%^2$（百分比的平方）为单位的。这不是很有用，因此要对其开方，得到以%为单位的标准差。

尽管看起来有点抽象，不过标准差简单地表明了历史回报率相对平均回报率的偏离程度。标准差与我们对风险的直觉相吻合：多长时间偏离目标一次？偏离多少？通常通过下列公式[①]计算方差：

利用实际回报率估算方差

$$Var\ (R)=\frac{1}{T-1}\left((R_1-\bar{R})^2+(R_2-\bar{R})^2+\cdots+(R_T-\bar{R})^2\right) \quad (公式10.4)$$

① 你可能疑惑为什么在这里除以$T-1$而不是T。这是由于我们不是从真实的期望回报率出发计算离差（即每期的回报率与平均回报率之差）；而是根据估计的平均回报率$\bar{R}$计算离差。因为平均回报率是从相同的样本数据中得出的，为此我们失去了一个自由度（实质上，我们消耗了1个数据点），结果在计算方差时，真正只有T-1个数据点可自由运用。

方差的平方根即为标准差，或称作波动率①：

$$SD\ (R) = \sqrt{Var\ (R)} \qquad \text{(公式 10.5)}$$

算术平均回报率和年复合回报率

从图 10.1 中可以看出，1925 年年末投资 100 美元于 S&P 500 指数组合，到 2006 年年末将增值到 283 471 美元。如果想知道这项投资的平均年复合回报率，该怎么计算呢？这个问题也相当于，将 100 美元投资 81 年后增长到 283 471 美元，每年的回报率是多少。由终值公式可知：

$$FV = PV\ (1+R)^n$$

$$283\,471 = 100 \times\ (1+R)^{81}$$

求解得到 $R=10.31\%$。

但图 10.3 显示，这段时期 S&P 500 指数组合的年均回报率为 12.24%，这两个结果怎么会不同？

这种差异主要源于回报率的波动。为更好地理解这种波动性的影响，假设一项投资第 1 年的回报率为 20%，下一年为-20%。年均回报率为：

$$\frac{20\% + (-20\%)}{2} = 0\%$$

但投资 1 美元两年后的价值为：

$$1\times\ (1+0.20)\ \times\ (1-0.20)\ = 0.96\ \text{(美元)}$$

由此可知投资者将赔钱。这是因为，第一年在 1 美元的投资上获得 20% 的回报，总计 20 美分，而损失的 20% 却是基于更大的 1.2 美元的投资，即亏损 1.2 美元的 20%，或 24 美分。

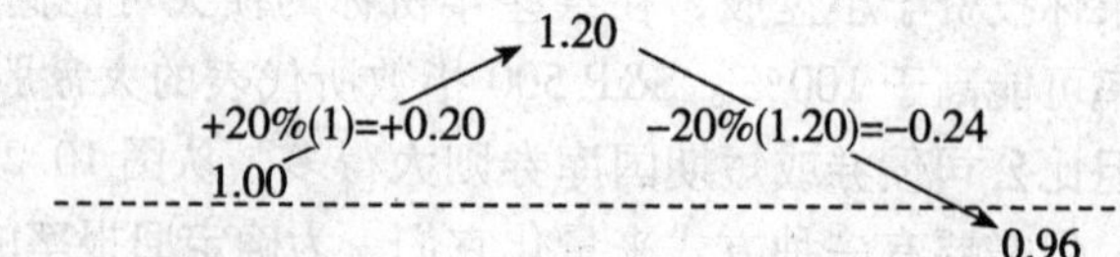

在本例中，年复合回报率为：

$$0.96 = 1\times\ (1+R)^2$$

求解 R 得到：$R=0.96^{1/2}-1=-2\%$

12.24% 的平均回报率是实际回报率的简单算术平均，而 10.38% 的回报率则是平均年复合回报率（也称作几何平均回报率），与 100 美元投资的总获利相对应。

哪一种方法能更好地描述投资的回报率呢？年复合回报率是对投资长期历史业绩的较好描述。它描述那些特定历史回报率的年均复合回报率。不同投资的长期业绩排序与其年复合回报率的排序相符。年复合回报率通常用于投资的比较。例如，共同基金通常报告它们在过去 5 年或 10 年的年复合回报率。

另一方面，基于投资的过去表现，试图估计未来投资期内的期望回报率时，应该使用算术平均回报率。如果认为过去的年回报率为真实回报率（来自同一系列的可能回报率）的独立实现值，那么由统计学知识可知，算术平均数能很好地估计真实

① 如果在公式 10.4 中使用的回报率不是年度回报率，则通常将其乘以每年的时期数，把方差转变为年度方差。因此，在使用月回报率时，我们把方差乘以 12，相应地，将标准差乘以 $\sqrt{12}$。

均值。如果上述投资的未来年回报率只可能是20%或-20%，且两种情形的概率相等，那么1美元投资在经过2年以后的支付可能是：

25%的可能性为：1 × 1.20 ×1.20=1.44

50%的可能性为：1×1.20×0.80=1×0.80×1.20=0.96

25%的可能性为：1×0.80×0.80=0.64

期望支付为：25%×1.44+50%×0.96+25%×0.64=1

这与0%的算术平均回报率相符。

例 10.3　计算历史波动率

问题：

利用表10.1中的数据，计算S&P 500组合2002—2006年间回报率的标准差。

解答：

分析：

首先根据5年的回报率，利用公式10.3计算年均回报率，它是方差公式中的一个重要输入变量。接下来，根据公式10.4计算方差，然后对方差开平方就得到标准差。

2002年	2003年	2004年	2005年	2006年
-22.10%	28.68%	10.88%	4.91%	15.80%

计算：

前面已经计算出S&P 500组合这一期间的年均回报率为7.63%，已知计算方差所需的所有输入变量，应用公式10.4，可得：

$$Var(R)=\frac{1}{T-1}((R_1-\bar{R})^2+(R_2-\bar{R})^2+\cdots+(R_T-\bar{R})^2)$$

$$=\frac{1}{5-1}\times((-0.2210-0.0763)^2+(0.2868-0.0763)^2+(0.1088-0.0763)^2+(0.0491-0.0763)^2+(0.1580-0.0763)^2)$$

$$=0.0353$$

还可通过下列方式分解计算：

	2002年	2003年	2004年	2005年	2006年
回报率	-0.2210	0.2868	0.1088	0.0491	0.1580
平均值	0.0763	0.0763	0.0763	0.0763	0.0763
离差（回报率减均值）	-0.2973	0.2105	0.0325	-0.0272	0.0817
离差的平方	0.0884	0.0443	0.0011	0.0007	0.0067

将最后一行所示的离差的平方加总，得到0.1412。

最后，用4（5-1）去除，得到0.0353（0.1412／4），于是标准差为：

$$SD(R)=\sqrt{Var(R)}=\sqrt{0.0353}=0.1879\ (18.79\%)$$

评价：

S&P 500组合的期望回报率的最优估计值是其年均回报率，为7.63%，这一回报是有风险的，其标准差是18.79%。

常见错误

例 10.3 强调了计算标准差时常犯的两个错误。

(1) 记住用回报率的数目减 1 然后去除，即 $T-1$，而不是 T。

(2) 不要忘记对方差开方从而得到标准差，仅仅计算出方差还没有结束，还差一步。

为将图 10.2 中观察到的回报率分布的变动性差异进行量化，可计算表 10.1 中各种投资的回报率的标准差。结果如图 10.4 所示。

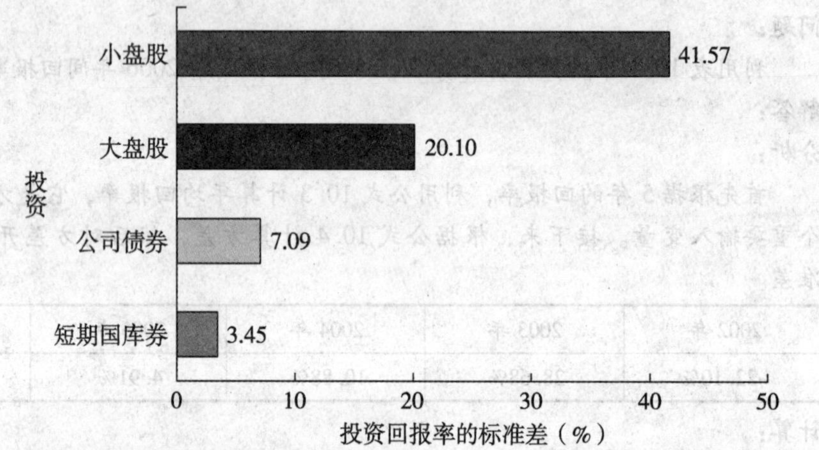

图 10.4　1926—2006 年间，美国小盘股、大盘股（S&P500）、公司债券以及短期国库券的波动率（标准差）

注：条形图表示投资回报率的标准差。

比较图 10.4 中的标准差，可以发现，正如我们所预期，小公司的历史回报率变动最大，其次是大公司。公司债券和短期国库券的回报率的变动性相对于股票要低得多，短期国库券是波动性最低的投资种类。

EXCEL 的应用：计算历史回报率的标准差

1. 在 EXCEL 中输入历史回报率的数据。
2. 然后，选择要输出标准差的单元格，在这个单元格中插入函数。
3. 选择“STDEV”函数，选择要计算均值的历史回报率，然后点击确定。

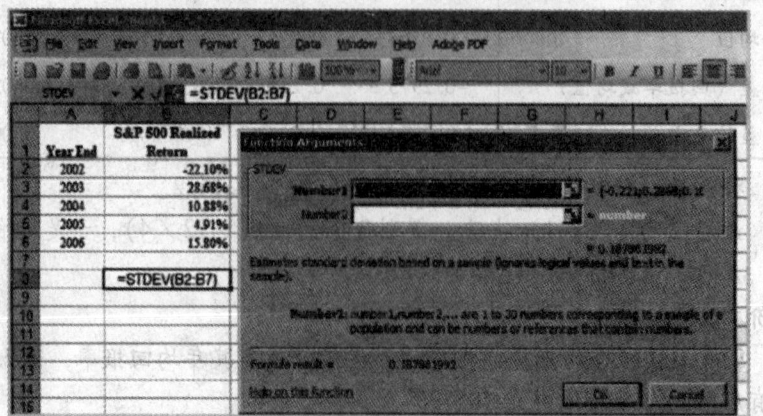

4. 确定你选用的是“STDEV”而不是“STDEVP”函数。函数 STDEV 是利用公式 10.4 和 10.5 计算样本的标准差，计算时的除数为 $T-1$。而函数 STDEVP 是假设你已确定知道真实均值，通过除以 T 计算标准差。关于这两者的重要区别脚注 1 中有更多的说明。

正态分布

图 10.4 中计算的标准差不仅对衡量投资风险有用，而且对于描述**正态分布**（Normal distribution）也起着重要作用。从图 10.5 可以看出，正态分布是一种对称的概率分布，完全由均值和标准差刻画。重要的是，大约有三分之二的可能结果落在距离均值左右各一个标准差的区间内，大约有 95% 的结果落在距离均值左右两个标准差的区间内。图 10.5 反映了小盘股的这些结果（回报率）。

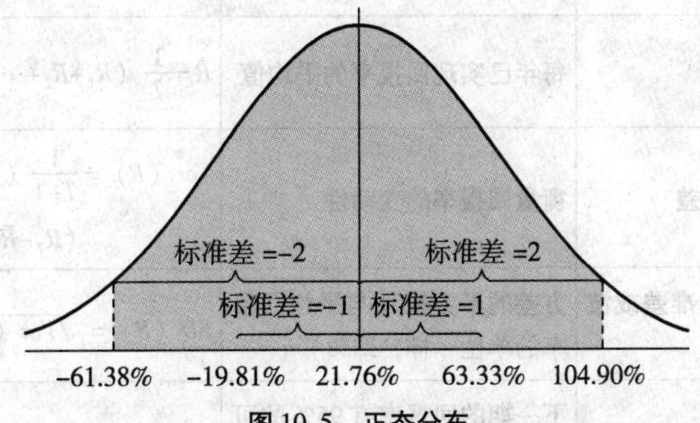

图 10.5　正态分布

注：曲线的高度反映了每种回报率发生的可能性。基于图 10.3 和 10.4 中的数据，若小盘股的回报率呈正态分布，那么所有可能结果的三分之二将落在 21.76% 的平均回报率左右一个标准差的区间内，有 95% 的结果将落在均值左右两个标准差区间内。图 10.4 所示的标准差为 41.57%，因此 95% 的结果处于-61.38% 到 104.90% 之间（分布图中的阴影区域）。

我们相信下一年的回报率有 95% 的可能性处于距离平均回报率左右两个标准差之间，**95% 的置信区间**（95% confidence interval）就是从（平均回报率-2×标准差）到（平均回报率+2×标准差）的区间：

平均回报率±（2 × 标准差）

$\bar{R}\pm(2\times SD(R))$　　（公式 10.6）

例 10.4　置信区间

问题：

在例 10.3 中，2002—2006 年 S&P 500 组合的年均回报率为 7.63%，标准差为 18.79%，S&P 500 组合 2007 年的期望回报率的 95% 的置信区间是多少？

解答：

分析：

利用公式 10.6 计算置信区间。

计算：

平均回报率±（2×标准差）= 7.63% -2×18.79% 到 7.63% +2×18.79% = -29.95% 到 45.21%。

评价：

尽管2002–2006年的年均回报率为7.63%，但S&P 500组合的回报率是变动的。如果想知道其2007年的期望回报率有95%的可能性是多少，则最好的回答是，回报率有95%的可能性落在–29.95%到45.21%之间。

表10.2总结了本节的核心概念和公式。通过计算历史平均回报率和波动率，可评价投资的历史业绩及未来可能的表现。当然，利用过去预测未来充满了不确定性。下一节将讨论这种不确定性。

表10.2 历史回报率的有关工具汇总

概念	定义	公式
已实现回报率（或实际回报率）	特定期间内获得的总回报率	$R_{t+1}=\frac{Div_{t+1}+P_{t+1}-P_t}{P_t}$
年均回报率	每年已实现回报率的平均值	$\bar{R}=\frac{1}{T}(R_1+R_2+\cdots+R_T)$
回报率的方差	衡量回报率的变动性	$Var(R)=\frac{1}{T-1}((R_1-\bar{R})^2+(R_2-\bar{R})^2+\cdots+(R_T-\bar{R})^2)$
回报率的标准差或波动率	方差的平方根（与平均回报率的单位一样，即%）	$SD(R)=\sqrt{Var(R)}$
95%的置信区间	下一期的回报率有95%的可能性所在的范围	$\bar{R}\pm(2\times SD(R))$

概念检查

3. 计算股票历史平均回报率和标准差的目的是什么？
4. 历史回报率的标准差是如何影响下期回报率预测的置信度的？

10.3 风险和回报的历史权衡

你愿意在没有额外回报的情形下承担额外风险吗？换句话说，如果没有可能产生更高的回报，你愿意追求更高风险的投资吗？对这两个问题的回答最有可能是"不"。本节将基于证券市场历史来考察风险（由价格的波动性衡量）和回报（由回报率衡量）的权衡，看历史上投资者的行为是否和你想的一样。

大投资组合的回报率

在图10.3和10.4中，我们计算出几类投资的历史平均回报率和波动率。图10.6绘制了表中各类投资的平均回报率基于波动率的函数图像，其中也包含了图10.1中的世界股票投资组合。注意，以标准差衡量波动率，投资组合的波动率越高，平均回报率就越高。图10.6与我们关于投资者厌恶风险的观点是一致的。风险较高的投资必须能向投资者提供较高的平均回报率，以补偿投资者所承担的风险。

个股的回报率

图 10.6 表明了关于风险溢价的简单模型：波动率较高的投资应该具有较高的风险溢价，因而有较高的回报率。的确，观察图 10.6，经过所有投资组合画一条直线，可以推断，所有投资都应该位于或临近这条直线，也就是说，期望回报率应该随着波动率的加大而成比例地上升。这个结论对于我们迄今为止所考察过的大投资组合而言似乎是正确的。它真的是正确的吗？它适用于单只股票吗？

实际上，上述两个问题的答案都是否定的。对于个股，我们看不出波动率和回报率之间存在任何明确的关系。尽管建立个股的风险与回报的关系模型还有许多工作要做，但下面这些结论是正确的：

（1）公司规模和风险有关：平均来看，较大公司股票的波动率比小公司的低。

（2）即使是那些最大公司的股票的波动性，通常也比大盘股投资组合（比如 S&P 500 指数）的要高。

（3）图 10.6 中，所有个股与投资组合相比，回报率更低，风险更高。图 10.6 中所有个股都在投资组合直线下。

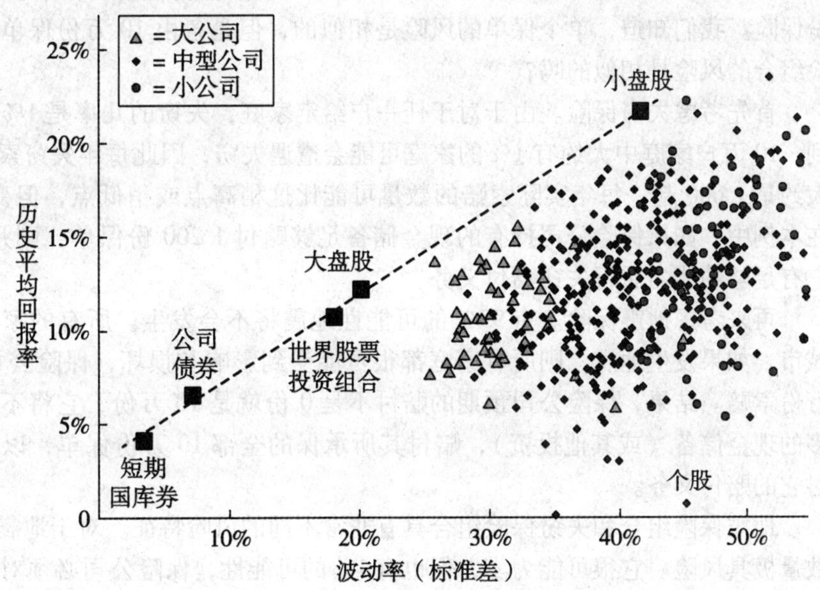

图 10.6　1926—2006 年间，大投资组合的风险和回报率的历史权衡

注：此图基于图 10.3 和 10.4 中的数据绘制，也包括由来自北美、欧洲和亚洲一些大公司股票所组成的世界股票投资组合。注意这些大投资组合的历史平均回报率和波动率（标准差）总体上是正相关的。

资料来源：全球金融数据及作者的计算。

评估大的投资组合时，波动率（标准差）看来似乎是一种合理的风险计量，但个股的波动率无法解释个股的平均回报率差异。怎样理解这一事实？为什么投资者对于具有较高波动率的股票不要求较高的回报率？S&P 500 股票组合（由 500 只大公司股票构成）的风险，怎么会比几乎全部 500 只个股的风险低很多？为了回答这些问题，需要更加细心地思考怎样衡量投资者的风险。

概念检查

5. 大投资组合的风险与回报存在什么关系？个股的风险和回报之间的关系有何不同？

6. 是投资组合还是组合中的股票通常有更低的波动率？

10.4 共同风险与独立风险

本节要解释，为什么单个证券的风险与由类似证券构成的投资组合的风险不同。首先我们以保险业的一个例子来说明保险产品组合是如何给保险公司带来业绩的。

失窃保险和地震保险：举例说明

考虑保险公司可能提供的两种家庭保险：失窃保险和地震保险。为了便于说明，假设对于旧金山地区的一户家庭而言，这两种危险中每一种出现的风险都是相似的。每年，该地区家庭失窃的几率大约为1%，房屋被地震损坏的几率也是1%。在这个例子中，就这两类保险单而言，保险公司向单个家庭进行理赔支付的几率是相同的。假设有一家保险公司为旧金山地区的住户，就上述每种类型的保险分别承保了10万份保险。我们知道，单个保单的风险是相似的，但是各由10万份保单构成的两类保险组合的风险是相似的吗？

首先考虑失窃保险。由于对于任一户给定家庭，失窃的几率是1%，我们可预料到，10万户家庭中大约有1%的家庭可能会遭遇失窃，因此每年失窃索赔的数量预期大约是1 000起。每年实际索赔的数量可能比这稍高点或稍低点，但变动不是很大。在本例中，如果保险公司持有的现金储备足够赔付1 200份保单，则几乎可以确定，它有足够的能力履行失窃赔付义务。

再来考虑地震保险。有99%的可能性地震将不会发生。所有的家庭都在同一座城市，如果发生地震，则所有家庭都很可能受到影响和损坏，保险公司预期会有10万份索赔。结果，保险公司预期的赔付不是0份就是10万份，它将不得不持有足够多的现金储备（或其他投资），赔付其所承保的全部10万份保单，以履行地震发生时它的赔付义务。

地震保险组合和失窃保险组合具有非常不同的风险特征。对于地震保险，索赔的数量极具风险。它很可能为零，但也有1%的可能性，保险公司必须对其所承保的全部保单进行赔付。地震保险单组合的风险与任意一份保单的风险没有什么不同。另一方面，对于失窃保险，给定年份中的索赔数量是完全可以预测的。年复一年，它将非常接近于保单总数的1%，或者为1 000份索赔。失窃保险单的组合几乎没有风险。也就是说，在承保期内保险公司的支付是相当稳定和可预测的。

风险的类型

为什么单个保单本身的风险非常相似，而保单组合的风险却又如此不同呢？直觉来看，它们之间的关键差别在于，地震同时影响所有的家庭，所有家庭间的风险是完全相关联的，这意味着所有家庭要么都遭遇损失，要么都没有遭遇损失。我们将这种相关联的风险称作**共同风险**（common risk）。相比之下，我们假设不同家庭的失窃事件之间没有相互联系，一家是否被盗对另一家失窃的几率没有影响。**独立风险**（independent risk），比如盗窃风险，在不同家庭之间不是相关联的。风险为独立时，有些家庭是不幸的，其他家庭则是幸运的，但总体来看索赔的数量相似。在大的投资组合中，独立风险的这种相互抵消称为**分散化**（diversification）①。表 10.3 对共同风险和独立风险进行了总结。

表 10.3 **风险类型总结**

风险的类型	定义	例子	在大投资组合中风险可被分散吗？
共同风险	各结果之间相互关联	发生地震的风险	不能
独立风险	各结果之间没有相互联系	失窃的风险	能

分散化（或多元化）原理在保险业的应用非常普遍。除了失窃保险外，许多其他种类的保险（生命、健康、汽车保险）也依赖于这样的事实，即在大的组合中，索赔数量相对而言是可以预测的。即使对于地震保险，承保商也可通过在不同的地理区域销售保险，或者将不同类型的保单组合销售的方式，以达到某种程度的分散化。在很多其他情况下，分散化可用来降低风险。例如，许多系统在设计时，通常都加大冗余度，以降低系统中断的风险。例如，公司通常在制造过程的关键部位增加冗余，NASA（美国国家航空航天局）在它的空间探测器上安装了不止一根天线，附有备用轮胎的汽车，诸如此类。

在很多情形下都存在共同风险和独立风险。例如，你可能申请不止一所学院。每个学院的入学标准及偏好录取的学生类型不一样，所以你被任何一个学院接受（或拒绝）的可能性不是完全相关的。但是你被拒绝的风险也并不完全独立，所有学院都看重你高中的成绩和 SAT/ACT 的分数，因此他们的决定在一定程度上是相互关联的。

例 10.5　分散化

问题：

你和你的朋友正在玩一个简单的赌博游戏：基于投掷硬币的结果赌 1 美元。也就是说，投掷一次硬币，你赌 1 美元：硬币正面朝上，你赢你朋友 1 美元；硬币背面朝上，你朋友赢你 1 美元。如果你玩这个游戏 100 次，每次赌 1 美元，你所面临的风险与你仅赌一次，但赌注为 100 美元所面临的风险有何不同？

解答：

分析：

每次投掷硬币输的风险都是独立的：每次你输的可能性都是 50%，并且每一次投掷的结果不会影响其他次。我们可计算出任何一次投掷硬币的预期结果，对 50% 可能输掉的金额（-1 美元）和 50% 可能赢的金额（1 美元）进行加权平均。然后可以计算出在任一种情形下输掉所有 100 美元的概率。

计算：

① 哈里·玛科维茨（Harry Markowitz）是正式确认分散化的收益的第一人。Markowitz H. M.，"Portfolio Selection," *Journal of Finance* 7（1）（1952）：77–91.

如果你玩100次这个游戏，你赢的次数是50%，输的次数也是50%。因此，你的期望结果=50×1+50×（-1）=0。你将不赚不赔。但是，即使你赢的次数不是恰好为半数，但你输掉全部100次（输100美元）的可能性也非常小（实际上，100次全输的概率为0.50^{100}，它甚至比0.0001%还小得多）。如果这种情形发生，你就应该非常仔细地检查那枚硬币！（可能硬币本身有问题）

相反，如果你根据一次掷硬币的结果赌100美元，那么你有50%的可能性赢100美元，有50%的可能性输掉100美元，你的期望结果是相同的：不赚不赔。但是你输掉100美元的概率是50%，你的风险比赌100次（每次赌1美元）的风险要大得多。

评价：

在这两种情形下，你的100美元是有风险的，与一次赌100美元相比，赌100次、每次赌1元（将100美元的风险分散于100次赌注中）可分散掉大部分风险。

概念检查

7. 共同风险和独立风险有什么区别？
8. 分散化（多元化）是如何分散独立风险的？

10.5 股票投资组合的分散化

如同保险例子所表明的那样，投资组合的风险取决于组合中单项资产的风险是共同的还是独立的。在大的投资组合中，独立风险被分散，而共同风险不能被分散。我们的目标是理解资本市场中风险和回报的关系。下面我们来考察，这种风险差别对于研究股票投资组合的风险的启示。

非系统风险与系统风险

在任何给定时期，持有股票的风险都是，红利加上股票的最终价格将高于或低于预期，从而导致已实现回报率产生风险。是什么导致红利或股价继而股票的回报率，高于或低于预期呢？通常，股价和红利的波动源于以下两类消息：

（1）公司或行业特有的信息，是指关于公司（或行业）本身的好消息或坏消息。例如，某家公司可能宣布，公司在其所处行业内成功地获得了大部分市场份额。或者，房地产发展的减速给建筑行业造成损失。

（2）影响整个市场的消息，这类消息影响整体经济，因此影响所有股票。例如，美联储可能宣布降息以刺激经济发展。

由公司或行业的特有消息而引起的股票回报率的波动，表示的是独立风险。如同家庭失窃一样，这些风险在股票之间是不相关的。这类风险也称作**非系统风险**（unsystematic risk）。

另一方面，由关于整个市场的消息而引起的股票回报率的波动，表示的是共同风险。与地震一样，所有股票同时受到这种消息的影响。这类风险也称作**系统风险**（systematic risk）。

把许多股票组合成大的投资组合时，每只股票的非系统风险将通过多元化而被平均和消除掉。好消息将影响某些股票，坏消息将影响其他股票，但好消息或坏消息的总体数量将是相对不变的。然而，系统风险将影响所有公司——因而影响整个投资组合——是不能通过多元化被消除的风险。

考虑一个虚构的例子。假设S类公司仅受经济发展势头的影响，这是一种系统风险，经济发展强劲或疲弱的可能性各为50%。如果经济发展强劲，S类股票将赚得40%的回报率；如果经济表现疲弱，则回报率将是-20%。由于这些公司面临系统风险（经济发展态势），所以持有由S类股票构成的大投资组合将不能分散风险。经济发展强劲时，投资组合将与每家S类公司一样，具有40%的回报率；经济发展疲弱时，投资组合的回报率也是-20%。

现在考虑U类公司，此类公司仅受非系统风险的影响。基于影响每家公司当地市场的不同的特定因素，它们的回报率可能为35%或者-25%，出现这两种情形的概率相等。由于这些风险是公司所特有的，所以如果我们持有由许多U类股票构成的组合，则风险是可以被分散的。约有一半的公司将获得35%的回报，另一半公司将获得-25%的回报，结果，不管经济发展强劲还是疲弱，这个投资组合的平均回报率都为50%（50%×0.35+50%×（-0.25）=0.05）。

图10.7说明了，由S类和U类公司构成的投资组合，随着组合规模的增大，组合的波动率（标准差）是如何下降的。S类公司只有系统风险，与地震保险相似，由S类公司构成的投资组合的波动率，在公司数量增加时并没有改变。U类公司只有非系统风险，与失窃保险相似，随着组合中U类公司数量的增加，风险被分散，波动率下降。从图10.7显然可见，当组合中U类公司的数量很多时，组合的风险实际上完全被消除了。

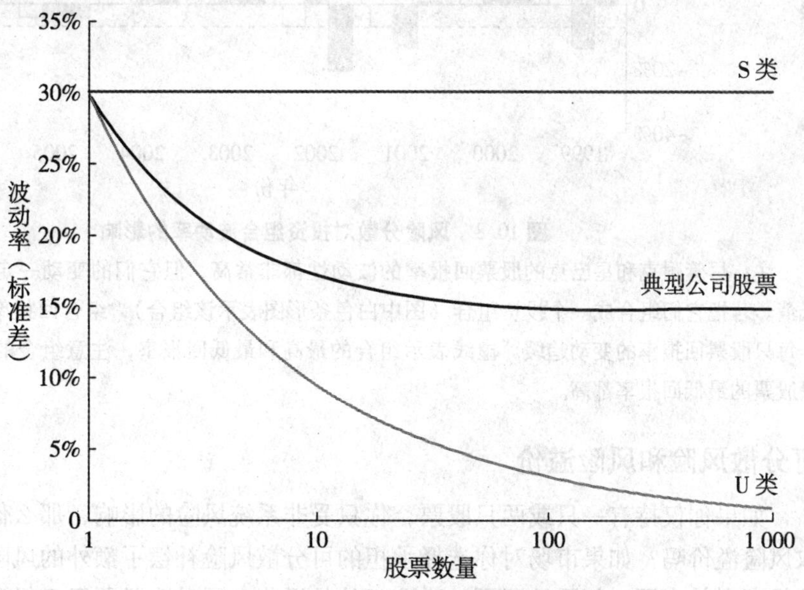

图10.7　S类和U类股票投资组合的波动率

注：S类公司只有系统风险，故S类股票组合的波动率不变。U类公司只有非系统风险，随着组合中公司数目的增加，这些风险就被分散和消除掉了。典型公司股票通常都具有这两类风险，随着非系统风险被分散，股票组合的总风险下降，但其中的系统风险不变。

当然，现实中的公司既不单纯像S类公司，也不纯粹像U类公司。公司既受到系统性的、整个市场的风险的影响，也受到非系统风险的影响。图 10.7 还显示了包含典型公司股票的投资组合，随着公司数量的变化，组合的波动率是怎样改变的。**公司具有两种类型的风险时，将这些公司构造成投资组合，则只有非系统风险能够通过多元化投资被消除。随着公司数量的增加，投资组合的波动率将下降到仅剩影响所有公司的系统风险水平为止。**

这个例子解释了 10.3 节中的一个疑惑。我们注意到 S&P 500 组合的波动率比该组合中个股的波动率低很多。现在我们知道了：每只个股都包含非系统风险，将这些个股组合成大投资组合时，非系统风险就会被消除，因此，投资组合的波动率比组合中任一个股的波动率都要低。图 10.8 说明了这个事实。图中两条虚线表示由耐克和星巴克两只股票组成的投资组合的回报率的上下限。每只股票的回报率至少有一次超过了组合回报率的上限或下限。因此，投资组合的波动率比组合中的两只股票的波动率都要低。

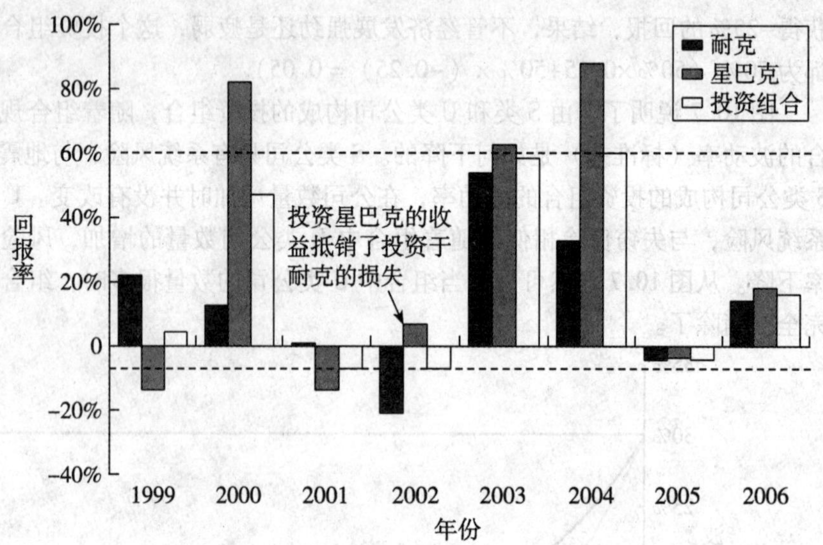

图 10.8　风险分散对投资组合波动率的影响

注：尽管耐克和星巴克的股票回报率的波动性都非常高，但它们的变动一定程度上可以相互抵消。若把它们组合成一个投资组合（图中白色条形图表示该组合），组合回报率的总体变动相对于每只股票回报率的变动趋缓。虚线表示组合的最高和最低回报率，注意组合的最低回报率比每只股票的最低回报率都高。

可分散风险和风险溢价

如果你仅持有一只或两只股票，你只受非系统风险的影响，那么你应该期望能赚取风险溢价吗？如果市场对你选择承担的可分散风险补偿了额外的风险溢价，那么其他投资者就会买入相同的股票，赚取额外的溢价，同时将股票置于投资组合中，分散和消除非系统风险。这样，投资者并没有承担额外的风险，却获得了额外的溢价。

这种不劳而获的赚钱机会正是我们在第 3 章所讨论的套利机会，这无疑会吸引投资者。由于市场为股票的可分散的非系统风险支付风险溢价，随着越来越多的投资者利用这种套利机会购买股票，当前的股价将上涨，从而降低了股票的期望回报率

（回顾计算股票回报率的公式 10.1，分母是当前股价 P_t）。只有当可分散风险的风险溢价降为 0 时，这种交易才会停止。投资者之间的竞争确保了对可分散风险的额外补偿为零，即投资者承担可分散风险不能赚得额外回报。我们可以得出以下结论：

股票的风险溢价不受其可分散的非系统风险的影响。

前面的讨论实质上是基于一价定律估值原理的一个应用。想象一个由 U 类公司组成的大投资组合，没有系统风险。如图 10.7 中描述的那样，由 U 类公司构成的大投资组合消除了所有非系统风险，没有额外的风险。既然投资组合没有风险，它就不可能获得风险溢价，而只能获得无风险利率。这一逻辑推理表明了如下更一般性的原理：

可分散风险的风险溢价为零。投资者不能因为承担非系统风险而得到补偿。

系统风险的重要性

投资者能够通过分散其投资组合从而“免费”地消除非系统风险，承担非系统风险不要求回报或风险溢价。然而，分散化投资不能减少系统风险：即使持有大的投资组合，投资者也将暴露于影响整体经济从而影响所有证券的风险中。我们可以通过卖掉股票，投资于无风险债券来降低组合的系统风险，但这是以放弃更高的期望回报率为代价的。投资者可以通过分散化投资而“免费”地消除非系统风险，而只有牺牲期望回报率才能消除系统风险，是证券的系统风险决定了投资者要求的风险溢价。表 10.5 中总结出的这一事实导出了另一关键原理：

证券的风险溢价由其系统风险所决定，不取决于其可分散风险。

这一原理意味着，用于计量股票的总风险（即系统风险加上非系统风险）的波动率，在确定投资者将赚取的风险溢价方面不是特别有用。例如，再次考虑 S 类和 U 类公司。正如图 10.7 表明的那样，单一的 S 类和 U 类公司的波动率（标准差）都是 30%。但是表 10.4 表明，尽管它们有相同的波动率，但期望回报率不同，S 类公司为 10%，而 U 类公司为 5%。

这两类公司的期望回报率不同是因为，每类公司所承受的风险的种类不同。U 类公司仅有非系统风险，它不要求风险溢价，所以 U 类公司的 5% 的期望回报率等于无风险利率。S 类公司仅有系统风险，投资者承担这种风险要求得到补偿，S 类公司提供给投资者的 10% 的期望回报率中，包含了超出无风险利率达 5% 的风险溢价。表 10.5 对于系统风险和非系统风险的特点进行了比较。

表 10.4　**假设无风险利率为 5%，S 类和 U 类公司的期望回报率**

	S 类公司	U 类公司
波动率（标准差）	30%	30%
无风险利率	5%	5%
风险溢价	5%	0%
期望回报率	10%	5%

表 10.5　系统风险和非系统风险的比较

	是否可分散？	是否要求风险溢价？
系统风险	否	是
非系统风险	是	否

常见错误：长期（时间）分散化的谬误

我们已经发现，通过把资金分散于很多不同的投资上，从而消除投资组合中的可分散风险，投资者可以显著地降低他们的风险。有时候人们可能会认为，同样的逻辑也适用于长期：通过投资很多年，我们也可分散任何特定年度的风险。因此年轻的投资者可以投资于风险型组合，因为他们有更多的时间来弥补损失。这种看法正确吗？从长远来看，风险仍然重要吗？

如果每年的投资回报是独立的，则年均回报率的波动率将随着投资年数的增加而下降，这种观点是正确的。但是，作为长期投资者，我们并不在意平均回报率的波动率；相反，我们关心的是在投资这段期间累积回报率的波动率。这一波动率随投资期限的增加而上升，就像下面的例子所表明的那样。

在 1925 年，美国大公司股票的价值增加了大约 30%。于是，1925 年年初的 77 美元投资，到年底应该会增长到 100 美元（77×1.30）。由图 10.1 可知，如果从 1926 年开始，将那 100 美元投资于 S&P 500 股票组合，那么到 2007 年初，其价值将会增长到大约 283 000 美元。但是假设在 1925 年，采掘业和运输业的罢工导致股价下跌 35%。则最初的 77 美元投资到 1926 年年初时，将仅值 50 美元（77×（1−35%））。如果从那时起的投资回报率没有变化，那么到 2007 年，这项投资的价值将为原先假设下的投资价值的一半，即 141 500 美元。

因此，如果今天的回报不影响未来的回报，那么在今天，投资组合价值的增长或减少，将转化为在未来该投资组合价值相同百分比的增长或下降，所以投资长期时间是不能分散风险的。投资时限能够降低风险的唯一方式是，本年低于平均水平的回报率预示着未来回报率将更有可能超过平均水平（反之亦然）。如果这是正确的，在股票市场中，过去的低回报可以用来预测未来的高回报。

就几年的短时期而言，股票市场上不存在均值回复的证据。就较长时期而言，历史上有一些证据，但我们并不清楚这一证据有多可靠（没有足够年数的股票市场精确数据可用）或者这一模式是否能够持续。即使在股票市场中存在长期均值回复，购买并且持有的分散化策略仍然不是最优的：如果过去的回报率可用于预测未来的回报率，预测未来回报率为高时，应该投资更多，预测未来回报率为低时，应该减少投资。这种投资策略显著地区别于通过持有很多种股票而达到的分散化投资，而在分散化策略中，我们无法预测哪些股票将受到好的或坏的非系统性冲击。

现在我们可以解释 10.3 节中的第二个疑问。尽管波动率或标准差可能合理地衡量大投资组合的风险，但它不适用于计量单个证券的风险。

因此，就单个证券而言，波动率和平均回报率之间不存在明确的相关关系。

要估计证券的期望回报率，我们需要找到一种计量证券的系统风险的方法。

本章开始的图 10.1 显示了你的曾祖父母投资于小盘股，在大萧条时期，投资将会损失很多，可能使他们陷于困境。因此，厌恶风险的投资者对于经济不景气时表现差的证券的投资，将要求一个风险溢价。这一理念与本章所定义的系统风险的概念是一致的。整体经济的风险，即经济衰退或繁荣的风险，为不能够被分散的系统风险。随经济变动而变动的资产包含系统风险，因而要求风险溢价。下一章将讨论如何衡量投资的系统风险，然后利用它计算期望回报率。我们可以把投资者的期望回报率作为资本成本。

概念检查

9. 为什么投资组合的风险通常低于组合中股票的平均风险？
10. 系统风险与非系统风险哪个要求风险溢价？为什么？

本章小结

10.1　对风险和回报率的初步考察

尽管一些投资事后来看有很高的回报率，但波动率也高。

10.2　股票的历史风险和回报率

从 t 期到 $t+1$ 期，投资于股票的已实现回报率为：

$$R_{t+1}=\frac{Div_{t+1}+P_{t+1}-P_t}{P_t}=\frac{Div_{t+1}}{P_t}+\frac{P_{t+1}-P_t}{P_t}$$

$=$红利收益率+资本利得率　　（公式 10.1）

计算年均回报率和已实现回报率的方差：

$$\bar{R}=\frac{1}{T}\left(R_1+R_2+\cdots+R_T\right) \quad \text{（公式 10.3）}$$

$$Var(R)=\frac{1}{T-1}\left((R_1-\bar{R})^2+(R_2-\bar{R})^2+\cdots+(R_T-\bar{R})^2\right) \quad \text{（公式 10.4）}$$

估计的方差的平方根就是标准差，也称作回报率的波动率。

从历史数据可以分析出，小盘股比大盘股有更高的平均回报率和波动率，而大盘股比债券有更高的波动率和平均回报率。

回报率的可能结果大约有 95% 的可能性落在平均回报率左右两个标准差区间之内。

10.3　风险和回报的历史权衡

个股的波动率（标准差）和回报率之间不存在明显的关系。

较大公司的股票一般有较低的总体波动率，但即使最大公司的股票的风险也比大公司股票组合的风险大。

与基于大投资组合数据推断出的预测结果相比，所有个股通常具有更高的风险和较低的回报率。

10.4　共同风险与独立风险

共同风险是指各种投资之间完全相关联的风险。

独立风险是指各种投资之间不相关的风险。

分散化是指在大的投资组合中独立风险的平均化和相互抵消。

10.5　**股票投资组合的分散化**

证券的总风险由系统风险和非系统风险组成。

由于公司或行业的特有信息所造成的股票回报率的波动的风险称作非系统风险。

系统风险是市场整体信息同时影响所有股票回报率的风险。

可以通过分散化投资消除非系统风险，但不能消除系统风险。

投资者可以消除非系统风险，承担非系统风险不要求风险溢价。

由于投资者不能消除系统风险，承担系统风险必然要求补偿。股票的风险溢价取决于其系统风险，而不是总风险。

复习题

1. 波动率与回报率之间的历史关系告诉我们投资者对待风险的态度是什么？

2. 计算股票的已实现回报率的变量有哪些？

3. 利用年均回报率衡量期望回报率的直觉是什么？

4. 标准差和一般的风险概念有怎样的联系？

5. 个股的平均回报率和历史波动率之间的关系与分散化的大投资组合的平均回报率和历史波动率之间的关系有怎样的不同？

6. 考虑两家当地银行。A 银行发放 100 笔贷款，每笔金额为 100 万美元，预期今天会被偿还。每笔贷款的违约可能性为 5%，违约时银行什么也得不到。每笔贷款违约的可能性是相互独立的。B 银行仅贷出一笔 1 亿美元的贷款，也预期今天将被偿还，这笔贷款违约的可能性也是 5%。解释两家银行面临的风险的不同。假设你厌恶风险，你更愿意持有哪家银行的股票？

7. 分散化（多元化）是什么意思？它和共同风险及独立风险有怎样的联系？

8. 下列风险哪些是非系统的、可分散风险？哪些是系统风险？哪些风险会影响投资者要求的风险溢价？

a. 创始人和 CEO 退休的风险。

b. 油价上涨导致产品成本增加的风险。

c. 由于设计缺陷导致产品被召回的风险。

d. 经济衰退导致公司产品需求下降的风险。

e. 优秀员工被挖走的风险。

f. 你期望的新产品不能被研发出来的风险。

9. 系统风险和非系统风险有哪些区别？

10. 有三家致力于研发客户追踪软件新方法的公司。你在一家软件公司工作，该公司认为新方法的研究将会为软件产品线带来好处。若你准备投资三家公司中的一家或者全部：

a. 你面临的系统风险会很可能不同吗？

b. 你面临的非系统风险会很可能不同吗？

11. 若你随机选择 10 只股票组成一个投资组合，并选择 20 只其他股票组成另一个投资组合。哪种组合可能会有更低的标准差？为什么？

12. 为什么股票的风险溢价不依赖于它的可分散风险？

13. 你的配偶在西南航空公司工作，你在零售商店工作。你所在的公司或者你配偶所在的公司哪个可能面临更大的系统风险？

练习题

股票的历史风险和回报率

1. 1 年前你以每股 50 美元的价格购买了一只股票，现在以每股 55 美元卖出，并且每股获得 1 美元的红利。

a. 你的已实现回报率是多少？

b. 你的回报中有多少来自红利收益？有多少来自资本利得？

2. 重复第 1 题，假设股价从 50 美元下跌到 45 美元。

a. 资本利得会不同吗？为什么？

b. 红利收益率会有所不同吗？为什么？

3. 你以每股 20 美元的价格购买了一只股票。预计 1 年后每股将支付 0. 50 美元的红利。若你想赚得 10% 的回报率，收到红利后，你应立即以多少价格出售股票？

4. 从本书网站上下载图 10. 1 中的数据。

a. 计算 1929—1940 年（大萧条时期）每种资产的平均回报率。

b. 计算 1929—1940 年每种资产回报率的方差和标准差。

c. 哪种资产在大萧条时期的风险最高？它符合你的直觉判断吗？

5. 假如 1989—2000 年发生了大萧条，以 1989—2000 年的回报率替代 1929—1940 年的回报率。以该时期的回报率作为小盘股的回报率。

a. 1926—2006 年间算术平均回报率如何变化？

b. 1926—2006 年间几何平均回报率如何变化？

c. 总额为 100 美元的初始投资最终将增长到多少？

6. 利用第 4 题的数据，对 20 世纪 90 年代的情况重新进行分析。

a. 哪种投资的风险最高？

b. 比较各种资产在 2090 年代的标准差与大萧条时期的标准差。哪种资产的这两者差异最大？

c. 如果你仅有关于 2090 年代的信息，从投资小盘股的相对风险中你能推断出什么结论？

7. 如果 2090 年代的情况是“正常”的，又会有怎样的结果呢？从本书网站上下载图 10. 1 中的数据。

a. 计算 1926—1989 年 S&P 500 指数组合的算术平均回报率。

b. 利用 a 问中的平均回报率代替 1990—2006 年的实际回报率。1925 年年底投资 100 美元，到 2006 年年底将增长到多少？

c. 对小盘股进行同样的计算。

8. 利用下表中的数据，计算从 2003 年 1 月 2 日到 2004 年 1 月 2 日投资波音飞机股票的回报率。

波音股票的历史股价和红利数据

日期	价格（美元）	红利（美元）
2003 年 1 月 2 日	33.88	
2003 年 2 月 5 日	30.67	0.17
2003 年 5 月 14 日	29.49	0.17
2003 年 8 月 13 日	32.38	0.17
2003 年 11 月 12 日	39.07	0.17
2004 年 1 月 2 日	41.99	

9. 投资于第 8 题中的波音股票的红利收益率是多少？资本利得率又是多少？

10. 从本书网站上下载苹果公司（股票代码：AAPL）从 2001 年 8 月到 2006 年 8 月每月的历史股价和红利（月末支付股利）数据。

a. 计算这段时期每月的算术平均回报率，用百分比表示。

b. 计算这段时期每月的几何平均回报率。

c. 计算这段时期每月的标准差。

11. 解释 10（a）中计算的算术平均回报率和 10（b）中的几何平均回报率的差别。这两个数据都有用吗？如果是，解释为什么？

12. 某只股票最近 4 年的回报率如下：

1	2	3	4
−4%	+28%	+12%	+4%

a. 该股票的年均回报率为多少？

b. 股票回报率的方差为多少？

c. 股票回报率的标准差为多少？

13. 计算图 10.3 和图 10.4 中包含的四种不同投资的 95% 的置信区间。

14. 你正在对第 13 题中的四种投资进行选择，你希望在 95% 的置信度下自己的损失不会超过 8%，你应该选择哪种投资？

第 11 章　系统风险和股权风险溢价

学习目标

- 计算投资组合的期望回报率和波动率（标准差）。
- 理解系统风险和市场组合之间的关系。
- 衡量系统风险。
- 利用资本资产定价模型（CAPM）计算股权资本成本。

本章所涉及符号的含义如下：

β_i（证券 i 相对于市场组合的贝塔）；r_f（无风险利率）；$Corr(R_i, R_j)$（证券 i 和证券 j 的回报率之间的相关系数）；r_i（证券 i 的必要回报率或资本成本）；$E[R_i]$（证券 i 的期望回报率）；R_P（投资组合 P 的期望回报率）；$E[R_{Mkt}]$（市场组合的期望回报率）；$SD(R_i)$（证券 i 的回报率的标准差（波动率））；MV_i（证券 i 的总市值）；$Var(R_i)$（证券 i 的回报率的方差）；P_i（证券 i 的每股价格）；N_i（证券 i 的流通股股数）；w_i（组合中投资于证券 i 的比重，证券 i 在组合中的相对权重）

亚历山大·摩根访谈

亚历山大·摩根（Alexander Morgan）是磐石风险投资公司（Pantheon Ventures）的投资助理，磐石公司是一家管理着 230 多亿美元资产的全球性私募股权公司。亚历山大 2005 年毕业于波士顿大学财务学和企业管理专业，他在公司的旧金山办事处工作，负责分析对北美私募股权基金的投资。亚历山大认为自己的财务学教育背景和案例研究的经历使他能够胜任这一职位。"不管个案研究看起来多么简单，它们都交织在我每天的工作中，"他说，"学习投资组合的构建为我提供了深厚的知识基础，使我有能力把工作做得更好。不管是正在分析单项投资的绩效还是关注特定行业部门的潜在增长，我必须一直考虑该基金是否适合我们当前的投资组合。"

分散化（多元化）投资是构建投资组合和减少风险的关键。"如果你未能有效地分散你的投资组合，将非常容易遭受整体市场或行业周期的影响"，亚历山大解释道，"以 2000—2001 年的情况为例，那些主要投资于互联网公司而未进行分散化投资的投资者，在整个行业泡沫破裂时，他们的投资组合的价值迅速贬值。"

亚历山大认为，评价投资时要考虑各种类型的风险。"你无法通过分散化投资消除系统风险"，他说，"在最近爆发的次贷危机及由此导致的经济衰退期间，即使那些充分分散的基金也由于系统性的冲击而受到一定程度的不利影响"。不像系统风险，非系统风险可通过投资组合的分散化消除部分风险。非系统风险是单个证券特有的风险。"如果在由 50 项投资构成的投资组合中有一项投资的业绩表现不好，它可能不会显著影响整体业绩。充分分散的组合可以通过其他投资的稳定收益来弥补某项投资的损失。"

投资于充分分散的市场指数组合是一种最小化非系统风险和降低行业特有系统风险的方法。“若你投资于不同的行业，某项投资的差业绩（非系统风险）对你的投资组合的业绩不会有太大影响。而且，如果整个行业都面临衰退（更多的系统风险），投资于其他行业的获利仍能足以弥补你的损失。”

第10章研究了风险和回报的历史权衡。研究发现，在大投资组合中，投资者期望高风险应该带来高回报，而这一结论对于个股却不成立。股票具有非系统性的、可分散的风险和系统性、不可分散的风险；只有系统风险会得到较高的期望回报，而对于所承受的非系统风险则不会得到回报，理性的投资者应该选择分散化投资。

假如你是一家公司（比如苹果公司）的财务经理。你的任务之一是计算苹果公司的股权资本成本，以便管理层知道股权投资者所要求的回报大小。第5章将资本成本定义为，市场中具有类似风险和期限的投资所能获得的最大期望回报率。只有系统风险影响期望回报率，故有必要衡量苹果公司的系统风险，进而计算出苹果公司的期望回报率。为此，我们需要考察投资者对苹果股票的投资行为，他们可能将苹果股票作为其投资组合的一部分。因此，我们将接着上一章从投资组合开始阐述本章的内容。学习如何计算投资组合的风险和期望回报率之后，我们将关注一个最大的投资组合，它包括所有的风险证券，这一组合没有可分散风险，可用来作为衡量系统风险的基准。我们将在此基础上建立一个简单有用的模型，它将投资的系统风险和期望回报率联系起来。换句话说，通过该模型我们将知道，任何投资的期望回报率等于无风险利率加上与该投资的系统风险相适应的风险溢价。

11.1 投资组合的期望回报率

上一章我们学习了投资组合对于减少非系统风险的重要作用。财务经理要记住，公司股票只是投资者所持有的较大投资组合中的一部分，因此，懂得投资组合是如何运作的，了解其对投资者对公司股票或公司所实施的项目所期望的回报率的影响是非常重要的。

投资组合权重

接下来我们计算投资组合的回报率和期望回报率。举例来说，考虑一个投资组合：组合中包含200股苹果公司股票，每股价值200美元（总价值为40 000美元），以及1000股每股价值60美元的可口可乐公司股票（总价值是60 000美元）。这个投资组合的总价值为100 000美元，其中苹果股票占40%，可口可乐股票占60%。一般通过投资组合的权重来描述投资组合。**投资组合权重**（portfolio weights）是指，投资组合中持有的每项投资占组合总投资的比重：

$$w_i=\frac{\text{投资 } i \text{ 的价值}}{\text{投资组合的总价值}} \qquad \text{（公式 11.1）}$$

这些权重加起来等于100%（即，$w_1+w_2+\cdots+w_N=100\%$），它们表示将资金分割投资于组合中的各项投资。苹果股票和可口可乐股票在投资组合中的权重分别为：

$$w_{Apple}=\frac{200\times200}{100\ 000}=40\%$$

$$w_{Coca\text{-}Cola}=\frac{1\ 000\times 60}{100\ 000}=60\%$$

投资组合的回报率

知道了每项投资在投资组合中的权重，就可以计算组合的回报率。以苹果股票和可口可乐股票组成的投资组合为例，假定苹果股票的回报率为10%，可口可乐股票的回报率为15%，组合中有40%的投资获得10%的回报率，60%的投资获得15%的回报率，所以投资组合的总回报率为：

$$0.40\times 10\%+0.60\times 15\%=13\%$$

投资组合的回报率是，基于投资组合权重，对组合中各项投资的回报率加权平均。

通常，假定 w_1，…，w_n 表示组合中第 n 项投资的权重，相应的投资的回报率分别是 R_1，…，R_n，则投资组合回报率的计算公式为：

$$R_P=w_1R_1+w_2R_2+\cdots+w_nR_n \qquad \text{（公式 11.2）}$$

例 11.1　计算投资组合的回报率

问题：

假设你投资100 000美元，以每股200美元的价格买入200股苹果股票（价值40 000美元），以每股60美元的价格买入1 000股可口可乐股票（价值60 000美元）。假如苹果股价上涨到每股240美元，可口可乐的股价下跌到每股57美元，两者都不发放红利，投资组合新的价值是多少？投资组合的回报率是多少？通过计算单个股票的回报率及其在投资组合中的权重，将两者的乘积相加，以验证公式11.2的正确性。假如价格改变后，你没有进行任何股票买卖，则新的投资组合权重是多少？

解答：

分析：

投资组合：

200股苹果股票　　200美元⟶240美元（40美元的资本利得）

1 000股可口可乐股票　　60美元⟶57美元（损失3美元）

A. 计算投资组合的回报率，利用新的价格计算组合的价值，并和原来的100 000美元投资相比较。

B. 为了验证公式11.2的正确性，利用第10章的公式10.1计算出每只股票的回报率，然后再乘以它们在投资组合中的原始权重，然后相加，将计算结果与把投资组合作为一个整体计算出的回报率进行比较。

计算：

苹果股票的新价值是48 000美元（200×240），可口可乐股票的新价值是57 000美元（1 000×57），投资组合的新价值是105 000美元（48 000+57 000），即在初始投资100 000美元的基础上获得5 000美元的回报，投资组合的回报率是5%。

两只股票都不发放红利，只需用资本利得或资本损失除以买价即可算出个股的回报率。苹果股票的回报率为20%（40/200），可口可乐的回报率为−5%（−3/60）。

苹果股票的初始权重为40%（40 000/100 000），可口可乐股票的初始权重为

60%（60 000/100 000），应用公式 11.2 计算投资组合的回报率：

$$R_P = w_{Apple} R_{Apple} + w_{Coke} R_{Coke} = 0.40 \times 20\% + 0.60 \times (-5\%) = 5\%$$

股价变化后，新的权重等于每种股票的新价值除以投资组合的新价值：

$$w_{Apple} = \frac{200 \times 240}{105\ 000} = 45.71\%, \quad w_{Coca\text{-}Cola} = \frac{1\ 000 \times 57}{105\ 000} = 54.29\%$$

为了验证，把它们相加看是否等于 100%。

评价：

投资可口可乐股票损失的 3 000 美元，被投资苹果股票赚得的 8 000 美元所补偿，总计获得 5 000 美元的回报或 5% 的回报率。换一种方法计算也是一样的：组合中 40% 的投资（苹果股票）获得 20% 的回报率，60% 的投资（可口可乐股票）损失了 5%，总的净回报率为 5%。

1 年后，组合中苹果股票的权重上升，而可口可乐股票的权重下降。在没有任何交易的前提下，如果某只股票的回报率在组合整体回报率之上，那么它的权重将上升。下图显示了初始投资组合和股价变化后投资组合中苹果股票（用浅灰色表示）和可口可乐股票（用深灰色表示）的权重。

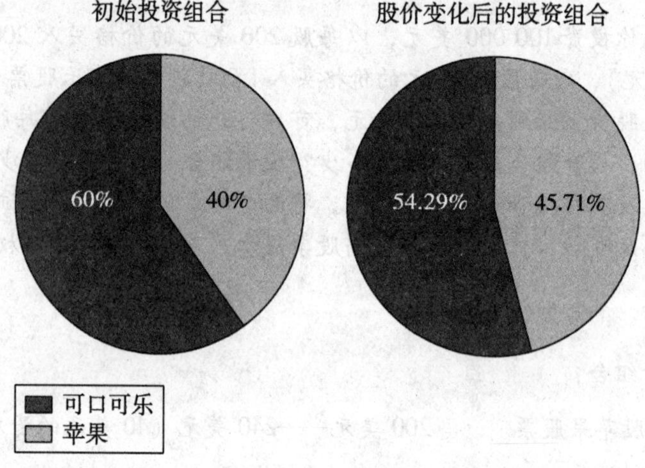

投资组合的期望回报率

如第 10 章所述，可以利用证券的历史平均回报率作为其期望回报率。利用这些期望回报率和其各自的权重，可以计算出**投资组合的期望回报率**（expected return of a portfolio），即组合中各项投资的期望回报率和投资权重的加权平均：

$$E[R_P] = w_1 E[R_1] + w_2 E[R_2] + \cdots + w_n E[R_n] \quad \text{（公式 11.3）}$$

本章前面提到，可以通过投资权重来描述投资组合。权重可以用来计算投资组合的回报率和期望回报率。表 11.1 总结了这些概念。

表 11.1　**投资组合相关概念总结**

术语	概念	公式
投资组合权重	各项投资的价值在组合的总价值中的相对比重	$w_i = \dfrac{\text{投资 } i \text{ 的价值}}{\text{投资组合的总价值}}$

续表

术语	概念	公式
投资组合的回报率	投资组合获得的总回报率，考虑了组合中所有证券的回报率及其投资权重	$R_P = w_1 R_1 + w_2 R_2 + \cdots + w_n R_n$
投资组合的期望回报率	给定投资组合中各个证券的期望回报率及其相对投资比重，预期组合将获得的回报率	$E[R_P] = w_1 E[R_1] + w_2 E[R_2] + \cdots + w_n E[R_n]$

例 11.2　投资组合的期望回报率

问题：

假如你投资 10 000 美元买入福特（Ford，F）股票，投资 30 000 美元买入泰科国际（Tyco International，TYC）股票。你预期福特股票的回报率为 10%，泰科股票的回报率为 16%。你的投资组合的期望回报率是多少？

解答：

分析：

你总共拥有 40 000 美元的投资：

投资于福特的比例 = 10 000/40 000 = 25%

$E[R_F] = 10\%$

投资于泰科国际的比例 = 30 000/40 000 = 75%

$E[R_{TYC}] = 16\%$

利用公式 11.3，对组合中的股票的期望回报率和权重加权平均，计算整个投资组合的期望回报率。

计算：

投资组合的期望回报率为：

$E[R_P] = w_F E[R_F] + w_{TYC} E[R_{TYC}]$

$E[R_P] = 0.25 \times 10\% + 0.75 \times 16\% = 14.5\%$

评价：

每只股票对于投资组合期望回报率的重要性取决于组合中对它的相对投资是多少。你将大部分资金（75%）投资于泰科国际，因此相比福特股票的回报率，组合的总体期望回报率更接近于泰科国际的回报率。

概念检查

1. 投资组合权重告诉我们什么信息？
2. 投资组合的期望回报率与组合中个股的期望回报率有何联系？

11.2　投资组合的波动率

公司的投资者，比如苹果公司的投资者，不仅关注投资组合的回报率，还关注投资组合的风险。要想知道苹果公司的投资者是如何考虑风险的，就要了解如何衡量投资组合的风险。如第 10 章所述，把一些股票组合起来时，通过分散投资，一些风险被消除，剩余风险的大小取决于股票分担共同风险的程度。**投资组合的波动率**（volatility of a portfolio）表示组合的总风险，用组合的标准差来衡量。本节阐述了用以量化两只股票分担风险的程度的工具，以确定投资组合的波动率。

分散风险

举一个简单的例子来说明，把一些股票组合成投资组合时如何改变风险。表11.2给出了3只虚构的股票的回报率、平均回报率以及波动率。这3只股票有相同的波动率和平均回报率，但它们的回报率的变动模式却各不相同。在航空公司股票表现好的年份，石油股票往往表现糟糕（1998—1999年），而当航空股票表现差时，石油股票却通常表现得很好（2001—2002年）。

表11.2　**3只股票各自的回报率以及由两两股票构成的投资组合的回报率**

股票回报率				投资组合的回报率	
				(1)	(2)
年份	北方航空	西部航空	得克萨斯石油	北方航空和西部航空各投资50%	西部航空和得克萨斯石油各投资50%
1998	21%	9%	-2%	15.0%	3.5%
1999	30%	21%	-5%	25.5%	8.0%
2000	7%	7%	9%	7.0%	8.0%
2001	-5%	-2%	21%	-3.5%	9.5%
2002	-2%	-5%	30%	-3.5%	12.5%
2003	9%	30%	7%	19.5%	18.5%
平均回报率	10.0%	10.0%	10.0%	10.0%	10.0%
波动率	13.4%	13.4%	13.4%	12.1%	5.1%

表11.2同时也给出了由这些股票所构成的两个投资组合的回报率。第一个投资组合包含北方航空和西方航空两只股票，这两只股票的投资权重相等。第二个投资组合是由等权重的西方航空和得克萨斯石油两只股票构成的。最后两行列示了每只股票及投资组合的平均回报率和波动率。注意观察，两个投资组合的平均回报率都等于个股的平均回报率，与公式11.3相符。然而如图11.1所示，它们的波动率或标准差——投资组合1是12.1%，投资组合2是5.1%——明显不同于个股的13.4%的波动率，而且，这两个组合的波动率相差显著。

这个例子表明了上一章所提到的两个重要现象。**第一，通过将股票组成投资组合，可分散投资，降低风险**。由于股票的变动不一致，于是组合中的一些风险被平均，结果，这两个投资组合的风险都比个股的风险要低。

第二，组合中可以被消除风险的数量，取决于组合中这些股票面临共同风险以及股价共同变动的程度。两只航空公司股票通常为同时表现好或表现差，所以由航空股票构成的投资组合的波动率，比组合中的个股的波动率仅略微低些。相比之下，航空股票和石油股票的股价变动不一致；事实上，它们的变动方向通常是相反的。结果，更多的风险被抵消掉了，从而使得投资组合的风险降低很多。

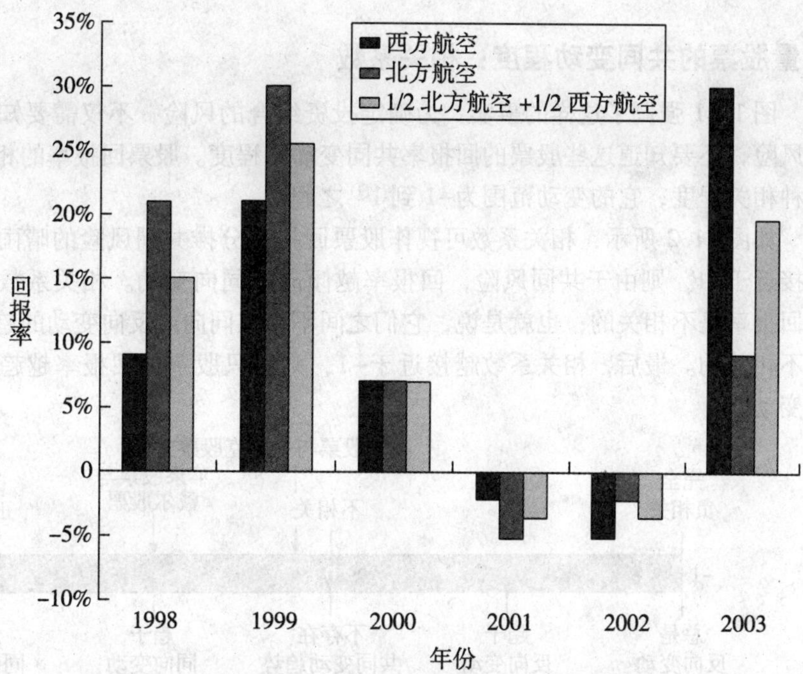

图（a） 由等权重的北方航空和西方航空股票构成的投资组合

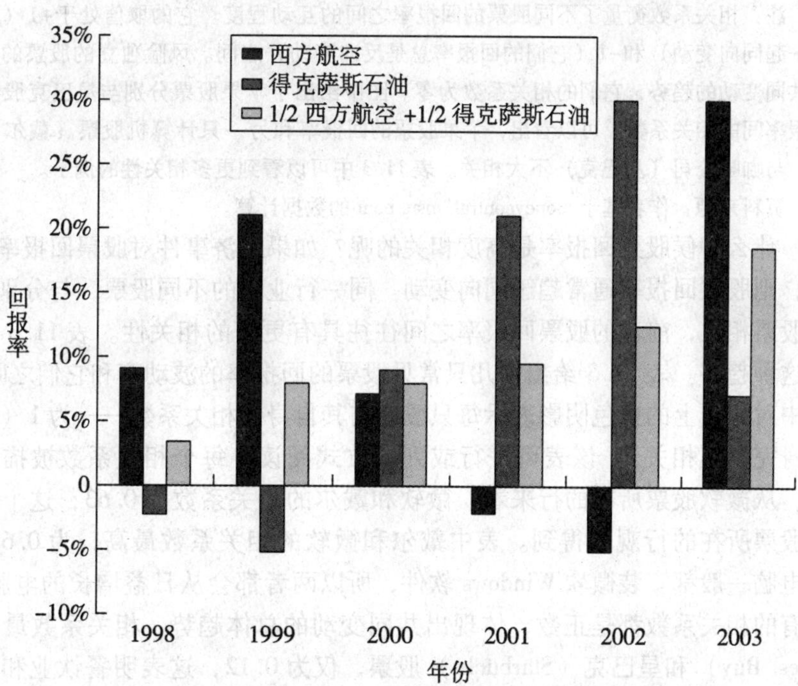

图（b） 由等权重的西方航空和得克萨斯石油股票构成的投资组合

图11.1 航空股票组合与航空和石油股票组合的波动率

注：图中描绘了来自表11.2的投资组合的回报率。在图（a）中，两只航空股票同步移动，由它们组成的投资组合不能很好地分散风险。在图（b）中，由于石油股票和航空股票通常反向变动，由它们组成的组合能更好地分散投资和降低组合的波动率。

测量股票的共同变动程度：相关系数

图 11.1 强调了这样的事实：为确定投资组合的风险，不仅需要知道组合中个股的风险，还要知道这些股票的回报率共同变动的程度。股票回报率的相关系数可衡量这种相关程度，它的变动范围为-1 到 1① 之间。

如图 11.2 所示，相关系数可视作股票回报率分摊共同风险的晴雨表。相关系数越接近于+1，则由于共同风险，回报率越倾向于同向变动。相关系数等于 0 时，股票回报率是不相关的；也就是说，它们之间不存在同向或反向变动的趋势。独立风险是不相关的。最后，相关系数越接近于-1，则两只股票的回报率越趋于朝相反的方向变动。

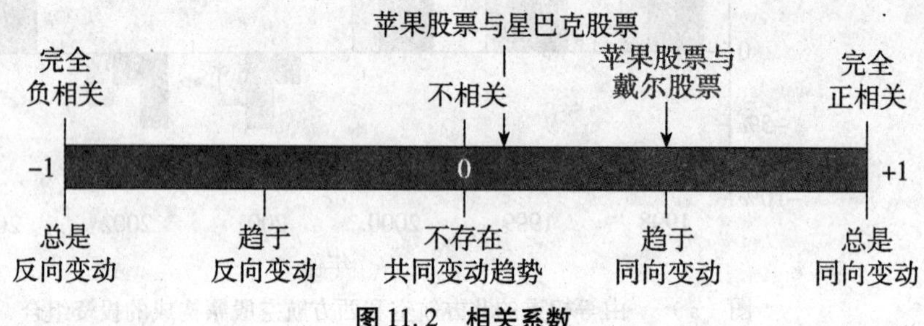

图 11.2　相关系数

注：相关系数衡量了不同股票的回报率之间的互动程度。它的取值处于+1（它们的回报率总是一起同向变动）和-1（它们的回报率总是反向变动）之间。风险独立的股票的回报率之间不存在共同变动的趋势，它们的相关系数为零。图中给出了苹果股票分别与星巴克股票及戴尔股票的回报率间的相关系数。可以看出，苹果股票的回报率和另一只计算机股票（戴尔）的回报率更相关，与咖啡公司（星巴克）不大相关。表 11.3 中可以看到更多相关性的例子。

资料来源：作者基于 moneycontral. msn. com 的数据计算。

什么时候股票回报率是高度相关的呢？如果经济事件对股票回报率的影响是相似的，则股票回报率通常趋于同向变动。同一行业内的不同股票，与分别处在不同行业的股票相比，前者的股票回报率之间往往具有更高的相关性。表 11.3 中的数据表明了这种趋势。表 11.3 给出了几只常见股票的回报率的波动率和它们之间的相关系数。表中对角线上的蓝色阴影表示每只股票与其自身的相关系数——为 1（每只股票与其自身完全正相关）。该表可按行或列的方式阅读，每个相关系数被描述了两次。例如，从微软股票所在的行来看，微软和戴尔的相关系数为 0.63，这个数据也可从戴尔股票所在的行观察得到。表中戴尔和微软的相关系数最高，为 0.63，这是因为，新电脑一般都安装微软 Windows 软件，所以两者都会从日益增长的电脑消费中获益。所有的相关系数都是正数，体现出共同变动的总体趋势。相关系数最低的是百思买（Best Buy）和星巴克（Starbucks）股票，仅为 0.12，这表明餐饮业和家电零售业之间几乎没有什么联系。图 11.3 为戴尔和惠普股票回报率以及星巴克和百思买股票回报率的散点图。可见，戴尔和惠普股票的回报率之间存在明显的关系，而百思买和星

① 相关系数可通过协方差来衡量，定义为：

$$Corr(R_i, R_j) = \frac{Cov(R_i, R_j)}{SD(R_i)\ SD(R_j)}$$

巴克的股票回报率看起来像是没有关联的浮云。

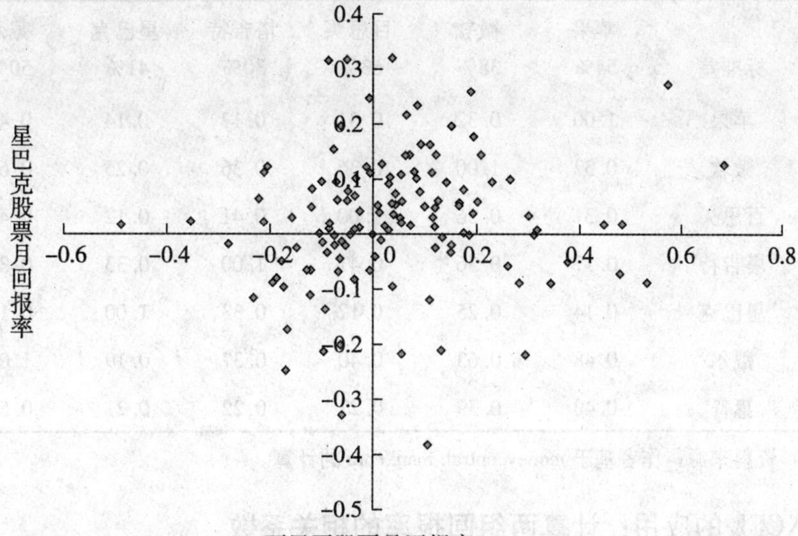

图（a） 星巴克股票和百思买股票的月回报率

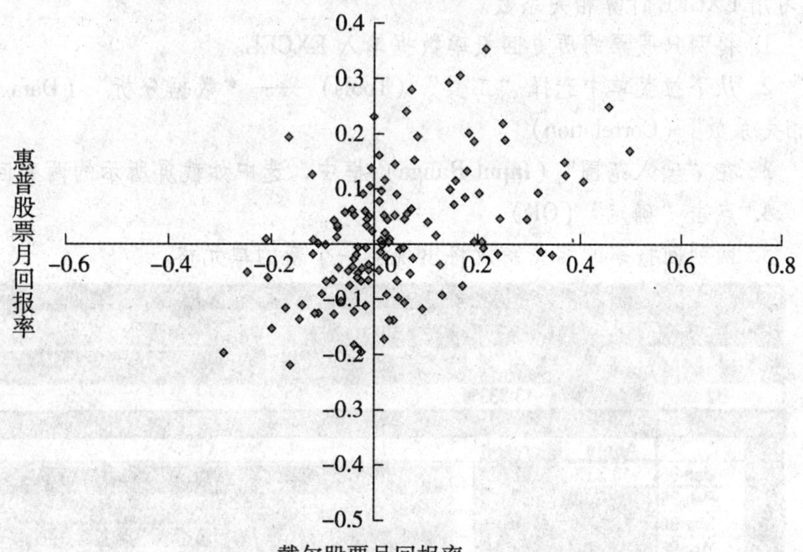

图（b） 惠普股票和戴尔股票的月回报率

图 11.3 回报率的散点图

注：图中绘制了星巴克股票和百思买股票以及惠普股票和戴尔股票月回报率的散点图。显然，戴尔和惠普之间存在正相关关系，它们同时上升和下降，相比而言，星巴克和百思买之间缺乏相关性。

资料来源：作者基于 moneycentral. msn. com 的数据计算。

表 11.3　所选股票的估计年波动率和相关系数（基于 1996—2006 年的月回报率）

	苹果	微软	百思买	塔吉特	星巴克	戴尔	惠普
标准差	54%	38%	63%	30%	41%	50%	41%
苹果	1.00	0.32	0.31	0.17	0.14	0.48	0.40
微软	0.32	1.00	0.36	0.36	0.25	0.63	0.39
百思买	0.31	0.36	1.00	0.41	0.12	0.40	0.27
塔吉特	0.17	0.36	0.41	1.00	0.33	0.37	0.22
星巴克	0.14	0.25	0.12	0.33	1.00	0.19	0.21
戴尔	0.48	0.63	0.40	0.37	0.19	1.00	0.52
惠普	0.40	0.39	0.27	0.22	0.21	0.52	1.00

资料来源：作者基于 moneycentral. msn. com 的计算。

EXCEL 的应用：计算两组回报率的相关系数

表 11.3 中提供的相关系数都是通过比较两只股票的回报率计算出来的，这里将学习用 EXCEL 计算相关系数。

1. 将两只股票的历史回报率数据输入 EXCEL。

2. 从下拉菜单中选择“工具”（Tools）——“数据分析”（Data Analysis）——“相关系数”（Correlation）。

3. 在“输入范围”（Input Range）框中，选中如截屏所示的两列回报率。

4. 点击“确定”（OK）

5. 两列回报率的相关系数将出现在一个新的单元格。

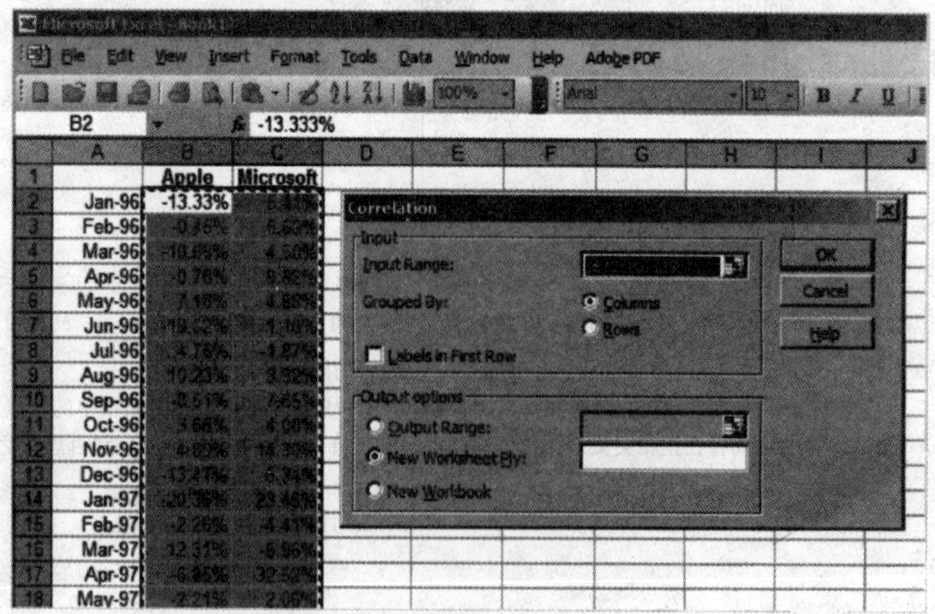

计算投资组合的方差和标准差

现在有了正式计算投资组合方差的工具。计算两只股票投资组合的方差的公式为：

$$Var(R_P) = \overbrace{w_1^2 SD(R_1)^2}^{\text{股票1的风险}} + \overbrace{w_2^2 SD(R_2)^2}^{\text{股票2的风险}} + \overbrace{2w_1 w_2 Corr(R_1, R_2) SD(R_1) SD(R_2)}\quad \text{（公式 11.4）}$$

公式 11.4 中的三个部分对组合的整体方差起着重要作用，它们分别表示：股票 1 的风险、股票 2 的风险，以及对两者共同变动的程度的调整（它们的相关系数以 $Corr(R_1, R_2)$ 表示）①。这个公式表明，在每只股票的投资权重均为正的情形下，股票越趋于同向变动，它们之间的相关系数就越大，投资组合的波动性就越大。如果股票之间为完全正相关，即相关系数为 1，则投资组合有最大的方差。事实上，由多只股票构成投资组合，除非所有股票彼此之间都为完全正相关（相关系数为+1），否则投资组合的风险将低于个股波动率的加权平均（如图 11.1 所示）。这一事实与投资组合的期望回报率相异。**投资组合的期望回报率等于组合中个股的期望回报率的加权平均，但投资组合的波动率低于个股波动率的加权平均。因此，显然可以通过分散化投资在一定程度上消除部分风险。**公式 11.4 正式表达了上一章中介绍的分散化概念。下面的例题用此公式计算投资组合的波动率。

例 11.3　计算包含两只股票的投资组合的波动率

问题：

使用表 11.3 中的数据，对于等额投资于苹果股票和微软股票的投资组合，计算其波动率（标准差）。如果等额投资于苹果股票和星巴克股票，该投资组合的波动率又是多少？

解答

分析：

	权重	波动率	与苹果的相关系数
微软	0.50	0.38	0.32
苹果	0.50	0.54	1
星巴克	0.50	0.41	0.14
苹果	0.50	0.54	1

A. 知道两个投资组合中的股票投资权重、波动率和相关系数，则具备了利用公

① 对于有三只股票的情形下，公式为：
$Var(R_P) = w_1^2 SD(R_1)^2 + w_2^2 SD(R_2)^2 + w_3^2 SD(R_3)^2 + 2w_1 w_2 Corr(R_1, R_2) SD(R_1) SD(R_2) + 2w_2 w_3 Corr(R_2, R_3) SD(R_2) SD(R_3) + 2w_1 w_3 Corr(R_1, R_3) SD(R_1) SD(R_3)$
对于有 n 只股票的情形，公式为：
$\sum_{i=1}^{n}\sum_{j=1}^{n} w_i w_j Corr(R_i, R_j) SD(R_i) SD(R_j)$

式 11.4 计算每个投资组合的方差的所有信息。

B. 得到组合的方差后，对其开方就可得到组合的标准差。

计算：

对于微软股票和苹果股票构成的投资组合，利用公式 11.4 可得：

$$Var(R_P) = w_{MSFT}^2 SD(R_{MSFT})\ 2 + w_{AAPL}^2 SD(R_{AAPL})\ 2 + 2w_{MSFT} w_{AAPL} Corr(R_{MSFT}, R_{AAPL}) SD(R_{MSFT}) SD(R_{AAPL})$$

$$= 0.50^2 \times 0.38^2 + 0.50^2 \times 0.54^2 + 2 \times 0.50 \times 0.50 \times 0.32 \times 0.38 \times 0.54$$

$$= 0.1418$$

组合的标准差为：

$$SD(R_P) = \sqrt{Var(R_P)} = \sqrt{0.1418} = 0.3766\ (37.66\%)$$

对于苹果股票和星巴克股票的投资组合：

$$Var(R_P) = w_{AAPL}^2 SD(R_{AAPL})\ 2 + w_{SBUX}^2 SD(R_{SBUX})^2 + 2w_{AAPL} w_{SBUX} Corr(R_{AAPL}, R_{SBUX}) SD(R_{AAPL}) SD(R_{SBUX})$$

$$= 0.50^2 \times 0.54^2 + 0.50^2 \times 0.41^2 + 2 \times 0.50 \times 0.50 \times 0.14 \times 0.54 \times 0.41$$

$$= 0.1304$$

组合的标准差为：

$$SD(R_P) = \sqrt{Var(R_P)} = \sqrt{0.1304} = 0.3611\ (36.11\%)$$

评价：

计算组合方差和标准差所需要的变量有：各只股票在组合中的投资权重、个股的标准差及股票之间的相关系数。在这个例题中，计算得出微软股票和苹果股票组成的投资组合的标准差为 37.66%，而由星巴克股票和苹果股票构成的投资组合的标准差为 36.11%。注意，苹果股票和星巴克股票构成的投资组合的波动率小于它们各自的波动率，也小于由苹果股票和微软股票构成的投资组合的波动率。尽管星巴克股票的波动性大于微软股票，但它与苹果股票之间低得多的相关系数，使得由它们组成的投资组合获得更大的分散化收益。

大投资组合的波动率

在投资组合中持有超过两种股票，可以获得分散化投资所带来的额外收益。在组合中加入更多种类的股票时，每种股票的可分散的公司特有风险就越来越不重要。只有组合中所有股票共同面对的风险仍继续起作用。

图 11.4 描绘了由多只等权重股票构成的投资组合的波动率。**等权重组合**（equally weighted portfolio）中每只股票的投资额都相等。随着组合中股票种类的增多，投资组合的波动率将下降。实际上，在大投资组合中，有接近一半的个股风险因分散投资而被消除。起初的分散化收益是最明显的，相比股票种类从 100 种增加到 101 种而言，组合中的股票种类从一种增加到两种时，组合的波动率的下降幅度要大得多。即使对于非常大的组合，也无法消除所有的风险——系统风险仍然存在。

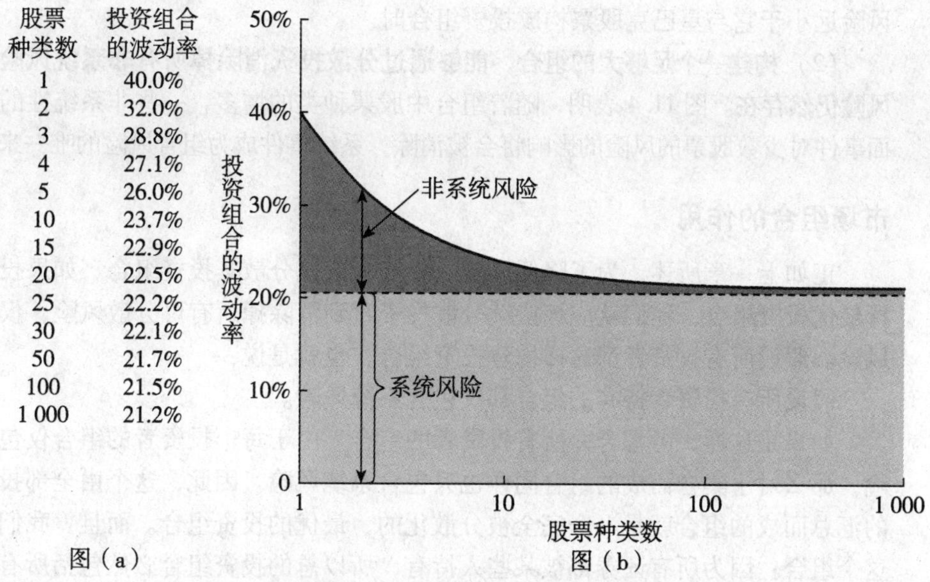

图 11.4　等权重投资组合的波动率与组合中股票种类的关系

注：图（b）是根据图（a）中的数据绘制的。随着组合中股票种类的增加，投资组合的波动率逐渐降低。然而即使在一个非常大的组合中，系统（市场）风险仍然存在。注意，波动率的下降速度是递减的（组合中的股票种类从一种增加到两种时，组合的波动率下降了 8 个百分点，而当股票种类从 4 种增加到 5 种时，组合的波动率仅下降了 1.1 个百分点）。绘制此图的假设有：每种股票的波动率为40%，彼此之间的相关系数为 0.28。这两个数值都是美国大盘股的平均值。

诺贝尔经济学奖：哈里·马柯维茨

哈里·马柯维茨（Harry Markowitz）于 1952 年在《金融杂志》上发表了《投资组合选择》一文，文中提出了投资者如何在任何标准差（波动率）下找到期望回报率最高的投资组合的技术。马柯维茨的方法已经演变成华尔街使用的投资组合优化的主要方法之一。鉴于他所做出的重要贡献，马柯维茨在 1990 年荣获诺贝尔经济学奖。

概念检查

3. 什么因素决定了投资组合的风险能被消除多少？
4. 什么情况下股票具有较高或较低的相关性？

11.3　衡量系统风险

我们的目标是理解风险对公司投资者的影响。通过理解他们看待风险的方式，就可以量化风险和要求回报率之间的关系，从而为现值的计算找到一个合适的折现率。在第 10 章，我们知道与回报率相关的风险仅有系统风险，但标准差衡量的是总风险，其中包括非系统风险的部分。我们需要找到一种方法仅仅衡量投资机会的系统风险。上一节包含了两个重要的见解，我们将在这两个结论的基础上，确定个股对风险的敏感性，简要概述如下：

（1）**某只股票通过分散投资而被消除的风险的大小，取决于它与组合中其他股票的相关性。**正如例 11.3 所示，与微软股票构成投资组合时，苹果股票被分散掉的风险远小于它与星巴克股票构成投资组合时。

（2）**构建一个足够大的组合，能够通过分散投资消除掉所有非系统风险，但系统风险仍然存在。**图 11.4 表明，随着组合中股票种类的增多，一些非系统性的正面和负面事件对少数股票的风险的影响将会被消除，系统事件成为组合风险的唯一来源。

市场组合的作用

正如上一章所述，为了降低风险，投资者应该分散其投资组合。如果投资者想选择最优投资组合，他们就应该持续分散投资直到消除掉所有可分散风险，仅剩下系统风险。假设所有投资者都这样构建投资组合，也就是说：

假设所有投资者持有的组合都仅包含系统风险。

如果是这样，考虑合并所有投资者的组合。由于每个投资者的组合仅包含系统风险，那么对于集合而成的组合同样也只包含系统风险。因此，这个由全部投资者持有的汇总而成的组合就是一个完全被分散化的、最优的投资组合。而且，我们可以确定这个组合：因为所有证券都被某些人持有，所以总的投资组合必然包括所有流通在外的风险证券。我们称这种组合为**市场组合**(market portfolio)。

为了便于说明，假设世界上只有两家公司，每家公司流通在外的股数都为 1 000股：

	流通股股数	每股价格（美元）	总市值（美元）
A 公司	1 000	40	40 000
B 公司	1 000	10	10 000

在这个简单的例子中，市场组合包含每种股票各 1 000 股，总价值为 50 000 美元。A 股票的投资组合权重为 80%（40 000/50 000），B 股票的投资组合权重为 20%（10 000/50 000）。由于所有的 A 股票和 B 股票必定被投资者持有，所以所有投资者的组合加总必定等于市场组合。从本例中可以看出，每种股票的投资组合权重与流通在外的该**股票的总市值**(market capitalization) 是成比例的：

股票总市值 = 流通股的数量×每股价格　　（公式 11.5）

更一般地，市场组合包括市场上所有的风险证券，每种证券的权重与它的总市值成比例。例如，如果微软股票的总市值等于所有证券的总市场价值的 3%，那么微软股票在市场组合中的投资权重就是 3%。股票的持有与它们的总市值（价值）成比例，故可以说市场组合是**价值加权**(value-weighted)。

因为市场组合只包含系统风险，故可以利用它来衡量市场中其他证券的系统风险大小。特别是，任何与市场组合相关的风险必定是系统风险，所以，通过观察某只股票的回报率相对于市场整体回报率的敏感度，就可以计算出该股票的系统风险。

以股票市场指数作为市场组合

市场组合容易识别，但实际上构建市场组合却是另一回事。市场组合应该包含所有的风险证券，包括美国和世界各地的所有股票、债券、不动产和商品等等。显然，收集和更新所有风险资产的回报率数据是不切实际的。实务中可以利用**市场替代组合**

(market proxy)，该组合的回报率可以追踪和表示不可观察的市场组合的回报率。最常用的替代组合是市场指数，市场指数被广泛应用于表示股票市场的业绩。**市场指数**(market index) 可以代表特定证券组合的市场价值。

道琼斯工业平均指数。美国最为投资者所熟悉的股票指数是道琼斯工业平均指数，或者简称 DJIA。它包含 30 种大型工业股票。这些被选为指数成分股的股票代表了经济中的不同行业，但显然它们不能代表整个股票市场。尽管如此，但作为最古老的股票市场指数之一（于 1884 年首次发布），它仍被广泛引用。

标准普尔 500 指数。能够更好地代表整个美国股票市场的指数为标准普尔 500 指数，它是一个包含 500 种美国大公司股票的价值加权组合[①]。S&P 500 指数是首个广泛发布的价值加权指数（标准普尔公司从 1923 年开始发布它的指数），并已成为职业投资者的参照基准。在评估美国股票市场的总体表现时，这个指数是最常被引用的指数。它也是在实践中用来替代“市场”的标准投资组合。如图 11.5 所示，尽管 S&P 500 指数仅包含了现有的 7 000 多种美国股票中的 500 种，但它包含了最大公司的股票，它代表的总市值超过了美国股票市场总市值的 70%。

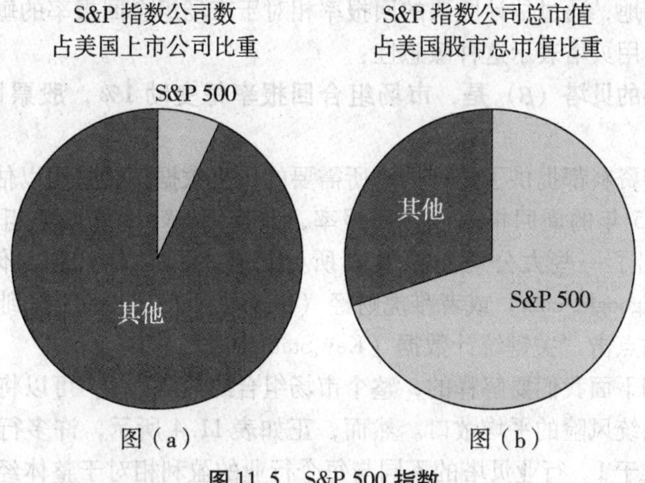

图 11.5　S&P 500 指数

注：饼形图（a）给出了 S&P 500 指数中 500 家公司的数量占美国近 7 000 家上市公司的比例。饼图（b）体现了 S&P 500 指数中的 500 家公司在总市值上的重要性——这 500 家公司的总市值大约为 7 000 家上市公司市值总和的 70%。

指数基金

投资者购买市场组合的一种简单方式是购买指数基金，而该基金反过来投资于股票和其他证券，其目的是和特定市场指数的业绩表现相匹配。截至 2006 年，先锋(Vangurd) 集团公司是第二大基金公司，并且专注于指数基金。先锋集团于 1975 年由约翰·鲍格尔（John Bogle）创立，他提倡指数基金为个体投资者创造利益。据报道，在对比指数基金和寻找投资热门股的策略时，鲍格尔曾风趣地说道，“在干草堆

① 没有准确的公式用来确定哪些股票将被包含在 S&P 500 指数中。标准普尔公司定期更换指数中的成分股（平均每年约 7 ~8 只股票）。公司规模是要考虑的一个标准，但标准普尔公司还要尽量适当地保持经济中不同行业部门股票的代表性，并且选择各行业中的领先公司。

中找一根针（比喻不可能的事）有什么意义？为什么不拥有干草堆?”

1976 年 8 月，先锋集团创建了著名的 S&P 500 指数基金，该基金试图与 S&P 500 指数的业绩表现相匹配。到 2008 年 4 月，该基金的资产已达 1 000 亿美元。先锋集团的总体股票市场指数基金是根据美国摩根斯坦利（MSCI）市场指数表现设计的，MSCI 市场指数衡量的是美国所有可获得股价数据的股票的业绩表现。

市场风险和贝塔

既然已经知道市场组合是衡量系统风险的一个好的基准，那么就可以利用个股回报率和市场组合回报率之间的关系来衡量该股票的系统风险。这种思路隐含的直觉是，如果某只股票的回报率相对于市场组合的回报率高度敏感，那么该股票相对于系统风险也具有高度敏感性。也就是说，那些系统性的并且影响整个股票市场的事件也会强烈地影响该股票的回报率。如果个股的回报率不依赖于市场回报率，它的市场风险就很低，系统性事件发生时，不会强烈地在股票的回报率中体现出来，因此，那些回报率变动与市场回报率高度相关的股票有着最高的系统风险。

特别地，通过估计股票的回报率相对于市场组合回报率的敏感性，可以衡量其系统风险，用贝塔表示这种敏感性：

股票的贝塔（β）是，市场组合回报率每变动 1%，股票回报率的期望百分比变动。

许多资料都提供了估计贝塔所需要的历史数据。这些用以估计贝塔的数据资料通常为 2 ~ 5 年的周回报率或月回报率，并且用 S&P 500 股票组合作为市场组合。表 11. 4 给出了一些大公司股票及其所处行业的贝塔估计值。你可以通过谷歌财经（finance. google. com）或者雅虎财经（finance. yahoo. com）找到其他公司的贝塔：在雅虎网站点击“关键统计数据（Key Statistics）”。

正如下面我们要解释的，整个市场组合的贝塔为 1，可以将贝塔为 1 的股票看做体现了系统风险的平均敞口。然而，正如表 11. 4 所示，许多行业和公司的贝塔远高于或远低于 1。行业贝塔的不同与每个行业的盈利相对于整体经济发展状况的敏感度相关。例如，英特尔公司和其他技术公司股票拥有高贝塔值（接近或超过 1. 50），因为对它们产品的需求通常随着商业周期（周期性股票）的变化而变化：经济形势好的时候，公司倾向于扩张和升级其信息技术设备；而当经济衰退时，则会削减支出。因此，系统性的事件对这类公司的影响会比平均影响大，它们暴露于系统风险的程度也比平均大。另一方面，如洗发液之类的日用品与经济形势有着很小的关联（提供这类产品的公司的股票通常被称为防御型股票）。生产这类产品的公司，如宝洁公司，其贝塔值往往较低（接近 0. 5）。同时也要注意，即使在同一行业内，各个公司的具体经营策略和关注点的不同也会导致面临不同的系统风险，同行业内的公司也会有非常不同的贝塔（例如，餐饮行业的星巴克公司，服装行业的丽诗加邦（Liz Claiborne）公司）。

表11.4 不同行业股票的平均贝塔（基于2003—2007年的月回报率数据）

行业	平均贝塔	股票代码	公司	贝塔
日用品	0.4	PG	宝洁	0.5
食品加工	0.6	HNZ	亨氏	0.6
电力供应	0.6	EIX	爱迪生国际	0.7
饮料（含酒精）	0.6	BUD	百威	0.5
药品	0.6	PFE	辉瑞制药	0.7
饮料（不含酒精）	0.6	KO	可口可乐	0.8
大型企业集团（跨行业）	0.9	GE	通用电气	0.8
零售业（杂货）	1.0	SWY	喜互惠	0.5
林木产品	1.1	WY	惠好	1.1
休闲娱乐产品	1.2	HDI	哈雷—戴维森	1.1
计算机服务	1.2	GOOG	谷歌	1.2
零售（家居装饰）	1.2	HD	家得宝	1.4
饭店餐饮	1.3	SBUX	星巴克	0.6
软件与程序	1.3	MSFT	微软	1.0
服装／饰品	1.3	LIZ	丽诗加邦	0.8
计算机硬件	1.6	AAPL	苹果计算机	1.4
通讯设备	1.6	MOT	摩托罗拉	1.2
汽车和卡车制造	1.8	GM	通用汽车	1.6
半导体	2.2	INTC	英特尔	1.6

常见错误：混淆标准差和贝塔

波动率（标准差）和贝塔的计量单位不同（标准差的单位是百分比，贝塔无单位）。尽管总风险（波动率）等于系统风险（以贝塔来衡量）与公司特有风险之和，但计算出的波动率并不一定比贝塔大。为便于说明，以微软股票为例，公司的总风险（波动率）为38%或0.38（参见表11.3），但表11.4显示，它的用贝塔表示的系统风险为1.0，大于0.38。波动率（标准差）是用百分比来衡量的，但贝塔不是，故0.38的波动率不必大于1.0。同样道理，星巴克股票的标准差（41%）比微软股票的高，但它的贝塔（0.6）却低于微软。图11.6显示了星巴克股票和微软股票的总风险的一种可能分解，与贝塔的排序一致。

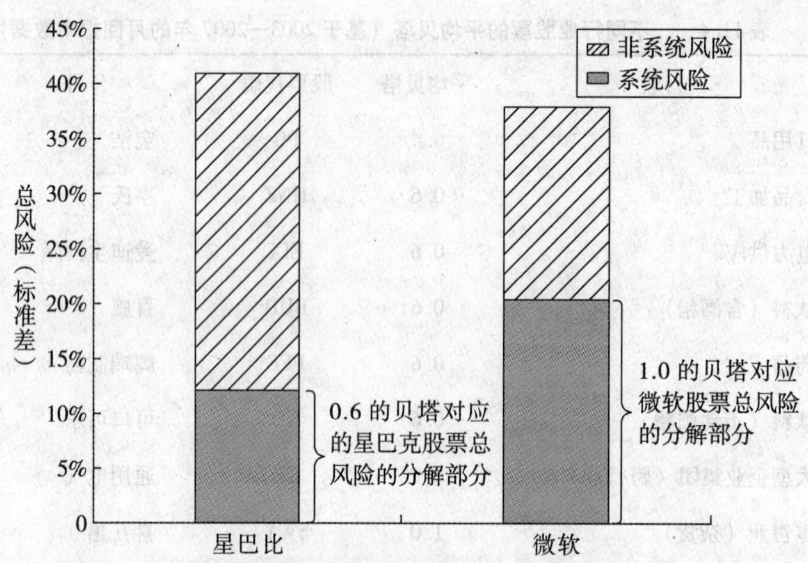

图 11.6　微软股票和星巴克股票的系统风险与公司特有风险的比较

注：贝塔衡量系统风险，标准差衡量总风险，两者的单位不同。微软股票的总风险（标准差）为0.38（38%），但它的系统风险也即贝塔为1.0。在这里，1.0的贝塔对应的总风险的分解部分如图所示。通常，微软总风险中与市场风险相当的部分的计算方式是，用微软股票的标准差（总风险）乘以微软股票与市场的相关系数。对于星巴克股票的总风险也可进行类似的分解。可见，星巴克股票较之微软股票有更大的总风险和较小的系统风险。

例 11.4　总风险和系统风险的比较

问题：

假如在来年，你预计塔吉特（Target）股票的标准差为30%，贝塔为1.2，而星巴克股票的标准差为41%，贝塔为0.6。哪只股票有更大的总风险？哪只股票有更高的系统风险？

解答：

分析：

	标准差（总风险）	贝塔（β）（系统风险）
塔吉特	30%	1.2
星巴克	41%	0.6

计算：

总风险通过标准差来衡量；故星巴克股票有更大的总风险。系统风险通过贝塔来衡量，塔吉特股票的贝塔更高，所以系统风险更大。

评价：

正如常见错误专栏中所讨论的，一只股票可以有高的总风险，但如果其中的大部分风险可被分散掉，它仍然可以有较低或平均的系统风险。

基于历史回报率估计贝塔

证券的贝塔是指，对市场组合回报率每1%的变动，证券回报率的期望百分比变动。也就是说，贝塔表示对于给定的股票或投资而言，影响市场整体的风险被放大或抑制的倍数。如表 11.4 所示，如果证券的回报率平均来看倾向于随市场一致变动，则该证券的贝塔等于 1。如果回报率的变动幅度超过市场，则具有较高的贝塔，变动幅度小于市场的证券有较低的贝塔。

以苹果股票为例。图 11.7 显示了从 2002 年年初到 2006 年年初，苹果股票和 S&P 500 指数每月的回报率。注意，苹果股票的回报率的总体变动趋势为：市场上涨时，它的回报率高；市场下跌时，它的回报率低。的确，苹果股票的回报率趋于与市场回报率同向变动，但变动幅度更大。这一变动模式表明，苹果股票的贝塔大于 1。

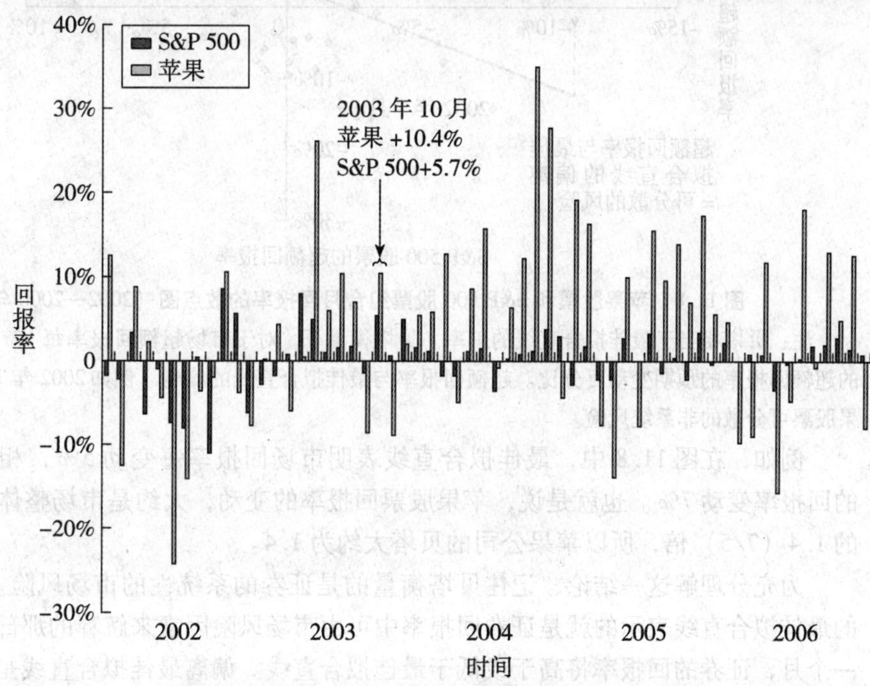

图 11.7　苹果股票和 S&P 500 股票组合的月超额回报率（2002—2006 年）

注：苹果股票的回报率趋于随着 S&P 500 股票组合的回报率同方向变动，但其变动幅度更大。

如图 11.8 所示，画出苹果股票的超额回报率（因变量）作为 S&P 500 指数的超额回报率（自变量）的函数的图像，能更清楚地看到苹果股票对市场的敏感性。图中的每一个点表示苹果股票和 S&P 500 指数每月的超额回报率（这些数据来自图 11.7）。例如，2003 年 10 月苹果股票的超额回报率为 10.4%，S&P 500 指数的超额回报率为 5.7%。

从绘制的散点图中可以清楚地看出，苹果股票的回报率与市场回报率正相关：市场组合上涨时苹果股票也上涨，反之亦然。在实践中，我们通过线性回归来估计苹果股票回报率和市场组合回报率的关系。通过线性回归分析得到的最佳拟合直线，表示股票回报率和市场回报率之间的一种历史关系。这条直线的斜率就是我们要估计的贝塔。斜率告诉我们市场组合回报率每变动 1%，股票回报率平均变动多少①。

---

① 投资的贝塔被正式定义为：

$$\beta_i = \frac{SD(R_i) \times Corr(R_i, R_{Mkt})}{SD(R_{Mkt})} = \frac{Cov(R_i, M_{Mkt})}{Var(R_{Mkt})}$$

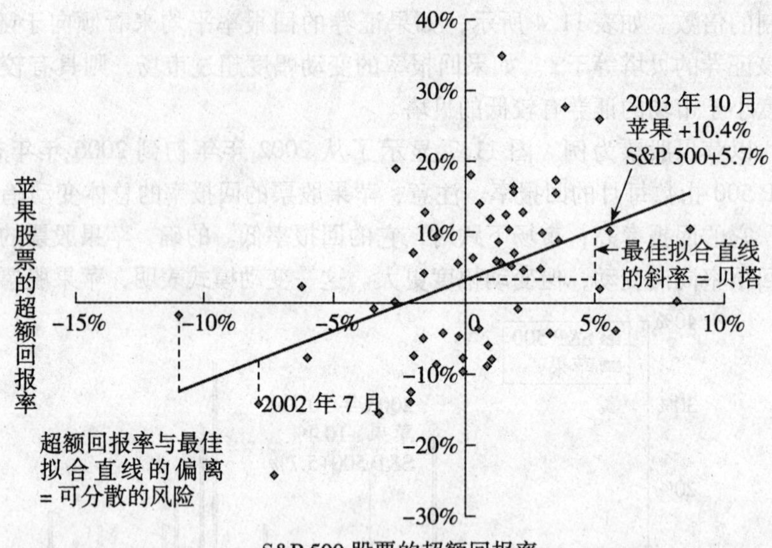

图 11.8　苹果股票和 S&P 500 股票组合月回报率的散点图（2002—2006 年）

注：贝塔相当于最佳拟合直线的斜率。贝塔衡量了，对于市场超额回报率每 1% 的变动，苹果的超额回报率的预期变动百分比。超额回报率与最佳拟合直线的偏离（例如 2002 年 7 月），表示苹果股票可分散的非系统风险。

例如，在图 11.8 中，最佳拟合直线表明市场回报率每变动 5%，相应地，苹果的回报率变动 7%。也就是说，苹果股票回报率的变动，大约是市场整体回报率变动的 1.4（7/5）倍，所以苹果公司的贝塔大约为 1.4。

为充分理解这一结论，记住贝塔衡量的是证券的系统性的市场风险。图 11.8 中的最佳拟合直线表示的就是证券回报率中可由市场风险因素来解释的那部分。在任何一个月，证券的回报率将高于或低于最佳拟合直线。偏离最佳拟合直线是由于那些与作为整体的市场无关的风险所致。这种风险是可分散风险，在大的投资组合中可以被抵消掉。

但是市场组合的贝塔是多少？想象描绘 S&P 500 指数回报率相对于其自身的散点图，你将得到斜率为 1 的直线，各个散点都不会偏离拟合直线。所以，市场组合的贝塔为 1。无风险投资的贝塔又是多少呢？由于无风险回报率是投资于国库券所获得的回报率，且回报率是事先知道的，回报率没有波动性，与市场回报率没有相关性，故无风险投资的贝塔为 0。

概念检查

5. 什么是市场组合？
6. 贝塔（β）告诉我们什么信息？

EXCEL 的应用：计算股票的贝塔

1. 在 Excel 中输入股票和 S&P 500 指数的历史回报率。

2. 下一步，从下拉菜单中选择：工具（Tools）——数据分析（Data Analysis）——回归分析（Regression）。

3. 在“输入 Y 的范围”（Input Y Range）方框中，选中股票的回报率。

4. 在“输入 X 的范围”（Input X Range）方框中，选中 S&P 500 的回报率，如屏幕截图所示。

5. 点击确定。

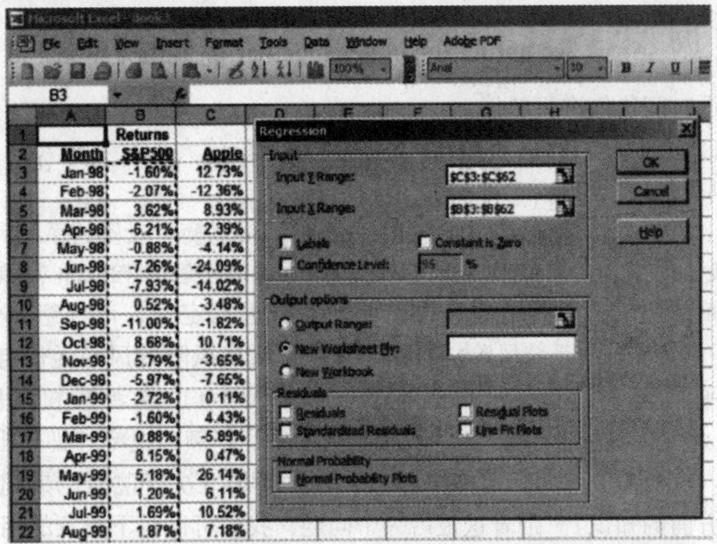

6. 输出结果出现在单独的工作表中，股票的贝塔就是与“X 变量”（X Variable）的系数。在本例中，它的贝塔为 1.424，在屏幕截图中可以看到。

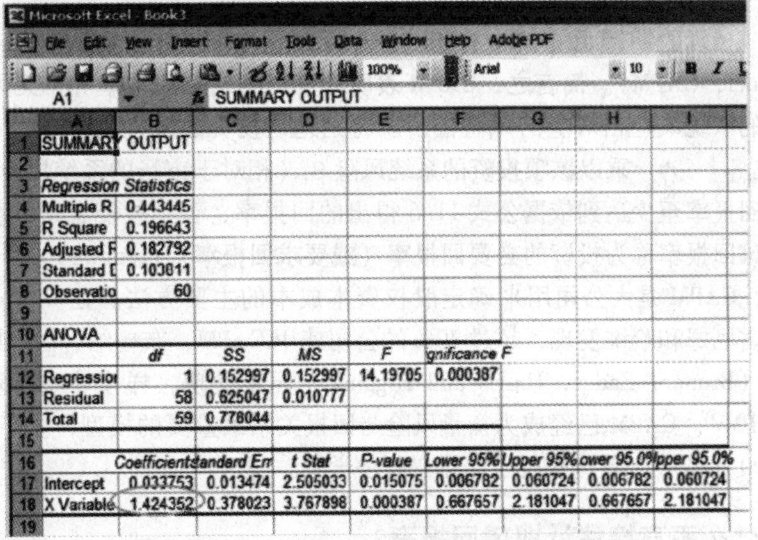

	A	B	C	D	E	F	G	H	I
1	SUMMARY OUTPUT								
2									
3	Regression Statistics								
4	Multiple R	0.443445							
5	R Square	0.196643							
6	Adjusted R	0.182792							
7	Standard E	0.103811							
8	Observatio	60							
9									
10	ANOVA								
11		df	SS	MS	F	gnificance F			
12	Regressior	1	0.152997	0.152997	14.19705	0.000387			
13	Residual	58	0.625047	0.010777					
14	Total	59	0.778044						
15									
16		Coefficient	Standard Er	t Stat	P-value	Lower 95%	Upper 95%	ower 95.0%	pper 95.0%
17	Intercept	0.033753	0.013474	2.505033	0.015075	0.006782	0.060724	0.006782	0.060724
18	X Variable	1.424352	0.378023	3.767898	0.000387	0.667657	2.181047	0.667657	2.181047
19									

11.4 整合：资本资产定价模型

本章的学习目标之一是计算苹果股票的股权资本成本。资本成本是市场上具有可比风险与期限的投资的最高期望回报率。因此，计算资本成本就需要知道苹果股票的风险与其期望回报率之间的关系。前面三节已经为衡量这种关系的实际方法奠定了基础。这一节把所有相关零散知识汇总起来，从而建立计算投资的期望回报率的模型。

资本资产定价模型（CAPM）将风险和期望回报率联系起来

我们知道，只有共同的系统风险决定期望回报率。公司特有风险是可以被分散的，不要求额外回报。本章的引言中提到，根据直觉，任何投资的期望回报率都应该由两部分组成：

（1）最基本的无风险回报率——即使没有投资损失的风险，也需要对通货膨胀和货币时间价值进行补偿。

（2）风险溢价——它随着投资的系统风险的大小而变动。

期望回报率=无风险利率+系统风险的风险溢价

上一节主要讲述系统风险的衡量。贝塔可以衡量投资的系统风险的大小：

投资 i 的期望回报率=无风险利率+β_i×每单位系统风险的风险溢价（每单位β）

每单位系统风险的风险溢价是什么？根据定义，市场组合恰好就有一个单位（其贝塔为1）的系统风险。所以，每单位系统风险的风险溢价自然就是市场组合的历史平均超额回报率，也被称为**市场**（market）或者**股权风险溢价**（equity risk premium）。从历史上看，S&P 500 指数的平均超额回报率（即超出美国政府债券的回报率（无风险利率））为5%～7%，具体大小取决于测量的期间（下一章将讨论更多这方面的知识）。带着这最后一个问题，我们可以写下投资的期望回报率的公式：

资本资产定价模型

$$E[R_i] = r_f + \underbrace{\beta_i (E[R_{Mkt}] - r_f)}_{i} \qquad (公式 11.6)$$

投资的期望回报率的计算公式即为**资本资产定价模型**（Capital Asset Pricing Model，CAPM）。简言之，CAPM 表明，投资的期望回报率等于无风险利率加上与投资的系统风险相对应的风险溢价。特别地，投资的风险溢价等于市场风险溢价（$E[R_{MNkt}] - r_f$）乘以该项投资的系统风险 β_i（相对于市场的系统风险）。除非投资的期望回报率至少达到依据公式 11.6 得出的回报率，否则投资者是不会投资的。我们也将该回报率称为投资的**必要回报率（或要求回报率）**（required return）。

CAPM 是大公司用来确定股权资本成本的主要方法。在一项对 CFO 的调查中，格雷厄姆和哈维发现，超过70%的公司使用 CAPM，布鲁纳、伊迪斯、哈里斯和希金斯（Bruner，Eades，Harris and Higgins）研究发现，样本中有 85% 的大公司使用 CAPM①。CAPM 已经成为衡量风险与回报关系最重要的模型，基于对该理论的贡献，1990 年威廉·夏普被授予诺贝尔经济学奖。

为什么不直接估计期望回报率？

如果我们不得不使用历史数据估计贝塔，从而确定证券的期望回报率（或投资的资本成本），那为什么不使用证券的历史平均回报率作为它的期望回报率的估计值呢？这种方法当然会更简单、更直接。

① J. Graham and C. Harvey，"The Theory and Practice of Corporate Finance：Evidence from the Field." *Journal of Financial Economics* 60（2001）：187-243；and F. Bruner，K. Eades，R. Harris，and R. Higgins，"Best Practices in Estimating the Cost of Capital：Survey and Synthesis." *Financial Practice and Education* 8（1998）：13-28

这是因为，从历史数据中推断个股的平均回报率是极端困难的。因为股票的回报率波动性强，即便有长达100年的数据，我们对真实均值的估计的置信度也是很低的(想象从一个满是排列着数字的游泳池中找出100个数字，然后据以猜测池中所有数字的平均值)。更糟糕的是，很少有股票能存续100年，而且，那些100年前的公司与当今的公司相差太大。如果使用少于10年的数据，则我们的估计的置信度非常低。事实上，如果股票回报率的波动率为20%，则需要1 600年的数据才能确保在95%的置信度下，对真实回报率的均值的估计值落在真实均值左右1%的范围内。

另一方面，线性回归使得我们仅用几年的历史数据，就可从中合理而准确地推断出贝塔来。因此，至少在理论上，CAPM提供的股票期望回报率的估计值，要比从历史平均回报率中得到的更准确。

例11.5　计算股票的期望回报率

问题：

假如无风险利率为4%，市场风险溢价是6%。苹果公司股票的贝塔为1.4。根据CAPM，苹果股票的期望回报率为多少？

解答：

分析：

可以利用公式11.6的CAPM计算期望回报率。需要知道市场风险溢价、无风险利率及股票的贝塔。所有这些变量均为已知，只要代入公式即可。

计算：

利用公式11.6：

$$E[R_{AAPL}]=r_f+\beta_{AAPL}(E[R_{Mkt}]-r_f)=4\%+1.4\times 6\%$$
$$=12.4\%$$

评价：

苹果股票的贝塔为1.4，于是投资者要求的风险溢价为8.4%，这是对苹果股票系统风险的补偿，故总的期望回报率为12.4%。

证券市场线

图11.9描绘了表11.4中的股票的期望回报率与总风险以及与系统风险（贝塔）之间的关系。回顾第10章所学的知识，如图11.9（a）所示，个股的标准差（总风险）和期望回报率之间没有明显的关系。但CAPM公式（公式11.6）表明，股票的贝塔和它的期望回报率之间存在着线性关系。这条直线见图11.9（b），它经过无风险投资（贝塔等于0）和市场组合（贝塔等于1），被称为**证券市场线**(security market line，SML)。可见，只有在衡量市场风险（图11.9（b））而不是总风险（图11.9（a））时，单个证券的风险与回报率之间的关系才变得显而易见。

考察图11.9中的证券市场线，自然会想到贝塔为负值的股票，绝大多数股票具有正的贝塔，贝塔为负值的股票的回报率可能与市场组合的变动方向相反。那些提供的产品或服务在经济萎缩比经济繁荣时需求更旺盛的公司正好符合这一描述。

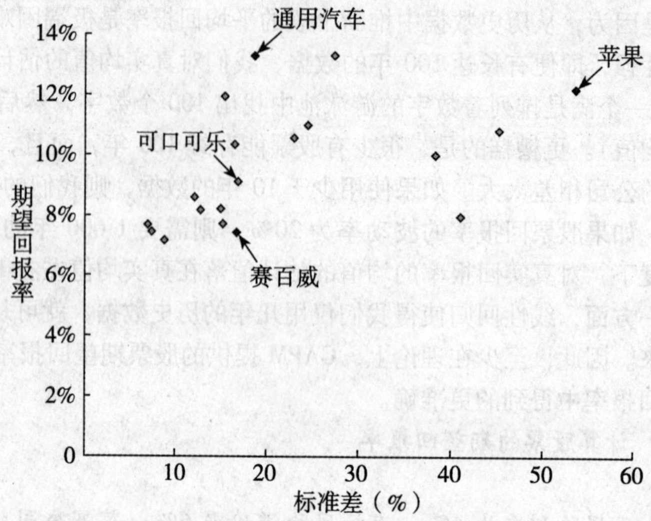

图（a） 期望回报率和总风险（标准差）

注：该图描绘了表 11.4 中的股票的标准差和期望回报率。总风险和期望回报率之间不存在关联。图中标示出了几种股票。显然无法利用总风险（波动率）来预测苹果股票的期望回报率。

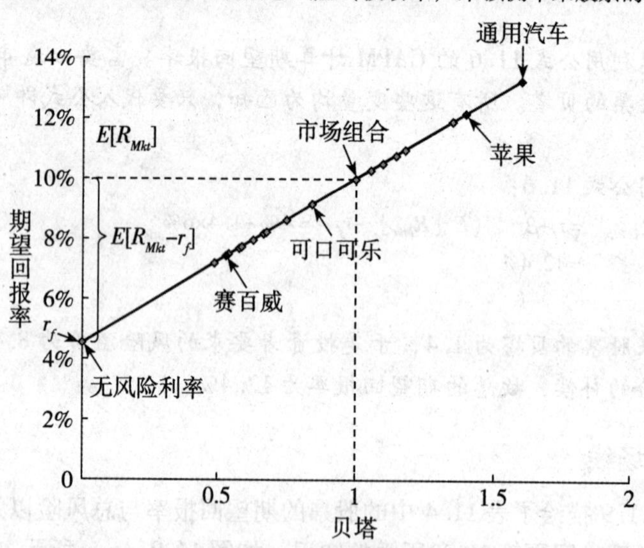

图（b） 期望回报率和贝塔

证券市场线表明，表 11.4 中每只证券的期望回报率是其相对于市场的贝塔的函数。依据 CAPM 模型，所有股票和投资组合（包括市场组合）都应该落在证券市场线上。因此，苹果股票的期望回报率由衡量其系统风险的贝塔决定。

图 11.9 期望回报率、波动率和贝塔

例 11.6 具有负贝塔的股票

问题：

假如破产拍卖服务公司（BAS）股票的贝塔为-0.3。根据 CAPM，它的必要回报率与无风险利率相比如何？这个结果有意义吗？

解答：

分析：

和计算正贝塔股票的期望回报率一样，可利用公式 11.6 的 CAPM 模型来计算负贝塔股票的期望回报率。虽然无风险利率和市场风险溢价未知，但本题不要求计算准确的期望回报率，只是要求回答该股票的期望回报率是高于还是低于无风险利率。利用公式 11.6 可以回答这个问题。

计算：

市场组合的期望回报率高于无风险利率，公式 11.6 意味着，BAS 的期望回报率低于无风险利率。只要风险溢价为正（即投资者要求的市场回报率高于无风险利率），如果贝塔为负，公式 11.6 中的第二项必定为负。例如，如果无风险利率为 4%，市场风险溢价为 6%：

$$E[R_{BAS}] = 4\% - 0.30 \times 6\% = 2.2\%$$

（如图 11.9 所示，$\beta<0$ 时，证券市场线降至 r_f 之下）

评价：

这个结果似乎有点奇怪：在投资者可以安全地获得 4% 的回报率时，为什么还愿意接受期望回报率仅为 2.2% 的股票呢？答案是，理性的投资者不会仅持有 BAS 股票，会把它与其他证券组合在一起，构造一个充分分散的投资组合。其他证券的价格通常随着市场的变动而上升或者下降。但是由于 BAS 股票有负的贝塔，它与市场组合的相关系数为负，这意味着，市场上其他证券表现不佳时，BAS 股票却往往有良好的表现。通过持有 BAS 股票，投资者能够降低他的投资组合的总体市场风险。从某种意义上说，BAS 股票是投资组合的“经济衰退保险”，投资者为得到这种保险而愿意接受较低的期望回报率。

CAPM 与投资组合

证券市场线适合于所有证券，我们还可以把它应用到投资组合中。例如，市场组合落在证券市场线上，并且根据 CAPM，其他投资组合（比如共同基金）也在证券市场线上。因此，投资组合的期望回报率应该与投资组合的贝塔相对应。我们计算由多种证券构成的投资组合的贝塔（w_i 表示每种证券在组合中的投资比重）：

$$\beta_P = w_1\beta_1 + w_2\beta_2 + \cdots + w_n\beta_n \quad \text{（公式 11.7）}$$

也就是说，投资组合的贝塔是组合中各种证券的贝塔的加权平均。

例 11.7　投资组合的期望回报率

问题：

假如辉瑞（Pfizer）制药公司（PFE）股票的贝塔为 0.7，家得宝（Home Depot）公司（HD）股票的贝塔为 1.4。如果无风险利率为 4%，市场风险溢价是 7%，根据 CAPM，由投资比重相等的辉瑞股票和家得宝股票构成的投资组合的期望回报率为多少？

解答：

分析：

已知的信息有：

$r_f = 4\%$　　$E[R_{Mkt}] - r_f = 7\%$

PEF：$\beta_{PFE} = 0.7$，$w_{PFE} = 0.50$

HD：$\beta_{HD}=1.4$，$w_{HD}=0.50$

可用两种方法计算投资组合的期望回报率。第一种方法是：先用 CAPM（公式 11.6）计算每只股票的期望回报率，然后再用公式 11.3 计算投资组合的期望回报率。

或者利用公式 11.7 计算投资组合的贝塔，然后利用 CAPM（公式 11.6）计算投资组合的期望回报率。

计算：

用第一种方法计算 PFE 和 HD 的期望回报率：

$E[R_{PFE}]=r_f+\beta_{PFE}(E[R_{Mkt}]-r_f)$　　$E[R_{HD}]=r_f+\beta_{HD}(E[R_{Mkt}]-r_f)$

$E[R_{PFE}]=r_f+0.7\times7\%=8.9\%$　　$E[R_{HD}]=r_f+1.4\times7\%=13.8\%$

等权重投资组合 P 的期望回报率为：

$E[R_P]=0.5\times8.9\%+0.5\times13.8\%=11.4\%$

另一种方法是利用公式 11.7 计算组合的贝塔：

$\beta_P=w_{PFE}\beta_{PFE}+w_{HD}\beta_{HD}$

$\beta_P=0.5\times0.7+0.5\times1.4=1.05$

根据 CAPM 计算组合的期望回报率：

$E[R_P]=r_f+\beta_P(E[R_{Mkt}]-r_f)$

$E[R_P]=4\%+1.05\times7\%=11.4\%$

评价：

CAPM 是一种分析证券和由这些证券组成的投资组合的有效工具。你可以利用每只证券的贝塔计算它的期望回报率，然后计算它们的加权平均值，确定投资组合的期望回报率。或者你也可以对所有证券的贝塔进行加权平均得到投资组合的贝塔，然后利用 CAPM 计算组合的期望回报率。无论用哪种方法，都可以得到相同的答案。

资本资产定价模型的总结

CAPM 是一个有效的工具，它广泛应用于股票期望回报率的估计以及公司的投资。总结模型及其应用如下：

（1）投资者要求的风险溢价与其承受的系统风险成正比。

（2）可以用贝塔来衡量投资的系统风险，贝塔是投资回报率相对于市场组合回报率的敏感度。市场组合回报率每变动 1%，投资的回报率预期将变动 $\beta\%$，贝塔取决于该项投资与市场组合的共同风险。

（3）估计股票贝塔最常用的方法是，对股票的历史回报率基于市场组合的历史回报率进行回归。股票的贝塔是最佳拟合直线的斜率，拟合直线很好地解释了市场组合回报率和股票回报率之间的关系。

（4）CAPM 表明，可以利用下列公式计算任何投资的期望回报率或必要回报率：

$E[R_i]=r_f+\beta_i(E[R_{Mkt}]-r_f)$

画图表示 CAPM 时，称作证券市场线。

诺贝尔经济学奖：威廉·夏普

威廉·夏普（William Sharpe）于 1964 年在一篇论文中提出了关于风险和回报的资本资产定价模型，与之相关的论文还有杰克·特雷诺（Jack Treynor，1961）、约翰·林特纳（John Lintner，1965）和简·莫森（Jan Mossin，1996）。①

下面的内容摘自1998年对威廉·夏普的一个访谈：

投资理论关注的是单个投资者构建最优投资组合的行为。我要说的是，如果每个人都进行优化投资将如何？他们都复制马科维茨的结论，按照他所说的去做。一些人决定持有更多的IBM股票，但没有足够的股票满足他们的需求。于是他们对IBM股票施加价格压力，推动IBM的股价上升，股价上升到一定程度时，他们不得不改变对风险和回报的估计，因为现在他们为该股票支付的更多。这一驱动价格上升和下降的过程一直持续到价格达到均衡，所有投资者共同持有市场提供的全部股票为止。这时，你会怎样看待风险和回报的关系？答案是，期望回报率与相对于市场组合的贝塔成比例。

CAPM过去曾是，现在还是一种均衡理论。为什么任何人投资一种证券应该比另一种证券期望获得更多的回报呢？你应该为经济不景气时投资表现差而得到补偿。就在经济不景气你需要钱时，证券的表现却很糟糕，这种证券就是你讨厌的那种，所以最好要有一定的补偿好处，不然，谁会持有它们？这种补偿必须是，在正常时期你期望的投资业绩更好。CAPM表明，在经济低迷时期投资表现差的高风险股票，往往伴随着较高的期望回报率。贝塔就是用来衡量这个的。具有高贝塔的证券或资产类别，与那些低贝塔的资产相比，在经济低迷时的表现往往更差。

资料来源：Jonathan Butron，"Revisiting the Capital Asset Pricing Model，" *Dow Jones Asset Manager* (May/June 1998)：20-28.

总体框架

CAPM标志着资本市场中的风险与回报的权衡理论达到一个新的高度。它提供了一个强有力且应用广泛的工具，来量化与系统风险相伴随的期望回报率。我们已经实现了估计苹果公司股权资本成本的目标（例11.5）。苹果股票投资者的合理的期望回报率（也是必要回报率）是12.4%，这对于苹果公司的管理者而言是非常重要的信息，但不是全部。对于某些公司，如苹果公司和微软公司，只有股权投资者，而大多数公司还有债券投资者。在下一章，我们将利用本章所学的知识以及第6章和第9章有关债券和股票的知识来计算一家公司的总资本成本。由估值原理可知，利用这一资本成本对公司未来期望现金流折现可得到公司的价值。对于财务经理分析投资机会而言，资本成本是必需的输入变量，并且知道公司总体资本成本，对于公司成功地为投资者创造价值也是非常关键的。

概念检查

7. 关于证券的必要回报率，CAPM有什么结论？
8. 什么是证券市场线？

---

① W. F. Sharpe："Capital Asset Prices：A Theory of Market Equilibrium Under Conditions of Risk." *Journal of Finance* 19 (September 1964) 425-442. Jack Treynor， "Toward a Theory of the Market Value of Risk Assets." unpublished manuscript (1961) . J. Lintner："The Valuation of Risk Assets and the selection of Risk investments in Stock Portfolios and Capital Budgets." *Review of Economics* and Statistics47 (February 1965)：13-37. J. Mossin "Equilibrium in a Capital Asset Market." *Econometrica* 34 (4) (1996)：768-783.

本章小结

11.1　投资组合的期望回报率

投资组合权重是指，组合中持有的每项投资最初占组合总投资的比重，组合权重之和为1：

$$w_i = \frac{\text{投资第 } i \text{ 项的价值}}{\text{投资组合的总价值}} \qquad \text{（公式 11.1）}$$

投资组合的期望回报率是组合内各项投资的期望回报率的加权平均，权重为投资比重：

$$E[R_P] = w_1 E[R_1] + w_2 E[R_2] + \cdots w_n E[R_n] \qquad \text{（公式 11.3）}$$

11.2　投资组合的波动率

为了计算组合的风险，需要知道股票回报率共同变动的程度。相关系数衡量股票回报率之间的共同变动程度，其值在 -1 到 1 之间变动。它表示的那部分波动率源于证券的共同风险。

投资组合的方差取决于股票之间的相关系数。对于有两只股票的投资组合而言，组合的方差为：

$$Var(R_P) = w_1^2 SD(R_1)^2 + w_2^2 SD(R_2)^2 + 2w_1 w_2 Corr(R_1, R_2)\, SD(R_1)\, SD(R_2) \qquad \text{（公式 11.4）}$$

降低投资组合中两只股票的相关系数时，其实也降低了组合的方差。

分散投资可以消除独立的公司特有风险。大投资组合的波动率主要源于组合内各股票间的共同系统风险。

11.3　系统风险的衡量

理论上市场组合是所有风险投资的价值加权指数。在实际中，通常利用股票市场指数（例如 S&P 500 指数）替代整个市场。

股票的贝塔是指当市场组合的回报率变动1%时，股票期望回报率的变动百分比。

为估计贝塔，通常使用历史回报率。大多数数据来源使用5年的月回报率来估计贝塔。

在根据证券的超额回报率与市场组合的超额回报率绘制的散点图中，贝塔对应最佳拟合直线的斜率。可通过线性回归得到最佳拟合线。

投资组合的贝塔为组合中各证券贝塔的加权平均。

11.4　整合：资本资产定价模型

根据 CAPM，证券的风险溢价等于市场风险溢价乘以证券的贝塔。这种关系被称为证券市场线（SML），它决定投资的期望回报率或必要回报率：

$$E[R_i] = r_f + \underbrace{\beta_i (E[R_{Mkt}] - r_f)}_{i} \qquad \text{（公式 11.6）}$$

复习题

1. 计算投资组合的期望回报率需要哪些信息？
2. 相关系数告诉我们什么原理？
3. 为什么投资组合的总风险不是简单地等于组合中单个证券风险的加权平均？

4. 贝塔衡量什么？怎么利用贝塔？

5. 直觉上讲，CAPM 告诉我们驱动期望回报率的因素有哪些？

6. 证券市场线描述了什么关系？

练习题

投资组合的期望回报率（第 1 ~ 3 题）

1. Fremont 公司的期望回报率为 15%，Laurelhurst News 公司的期望回报率为 20%。若你对 Fremont 公司的投资比重为 30%，对 Laurelhurst News 公司的投资比重为 70%，组合的期望回报率为多少？

2. 你正在考虑如何投资你的部分退休金。你已决定投资 200 000 美元买入 3 只股票：50% 的资金投资于金手指（GoldFinger）（当前股价为 25 美元/股），25% 的资金投资于穆斯海德（Moosehead）（当前股价为 80 美元/股），剩余的资金投资于 Venture Associates（当前的股价为 2 美元/股）。如果金手指股价上涨到 30 美元，穆斯海德的股价下跌到 60 美元，Venture Associates 的股价上涨到 3 美元，

a. 投资组合的新价值是多少？

b. 投资组合的回报率是多少？

c. 如果价格改变后，你没有买卖股票，则在新投资组合中，每只股票的投资权重分别是多少？

3. 有两种计算投资组合期望回报率的方法：把投资组合看做一个整体，利用组合整体的价值和红利现金流计算期望回报率，或者对构成投资组合的个股的期望回报率加权平均。哪一种方法得到的回报率要更高些呢？

投资组合的波动率（第 4 ~ 11 题）

4. 如果两只股票回报率的相关系数为 1，就这两只股票的价格的相互变动而言，这意味着什么？

5. 下载表 11.3 中的数据。

a. 计算戴尔股票和星巴克股票月回报率的相关系数。

b. 计算戴尔股票和星巴克股票的月标准差。

c. 计算 30% 的资金投资于戴尔股票和 70% 的资金投资于星巴克股票这一投资组合的月方差和标准差。

6. 利用下表中的数据，估计每只股票的平均回报率和波动率。

	已实现回报率	
年份	A 股票	B 股票
1998	−10%	21%
1999	20%	30%
2000	5%	7%
2001	−5%	−3%
2002	2%	−8%
2003	9%	25%

7. 利用第6题的结果以及已知股票A和B的相关系数为0.48，计算70%的资金投资于A股票，30%的资金投资于B股票这一投资组合的波动率（标准差）。

8. 下表中给出了1990年可口可乐（股票代码：KO）和埃克森·美孚（Exxon Mobil，股票代码：XOM）两家公司的月回报率。利用这些数据，估计每只股票的平均月回报率和波动率。

日期	KO	XOM
1990年1月31日	−10.84%	−6.00%
1990年2月28日	2.36%	1.28%
1990年3月30日	6.60%	−1.86%
1990年4月30日	2.01%	−1.90%
1990年5月31日	18.36%	7.40%
1990年6月29日	−1.22%	−0.26%
1990年7月31日	2.25%	8.36%
1990年8月31日	−6.89%	−2.46%
1990年9月28日	−6.04%	−2.00%
1990年10月31日	13.61%	0.00%
1990年11月30日	3.51%	4.68%
1990年12月31日	0.54%	2.22%

9. 使用第8题中的数据，已知可口可乐与美孚的相关系数为0.6083，构建一个投资组合，将55%的资金投资于可口可乐股票，45%的资金投资于美孚股票，计算这一组合的波动率（标准差）。计算波动率时：

a. 使用公式11.4

b. 计算投资组合的月回报率，继而直接计算组合的波动率

c. 比较a、b问得到的结果如何？

10. 假设强生（Johnson & Johnson）公司和沃尔格林（Walgreen）公司的期望回报率和波动率如下所示，两者的相关系数为22%。

	$E[R]$	$SD(R)$
强生	7%	16%
沃尔格林	10%	20%

计算等比例投资于强生和沃尔格林股票的投资组合的

a. 期望回报率，

b. 波动率（标准差）。

11. 你有一个投资组合的标准差为30%，期望回报率为18%。你正考虑从下表中的两只股票中选择一只加入到投资组合里。加入新股票后，对新股票的投资比例为新组合的20%，原来组合的投资比例为80%，应该选择哪只股票呢？

	期望回报率	标准差	与现有组合回报率的相关系数
A 股票	15%	25%	0.2
B 股票	15%	20%	0.6

衡量系统风险（第 12 ~ 17 题）

12. 假如世界上所有的投资机会仅限于投资下表所列的 5 种股票。它们各自在市场组合中的权重是多少？

股票	每股价格（美元）	流通股股数（百万股）
A	10	10
B	20	12
C	8	3
D	50	1
E	45	20

13. 假如给你 100 000 美元去投资，要求构造由如下 4 只股票构成的价值加权组合。

股票	每股价格	流通股股数（百万股）
Golden Seas	13	1.00
Jacobs and Jacobs	22	1.25
MAG	43	30
PDJB	5	10

14. 如果在价值加权组合中，其中一只股票的价格上升，其他股票价格保持不变，什么样的交易会使投资组合仍为价值加权呢？

15. 你听说今天的 S&P 500 指数的回报率比无风险利率低 2%（即市场组合的超额回报率为-2%）。你正考虑对苹果股票和宝洁股票进行投资。

a. 若苹果股票的贝塔为 1.4，你预测今天苹果股票的超额回报率是多少？

b. 如果宝洁股票的贝塔为 0.5，你预测今天宝洁股票的超额回报率是多少？

16. 获取"我的理财实验室"（MyFinanceLab）中的本章资源，使用电子数据表提供的数据和线性回归方法，估计耐克股票的贝塔。

17. 利用"我的理财实验室"中提供的微软和 S&P 500 股票组合从 1986—2005 年的数据。

a. 利用线性回归分别估计微软股票 1987—1991 年、1992—1996 年、1997—2001 年和 2002—2006 年的贝塔。

b. 对比估计得出的 4 个贝塔。从不同时期微软股票面临的系统风险的变动，你能得出什么结论？如何解释这种变动？

整合：资本资产定价模型（第 18 ~ 24 题）

18. 假如无风险利率为 4%，市场组合的期望回报率为 10%，标准差为 16%。强生公司股票的贝塔为 0.32。它的期望回报率是多少？

19. 负贝塔股票的风险溢价的符号是什么？请解释。（假如市场组合的风险溢价为正）

20. 假如英特尔股票的贝塔为 1.6，而波音股票的贝塔为 1。若无风险利率为 4%，市场组合的期望回报率为 10%，根据 CAPM，

a. 英特尔股票的期望回报率是多少？

b. 波音股票的期望回报率是多少？

c. 对于 60% 的资金投资英特尔股票、40% 的资金投资波音股票的组合，组合的贝塔是多少？

d. 上述投资组合的期望回报率是多少（用两种方法计算）？

21. 你正考虑购买一只股价为 100 美元的股票。假设无风险利率大约为 4.5%，市场风险溢价为 6%。若你预计年末股价将上涨到 117 美元，且年末将支付 1 美元的红利。为使你的预期与 CAPM 一致，该股票的贝塔应该为多少？

22. 你正在分析一只贝塔为 1.2 的股票。无风险利率为 5%，估计的市场风险溢价为 6%。如果你期望该股票下年的回报率为 11%，你是否应该买入它？为什么？

23. 通过网络检索，可知星巴克股票的贝塔为 0.6。无风险利率为 5%，你认为市场风险溢价为 5.5%。你对星巴克股票的期望回报率（股权资本成本）的最佳估计是多少？

24. 2007 年年初，苹果股票的贝塔为 1.4，无风险利率大约是 4.5%。苹果股价为每股 84.84 美元。到 2007 年年末，股价变为每股 198.08 美元。若你估计的市场风险溢价为 6%，苹果公司实际产生的股权回报率是否超过由 CAPM 计算出的必要回报率？

第 11 章附录　可选择的系统风险模型

CAPM 是实践中估计资本成本应用最广泛的模型，但最近一些理财从业者试图改进 CAPM。

CAPM 在实际应用中存在的问题

研究者发现，仅用 S&P 500 指数或者其他简单的指数替代真实的市场组合，会在运用 CAPM 时导致持续性的定价错误。也就是说，一些股票和投资组合的回报率持续高于或低于根据 CAPM 预测的回报率。例如，研究者发现小盘股、高账面市值比（B/M）的股票，以及近期业绩优异的股票，它们的回报率持续高于 CAPM 利用简单的市场指数替代市场组合预测出的回报率。

多因素模型

这些发现促使研究者们在 CAPM 中增加新的组合，试图构建一个更接近真实市场组合的替代组合，以捕获被 S&P 500 指数忽略掉的部分系统风险因素。尽管我们也许不能找到一个能代替真实市场组合的完美替代组合，但市场组合可以由其他组合来构建。这表明，只要市场组合可以通过一些投资组合的集合来构建，那么该集合本身就可以用来衡量风险。所以，识别市场组合实际上是没有必要的。需要做的仅仅是确

定一组投资组合，然后用它们构造出市场组合。

因此，可以通过一些投资组合来捕获系统风险因素，这些因素称作**风险因素**(risk factors)。使用不只一个因素组合捕捉和衡量系统风险时，这种模型称作**多因素模型**(multi-factor model)。每个因素组合，既可视作它自身的一个风险因素，也可作为与某个不可观察的风险因素相关的股票组合。罗伯特·默顿（Robert Merton）在早些时候建立了另一种多因素模型，但多因素模型的这种特殊形式最初是由斯蒂芬·罗斯（Stephen Ross）构建的。① 这个模型也被称作**套利定价理论**(Arbitrage Pricing Theory，APT)。

珐玛—弗兰奇—卡哈特因素模型

公司理财从业者已经通过增加投资组合来降低使用 CAPM 的定价错误。第一种组合是买入小公司组合，卖出大公司组合。这个组合被广泛称作小—减—大（SMB）组合。第二种组合是买入高账面市值比组合，卖出低账面市值比组合，简称高—减—低（HML）组合。第三种组合是买入近期表现极好的股票，卖出近期表现极差的股票。这个组合解决了短期内表现好的股票和表现差的股票的持续性问题，这样的组合被称为前 1 年动量（PR1YR）组合。

这四个因素组合——股票市场（Mkt）、SMB、HML、PR1YR——就是多因素模型当前最常使用的几个因素组合。依据这几个组合，证券 i 的期望回报率为：

$$E[R_i]=r_f+\beta_i^{Mkt}(E[R_{Mkt}]-r_f)+\beta_i^{SMB}E[R_{SMB}]+\beta_i^{HML}E[R_{HML}]+\beta_i^{PR1YR}E[R_{PR1YR}]$$

（公式 11.8）

式中，β_i^{Mkt}、β_i^{SMB}、β_i^{HML}、β_i^{PR1YR} 分别为股票 i 的因素贝塔，衡量股票对每一因素组合的敏感度。公式 11.8 中的这 4 个投资组合是由尤金·珐玛（Eugene Fama）、肯尼斯·弗兰奇（Kenneth French）和马克·卡哈特（Mark Carhart）确定的，所以把这些因素组合的集合称作**珐玛—弗兰奇—卡哈特因素模型**(FFC)。

表 11.5 给出了 FFC 中四种因素组合的月平均回报率。

表 11.5　　**FFC 因素组合的月平均回报率（1926—2005 年）**

	平均月回报率（%）
Mkt−r_f	0.64
SMB	0.17
HML	0.53
PR1YR	0.76

资料来源：肯尼斯·弗兰奇教授的个人网站。

例 11.8　利用 FFC 因素模型计算资本成本

问题：

你正在考虑投资一个食品和饮料行业的项目。你确定这个项目与投资可口可乐股票有相同水平的不可分散风险。你决定使用过去 5 年的数据估计可口可乐股票（股

① Stephen A. Ross, "The Arbitrage Theory of Capital Asset Pricing," Journal of Economic Theory 13 (1976): 341-360; and Robert C. Merton, "An Intertemporal Capital Asset Pricing Model," Econometrica 41 (1973): 867-887.

票代码：KO）的因素贝塔。你用可口可乐股票的每月超额回报率（每个月的实际回报率减去无风险利率），对每个因素组合的月回报率（解释变量）进行回归。估计出的 4 个因素贝塔为：

$\beta_{KO}^{Mkt}=0.158$　$\beta_{KO}^{SMB}=0.302$　$\beta_{KO}^{HML}=0.497$　$\beta_{KO}^{PR1YR}=-0.276$

当前的无风险月利率为 0.42%（5%/12），利用 FFC 因素模型确定资本成本。

解答：

分析：

首先，汇总已知信息，结合表 11.5 中的数据，得到下表：

	平均月回报率（%）	可口可乐的因素贝塔
$Mkt-r_f$	0.64	0.158
SMB	0.17	0.302
HML	0.53	0.497
PR1YR	0.76	-0.276

已知无风险月利率为 0.42%，根据公式 11.8，计算你投资可口可乐股票的期望月回报率，将其乘以 12，即可得到期望年回报率，用 APR 表示。

计算：

利用公式 11.8，计算可口可乐的期望月回报率：

$$E[R_{KO}]=r_f+\beta_{KO}^{Mkt}(E[R_{Mkt}]-r_f)+\beta_{KO}^{SMB}E[R_{SMB}]+\beta_{KO}^{HML}E[R_{HML}]+\beta_{KO}^{PR1YR}E[R_{PR1YR}]$$
$$=0.42+0.158\times0.64+0.302\times0.17+0.497\times0.53-0.276\times0.76$$
$$=0.626\%$$

期望年回报率 = 0.626% × 12 = 7.5%

评价：

收集所有的输入变量，利用 FFC 因素模型，可以计算出可口可乐股票的资本成本。根据这种方法，可以推断出该项投资机会的年度资本成本大约为 7.5%。

第 12 章 确定资本成本

学习目标

- 理解公司总资本成本的驱动因素。
- 衡量债务、优先股和普通股的资本成本。
- 计算公司总资本成本或加权平均资本成本。
- 应用加权平均资本成本对项目估值。
- 根据项目风险调整资本成本。
- 考虑外部融资的直接成本。

本章所涉及符号的含义如下：

$D\%$（公司的债务融资比例），r_D（债务的期望回报率或资本成本），Div_1（1 年后的股利），r_E（有杠杆股权的期望回报率或资本成本），Div_{pfd}（优先股股利），$E\%$（公司的股权融资比例），r_{pdf}（优先股的期望回报率或资本成本），FCF_t（第 t 年的增量自由现金流），r_U（无杠杆股权的期望回报率或资本成本），g（红利的期望增长率），$P\%$（优先股融资的比例），r_{wacc}（加权平均资本成本），P_E（普通股的价格），T_c（公司边际税率），P_{pfd}（优先股的价格），V_0^L（有杠杆公司的初始价值）

Priscilla Srbu 访谈

作为美国高通（Qualcomm）战略金融集团的财务分析师，Priscilla Srbu 主要负责并购、内部事业部和内部战略措施的估值分析。她于 2007 年从康奈尔大学获得 MBA 学位，2000 年毕业于纽约大学，获理学学士学位。

作为世界上数字无线通信技术产品和服务的领先者，高通公司利用加权平均资本成本（WACC）法作为投资估值的工具之一。Priscilla 在分析新的业务或者并购对象时，使用 WACC 作为估计未来现金流的现值的折现率，计算潜在投资的净现值。“WACC 表示某项投资或者项目为投资者带来的最低回报”，Priscilla 解释说，“WACC 也用作高通公司评估投入资本回报的临界利率，它对于计算经济增加值有着重要作用。例如，假设某项目产生 25% 的回报率，公司的 WACC 为 15%。公司对该项目每 1 美元的投资，将创造 10 美分的价值。如果公司的回报率低于 WACC，则将会破坏公司的经济价值，这表明公司应该投资于其他项目。”

WACC 的计算看起来似乎比较容易，但其实不然，Priscilla 谨慎地表示，“不同的人对于计算 WACC 时的输入变量的理解可能相差很大，导致算出的结果大相径庭。而且，使用的方法也不尽相同。很多公司（比如高通公司）都为计算 WACC 及其方法给出了指导性原则。”

WACC 和非财务岗位的人员也有关。“评估项目时，不管是市场营销活动、经营举措还是市场细分，你都必须评估实施项目的收益和成本。WACC 体现了项目的未来现金流的某种水平的风险。若净现值为正，表明项目的收益至少可以补偿它的成本，给股东创造价值，这是管理层最关心的。”

在第 11 章我们学习了如何计算公司的股权资本成本。在现实中，大多数公司同时使用股权、债务和其他证券（如优先股）进行混合融资。财务经理必须基于全部的融资来源，计算公司的总资本成本。公司的总资本成本是资本预算决策的关键输入变量。估值原理告诉我们，项目的价值是收益的现值减去成本的现值后的净值。在资本预算中，需要应用净现值（NPV）这一重要概念。为了计算项目的 NPV，就要计算资本成本，把它作为折现率。

本章学习如何计算和应用公司的总资本成本，即加权平均资本成本（WACC）。我们将看到，WACC 是公司各种不同融资来源的资本成本的加权平均。学习了如何估计 WACC 后，我们将应用它进行资本预算。本章还将讨论使用公司的总资本成本作为折现率的适用条件，以及明确需要计算公司的项目或分部特有的资本成本的情形。

12.1 对加权平均资本成本的初步考察

大多数公司同时使用股权、债务和其他证券对投资所需资金进行融资。本节考察各种融资来源在计算公司的总资本成本时所起的作用。我们首先基于公司的资产负债表来评估这些融资来源。

公司的资本结构

公司的融资来源表示公司的**资本**(Capital)，通常包括股权和债务。公司为投资筹集资金的典型方式包括向股东出售股票（公司的股权）和向债权人借入资金（公司的债务）。回顾资产负债表的最基本结构，如图 12.1 所示，左边列出公司的资产，右边为公司的资本。

资产	负债和股权
流动资产 长期资产	债务 优先股
	普通股

图 12.1　基本的资产负债表的结构

注：该图提供了一个基本的资产负债表供参考。如第 2 章所述，资产负债表的两边必定相等：资产=负债+股权。表的右边表示资产的融资来源。本章将关注资产负债表右边不同融资方式所要求的回报率。

公司流通在外的股权、债务和其他证券所占的相对比例构成公司的**资本结构**(Capital Structure)。公司向外部投资者融资时，它必须选择发行哪种证券。最常见的选择是仅用股权融资，或者是股权和债务混合融资。图 12.2 给出了苹果公司和百威公司的资本结构。不同公司的资本结构差异很大。第 15 章将讨论公司如何设定它的资本结构。

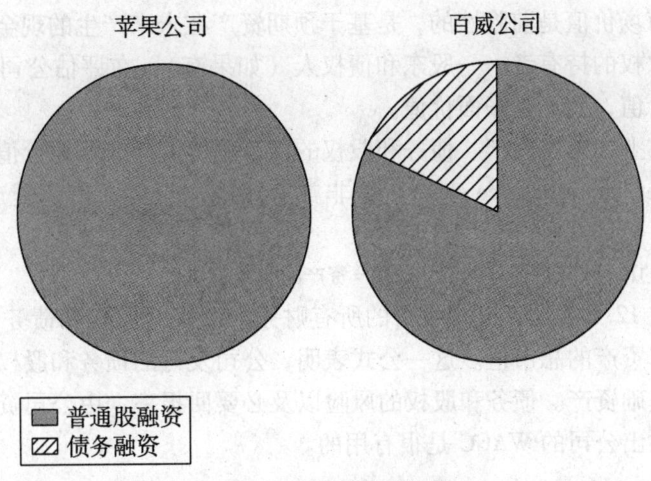

图 12.2　两种资本结构

注：该图给出了两个真实公司的资本结构。苹果公司如灰色区域显示的那样，是通过 100% 的普通股融资，而百威公司（Anheuser Busch）的资产有 82% 是通过普通股融资，18% 是通过债务融资（债务融资如图中条纹区域所示）。

机会成本和总资本成本

在计算公司的总资本成本时，财务经理要考虑公司资本结构的各个组成部分。在下面的讨论中，始终要理解"资本成本"这个术语背后隐含的直觉。投资者购买公司发行的股票或者债券时，他们就放弃了将钱投资于其他资产的机会。那些可选择的其他投资的期望回报率就构成了他们的机会成本。因此，为吸引投资者对公司投资、提供资本，公司提供给潜在投资者的期望回报率应该等于假定同等风险下他们投资于其他资产预期可获得的回报率。这一回报率也就是公司为获得资本所要承担的成本。

加权平均资本成本和总资本成本

凭直觉理解，公司的总资本成本应该是不同资本来源的成本的混合。实际上，通过对股权资本成本和债务资本成本进行加权平均可得到公司的总资本成本，称作**加权平均资本成本**(weighted average cost of capital，WAAC)。

但权重应该是多少？假设你拥有一家公司所有的股权和债务，如果这就是你的投资组合，那么组合的回报率就是公司的总回报率。如第 11 章所述，投资组合的回报率等于组合中各项证券的回报率的加权平均。在本例中，你的投资组合的回报率，即公司的总回报率，等于你持有的股权赚得的回报率和公司债务的回报率的加权平均。既然你持有全部的股权和债务，你的投资组合权重就是公司发行的股权和债务的相对数量。因此，WACC 中使用的权重就是公司资本结构中债务与股权所占的比例。例如，如果公司的资本有 30% 是通过债务融资，70% 是通过股权融资，那么在 WACC 中债务资本成本的权重为 30%，股权资本成本的权重为 70%。

这个例子表明，可通过考察资产负债表的右边来确定权重。这一结论是正确的，但一个重要的更正是：必须利用债务和股权的市场价值（而不是依据资产负债表上的账面价值）确定它们的比例。回顾第 2 章的内容可知，账面价值反映的是历史成本，但市场价值是前瞻性的，是基于预期资产在未来产生的现金流来确定的。公司的财务索取权的持有者——股东和债权人（如果有），在评估公司价值时使用的是资产的市场价值，而不是账面价值。

事实上，考虑资产、债务和股权的以市场价值而非账面价值列示的**市值资产负债表**(market-value balance sheet) 是非常有用的。当然，市值资产负债表仍然要保持平衡：

股权的市场价值+债务的市场价值=资产的市场价值　　（公式 12.1）

公式 12.1 表明，公司发行的所有财务索取权（股权和债务）的总市值应该等于它的所有资产的总市值。这一公式表明，公司发行的债务和股权的价值来自于它们所要求的基础资产。债务和股权的风险以及必要回报率，由公司资产的风险决定。这一点对于导出公司的 WACC 是很有用的。

计算加权平均资本成本

本节将深入探讨债务和股权的市值权重以及资产风险与债务和股权与资产索取权的风险之间的联系。

以一个没有发行债务的简单公司为例，这个**无杠杆**(unlevered) 公司将其资产产生的所有自由现金流支付给股东。公司的部分融资来源于债务时，这种公司被称为**杠杆**(levered) **公司**。正如你使用杠杆以相对小的力撬动重的物体，通过债务的形式借入资金也可以使股东利用相对少的自有资金投资控制价值很高的资产。我们将资产负债表中债务的相对数量称作**杠杆**(leverage)。

无杠杆公司的加权平均资本成本。如果公司是无杠杆公司，它没有债务，公司资产产生的所有自由现金流最终都归股东所有。股东得到的自由现金流等于全部资产产生的自由现金流，根据估值原理，公司股权的市值、风险和资本成本等于它所对应的资产的市值、风险和资本成本。给定这一关系，可以利用资本资产定价模型(CAPM) 来估计股权资本成本。这个估计的结果也是公司整体的资本成本。例如，思科公司和苹果公司都没有债务，思科公司或者苹果公司资产的资本成本与公司的股权资本成本相同。

有杠杆公司的加权平均资本成本。公司有债务又将会怎样呢？计算公司总资产的资本成本时应该怎样将债务的成本包含进来？市值资产负债表给出了答案。我们可以从投资组合的角度解释公式 12.1：通过持有包含公司股权和债务这样的一个组合，可得到与直接持有公司资产一样的现金流。组合的回报率等于组合中各证券的回报率的加权平均，这意味着股权、债务以及资产的必要回报率（资本成本）之间存在如下关系：

加权平均资本成本（税前）

$$r_{wacc}=\left(\begin{array}{c}\text{公司价值中}\\\text{由股权融资的比重}\end{array}\right)\times\left(\begin{array}{c}\text{股权资本}\\\text{成本}\end{array}\right)+\left(\begin{array}{c}\text{公司价值中}\\\text{由债务融资的比重}\end{array}\right)\times\left(\begin{array}{c}\text{债务资本}\\\text{成本}\end{array}\right)$$

$$=\text{总资产的资本成本}$$　　（公式 12.2）

现在我们可以证明我们的直觉是正确的：公司的总资本成本应该是它的股权和债务的资本成本的加权平均。公式 12.2 表明，公司资产的资本成本可以通过计算股权和债务的资本成本的加权平均值得到。下一节将介绍如何估计公司股权和债务的资本成本。

例 12.1　计算 WACC 中的权重

问题：

假如索尼公司的未偿还债务的市场价值为 120 亿美元，普通股的市场价值为 490 亿美元，普通股的账面价值为 300 亿美元。计算 WACC 时应该使用哪种权重？

解答：

分析：

由公式 12.2 可知，权重就是索尼公司的股权和债务融资的比例。而且，这些权重应基于市场价值计算，因为资本成本是建立在投资者对公司当前价值的评价的基础之上的，而不是对会计账面价值的评价，因此，可以忽略股权的账面价值。

计算：

债务价值为 120 亿美元，股权的市场价值为 490 亿美元，故公司的总价值为 610 亿美元。权重为：

债务：$\frac{120}{610}=19.7\%$

股权：$\frac{490}{610}=80.3\%$

评价：

索尼的总资本成本等于债务和股权的资本成本的加权平均值，债务成本的权重是 19.7%，股权成本的权重为 80.3%。

概念检查

1. 为什么公司的资本有成本？
2. 计算加权平均资本成本时，为什么用市场价值权重？

12.2　公司的债务和股权资本成本

12.1 节清楚地表明，为了计算公司的总资本成本，首先要确定公司所使用的各种资本的成本。公司怎样衡量它的债务、优先股和普通股的资本成本？下面我们以全球性的铝生产商——美国铝业公司为例来阐述。

债务资本成本

从资产负债表右边上方的债务的资本成本开始讲起。公司的债务资本成本就是公司为其现有债务再融资（如发行新债券）时支付的利率。该利率不同于公司现有债务的票面利率，票面利率反映的是公司发行债券时提供的利率。

到期收益率和债务资本成本。现存债务在市场交易，它的价格波动反映了整个信贷环境的变化，以及公司特有风险的变化。如第 6 章所述，现有债务的市场价格暗含了其到期收益率，也就是投资者当前购买公司债券，若持有至到期并且得到全部的承诺支付所获得的回报率。可以使用到期收益率来估计公司当前债务的资本成本：它是投资者持有公司债务所要求的收益率（新发行或者现有的债务）[1]。

假设美国铝业公司发行将于 2017 年到期的债券，面值为 1 000 美元，票面利率为 5.55%，发行价格是 961.85 美元。由于债券的市场价格低于面值，债券投资者获得的收益率要高于 5.55% 的票面利率。实际上，根据第 6 章中的公式 6.3，可计算出该发行价格下的到期收益率为 6.09%，这就是美国铝业公司当前的债务资本成本。现实中，你不需要自己计算到期收益率，因为在债券市场中，债券价格和隐含的到期收益率都是公开报价的[2]。

税收和债务资本成本。就债务而言，支付给债券持有者的回报率和公司的债务资本成本不同。为什么是这样？原因在于，债务利息是一项可抵税的费用（债务利息在税前支付）。公司使用债务融资时，利息成本在一定程度上由于利息抵税收益的存在而得到补偿。

例如，假设公司的税率为 35%，以 10% 的年利率借入 100 000 美元。年末债务的净成本计算如下：

		年末
利息费用	$r_D \times$ 100 000 =	10 000
税费节约	–税率 $\times r_D \times$ 100 000 =	–3 500
实际税后利息费用	$r_D \times$（1– 税率）×100 000 =	6 500

债务的实际成本（effective cost of the debt）即债务的税后净利息成本，仅为贷款额的 6.50%（6 500 / 100 000），而不是 10%。利息的抵税作用降低了公司债务融资的实际成本。更一般地，用 TC 表示公司税率，考虑利息的抵税作用后，实际税后借款利率为：

$$r_D \times (1-T_C) \qquad \text{（公式 12.3）}$$

常见错误：将票面利率当做债务资本成本

在估算公司的总资本成本时，一个常见的错误是用现有债券的票面利率作为债务的资本成本。公司的资本成本是前瞻性的，且应以公司现状为基础。相比之下，现有债券的票面利率是历史数据，是在非常不同的条件下设定的。估计公司债务资本成本的较好方法是使用现有债券的到期收益率，也即债权人当前要求的承诺回报率。

以福特汽车公司（以下简称“福特”）为例。福特 1998 年发行了将于 2018 年到期的债券，票面利率为 6.5%。近年来，福特的业绩变差，不能偿还全部债务的风险增加。到 2007 年年底，票面利率为 6.5% 的债券的到期收益率已达到 10.2%。投资者要成为福特公司的债权人，就必须要求 10.2% 的到期收益率。

哪个是福特 2007 年的债务资本成本的更好估计：6.5% 的票面利率还是 10.2% 的到期收益率？福特应该使用 10.2% 作为公司的债务资本成本，6.5% 的票面利率是

---

① 事实上，到期收益率是公司所能支付的最大回报率，因为公司可能存在不能偿还债务的风险。

② 第 6 章叙述了如何登陆 http://cxa.marketwatch.com/finra/BondCenter/Default.aspx，查找公司债券的当前价格和到期收益率。

在不同的环境下设定的，它与 2007 年福特的债券持有者要求的回报率是不相关的，计算 WACC 时不能使用它。

例 12.2　债务的实际资本成本

问题：

利用美国铝业债券的到期收益率，可知它的税前债务资本成本为 6.09%。如果公司税率为35%，债务的实际资本成本是多少？

解答：

分析：

可根据公式 12.3 计算美国铝业的债务的实际资本成本：$r_D \times (1-T_C)$。

r_D=6.09%（税前债务资本成本）

T_C=35%（公司税率）

计算：

债务的实际资本成本=0.0609×（1−0.35）=0.039585=3.9585%

评价：

公司每借入 1 000 美元，每年需要向债券持有者支付 60.90 美元（0.0609×1 000）的利息。计算所得税时要从利润中扣除 60.90 美元的利息，每 1 美元利息可节税 35 美分，故总的利息抵税为 21.315 美元（0.35×60.90）。公司每 1 000 美元债务的净成本为支付的 60.90 美元减去 21.315 美元的节税收益，等于 39.9585 美元（3.9585%）。

优先股的资本成本

公司也可通过发行优先股筹集资本。通常优先股股东被许诺固定的红利，且红利的支付优先于普通股股东的支付。

如果优先股的红利是已知和固定的，可以利用第 9 章的公式 9.7 来估计优先股的资本成本，

$$r_E = \frac{Div_1}{P_0} + g$$

红利增长率 g=0，

$$\text{优先股资本成本} = \frac{\text{优先股红利}}{\text{优先股股价}} = \frac{Div_{pfd}}{P_{pfd}} \qquad \text{（公式 12.4）}$$

例如，美国铝业的优先股股价是每股 54.50 美元，每年的红利为 3.75 美元。它的优先股的资本成本为 6.88%（3.75 / 54.50）。

普通股的资本成本

如第 11 章所述，公司不能直接观察到普通股的资本成本，必须进行估计。下面介绍和比较两种估计普通股资本成本的主要方法。

资本资产定价模型。最常用的估计股权资本成本的方法是利用第 11 章介绍的 CAPM。该方法总结如下：

（1）估计公司股权的贝塔。一般通过对公司 60 个月的回报率相对于市场替代组合（如 S&P 500 组合）60 个月的回报率回归而得到。

（2）确定无风险利率，通常用国库券或长期国债的到期收益率表示。

（3）估计市场风险溢价，通常对市场替代组合的历史回报率与同期的无风险利率进行比较而得到。

（4）应用 CAPM：

股权资本成本=无风险利率+股权的贝塔×市场风险溢价

例如，假设美国铝业的股权贝塔为 2.05，10 年期国债的到期收益率为 4.5%，你估计市场风险溢价为 5%。则

美国铝业的股权资本成本=4.5%+2.05×5%=14.75%。

固定红利增长率模型。另一种方法是运用第 9 章介绍的固定红利增长率模型（Constant Dividend Growth Model，CDGM）。第 9 章的公式 9.7 为：

$$股权资本成本=红利（1年后）/当前股价+红利增长率=\frac{Div_1}{P_E}+g \qquad （公式 12.5）$$

为了估计股权资本成本，要知道当前股价、1 年后的预期红利和估计的红利增长率。当前股价很容易从网上得到。对于明年的红利也可以合理地估计。然而，如第 9 章所述，对未来红利增长率的估计是非常困难的。例如，美国铝业 2001—2006 年每年的每股红利是 60 美分，到 2007 年上升到 68 美分，预计 2008 年的红利仍是每股 68 美分可能是合理的，但红利的长期增长率会怎样？我们应该假设每 6 年的增长率大约为 8/60（13.3%）吗？

不要使用向前追溯的历史增长率，利用股票分析师的估计是一种比较常用的方法，他们的评估是面向未来的。如第 9 章所述，如果美国铝业保持其红利支付率固定，则红利的长期增长率将等于收益的长期增长率。在 2007 年后期，美国铝业的长期收益增长率的平均预测值为 11%。因此，第 1 年的预期红利为每股 0.68 美元，股价为 39.35 美元，长期红利增长率为 11%，根据 CDGM 模型估计美国铝业的股权资本成本（运用公式 12.5）如下：

$$股权资本成本=\frac{Div_1}{P_E}+g=\frac{0.68}{39.35}+0.11=0.127\ （12.7\%）$$

我们不必惊讶于这两种方法计算出的结果（14.75% 和 12.7%）的不同：这是因为两种方法的假设不同。尽管给定未来红利增长率的估计，但公式 12.5 假设该增长率是固定不变的。这一假设对大多数公司不适用。再来看美国铝业的例子，公司每年每股红利为 60 美分，这样的股利政策持续了 6 年，但在 6 年前，公司每年支付的每股红利却为 50 美分。而且，许多年轻的成长型公司不发放红利，而且近期也没有发放红利的打算。

任何一个将公司股价和其未来现金流联系起来的模型都可用来估计股权资本成本，CDGM 仅是其中之一。比如，可以用第 9 章的折现自由现金流模型来计算公司的股权资本成本。

CAPM 和 CDGM 的比较。由于应用 CDGM 存在一定困难，CAPM 成为估计股权资本成本最常用的方法。表 12.1 对两者进行了比较。

表 12.1　**资本资产定价模型和固定红利增长率模型估计股权投资的比较**

	资本资产定价模型	固定红利增长率模型
输入变量	股权贝塔	当前股价
	无风险利率	明年的预期红利
	市场风险溢价	未来红利增长率
主要假设	估计的贝塔是正确的	估计的红利是正确的
	市场风险溢价准确	红利增长率与市场预期相匹配
	CAPM 是正确的模型	未来红利增长率固定不变

例 12.3　估计股权资本成本

问题：

惠好（Weyerhaeuser）公司（股票代码：WY）的股权贝塔为 1.2。10 年期国债的到期收益率为 4.5%，估计的市场风险溢价为 5%。公司下一年每股将发放 2 美元的红利。它的当前股价为 71 美元，预期每年的红利增长率为 4% 且保持不变。用两种方法估计公司的股权资本成本。

解答：

分析：

利用 CAPM 和 CDGM 两种方法估计公司的股权资本成本。

（1）应用 CAPM 要知道无风险利率、估计股权贝塔和市场风险溢价。用 10 年期国债的收益率作为无风险利率。

（2）应用 CDGM 要知道当前股价、下一年的预期红利和固定的未来红利增长率。

无风险利率：4.5%	当前股价：71 美元
股权贝塔：1.2	预期红利：2 美元
市场风险溢价：5%	估计的未来红利增长率：4%

可以用第 11 章的 CAPM 和公式 12.5 的 CDGM 估计股权资本成本。

计算：

（1）CAPM 模型：

股权资本成本 = 无风险利率 + 股权贝塔 × 市场风险溢价 = $4.5\% + 1.2 \times 5\% = 10.5\%$

（2）CDGM 模型：

股权资本成本 = 红利（1 年后）/ 当前股价 + 红利增长率

$$= \frac{Div_1}{P_E} + g$$

$$= \frac{2}{71} + 4\% = 6.8\%$$

评价：

依据 CAPM 得到的股权资本成本为 10.5%；基于 CDGM 得到的结果为 6.8%。由于两种方法使用的前提假设不同，从而得出的结果不同。事实上，两种结果相同的可能性极小。两种方法得出的结果不同时，我们必须检查每种方法的前提假设，然后确定哪种方法的假设更符合实际。

也可以计算假设的未来红利增长率为多少时，两种方法的结果将一致。利用CAPM估计出的股权资本成本，并对CDGM重新整理得到：

红利增长率=股权资本成本-红利（1年后）/当前股价=10.5%-2.8%=7.7%

若相信惠好公司每年的红利增长率为7.7%，则两种方法估算的股权资本成本将相同。

概念检查

3. 如何测量公司债务成本？
4. 使用CAPM还是CDGM估计股权资本成本时，主要应权衡哪些因素？

12.3 进一步考察加权平均资本成本

既然已经估计出美国铝业不同资本来源的成本，就可以准备计算公司的总资本成本，即WACC。普通股、优先股和债务融资的权重是它们各自的市场价值占公司价值的比例，分别用E%，P%和D%来表示，权重之和为100%（也就是说，要考虑全部的融资来源）。

WACC公式

用r_E，r_{pfd}，r_D和T_C分别表示普通股资本成本、优先股成本、债务成本和公司税率，则WACC为：

加权平均资本成本

$$r_{wacc}=r_E E\%+r_{pdf}P\%+r_D(1-T_C)D\% \quad \text{（公式12.6）}$$

对于没有优先股的公司，其WACC简化为：

$$r_{wacc}=r_E E\%+r_D(1-T_C)D\% \quad \text{（公式12.7）}$$

例如，2007年年末，美国铝业的普通股、优先股和债务的市场价值分别是3 142 000万美元，4 000万美元和739 700万美元。公司的总价值为3 885 700万美元（3 142 000+4 000+739 700）。基于已经计算出的普通股、优先股和债务的资本成本，美国铝业2007年年末的WACC为：

$$WACC=r_E E\%+r_{pfd}P\%+(1-T_C)r_D D\%$$

$$WACC=14.75\%\times\left(\frac{3\ 142\ 000}{3\ 885\ 700}\right)+6.88\%\times\left(\frac{4\ 000}{3\ 885\ 700}\right)+(1-0.35)\times6.09\%\times\left(\frac{739\ 700}{3\ 885\ 700}\right)$$

$$WACC=12.69\%$$

例12.4 计算WACC

问题：

塔吉特（Target）公司股权的期望回报率是11.5%，债务的到期收益率为6%，债务的市场价值占公司总价值的18%，股权的市场价值为公司总价值的82%。如果公司税率为35%，公司的WACC为多少？

解答：

分析：

可以根据公式12.7计算WACC。为此，需要知道债务和股权的资本成本及其各自在资本结构中的比例，还要知道公司税率。有了这些信息，就可以进行计算了。

计算：

$$r_{wacc}=r_E E\%+r_D\ (1-T_C)\ D\%=0.115\times0.82+0.06\times(1-0.35)\times0.18=0.101\ (10.1\%)$$

评价：

尽管我们不能直接观察到塔吉特的投资的期望回报率，但可以通过调整债务的税盾收益，利用债务和股权的期望回报率以及 WACC 公式来估计公司资产的回报率。公司对其当前和未来新开设的店铺的投资至少应该获得 10.1% 的回报率才能满足债权人和股东的要求。

实践中的加权平均资本成本

利息的抵税效应，也就是它的杠杆作用，使得 WACC 受公司经营风险的影响，因此，不同行业和公司的 WACC 会有很大的不同。图 12.3 给出了几家真实公司的 WACC，这在一定程度上体现了 WACC 的多样化。一些行业的经营风险明显大于其他行业。例如，销售啤酒的风险相当低，而销售高端电子产品的公司（比如苹果公司和美国电视录制技术公司（TiVo））的风险就非常高。

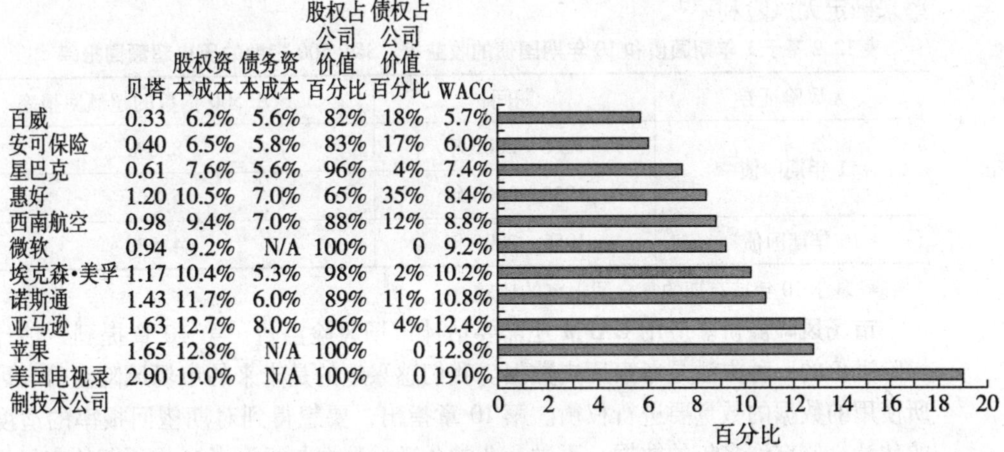

	贝塔	股权资本成本	债务资本成本	股权占公司价值百分比	债权占公司价值百分比	WACC
百威	0.33	6.2%	5.6%	82%	18%	5.7%
安可保险	0.40	6.5%	5.8%	83%	17%	6.0%
星巴克	0.61	7.6%	5.6%	96%	4%	7.4%
惠好	1.20	10.5%	7.0%	65%	35%	8.4%
西南航空	0.98	9.4%	7.0%	88%	12%	8.8%
微软	0.94	9.2%	N/A	100%	0	9.2%
埃克森·美孚	1.17	10.4%	5.3%	98%	2%	10.2%
诺斯通	1.43	11.7%	6.0%	89%	11%	10.8%
亚马逊	1.63	12.7%	8.0%	96%	4%	12.4%
苹果	1.65	12.8%	N/A	100%	0	12.8%
美国电视录制技术公司	2.90	19.0%	N/A	100%	0	19.0%

图 12.3　真实公司的 WACC

注：利用公司的股权贝塔、4.5% 的无风险利率和 5% 的市场风险溢价计算股权资本成本。债务资本成本可通过公司债券的信息获取。股权和债务的市场价值分别占公司价值的百分比可通过公司的总市值和资产负债表信息来确定。公司税率为 35%，利用公式 12.7 计算公司的 WACC，结果如条形图所示。"N/A" 表示公司没有债务，无债务资本成本。

资料来源：作者基于 2007 年的公开数据计算。

实践中的方法

下面来探讨财务经理在实践中估计 WACC 时遇到的一些问题。

净债务。计算 WACC 中的权重时，在实践中逐渐形成的共识是要对债务进行调整。现在许多公司理财从业者使用**净债务**（net debt），就是用未偿还债务的总额减去现金余额：

净债务 = 债务 - 现金和无风险证券　　　　（公式 12.8）

为什么要从公司的债务中减去现金呢？公司资产负债表中的资产包括所持有的现金

或无风险证券。如果公司持有1美元现金和1美元无风险债务，则持有现金获取的利息等于为债务支付的利息。这两种现金流相互抵消，如同公司没有现金和债务一样。事实上，可以将现金视为负债务。评估公司的经营性资产的风险（资本成本）时，资产负债表中的大量超额现金会使评估变得复杂。因此，在评估公司不包括现金的经营性资产时，从业者通常用净债务衡量公司的杠杆水平，用公司价值衡量公司的经营性资产的市场价值。回顾第2章关于公司价值的定义——股权和净债务的市场价值之和。

利用这种方法，WACC 中的权重可以表示为：

（股权市场价值 / 公司价值）与（净债务 / 公司价值）

公司有大量的超额现金留存时，这种调整是非常重要的。公司的超额现金持有量相对较少时，它对总体 WACC 的估算没有太大影响。

无风险利率。利用 CAPM 估计股权资本成本时需要知道无风险利率。无风险利率通常用没有违约风险的美国国债的到期收益率表示。但是应该选择多长期限的国债？CAPM 的观点是，应该使用与公司投资者的投资期限相对应的无风险利率。调查结果表明，绝大多数的大公司和财务分析师使用长期（10～30年）国债的到期收益率来确定无风险利率①。

表12.2 **基于1年期国债和10年期国债的收益率，S&P 500 指数的历史超额回报率**

无风险证券	期间	S&P 500 指数的超额回报率
1年期国债	1926—2005年	8.0%
	1955—2005年	5.7%
10年期国债*	1955—2005年	4.5%

* 基于10年持有期的复合回报率的比较

市场风险溢价。应用 CAPM 还需要估计市场风险溢价。第10章提到，估计市场风险溢价的一种方法是考察历史数据。我们感兴趣的是未来的市场风险溢价，因此对所使用的数据的数量要进行权衡。第10章指出，要想得到对期望回报率的适度准确的估计，要有许多年的数据，不过，非常久远的数据与投资者当前预期的市场风险溢价之间可能没有多少相关性。

表12.2给出了 S&P 500 指数相对于1年期和10年期国债收益率的超额回报率。从1926年开始，S&P 500 指数的回报率平均超过1年期国债的收益率达8%。但是，有证据表明，市场风险溢价随着时间而下降。从1955年起，S&P 500 指数的平均回报率仅比1年期国债的收益率高出5.7%。与10年期国债的收益率相比，S&P 500 指数的平均超额回报率仅为4.5%（主要是由于10年期国债的收益率通常比1年期国债高）。

怎样解释这种下降？一个可能的原因是，随着更多的投资者投资于股票市场，构建多元化投资组合的成本降低，投资者持有的投资组合的风险倾向于更低。结果，投资者要求补偿系统风险的回报就降低。此外，随着时间的流逝，市场的总体波动率在降低。某些学者认为，未来市场的期望回报率可能会更低，大约高出短期国债收益率

① See Robert Bruner, et al. "Best Practices in Estimating the Cost of Capital: Survey and Synthesis," *Financial Practice and Education* 8 (1998): 13-28

3% ~5%[①]，因此，许多财务经理当前使用的市场风险溢价接近于5%，而不是8%。

概念检查

5. 为什么不同的公司会有不同的 WACC？
6. 估计市场风险溢价时要权衡哪些因素？

12.4 应用 WACC 法对项目估值

项目的资本成本由其投资风险决定。如果项目的市场风险接近于公司投资的平均市场风险，其资本成本就相当于公司发行的所有证券构成的投资组合的资本成本；换言之，项目的资本成本等同于公司的 WACC。如公式 12.6 所示，WACC 的计算使用债务的税后资本成本，包含了债务的利息抵税收益。

WACC 考虑了债务的利息抵税作用，可用来计算投资的有**杠杆价值**（levered value），即给定公司的杠杆政策时包含利息抵税收益的价值，用 WACC 对公司未来的增量自由现金流折现得到，这个计算过程称作**WACC 法**。具体而言，令 FCF_t 为第 t 年年末投资的期望增量自由现金流，根据估值原理，投资的有杠杆价值 V_0^L 可表示为：

$$V_0^L=\frac{FCF_1}{1+r_{wacc}}+\frac{FCF_2}{(1+r_{wacc})^2}+\frac{FCF_3}{(1+r_{wacc})^3}+\cdots \qquad \text{（公式 12.9）}$$

对于 WACC 法的直观理解是，公司的 WACC 表示公司必须支付给其投资者（包括债权人和股东）的税后平均回报。项目的风险与公司所有项目的平均风险相当时，为使项目的 NPV 为正，它产生的期望回报率至少应该等于公司 WACC 的期望回报率。

例 12.5 WACC 法

问题：

假如百威公司正考虑引进一条生产超轻柔零热量啤酒的生产线，生产出的啤酒被称为百威零度。公司相信这种新产品的口味和低热量会成功地吸引消费者。投产百威零度啤酒的成本为 2 亿美元，公司预期第 1 年的增量现金流将达到 1 亿美元，随后以每年 3% 的增长率增长。公司应该实施这个项目吗？

解答：

分析：

可以用公式 12.9 所示的 WACC 法对该项目估值，然后再减去前期投入的 2 亿美元成本。图 12.3 中给出了公司的 WACC，为 5.7%。

计算：

百威零度项目的现金流是永续增长的。应用永续增长公式和 WACC 法得到：

$$V_0^L=FCF_0+\frac{FCF_1}{r_{wacc}-g}=-20\,000+\frac{10\,000}{0.057-0.03}=350\,370 \text{（万美元）（约 35 亿美元）}$$

评价：

预计该项目 2 亿美元的投资所产生的回报率远超过公司 5.7% 的 WACC，项目的 NPV 为正。如第 3 章所述，接受 NPV 为正的项目会增加公司价值。可见该项目的期

① See Lvo Welch, "The Equity Premium Consensus Forecast Revisited," Cowles Foundation Discussion Paper 1325 (2001), and John Graham and Campbell Harvey, "The Long-Run Equity Risk Premium," SSRN working paper (2005).

望回报率超过了公司投资者要求的回报率，为投资者和公司创造了价值。

关键假设

制定资本预算决策时将 WACC 作为折现率是一种常见的做法，但知道其隐含的假设也是非常重要的。下面考察 WACC 法的一些关键假设，并进一步将这些假设推广到实践中。

假设 1：项目承担平均风险。初步假设项目的市场风险相当于公司投资的平均市场风险，这样，项目的资本成本可以基于公司的风险来估计。

假设 2：公司的债务股权比率保持不变。假设公司可以持续地调整其杠杆水平，以使基于市值计算的**债务股权比率**（debt-equity ratio）保持不变。这一政策决定了公司接受新项目时将要承担的债务数额，它同时也表明公司股权和债务的风险，以及 WACC 不会随着债务的变动而变动。

假设 3：有限的杠杆效应。初步假设杠杆对估值的影响主要在于利息抵税效应。假设任何其他因素（如可能的财务困境）在所选择的债务水平上并不显著。第 15 章将具体讨论其他影响因素。

实践中的假设。对于许多项目和公司来说这些假设是合理的。第一个假设可能适合集中在单一行业投资的公司的典型投资项目。在此情形下，项目和公司的市场风险主要取决于该行业对整个经济的敏感性。第二个假设在现实中很难精确保持，但也反映了公司成长扩张时倾向于提高债务水平这一事实，甚至一些公司或许对债务股权比率设定明确的目标①。最后，对于债务水平并不是很高的公司，利息抵税很可能是影响资本预算决策的最重要因素。第三个假设是我们展开分析的合理起点。

当然，尽管这三个假设在很多情形下都是合理的近似，但在某些项目和公司中不适用。下一节将基于这三个假设应用 WACC 法。接下来，放宽第一个假设，即项目承担平均风险的假设（后面的章节中将放宽其他两个假设）。

WACC 法的应用：延长美国铝业矿山的开采期

下面应用 WACC 法对项目估值。假设美国铝业正在考虑一项投资，打算将一个铝矿的开采期延长 4 年。项目要求前期投入 667 万美元的成本以及 2 400 万美元的设备投资。设备 4 年后将被淘汰，按直线法计提折旧。在接下来的 4 年里，公司预期每年从该项目中获得 6 000 万美元的销售收入。每年的采矿成本和营业费用预计分别为 2 500 万美元和 900 万美元。最后，公司预计该项目不需要投入净营运资本，公司税率为 35%。

基于以上信息，表 12.3 预测了项目的期望自由现金流。该项目的市场风险和美国铝业的经营风险相同。可以用美国铝业的 WACC 计算项目的净现值。

利用 12.3 节中计算出的美国铝业公司的 12.69% 的 WACC 和 WACC 法，通过计算项目未来自由现金流的现值，可以确定项目的价值 V_0^L，它包含了债务利息抵税的现值。

$$V_0^L=\frac{1\,900}{1.1269}+\frac{1\,900}{1.1269^2}+\frac{1\,900}{1.1269^3}+\frac{1\,900}{1.1269^4}=5\,688\ (\text{万美元})$$

① 第 15 章将讨论债务与股权的权衡以及目标债务股权比率的相关概念。

由于项目的前期投入成本仅为大约 2 800 万美元，可见投资该项目是个好主意。接受项目给公司带来的净现值为 2 854 万美元（5 688－2 834）。

表 12.3 **美国铝业采矿项目的预期自由现金流**

1	年份	0	1	2	3	4
2	增量收益预测（百万美元）					
3	销售收入	—	60.00	60.00	60.00	60.00
4	销售成本	—	−25.00	−25.00	−25.00	−25.00
5	毛利润	—	35.00	35.00	35.00	35.00
6	营业费用	−6.67	−9.00	−9.00	−9.00	−9.00
7	折旧	—	−6.00	−6.00	−6.00	−6.00
8	EBIT	−6.67	20.00	20.00	20.00	20.00
9	所得税（35%的税率）	2.33	−7.00	−7.00	−7.00	−7.00
10	无杠杆净收益	−4.43	13.00	13.00	13.00	13.00
11	增量自由现金流（百万美元）					
12	加：折旧	—	6.00	6.00	6.00	6.00
13	减：资本性支出	−24.00	—	—	—	—
14	减：NWC 的增加	—	—	—	—	—
15	增量自由现金流	−28.34	19.00	19.00	19.00	19.00

WACC 法小结

总结 WACC 估值法的关键步骤如下：

（1）确定投资的增量自由现金流；

（2）应用公式 12.6 计算加权平均资本成本；

（3）用 WACC 折现投资的增量自由现金流量，计算包含杠杆抵税收益的投资价值。

许多公司的财务经理实施上述第二步，计算公司的 WACC，将其作为全公司范围内新投资的资本成本，注意这样做的前提是，**新投资与公司所有其他投资具有类似的风险，并且不改变公司的债务股权比率。**这样应用 WACC 法就显得非常简单直接。WACC 法在现实资本预算中得到了最普遍的应用。

概念检查

7. 应用 WACC 法估值，应做哪些主要假设？

8. 应用 WACC 法需要哪些输入变量？

12.5 基于项目的资本成本

到现在为止，我们一直假设项目的风险和杠杆与公司整体的风险和杠杆保持一致。这一假设反过来意味着项目的资本成本与公司的资本成本一致。

而在现实中，公司的具体项目往往与公司平均的投资存在差别。以通用电气公司（简称 GE）为例，它是一家拥有很多分部的大公司，各分部的经营业务完全不同。其医疗保健分部项目的市场风险很可能与航空运输设备或环球 NBC（广播公司）项目的风险大不相同。各项目的杠杆融资水平也有所不同，比如，房地产或资本设备的购置通常需要采用高杠杆融资，而对知识产权投资的融资并非如此。第 15 章将讨论杠杆决策，到时我们将学习杠杆对资本成本的影响。本节将阐述，如果项目的风险与公司的总体风险不同，如何计算项目现金流的资本成本。

新并购项目的资本成本

我们接下来开始阐述，项目的市场风险与公司所有其他项目的平均风险不同时，如何计算该项目的资本成本。假如美国铝业公司想进入木制品行业。为了达到这个目的，公司正考虑并购主要生产木料、纸张和其他木制品的惠好公司。惠好公司面临着不同于美国铝业的市场风险。美国铝业对可能并购惠好公司的估值应使用什么样的资本成本？

由于两家公司的风险不同，对惠好公司估值时，用美国铝业的 WACC 是不合适的。相反，并购估值时应该用惠好公司的 WACC。由图 12.3 可获知惠好公司的如下信息：

	贝塔	股权资本成本	债务资本成本	*E*%	*D*%	WACC
惠好公司	1.20	10.5%	7.0%	65%	35%	8.4%

假设美国铝业收购惠好后，可继续用同样的债务和股权组合（即惠好当前的资本结构）为惠好的经营融资①，那么就应该用惠好的 WACC 作为并购惠好的资本成本。美国铝业对收购惠好的估值应使用 8.4% 的资本成本。

分部资本成本

现在假设美国铝业做出了一个不同的决策：它决定在公司内部设立一个木制品分部，而不是收购惠好公司。新分部的资本成本应该是多少？若公司计划按照惠好公司的债务比例为该分部融资，那么就可以用惠好的 WACC 作为新分部的资本成本。基于既定的木制品行业的风险和 35% 的债务融资比例，就公司内部设立木制品分部（35% 的债务融资）的资本成本而言，惠好的 WACC 是个恰当的选择，

现实中，拥有多个业务分部的公司很少用单一的全公司范围的 WACC 去评价项目。它们的分析评价一般与美国铝业收购惠好的分析过程相似。多分部公司把和其分部构成竞争且业务集中单一的公司作为基准。如图 12.3 中所做的分析一样，多分部公司通过评估其分部对应的竞争公司的 WACC，并基于不同的融资项目进行调整（如果有必要），进而估计出每个分部的资本成本。

例 12.6　新业务项目

问题：

① 我们在第 15 章考虑如果美国铝业改变惠好的融资组合时该怎样做。

假如你正在为思科公司评估销售数字视频录像机（DVR）业务的可能性。思科公司的 WACC 为 13.3%。DVR 对于思科而言是一个新的业务领域，这一业务的系统风险与思科公司当前业务的系统风险不同。新业务的资产应该有不同的资本成本。你要确定 DVR 业务的资本成本。假设无风险利率为 4.5%，市场风险溢价为 5%，估计这一投资的资本成本是多少？

解答：

分析：

第一步是找出经营业务与思科公司打算经营的新业务相同的公司。美国电视录制技术公司（TiVo）就是一家著名的 DVR 制造商。实际上，TiVo 的全部业务就是制造 DVR。所以 TiVo 的资本成本就是思科的 DVR 业务的资本成本的最好估计。包括雅虎财经（http://finance.cn.yahoo.com）在内的很多网站都提供上市公司股票的贝塔。假如你登录雅虎财经网站，获知 TiVo 股票的贝塔为 2.9。有了贝塔、无风险利率和市场风险溢价数据，就可以利用 CAPM 估计 TiVo 的股权资本成本。幸运的是，TiVo 没有债务，故其股权资本成本等于其资产的资本成本。

计算：

根据 CAPM 有：

$$\begin{aligned}\text{TiVo 的股权资本成本} &= \text{无风险利率} + \text{TiVo 的股权贝塔} \times \text{市场风险溢价}\\ &= 4.5\% + 2.9 \times 5\%\\ &= 19\%\end{aligned}$$

TiVo 没有债务，它的 WACC 等于其股权资本成本。

评价：

用于评价 DVR 投资机会的准确的资本成本为 19%。如果用思科公司现有业务的 13.3% 的资本成本作为新业务的资本成本，将会错误地低估新业务的资本成本。这可能导致我们接受这项投资，尽管它的真实净现值为负。

概念检查

9. 评估新业务项目时，WACC 法中的哪个假设最容易被违背？
10. 怎样估计新业务项目的 WACC？

12.6 外部融资成本高昂时

到目前为止，我们假定融资时除了税收因素外，没有其他的重要因素需要考虑。这表明除税收影响外，外部融资时不存在与融资交易相关的任何附加成本。基于此，我们没有理由区别对待由新的外部融资和内部融资（留存收益）支持的项目。

现实中，发行新股票或债券具有一定的成本。这些成本包括向 SEC 申请和注册的费用以及投资银行承销证券收取的佣金。下两章将详细讨论发行股票和债券的过程，这里仅简单地提及与资本成本有关的问题。

由于这些发行成本的存在，项目由内部融资的成本总体上要低于其由外部融资的成本。调整 WACC 中股权和债务资本成本的一种方法是考虑发行成本。一种较好且更为简单直接的方法是，把发行成本视为项目必需的现金流出。在 NPV 分析中，可以把这项附加的成本看做负的现金流。

例 12.7　评价通过昂贵的外部融资进行的并购

问题：

你正在分析美国铝业对惠好公司的可能并购。美国铝业计划出资 230 亿美元收购惠好公司，为实现这次大宗并购，美国铝业需要额外发行债券和股票为收购融资。你估计发行成本为 8 亿美元，交易结束时即刻支付。你估计第 1 年从并购中得到的增量自由现金流为 14 亿美元，之后将以每年 3% 的增长率增长。并购的 NPV 是多少？

解答：

分析：

从第 12.5 节可知，惠好公司的 WACC 是此项并购适用的资本成本。可按永续增长现金流的模式计算增量自由现金流的价值：

$PV=FCF_1/(r-g)$

其中：

$FCF_1=14$ 亿美元

$r=$惠好的加权平均资本成本$=8.4\%$

$g=3\%$

考虑到外部融资的昂贵成本，这项交易的 NPV 等于永续增长现金流的现值与收购成本和外部融资交易成本的差。

计算：

$$NPV=-230-8+\frac{14}{0.084-0.03}=21.26\ （亿美元）$$

评价：

不必因为债券和股票的发行成本而调整惠好公司的 WACC。从并购交易的 NPV 中减去发行成本即可，本例中，即使必须采用外部融资，并购的 NPV 仍为正。

本章学习了什么是公司的资本成本，它来自哪里以及如何使用它进行资本预算。资本预算的作用是识别 NPV 为正的投资项目，这些项目必须能补偿公司各类资本的成本。现在我们转向资本融资的另一个方面，即公司从哪里获得这些资本。接下来的三章将讨论公司如何筹集债务和股权资本，以及如何确定它们在资本结构中的比例。

概念检查

11. 公司在外部融资时要承担哪些类型的附加成本？
12. 资本预算时怎样处理这些附加成本？

本章小结

12.1　对加权平均资本成本的初步考察

公司的债务和股权表示其资本。公司流通在外的债务、股权和其他证券的相对比例构成了公司的资本结构。

每种类型的资本投资者都有其要求的回报率。这个回报率是公司从投资者处取得资本而应该承担的成本。

公司的总资本成本为其股权资本成本和债务资本成本的加权平均，称作公司的加权平均资本成本。

WACC 中的权重必须基于公司债务和股权的市场价值，而不是账面价值。

12.2　**公司的股权和债务资本成本**

为了估计公司的总资本成本，通常需要先分别估计公司的各种资本来源的成本。

债务资本成本就是公司的新债务需要支付的利息。它一般不同于现有债务的票面利率，但可通过现有债务的到期收益率来估计。

优先股的股利是固定且已知的，优先股资本成本的估算简单直接：

$$优先股资本成本=\frac{Div_{pfd}}{P_{pfd}} \qquad （公式 12.4）$$

资本资产定价模型（CAPM）是估算股权资本成本最常用的方法。为了应用 CAPM，要估计公司的股权贝塔、市场风险溢价和无风险利率：

股权资本成本=无风险利率+股权贝塔×市场风险溢价

估计股权资本成本的另一种方法是利用固定红利增长率模型（CDGM），应用这个模型需要知道当前股价、预期未来红利和估计不变的红利增长率。

$$股权资本成本=\frac{Div_1}{P_E}+g \qquad （公式 12.5）$$

12.3　**进一步考察加权平均资本成本**

WACC 的计算公式为：

$$r_{wacc}=r_E E\%+r_{pdf}P\%+r_D（1-T_C）D\% \qquad （公式 12.6）$$

若公司没有优先股，WACC 公式可简化为：

$$r_{wacc}=r_E E\%+r_D（1-T_C）D\% \qquad （公式 12.7）$$

由于利息抵税收益，也就是它的杠杆作用，使得 WACC 受公司经营风险的影响。不同行业和公司的 WACC 会有很大的不同。

12.4　**利用 WACC 法评估项目的价值**

假设项目承担与公司平均风险一样的风险，且公司将保持当前的杠杆比率，假设杠杆仅通过税收影响公司价值，则 WACC 可以用来评估新项目的现金流的价值。

12.5　**基于项目的资本成本**

如果项目的风险不同于公司的平均风险，用 WACC 作为评估项目的折现率就是不合适的。你必须依据其他经营相同业务的公司的 WACC 来估计新项目的 WACC。

12.6　**外部融资成本高昂时**

WACC 的计算没有考虑外部融资的直接成本。考虑这些成本的正确方法不是去调整 WACC，而是从项目的净现值中减去这些融资附加成本的现值。

复习题

1. WACC 衡量的是什么？
2. 市场价值权重的重要性体现在哪儿？
3. 为什么在确定债务资本成本时，未清偿债务的票面利率是不相关的？
4. 为什么确定优先股和债务的资本成本要比确定普通股的资本成本更容易？
5. 叙述使用 CAPM 法估计股权资本成本的步骤。
6. 使用 WACC 法对项目估值的假设有哪些？
7. 应用 WACC 法时与其假设相关的可能问题有哪些？

8. 如果项目的业务风险与公司的平均风险不同，怎样评估项目？

9. 对外部融资的附加成本进行调整的正确方法是什么？

练习题

对加权平均资本成本的初步考察（第 1 ~3 题）

1. MV 公司的债务的市场价值为 1 亿美元，普通股的账面价值是 1 亿美元，流通的优先股的价值为 2 000 万美元。普通股的市价为每股 50 美元，公司流通的普通股有 600 万股。MV 公司在计算其 WACC 时的权重是多少？

2. 下表是 Andyco 公司的资产负债表，其股权的市值与账面价值比率为 1.5。假设债务的市场价值等于其账面价值，计算 WACC 的权重是多少？

（单位：百万美元）

资产	负债和股东权益	
1 000	债务	400
	股东权益	600

3. 考虑一个简单的公司，下面是它的市值资产负债表：

（单位：美元）

资产	负债和股东权益	
1 000	债务	400
	股东权益	600

明年公司的资产价值可能达到 1 200 美元或者 960 美元，两种情形出现的可能性相同。债务的利率为 5%。资产所产生的全部现金流或者流向债权人或者流向股东，如果你持有的投资组合中股权和债务的比例与公司的资本结构相同，那么你的投资组合应该获得与公司资产一样的期望回报率。证明：若投资组合中有 40% 的资金投资于公司债务，60% 的资金投资于公司股权，就将获得和公司资产相同的期望回报率。也就是说，要求证明公司的税前 WACC 和公司资产的期望回报率相同。

公司的债务和股权资本成本（第 4 ~11 题）

4. Avicorp 公司的未清偿债务的价值为 1 000 万美元，票面利率为 6%，每半年支付 1 次利息，下一笔利息将于 6 个月后支付，债券于 5 年后到期。债券的当前市场价格为面值的 95%。

a. 公司的税前债务成本是多少？

b. 如果公司的税率为 40%，税后债务成本是多少？

5. Laurel 公司的流通债券的票面利率为 6%，到期收益率为 7%。公司税率是 35%。公司的实际（税后）债务成本是多少？

6. Dewyco 公司的优先股市价是每股 50 美元，下一笔优先股股利为 4 美元，将于 1 年后发放。公司的优先股资本成本是多少？

7. Steady 公司股票的贝塔为 0.20。如果无风险利率是 6%，市场风险溢价是 7%，估计公司的股权资本成本。

8. Wild Swings 公司股票的贝塔为 2.5，利用第 7 题给定的信息，估计 Wild Swings 公司的股权资本成本。

9. HighGrowth 公司的股价为每股 20 美元。公司下一年的红利为每股 1 美元，预期红利以每年 4% 的速度增长，公司的股权资本成本是多少？

10. Slow'n Steady 公司的股价为每股 30 美元，下一年的红利为每股 3 美元，预计每年的红利增长率为 1%，估算公司的股权资本成本。

11. Mackenzie 公司的股价为每股 36 美元，下一年的红利为每股 2 美元，公司股票的贝塔为 1.2，无风险利率为 5.5%，估计市场风险溢价为 5%。

a. 估计公司的股权资本成本。

b. 应用 CDGM 方法时，要想得到和 a 问相同的股权资本成本，预期公司的红利增长率应该为多少？

进一步考察加权平均资本成本（第 12 ~ 14 题）

12. CoffeeCarts 公司的股权资本成本为 15%，实际债务资本成本为 4%，债务融资比例为 30%，股权融资比例为 70%。公司的 WACC 是多少？

13. Pfd 公司的债务的到期收益率为 7%，股权资本成本为 13%，优先股资本成本为 9%。债务、优先股和普通股的市场价值分别为 1 000 万美元，300 万美元和 1 500 万美元。公司税率为 40%。公司的 WACC 是多少？

14. Growth 公司的当前股价为每股 20 美元，预计下一年每股发放 1 美元的红利，预计随后每年的红利增长率为 4%。

a. 公司的股权资本成本是多少？

b. 公司流通的优先股的固定红利为每股 2 美元，优先股的当前股价为每股 28 美元，公司的优先股资本成本是多少？

c. 公司于 3 年前发行票面利率为 6% 的债券。公司新发行的平价（按面值发行）债券的票面利率为 6.5%。公司的税前债务资本成本为多少？

d. 公司有 500 万股流通的普通股和 100 万股优先股。普通股的总账面价值为 5 000万美元。负债的市场价值为 2 000 万美元。使用 a 问和 b 问中给出的普通股和优先股的股价，计算公司总资产的市场价值。

e. 公司税率为 35%，利用 a 问至 d 问的信息，计算公司的 WACC。

利用 WACC 评估项目的价值（第 15 题）

15. RiverRocks 公司正在考虑一个投资项目，预测项目的自由现金流如下：

（单位：千美元）

0	1	2	3	4
-50	10	20	20	15

公司相信基于给定的项目风险，利用 WACC 法评估项目的价值是合适的。公司的 WACC 为 12%。应该投资该项目吗？为什么？

基于项目的资本成本（第 16 ~ 19 题）

16. RiverRocks 公司（WACC 为 12%）正考虑收购 Raft Adventures 公司（WACC 为 15%）。RiverRocks 公司用来评估并购价值的恰当的折现率是多少？为什么？

17. RiverRocks 公司收购 Raft Adventures 公司（见第 16 题）的成本为 1 亿美元，并购 1 年后产生的现金流为 1 500 万美元，随后以每年 4% 的增长率永续增长。计算此项并购的 NPV。

18. 星巴克公司主要销售咖啡，最近开始经营具有咖啡味的高档酒。假如公司税率为 35%。对于新的酒业分部所需的资金，公司计划 11% 的资金使用债务融资，其余的使用股权融资，收集的相关信息如下所示。该分部的 WACC 应该为多少？假设无风险利率是 5.5%，市场风险溢价为 5%。

	贝塔	*E*%	*D*%
星巴克	0.61	96%	4%
百富门（Brown-Forman）酒业	0.26	89%	11%

19. 你公司有两个业务分部：一个分部销售软件，另一个分部主要通过网上直销渠道销售计算机。从风险和融资角度来看，你认为戴尔公司与你公司的计算机分部的情况非常相似。你在网上找到下列信息：戴尔的贝塔为 1.21，无风险利率是 4.5%，戴尔股权的市场价值为 670 亿美元，有价值 7 亿美元的债务，其到期收益率为 6%。你公司的税率为 35%，估算 WACC 时你估计的市场风险溢价为 5%。

a. 计算机销售分部的 WACC 为多少？

b. 若你公司总体的 WACC 为 12%，且计算机销售分部的价值占公司总价值的 40%，估计软件分部的 WACC。

外部融资的附加成本（第 20 题）

20. RiverRocks 公司意识到，需要发行新的债券和股票来为收购 Raft Adventures 公司（见第 17 题的叙述）融资。公司估计的直接发行成本达到 700 万美元。在评估项目时应该如何考虑这些成本？RiverRocks 公司是否应该接受该项目？

数据案例

你在华特·迪斯尼（Walt Disney）公司的财务部工作，被安排到评估迪斯尼公司 WACC 的项目组。你必须为今天稍晚召开的关于估计 WACC 的小组会议做一些准备。你很快意识到需要到网上查找些相关信息。

1. 登录雅虎财经（http://finance.cn.yahoo.com）。点击“市场汇总”（Market Summary），你将找到 10 年期国债的到期收益率（10 Yr Bond（%））。将这一利率作为无风险利率。

2. 在紧邻“获取报价”（Get Quotes）按钮的方框中，输入迪斯尼的股票代码（DIS），点击回车键（Enter）。看到迪斯尼的基本信息后，找到并点击页面左边的“关键统计数据”（Key Statistics），从中收集公司的股票总市值（股权的市场价值）、公司价值（股权的市场价值+净债务）、现金和贝塔等信息。

3. 为获取迪斯尼的债务资本成本和长期债务的市场价值，你需要知道公司现有长期债券的价格和到期收益率。登录 http://cxa.marketwatch.com/finra/BondCenter/Default.aspx，在“快速搜索债券”（Quick Bond Search）下，点击“公司”（Corporate），输入迪斯尼的股票代码，将会出现迪斯尼的流通债券列表。假设迪斯尼使用不可赎回的10年期债券的到期收益率作为其债务的资本成本。找到到期期限尽可能接近于10年的不可赎回债券的到期收益率。（提示：你将看到标题为“可赎回”（Callable）列，确保这一列的选择为“No”）找到符合条件的债券的到期收益率（在“收益率”（Yield）列），将鼠标移到迪斯尼的债券上点击右键，选择“输出到Excel”（Export to Microsoft Excel），一个包含所有数据的电子表格就会在桌面上出现。

4. 你已经知道了每种债券的价格，还需要知道已发行债券的余额的大小。返回网页，点击第一行的“迪斯尼公司”（Walt Disney company），跳出的页面会给出债券发行的所有信息。向下滚动页面，直到在页面右边找到“未偿付余额”（Amount Outstanding）。注意这里的数额是以千美元为单位的（例如，“$60 000”也就是“$60 000 000”），在电子表格的合适位置记录下该余额。重复这一过程，记录所有债券的余额。

5. 在你的电子表格中，每种债券的价格是以票面价值的百分比给出的。例如，104.50表示债券的交易价格是面值的104.5%。在计算每种已发行债券的市场价值时，用流通债券的数量乘以（价格÷100）。对于每种债券都这样做，然后计算出所有已发行债券的总价值。这就是迪斯尼债务的市场价值。

6. 根据第5步的信息，计算债务和股权的市场价值占公司价值的权重。

7. 根据CAPM计算迪斯尼的股权资本成本，无风险利率在第1步给出，估计市场风险溢价为5%。

8. 假设迪斯尼的税率为35%，计算债务的实际资本成本。

9. 计算迪斯尼的WACC。

10. 从债务价值中减去现金余额（由第2步获知），计算迪斯尼的净债务。基于股权的市场价值、净债务和公司价值，重新计算WACC中的权重，继而重新计算WACC。WACC变化了多少？

11. 你对自己的估计有多大的信心？在数据搜集的过程中，你做了哪些隐含假设？

第 4 篇的综合案例

本案例要用到第 10 章～第 12 章的知识。

你在 HydroTech 公司工作，这是一家大型高压工业水泵制造商。公司主营为应对自然灾害提供服务，生产的水泵用于从湖泊、池塘和溪流抽水到干旱地区，为洪涝灾害地区排水等等。你直接向 CFO 汇报工作。你的上司在为一些有关经营退缩的事务做准备，要求你计算公司的 WACC。公司打算投资爱达荷州太阳谷项目的水泵和滑雪项目，糟糕的是，你没有参与过该项目，你要进行分析，至少需要收集以下必要的信息：

（1）无风险利率，在本例中，10 年期政府债券的到期收益率为 6%。

（2）HydroTech 公司的信息：

a. 股票总市值（股权的市场价值）为 1 亿美元。

b. CAPM 中的贝塔为 1.2。

c. 未清偿债务的账面总价值为 5 000 万美元。

d. 现金为 1 000 万美元。

（3）债务资本成本（公司的流通债券的报价收益率）为 7%。

利用你手头上的这些信息，进行下列分析。

案例问题

1. 计算公司的净债务。
2. 基于股权的市场价值和净债务的账面价值，计算股权和净债务的权重。
3. 假设市场风险溢价为 5%，利用 CAPM 计算股权资本成本。
4. 公司所得税税率为 35%，计算公司的实际债务资本成本。
5. 计算公司的 WACC。
6. 什么时候运用 WACC 评估新项目的价值是合适的？

第5篇　长期融资

与估值原理的联系。公司怎样为要从事的投资项目融资？本篇将解释股权和债务融资的机制。第13章描述了公司股权融资的过程。第14章回顾了公司利用债务市场筹措资本的相关内容。稍后，在本书的资本结构章节，我们将讨论财务经理在这两种主要融资类型间的选择。公司筹集资本的能力取决于其发行的证券在市场中的价值。估值原理告诉我们，公司发行的证券的价格等于该证券产生的现金流的现值。接下来的两章将讨论筹集资本的过程，重要的是要理解，投资者愿意为公司发行的证券支付的价格，取决于财务经理所做出的使公司价值最大化的投资决策。

第 13 章 股权资本融资

学习目标

- 能比较私募公司的股权融资的不同方式。
- 理解公司上市的过程。
- 理解首次公开发行之谜。
- 了解公司上市后，如何筹集额外的股权资本。

桑德拉·费勒访谈

桑德拉·费勒（Sandra Pfeiler）在高盛公司的股权资本市场部的市场平台工作，她和同事们的任务是协调股权销售人员和股权发行公司的关系。“我们的工作是把股票发行公司的重要信息传递给销售人员，再由他们把这些信息提供给投资者，从而增加上市股票的吸引力。”她解释说，“一旦有新的交易发生，我们就要处理各种任务，比如，确定发行股票的公司需要接洽哪些投资者，收集投资者的反馈信息以帮助评估市场反应，为我们的定价判断提供依据。”

桑德拉于2004年从爱荷华大学取得金融与营销学士学位，她认为她所学的公司理财课程为她在资本结构和估值方面的工作打下了坚实的基础。“了解客户使用的估值模型，我就可以帮助其确定股票和债务哪种融资方式是现在较好的选择，哪种方式的资本成本较低，如果他们想快速融资，哪种方式最快，以及公司公开上市的利弊是什么。”

在公开上市前，公司必须确定它是否做好准备。“我们帮助客户公司问自己一些棘手的问题”，桑德拉说，“公司有吸引投资者买股票的好的故事吗？公司管理团队能应对成为上市公司所面临的财务披露和治理要求吗？公司能满足交易所对上市的众多要求吗?”

桑德拉为首次公开发行定价提供建议。公司首次公开发行的股票定价要求平衡发行者和投资者的利益。“显然，投资者希望价格低一些，发行者则想要定价尽可能高，双方都希望股票在后市的交易表现好，”桑德拉说，“最后双方都不得不做出一些让步。若定价过低，会出现超额认购，许多投资者将不能买到他们需求数量的股票。若定价过高，将没有足够的需求来支持股票的顺利发行。”

正如第1章所指出的，美国的大多数公司都是小型独资企业和合伙企业。换句话说，总体上这些企业的销售收入，尚不足全美国企业销售收入总和的15%。独资企业的一个局限就是，不允许使用外部股权资本，所以公司的增长能力相对不强。另一个局限就是，独资企业主迫于将个人的大量财富投资于“公司”这项单一的资产，很可能无法分散风险。通过成立公司，不但企业获得了资本，创始人也可以通过出售部分股权和进行多样化投资，降低其所持有的投资组合的风险。大约20%的美国企业创造了美国企业总销售额的85%。

本章将讨论公司是如何筹集股权资本的。我们以一家真实的公司——真实网络公司（RealNetworks，股票代码：RNWK）为例来阐述。真实网络公司是数字媒体服务与软件的领先者和创建者。客户使用真实网络的产品搜索、播放、购买和管理数字音乐、视频和游戏。真实网络公司成立于1993年，在1994年组建成股份有限公司。通过真实网络案例，我们首先讨论新公司筹集资本的各种方式，然后考察这些筹资方式对公司现有投资者和新投资者的影响。

13.1 私募公司的股权融资

开办公司的初始资本通常是由企业家自己及其直系亲属提供的。然而，很少有家庭有能力为快速成长的公司提供充足的资金，公司的成长几乎总是需要外部资本的支持。在这一节，我们解释私募公司必须寻求能够提供这一资本的来源，但公司也必须要理解，外部资本的注入将对公司的控制权产生怎样的影响。

资金的来源

私募公司筹集外部股权资本，可从几个潜在的来源获得资金：天使投资者、风险投资公司、机构投资者以及公司投资者。

天使投资者。购买小规模私募公司股权的个人投资者被称作**天使投资者**(angel investors)。该词语产生于100多年前的纽约，当时一些富有的投资者为拯救新百老汇作品而提供关键性的资金。对于很多初创公司来说，第一轮的外部私募股权融资，往往是通过天使投资者获得的。这些投资者通常是企业家的朋友或熟人。他们的资本投资相对于公司现有的资本而言，通常数额很大，作为回报，他们一般在公司中拥有相当大比例的股权。这些投资者可能对公司的经营决策产生重要的影响。天使投资者们也可能为公司带来企业家所缺乏的专长。

在某些情况下，从天使投资者处所获得的资本是较充裕的，但在大多数情况下，公司的资金需求远超过天使投资者所能提供的资金。发现天使投资者实非易事，这通常与企业家在当地社区的人脉和联系具有很大的关系。大多数企业家，尤其是那些初次创业的企业家，与持有大量资金的投资者之间一般很少拥有联系。在某些时候，很多需要股权资本的成长性公司，必须求助于风险投资业。

风险投资公司。风险投资公司(venture capital firm）是有限合伙公司，专门筹集资金，然后向年轻的初创公司进行私募股权投资。图13.1列示了依据完成的交易数排序的2006年美国最活跃的10家风险投资公司。

像养老基金这样的机构投资者，一般为风险投资公司的有限合伙人。普通合伙人为风险投资公司效力，同时负责风险投资公司的运营和管理；他们被称作**风险投资家**(venture capitalists)。与有限合伙人本身作为天使投资者直接向初创公司投资相比，风险投资公司可为有限合伙人带来若干好处。风险投资公司投资于很多创业公司，从而使有限合伙人的风险得到了更好的分散。不过，这些优势的获得是有成本的。普通合伙人通常会收取高额的费用，主要为他们所创造的正回报的特定百分比。在大多数风险投资公司中，这一比例为20%，成功的公司则可能会超过30%。风险投资公司一般还要收取年度管理费，大约为风险投资基金缴入资本额度的2%。

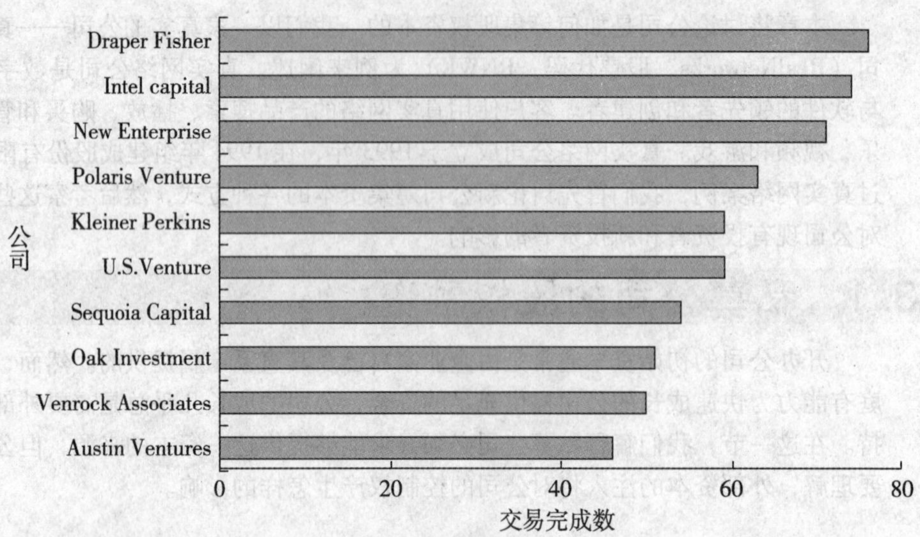

图 13.1　2006 年美国最活跃的风险投资公司（根据完成的交易数排序）

资料来源：MoneyTree Report，PWC，2007.

风险投资公司能够为初创公司提供大量的资本。例如，2007 年，风险投资公司在大约 3 811 项风险资本交易中投资了将近 294 亿美元的资本，平均每笔交易的投资额大约为 770 万美元①。作为回报，风险投资家通常要求很大程度的控制权。保罗·甘普斯（Paul Gompers）和乔希·勒纳（Josh Lerner）② 宣称，风险投资家一般控制创业公司董事会约三分之一的席位，并通常在董事会中代表一股独大的投票权。企业家一般将这种控制看做获取风险资本的必要成本，但实际上这也许是获取风险资本融资的一项重大利益。风险投资家运用他们的控制权来保护他们的投资，他们可以起着培育和监控公司的作用。

风险资本部门的重要性在过去的 50 年间取得了巨大的增长。如图 13.2 所示，这一增长始于 20 世纪 90 年代，并在互联网的繁荣期达到了顶峰。尽管自那以后这一行业的规模明显下降了很多，但仍然要比 1998 年时的规模要大。

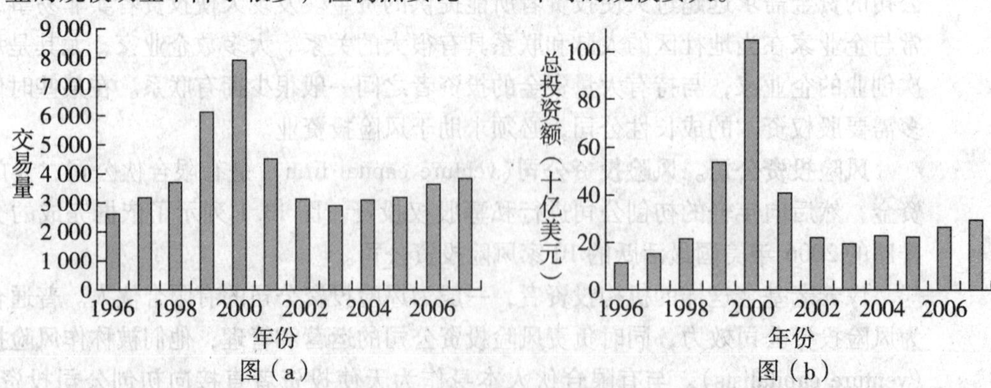

图 13.2　美国的风险投资基金

注：图（a）表示每年的风险投资交易的总数量。图（b）表示每年的风险投资的总金额。

资料来源：Venture Economics，2008.

---

① "MoneyTree 报告"，普华永道。数据由汤姆森金融中心提供。

② Paul Gompers，Josh Lerner，The Venture Capital Cycle（Cambridge，MA：MIT Press，1999）.

机构投资者。诸如养老基金、保险公司、捐赠基金以及管理大量资金的信托基金，都是机构投资者。他们是许多不同种类资产的主要投资者，因此，他们也是很多私募公司的积极投资者。机构投资者可以直接投资于私募公司，或者通过首先成为风险投资公司的有限合伙人，从而间接地投资。最近几年中，机构投资者对私募股权的投资兴趣激增。例如，《华尔街日报》(*The Wall Street Journal*) 报道，在2004年，大学、捐赠基金及养老基金向风险资本投资了176亿美元，较2003年上涨了67%。

公司投资者。很多已成立多年的公司购买年轻的私募公司的股权。对投资于私募公司的公司有很多种称呼，如**公司投资者**(corporate investor)、**公司合作伙伴**(corporate partner)、**战略合作伙伴**(strategic partner) 或**战略投资者**(strategic investor)。到目前为止，我们所考察过的私募公司的大多数其他类型的投资者，主要是对投资将获得的财务回报感兴趣。相比之下，公司投资者除了追求投资回报外，还为了实现公司的战略目标而投资。例如，在2007年，微软公司作为战略合作伙伴，向脸谱网（Facebook）投资24 000万美元。该项交易使得微软获得脸谱公司1.6%的股权，并且控制了脸谱公司除美国外的横幅网络广告业务。

证券和估值

公司的创建者首次决定向外部投资者出售股权时，对于私募公司而言，习惯的做法是通过发行优先股而不是普通股来融资。由成熟的公司如银行所发行的**优先股**(preferred stock)，通常拥有优先红利分配权和优先清偿权，有时甚至还拥有特殊的投票权。相比之下，处于初创期的新公司所发行的优先股，一般不会定期地支付现金红利。不过，这种优先股通常赋予其所有者在未来某一时期将优先股转换为普通股的权利，通常又被称作**可转换优先股**(convertible preferred stock)。简而言之，如果公司运营顺利，这种优先股未来将拥有普通股所享有的一切权利和收益。当然，如果公司陷入财务困境，优先股股东相对于普通股股东（通常为公司的员工）将拥有对公司资产的优先索取权。

为了说明这一问题，以罗伯特·格拉泽（Robert Glaser）于1993年创建的真实网络公司为例，最初格拉泽投资了大约100万美元，到1995年4月，格拉泽的100万美元初始投资代表了13 713 439股A系列优先股，这意味着每股的初始购买价格约为0.07美元。真实网络公司需要更多的资本，管理层决定通过出售可转换优先股来筹资。

公司首轮外部股权融资为发行B系列优先股。公司于1995年4月，以每股0.67美元的价格出售了2 686 567股B系列优先股。[①] 值得一提的是，经过此轮融资后，公司仍是一家私募公司，仅仅将股权出售给外部投资者并不一定使公司成为公众公司（它可能仍是私募公司），这意味着，只要公司的股东数量仍然为少数，其股票没有在交易所挂牌交易，也就不必向SEC提交财务报表。本章后面将讨论公司向公众发行股票从而转变为上市公司的过程。此轮融资过后，公司所有权的分布为：

① 真实网络公司发行的优先股数量及后续的融资信息来自于公司的IPO招股说明书（可在EDGAR获得，网址为http://www.sec.gov/edgar/searchedgar/webusers.htm）。为简便起见，我们在此忽略了公司发行的可额外购买已发行股票的认股权证，以及现存的少量员工普通股。

	股数	每股价格（美元）	总价值（百万美元）	所有权比例
A 系列	13 713 439	0.67	9.2	83.6%
B 系列	2 686 567	0.67	1.8	16.4%
	16 400 006		11.0	100.0%

B 系列优先股是公司新出售的股票。按照新股票的发行价格计算，格拉泽拥有的股份的市值为 920 万美元，占全部已发行股票总市值的 83.6%。依据本轮融资的股票发行价计算的先前发行的股票的价值（在本例中为 920 万美元），称作**融资前估值**（pre-money valuation）。依据本轮股票发行价计算的公司总体价值（旧股票加新股票，本例中为 1 100 万美元），称作**融资后估值**（post-money valuation）。

例 13.1　融资及所有权

问题：

两年前你创建了自己的公司。最初你投入自有资金 100 000 美元，拥有 1 500 000 股股票。之后，你又向天使投资者发行了 500 000 股。你正考虑向某风险投资家筹集更多的资本。风险投资家将投资 600 万美元，作为回报他得到 3 000 000 股新发行的股票。融资后估值是多少？假设这是风险投资家对你公司的首次投资，她最终将拥有你公司股份的百分比为多少？你拥有多大比例？你所持股票的价值为多少？

解答：

分析：

本轮融资之后，发行在外的总股份为（单位为万股）：

你所持股份	150
天使投资者的股份	50
新发行的股份数	300
总计	500

风险投资家将为每股支付 2 美元（600 / 300）。融资后的估值等于股票总的数量乘以风险投资者提供的价格。风险投资家拥有的公司股份的比例为风险投资者拥有的股票数量除以总的股票数量。你自己拥有的比例为你拥有的股票数量除以总的股票数量。你所拥有的价值等于你所拥有的股票数量乘以风险投资者支付的价格。

计算：

总共有 500 万股股票，风险投资公司为每股支付的价格为 2 美元，因此，融资后的估值为 1 000 美元（500×2）。由于风险投资家购买了 300 万份股票，融资后发行在外的股票总数为 500 万股，风险投资家拥有的公司股份的比例为 60%（300/500），你自己拥有 30%（150 /500），你的股份的融资后估值为 300 万美元（150×2）。

评价：

你创立公司时使用的新的股权融资，不管来自于天使投资者还是风险投资公司，都要考虑一种权衡：为得到公司发展所需的资金你必须放弃对公司的部分所有权。如果你能争取到较高的股票发行价格，那么你公司为得到特定数量的资金而放弃的所有权比例就会比较小。

后来的几年间，真实网络公司除了发行 B 系列优先股外，还进行了三轮外部股权融资：

系列	时间	股数	股价（美元）	筹资额（百万美元）
B	1995 年 4 月	2 686 567	0.67	1.8
C	1995 年 10 月	2 904 305	1.96	5.7
D	1996 年 11 月	2 381 010	7.53	17.9
E	1997 年 7 月	3 338 374	8.99	30.0

在每次发行中，投资者购买的都是这家私募公司发行的优先股。这些投资者与我们此前所描述的私募公司的典型投资者非常相似。天使投资者购买 B 系列股票。C 系列和 D 系列股票的投资者主要为风险投资基金。微软作为公司投资者购买了 E 系列股票。

退出对私募公司的投资

与其他任何关系相同，公司和投资者的关系受所需要的资源的改变的影响。私募公司投资者需要考虑的一个重要因素就是他们的**退出策略**（exit strategy）——最终将怎样实现投资回报。投资者的退出方式主要有两种：收购或公开出售。通常大公司会收购成功的初创公司。在这种情形下，收购公司购买私募公司的已发行股票，从而使得被收购的私募公司的投资者得以获利并退出。2001—2005 年，大约有 85% 的风险资本通过兼并或收购的方式而退出。[①] 为投资者提供流动性的另一种途径就是，使公司变成公开交易的上市公司。

随着时间的推移，真实网络公司的股票价值和它的融资规模都在增加。1997 年 7 月，E 系列股票的投资者愿意为每股支付 8.99 美元，以获得 1 份具有同等权利的优先股，于是现有优先股的融资后估值为每股 8.99 美元。不过，由于真实网络仍然是私募公司，投资者无法通过在公开股票交易市场上出售股票来变现其投资。下一节将讨论公司向公众出售股票以及股票在公开市场交易的相关问题。

概念检查

1. 私募公司筹集外部股权资本的途径有哪些？
2. 什么是风险投资公司？

13.2 公司上市：首次公开招股发行

公司首次向公众发售股票的过程称作**首次公开发行**（initial public offering，IPO）。本节考察 IPO 的机制——包括传统机制和近几年的创新机制。

上市的利弊

上市的好处是获得更多的流动性以及易于筹集更多的资本。通过上市，公司可赋予它的私募股权投资者分散投资的能力。此外，通过在公开资本市场中进行首次公开发行以及后续融资，上市公司通常会获得更多的资本。表 13.1 表明，2007 全球世界十大股票发行中，每次发行都可筹集超过 60 亿美元的资本。真实网络公司在 1997 年

① 国家风险投资协会（The National Venture Capital Association）。

7 月的最后一轮私募股权融资中，筹集了约 3 000 万美元。在同年 11 月的公开上市交易中，公司又融资 4 300 万美元；不到两年，公司又通过公开市场发售股票筹集了 26 700万美元。作为一家上市公司，真实网络公司能够筹集相当多的资本。

表 13.1 **2007 年全球规模最大的股票发行**

发行股票公司	发行日期	数额（10 亿美元）
富通集团（Fortis Group NV）	10 月 11 日	19.3
中国石油	10 月 29 日	8.9
中国神华能源	9 月 26 日	8.9
俄罗斯联邦储蓄银行（Sberbank）	2 月 21 日	8.8
俄罗斯国有银行（OAO VTB Bank）	5 月 10 日	8.0
中国建设银行	9 月 11 日	7.7
Pol-Aqua SA	11 月 29 日	7.7
Marfin 投资集团（Marfin Investment Group）	7 月 6 日	7.1
帝国烟草集团（Imperial Tobacco Group PLC）	8 月 14 日	6.0
伊维尔德罗拉可再生能源公司（Iberdrola Renovables，SA）	12 月 11 日	6.0

资料来源：Thomson Financial.

IPO 的主要优点同时也是它的主要缺点之一是：投资者分散持股时，公司的股票持有者变得更加分散，这就削弱了投资者监督公司管理的能力，因而代表了一种控制权的丧失。并且，一旦公司公开上市，它必须要满足对公众公司的所有要求。21 世纪初发生的几桩臭名昭著的公司丑闻，导致了监管方对上市公司欺诈的监管进一步强硬化。证券交易委员会（SEC）、证券交易所（包括纽约股票交易所和纳斯达克交易所）以及美国国会（凭借 2002 年《萨班斯—奥克斯利法案》）等机构组织都采纳了新的标准，强调更全面的财务披露，更高的受托责任与可靠性，并向董事会提出更严厉的要求。制定这些标准主要是为投资者提供更好的保护。然而，要遵循新的标准，对公众公司而言也要付出很高的代价和更多的时间。

股票的首次发行与二次发行

在决定公开上市之后，公司的管理者要与**股票承销商**（underwriter）合作，承销商为管理股票发行和设计股票发行结构的投资银行。在这里，承销商就是帮助公司上市的机构。管理者要选择待发售的股票的类型，以及融资顾问销售股票所采用的机制。

在 IPO 中，公司首次向公众发售大部分股票。在 IPO 中销售的股票，既可以是为筹集新资本而发行的新股票——称作股票的**首次发行**（primary offering），也可以是当前股东出售手中的现存股票（作为股东退出策略的一部分）——称作股票的**二次发行**（secondary offering）。

传统的 IPO 过程遵循规范化的形式。本节探讨承销商在 IPO 过程中采取的具体步骤。

承销商与辛迪加

很多 IPO，尤其是大规模的股票发行，一般由股票承销团来管理。**主承销商**（lead

underwriter）为负责管理 IPO 交易的首要的投资银行。主承销商提供大多数的建议，安排被称作**辛迪加**(syndicate）的由其他承销商一起组成的承销团，帮助他们进行股票行销和发售。表 13.2 列出了在 2007 年美国负责大多数 IPO 的主承销商。你可以看到，美国主要的投资和商业银行主导了股票承销业务。

承销商进行 IPO 交易，帮助公司准备必要的文件。更重要的是，他们积极参与股票发行价格的确定。在很多情况下，承销商也会承诺在股票发行后做市，从而确保股票的流动性。

表 13.2　**IPO 承销商的国际排序（2007 年）**

排序	主承销商	承销交易的数目	净发行所得总额（百万美元）
1	摩根斯坦利	33	10 323
2	花旗集团	20	8 225
3	高盛	29	7 273
4	瑞士信贷第一波士顿	27	6 379
5	美林	18	4 075
6	雷曼兄弟	13	3 880
7	J. P. 摩根	19	3 154
8	德意志银行	9	1 872
9	汉博银行（WR Hambrecht）	2	1 320
10	贝尔斯登	3	1 268

资料来源：IPO Home by Renaissance Capital（rankings are based on data collected by Renaissance Capital from December 21，2004，to December 21，2005，for underwriters only）.

http：//www. ipohome. com/marketwatch/urankings. asp？list = proceeds&nav = f.

SEC 要求公司提交的文件

SEC 要求公司准备**申请上市注册报表**(registration statement)，这是一份在 IPO 之前向投资者提供关于公司财务和其他信息的法律文书。公司管理者与承销商密切合作准备这一文件，提交给 SEC。申请上市注册报表的一部分，称作**临时招股说明书**(preliminary prospectus）或**红鲱鱼**(red herring)，要在股票发行前散发给投资者。词语"**红鲱鱼**(red herring)"源于招股说明书封面以红色墨水书写的警告，表明只是临时说明书，不构成出售股票的要约。有趣的是，红鲱鱼这一词语最初源于猎狐运动，人们通常用红（烟熏的）鲱鱼转移猎犬对猎物的注意力。

SEC 要审核申请上市注册报表，以确保公司已经向投资者披露了有关投资者决定是否购买股票的所有必要的信息。一旦公司满足了 SEC 的披露要求，SEC 就会批准公司向普通公众发售股票。公司要准备最终的注册报表和**正式招股说明书**(final prospectus)，最终的招股说明书包含了 IPO 的所有细节，包括股票发行数量和发行价格。[1]

为了说明这一过程，让我们回到真实网络公司的例子。图 13.3 显示了真实网络

① 申请上市注册报表可在 EDGAR 找到，SEC 网站为投资者提供了注册信息：http：//www. sec. gov/edgar/searchedgar/webusers. htm.

公司 IPO 最终的招股说明书的封面。封面内容包括公司名称、主承销商的名单以及关于发行交易定价的汇总信息。此次股票首次发行 300 万股。

3,000,000 Shares

RealNetworks, Inc.
(formerly "Progressive Networks, Inc.")

Common Stock
(par value $.001 per share)

All of the 3,000,000 shares of Common Stock offered hereby are being sold by RealNetworks, Inc. Prior to the offering, there has been no public market for the Common Stock. For factors considered in determining the initial public offering price, see "Underwriting".

The Common Stock offered hereby involves a high degree of risk. See "Risk Factors" beginning on page 6.

The Common Stock has been approved for quotation on the Nasdaq National Market under the symbol "RNWK," subject to notice of issuance.

THESE SECURITIES HAVE NOT BEEN APPROVED OR DISAPPROVED BY THE SECURITIES AND EXCHANGE COMMISSION OR ANY STATE SECURITIES COMMISSION NOR HAS THE SECURITIES AND EXCHANGE COMMISSION OR ANY STATE SECURITIES COMMISSION PASSED UPON THE ACCURACY OR ADEQUACY OF THIS PROSPECTUS. ANY REPRESENTATION TO THE CONTRARY IS A CRIMINAL OFFENSE.

	Initial Public Offering Price(1)	Underwriting Discount(2)	Proceeds to Company(3)
Per Share	$12.50	$0.875	$11.625
Total(4)	$37,500,000	$2,625,000	$34,875,000

(1) In connection with the offering, the Underwriters have reserved up to 300,000 shares of Common Stock for sale at the initial public offering price to employees and friends of the Company.

(2) The Company has agreed to indemnify the Underwriters against certain liabilities, including liabilities under the Securities Act of 1933, as amended. See "Underwriting".

(3) Before deducting estimated expenses of $950,000 payable by the Company.

(4) The Company has granted the Underwriters an option for 30 days to purchase up to an additional 450,000 shares at the initial public offering price per share, less the underwriting discount, solely to cover over-allotments. If such option is exercised in full, the total initial public offering price, underwriting discount and proceeds to Company will be $43,125,000, $3,018,750 and $40,106,250, respectively. See "Underwriting".

The shares offered hereby are offered severally by the Underwriters, as specified herein, subject to receipt and acceptance by them and subject to their right to reject any order in whole or in part. It is expected that certificates for the shares will be ready for delivery in New York, New York on or about November 26, 1997, against payment therefor in immediately available funds.

Goldman, Sachs & Co.

BancAmerica Robertson Stephens

NationsBanc Montgomery Securities, Inc.

The date of this Prospectus is November 21, 1997.

图 13.3　真实网络公司的 IPO 招股说明书的封面

注：封面内容包括公司名称、主承销商的名单以及关于发行交易定价的汇总信息。

资料来源：*Courtesy of RealNetwork*, *Inc.*

定价。在发行价格确定之前，承销商与公司密切合作，运用第 9 章介绍的定价技术，提出一个他们认为能够对公司合理估值的价格范围。如第 9 章所述，公司估值有两种方法：估计未来现金流，计算其现值；或者通过考察可比（相似）公司来估值。大多数承销商都综合使用这两种方法。若两种估值方法给出的结果相差很大，则通常依据最近发生 IPO 的可比公司进行定价。

一旦最初的价格范围得以确定，承销商就会尽力确定市场对公司估值的看法。他们以安排**路演**(road show）开始，即公司高管层和主承销商周游全国（有时需要周游世界），向投资者推广宣传公司，向承销商的最大客户——主要为机构投资者（如共同基金和养老基金）——解释他们的发行定价的基本理由。

例 13.2　根据可比公司对 IPO 定价

问题：

瓦格纳（Wagner）公司是一家设计、生产和批发品牌消费品的私募公司。在最近的财年内，瓦格纳实现销售收入 32 500 万美元，实现净收益 1 500 万美元。公司已向 SEC 提交了申请上市 IPO 的注册报表。在股票发行之前，投资银行想要运用可比公司来评估瓦格纳的价值。投资银行搜集了同一行业中最近上市的几家公司的数据，信息列示如下。每家公司的相关比率都是基于 IPO 价格计算得到的。

公司	市盈率（股价 / 每股收益）	股价 / 销售收入
Ray Products Corp.	18.8×	1.2×
Byce-Frasier Inc.	19.5×	0.9×
Fashion Industries Group	24.1×	0.8×
Recreation International	22.4×	0.7×
平均值	21.2×	0.9×

IPO 之后，瓦格纳将有 2 000 万股流通股。利用市盈率和股价/销售收入比率，估计瓦格纳 IPO 的价格。

解答：

分析：

基于与最近上市的可比公司的市盈率相同的市盈率估计瓦格纳的 IPO 价格，这一比率就等于可比公司的市盈率的均值。利用市盈率计算 IPO 的价格，首先应利用可比公司的市盈率计算出平均市盈率，然后再乘以瓦格纳公司总的收益。这样就会得到瓦格纳公司总的股权价值。为得到 IPO 的价格，用总的股权价值除以 IPO 后流通在外的股票数量（2 000 万）。使用可比公司的价格 / 销售收入比率计算 IPO 价格的方法类似。

计算：

平均的市盈率为 21.2。给定瓦格纳的净收益为 1 500 万美元，则瓦格纳股票的总市值为 31 800 万美元（1 500×21.2）。公司有 2 000 万股流通股，每股价格将为 15.90 美元（31 800/2 000）。

类似的，如果瓦格纳的 IPO 定价是基于最近上市的可比公司的价格 / 销售收入比率，这一比率的均值为 0.9，根据给定的销售收入 32 500 万美元，瓦格纳股票的市值将为 29 250 万美元（32 500×0.9），或者每股价格为 14.63 美元（29 250/2 000）。

评价：

如第 9 章所述，利用乘数估值通常得到一个估计区间，不要期望基于不同的比率得到相同的估值。根据上述估值，承销商可能为瓦格纳 IPO 的路演和推介设定的初始价格范围为 13 美元～17 美元。

IPO 路演结束时，客户将告知承销商他们有兴趣购买的股票份额。这些承诺是没有约束力的，但客户们一般都很重视他们与承销商之间的长期合作关系，他们很少有食言的。然后，承销商合计总的需求，对价格进行调整，直至将股票发行失败的可能性降至最小。这种根据客户的购买意向和兴趣表达来确定股票发行价格的过程，称作**询价圈购**(book building)。

交易定价与风险管理

更常见的情况是，承销商和发行公司达成 IPO **包销**(firm commitment) 协议，即承销商保证按照发行价将股票全部发售出去。承销商首先购买全部要发行的股票(略低于发行价)，然后再按照发行价将其出售。如果承销商不能将股票全部发售出去，就会被套牢：剩余的股票只好以更低的价格出售，而承销商就不得不承担损失。在投资银行业界，因承销股票而遭致的最大损失，发生于英国政府对英国石油公司进行私有化之时。在这笔非同寻常的交易中，公司采取了逐步公开上市的方式。1987 年 10 月股市崩盘时，英国政府最后一次出售了政府所持有的英国石油公司的股份。发行价格在股市崩盘前确定，但发行却是在股市暴跌后进行的。[①] 在第一天的交易结束后，股票承销商就遭受了 12.9 亿美元的损失。随后股价进一步下跌，直到科威特投资公司出手相助，开始大量购买英国石油公司的股票时，股价才停止下跌。

在真实网络公司的 IPO 中，最终确定的发行价格为每股 12.50 美元。[②] 公司同意支付给承销商一笔称作**价差**(spread) 的费用，为每股 0.875 美元，正好为发行价格的 7%。这是包销承诺交易，承销商以每股 11.625 美元（12.50-0.875）的价格从真实网络公司买进股票，然后再以每股 12.50 美元的价格将股票卖给投资者。

承销商向公司做出包销承诺，就将自己暴露于潜在的风险之中，也即，投资银行将可能不得不以比发行价还低的价格出售股票而遭受损失。然而，根据梯姆·劳夫兰(Tim Loughran) 和杰·瑞特（Jay Ritter）的研究，1990—1998 年间，只有 9% 的美国公司 IPO 在股票发行的第一天经历股价下跌。[③] 另有 16% 的公司，第一天的收盘价与发行价相同。绝大多数的 IPO 在上市发行的第一天都经历股价的上升，这意味着股票的首次发行价格一般都低于股票市场上投资者愿意支付的价格。

看来承销商似乎利用在询价阶段获得的信息来有意压低 IPO 的价格，从而降低他们的潜在损失。而且，一旦发行价格（或卖出价、要价）确定，承销商可启动另一种保护他们自己免遭损失的机制——**超额配售选择权**(over-allotment allocation)，或

① 这一交易是个特例，发行价格在发行前一周多就已确定。在美国，承销商一般在 IPO 前 1 天才确定最终的发行价格。

② 本章中真实网络的股价，并未基于 IPO 之后的两次股票分割而进行调整。

③ "Why Don't Issuers Get Upset about Leaving Money on the Table in IPOs?" *Review Of Financial Studies* 15 (2) (2002): 413-443.

绿鞋条款(green-shoe provision)。[1] 这一选择权赋予主承销商以同样的 IPO 发行价发行更多的股票，但超额发行的数量不能超过 IPO 最初计划发行额度的 15%。在如图 13.3 所示的真实网络公司的招股说明书首页中，附注 4 就是一项绿鞋条款。

IPO 过程一结束，公司的股票将在交易所公开交易。主承销商通常会为所承销的股票做市，指派一名证券分析师来负责。承销商这样做的结果是，会增加股票在二级市场上的流动性。这种服务对于发行股票的公司和承销商的客户来说都是有价值的。流动性充分的市场可以确保通过 IPO 购买股票的投资者能够容易地交易他们的股票。当股票成交活跃时，倘若公司决定发行更多的新股，则公司可能会继续进入股票市场融资。在大多数情况下，公司 IPO 之前的原股东会受到 180 天的**锁定期**(lockup) 限制；在 IPO 后的 180 天内，他们不得出售所持有的股票。一旦锁定期结束，他们就可以不受限制地出售股票。

其他的 IPO 类型

既然已经建立传统的 IPO 的方法，我们将考虑在 IPO 期间出售股票的其他三种方法。

尽力代销(best-efforts)。对于小规模的 IPO，承销商通常以**尽力代销**的方式接受这项股票发行业务。在此，承销商不保证能把所有股票都发售出去，但会尽力以最优价格发售股票。像这种交易通常具有“非全即不”条款：要么所有的股票在 IPO 中被销售一空，要么取消交易。

拍卖式 IPO (auction IPO)。近年来，投资银行 W. R. 哈姆布莱希特公司(W. R. Hambrecht) 已经试图改变 IPO 的程序，运用一种被称作公开 IPO 的在线**拍卖式 IPO** 机制，直接向公众发售新股。哈姆布莱希特公司并不按照传统方式确定股票的发行价格，而是通过对欲发行股票进行公开拍卖的方式，由市场确定股票的发行价。[2] 投资者可在一段特定时期内进行投标竞价。然后确定一个最高的价格，使得在此价格或超过这一价格上的竞购股数与股票的发行数量相等。所有获胜的竞标者都将按照这一确定的价格买入股票，即使他们的投标价要高于这一价格。拉文斯伍德葡萄酒（Ravenswood Winery）制造公司为第一家采用拍卖方式发售股票的公司，该公司在 1999 年完成的公开 IPO 中筹集了 1 155 万美元。

举例说明有助于理解拍卖式 IPO 是如何运作的。假如你的公司将以拍卖式 IPO 出售 300 万股股票。潜在的购买者提出各种竞购价格。表 13.3 汇总了这些竞价。“竞购的股数”一列，显示了投资者在各种报价下意欲购买的股数。右边最后一列显示了，在每一价格以及高于该价格的累计股票需求量。投资者更愿意以低于其报价的价格购买，所以每种价格对应的总购买量即表示在每种价格下可出售的股票总数。例如，投资者只愿意以每股（不高于）19.50 美元的价格购买 75 000 股股票，那么在每股 19 美元时，公司可出售的股票数量为 225 000（150 000+75 000）股。

---

① 这一名称来源于绿鞋公司，它是第一家在 IPO 中设置超额配售选择权的企业。

② 你可以通过链接 http：//www. openipo. com/ind/index. html 找到有关哈姆布莱希特公司（汉博银行）拍卖式 IPO 过程的具体细节。

表 13.3　　虚构的拍卖式 IPO 收到的竞购数量和报价

价格（美元）	"竞购的股数"（千股）	在每一价格及高于该价格的累计股票需求量（千股）
16.50	3 200	11 800
17.00	2 900	8 600
17.50	2 700	5 700
18.00	1 925	3 000
18.50	850	1 075
19.00	150	225
19.50	75	75

如果你对按尽可能高的价格出售 300 万股股票感兴趣，建议你看表 13.3 的最左列，找到至少需求 300 万股的最高价格。本例中，能卖出 300 万股的最高价格为 18 美元。图 13.4 形象化地表明了这一点。

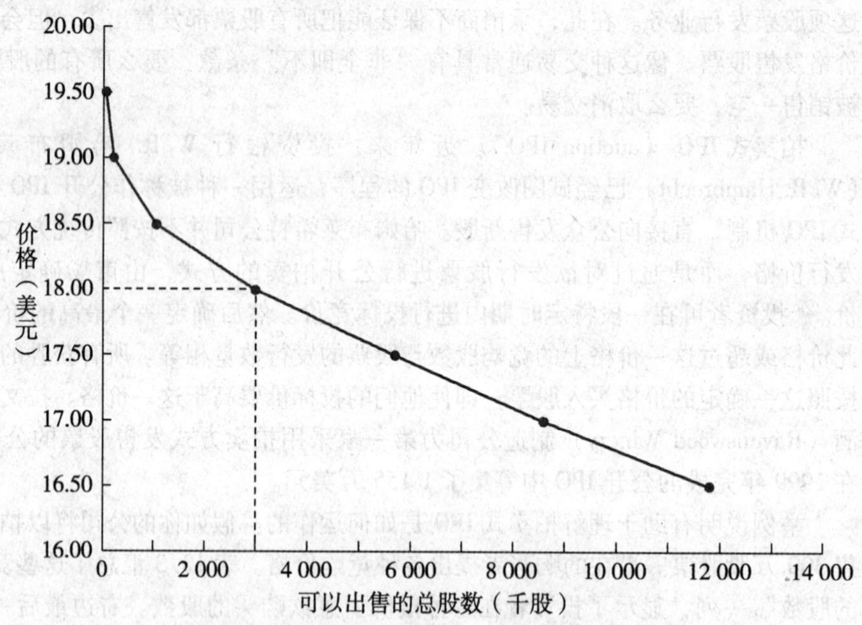

图 13.4　虚构的拍卖式 IPO 竞购股数的汇总

注：该图描述了表 13.3 中最右一列的信息，表示在每种报价下可以出售的总股数。本例中，投资者愿意按 18 美元或者 18 美元以上的价格购买 300 万股。因此，要想发行 300 万股股票，最高定价为 18 美元。

例 13.3　拍卖式 IPO 的定价

问题：

佛莱明教育软件公司（Fleming Educational Software，Inc.）以拍卖的方式发售 500 000 股股票。在竞标期末，佛莱明的投资银行收到下列投标：

价格（美元）	竞购的股票数量
8.00	25 000
7.75	100 000
7.50	75 000
7.25	150 000
7.00	150 000
6.75	275 000
6.50	125 000

股票的发行价格应该为多少？

解答：

分析：

首先，计算在任一给定价格或者高于它的价格上的股票总需求量，然后选择能销售500 000股的最高价格。

计算：

将报价表转化成累积需求量表，得到：

价格（美元）	股票累积需求量
8.00	25 000
7.75	125 000
7.50	200 000
7.25	350 000
7.00	500 000
6.75	775 000
6.50	900 000

例如，在每股7.75美元或者高于7.75美元的价格上，公司收到投标竞购的总股数为125 000股（25 000+100 000）。

佛莱明要发售的总股数为500 000股。中标的拍卖价格为每股7.00美元，投资者在7.00美元或者超过7.00美元的价格上，竞购的总股数恰好为500 000股。所有按照最低7.00美元的价格竞购的投资者，即使他们的初始竞购价格更高，也将能以每股7.00美元的价格购买股票。

本例中，在中标价格上的累计需求量恰好等于供给量。如果在这一价格上的总需求大于总供给，则其竞购价高于中标价的拍卖参与者，将会完全中标（按照中标价购买原先竞购的股数）。对于竞标价恰好等于中标价的投标者，将按比例配售股票。

评价：

尽管拍卖式IPO不具有像包销方式那样的确定性，但其优势在于利用市场确定发行定价。它弱化了承销商的作用，降低了发行费用。

拍卖式IPO机制似乎代表了一种有别于传统IPO程序的选择，但不论在美国还是其他国家都还没有得到普遍的采用。自1999年至2004年间，哈姆布莱西特公司完成了不超过12笔的拍卖式IPO交易。在2004年，谷歌（Google）公司使用拍卖式IPO上市的例子，又重新燃起了公司对这种方式的兴趣。2007年5月，Interactive Brokers Group公司运用哈姆布莱西特的公开拍卖式IPO发行机制，在IPO交易中融资12亿美元。

在拍卖式IPO中，公司不提供报价，询价圈购也就无足轻重，没有在传统IPO中那么重要。在最近的一篇论文中，拉维·贾根纳森（Ravi Jagannathan）和安·谢尔曼（Ann Sherman）教授分析了为什么拍卖方式无法成为一种主流的IPO方法，并且总受到不准确定价和后市表现不佳的困扰。他们认为，拍卖式IPO没有经历有助于价格发现的询价过程，导致投资者的信心在参与拍卖中受挫①。表13.4总结了公司进行首次公开发行的方法。

表13.4　　**首次公开发行的方法总结**

包销	尽力代销	拍卖式IPO
承销商以商定的价格购买全部股票，然后将其按较高的价格卖给投资者	承销商尽力按约定的价格向投资者销售股票	公司或承销商征求投资者的投标（价格和数量），选择对股票的需求足以卖出全部股票所对应的最高价格

谷歌的IPO②

2004年4月29日，谷歌公司宣布了上市计划。谷歌声明，公司计划主要通过拍卖式IPO机制发售股票。这种打破传统的上市发行方式，震惊了华尔街。自2001年以来，谷歌一直盈利，公司的高管们表示，获得资本并不是公司上市的唯一动机。公司也想为员工和私募股权投资者提供股票流动性。

拍卖发行机制最具吸引力的一点在于，增加了为更多的个人投资者配售股票的可能性。谷歌也希望通过市场竞标确定IPO价格，抑制短期投机行为。经历了网络股的繁荣之后，市场出现了许多与承销商发售股票的方式相关的法律诉讼案件。谷歌希望通过拍卖机制配售股票，以避免发生股票发行丑闻。

想竞标的投资者首先要在谷歌的任一承销商处开设经纪账户，通过经纪公司投标。谷歌和它的承销商一起确定能够售出全部待发行股票的最高投标价。他们同时也拥有选择以较低价格发行股票的灵活性。

2004年8月18日，谷歌以每股85美元的价格发售了1 960万股股票，筹集到16.7亿美元。该笔交易轻易地成为有史以来融资规模最大的拍卖式IPO。第二天，谷歌股票（股票代码：GOOG）以每股100美元的价格在纳斯达克市场公开交易。谷歌的IPO过程并非一帆风顺，但它仍然成为运用拍卖机制替代传统IPO机制的一个代表性案例。

① “Why Do IPO Auctions Fail?” NBER working paper 12151, March 2006.

② 资料来源：Kevin Delaney and Robin Sidel, “Google IPO Aims to Change the Rules,” *The Wall Street Journal*, April 30, 2004, p. C1；Ruth Simon and Elizabeth Weinstein, “Investors Eagerly Anticipate Google's IPO,” *The Wall Street Journal*, April 30, 2004, p. C1；Gregory Zuckerman, “Google Shares Prove Big Winners—for a Day,” August 20, 2004, p. C1.

概念检查

3. 在传统的 IPO 过程中，承销商提供哪些服务？
4. 解释拍卖式 IPO 机制。

13.3 IPO 之谜

IPO 有四个特征令金融经济学家困惑不解，所有的这些特征都与财务经理相关：

（1）通常 IPO 价格看起来被低估，即股票上市交易第一天的收盘价往往比 IPO 价格高出很多。

（2）股票发行交易的数目呈现高度的周期性特征。经济状况好时，新股发行充斥市场；而经济状况不好时，股票发行交易几近干涸。

（3）IPO 的成本非常高，不清楚公司为什么愿意承受如此高的成本。

（4）新上市的公司的长期业绩（自发行日起的 3 ~5 年内）普遍较差。也就是说，平均而言，购买和持有新股 3 ~5 年的策略看来是较差的投资。

下面逐一考察上述 IPO 之谜。

IPO 折价

通常，承销商确定的发行价格会使投资者第一天的回报率平均为正。就真实网络公司而言，承销商在 1997 年 11 月 21 日以每股 12.50 美元的 IPO 价格发行股票。真实网络股票在纳斯达克市场以每股 19.375 美元的价格开盘交易，在第一个交易日结束时的收盘价为每股 17.875 美元。像这样的新股发行定价低于新股上市首日收盘价的表现是一种典型的现象。在美国，1960—2003 年间，平均来看，IPO 后第一个上市交易日结束时的收盘价要高出 IPO 价格达 18.3%①。正如图 13.5 表明的，从历史上看，世界范围内 IPO 的第一天的平均回报率都很高。注意尽管 IPO 折价是持久性的全球现象，但是在较发达的资本市场中，折价一般较小。

谁会从 IPO 折价中受益呢？我们已经解释过承销商是怎样通过控制风险来获益的——如果股价低，则更容易卖出股票。当然，能够以 IPO 价格从承销商那里购买到股票的投资者，也能够从第一天的折价发行（第一天的收盘价高于 IPO 价格）中受益。那么，成本由谁来承担呢？当然是发行股票公司上市前的股东。实际上，这些所有者是在以低于股票上市后的价格出售股票。

“热”和“冷”的 IPO 市场

图 13.6 给出了从 1975—2006 年间 IPO 的数量。该图清晰地表明，IPO 融资额的增长很快，在 1996 年达到顶峰。这些数据所体现出的一个更重要的特征是，IPO 公司的数量具有周期性的趋势。有时，例如在 1996 年，IPO 的数量之多史无前例，而在一两年之内，IPO 的数量又明显下降。周期性表现的本身也许不足为奇，可以预期，在有更多的增长机会时，公司需要的资本比增长机会少时要多得多。出人意外的

① See Tim Loughran, Jay R. Ritter, Kristian Rydqvist, “Initial Public Offerings: International Insights”, *Pacific-Basin Finance Journal* 2 (2004): 165-199.

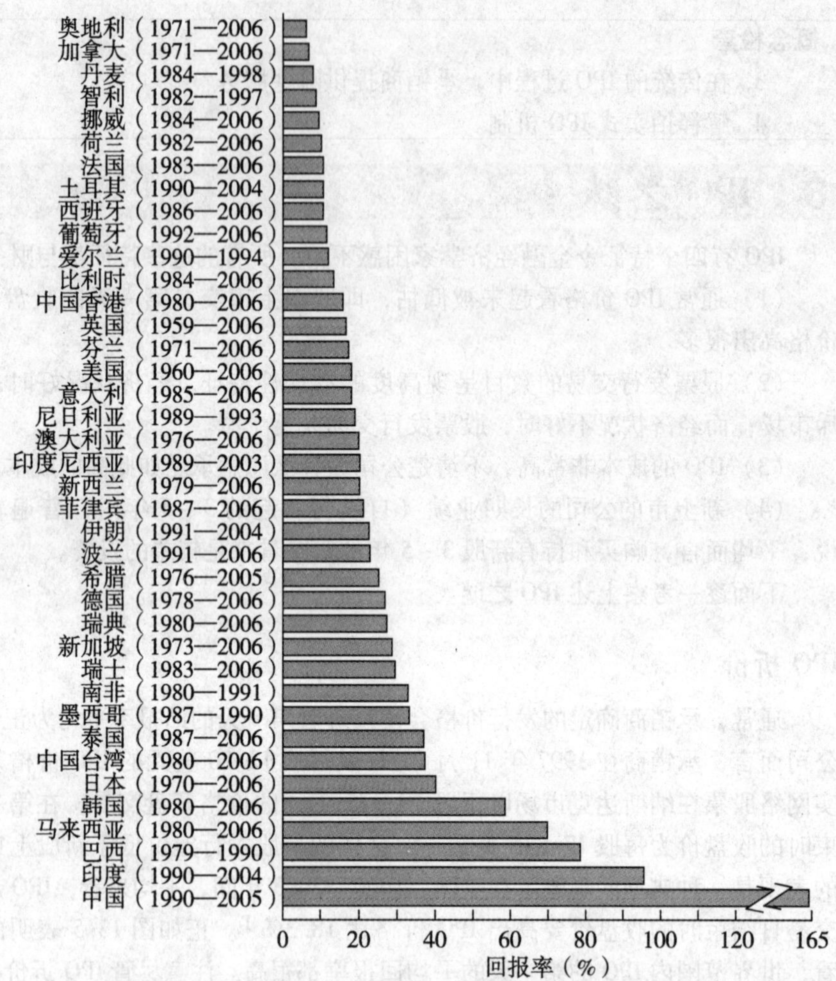

图 13.5 IPO 后首个交易日的回报率的国际比较

注：图中的水平横条显示，根据股票发行价和首个交易日的收盘价确定的平均初始回报率。对于中国上市公司而言，横条表示的是中国 A 股（只对中国居民出售）IPO 的平均初始回报率。括号中的日期为各国样本的起始日期。

资料来源：节选自 Jay Ritter（heep：//bear. cba. ufl. edu/ritter）.

是波动的幅度。例如，很难解释从 20 世纪 90 年代初到 20 世纪 90 年代中期 IPO 的数量增长了将近 7 倍，而从 2000 年到 2001 年 IPO 的数量却下降了近 75%。看来 IPO 的数量不仅仅受对资本的需求的影响。有时候公司或者投资者偏好 IPO；而有时似乎又依赖于其他资本来源。

IPO 的高成本

在美国，一种典型的价差就是，承销商向发行公司以低于发行价的价格购买股票的折扣，这一折扣通常为发行价格的 7%。对于一项发行规模为 5 000 万美元的 IPO 交易而言，折扣总额为 350 万美元。这些费用包括承销商管理辛迪加（承销团），帮助公司准备 IPO，以及动用自有资金购买股票然后发行和做市所要求的回报。按大多数标准来看，这一费用都是非常高的，特别是考虑到额外的 IPO 折价成本更是如此。

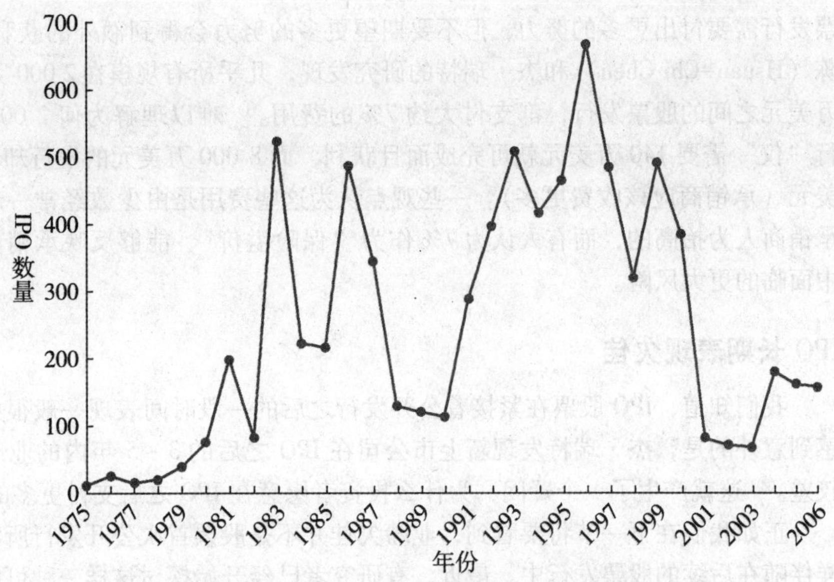

图 13.6　1975—2006 年美国 IPO 的周期性

图示为各年 IPO 的数量。1996 年 IPO 的数量达到顶峰，表明 IPO 具有高度的周期性。

资料来源：Adapted courtesy of Jay R. Ritter（http//bear. cba. ufl. edu/ritter）.

在国际上，发行价差一般是这个比例的一半。如图 13.7 所示，与其他证券发行相比，首次发行股票的总成本要大的多。

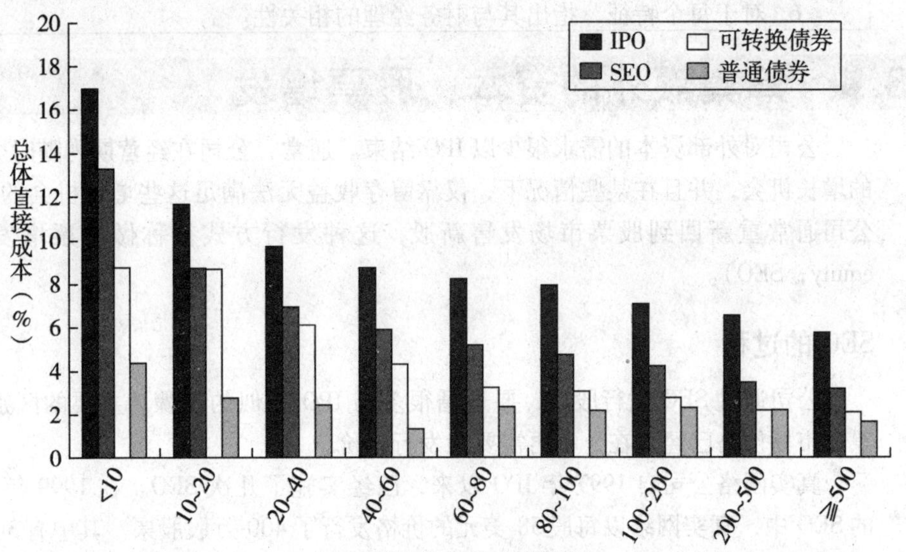

图 13.7　证券发行的成本比较

注：图示为证券发行的总体直接成本（所有承销费、律师费以及审计费用）占融资金额的百分比。图中给出了 1990 至 1994 年间，不同规模的证券发行的总直接成本占融资额的百分比数据，包括 IPO、股票增发（SEO，后续股票发行）、可转换债券以及普通债券。

资料来源：Adapted from I. Lee，S. Lochhead，J. Ritter，and Q. Zhao，“The Costs of Raising Capital，” *Journal of Financial Research* 19（1）（1996）：59-74.

令人更加迷惑不解的是，发行费用似乎对发行规模缺乏敏感性。尽管大规模的股票发行需要付出更多的努力，但不要期望更多的努力会得到额外的获利回报。例如，陈（Hsuan-Chi Chen）和杰·瑞特的研究发现，几乎所有规模在2 000万美元到8 000万美元之间的股票发行，都支付大约7%的费用。① 难以理解为何2 000万美元的发行“仅”需要140万美元就可完成而且获利，而8 000万美元的发行却只付费560万美元（承销商应该收费更多）。一些观点认为这些费用是由少数经常一起合作的大的承销商人为抬高的，而有人认为7%作为“保险溢价”，能够反映承销商在大的交易中面临的更大风险。

IPO长期表现欠佳

我们知道，IPO股票在紧接着公开发行之后的一段时间表现一般很好。或许令人感到意外的是，杰·瑞特发现新上市公司在IPO之后的3~5年内的业绩看起来相对较差。② 这就产生了一个疑问：为什么投资者愿意在IPO之后支付更多的钱买股票？

正如我们在下一节将要看到，业绩欠佳并不是股票首次公开发行所特有的，它同样伴随在后续的股票发行中。最近，有研究者已经开始探讨这样一种可能，业绩落后或许并非起因于股票发行本身，而是首先由激发股票发行的条件所造成的。下一节在说明公众公司如何增发股票之后，将会更详细地解释这一观点。

概念检查

5. 列出并讨论令人困惑的IPO的四个特征。
6. 对于每个特征，指出其与财务经理的相关性。

13.4 筹集额外的资本：股票增发

公司对外部资本的需求很少以IPO结束。通常，公司在经营期内随时会出现有利的增长机会，并且在某些情况下，仅靠留存收益无法满足这些增长机会的融资需求。公司通常重新回到股票市场发售新股，这种发行方式被称做**股票增发**（seasoned equity，SEO）。

SEO的过程

公司通过SEO发行股票，要遵循很多与IPO相似的步骤。主要的区别在于，股票的市场价格已经存在，不再需要为发行定价。

真实网络公司自1997年IPO以来，已经实施了几次SEO。在1999年6月17日的SEO中，真实网络以每股58美元的价格发行了400万股股票。其中有3 525 000股为**新发股票**（primary shares）——由公司发行的新股票。剩余的475 000股为**二手股票**（secondary shares）——由现有股东出售的股票，包括公司的创始人罗伯特·格拉泽个人出售的他原先持有的310 000股。真实网络公司其余的SEO大多发生在1999年至2004年间，包括由现有股东出售二手股票而非由公司直接发售新股的SEO。

历史上，金融中介一般通过在报纸上发布被称做**墓碑**（tombstones）的广告，来宣

---

① Hsuan-Chi Chen, Jay Ritter, “The Seven Percent Solution,” *Journal of Finance* 55 (3) (2000): 1105-1131.
② Jay R. Ritter, “The Long-Run Performance of Initial Public Offerings”, *Journal of Finance* 46 (1) (1991): 3-27.

传股票的发售（包括 IPO 和 SEO）。根据这些广告，投资者会知道由谁来召集买股票。而今，投资者一般会通过新闻媒体、路演以及询价圈购等途径，来了解关于即将发生的股票发售的信息，因而，墓碑式广告纯粹成为一种仪式而已。图 13.8 显示了真实网络公司 SEO 的一个墓碑式广告。

图 13.8　真实网络公司 SEO 的一个墓碑式广告

注：这一墓碑式广告刊登在《华尔街日报》上，上面列出了参与真实网络 SEO 的承销商。

资料来源：由真实网络公司提供。

目前存在两种类型的股票增发：现金发行与配股发行。在**现金发行**（cash offer）中，公司向全体投资者发行新股。在**配股发行**（rights offer）中，公司仅向现有股东发行新股。在美国，大多数股票发行都是现金发行，但在国际上看却并非如此。例如，在英国，大多数 SEO 都为配股发行。

配股发行可保护现有股东免遭发行折价的损失。为理解这一点，假设一家公司的全部资产为持有 100 美元现金，有 50 股股票发行在外。每股价格为 2 美元。公司宣布以每股 1 美元的现金增发方式发行 50 股。一旦此次发行完成，公司将拥有 150 美元现金及 100 股流通股。现在的每股价格为 1.5 美元，反映了新股折价发售这一事实。新股东以牺牲老股东的利益为代价，获得了每股 0.5 美元（1.5-1=0.5）的额外好处。

如果公司采取配股发行方式，而不是现金发行，则老股东的利益将会得到保护。在这种情形下，新股票并不是向所有投资者普遍地发售，而是只针对现有股东定向发行，每位现有股东都将有权利以每股 1 美元的价格购买。如果现有的股东全都选择行使他们的权利，那么，股票发售后公司的价值将与现金发行情况下的相同：流通在外的 100 股股票将值 150 美元，即每股价格为 1.5 美元。不过在这种情况下，0.5 美元的好处（1.5-1=0.5）属于现有的股东，恰好弥补了股价下跌的损失（发行前的股价为 2 美元）。如果公司的管理者担心股票可能在市场中折价发行，则采用配股发行的方式，可以在再融资的同时避免给现有股东带来损失。

例 13.4　通过配股筹资

问题：

假如你是一家公司的 CFO，公司当前的股票总市值为 10 亿美元。公司有发行在外的股票 1 亿股，每股交易价格为 10 美元。你需要筹集资金 2 亿美元，且你已宣布要配股发行。现有股东每持有 1 股股票，就有权利得到 1 份认股权。你尚未确定现有股东要购买 1 股新股，得拥有几份认股权。如果发行价格为每股 8 美元，你要求现有股东得有 4 份认股权才能购买 1 股新股；若以每股 5 美元的价格购买两股新股，则要求股东得有 5 份认股权。通过哪种方法，你将筹集更多的资金？

解答：

分析：

为了确定能够筹集到多少钱，需要计算如果全部现有股东都行使他们的认购权利，可购买的总股数，然后将其乘以每股价格得出总的融资额。

计算：

现有 1 亿股股票，每股附有 1 份认股权。在第一种情形下，4 份认股权才可以购买一股新股，因此可购买 2 500 万股（10 000/4）。每股价格为 8 美元，故可筹集 2 亿美元（8×25 000 000）。

在第二种情形下，每 5 份认股权可以购买 2 股新股，可购买 40 000 万（2×(10 000/5)）股新股。以每股 5 美元的价格发售 4 000 万股新股，也将筹集到 2 亿美元。

评价：

在上述两种情形下，股票增发后的公司价值都为 12 亿美元。在第一种情形下，有 1.25 亿股流通股，发行后的每股价格为 9.6（120 000/12 500）美元。这个价格超过了 8 美元的发行价，股东将会行使其配股权利。在第二种情形下，流通股的数量增至 1.4 亿股，导致发行后的股价为 =8.57 美元/股（12/1.4），这个价格同样高于发行价，所有股东也将会行使他们的配股权利，并且每股的总价值为 10 美元（8.57+2×（8.57-5）/5）。在上述两种情形下，公司筹集的资金数额相同，股东的受益相同。

股价反应

研究人员发现，市场一般会以股价下跌来回应 SEO 的消息。由于股价下跌所造成的价值损失通常占据新筹集资本的较大比例。图 13.9 显示了股票增发消息宣布时股价的典型反应。为了理解为什么 SEO 消息宣布后股票市价会下降，考虑如下的情形：假如某二手车经纪商告诉你，他愿意以低于市场通行价格 5 000 美元的价格向你出售一辆外观漂亮的运动型汽车。你不会感到幸运，也许你的第一想法是，该车肯定存在问题——它可能是个“柠檬”（劣质品的代称）。购买者可能怀疑出售者的动机，因为卖方更了解该车的质量。因此，出售这辆车的意愿反而揭示了车的质量可能较差的事实。购买者不愿意购买，除非折扣很大。同理，高质量汽车的所有者不愿意出售，因为他们知道购买者会认为其出售的汽车的质量差，从而只愿给出低的价格。结果，二手车市场上销售的汽车的质量和价格都比较低。这就是所谓的柠檬原理——难以判断商品质量的高低时，销售的商品的平均品质将变低，这被称为**逆向选择**(adverse selection)。

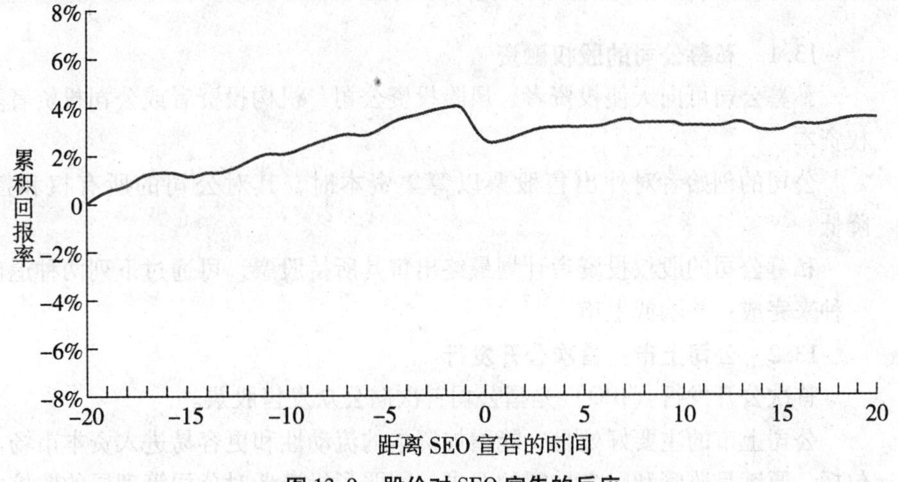

图 13.9　股价对 SEO 宣告的反应

注：图示为宣告 SEO 时股价的典型反应。所有日期都是以宣告日为基准，0 代表宣告日。需要注意，在宣告日前股价一般是上涨的，这是因为管理者不大可能在价格下跌时发行股票。还要注意，宣告 SEO 后，股价下跌大约 1.5%，然后保持相对平缓。图中数据包括 2004—2007 年的所有 SEO。

资料来源：CRSP 和作者的计算。

对于考虑出售新股的财务经理来说，柠檬问题是非常真实的。关心保护现有股东利益的公司，倾向于按照对公司正确估值或高估的价格发售股票，投资者从这一股票发售决策中就可推断出公司价值很可能是被高估了；因此，股价会随着 SEO 的宣告而下跌。

和 IPO 一样，SEO 也存在若干谜题。首先，通过配股发行，公司可缓解股价下跌问题（因为它直接向现有股东发行新股，不能通过发行被高估的股票而使股东获益)。尚不清楚的是，至少在美国，为什么公司没有更多地采取配股发行方式呢？其次，与 IPO 一样，有证据表明，公司在增发后的业绩表现较差。这种差的表现似乎表明股价的下跌不够大，因为差的表现意味着发行后的股价过高。

SEO 的成本

如图 13.7 所示，股票增发的成本没有 IPO 那样高，但依然是较高的。除了 SEO 宣布时的价格下跌，公司还要支付直接成本费用。SEO 的承销费用相当于增发的融资额度的 5%，同 IPO 一样，在不同规模的发行中，承销费率的差异相对较小。而且，配股发行的成本比现金发行的要低。① 再考虑到配股发行的其他好处，为什么美国的大多数股票增发仍采取现金发行呢？这仍然是个谜。现金发行的一个优点是，承销商在其中扮演了重要角色，能够可靠地保证发行的质量。

概念检查

7. 增发股票的配股发行和现金发行有何不同?
8. 平均而言，股价对 SEO 的反应是怎样的?

本章小结

13.1　私募公司的股权融资

私募公司可向天使投资者、风险投资公司、机构投资者或公司投资者募集外部股权资本。

公司的创始者对外出售股票以筹集资本时，其对公司的所有权和控制权就会降低。

私募公司的股权投资者计划最终出售其所持股票，可通过下列两种退出策略中的一种来完成：并购或上市。

13.2　公司上市：首次公开发行

首次公开发行（IPO）是指公司首次向公众发售股票。

公司上市的主要好处是，能增加资本的流动性和更容易进入资本市场。不利之处包括：要满足监管和财务披露的要求，削弱了投资者对公司管理层的监控力度。

IPO 发行的股票，可以是首次发行（出售股票筹集新的资本），也可以是二次发行（即由早期的投资者——现有股东——出售股票）。

承销商是管理 IPO 过程和帮助公司销售股票的投资银行。

主承销商负责管理 IPO。

主承销商组建被称做辛迪加的承销团，帮助销售股票。

在 IPO 之前，SEC 要求公司提交申请上市注册报表。在股票发行前，公司要向投资者提供临时招股说明书，完成这些事项后，公司需提交正式的招股说明书。

承销商运用估值技术和询价圈购机制来为公司的 IPO 估值。

IPO 期间，可采取尽力代销、投行包销或拍卖式 IPO 的方式销售股票。在美国，最常见的做法是投资银行包销。

① Myron Slovin，Marie Sushka，Kam Wah Lai［*Journal of Financial Economics* 57（2）（2000）］发现，在英国，现金发行的平均费用率为 6.1%，而配股发行的平均费用率为 4.6%。

13.3 IPO 之谜

IPO 有几个谜题令人困惑：

（1）平均来看，IPO 价格被低估。

（2）新股发行具有高度的周期性。

（3）IPO 的交易成本非常高。

（4）IPO 后的长期（3～5 年）表现平均较差。

13.4 筹集额外的资本：股票增发

股票增发（SEO）是指已经上市的公司再次发行股票。

SEO 有两种方式：现金发行（公司向全体投资者发行新股）和配股发行（仅向现有股东发行新股）。

平均而言，股价对 SEO 的反应是消极的。

复习题

1. 私募公司筹集股权资本有哪些资金来源？
2. 私募公司向公司投资者融资有哪些利弊？
3. 公司上市的主要好处和不利之处有哪些？
4. 包销 IPO 和拍卖式 IPO 的主要区别是什么？
5. 在尽力代销、包销和拍卖式 IPO 中，哪一种方式下承销商面临的风险最大？
6. 拍卖式 IPO 是如何定价的？
7. 财务经理为什么要关注 IPO 折价？
8. IPO 非常具有周期性，有的年份发行数量多，有的年份又非常少，为什么会这样？
9. 配股发行的优点有哪些？
10. 公司增发时采取现金发行方式的优点是什么？

练习题

私募公司的股权融资（第 1～4 题）

1. 星软件公司是去年成立的开发游戏软件的公司。公司创始人投入 800 000 美元，持有 800 万股股票。公司现在需要进行第二轮融资，并已找到一位对公司感兴趣的风险投资家。风险投资家愿意投资 100 万美元，并要求拥有投资后的公司 20% 的股份。

a. 要获得公司 20% 的所有权，风险投资家需持有多少股股票？此轮融资隐含的每股价格为多少？

b. 在风险投资家的投资之后，公司的整体价值将为多少（融资后估值）？

2. 3 年前，你成立了自己的公司，投入了 100 000 美元的自有资金，拥有 500 万股 A 系列优先股。之后，你公司又进行了三轮融资，如下所示：

融资轮次	股价（美元）	股票发行数量
B 系列	0.50	1 000 000
C 系列	2.00	500 000
D 系列	4.00	500 000

a. D 系列融资的融资前价值为多少？

b. D 系列融资的融资后价值又是多少？

3. 基于第 2 题的信息（所有系列的每股优先股都可以转化为 1 股普通股），那么 B 系列、C 系列、D 系列的所有者所持有的股票占公司总股票数的比例为多少？

4. 假设你仅拥有第 2 题中的 A 系列优先股（每股优先股都可以转化为 1 股普通股），最后一轮募集资本后你拥有的股票占公司总股票数的比例为多少？

公司上市：首次公开招股发行（第 5～14 题）

5. 白杨软件要通过拍卖式 IPO 的方式上市。公司收到如下报价：

股价（美元）	股票需求量
14.00	100 000
13.80	200 000
13.60	500 000
13.40	1 000 000
13.20	1 200 000
13.00	800 000
12.80	400 000

假如公司想通过 IPO 出售 180 万股股票，则胜出的拍卖报价是多少？

6. 假如白杨软件根据第 5 题的决定发行额外的 500 000 股股票（总数为 230 万股），总的融资额为多少？

7. 3 年前，你成立了户外活动公司，专门销售露营、滑雪、徒步旅行之类活动所需的器具和服装。到目前为止，你公司共进行了三轮融资：

融资轮次	时间	投资者	股票数量	股价（美元）
A 系列	2005 年 2 月	你本人	500 000	1.00
B 系列	2006 年 8 月	天使投资者	1 000 000	2.00
C 系列	2007 年 9 月	风险投资公司	2 000 000	3.50

现在是 2008 年，你需要再次融资以扩展业务。你决定通过 IPO 的方式使公司上市，打算发行 650 万股新股。假设 IPO 成功，你预测公司 2008 年的净利润将达到 750 万美元。

a. 投资银行指出，最近其他公司的上市发行价是根据 20.0 的平均市盈率（P/E）而设定的，这一平均市盈率又是基于 2008 年的预测收益估算。假设你的 IPO 定价也是根据同样的市盈率乘数设定，则股票发行价为多少？

b. 上市后，你拥有公司多大比例的所有权？

8. 玛格莱斯出版公司（Margoles Publishing）最近完成了 IPO，发行价定为每股 14 美元。交易首日，收盘价为 19 美元。

a. 股票的初始回报率为多少？

b. 谁从新股发行折价中得到了好处？谁遭受了损失？为什么？

9. 若第 8 题中的玛格莱斯出版公司支付了 7% 的承销价差，出售了 1 000 万股股票，则 IPO 的总成本是多少（不考虑 IPO 折价）？

10. 陈氏兄弟公司在 IPO 时以每股 18.5 美元的价格售出了 400 万股股票。这项交易的股票承销费率（承销价差）为 7%。这笔费用为多少？

11. 你的公司正准备在 IPO 中出售 300 万股股票。你的目标发行价是每股 17.25 美元。承销商要求你公司支付的承销价差为 7%，而你期望能低一些（5%）。你也考虑到如果这样做，承销商可能会要求降低发行价。给定较低价差所带来的潜在节约收益，那么相比之前支付 7% 的价差就可以按 17.25 美元的价格发行，现在的发行价可降低多少？

第 12 ~ 14 题是基于如下信息：你创立的公司当前有 1 200 万股股票，你拥有 700 万股。你正考虑 IPO，将以每股 20 美元的价格出售 200 万股。

12. 若所出售的股票都是新发股票，公司将筹集多少资金？IPO 之后，你的所有权比例为多少？

13. 若卖出的股票都是原先你所持有的，公司将筹集多少资金？IPO 后，你的所有权比例为多少？

14. 你想在 IPO 后保持 50% 的所有权比例，那么你可卖出的二手股票数量最多是多少？此时公司可筹集多少资金？

筹集额外的资本：股票增发（第 15 ~ 17 题）

15. 1 月 20 日，大都市公司以 SEO 的方式出售了 800 万股股票。当时该公司股票的市场价格是每股 42.5 美元。在出售的 800 万股股票中，有 500 万股是新发行股票，剩下的 300 万股是风险资本投资者出售的。假设承销商收取销售收入的 5% 作为承销费用。

a. 该公司能募集多少资本？

b. 风险资本投资者将得到多少钱？

c. 若 SEO 宣告时，股价下跌 3%，新发行的股票按下跌后的价格出售，公司能募集多少资本？

16. 福斯特（Foster）公司的股票市场交易价格为每股 50 美元，公司当前有 1 000万股流通股。公司计划融资 10 000 万美元。假设承销费为总的销售收入的 5%。

a. 应出售多少股股票？

b. 若预计宣告股票增发时股价下跌 2%，应出售多少股股票？

c. 若所有出售的股票都是新发股票，并且出售给新的投资者，那么现有股东的持股比例将下降多少？

17. 麦肯齐（MacKenzie）公司当前的流通股有 1 000 万股，每股价格为 40 美元。公司打算筹资，并宣布以配股的方式募集资本。现有股东每拥有 1 股将得到 1 份配股权。公司计划每 10 份认股权可按 40 美元的价格购买 1 股新股。如果所有的配股权都被执行，公司可募集多少资本？

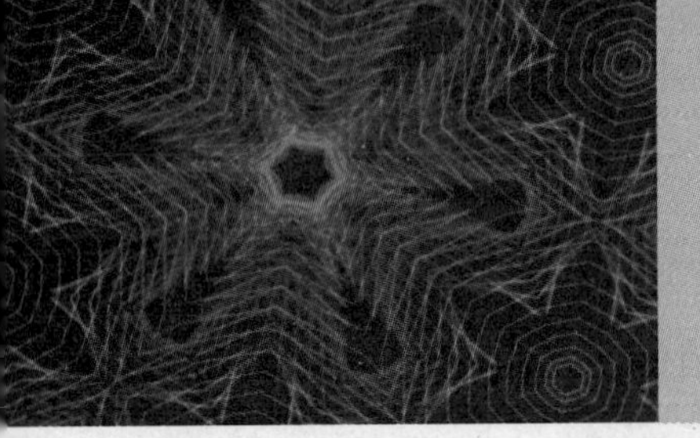

第14章 债务融资

学习目标

- 识别公司的不同类型的债务融资。
- 描述公司提前偿还债务的各种选择。
- 理解债券合约中保护债权人利益的限制条款。

本章所涉及符号的含义如下：

YTC（可赎回债券的赎回收益率）；*PV*（现值）；*YTM*（债券的到期收益率）

布莱恩·米尔纳访谈

布莱恩·米尔纳（Bryan Milner）是达拉斯的Wells Fargo Foothill公司的助理副总裁，他说，“公司有很多借款的渠道”。他的主要职责是为Wells Fargo Foothill公司寻找贷出资金的机会，他所在的公司能够为不同行业中的公司提供1 000万美元至10亿美元的有担保的短期和长期融资。

布莱恩在2000年获得了北得克萨斯大学的财务学学士学位，2004年拿到南卫理公会（Southern Methodist）大学的工商管理硕士学位。“对财务课程的学习使我形成了财务分析和解决问题的训练有素的方法，并给予我做出正确决策的理论基础，”他说道，“我评价公司的财务报表和预测现金流量表，以评估发行人的违约风险，我的学习经历使我在这方面得心应手。”

何种贷款最为合适取决于公司当前的状况、贷款的用途以及贷款的偿还计划。“构造债务交易时，贷款方通常试图匹配融资期限与借款需求，”布莱恩说道，“假如某公司要购置新厂房并预计使用20年，那么该公司应采取长期融资的方式。如果该公司为打算夏天出售的存货融资，则应寻求短期融资。”

Wells Fargo Foothill公司的许多贷款是短期贷款，这有助于客户公司在其短期负债超出现金和应收项目的期望支付时，管理营运资本的短缺。“此类信贷安排是由借方公司的资产（如应收账款和存货）来支持和担保的，”布莱恩解释道，“这种安排对于季节性经营的公司特别具有吸引力，以玩具制造商为例，它们全年都需要现金来购置和生产存货，但是直到12月份才能卖出大部分商品。”

贷款利率的设定要考虑很多因素。“理论上，贷款的利率取决于贷款的风险：公司不能偿还贷款的风险越大，其承担的利率就越高，”布莱恩说道，“在实务中，竞争、银行提供其他服务的机会以及人际关系也会影响贷款的定价。”

第13章讨论了公司筹集股权资本的过程，天使投资者为私募公司提供资金，已上市的公司通过股票增发获取融资。我们注意到，每一轮新的股权融资都会稀释公司创始人的所有者权益比例。另一种可供选择的融资渠道就是借款，即债务融资。事实上，债务是最重要的融资来源；2007年年末，美国企业有超过10.1万亿美元的未偿还债务，仅2007年一年的借款就超过了1万亿美元。虽然债务融资不会稀释公司的所有权，但其不利之处是，贷款必须要偿还，也就是说，公司在法律上有义务偿还债务的利息以及本金。如果不能偿还，公司将违约并被迫破产。在下一章中，我们将讨论债务融资与股权融资的相对优势和弱势。本章关注公司借债的过程和公司债务的特征。

在2005年中期，福特汽车公司决定通过招标的方式出售旗下的赫兹公司。2005年9月13日的《华尔街日报》报道，由克杜瑞（CDR）私募股权投资公司领导的一伙私人投资者，与福特达成了购买赫兹56亿美元流通股的交易。另外，作为这笔交易的一部分，赫兹尚有91亿美元的未清偿债务需要再融资。CDR计划部分的通过举借110多亿美元的新债务来为这项交易融资。本章以赫兹的交易作为示例，来说明公司如何通过债务市场筹集资本。

公司通过发行债务筹集资本，有几种潜在途径。要完成对赫兹的收购，由CDR领导的私人投资者至少有四种举债方式：发行本币和外币高收益债券、银行贷款以及资产支持证券。另外，每种债务都有它自己所特有的条款，这在发行时就已确定。在第6章“债券估值”的基础上，本章先介绍债务发行的程序和债务融资的类型，然后探讨债务合约对公司行为的约束，最后讨论债券的一些更高级的特征，如赎回条款等。

14.1 公司债务

公司债务可能是私募债务（即公司直接与银行或一小部分投资者协商借款），也可能是公开债务，在公开市场上交易。本章导论中提到的赫兹公司的例子中就包含了这两种方式。

私募债务

许多初创的公司最初都采用银行贷款，某些超大型公司也会将银行贷款作为债务融资的一部分。银行贷款是一种**私募债务**(private debt)，不能公开交易。私募债务市场的规模比公开债务市场要大。私募债务的优点是能够避免一些交易成本以及可以向SEC延迟注册。其缺点是不能够公开交易，不具有流动性，这意味着私募债务的持有者很难及时地出售债务。

赫兹公司的债务融资：银行贷款

作为与CDR交易的一部分，赫兹公司的银行借款高达20多亿美元。赫兹与银行商定了额度为17亿美元、期限为7年的定期银团贷款。德意志银行牵头提供这项贷款，并把其中一部分贷款卖给其他银行——主要是一些小的地区性银行，它们有超额现金但缺乏独自承揽这样高级别贷款的能力。除了定期贷款，赫兹还获得了有资产担保的周转信贷额度（5年期，16亿美元），在需要时可以使用。赫兹对周转信贷的初始使用额度为4亿美元。

私募债务市场包含以下几部分：银行贷款（定期贷款和信贷额度）和私募配售。

银行贷款。定期贷款(term loan）是持续某一特定期限的银行贷款（term loan）。

某一单笔贷款是由多家银行提供的而不是仅由一家银行提供时，这一贷款被称做**银团贷款**(syndicated bank loan)。银团贷款通常由银团中的一个成员银行（主银行）负责洽谈贷款。许多公司与银行达成**周转信贷协定**(revolving line of credit)，即在特定的期限内——通常为两到三年，承诺向公司提供不超过某一限度的贷款额度，公司在需要时即可取得。如果公司能够为贷款提供资产作为抵押和担保，则可获得较高的授信额度或者较低的利率，这被称为**有资产担保的信贷额度**(asset-backed line of credit)。

私募配售(private placement)。由第 6 章可知，公司债券是由公司发行的证券。债券占投入资本的大部分。2006 年年末，美国未偿还公司债券的价值大约是 5.5 万亿美元。债券可以是公开发行，也可以是私募配售。私募配售的债券不能在公开市场上交易，只向小部分投资者出售。债券的私募配售不需要向 SEC 登记注册，其发行成本较低，通常采取简单的期票的形式就足够了。私募债务不需要遵循公开发行的债务所遵循的标准，所以它适用于特定的融资情形。

1990 年，SEC 发布了 144A 规则，大幅增加了特定的私募配售债务的流动性。遵循这一规则发行的私募债务，可以在大型金融机构间交易。该规则的出台旨在促进外国公司进入美国债务市场。遵循该规则发行的债券名义上是私募债务，但是由于它们可在金融机构间交易，所以只是比公开债券的流动性稍差一点而已。许多公司根据 144A 规则发行债券，并明确承诺在特定期限内公开注册债券。这种债务融资方法的优点是：公司可以先快速地筹集资本，然后再花时间满足债券申报的要求。

赫兹公司的债务融资：私募配售

赫兹公司私募配售了 42 亿美元的美国资产担保证券和 21 亿美元的国际资产担保证券。为债务担保的资产是公司拥有的出租车车队，顾名思义，上述债务也被称做车队债务。

赫兹公司还依据 144A 规则发行了 27 亿美元的债券。公司承诺在 390 天内公开注册债券。[①] 基于这笔债务将会在市场中公开交易，故将其界定为公开债务。

公开债务

公开发行说明书。公开的债券发行类似于股票发行，必须提供公开发行说明书或发行备忘录，以描述有关债券发行的具体细节（图 14.1 为赫兹公司垃圾债券发行备忘录的封面）。此外，债券的公开发行说明书还要包括由债券发行方与信托公司签订的**正式契约**(indenture)，以明确发行方对债券持有者的义务。信托公司代表债券持有者，并确保契约的条款得以实施。出现违约时，信托公司代表债券持有者的利益。

公司债券大多是每半年支付一次利息，但也有少数公司（如可口可乐公司）发行零息票债券。从以往的发行来看，公司债券的期限范围非常广泛。尽管过去曾有过初定偿还期限长达 999 年的债券，但是，大多数公司债券的期限为 30 年或短于 30 年。例如，1993 年 7 月，沃特·迪斯尼公司发行了价值 1.5 亿美元的债券，到期期限为 100 年；这些债券很快就变成了所谓的“睡美人”债券。

① 如果公司违背承诺，则所有未偿还债券的利率将提高 0.5%。

OFFERING MEMORANDUM CONFIDENTIAL

CCMG Acquisition Corporation
to be merged with and into The Hertz Corporation
$1,800,000,000 8.875% Senior Notes due 2014
$600,000,000 10.5% Senior Subordinated Notes due 2016
€225,000,000 7.875% Senior Notes due 2014

The Company is offering $1,800,000,000 aggregate principal amount of its 8.875% Senior Notes due 2014 (the "Senior Dollar Notes"), $600,000,000 aggregate principal amount of its 10.5% Senior Subordinated Notes due 2016 (the "Senior Subordinated Notes" and, together with the Senior Dollar Notes, the "Dollar Notes"), and €225,000,000 aggregate principal amount of its 7.875% Senior Notes due 2014 (the "Senior Euro Notes"). The Senior Dollar Notes and the Senior Euro Notes are collectively referred to as the "Senior Notes," and the Dollar Notes and the Senior Euro Notes are collectively referred to as the "Notes."

The Senior Notes will mature on January 1, 2014 and the Senior Subordinated Notes will mature on January 1, 2016. Interest on the Notes will accrue from December 21, 2005. We will pay interest on the Notes on January 1 and July 1 of each year, commencing July 1, 2006.

We have the option to redeem all or a portion of the Senior Notes and the Senior Subordinated Notes at any time (1) before January 1, 2010 and January 1, 2011, respectively, at a redemption price equal to 100% of their principal amount plus the applicable make-whole premium set forth in this offering memorandum and (2) on or after January 1, 2010 and January 1, 2011, respectively, at the redemption prices set forth in this offering memorandum. In addition, on or before January 1, 2009, we may, on one or more occasions, apply funds equal to the proceeds from one or more equity offerings to redeem up to 35% of each series of Notes at the redemption prices set forth in this offering memorandum. If we undergo a change of control or sell certain of our assets, we may be required to offer to purchase Notes from holders.

The Senior Notes will be senior unsecured obligations and will rank equally with all of our senior unsecured indebtedness. The Senior Subordinated Notes will be unsecured obligations and subordinated in right of payment to all of our existing and future senior indebtedness. Each of our domestic subsidiaries that guarantees specified bank indebtedness will guarantee the Senior Notes with guarantees that will rank equally with all of the senior unsecured indebtedness of such subsidiaries and the Senior Subordinated Notes with guarantees that will be unsecured and subordinated in right of payment to all existing and future senior indebtedness of such subsidiaries.

We have agreed to make an offer to exchange the Notes for registered, publicly tradable notes that have substantially identical terms as the Notes. The Dollar Notes are expected to be eligible for trading in the Private Offering, Resale and Trading Automated Linkages (PORTAL℠) market. This offering memorandum includes additional information on the terms of the Notes, including redemption and repurchase prices, covenants and transfer restrictions.

Investing in the Notes involves a high degree of risk. See "Risk Factors" beginning on page 23.

We have not registered the Notes under the federal securities laws of the United States or the securities laws of any other jurisdiction. The Initial Purchasers named below are offering the Notes only to qualified institutional buyers under Rule 144A and to persons outside the United States under Regulation S. See "Notice to Investors" for additional information about eligible offerees and transfer restrictions.

Price for each series of Notes: 100%

We expect that (i) delivery of the Dollar Notes will be made to investors in book-entry form through the facilities of The Depository Trust Company on or about December 21, 2005 and (ii) delivery of the Senior Euro Notes will be made to investors in book-entry form through the facilities of the Euroclear System and Clearstream Banking, S.A. on or about December 21, 2005.

Joint Book-Running Managers

Deutsche Bank Securities **Lehman Brothers**

Merrill Lynch & Co. **Goldman, Sachs & Co.** **JPMorgan**

Co-Lead Managers

BNP PARIBAS **RBS Greenwich Capital** **Calyon**

The date of this offering memorandum is December 15, 2005.

图 14.1 赫兹的垃圾债券发行备忘录的封面

资料来源：由赫兹公司提供。

债券的面值或本金通常是以标准的 1 000 美元为单位计价的。由于存在承销费用，以及债券在最初不按照面值发售的可能性，债券的面值并不总是与实际所筹集的资金相符。如果息票债券是以折价发行的，则称作**原始发行折价债券**(original issue discount, OID)。

有担保债券和无担保债券。典型的公司债券主要有四种类型：**票据**(notes)、**信用债券**(debentures)、**抵押债券**(mortgage bonds)和**资产支持债券**(asset-backed bonds）（见表 14.1）。这些债务可以分为两大类：无担保的和有担保的。对于**无担保债券**(unsecured debt)，倘若公司破产，债券持有者就只能对企业那些没有为其他债务做抵押的资产拥有索取权。票据为无担保债务，期限通常小于 10 年，信用债券也是无担保债务的一种类型，期限一般超过 10 年。**有担保债券**(secured debt) 是指有特定的资产作为债券的担保抵押，如果公司破产，债券持有者对被抵押的资产有直接的索取权。**抵押债券**(mortgage bond) 是由不动产做担保，而**资产支持债券**(asset-backed bonds) 可由任何种类的资产做担保。"债券"一词通常意指任何形式的债务证券，但实际上，公司债券必须是有担保的。

表 14.1　**公司债券的类型**

有担保债券	无担保债券
抵押债券（由不动产担保）	票据（原始到期期限少于 10 年）
资产支持债券（可用任何资产抵押）	信用债券

优先权。信用债券和票据都是无担保债务。公司发行的信用债券不止一种，在倘若发生债务违约的情况下，债券持有者对资产的优先求偿权，即债券的**优先权**(seniority) 是非常重要的。大多数信用债券的发行，都包含了限制公司发行同等或高于现有债务优先权的新债的条款。

赫兹公司的债务融资：公开债务

作为融资交易的一部分，赫兹计划发行价值 27 亿美元的无担保债务，在此例中即为被称作垃圾债券的高收益票据。由第 6 章可知，垃圾债券的评级位于投资级之下。标准普尔和穆迪等评级机构对债券的信用价值进行评级，并向投资者提供信用评级的信息（见表 6.6 的具体评级内容）。赫兹公司发行的高收益债券包含三种类型或级别（tranches）（见表 14.2），每类债券都是单一的债券发行，债券的支付都来自于相同的现金流，都是每半年支付一次利息，按面值发行。其中规模最大的一类是面值为 18 亿美元、到期期限为 8 年的票据。它的息票利率为 8.875%，在当时高出国库券的利率达 4.45%。

表 14.2　**赫兹公司 2005 年 12 月的垃圾债券发行**

	系列 1：优先美元票据（中期债券）	系列 2：优先欧元票据	系列 3：次级美元票据
面值	18 亿美元	2.25 亿欧元	6 亿美元
到期日	2014 年 12 月 1 日	2014 年 12 月 1 日	2016 年 12 月 1 日
息票利率	8.875%	7.875%	10.5%
发行价格	平价	平价	平价
收益率	8.875%	7.875%	10.5%
标准普尔评级	B	B	B
穆迪（Moody's）评级	B1	B1	B3
惠誉（Fitch）评级	BB−	BB−	BB+

若公司后续发行的信用债券的优先权低于现有的未清偿债务，则这样的新债被称作

次级信用债券(subordinated debenture)。发生债务违约时，直到所有的更优先的债务都被清偿完之后，没有被用作债券抵押的资产，才可用于偿付次级信用债券的持有者。在赫兹的例子中，其中所发行的一种垃圾债券（票据），其求偿顺序就列于其他两种债券之后。公司破产时，这种票据对公司资产的求偿就只有较低的优先权。在赫兹发生债务违约的情况下，这类债券的持有者很可能得不到什么，所以这种债券的收益率，在本例中为10.5%，要高于其他两种债券，如第一种垃圾债券的收益率为8.875%。

国际债券市场。赫兹公司发行的第二种垃圾债券为以欧元而不是美元计价的票据，是一种国际性的债券。国际债券从广义上分为四种类型。

（1）**国内债券**(domestic bonds)，是由当地机构实体发行、在当地市场交易、但由国外投资者购买的债券。国内债券以发行地所在国的货币计价。

（2）**外国债券**(foreign bonds)，是由外国公司在当地市场发行、并以当地投资者为发售对象的债券。这种债券也是以当地货币计价。在美国债券市场上发行的外国债券称作**扬基债券**(Yankee bonds)。在其他国家市场发行的外国债券也有特殊的名称，例如，在日本称作**武士债券**(Samurai bonds)，在英国称作斗**牛犬债券**(Bulldogs)。

（3）**欧洲债券**(Eurobonds)，是一种国际债券，它的计价币别不同于债券发行地的货币。债券交易市场的实际位置与债券发行人所处的实际位置之间并没有必然的联系。这种债券也可用任何货币为债券计价，不管该种货币与发行方的所在地有没有联系。这些债券的交易不受任何国家特定法规的限制。

（4）**全球债券**(global bonds) 综合了国内债券、外国债券与欧洲债券的特点，在全球几个不同的市场上同时发售。与欧洲债券不同，全球债券的计价货币可以与发行所在国的货币相同。赫兹发行的垃圾债券就是一个全球债券的例子，它同时在美国和欧洲发售。

以外币支付的债券包含了持有该种货币的风险，因此，它的定价应该参照以同种货币计价的类似债券的收益率。赫兹发行的欧元票据与美元票据这两种垃圾债券，具有相同的求偿优先权（顺序）和到期期限，但是它们的收益率却不同。它们有相同的违约风险，但它们的汇率风险却不同，因为存在外币相对于本币贬值的风险（参考第22章对汇率风险的进一步讨论）。

表14.3中总结了赫兹公司在杠杆收购（LBO）交易后的债务状况。在总额110亿美元的债务中，大约有27亿美元的债务为公开债务，其余为私募债务，包括定期贷款、周转信贷额度和车队债务。其中车队债务和周转信贷额度都有公司特定的资产提供担保。

表14.3 **赫兹公司为杠杆收购发行的新债务的汇总**

债务类型	数额（百万美元）
公开债务	
优先美元票据	1 800.0
优先欧元票据	268.9
次级美元票据	600.0

续表

债务类型	数额（百万美元）
私募债务	
定期贷款	1 707.0
资产支持周转信贷	400.0
资产支持“车队债务”	6 348.0
总计	11 123.9

概念检查

1. 列举四种公司通常发行的公开债务。
2. 国际债券有哪四种类型？

14.2 债券的保护性条款

了解债务的主要类型后，就可以进一步考察债务合约的条款。**保护性条款**（covenants）是债券合约中限制债券发行者采取有损其偿付能力的行动的限制性规定。这种保护性条款为什么是必要的？毕竟，管理者怎么会自愿采取增加公司违约风险的行动呢？记住，公司负债经营时，管理者有可能牺牲债权人的利益，而采取有利于股东的行动。保护性条款在这种情况下就保护了债券持有者的利益。

保护性条款的类型

债券发行后，股东有动机以牺牲债权人的利益为代价而增加红利分配。考虑一种极端的情况，假设公司发行债券后，立即清算资产，将清算收入与发行债券所得一起以红利的形式发放给股东，并宣告公司破产。这样，股东得到了公司资产的价值以及来自债券发行的收入，而债券持有者却一无所获。因此，债券协议中通常包含了限制管理者发放红利的能力的保护性条款。其他的一些保护性条款可能包括，限定发行者进一步举债的水平，以及明确规定发行者必须保持最低额度的营运资本。如果公司未能满足或达到这些条件中的任何一项，债券就构成技术违约，债券持有者可以要求立即偿付或者强迫公司重新洽谈债务条款。表 14.4 概述了典型的债券保护性条款。所有保护性条款设计的目的都是降低公司（借款者）增加债务风险的能力。例如，新债务的发行如果没有限制性条款，公司可以发行优先级等于或高于现存债券的新的债务，从而增加了不能偿付现有债券的风险。

保护性条款的好处

你或许会预期，股东要尽力减少债券协议中的保护性条款。事实上并非如此。债券协议中的保护性条款越强，公司对债券违约的可能性就越小，投资者对债券投资要求的利率也就越低，也就是说，通过增加更多的保护性条款，公司可以降低借款的成本。公司借款成本的降低，将远远超过保护（限制）性条款所造成的财务灵活性损失的成本。

表 14.4 **典型的债券保护性条款**

限制	典型约束
发行新债务	新债务的优先级必须低于现有债务 除非公司保持特定的杠杆水平或利息保障倍数，否则不得举借新债
红利和股票回购	发行债券后产生的收益才可向股东分配 只有收益超过某一限定值后才可向股东分配利润
兼并和收购	只有被并公司的债务与净有形资产比率最低时才可并购
资产处置	规定可出售资产的最高限额和（或）必须保持的资产的最低限额 限制发放贷款或提供任何其他信贷
要求保持	
会计指标	最低的留存收益、营运资本和（或）净资产 最大的杠杆比率

资料来源：摘自美国律师协会对信用债券的评论。

应用：赫兹的保护性条款

赫兹所发行的垃圾债券的保护性条款，对公司在举借新债、支付红利、回购股票、投资、转移或变卖资产以及公司合并等方面的行为做出了限制。保护性条款中还包括，赫兹公司发生控制权变更时，要按照债券面值的101%的价格回购债券。

概念检查

3. 如果债券发行方未能达到或满足债券保护性条款的要求，会发生什么？
4. 为什么债券的保护性条款会降低公司的借款成本？

14.3 债券的偿付条款

债券发行者根据合约规定，以向债券投资者支付利息和本金的方式偿还债券。不过，这并非发行者偿还债券的唯一方式。例如，发行者可以回购市场中的部分流通债券，或者像赫兹公司那样，对全部的流通债券发出收购要约。本节阐述影响债券偿付的三种主要特征：赎回条款、偿债基金以及可转换条款。

赎回条款

公司可通过执行赎回条款来偿还债券。**可赎回债券**(callable bonds）允许债券的发行者以预先设定的价格回购债券。赎回特性赋予债券发行者在特定的日期（**赎回日**(call date)）或之后，以赎回价格回购所有发行（流通）在外的债券的权利。**赎回价格**(call price）一般被设定为等于或高于债券的面值，以面值的百分比来表示。

赫兹的可赎回债券。赫兹发行的垃圾债券就是一个可赎回债券的例子。表 14.5 列出了每一类债券的赎回特征。在赫兹的例子中，两种优先级债券（相对于次级债券而言）的赎回日期定于债券发行后的第 4 年年底。对于存续期到 2010 年的债券，第一类债券的赎回价格为其面值的 104.438%。在接下来的几年中，赎回价格逐年降低，直到2012年债券则只能以面值赎回。欧洲债券具有相似的条款，只是赎回价格略有不同。赫兹发行的次级债券的赎回日期相比要晚1年，同样具有不同的赎回价格结构。

表14.5　**赫兹公司债券的赎回特征**

	系列1：优先美元票据	系列2：优先欧元票据	系列3：次级美元票据
赎回特征	前3年，可赎回未偿本金的35%，赎回价格为面值的108.875% 4年后可完全赎回： 2010年的赎回价格为面值的104.438%，2011年的赎回价格为面值的102.219%，2011年以后的赎回价格为平价	前3年，可赎回未偿本金的35%，赎回价格为面值的107.875% 4年后可完全赎回： 2010年的赎回价格为面值的103.938%，2011年的赎回价格为面值的101.969%，2011年以后的赎回价格为平价	前3年，可赎回未偿本金的35%，赎回价格为面值的110.5% 5年后可完全赎回： 2011年的赎回价格为面值的105.25%，2012年的赎回价格为面值的103.50%，2013年的赎回价格为面值的101.75%

赫兹债券在前3年中也是可以部分赎回的。只要股票发行所筹集的资金能够满足回购债券所需，赫兹就有权以表14.5中所列的赎回价格，赎回35%的未偿还本金。

赎回条款与债券价格。财务经理何时会行使债券赎回权利来赎回债券？发行者总是可以通过在公开市场上回购债券以使他的部分债券提前退出流通。不过，如果赎回条款提供了使债券退出流通的更便宜的方式，发行者将放弃在公开市场上回购债券，转而选择赎回债券。因而，当债券的市场价格超过赎回价格，公司将赎回债券。

由第6章可知，市场利率下降时债券的价格将会上升。如果自从债券发行后市场利率就已经下降，而且现在比债券的票面利率要低，那么债券将会以溢价进行交易。如果公司有以低于溢价的价格赎回债券的选择权，它将会行使这一选择权，并按新的更低的市场利率为债务再融资。

鉴于赎回条款给财务经理提供了灵活性，你可能预期所有债券都应该是可赎回的。然而，事实并非如此。为此，我们必须考虑投资者对于赎回条款的理解。只有当投资者收到的息票利率超过市场利率时，财务经理才会选择赎回债券。公司赎回债券，相当于迫使投资者以低于债券（如果继续流通时）价值的价格放弃债券。自然，投资者消极地看待这种可能性，愿意为可赎回债券支付的价格，就要比其他方面完全相同的不可赎回债券的价格低。这意味着，公司通过发行可赎回债券（而非不可赎回债券）筹资时，要么支付较高的息票利率，要么接受较低的发行价格。如果公司认为未来为债务再融资的选择权特别有价值，那么尽管支付给投资者的收益率较高，公司也会选择发行可赎回债券。

赎回收益率。财务经理需要知道投资者是如何评估公司的可赎回债券的。对于可赎回债券，**赎回收益率**(yield to call，YTC）通常是指，假设可赎回债券在最早的赎回日被赎回时的年度收益率。第6章告诉我们投资者如何根据到期收益率来评估公司债券。到期收益率的计算通常假定投资者一直持有债券至到期，债券支付全部的承诺支付。就可赎回债券而言，上述假设是不现实的，因此，如果债券不被赎回或足额偿付，可赎回债券的到期收益率就是债券持有者收到的利率。债券的息票利率大于类似证券的收益率时，赎回收益率低于到期收益率，但是，当债券的息票利率低于相似证券的收益率时，债券不可能被赎回（债券支付的利率低于市场利率时，发行者不会赎回债券）。在这种情形下，赎回债券确实有益于债券持有者，赎回收益率高于到期收益率。为便于理解，大部分债券交易者使用**最差收益率**(yield to worst) 一词，它是指赎回收益率或到期收益率中的较低者。表 14.6 总结了赎回收益率和最差收益率。

表 14.6　**可赎回债券和赎回收益率**

债券的息票利率与市场收益率的比较	债券价格	赎回的可能性	最差收益率
息票利率较高	溢价交易	高	赎回收益率
息票利率较低	折价交易	低	到期收益率

例 14.1　计算赎回收益率

问题：

IBM 公司按面值发行了 5 年期、息票利率为 8% 的可赎回债券，每年付息一次。债券可在 1 年后或者在其后的任何付息日按面值赎回。债券面值为 100 美元，现价为 103 美元。债券的到期收益率和赎回收益率分别是多少？

解答：

分析：债券的承诺支付的时间线如下所示（如果不被赎回）：

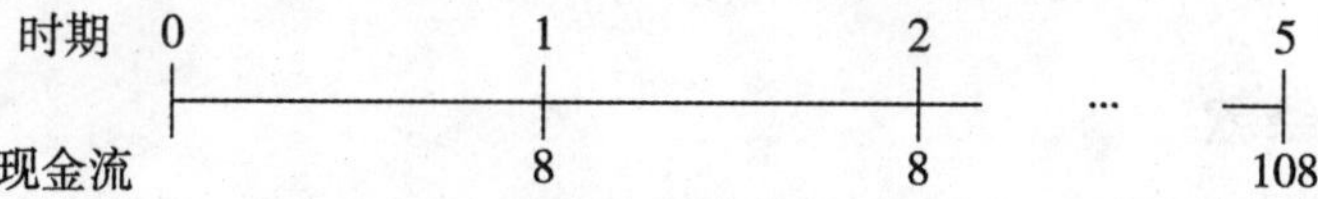

如果 IBM 在第一次可赎回时即赎回债券，则于 1 年后赎回。到时要支付第 1 年的票面利息（每 100 美元面值支付 8 美元利息）和面值（100 美元）。时间线如下：

时期　0　1

现金流　108

为求解赎回收益率，如第 6 章所示，令债券价格等于未来现金流的现值，从而得到折现率。

计算：

为求解赎回收益率，令这些支付的现值与债券的当前价格相等：

$$103=\frac{108}{(1+YTC)}$$

求解债券的赎回收益率为：

$$YTC=\frac{108}{103}-1=4.85\%$$

使用财务计算器也可得出相同的结果：

	N	I/Y	PV	PMT	FV
Given:	1		−103	8	100
Solve for:		4.85			
Excel Formula: =RATE(NPER,PMT,PV,FV)=RATE(1,8,−103,100)					

评价：

到期收益率高于赎回收益率，这是因为假定投资者会继续收到5年的息票支付——即使利率降低到8%以下。在计算赎回收益率的假设下，因为债券持有者较快得到面值的支付，失去了额外4年的息票支付的权利，从而导致较低的回报。

偿债基金

债券偿还的另一种方式是通过**偿债基金**(sinking fund)。公司不是等到债券到期日才偿还全部的本金余额，而是在债券的存续期内，定期向由信托人管理的偿债基金付款。这些款项然后被用于回购债券，通常按面值回购。这样，公司就可以在不影响剩余债券现金流的前提下，减少未偿还债务的数量。

偿债基金条款通常规定了发行者必须向基金缴款的最低水平。在某些情况下，发行者有权加速向偿债基金的支付。由于偿债基金允许发行者以面值回购债券，加速支付的选择权就成为另一种形式的赎回条款。同所有赎回条款一样，这种选择权并不是免费的，包含这一条款会降低债券的发行价格。

以偿债基金来偿付未结清余额具体选择哪种方式，主要取决于债券的发行。有的发行条款规定，在债券的存续期内等额支付，最终在债券的到期日全部偿付完毕，债券退出流通。有时，偿债基金不足以完全地偿付流通债券，则公司在债券的到期日必须进行大额还款，这称作**气球膨胀式偿付**(balloon payment)。通常，偿债基金的支付在债券发行仅几年后即可开始。债券的发行可同时包含偿债基金条款与赎回条款。

可转换条款

偿还债券的另一种方式是可以将债券转换成股票。一些公司债券的条款赋予债券持有者将所持债券转换为普通股的选择权，即按照**转换比率**(conversion ratio) 将每份债券转换为一定数量的普通股。这种债券被称作**可转换债券**(convertible bonds)。债券发行的转换条款通常赋予债券持有人在债券到期日前的任何时间内，可将债券转换为股票的权利。[①] 转换比率通常表示为每1 000美元面值债券可转换的普通股股数。

可转换债券的定价。对于面值为1 000美元、转换比率为20的可转换债券，如果在到期日将其转换为股票，则将获得20股股票。而如果选择不转换，你将收到1 000美元。故通过转换，你实质上为得到20股股票而支付了1 000美元，这意味着每股价格为50美元（1 000/ 20)。这一隐含的每股价格等于债券的面值除以转换后收到的股数，即**转换价格**(conversion price)。如果股票市价高于50美元，你会选择转换；否则，你将选择收到现金。如图14.2所示，可转换债券在到期日的价值为面值（1 000美元）与20股股票的价值这两者间的较大值。

公司通常会发行可赎回的可转换债券。对于这种债券，如果发行者要求赎回，则债券持有者可选择将其转换为普通股，而不是被赎回。债券被赎回时，持有者将面临与债券到期时同样的决策：如果股价高于转换价格，他将选择转换；否则，债券将被赎回。公司可通过提前赎回债券，以迫使债券持有者提早行使转换权，而不是按照自己的意愿去进行转换决策。

---

① 一些可转换债券在发行之后的一段特定时期内不允许转换。

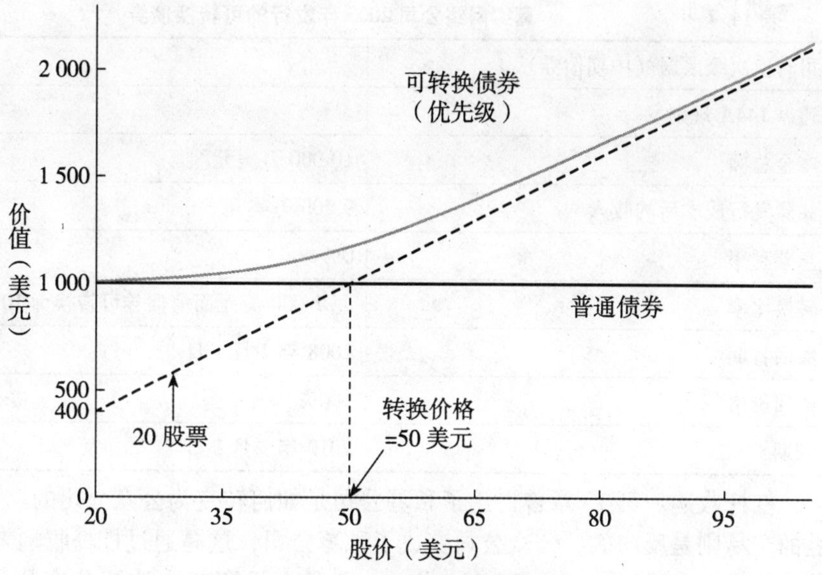

图 14.2　可转换债券的价值

注：在到期日，可转换债券的价值为，1 000 美元普通债券（不可转换、不可赎回债券）和 20 股股票价值中的较大者，且如果股价高于转换价格，转换将发生。在到期日之前，可转换债券的价值取决于转换发生的可能性，并且其价值高于普通债券或 20 股股票的价值。

将债券转换为股票的选择权（并不是必须行使）对债券持有者具有一定的价值，因此，在债券到期前，可转换债券要比其他方面完全相同的**普通债券**（straight bond）——即不可赎回、不可转换的债券（也称普通公司债券）——具有更大的价值。所以，如果两种债券都按面值发行，则普通债券必须提供更高的利率。同样，收到债券面值的选择权意味着可转换债券比 20 股股票更有价值。如图 14.2 所示，可转换债券在到期前的价值（灰线）超过了普通债券和股票（黑线和虚线）的价值。公司（现有股东）必须要权衡可转换债券的低利率所带来的收益和给予债券持有者以固定价格购买新股的选择权所带来的成本。

可转换债券和股票价格。最终转换可转换债券的可能性取决于当前的股票价格。股票价格比较低时，不可能进行转换，可转换债券的价值接近于普通债券的价值。股价比转换价格高得多时，很可能进行转换，且可转换债券的价格接近于转换的股票的价值。当股价处在中间范围，接近于转换价格时，究竟是转换还是不转换债券存在着很大的不确定性，在这种情形下，债券持有者是否转换债券的选择权是最有价值的，可转换债券的价值超出普通债券或者股票的价值很多。

综合特性。公司可以灵活地设定所发行债券的功能特性。如前文所述，公司通常在可转换债券或有偿债基金的债券中加入赎回条款。另一个例子是在次级债券中附加转换功能。与优先级别的债券相比，次级债券的风险更高，所以通常具有较高的收益率。但是如果次级债券包含优先级债券所不具有的转换特性，那么次级债券的收益率就可能低于优先债券。第 13 章介绍了真实网络公司的股权融资情况。如表 14.7 所示，2003 年，真实网络公司发行了 1 亿美元的次级可转换债券，包含允许公司在 2008 年 7 月 1 日后的任何时间按面值赎回债券的条款。

表 14.7 **真实网络公司 2003 年发行的可转换债券**

可转换次级票据（中期债券）	
遵循 144A 规则发行	
本金总额	10 000 万美元
扣除发行成本后的收入	9 700 万美元
息票利率	0%
转换比率	每 1 000 美元面值债券可转换为 107.5650 股
赎回日期	2008 年 7 月 1 日
赎回价格	100%
到期	2010 年 7 月 1 日

杠杆收购。第 13 章曾讨论了私募公司是如何转变为公众公司的。而 CDR 购买赫兹的交易则是反向的，公众公司变成了私募公司，这是通过杠杆收购来完成的。在**杠杆收购**(leveraged buyout，LOB）中，一群私人投资者为购买公众公司的全部股份，收购所需的资金主要来自于债务融资①。CDR 对赫兹的杠杆收购在宣告时，以 152 亿美元②的价格成为当时的第二大杠杆收购。杠杆收购导致赫兹公司的资产负债表上出现大量债务。与大多数的杠杆收购一样，赫兹公司的长期计划是通过持续的盈利逐渐减少杠杆水平。2006 年 11 月，赫兹公司通过 IPO 卖出新股重新上市。自 2007 年起，赫兹仍然有偿还债务的能力，但上市并未显著减少其债务负担。第 15 章将考察财务经理在决定公司债务融资和股权融资的比例时所面临的权衡。

概念检查

5. 可赎回债券的收益率与对等的不可赎回债券的相比，是高还是低？为什么？
6. 什么是偿债基金？
7. 为什么可转换债券的收益率，要低于对等的不可转换债券？

本章小结

14.1 公司债务

公司可通过不同的来源举债。常见的债务类型包括在公开市场交易的公募债务，和直接与银行或小群投资者协商取得的私募债务。公司在借债时发行的证券称作公司债券。

私募债主要有定期贷款和私募配售两种形式。定期贷款是指有特定期限的银行贷款。私募配售是指面向小群投资者的债券发行。

公开发行债券的协议采取契约的形式，它是债券发行者与信托公司签订的正式合

① 在收购交易的当时，赫兹是福特汽车公司的一家全资子公司，福特本身又是上市公司。在 2001 年福特收购赫兹的流通股之前，赫兹也是可公开交易的上市公司。

② 总价值包括赫兹的 147 亿美元公司价值和 5 亿美元的费用开支。这笔交易的融资除了 111 亿美元的新发行债务外，还运用了赫兹自有的 18 亿美元现金和有价证券（包括福特欠赫兹的 12 亿美元债务，这笔债务作为向福特的部分支付而一笔勾销）。其余的 23 亿美元由克杜瑞（CDR）、凯雷集团以及美林全球私募股权基金三家机构提供。

约。债券契约规定了债券发行的条款。

公司债券一般有四种类型：票据、信用债券、抵押债券以及资产支持债券。票据和信用债券为无担保债券。抵押债券和资产支持债券为有担保债券。

公司债券具有不同的优先级别。公司破产时，优先债券可在次级债券之前得到全额偿付。

国际债券在广义上可分为四类：在国外市场交易的国内债券、在当地市场由国外机构发行的外国债券、不以债券发行地的货币计价的欧洲债券，以及在几个市场同时交易的全球债券。

14.2　债券的保护性条款

债券的保护性条款通过限制发行者采取可能会加大违约风险及降低债券价值的行动，从而保护债券投资者。

14.3　债券的偿付条款

债券的赎回条款赋予债券发行者在特定日期后（但在到期日前）赎回债券的权利（而不是义务）。

可赎回债券的交易价格，一般要比对等的不可赎回债券的低。

赎回收益率是指假设债券在最早的赎回日被赎回时对应的年度收益率。

另一种在到期前偿还债券的方式是，通过偿债基金定期回购部分债券。

可转换债券附有允许债券持有者将债券转换为股票的条款。

可转换债券的利率要低于可比的不可转换债券的利率。

复习题

1. 公司债券有哪些类型？它们有何区别？
2. 解释公募债和私募债的一些差别。
3. 解释有担保公司债券和无担保公司债券的差别。
4. 为什么优先级较低的债券比大致相当的优先级较高的债券有更高的收益率？
5. 外国债券与欧洲债券有何区别？
6. 为什么债券发行者在新债券的发行中可能会主动选择使用限制性保护条款？
7. 为什么赎回特性对于公司发行的债券是有价值的？
8. 债券的赎回特性对公司的债券发行价格有何影响？
9. 何时可赎回债券的到期收益率高于赎回收益率？
10. 在公司看来，偿债基金条款如何影响债券的现金流？从单一债券持有者的角度看，有何影响？
11. 为什么可转换债券的收益率低于对等的不可转换债券（除了不具有转换特性外，其他方面都一样）的收益率？

练习题

公司债务（第1～2题）

1. 你为你的小公司申请了20万美元的银行贷款，支付给银行的手续费是贷款的2%。支付费用后，你的公司可用的贷款净额是多少？

2. 你所在的公司正在发行面值1亿美元的普通债券，息票利率是6%，支付的全部费用为发行额的3%。此次债券发行能够给公司净带来多少资金?

偿付条款（第3~6题）

3. 通用电气公司刚发行可赎回的、10年期、息票利率为6%的年付息债券，按面值发行。债券可在1年后，或在随后的任何付息日按面值赎回。债券的发行价格为102美元。

a. 债券的到期收益率是多少?

b. 债券的赎回收益率是多少?

C. 债券的最差收益率是多少?

4. 波音公司刚发行可赎回的、3年期、息票利率为5%、每隔半年付息一次的债券。债券可在两年后，或在随后的任何付息日按面值赎回。债券的发行价格为99美元。

a. 债券的到期收益率是多少?

b. 债券的赎回收益率是多少?

c. 债券的最差收益率是多少?

5. 面值为10 000美元，转换比率为450的债券的转换价格是多少?

6. 假如你是真实网络公司的CFO，2008年7月1日，公司的股价是每股9.70美元，其可转换债券（如表14.7所示）当前是可赎回的。

a. 如果将债券转换为股票，债券持有者每持有1 000美元面值，收到的股票的价值是多少?

b. 债券在被赎回时，每1 000美元面值的持有者将收到多少钱?

c. 如果公司赎回债券，债券持有者会选择转股还是接受赎回价格?

第5篇的综合案例

本案例根据第13、14章的内容编写。

1984年5月8日，汉娜·艾森斯特（Hannah Eisenstat）毕业于路易斯安那州立大学。她在巴顿·鲁治（Baton Rouge）开了一间名为HannaH的咖啡店，并选好了位于一座新建筑的位置极佳的地点。她用继承的50 000美元以及她自己的人力资产作为公司的融资，于1984年8月1日开始经营自己的个人独资企业。

咖啡店在第一年是盈利的。然而，汉娜发现咖啡的质量并没有她最初设想的那样高。她与她的一位老客户娜塔莎·史密斯讨论了这个问题。娜塔莎当场决定向汉娜投资，购买一台烘烤机。如果汉娜自己烘焙咖啡豆，就能制作出更高质量的咖啡，另外，还能出售咖啡豆来扩展自己的业务。

业务扩张。仔细看完了财务报表后，汉娜决定，她需要娜塔莎投资75 000美元。作为对这项投资的交换，汉娜计划给予娜塔莎40%的公司股份。娜塔莎接受了汉娜的条件，现在公司就有两个股东了。咖啡店的股份总共有100万股，其中娜塔莎拥有40万股，汉娜拥有60万股。

到第2年年末，咖啡店的生意非常好。出售咖啡豆的收入很快就与饮品的销售并驾齐驱。于是汉娜和娜塔莎决定再接再厉，在未来的两年内准备扩张到五家咖啡店。她们决定向银行贷款，而不采取权益融资的方式。每一家新的咖啡店需要投资100 000美元。新店开业要比计划的时间更长，但是到1999年年末，已经有了五家HannaH咖啡店，雇用了30名员工。按计划，此次业务扩张所需资金仅依靠债务融资解决，也即，总计500 000美元的定期贷款，于2004年到期。

风险投资。2000年初，两个股东决定花费一个周末的时间来重新评估初始的经营计划。或许最大的惊喜是咖啡豆的受欢迎程度，大约80%的销售收入来源于咖啡豆的销售。而且，当地的一个连锁超市客户主动与汉娜接触，建议她们在连锁超市里销售咖啡豆。可是HannaH咖啡店当前已经达到了生产极限——烘焙的咖啡豆仅够满足它的五家咖啡店的需求。更重要的是，为了进一步提高咖啡的品质，汉娜建议直接从哥斯达黎加的咖啡农场主那里购买咖啡豆，因为她能够密切地监控那里生产的咖啡豆的质量。然而，超市的建议要求烘焙咖啡豆的产量大幅增长。最后，汉娜和娜塔莎决定改变公司经营的核心，从咖啡饮品和咖啡豆的零售转变为烘焙咖啡豆的批发销售。她们决定不再开设新店，而是投资于一套具有最先进技术水平的烘焙设施。

在以后的几周，汉娜访问了当地的一家名为迪克西伙伴（Dixie Partners）的风险投资公司。考虑到连锁超市对销售烘焙咖啡豆的承诺，迪克西同意向汉娜的公司投资300万美元，用于购置大容量的烘焙设备，并要求取得公司50%的股份。为此，HannaH公司向迪克西公司发行了100万股新股。

进一步的扩张。汉娜的直觉是对的——咖啡的质量好多了。八年内，公司的员工增长到了200名，良好的声誉使得其销售的咖啡比其他品牌的咖啡高出50%的溢价。为给业务扩张融资，迪克西又进行了两次股权投资：在2003年投资400万美元，换取120万股股份，在2006年支付800万美元，获得150万股。而且，2004年定期贷款到期时，又重新延期了5年，在2007年，作为对员工的一部分补偿，公司又额外向员工发行了40万股。

IPO。2008年年初，董事会决定将咖啡豆的配售业务扩张到整个美国，并通过IPO为业务扩张融资。计划先通过IPO筹集2 000万美元的新资本，然后在接下来的一两年内，增发新股再融资2 000万美元。迪克西计划在IPO中卖掉其在HannaH公司所持股份的10%，随后在2009年年末卖出其持有的剩余股份。2008年8月，IPO成功进行，公司以每股12美元的价格出售了200万股股票，其中包括10%的迪克西持有的股份（在IPO中现有其他股东没有出售股份）。

增发新股(SEO)。一年后，在2009年8月，公司实施了现金增发，以每股20美元的价格发行400万股，其中包括最初的股东汉娜和娜塔莎各自的40万股，以及迪克西的200万股。此次卖出的股票中有280万股为现有股票，其余为新发行的股票。股票发行收入的一部分用于偿还定期贷款（SEO时定期贷款到期），其余的发行收入用于持续的全国扩张。2010年前，迪克西已经在二级市场上卖出了其剩余股份，不再拥有HannaH的股份。此次增发中，公司还向员工发行了5万股作为补偿。

杠杆收购。到2010年，公司的财富有所改变。尽管HannaH公司仍然拥有很强的品牌号召力和持续增长的销售额，但它正在经历成长的艰难阶段。汉娜本人不再直接参与经营。股票增发之后，公司雇用了新的CEO——Luke Ignion，负责公司的日常运营，但是事实证明，Luke无法胜任该职务。到2010年年底时，公司的股价已跌至每股5美元。看着自己所持有股份的价值下降到现在的水平，汉娜很沮丧，她认为现在的情形正是购买公司股份的好机会，于是她决定联合其他六位关键雇员，对HannaH公司进行杠杆收购（LBO）。此时，公司流通在外的股份有800万股，有2万股已经授予给公司的关键员工。汉娜和其他关键雇员已经开始购买公司的股份，到宣告LBO时，汉娜拥有50万股，其他关键员工共拥有10万股。他们发出收购要约，将以每股7.5美元的价格回购其余的740万股。为此次回购融资，他们利用了700万美元的股权投资，银行债务和（依据144A规则）私募配售3 000万美元的10年期息票债券（每半年付息1次）。计划在1年内注册私募配售的债券，使之公开交易。该债券在5年后可以被转股和（按面值）赎回。转换比率为50，面值为1 000美元，息票利率为5%。

案例问题

1. 娜塔莎是哪种类型的投资者？

2. 在IPO之前的每个融资阶段（即1985年、2000年、2003年和2006年），计算公司股权的融资前价值和融资后价值。

3. IPO中新发股票的比例是多少？二手股票的比例为多少？

4. 就在IPO后，股价为每股14.5美元。

a. 在这个价格下，整个公司的价值是多少？IPO折价为多少（用百分比表示）？

b. 现有股东的IPO折价成本为多少？

c. 在IPO中，假设没有所有者额外购买公司的股份，那么汉娜拥有的股权比例是多少？在IPO后，其所持股份价值多少？

d. IPO后，公司的债务股权比率是多少？（债务股权比率即债务的账面余额与股权的市场价值之比）

5. 回答下列与 SEO 有关的问题：

a. SEO 中新发股票的比例是多少？二手股票的比例是多少？

b. 假设股票承销商收取的费用率为 5%，汉娜出售其所持股票的所得是多少？公司应募集多少资金才能满足未来投资和偿还定期贷款的需要？

6. 就在 SEO 完成后，公司的股价仍为每股 20 美元。

a. 偿还定期贷款后，整个公司的价值为多少？

b. 汉娜拥有的股权比例为多少？

7. 假设 LBO 成功实施。

a. 要求的银行贷款为多少？

b. LBO 后，公司的债务股权比率为多少？

7. LBO 一年后，在第二次偿还债务之后，可转换债券的交易价格为 950 美元。

a. 它的到期收益率是多少？

b. 它的赎回收益率是多少？

8. 假如在 LBO 的 5 年后，公司状况有所好转。在这段时期，公司偿还了所有银行贷款，并再次上市。公司现在的股价为 60 美元。预测可转换债券的持有者会怎样做？他们的投资价值多少？

第6篇　资本结构与股利政策

第15章　资本结构

第16章　股利政策

与估值原理的联系。公司理财的基本问题之一就是公司应该如何选择它的资本结构，即公司发行的流通在外的债务、股权以及其他证券的组合。公司资本结构选择影响公司价值吗？运用完美资本市场中的估值原理可以证明，只要公司资产产生的现金流保持不变，那么公司的价值，即已发行在外的证券的总价值，就不受资本结构的影响。如果资本结构影响公司价值，那一定是因为存在市场摩擦。第15章的剩余部分将讨论这些摩擦。到本章结束，你将为融资决策时的权衡打下了坚实的基础。

本书的第16章将探讨股利政策问题，即与公司将资本返还给股东的数额、时间以及方式有关的决策。我们还是应用估值原理，先来研究完美资本市场中的股利分配，表明除非这些决策改变了公司产生的未来现金流，否则不会影响股东得到的总价值。本章随后考察税收等市场摩擦及其对股利政策的影响。

第 15 章　资本结构

学习目标

- 考察资本结构在不同行业及公司间如何变化。
- 理解为什么本质上是投资决策，而非融资决策决定了公司的价值和资本成本。
- 描述财务杠杆是怎样提高公司股权的风险的。
- 证明债务怎样通过税收和破产成本影响公司价值。
- 说明债务与股权的最优组合如何权衡债务的成本（包括财务困境成本）与收益（包括纳税优势）。
- 分析债务如何改变管理者选择不同项目的动机以及如何作为信号传递给投资者。
- 管理者决定如何为公司项目融资时要权衡债务的诸多成本和收益。

本章所涉及符号的含义如下：

D（债务的市值）；E（有杠杆公司的股权市值）；EPS（每股收益）；NPV（净现值）；PV（现值）；r_D（债务的期望回报率或资本成本）；r_E（有杠杆股权的期望回报率或资本成本）；r_f（无风险利率）；r_U（无杠杆股权的期望回报率或资本成本）；r_{wacc}（加权平均资本成本）；T_c（边际公司税率）；U（无杠杆股权的市值）；V^L（有杠杆公司的价值）；V^U（无杠杆公司的价值）

克里斯托弗·斯威奇访谈

2007 年 5 月，从宾夕法尼亚州立大学毕业并获得金融学学士学位后，克里斯托弗·斯威奇（Christopher Cvijic）加入摩根斯坦利的 Alternative Investment Partners 公司，担任分析师。摩根斯坦利的这个机构专门从事私募股权基金的投资，通常对一般不在证券交易所上市的公司进行私募投资。克里斯托弗的职责包括分析基金经理以往的业绩、分析某只基金的市场机会及理解和使用投资模型。“我所受的教育使我能够理解每天都在用的基本财务概念，例如净现值、折现现金流分析以及 Excel 技术，”他说，“例如，我运用折现现金流分析来了解我们所投资的公司当前的净现值和资产”。

克里斯强调，理解公司资本结构中股权和债务的作用非常重要。“资本结构决定了分析投资机会时所涉及的资本成本，”他解释道，“通常，与债务融资的纳税优势相比，股权成本相对较高。加权平均资本成本越低，公司的净现值为正的投资机会就会越多。”

公司的资本结构影响投资决策，对机构和个人投资者来说都是如此。“公司的杠杆水平越高，无法偿还债务的风险就越大。处于高风险行业或收益不稳定行业的公司，如生物技术公司，其资本结构中大多数是股权。他们不想在经营环境恶劣时支付固定的利息。有稳定收益和更多实物资产的公司，如公用事业公司，在资产负债表上拥有更多的债务。”

2007 年到 2008 年间，公开市场上的信贷危机，导致更多的公司寻求私募基金。“在投资之前，我们要确保目标公司能够产生用来支付利息的足够现金”，克里斯说，“最近我们在考察一笔生意，其中，赞助商在资本结构中加入了大量杠杆。经过仔细分析，我们发现该公司的现金流仅能勉强支付利息。如果经济环境恶化，它将很可能连固定利息费用都付不起。因此，我们没有投资那个项目。”

注释：上述信息仅代表受访者在访谈当时的个人见解，不必然代表摩根斯坦利公司或公司其他投资组合经理人的观点和看法。这些见解应随形势和市场状况的变化而调整，但上述信息不会更新或修正。

公司需要筹集新的资金进行投资时，必须要确定将向投资者发行证券的类型。制定这项决策时需要考虑哪些因素？这项决策将如何影响公司的价值呢？

考虑第 13 章真实网络公司（Real Networks）为扩张计划筹资而再次发行新股的例子，或第 14 章赫兹公司（Hertz）通过杠杆收购而实质上增加杠杆的例子。更近一些，2007 年夏天，家得宝公司（Home Depot）通过减少股权 220 亿美元、增加债务 120 亿美元而显著改变了它的资本结构。是什么使真实网络的管理者依靠股权为其扩张融资，而赫兹和家得宝却选择增加债务融资？这样的资本结构决策会如何影响公司的价值？

本章首先在完美资本市场假设下探讨这些问题。在完美资本市场中，所有证券被公允定价，没有税收或交易成本，而且公司投资项目产生的全部现金流不受融资方式的影响。尽管现实资本市场并不完美，但这一假设提供了一个重要的基准。

本章的剩余部分探讨违背完美资本市场假设将如何影响我们的结论，接下来研究在第 12 章中简要讨论过的债务的纳税优势如何使债务成为一种有潜在吸引力的融资方式。然后，我们讨论有债务公司所面临的财务困境和破产成本。这项讨论使我们深刻认识到管理者选择债务融资时对债务的纳税优势与财务困境成本的权衡。在讨论过对资本结构有影响的其他因素（包括代理问题和管理层与投资者之间的信息不对称）后，我们对财务经理制定资本结构的决策给出了若干建议。

15.1 资本结构选择

公司发行在外的债务、股权和其他证券的相对比例构成公司的资本结构。公司从外部投资者处筹集资金时，必须选择发行哪种证券并决定采用哪种资本结构。最常见的选择是仅通过股权融资和通过债务与股权的组合融资。公司如何达到它的目标资本结构？财务经理在选择融资来源时应该考虑什么因素？

首要的是，不同的融资选择将承诺未来应付给每个证券持有者不同的金额，以交换当前筹集来的现金。除此之外，公司可能还需要考虑它发行的证券是否能得到市场的公允定价，是否有纳税影响，是否承担交易成本，甚至是否改变公司的未来投资机会。公司的资本结构还受到是否积累现金、偿还债务或派发股利、进行股票回购等决策的影响。在探讨支撑这一分析的理论之前，先介绍实践中的公司融资决策。

各行业的资本结构选择比较

图 15.1 显示了美国股市中各行业的平均债务与公司价值比率。公司的**债务**

与公司价值比率(debt-to-value ratio) $D/(E+D)$ 是指债务在公司总价值中的比重。需要注意的是，各行业财务经理选择的债务水平有所不同：例如，像微软那样的软件公司的杠杆水平远低（相对股权而言更少的债务）于福特之类的汽车制造商。

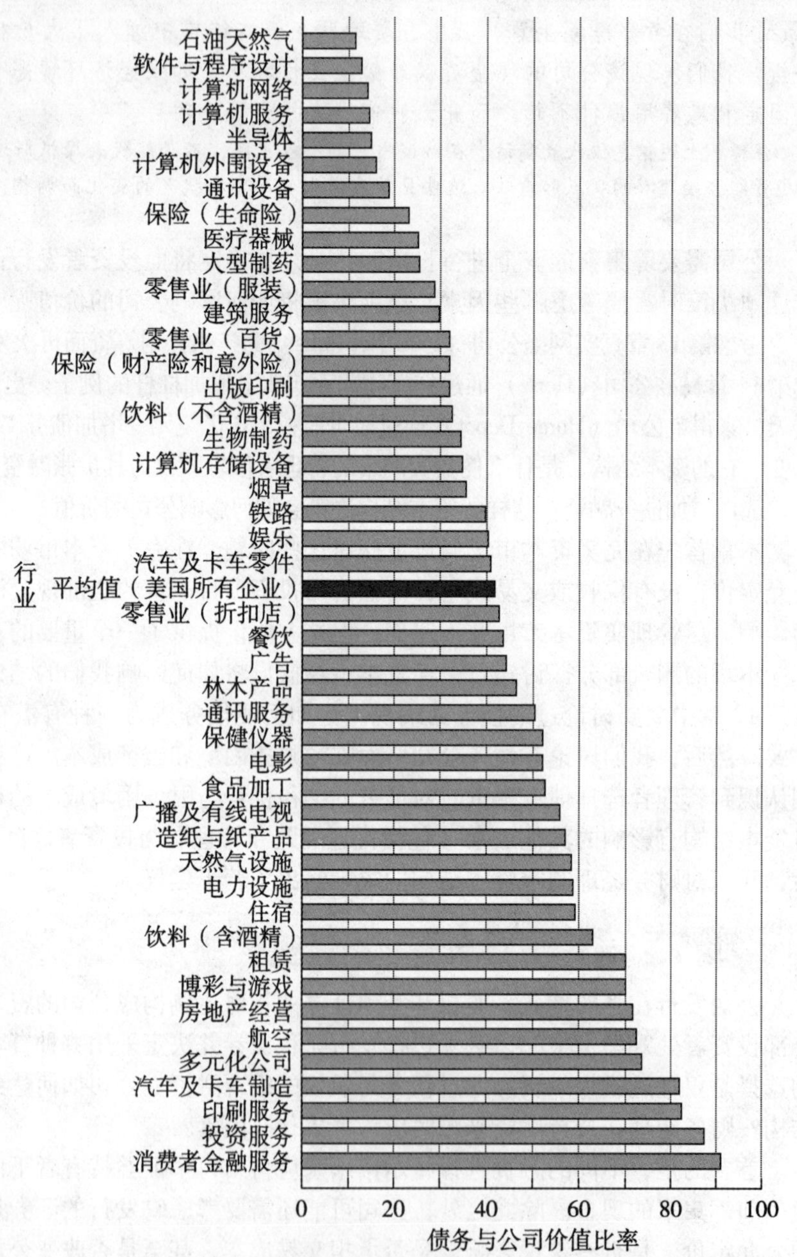

图 15.1 各行业的债务与公司价值比率 [$D/(E+D)$]

注：条形图显示了不同行业的债务与公司价值比率。债务为账面价值，股权为市值。整个美国股票市场债务融资的平均水平大约为 42%，但要注意各行业大不相同。

资料来源：路透社，2007。

行业内的资本结构选择

各行业的资本结构差异显著。甚至在同一行业内，两个相互竞争的公司可能也会对他们的债务与公司价值比率做出不同的选择。例如，如图 15.2 所示，百视达公司（Blockbuster）与网飞公司（Netflix）都处于娱乐业，但资本结构截然不同。如图 a 所示，百视达公司的债务比股权多，而网飞公司没有债务（见图 b）。百视达公司与网飞公司是直接的竞争者，但它们却有着不同的资产和历史。百视达是一开始从事录影带租借业务的传统实体（砖头加马达）公司，而且现在仍然主营这项业务。网飞公司则从来没有实体的零售店面，它所有的业务都是通过在线网络和邮寄进行的。百视达也提供在线/邮寄服务，但只占其全部业务的一小部分。本章将讨论，为什么这些资产和经营计划上的差异会自然地导致我们今天所看到的不同的资本结构。

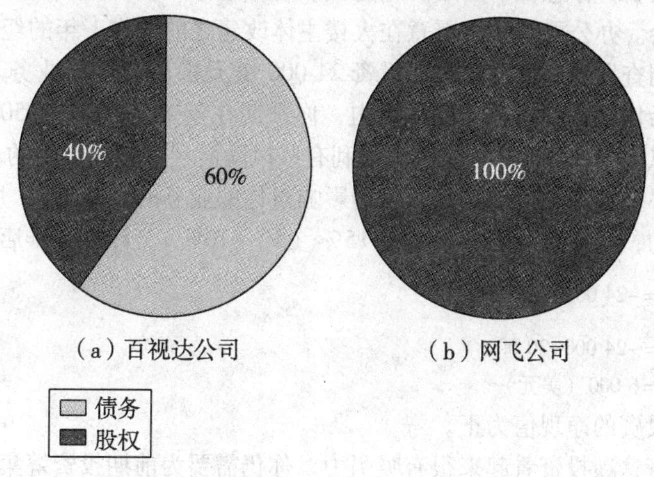

图 15.2　百视达公司与网飞公司的资本结构

注：图（a）和（b）这两个饼形图显示了两家竞争公司——百视达公司与网飞公司——的债务和股权比例。两家公司都从事娱乐行业，这个行业的平均债务与公司价值比率为 40%。即使处在同一行业，两家公司也可以选择不同的债务和股权组合。

资料来源：作者基于谷歌财经提供的数据计算（2008 年 5 月）。

下一节开始研究资本结构分析的重要理论基础，进而分析管理者在考虑资本结构决策时必须权衡的重要现实因素。

> **概念检查**
>
> 1. 公司的资本结构由什么构成？
> 2. 管理者在制定融资决策时必须考虑哪些因素？

15.2　完美资本市场中的资本结构

公司发行债务、股权或其他证券为新投资项目筹资时，它的决策会有很多潜在的影响。到目前为止对财务经理来说最重要的问题是，不同的选择是否会影响公司的价值和它所能筹集的资本数额。首先在一个简单的环境中考虑这个问题——完美资本市场。**完美资本市场**（perfect capital market）是满足如下条件的市场：

（1）证券被公允定价。投资者和公司能够以竞争性市场价格交易相同系列的证券，竞争性的市价等于证券产生的未来现金流的现值。

（2）无纳税影响或无交易成本。没有纳税影响、交易成本或与融资决策或证券交易相关的其他发行成本。

（3）投资现金流独立于融资选择。公司的融资决策不会改变投资所产生的现金流，也不会揭示有关投资现金流的新信息。

完美资本市场的假设可能看上去有些狭隘和不切实际。但从分析完美资本市场下的融资决策开始，将会透彻理解杠杆的真实收益与成本。

应用：为新业务融资

让我们从完美资本市场中的一个可能的融资决策的例子开始。假设你还有1年就离开学校了，你想在毕业之前赚些钱。有人给你提供了在附近办公楼的大厅经营咖啡店的机会。办公楼的业主愿意在大楼主体改建之前给你1年的经营权。

经调查发现，你需要前期投资24 000美元来启动这项业务。在支付经营成本之后，包括付给自己满意的工资在内，你预期在年末会产生34 500美元的现金流。当前的无风险利率为5%。你认为盈利有些风险而且对整体市场的反应敏感（市场表现会影响办公楼中的活动水平，从而影响对你的业务的需求量），所以10%的风险溢价是合适的，这样总的折现率就是15%（5%+10%）。计算咖啡店投资的净现值为：

$$NPV = -24\ 000 + \frac{34\ 500}{1.15}$$

$$= -24\ 000 + 30\ 000$$

$$= 6\ 000\text{（美元）}$$

该投资的净现值为正。

尽管这项投资看起来很有吸引力，你仍需要为前期投资筹集资金。你该怎样筹集资金呢？能够筹到多少数额呢？

股权融资。首先可以考虑仅通过把这项业务的股权卖给朋友和家人的方式来筹集资金。给定估计的现金流，他们将愿意为持有的股份支付多少？回顾前面所学的内容可知，证券的价值等于它的未来现金流的现值。在本例中，公司的股东期望在年末收到34 500美元的支付，与咖啡店产生的现金流具有相同的风险。因此，公司的股权资本成本为15%，股权的当前价值为：

$$PV\text{（股权现金流）} = \frac{34\ 500}{1.15} = 30\ 000\text{（美元）}$$

没有债务意味着没有财务杠杆。无债务公司的股权因此被称为**无杠杆股权**（unlevered equity）。股权现金流的现值是30 000美元，你可以通过卖出公司全部的无杠杆股权来筹集30 000美元。这样做使你在支付24 000美元的投资成本后保持6 000美元的净现值作为利润。换言之，该项目的净现值代表了公司的最初所有者（本例中指的是创业者你）从项目中创造的价值。

杠杆融资。作为替代，你也可以考虑通过借款取得投资所需的部分资金。假设能确定业务产生的现金流至少为16 000美元。你可以按当前5%的无风险利率借款15 000美元。你将在年末偿还债务15 750美元（15 000×1.05），且没有任何违约风险。

此时通过卖出你公司的股权可以筹集多少资金呢？有未偿付债务的公司的股权，称作**有杠杆股权**(levered equity)。偿还债务后，股东期望收到 18 750 美元（34 500-15 750)。用来评估有杠杆股权价值的折现率是多少呢？投资者要求的期望回报率是多少呢？

若使用与以前相同的 15% 的股权资本成本，那么通过卖出有杠杆股权，你可以筹集 16 304 美元（18 750/1. 15)。如果这个结果正确，使用杠杆就可以为你筹集到包括债务在内的总额为 31 304 美元（15 000+16 304）的资金，比没有杠杆时多出 1 304美元。

这样看来，简单地应用杠杆为项目融资就可以使之更具价值。但这听起来好得令人难以置信，确实如此。上述分析是假设增加杠杆后公司的股权资本成本仍保持 15%不变，但正如我们将看到的，事实并非如此——杠杆会增加公司股权的风险并提高股权资本成本。为了弄清楚原因并了解到底会发生什么，下面转向弗兰科·莫迪格利安尼（Franco Modigliani）和默顿·米勒（Merton Miller）的经典理论。

杠杆与公司价值

在一篇重要的论文中，莫迪格利安尼和米勒（Modigliani and Miller，简称 MM）考察了杠杆是否会增加公司的总体价值。这一问题的答案在当时震惊了财务领域的研究者和从业人员。[①] 他们提出，在完美资本市场中，公司的总体价值不应取决于资本结构。理由是：公司的总体现金流——支付给债权人和股东的——始终等于咖啡店的现金流，与前面无杠杆情形下 34 500 美元的期望价值和总体风险相同（如图 15. 3 所示)。由于债务和股权的总体现金流等于无杠杆公司的现金流，根据估值原理可知，二者的市场价值必定相等。具体来说，先前计算的无杠杆公司的价值 V^U 为：

$V^U=34\ 500/1.15=30\ 000$（美元）

因此，有杠杆公司的总价值 V^L（即债务价值 D 与有杠杆股权 E 之和）与 V^U 相等：

$V^L=D+E=30\ 000$（美元）

如果债务的初始市场价值 $D=15\ 000$ 美元（借款额)，则有杠杆股权的初始市场价值一定为：

$E=30\ 000-15\ 000=15\ 000$（美元）

因此，MM 提出，在完美资本市场中，杠杆仅仅改变现金流在债务和股权之间的分配，并不改变公司的总体现金流。他们得出结论：

MM 第一定理：在完美资本市场中，公司的总价值等于公司资产产生的自由现金流的市场价值，它不受公司资本结构的影响。

可以把这一结论写成如下的公式形式：

$V^L=E+D=V^U$ （公式 15. 1）

这个公式表明，公司在有杠杆和无杠杆时的总价值相等。

---

① F. Modigliani and M. Miller, "The Cost of Capital, Corporation Finance and the Theory of Investment," *American Economic Review* 48（3）（1958）：261-297.

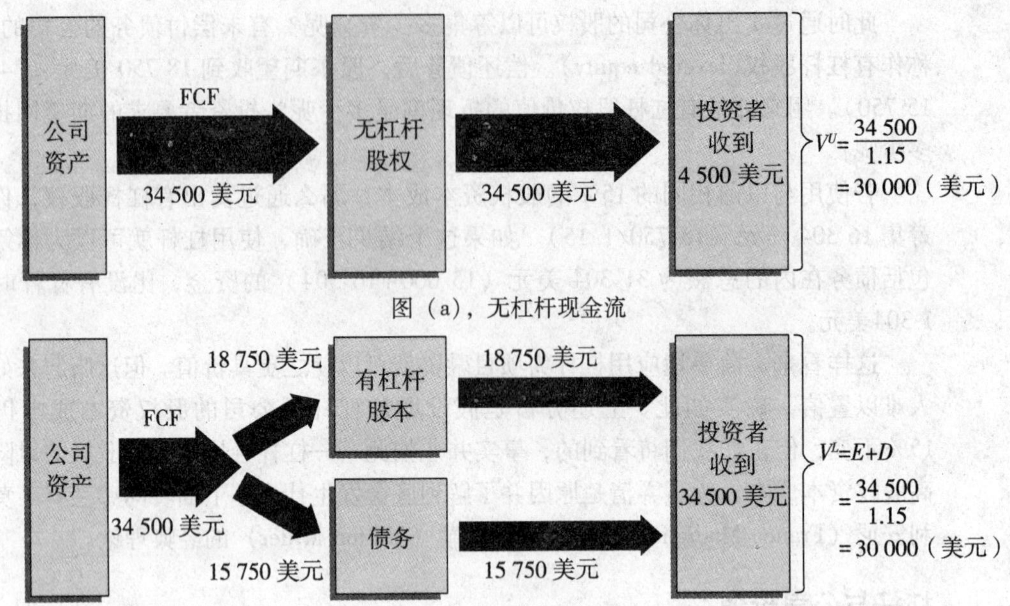

图（a），无杠杆现金流

图（b），有杠杆现金流

图 15.3　完美资本市场中无杠杆现金流与有杠杆现金流的对比

注：公司无债务时，如图（a）所示，支付给股东的现金流相当于公司资产所产生的自由现金流。公司有债务时，如图（b）所示，这些现金流要在债权人和股东之间分割。然而，在完美资本市场中，支付给所有投资者的总额始终等于公司资产所产生的自由现金流。因此，无杠杆公司的价值 V^U 一定等于有杠杆公司的总价值 V^L，即它的债务 D 与有杠杆股权 E 的价值之和。

注意本例中，有杠杆股权的现金流小于无杠杆股权的现金流，所以有杠杆股权的售价将低于无杠杆股权（15 000 美元与 30 000 美元）。然而，有杠杆股权价值低的事实并不意味着你（公司）的处境更糟。你仍然可以通过发行债务和有杠杆股权筹集 30 000 美元——就像仅通过无杠杆股权筹资一样，且仍然可以把筹集到的 30 000 美元与投入的 24 000 美元的差额作为利润。结论是，公司资本结构的这两种选择对你来说无关紧要。

杠杆对风险和回报的影响

MM 的结论与常识相抵触。一般观点认为，即使在完美资本市场中，杠杆也会影响公司价值。特别地，人们认为有杠杆股权的价值应该超过 15 000 美元，因为股权的期望现金流按 15% 的折现率折现后的现值为 16 304 美元（18 750/1. 15）——正如先前计算的那样。然而这一推导并不正确，原因是，杠杆增加了公司股权的风险。以适用于无杠杆股权的 15% 的折现率折现有杠杆股权的现金流是不恰当的。

进一步考察杠杆对公司股权资本成本的影响。如果股东只愿意为有杠杆股权支付 15 000 美元，给定股东 18 750 美元的期望支付，股东的期望回报率为：

有杠杆股权的期望回报率 = 18 750/15 000 − 1 = 0. 25（25%）

这一回报率看上去对投资者有利，但别忘了咖啡店的现金流是不确定的。表 15. 1 考虑了咖啡店可能产生的需求和自由现金流的不同水平，比较以下两种方式下的证券支付与回报率：出售无杠杆股权筹资 30 000 美元；借款 15 000 美元，出售有杠杆股权筹集另外的 15 000 美元。注意，有杠杆回报率与无杠杆回报率大不相同。没有债务时，无杠杆股权的回报率从-10% 到 40% 不等，期望回报率为 15%。有杠杆时，债权人的无风险回报率为 5%，而有杠杆股权的回报率变得更加不稳定——从-25% 到 75% 不等。为了补偿这种更高的风险，有杠杆股权的持有者收到 25% 的更高的期望回报率。

表 15.1　　**有杠杆与无杠杆时的股权回报率**

咖啡店		证券的现金流（美元）			证券的回报率		
需求	自由现金流（美元）	无杠杆股权	债务	有杠杆股权	无杠杆股权	债务	有杠杆股权
弱	27 000	27 000	15 750	11 250	-10%	5%	-25%
期望	34 500	34 500	15 750	18 750	15%	5%	25%
强	42 000	42 000	15 750	26 250	40%	5%	75%

图 15.4 进一步说明了杠杆对回报率的影响。通过增加杠杆，无杠杆公司的回报实际上被分割给低风险的债务与更高风险的有杠杆股权。注意，如果咖啡店的现金流减少，有杠杆股权回报率的下降速度是无杠杆股权的两倍。这个双倍的风险带来双倍的风险溢价：无杠杆股权的风险溢价为 10%（15% -5%），有杠杆股权的风险溢价为 20%（25%-5%）。如本例所示，即使公司不存在违约风险，杠杆也能增加股权的风险。

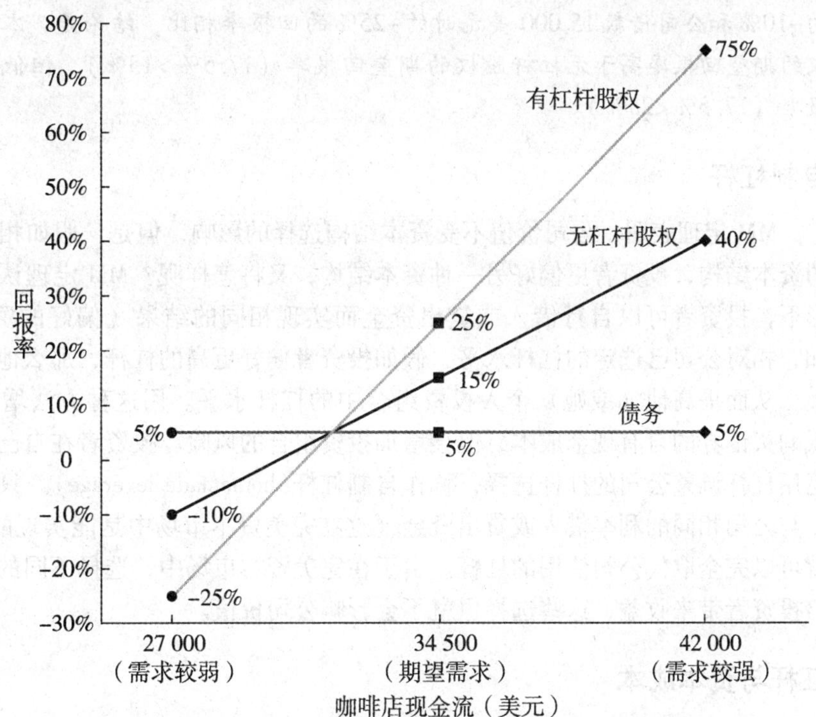

图 15.4　完美资本市场中无杠杆与有杠杆时的股权回报率

注：与无杠杆公司的股权相比，杠杆将公司的回报在低风险债务与高风险的有杠杆股权之间进行分割。本例中，有杠杆股权的回报率对公司现金流的敏感度是无杠杆股权回报率的两倍。双倍的风险意味着风险溢价增加了 1 倍，从 10% 变为 20%。

例 15.1　有杠杆股权的风险和回报

问题：

假设你为咖啡店融资时只借入 6 000 美元债务。根据 MM 定理，股权的价值应该为多少？股权的期望回报率为多少？

解答：

分析：

公司总现金流的价值不变：仍为 30 000 美元。若你借入 6 000 美元，则公司的股权价值为 24 000 美元。为了确定股权的期望回报率，我们将分别计算两种情形下属于股东的现金流。股权现金流等于公司总现金流扣除属于债权人的现金流（本金和利息的偿还）。

计算：

1 年后公司将欠债权人 6 300 美元（6 000×1.05）。

股东的期望支付为 28 200 美元（34 500－6 300），回报率为 17.5%（28 200/24 000－1）。

评价：

尽管公司的总价值不变，本例中公司股权的风险却高于无债务时的风险，但低于借款 15 000 美元时的股权风险。举例说明，如果需求疲软，股东将收到 20 700 美元（27 000－6 300），回报率为－13.75%（20 700/24 000－1）。把这个回报率与无杠杆时的－10% 和公司借款 15 000 美元时的－25% 的回报率相比，结论是，本例中有杠杆股权的期望回报率高于无杠杆股权的期望回报率（17.5% >15%），但低于前例中的回报率（17.5% <25%）。

自制杠杆

MM 定理表明，公司价值不受资本结构选择的影响，但是，假如相对于公司选定的资本结构，投资者更偏好另一种资本结构，又将怎样呢？MM 定理认为，在这种情形下，投资者可以自行借入或贷出资金而实现相同的结果（偏好的资本结构）。例如，相对公司已选定的杠杆水平，假如投资者偏好更高的杠杆，那么他就可以借入资金，从而提高他（或她）个人投资组合中的杠杆水平。用这种方法增加杠杆可以降低购买证券的自有现金成本，但会增加投资组合的风险。投资者在自己的投资组合中运用杠杆调整公司的杠杆选择，称作**自制杠杆**（homemade leverage）。只要投资者能够以与公司相同的利率借入或贷出资金（这在完美资本市场中是能实现的），自制杠杆就可以完全取代公司使用的杠杆。由于在完美资本市场中，选择不同的资本结构不能给投资者带来收益，这些选择也就不会影响公司价值。

杠杆与资本成本

可以利用 MM 的观点去理解杠杆对公司资本成本的影响。回顾图 15.3 和公式 15.1，总体考察有杠杆公司的股权和债务组合，此组合与无杠杆公司有相同的价值和现金流。因此，该组合的期望回报率应该等于无杠杆公司的期望回报率。回顾第 11 章，股权和债务组合的期望回报率等于组合中每种证券的期望回报率的加权平均值。

用 r_E 表示股权的期望回报率，r_D 表示债务的期望回报率，r_U 表示无杠杆股权的期望回报率，得到：

加权平均资本成本（税前）

$$\underbrace{r_E \frac{E}{E+D} + r_D \frac{D}{E+D}}_{\text{税前WACC}} = r_U \qquad \text{（公式 15.2）}$$

$\frac{E}{E+D}$和$\frac{D}{E+D}$的数值分别表示公司价值中通过股权和债务融资的部分，因此，公式 15.2 的左边是公司的加权平均资本成本（WACC），在第 12 章已经定义过。注意，这里的债务成本没有经过纳税调整，这是由于“完美资本市场”假设忽略了税负。不考虑所得税时计算出来的加权平均资本成本，称作**税前 WACC**（pretax WACC）。公式 15.2 表明，选择任何一种资本结构，公司的税前 WACC 保持不变，始终等于公司的无杠杆资本成本。

用咖啡店的例子检验这一结果。有杠杆时，公司的债务资本成本 $r_D=5\%$，股权资本成本上升到 $r_E=25\%$。这个投资组合的权重是多少？在本例中，公司借款 $D=15\ 000$，发行股票的价值 $E=15\ 000$，总价值 $V^L=D+E=30\ 000$。因此，公司的税前 WACC 为：

$$r_E \frac{E}{E+D} + r_D \frac{D}{E+D} = 25\%\left(\frac{15\ 000}{30\ 000}\right) + 5\%\left(\frac{15\ 000}{30\ 000}\right) = 15\%$$

税前 WACC 确实等于公司的无杠杆资本成本，$r_U=15\%$。

为什么公司的加权平均资本成本在杠杆增加后仍保持不变？这是因为杠杆有两种相互抵消的效应：大量增加资本成本较低的债务的融资比例，但同时，杠杆的增加也提高了公司的股权资本成本。公司的总风险没变（它只是在这两种证券间分割），这两种效应正好可以相互抵消，从而使公司的 WACC 保持不变。事实上，可以用公式 15.2 来确定杠杆对公司股权资本成本的准确影响。根据公式求 r_E，得到：

MM 第二定理：有杠杆股权的资本成本

$$r_E = r_U + \frac{D}{E}(r_U - r_D) \qquad \text{（公式 15.3）}$$

或，用文字表述：

MM 第二定理：有杠杆股权的资本成本等于无杠杆股权的资本成本加上与债务股权比率（以市值计算）成比例的风险溢价。

用咖啡店的例子来检验 MM 第二定理。该例中：

$$r_E = r_U + \frac{D}{E}(r_U - r_D) = 15\% + \frac{15\ 000}{15\ 000}(15\% - 5\%) = 25\%$$

这个结果与表 15.1 中计算的有杠杆股权的期望回报率一致。

图 15.5 表明了公司资本结构中杠杆水平的增加对公司股权资本成本、债务资本成本以及加权平均资本成本的影响。在图中，用债务与公司价值比率（debt-to-value ratio）$D/(D+E)$ 衡量公司的杠杆。如果没有债务，WACC 等于无杠杆股权的资本成本。公司以较低的资本成本借入债务时，由公式 15.3 可知，股权资本成本将随之上升。净效应就是公司的 WACC 保持不变。当然，随着债务的增加，存在公司违约的可能，债务变得更具风险性，结果，债务资本成本也将升高。公司的债务水平接近

100%时，债务和公司资产本身会具有几乎相同的风险（类似于无杠杆股权）。即使杠杆升高时债务和股权的资本成本都上升了，但由于债务融资（具有较低成本）的权重更大，WACC仍然保持不变。

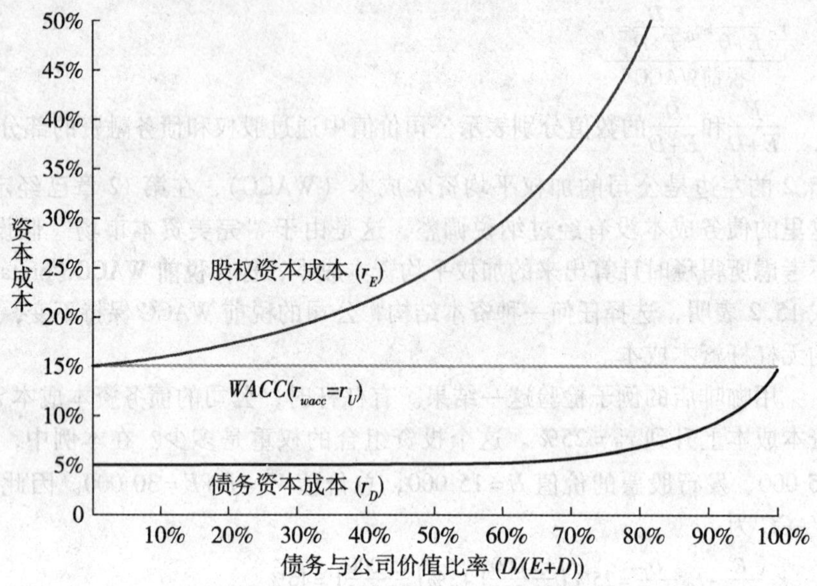

图（a） 不同杠杆水平下的股权资本成本、债务资本成本及WACC

E	D	r_E	r_D	$r_E \frac{E}{E+D}+r_D \frac{D}{E+D}$	$=r_{wacc}$
30 000	0	15.0%	5.0%	15.0%×1.0+5.0%×0.0	15%
24 000	6 000	17.5%	5.0%	17.5%×0.8+5.0%×0.2	15%
15 000	15 000	25.0%	5.0%	25.0%×0.5+5.0%×0.5	15%
3 000	27 000	75.0%	8.3%	75.0%×0.1+8.3%×0.9	15%

图（b）不同资本结构下的WACC数据

图15.5 完美资本市场中的WACC与杠杆

注：图（a）显示了图（b）中咖啡店例子的相关数据。随着公司债务融资比例的增加，股权和债务的风险都加大，它们的资本成本也随之上升。然而由于低成本债务的权重更大，故加权平均资本成本保持不变。

常见错误：资本结构谬论

在此，我们要批判性地看待两种错误的论断，它们有时会被引证用来支持杠杆的使用。

杠杆和每股收益

谬论1：杠杆可以增加公司的预期每股收益；所以杠杆应该也能够提高公司的股票价格。

考虑咖啡店的例子。在这个全权益公司的例子中，如果你发行1 000股股票，每股将价值30美元，期望的每股收益（EPS）为34.50美元（34 500/1 000）。EPS将基于市场需求疲软或强劲的情况而在每股 27 美元到每股 42 美元之间变动。有债务时，如表 15.1 所示，你只需通过出售股权筹集 15 000 美元，需发行 500 股股票，每股价值 30 美元。此时，期望 EPS 为 37.50 美元（18 750/500），在 22.50 美元到 52.50 美元之间变动。如白色和灰色的条形图所示，有杠杆时期望 EPS 更大，但 EPS 的波动也更大。有杠杆时，现金流低时，EPS 降到 22.50 美元，这比无杠杆时 EPS 的下降（降到 27 美元）要大得多。尽管平均而言，EPS 增加了，但这是对股东承担的额外风险的必要补偿。结论是，公司的股价不会因为发行债务而提高。

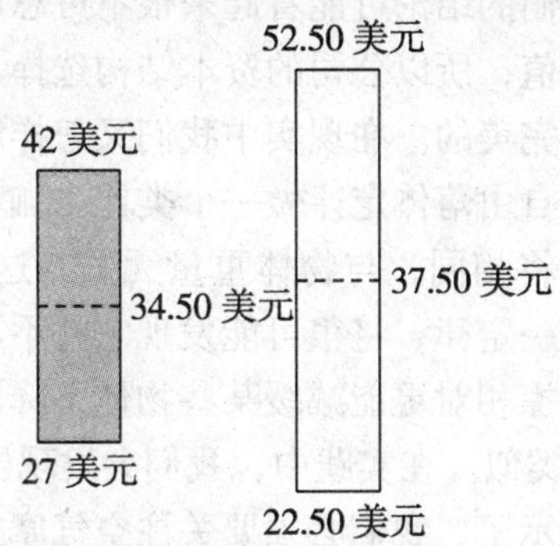

股票发行与稀释

谬论 2：发行新股票将稀释现有股东的所有权，所以应该采用债务融资。股权**稀释**(dilution) 意味着，如果公司发行新股份，那么公司产生的现金流就必须在更多的股份之间进行分配，因而降低了每股价值。

这一推理过程忽略了这样一个事实，即发行新股筹集的资金将会增加公司的资产价值。考虑谷歌公司（Google）2005 年 9 月以每股 295 美元的价格增发 14 159 265 股 A 类股票的例子。谷歌是根据增发新股时在纳斯达克（NASDAQ）上市的谷歌 A 股的市场价格确定股价的。公司筹集的资本额为 4 176 983 175 美元，公司的总价值上升到 60 560 157 355 美元，用这个价值除以现在的总股数（205 288 669 股），得到的每股价格仍为 295 美元。

总之，只要公司以公允价格出售新股，发行股票本身不会给股东带来任何利得或损失。发行股票吸收的资金恰好抵消了股权的稀释。任何与金融交易相关的利得或损失，都来自于公司筹措资金并投资于项目所产生的净现值。

例 15.2　计算股权资本成本

问题：

假设你为咖啡店融资时只借入 6 000 美元。根据 MM 第二定理，你公司股权的资本成本为多少？

解答：

分析：

公司资产的市值为 30 000 美元，根据 MM 第一定理，

股权的市值＝30 000－6 000＝24 000（美元）

根据公式 15.3 计算股权的成本。已知无杠杆股权成本为 $r_U=15\%$，$r_D=5\%$。

计算：

$$r_E = 15\% + \frac{6\ 000}{24\ 000} \times (15\% - 5\%) = 17.5\%$$

评价：

这个结果与例 15.1（也假设债务为 6 000 美元）中计算的期望回报率一致。股权资本成本就是股东的期望回报率。

MM 定理与真实世界

到目前为止，我们的结论可能看起来很不可思议：在完美资本市场中，杠杆不影响资本成本或公司价值，所以公司的资本结构选择是无关紧要的。然而，在真实世界中，资本市场并不是完美的。在现实中我们又怎样解释 MM 的结论呢？

可以用伽利略的自由落体定律做一个类比。伽利略证明了，没有摩擦时，自由下落的物体的下降速度将相同，与物体重量无关，这一结论完全扭转了人们的传统看法。如果你要检验这一定律，将很可能发现它并不严格成立。理由当然就是，除非在真空中，否则空气摩擦相对更能减缓某些物体下降的速度。

MM 的结论与之类似。在实践中，我们会发现资本结构能够影响公司价值。伽利略的自由落体定律揭示了，我们必须要关注空气摩擦，而非重力的任何基本特性，来解释物体下降速度的差异。类似地，MM 定理揭示了，考察资本结构的任何影响也必须要基于资本市场存在的摩擦。本章的剩余部分将探讨市场摩擦的重要来源及其影响。

诺贝尔经济学奖：弗兰科·莫迪格利安尼和默顿·米勒①

弗兰科·莫迪格利安尼和默顿·米勒，MM 定理的两位创始者，他们因对金融经济，包括资本结构定理的研究工作，而分别获得了诺贝尔经济学奖。莫迪格利安尼因他对个人储蓄以及和米勒共同发现的资本结构定理的研究，于 1985 年获得诺贝尔奖。米勒则由于他对投资组合理论和资本结构的分析于 1990 年获得诺贝尔奖。

米勒在一次访谈中曾经这样描述过 MM 定理：

人们常常问：你能简要地总结一下你的理论吗？我说，如果你能理解下面我要讲的事情为什么是一个笑话，那么你就能理解 MM 定理：比萨饼送货员在约吉·贝拉比赛结束后来到他面前，问道："约吉，你想怎么切比萨饼，是切成四份还是八份？"约吉回答道："还是切成八份吧，我今晚饿极了。"

大家都知道这是一个笑话，显然，比萨饼份额的多少和形状不会影响比萨饼的大小。类似地，公司发行的股票、债券和认股权证等都不影响公司的总价值。它们只是以不同的方式分割资产的收益而已。

莫迪格利安尼和米勒分别获得诺贝尔奖，很大程度上是因为他们发现了在完美资本市场中资本结构不影响公司价值的结论。对 MM 定理的直观理解可能像分割比萨饼一样简单，但它们对公司财务的影响却是深远的。MM 定理表明，公司财务政策的真正作用是应对（和可能利用）诸如税收和交易成本等金融市场不完备因素。莫迪格

---

① Peter J. Tanous, *Investment Gurus* (New York: Institute of Finance, 1997).

利安尼和米勒的研究是一系列关于金融市场摩擦研究的开端，本章的剩余内容将考察这些市场摩擦。

> **概念检查**
> 3. 杠杆是怎样影响股权的风险和股权资本成本的？
> 4. 在完美资本市场中，可以通过更多地借债而改变公司的价值或 WACC 吗？

15.3 债务和税收

迄今为止，我们已经在完美资本市场假设下得到了一个基本观点，即公司对项目和投资的选择是决定其价值和风险的主要因素，因此也是决定公司整体资本成本的主要因素。但在真实世界中，市场是不完美的，正是这些不完美因素为公司资本结构创造了存在的价值。本节关注一种重要的市场摩擦——公司所得税，并阐明公司对资本结构的选择是怎样影响其必须支付的税负以及其对于投资者的价值的。

利息抵税与公司价值

正如第 12 章所讨论的，公司可以从应税收益中扣除利息费用。这项扣除减少了纳税额，并因此提高了可以支付给投资者的数额，所以，利息抵税增加了公司的价值。

举例说明，考虑利息费用对一家杂货连锁店——喜互惠公司（Safeway）的纳税影响。在 2006 年，喜互惠的息税前收益为 16.5 亿美元，利息费用为 40 000 万美元。给定公司的所得税税率为 35%，比较喜互惠的实际净利润与假设没有债务时的净利润，如表 15.2 所示。

表 15.2 **喜互惠公司 2006 年有杠杆和无杠杆时的利润** （单位：百万美元）

	有杠杆（实际情形）	无杠杆
EBIT	1 650	1 650
利息费用	-400	0
税前利润	1 250	1 650
所得税（税率为 35%）	-438	-578
净利润	812	1 072

据表 15.2 可知，公司在 2006 年有杠杆时的净利润比（假如）无杠杆时的要低。这样，公司的偿债义务降低了它的股权价值。但更重要的是，公司有杠杆时，公司提供给所有投资者的总收益要更高：

	有杠杆	无杠杆
支付给债权人的利息	400	0
属于股东的净利润	812	1 072
提供给所有投资者的收益	1 212	1 072

有杠杆时，公司共能向投资者支付 12.12 亿美元，与无杠杆时的 10.72 亿美元的支付相比，增加了 1.4 亿美元。

这看上去或许不可思议，尽管公司有杠杆时的净利润相对要低些，但有杠杆时公司的处境却更好。如 15.1 节所述，公司的价值等于它能够向所有投资者筹集的资金的总量，而不仅仅是向能得到收益的股东所筹集的资金。如果公司在有杠杆时可以向投资者支付得更多，那么它最初就应该能够筹集更多的资本。

多出的来自哪里呢？根据表 15.2，我们发现它等于公司有杠杆时的纳税节约 1.4 亿美元（5.78–4.38）。用于支付利息的 4 亿美元税前收益不用纳税，可以于纳税前扣除，于是产生了 1.4 亿美元（35%×4）的纳税节约。

一般来说，投资者从利息支付的税收抵扣中获得的收益称作**利息税盾**（interest tax shield）。利息税盾是假设公司无杠杆时需要交的额外税额，因为有杠杆所以可把这部分节约的税额支付给投资者。可按如下公式计算每年的利息税盾：

利息税盾=公司所得税税率×利息费用 （公式 15.4）

例 15.3 计算利息税盾

问题：

D. F. 建筑商（D. F. Builders，DFB）的利润表如下所示。给定 35% 的边际公司税率，DFB 从 2005 年到 2008 年间，每年的利息税盾是多少？

单位：百万美元

1	年份	2005 年	2006 年	2007 年	2008 年
2	销售收入总额	3 369	3 706	4 077	4 432
3	销售成本	–2 359	–2 584	–2 867	–3 116
4	销售、一般及管理费用	–226	–248	–276	–299
5	折旧	–22	–25	–27	–29
6	营业利润	762	849	907	988
7	其他收益	7	8	10	12
8	EBIT	769	857	917	1 000
9	利息费用	–50	–80	–100	–100
10	税前利润	719	777	817	900
11	所得税（税率为 35%）	–252	–272	–286	–315
12	净利润	467	505	531	585

解答：

分析：

根据公式 15.4，利息税盾等于 35% 的公司所得税税率乘以每年的利息费用。

计算：

单位：百万美元

1	年份	2005 年	2006 年	2007 年	2008 年
2	利息费用	50	80	100	100
3	利息税盾（35%× 利息费用）	17.5	28	35	35

评价：

通过使用债务，DFB 能够降低其应税收益，并因此在 4 年间将总纳税支付减少了 1.155 亿美元，所以，可支付给所有投资者（债权人和股东）的总现金流在 4 年间多出了 1.155 亿美元。

利息税盾的价值

公司使用债务时，利息税盾每年都将产生纳税节约。为了确定杠杆给公司价值带来的好处，要计算公司未来将收到的利息税盾收益流的现值。

如前例所示，公司每年都要支付利息，有杠杆时公司支付给投资者的现金流，要比无杠杆时支付的多，多出的部分就是利息税盾：

有杠杆时投资者的现金流=无杠杆时投资者的现金流+利息税盾

图 15.6 表明了这种关系。观察每 1 美元的税前现金流是如何被分割的。公司用一部分现金流支付税款，其余支付给投资者。由于利息支出增加了对债权人的支付，所以应纳税的税前现金流减少了。流向所有投资者的总现金流的增加就是利息税盾。①

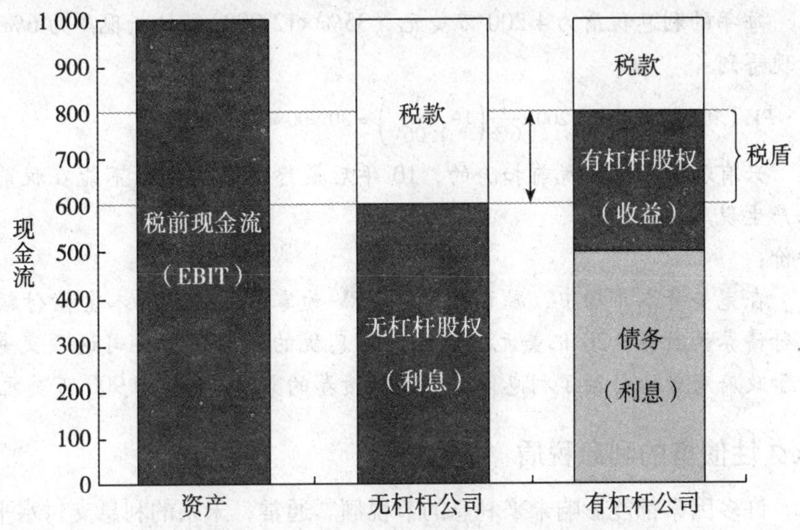

图 15.6　公司无杠杆和有杠杆时的现金流

注：通过利息支付，增加向债权人支付的现金流，可导致公司支付的税费减少。支付给所有投资者的总现金流的增加就是利息税盾（此图假定边际公司税率为 40%）。

有杠杆公司的现金流等于公司无杠杆时的现金流与利息税盾之和，根据估值原理，这些现金流的现值也必定相同。用 V^L 和 V^U 分别表示公司有杠杆和无杠杆时的价值，存在税收时，对 MM 第一定理进行如下调整：

由于债务带来的纳税节约的现值，故有杠杆公司的总价值超过了无杠杆公司的价值：

$V^L=V^U+PV$（利息税盾）　　（公式 15.5）

显然，使用债务融资存在重要的避税优势，但这种避税收益有多大？为了计算由利息税盾引起的公司总价值的增加，需要预测公司的债务以及支付的利息以后将如何变化。在预测未来利息支出的基础上，就可确定利息税盾，然后用与其风险相适应的折现率将其折现，计算出它的现值。

例 15.4　估计利息税盾

问题：

假设例 15.3 中的 DFB 公司通过发行 10 年期的债券借款 20 亿美元。公司的债务资本成本为 6%，它需要在未来的 10 年内每年支付 12 000 万美元的利息，在第 10 年

① 如果投资者的利息收益税率高于资本利得税率，这项债务的个人所得税纳税劣势将部分地抵消债务的公司所得税纳税优势。

年末偿还20亿美元的本金。在此期间，DFB的边际公司税率保持35%不变。利息税盾可以使DFB的价值增加多少？

解答：

分析：

本例中，利息税盾持续10年，可将其视为10年期的年金。纳税节约额的风险与产生它们的债务的风险相同，故可用公司的债务资本成本6%将其折现。

计算：

每年的利息税盾为4 200万美元（35%×12 000）。按折现率为6%的10年期年金折现得到：

$$PV\text{（利息税盾）}=4\ 200\times\frac{1}{6\%}\left(1-\frac{1}{1.06^{10}}\right)=30\ 900\text{（万美元）}$$

只有利息是可以税前扣除的，10年后最终本金的偿付不能在税前扣除，本金不会产生税盾收益。

评价：

在完美资本市场中，融资交易的NPV为零——利息和本金偿付额的现值恰好为发行债券的数额：20亿美元。然而，利息税的扣除使得公司这项交易的NPV为正。由于政府有效地补助了利息偿付，发行债券的NPV可达30 900万美元。

永久性债务的利息税盾

许多因素都能影响未来利息的节税额。通常，未来的利息支付水平根据以下情况而变：

①公司未偿付的债务余额的变化；

②公司债务利率的变化；

③公司边际税率的变化；

④公司可能违约并导致不能偿还利息的风险。

在此我们并不考虑所有的可能性，而只考虑公司发行债务（债券）并计划保持债务余额不变的特殊情形。

比如，公司可能发行永久性的统一债券，只支付利息，从来不需要偿还本金。更现实地，假设公司发行短期债券（如5年期的息票债券），本金到期时，公司可以通过发行新债筹集需要偿还的本金。这样一来，无论本金何时到期，公司永远都不需要偿还本金，只需简单地再融资即可。在这种情形下，债务实质上是永久性的。

许多大公司的政策规定，公司资产负债表上要维持一定数额的债务。随着旧的债券和贷款的到期，公司将借入新贷款并发行新债券。这里要考察，未偿付债务的数额固定而不随公司规模变动时，债务利息税盾的价值。

正如第6章所述，如果债务被公允定价，由估值原理可知，债务现在的市场价值一定等于未来利息支出的现值：①

债务的市值 = D = 未来利息支出的现值　　　　（公式15.6）

---

① 即使利率会波动，债务有风险，但只要任何新债也是被公允定价的，等式15.6就依然成立。该等式只是要求公司永远不会偿还债务的本金（或者再融资，或者违约）。

如果公司的边际税率（T_c）是固定的，则会得出下面的一般表达式：

永久性债务的利息税盾的价值

$$PV（利息税盾）= PV（T_c \times 未来利息支出）$$
$$= T_c \times PV（未来利息支出）$$
$$= T_c \times D \quad （公式 15.7）$$

公式 15.7 表明了利息税盾的大小。给定 35% 的公司税率，公司每新发行 1 美元的永久性债务，公司的价值就将增加 0.35 美元。

杠杆与有税时的 WACC

还有一种可以把公司未来的利息税盾收益考虑进来的方法。回顾第 12 章，有税时的 WACC 定义为：

有税时的加权平均资本成本

$$r_{wacc} = r_E \frac{E}{E+D} + r_D（1-T_c）\frac{D}{E+D} \quad （公式 15.8）$$

在公式 15.8 中，通过调整公司的债务成本来加入利息税盾的收益。如果公司债务的利率为 r_D，则得到的利息税盾为 $T_c \times r_D$，实际的税后债务成本因此降为 r_D（$1-T$）。把公式 15.8 与表示税前 WACC 的公式 15.2 相比，我们发现，公司税降低了债务融资的实际成本，从而转化为加权平均资本成本的降低。实际上，公式 15.8 表明：

$$r_{wacc} = \underbrace{r_E \frac{E}{E+D} + r_D \frac{D}{E+D}}_{税前WACC} - \underbrace{r_D T_c \frac{D}{E+D}}_{利息税盾的抵减} \quad （公式 15.9）$$

WACC 随着债务融资的增加而降低。公司的杠杆水平越高，公司利用的债务抵税优势就越多，WACC 也就越低。图 15.7 表明 WACC 随财务杠杆的增加而降低。图 15.7 中还给出了税前 WACC（与图 15.5 一样）。

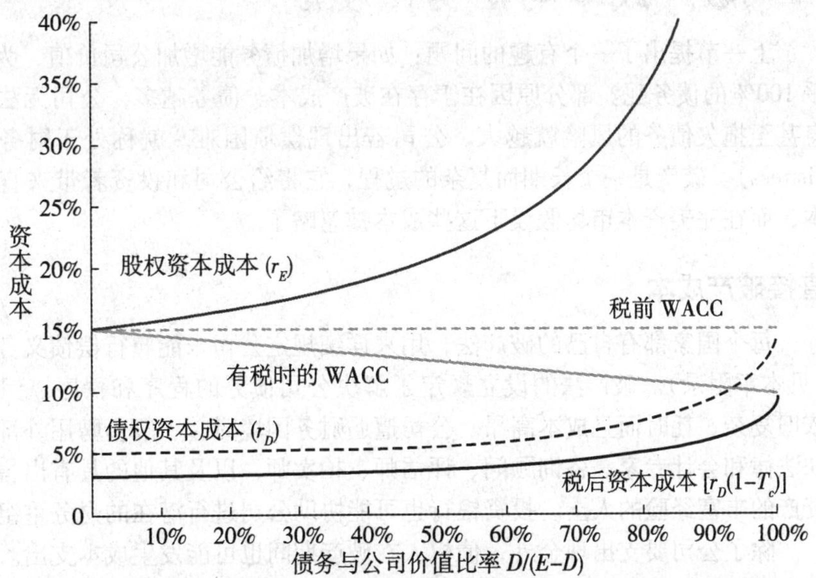

图 15.7　有公司税与无公司税时的 WACC

注：根据公式 15.9，将 WACC 视为杠杆的函数来计算。税前 WACC 是恒定的，有税时，WACC 随公司加大对债务融资的依赖和利息税抵减收益的增加而降低。该图假设边际公司所得税税率为 35%。

债务和税收：底线

本节我们已经看到，计算公司税时利息费用的扣除产生了债务融资的一个优势。可以用两种方法计算这种好处对公司的价值。

第一种方法是，预测公司未来的利息税盾并确定其现值。这种方法在债务余额永远保持不变时显得特别简单，此时税盾的价值等于 $T_c \times D$。

第二种方法是，利用 WACC 将利息税盾加进公司资本成本的计算中。与税前 WACC 不同，有税时的 WACC 由于利息税盾的作用，随杠杆的增加而降低。用这个较低的折现率去计算公司或投资的自由现金流的现值，现值会更高，高出的部分反映了未来利息税盾的收益。公司调整债务以使一段时间内的债务融资比例（债务与公司价值比率）保持不变时，应用第二种方法最简单。

综上所述，评估公司或投资项目的价值时，可使用以下任何一种方法来体现利息税盾的收益：

（1）先用税前 WACC 折现自由现金流，然后加上预期未来利息税盾的现值；

（2）用有税时的 WACC 折现自由现金流。

使用任何一种方法我们都会发现，公司价值随杠杆增加。与完美资本市场假设下的不同，此时资本结构会影响公司价值。但现在面临一个新的难题：既然存在纳税收益，为什么公司不完全依靠债务融资呢？

概念检查

5. 利息税的抵减如何影响公司价值？
6. 公司的 WACC 如何随杠杆而变化？

15.4 破产成本与财务困境成本

上一节提出了一个有趣的问题：如果增加债务能增加公司价值，为什么不使用几乎 100% 的债务呢？部分原因在于存在破产成本。债务越多，公司无法偿付要求的利息甚至拖欠债务的风险就越大。公司若出现偿债困难，就称处于**财务困境**(financial distress)。破产是一个长期而复杂的过程，它将给公司和投资者带来直接和间接的成本，而在完美资本市场假设下这些成本被忽略了。

直接破产成本

每个国家都有自己的破产法，用来详细规定公司未能履行偿债义务时的处理程序(见本章附录)。破产法的设立规定了解决公司债务的程序和秩序，但是，破产程序依旧复杂、耗时而且成本高昂。公司遭遇财务困境时，一般会聘用外部专业人士，诸如法律和会计专家、咨询顾问、评估师、拍卖师，以及其他的具有出售财务困境公司资产的丰富经验的人士。投资银行也可能协助公司进行潜在的财务重组。

除了公司要支出现金外，债权人在破产期间也可能发生成本支出。在重组的情况下，从公司重组计划被批准到得到支付，债权人往往需要等上好几年。为了确保他们的权利和利益得到保护，协助他们在拟议的重组中对求偿权准确估值，债权人可能会耗资寻求独立的法律代表和专业顾问的帮助。

研究表明，公司的平均直接破产成本大约占破产前公司总资产市值的3% ~4%。对那些经营业务更加复杂、债权人数量更多的公司而言，成本可能会更高，这是因为在关于公司资产的最终处置方面，要在众多债权人之间达成一致意见要更加困难。破产程序的许多方面与公司规模无关，从百分比来看，小公司的直接破产成本显得更高。

公司破产使专家大赚

聘请专门协助财务困境公司的外部专家是十分昂贵的。安然公司（Enron）进入破产环节时，据报道每月在法律和会计服务上花费高达3 000万美元，总耗资最终超过7.5亿美元。世界通信公司（WorldCom）为了重组为MCI公司，支付了6.57亿美元的咨询费。从2003年到2005年，美国联合航空公司（United Airlines）向一个由三十多家咨询公司组成的团队，支付了平均每月860万美元的有关破产重组的法律和专业服务费。无论是由公司还是由债权人支付，这些直接破产成本都会减少公司投资者最终将获得的资产的价值。在安然的例子中，重组成本接近于公司资产价值的10%。

资料来源：Julie Johnsson, "UAL a Ch. 11 Fee Machine," *Crain's Chicago Business*, June 27, 2005.

财务困境的间接成本

除了破产的直接的法律和管理费用外，还有许多其他的与财务困境相关的间接成本（不论公司是否已经正式申请破产）。这些成本难以准确计量，但它们通常比破产的直接成本高得多。

间接破产成本经常发生，因为公司处于财务困境时，可能会违背隐性的以及显性的承诺和合同。例如，破产的软件制造商不需要再履行产品支持的义务。了解到这点，依赖这些产品支持的客户会选择从破产概率低的公司（即具有低杠杆的公司）处购买软件。很重要的一点是，即使公司还没有陷入财务困境，只是在未来面临破产的重大可能性，这时也会发生许多间接成本。考虑下面的例子：

（1）客户的流失。破产可能导致公司无力履行对客户未来的承诺，尤其对于产品价值依赖于公司的未来支持和服务的产品，客户也许不再愿意购买。

（2）供应商的流失。如果供应商担心得不到支付的话，就不再愿意向公司提供存货。例如，瑞士航空公司（Swiss Air）在2001年由于财务问题，导致供应商拒绝为其飞机提供燃料，公司被迫关闭。

（3）员工的成本。经常被大量报道的重要成本之一是财务困境引起的员工成本。大多数公司与员工签订明确的长期雇佣合同，或者做出关于工作保障的隐含承诺。然而，在公司破产期间，这些合同和承诺经常会被忽略，大量员工将失业。考虑到这一点，员工不太愿意为破产风险高的公司工作，如果这么做了，也会因此要求更高的补偿。高杠杆公司雇用和留住核心员工的成本可能会很高：太平洋燃气和电力公司（Pacific Gas and Electric Corporation）在2003年破产期间，为了挽留17位核心员工而实施的挽留计划耗资8 000多万美元。

（4）资产的"救火式"出售。陷入财务困境的公司可能被迫迅速出售资产以筹集现金，公司极可能接受低于资产对公司的实际价值的价格。债权人对公司资产价值的预期比管理层悲观时，这种成本可能很高，而且债权人甚至会强迫公司以更低的价格清算。

总体而言，财务困境的间接成本可能是巨大的。格雷格·安德雷德（Gregor Andrade）和斯蒂芬·卡普兰（Steven Kaplan）对高杠杆公司的研究发现，财务困境造成的潜在损失估计占公司价值的10%～20%。严重的是，即使公司还没有陷入财务困境而只是面临未来陷入财务困境的重大可能性，这时也会发生许多间接成本。

概念检查

7. 直接破产成本有哪些？
8. 为什么财务困境的间接成本可能比直接破产成本更重要？

15.5 最优资本结构：权衡理论

现在，我们可以综合考虑财务杠杆的利息税盾收益与财务困境成本，以确定公司为最大化公司价值而应该发行的债务额度。这一分析被称作权衡理论，即对有杠杆公司的债务税盾收益和财务困境成本两者进行权衡。这一理论有时也被称为静态权衡理论。

根据**权衡理论**(tradeoff theory)，有杠杆公司的总价值等于公司无杠杆时的价值加上债务抵税收益的现值，再减去财务困境成本的现值：

$$V^L = V^U + PV(\text{利息税盾}) - PV(\text{财务困境成本}) \quad (\text{公式 } 15.10)$$

公式15.10表明，杠杆既带来成本又带来收益。公司有动机提高杠杆水平以利用债务的税盾收益。但如果借债过多，公司很可能违约，遭致财务困境成本。

公司间的差异

我们在第15.3节中已经知道了怎样计算利息税盾收益，但要想准确地计算财务困境成本的现值不太可行，即使可行也是非常困难的。财务困境成本的现值由两个重要的定量因素决定：（1）发生财务困境的概率；（2）与公司将遭遇的财务困境有关的直接和间接成本的大小。

财务困境发生的概率和成本大小又取决于什么？财务困境成本的大小取决于这些成本来源的相对重要性，而且，成本大小也因行业而异。例如，科技公司的财务困境成本可能会很高，这是由于潜在客户和核心员工的流失以及缺乏容易清算的有形资产所致。相反，房地产公司的财务困境成本可能会较低，因为公司价值大多来自于必要时可被出售的有形资产（土地和建筑物）。这不足为奇，回顾图15.1可见，这两个行业拥有不同的杠杆政策：科技公司的债务水平很低，而房地产公司则倾向于高杠杆。类似地，由图15.2可见，百视达公司有大量债务，网飞公司则没有债务。百视达拥有商店和土地，这些资产在必要时可变卖以满足债权人的要求。网飞有分销设施，但无非是一些录像机，几乎没有其他可用来变卖以满足债权人要求的资产。

财务困境发生的概率取决于公司将无力履行债务义务因而违约的可能性。财务困境出现的概率随着公司负债的增加而增加（相对于公司的资产），它还随公司现金流和资产价值的波动而加大。可以推论，现金流稳定可靠的公司，比如公用事业公司，就有能力借较多的债务，而同时，违约的概率仍然非常低。价值和现金流的波动性很高的公司（如半导体公司），必须使用较少的债务以避免显著的违约风险。

最优杠杆水平

图 15.8 表明了，依据公式 15.10，有杠杆公司的价值 V^L 是如何随永久性债务 D 的变化而变化的。没有债务时，公司的价值为 V^U。债务水平低时，违约风险仍然较低，提高杠杆水平的主要影响表现为利息税盾收益的增加，利息税盾的现值为公式 15.7 中所示的 T_cD。假如没有财务困境成本，公司价值将随着债务水平持续增加，直到利息支出超过公司收益、利息税盾收益被耗尽时为止。

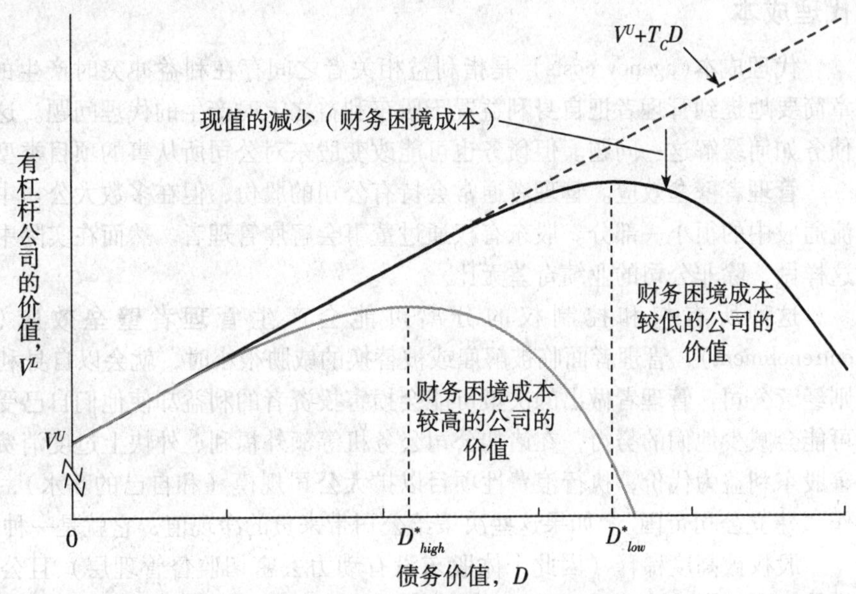

图 15.8　有税收和财务困境成本时的最优杠杆水平

注：随着债务的增加，债务的税盾收益增加，直到利息费用超过息税前收益时停止。然而违约概率和财务困境成本的现值也增加。上述两种效应恰好相抵时，债务水平达到最优的 D^*，有杠杆公司的价值最大。对那些财务困境成本较高的公司而言，D^* 相对要低些。

财务困境成本减少了有杠杆公司的价值 V^L，价值减少量随着违约概率的增加而增加；违约概率也随着债务水平 D 的增加而增加。权衡理论认为，公司应该提高杠杆直到债务水平达到 D^*，公司价值 V^L 实现最大化。在 D^* 这一点，杠杆提高产生的节税收益，恰好被违约概率上升引发的财务困境成本所抵消。

图 15.8 还表明了两类公司的最优债务选择。财务困境成本较低的公司选择的最优债务水平用 D^*_{low} 表示；财务困境成本较高的公司的最优债务水平用 D^*_{high} 表示。财务困境成本较高的公司最好选择较低的杠杆水平，这不足为奇。

权衡理论有助于解释有关杠杆的两个重要事实：

（1）财务困境成本的存在可以解释，为什么公司选择的债务水平过低以至于不能充分利用利息税盾。

（2）财务困境成本的大小和现金流的波动性能够解释不同行业间杠杆水平的差异。

概念检查

9. 根据权衡理论，财务经理如何为公司确定正确的资本结构？
10. 为什么不同行业的管理者会选择不同的资本结构？

15.6 杠杆的其他后果：代理成本和信息

实践中产生的资本市场摩擦不仅仅包括税收和财务困境成本。本节继续放宽完美资本市场的假设，考察资本结构影响公司价值的其他途径。本节将先讨论杠杆如何改变管理者的动机及投资决策，然后分析公司的利益相关者拥有不同信息的复杂性。

代理成本

代理成本（agency costs）是指利益相关者之间存在利益冲突时产生的成本。第1章简要地提到管理者把自身利益置于股东利益之上时产生的代理问题。这里我们讨论债务如何缓解这一问题。但债务也可能改变股东对公司所从事的项目类型的偏好。

管理者壁垒效应。管理者通常会持有公司的股份，但在多数大公司中他们只持有流通股中的很小一部分。股东有权通过董事会解雇管理者。然而在实际中，股东很少这样做，除非公司的业绩奇差无比。

这种所有权和控制权的分离可能会产生**管理者壁垒效应**（management entrenchment），管理者面临被解雇或被替换的威胁很小时，就会以自身利益最大化原则经营公司。管理者做出的决策可能会损害投资者的利益却使他们自己受益。管理者可能会减少他们的努力，在诸如公司公务机等额外福利、外快上过度消费，或者以损害股东利益为代价，执行浪费性项目以扩大公司规模（和自己的薪水），这经常被称作“建立公司帝国”。如果这些决策给公司带来负的净现值，它就是一种代理成本。

股权被高度稀释（因此个体股东没有动力去密切监督管理层）且公司有大量可供管理者投资于浪费性项目的现金时，这些代理成本最可能发生。债务可以从两方面降低代理成本：第一，通过借款而不是发行股票筹集资金，公司的所有权保持集中，可加强对管理层的监督。第二，通过强制公司付出现金以偿付本金和利息，债务减少了管理层可自由支配的资金。管理者若想进行浪费性投资，必须要有现金才行。只有当现金紧张时，管理者才有动力尽可能有效地经营公司。因此，财务杠杆可以为管理者高效运营公司提供动力。这些好处激励公司使用债务融资而不是股权融资。

航空公司对财务困境的利用

为了产生足够支付利息的现金流，管理者运营公司时可能会受到束缚，他们不得不采取比没有财务困境威胁时更合理的经营策略，付出更多的努力。例如，2003年4月，美国航空公司（American Airlines）与工会进行劳资谈判时，公司认为更高的成本会导致公司破产，从而成功削减了工资（与此类似，2004年11月，达美航空（Delta Airlines）说服了飞机驾驶员接受33%的工资削减）。若没有财务困境的威胁，美国的经理们可能不会这么快地与工会达成一致，或者无法实现同样的工资削减。

拥有较高杠杆的公司可能会成为更强劲的竞争者，并且在保护市场份额上表现得更激进，因为公司不能使自己陷入破产的威胁。这种激进的行为会吓跑潜在的竞争对手（然而，这种观点反之也成立，如果一家公司由于杠杆过高而实力受到削弱，则有可能因为财务脆弱性而在竞争中垮掉，市场份额被其他公司所蚕食）。

股东与债权人的冲突。公司有杠杆（债务）时，如果投资决策对股权价值和债务价值产生不同的影响和后果，就会发生利益冲突。公司陷入财务困境的风险高，这样的利益冲突最有可能发生。在某些情形下，管理者可能会采取一些使股东受益但会损害债权人利益的行动，结果导致公司的总价值下降。

为了说明这一点，假如你是陷入财务困境、很可能拖欠债务的公司的股东。你可以照常经营下去，但很可能会失去你所拥有股份的价值以及对公司的控制权，公司将由债权人接管。或者你也可以：

（1）跟自己赌一把，投资于一个可能挽救公司的高风险项目，即使它是一个正常情况下你不会选择的、预期收益差的项目。

（2）保存资金，而不是将其投资于有前景的新项目。

（3）在债权人接管公司之前，发放现金，将公司资本尽可能多地分配给股东。

你为什么要赌一把？即使项目失败，你的处境也不会更糟，因为你不管怎样都会违约。而一旦项目成功，你就避免了违约并保留了公司的所有权。这种动机导致了**过度冒险**(excessive risk-taking)，这种情形发生在公司快陷入困境时，此时股东有动机投资于 NPV 为负的高风险项目，但这样的项目会破坏债权人价值和公司的总价值。预料到这种行为，所以证券持有者（债券持有者）最初为公司支付更低的价格。对于容易加大投资风险的公司来说，这种成本可能是最高的。

另一方面，违约很可能发生时，公司也许会在违约之前放弃好的项目，这是因为项目的大部分收益将会流向债权人（通过降低风险或违约程度的方式）。例如，若公司为某个项目投资 100 美元，该项目将使债务价值增加 30 美元，股权价值增加 90 美元，项目的净现值为 20 美元（30+90-100）。但股东不愿意为该项目筹资，因为他们的收益（90 美元）少于项目成本 100 美元。在这种情形下，存在**投资不足问题**(under-investment problem)：股东不投资于净现值为正的项目，这是因为公司陷入财务困境时，实施投资机会所带来的收益将归属于债权人而不是股东自己。这种行为将对债权人和公司的总价值造成损害，因为公司放弃了投资机会的净现值。对于那些未来可能有大量的盈利性增长机会需要投资的公司而言，这种成本将更高。

财务困境与赌博——真实事例

建立联邦快递公司（FedEx）不久后，创始人弗雷德里克·史密斯就极度缺乏现金，公司处于停业的边缘。问题在于过高的固定成本（飞机、分拣设备的消耗，快递员的工资等）和过低的初始营业额（经营第一天只邮递了 186 个包裹）。于是史密斯便去拉斯维加斯玩二十一点（一种扑克牌游戏）。他用赌赢的钱（大约 27 000 美元）支付了雇员的工资，接下来的事情大家就都知道了。

资料来源："Frederick W. Smith：No Overnight Success，" *Business Week*，September 20，2004.

投资不足的最终形式是抽逃现金。股东知道他们可能会失去公司而被迫将其移交给债权人时，他们就有动机在公司破产和转移控制权之前，尽可能多地从公司撤回资本。一个极端的例子是，变卖公司全部资产并将所得作为特别红利分配给股东。公司将像毫无价值的空壳一样进入破产程序。正如第 14 章所讨论的，债券持有者会预料到这个问题，他们通常要求限制红利的发放规模和资金来源。

我们的讨论显示，可以建立一个更完整的资本结构权衡模型，该模型除了考虑税盾收益和财务困境成本外，还要纳入可能的债务代理成本和收益。图 15.9 显示了这个表示最优杠杆水平的权衡模型。债务水平过低时，增加杠杆可以提高公司价值，因为这能带来税盾收益，并能激励管理者更有效地运营公司（以及避免浪费性投资）。但是如果债务水平过高，公司可能会产生财务困境成本并遭遇过度冒险和投资不足问题。最优的债务水平 D^* 是通过平衡杠杆的积极影响与消极影响，从而使公司价值达到最大的点。

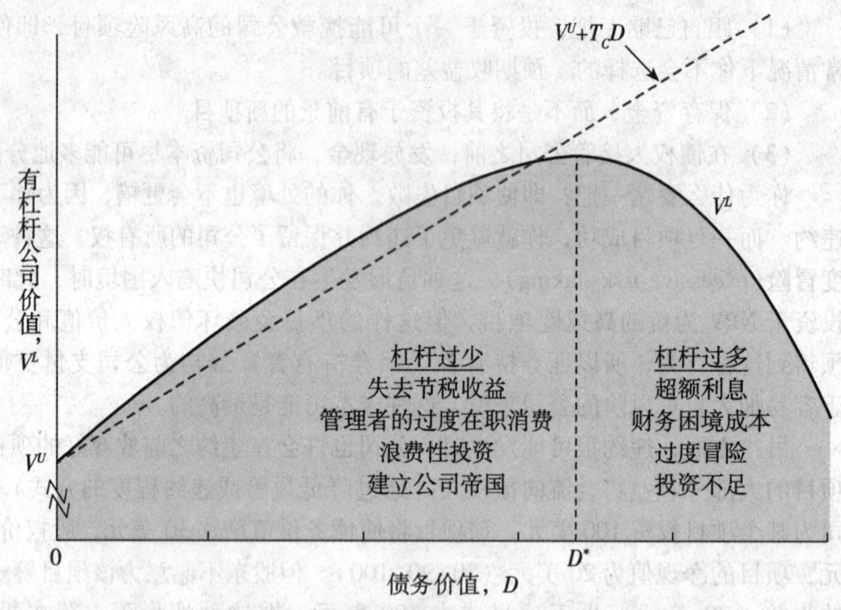

图 15.9　考虑税收、财务困境成本和代理成本时的最优杠杆

注：随着债务水平的增加，公司价值由于利息税盾（T_cD）和管理者激励的改进也随之增加。然而，如果杠杆过高，财务困境成本以及债权人和股东之间因利益冲突而产生的代理成本的现值居于主导地位，从而降低了公司价值。在最优债务水平 D^* 下，杠杆的收益和成本达到均衡。

债务和信息

最后要研究的市场摩擦与信息的作用有关。综观本章，我们假定管理者、股东和债权人拥有相同的信息。我们还假设证券是公平定价的，即公司股票和债务是根据它们真实的内在价值定价的。这些假设在公司理财实践中也许并不总是准确的。由于**信息不对称**(asymmetric information)，管理者很可能比外部投资者掌握更多的关于公司及其未来现金流的信息。这种信息不对称可能会激励和影响管理者的资本结构决策。

作为可靠信号的杠杆。为了使股票市场相信公司有好的项目，公司可能会承担未来大量的债务偿付的义务。如果项目好，那么公司的债务偿付就不会有麻烦。但是，如果公司发表虚假声明，公司没有成长，公司在向债权人偿付时就会遇到大麻烦而遭遇财务困境。财务困境对公司的代价很高，对公司管理者也是如此，他们可能会丢掉工作，因此，管理者可通过使用杠杆这种方式，使投资者相信他们确实知道公司未来会成长——即使他们不能提供有关成长源泉的可验证的细节信息。投资者会将公司杠杆水平的增加视为管理者信心的一个可靠信号。运用杠杆向投资者传递好消息，这被称为**债务的信号传递理论**(signaling theory of debt)。

市场时机选择。管理者比外部投资者对于公司价值有更好的了解时，他们可能会试图进行**市场时机选择**(market timing)。公司管理者认为股价被高估时，会发行新股；认为股价被低估时，会依靠债务及留存收益融资（也可能回购股票）。以这种方式成功选择市场时机的管理者，能够在股票被错误定价时，通过交易公司的股票使长期股东受益。管理者试图选择发行新股权（降低杠杆）或新债务（增加杠杆）的市场时机时，公司的资本结构将会改变。结果是，公司的资本结构可能高于或低于权衡理论所描述的最佳水平，这取决于管理者对股价与股票真实价值的看法。

逆向选择与排序假说。假设管理者在股价高于真实价值时，确实试图发行股票。了解这点后，投资者将如何反应？回顾第13章中增发新股时的逆向选择或柠檬效应问题。由于害怕买到的是"柠檬"（劣质品的代名词），投资者愿意为股票支付的价格就会打折扣。

逆向选择问题对资本结构决策具有启示意义。管理者在必须折价才能找到买主时，并不想出售股票，因此，他们可能会寻找替代的融资方式。发行债务也会遭遇逆向选择。由于低风险债务的价值对管理者关于公司的私密信息反应不敏感（反而主要由利率决定），用来吸引债权人（潜在的债券购买者）的折价要比股东的小。当然，公司应尽可能使用现金（留存收益）为投资项目融资，以避免折价出售证券。**排序假说**(pecking order hypothesis) 提出了能避免"柠檬成本"的下列观点：

管理者偏好用留存收益为投资项目融资，其次是债务融资，而将发行新股作为最后的选择。

这个假说同样对公司的资本结构选择有启示意义。公司盈利并能产生投资所需的充足现金时，将不发行债务或新股，而仅依赖留存收益融资。因此，盈利水平高的公司资本结构中没有多少债务。只有那些需要筹集额外资本的公司才会有大量的债务融资。根据排序假说，公司应该几乎从不发行新股。但在现实中，资本结构可能由多种力量决定，债务的代理成本或财务困境成本过高时，公司将发行股票。

例15.5　融资选择的排序

问题：

Axon公司需要为一个新的投资项目筹集950万美元资金。如果公司发行1年期债券，它必须支付8%的利率，尽管Axon的管理者认为在给定的风险水平下6%的利率才是合理的。然而，如果公司发行股票，管理者认为股价可能被低估5%。公司分别运用留存收益、发行债券和发行股票的方式为项目融资时，现有股东负担的成本分别是多少？

解答：

分析：

可以通过比较以下两方面成本来评价融资选择：公司为得到融资必须支付的成本；管理者认为市场拥有与他们同样的信息时，应该为融资支付的成本。

计算：

如果公司用950万美元留存收益来投资，而不是将其以红利形式派发给股东，为项目融资的成本就是950万美元。

发行1年期的债券将使公司1年后要支出1 026万美元（950×1.08），根据管理者对公司风险的认识，此项支出的现值为968万美元（1 026÷1.06）。

如果股票价值被低估5%，为了筹集950万美元，公司需要发行实际价值为1 000万美元的新股。例如，如果公司每股价值为50美元，但售价仅为47.50美元/股（0.95×50），则需要发行20万股（950÷47.50）。这些股票的真实价值为1 000万美元（20×50）。

因此，股权融资成本为1 000万美元。

评价：

比较这三种融资选择可知，留存收益是最便宜的资金来源，其次是债务，最后是发行股票。这个排序反映了管理者与投资者之间信息不对称的影响，信息差异将导致发行新证券，特别是发行新股时的柠檬效应问题。

概念检查

11. 过多的债务是怎样导致管理者“过度冒险”的？
12. 什么是“排序”假说？

15.7 资本结构：总结

本章已经考察了可能影响公司资本结构选择的若干因素。那么财务经理制定公司最优资本结构的底线是什么？最优资本结构的确定取决于市场摩擦，比如税收、财务困境成本、代理成本和不对称信息，具体如下所示：

（1）公司有持续应税所得时应利用利息税盾。利息税盾使得公司在偿付投资者的同时避免了公司所得税。

（2）在决定应利用杠杆使多少收益规避纳税时，权衡债务的利息税盾收益和财务困境成本。违约风险本身不是问题，财务困境可能导致减少公司价值的其他后果。

（3）代理成本显著时考虑以短期债务进行外部融资。债务过多会激励管理者和股东过度冒险或投资不足。如果公司自由现金流充裕，杠杆水平过低可能会“鼓励”浪费性开支。

（4）增加杠杆以表明管理者对公司的偿债能力有信心。投资者清楚破产对管理者而言代价高昂。

（5）切记，投资者知道公司在价值被高估时有动机发行证券，因此，公司宣告发行证券时，投资者会降低对证券的估值。股票价值对管理者关于公司的私密信息最敏感，对于股票发行，这种影响最为明显。

（6）公司应首先依靠留存收益融资，其次是债务，最后才是股权。管理者很可能拥有大量有关公司价值的私密信息时，融资选择的排序最为重要。

（7）不要改变公司的资本结构，除非其严重偏离了最优水平。积极主动地改变公司的资本结构（例如，通过出售或者回购股票或债券）牵涉交易成本。由于公司股票的市值随公司股价的变化而波动，所以大多数公司的债务股权比率的变动很可能是被动发生的。

本章小结

15.1　**资本结构选择**

公司发行的向投资者筹措资本的证券组合称为公司的资本结构。股权和债务是公司最常用的两种证券。

为了在今天筹集资金，不同的融资选择将向证券持有者承诺不同的未来支付额。

管理者还需要考虑公司发行的证券是否能够在市场上获得公允定价，是否涉及纳税影响及交易成本，甚至是否会改变未来的投资机会。

15.2　**完美资本市场中的资本结构**

如果公司只使用股权而不使用债务，就可以认为公司没有利用杠杆，称作无杠杆公司；否则，债务的数额决定了公司的杠杆水平。

公司的所有者应选择能使所发行证券的总价值最大化的资本结构。

根据 MM 第二定理，有杠杆股权的资本成本为：

$$r_E = r_U + \frac{D}{E}(r_U - r_D) \qquad \text{（公式 15.3）}$$

债务比股权的风险低，因而其资本成本也相对较低。杠杆增加了股权的风险，提高了股权资本成本。较低的债务资本成本的好处，被较高的股权资本成本所抵消，结果，在完美资本市场中，公司的加权平均资本成本保持不变。

根据 MM 第一定理，在完美资本市场中，公司价值与其资本结构无关。在完美资本市场中，自制杠杆可以完全替代公司杠杆。

15.3　**债务和税收**

利息费用是可以在税前扣除的，所以杠杆增加了所有投资者可获得的收益。投资者从利息支付的税前扣除中获得的收益称作利息税盾。

$$\text{利息税盾} = \text{公司所得税税率} \times \text{利息支付} \qquad \text{（公式 15.4）}$$

考虑公司税时，有杠杆公司的总价值等于无杠杆公司的价值加上利息税盾的现值。

$$V^L = V^U + PV\text{（利息税盾）} \qquad \text{（公式 15.5）}$$

如果证券被公允定价，公司的原股东将获得杠杆增加产生的利息税盾的全部收益。

引入公司税后，加权平均资本成本为：

$$r_{wacc} = r_E \frac{E}{E+D} + r_D(1-T_c)\frac{D}{E+D} \qquad \text{（公式 15.8）}$$

不存在其他市场摩擦时，WACC 随杠杆的增加而下降，这是因为利息费用是可以在税前扣除的。

为了获取利息抵税对公司价值的好处，可以计算未来利息税盾的现值，或者用含税时的 WACC 折现公司的自由现金流，但不要同时使用这两种方法。

15.4　**破产成本和财务困境**

破产程序的成本高昂，给公司和投资者带来了直接成本和间接成本。

有些直接成本是支付给律师和破产专家的费用。

有些间接成本是破产期间公司的客户、供应商、员工的流失，或者是为筹集资金而被迫低价出售资产的成本。

15.5 最优资本结构：权衡理论

根据权衡理论，有杠杆公司的总价值，等于无杠杆公司的价值加上债务税盾收益的现值，减去财务困境成本的现值：

$$V^L = V^U + PV\text{（利息税盾）} - PV\text{（财务困境成本）} \quad \text{（公式 15.10）}$$

最优杠杆就是使得最大化时的债务水平。

15.6 杠杆的其他影响：代理成本和信息

杠杆也可产生代理收益，改善对管理者的激励，促使他们更积极、有效地经营公司。然而，公司陷入财务困境时，杠杆也会激励公司放弃好的项目或者过度冒险。

如果管理者比投资者拥有更多的信息，就会存在信息不对称。给定不对称信息，管理者可以使用杠杆作为置信信号，向投资者传递公司产生未来自由现金流的能力。

如果管理者认为公司股权价值被低估，则将偏好使用留存收益或债务融资，而非股权融资，这一结论被称作融资排序假说。

复习题

1. 不考虑纳税影响，为什么不能通过增加债务融资同时减少股权融资来改变公司的资本成本呢？

2. 解释下面的说法存在什么问题：“如果公司发行的债务无风险，由于不可能违约，所以公司股权的风险不变。因此，借入无风险债务可使公司获得低债务成本的好处，而不会加大它的股权资本成本。”

3. 融资选择可以通过什么途径影响公司价值？

4. 税收如何影响债务与股权的选择？

5. “财务困境的间接成本”是什么意思？

6. 倘若陷入财务困境，下列哪类公司更有可能遭遇客户流失：

a. 金宝汤公司（Campbell Soup）还是直觉公司（Intuit Inc.，财务软件开发商）？

b. 好事达公司（Allstate）（财产保险公司）还是锐步国际公司（生产鞋子和衣服）？

7. 如何根据权衡理论确定资本结构？

8. 分析下面的每一对资产，陷入财务困境时，哪类资产更可能以接近于其完全市值的价格进行清算？

a. 办公大楼还是商标？

b. 产品存货还是原材料？

c. 专利权还是工程技术诀窍？

9. 根据权衡理论，以下哪些行业的公司会有低的最优债务水平？哪些行业的公司会有高的最优债务水平？

a. 烟草公司

b. 会计公司

c. 成熟的餐饮连锁店

d. 木材公司

e. 移动电话制造商

10. 杠杆如何改变管理者的激励?

练习题

完美资本市场中的资本结构（第1~6题）

1. 考虑一个项目，1年后的自由现金流为13万美元或18万美元，出现每一种结果的概率相等。项目的初始投资为10万美元，项目资本成本为20%。无风险利率为10%。

a. 该项目的净现值为多少?

b. 假定为了筹集初始投资所需资金，将该项目作为全权益公司出售给投资者。1年后，股东将得到项目产生的现金流。用这种方式可以筹集多少资金，即无杠杆股权的初始市值为多少?

c. 假设以无风险利率借款10万美元用于初始投资。根据MM定理，有杠杆股权的现金流为多少?它的初始价值为多少?

2. 假如你是一位企业家，经营一家新设立的生物技术公司。如果你的研发成功，该项技术可按3 000万美元的价值出售；如果研发失败，将一文不值。现在，你需要为技术研发融资200万美元。投资者愿意提供给你200万美元的初始资本，来换取公司50%的无杠杆股权。

a. 无杠杆公司的总市值为多少?

b. 假设你借款100万美元。根据MM定理，你需要出售多少比例的公司股权才能够筹集到所需要的另外100万美元?

c. 在（a）和（b）两种情形下，你拥有的公司股权的价值分别为多少?

3. Acort公司的资产，1年后的市值为5 000万美元的概率为80%，市值为2 000万美元的概率为20%。当前的无风险利率为5%，公司资产的资本成本为10%。

a. 如果公司没有利用杠杆，它的股权的当前市值为多少?

b. 假如公司有1年后到期的、面值为2 000万美元的债务，根据MM定理，在这种情形下，公司的股权价值为多少?

c. 公司无杠杆时，股权的期望回报率为多少?有杠杆时，股权的期望回报率又为多少?

d. 有杠杆与无杠杆时，股权的已实现回报率最低可能为多少?

4. 假定没有税收。ABC公司没有债务，XYZ公司有5 000美元的债务，年利率为10%。两家公司有完全相同的项目，每年产生的现金流都为800美元或1 000美元。每年付清债务的所有利息后，两家公司都将所有剩余的现金流发放红利。

a. 下表显示在给定的两种可能的现金流水平下，每家公司的债权人和股东将从公司得到的支付，要求将表补充完整。

	ABC		XYZ	
FCF（美元）	债务支付	股权红利	债务支付	股权红利
800				
1 000				

b. 假设你持有 ABC 公司 10% 的股权。另外一种什么样的投资组合，将会给你带来相同的现金流？

c. 假设你持有 XYZ 公司 10% 的股权。如果你能够以 10% 的利率借入资金，什么样的策略会给你带来相同的现金流？

5. 哈德曼（Hardmon）目前是一家全权益公司，资产的期望回报率为 12%。公司正在考虑实施杠杆资本重整，即借入资金并同时回购股票。

a. 假设公司借入资金使债务股权比率达到 0.50，在这一债务规模下，债务资本成本为 6%。这项交易完成后，股权的期望回报率是多少？

b. 假设公司借入资金使债务股权比率达到 1.50，此时，债务风险加大，债务资本成本将达到 8%。在这种情形下，股权的期望回报率是多少？

c. 某位高级经理认为：为了股东的利益，公司应选择能使股权的期望回报率最高的资本结构。对此观点，你将如何回应？

6. 微软公司没有债务，WACC 为 9.2%。软件行业的平均债务与公司价值比率为 13%。如果拥有行业平均的债务水平及 6% 的债务成本，则微软的股权成本为多少？

债务和税收（第 7 ~ 19 题）

7. 派拉麦得制药公司（Pelamed）2006 年的息税前收益为 32 500 万美元。另外，公司的利息费用为 12 500 万美元，公司所得税税率为 40%。

a. 公司 2006 年的净收益是多少？

b. 公司 2006 年的净收益和利息支付的总和为多少？

c. 如果公司没有利息费用，它 2006 年的净收益将是多少？将本问与（b）问中的答案比较，会得出什么结论？

d. 公司 2006 年的利息税盾为多少？

8. 格罗米特工程公司（Grommit）预计明年的净收益为 2 075 万美元，自由现金流为 2 215 万美元。公司适用的边际所得税税率为 35%。

a. 如果公司提高杠杆水平，使其利息费用增加 100 万美元，它的净收益会有什么变化？

b. 如果利息费用的增加同（a）问相同，公司的自由现金流将如何变化？

9. 假设微软公司的总市值为 3 000 亿美元，边际所得税税率为 35%。如果永久地改变其杠杆水平，从无债务变为目前市值 13% 的债务水平，所产生的利息税盾的现值为多少？

10. 假设公司所得税税率为 40%。考虑一家公司，它每年的息税前收益为 1 000 美元，且没有风险。每年的资本性支出等于折旧费用，净营运资本保持不变。无风险利率为 5%。

a. 假设公司没有债务，每年的净收益全部作为红利发放。公司股权的价值是多少？

b. 假设公司每年支付 500 美元的利息，此时股权的价值是多少？债务的价值是多少？

c. 有杠杆公司的总价值和无杠杆公司的价值有何不同？

d. （c）问中的差额在债务价值中占多大比例？

11. 假设你公司当前有1亿美元的未偿付债务，年利率为10%。贷款条件规定，公司每年需要偿还的债务余额为2 500万美元。假设边际公司税率为40%，利息税盾的风险与贷款的风险相同。要求计算，这笔债务的利息税盾的现值是多少？

12. 阿奈尔公司（Arnell）有1 000万美元的永久性未偿付债务。公司将只支付债务的利息。公司在可预期的未来的边际税率为35%。

a. 假设债务的年利率为6%，公司每年的利息税盾为多少？

b. 假设利息税盾的风险与贷款的风险相同，利息税盾的现值是多少？

c. 假设债务的年利率为5%，利息税盾的现值是多少？

13. 郎姆特汽车公司（Rumolt Motors）有3 000万股流通股，每股价格为15美元。另外，公司还发行了当前总市值为1.5亿美元的债券。假设公司的股权资本成本为10%，债务资本成本为5%。

a. 公司的税前WACC是多少？

b. 如果公司税率为35%，它的税后WACC是多少？

14. 顶峰建筑公司（Summit Builders）按市场价值计算的债务股权比率为0.65，公司所得税税率为40%，债务利率为7%。债务产生的利息税盾使得公司的WACC下降了多少？

15. 米尔顿实业公司（Milton）预计每年的自由现金流为500万美元。公司税率为35%，无杠杆资本成本为15%。公司还有1 905万美元的未偿付债务，并计划永久维持此债务水平。

a. 公司无杠杆时的价值是多少？

b. 公司有杠杆时的总价值是多少？

16. 库尔兹制造公司（Kurz）目前是一家全权益公司，有2 000万股流通股，每股价格为7.50美元。当前投资者预期公司仍将为全权益公司，但公司计划宣布将借入5 000万美元，并用这些资金回购股票。公司将只支付债务利息，没有进一步增加或减少债务的计划。公司所得税税率为40%。

a. 在计划宣布之前，公司现有资产的市值是多少？

b. 在借债之后、股票回购之前，公司资产（包括所有税盾）的市值是多少？

c. 就在股票回购之前，公司的股价是多少？公司将回购多少股票？

d. 股票回购完成后，编制公司的市值资产负债表，股价又将是多少？

17. Kohwe公司计划发行股票，为一项新投资融资5 000万美元。投资后，公司预期每年获得自由现金流1 000万美元。公司当前有500万股流通股，没有其他资产或投资机会。假设公司未来自由现金流适用的折现率为8%，唯一存在的市场摩擦为公司税和财务困境成本。

a. 该项投资的净现值是多少？

b. 公司当前的股票价格是多少？

18. 接上题，假设公司选择借款5 000万美元。公司每年只为这项贷款支付借款利息，并将维持5 000万美元的贷款（未偿还）余额。假设公司适用的所得税税率为40%，预期每年的自由现金流仍为1 000万美元。如果用借债的方式为投资项目融资，公司当前的股价是多少？

19. 接上题，假设公司有杠杆时，由于销售下降和其他财务困境成本，公司每年的预期自由现金流将下降到900万美元。假设公司未来自由现金流适用的折现率仍为8%。考虑杠杆引发的财务困境成本，公司当前的股价是多少？

最优资本结构：权衡理论（第20~21题）

20. 哈瓦尔国际（Hawar International）是一家运输公司，当前股价为5.50美元，有1 000万股流通股。假设公司宣布计划借款2 000万美元用于股票回购，并可减轻公司所得税负担。同时假设公司税率为30%，股东预期债务的变动将是永久性的。

a. 如果只存在公司税这唯一的市场摩擦，那么该项计划宣布后，公司的股价将会是多少？

b. 假设市场摩擦只有公司税和财务困境成本。如果该项计划宣布后的股价上涨到5.75美元，则公司由于举借新债而产生的财务困境成本的现值是多少？

21. 马普公司（Marpor）没有债务，预期每年产生1 600万美元的自由现金流。公司认为，如果将债务永久性地增至4 000万美元，财务困境风险可能导致部分客户流失，供应商提供的优惠条件也将不再如先前。结果公司预期在有债务时的自由现金流每年将只有1 500万美元。假设公司适用的所得税税率为35%，无风险利率为5%，股票市场期望回报率为15%，公司自由现金流的贝塔为1.10（有杠杆或无杠杆时）。

a. 估算公司在无杠杆时的价值。

b. 估算公司在有新杠杆时的价值。

杠杆的其他影响：代理成本和信息（第22~27题）

22. Dynron公司的主要业务是通过其庞大的天然气管道网络输送天然气。公司资产的当前市值为15 000万美元。公司正在考虑出售部分管道网络以筹集5 000万美元用于投资光纤网络的可能性。光纤网络投资主要是依靠出售高速网络宽带从而取得收入，虽然这项新投资预期能增加利润，但同时也将显著地提高公司的风险。公司在有杠杆时与无杠杆时相比，这项投资将对股东产生更大还是更小的吸引力？

23. 考虑一家公司，它唯一的资产就是一块空地，只有一笔价值1 500万美元的、1年后到期的债务。如果空地未开发，它1年后将值1 000万美元。公司也可选择先期投入2 000万美元进行开发，开发后的土地1年后将值3 500万美元。假设无风险利率为10%，所有现金流都是无风险的，而且没有税收。

a. 如果公司不开发土地，公司股权的当前价值是多少？

b. 开发这块土地的净现值是多少？

c. 假设公司向股东筹集2 000万美元开发空地。如果开发了，公司股权的当前价值是多少？债务的当前价值又是多少？

d. 根据你在（c）问中的答案回答，股东是否愿意提供开发土地所需的2 000万美元？

24. Zymase是一家新成立的生物科技公司。公司的研究人员必须从下面所列的三种研究策略中选择其一。每一种策略的税后支付（或收益）及概率如下表所示。每个项目的风险都是可分散的。

策略	概率	支付（百万美元）
A	100%	75
B	50%	140
	50%	0
C	10%	300
	90%	40

a. 哪个项目的期望支付最高？

b. 假设公司在收到项目的支付时，有价值 4 000 万美元的债务同时到期。对股东而言，哪个项目的期望支付最高？

c. 假设公司在收到支付时，有价值 11 000 万美元的债务同时到期。对股东而言，哪个项目的期望支付最高？

d. 如果管理者选择能够最大化股东支付的策略，那么当公司有 4 000 万美元到期债务时，预期的代理成本是多少？公司有 11 000 万美元到期债务时，预期的代理成本又是多少？

25. 你拥有一家公司，你打算融资 3 000 万美元扩大经营。当前，你拥有公司 100% 的股权，而且公司没有债务。若纯粹以出售股权的方式融资 3 000 万美元，你得出售整个公司 2/3 的股权。然而，你又希望你至少持有公司 50% 的股份以保持对公司的控制。

a. 如果你借款 2 000 万美元，那么你还需要出售多少比例的股权来筹集剩余的 1 000万美元？（假设资本市场是完美的）

b. 为了筹集 3 000 万美元而又不放弃控制权，你至少要借入多少资金？（假设资本市场是完美的）

26. 帝国公司预测明年的净利润如下表所示（单位：千美元）

息税前收益	1 000
利息费用	0
税前收益	1 000
税费	−350
净收益	650

公司近 20 万美元的净收益将用于净现值为正的新投资。遗憾的是，预计公司的管理者可能将 10% 的净收益浪费在不必要的在职消费、偏爱的项目和其他一些对公司无益的支出上。所有剩余的收益将会返还给股东。

a. 公司运用债务融资的两种好处是什么？

b. 每 1 美元利息费用将使公司向股东的分配减少多少？

c. 每 1 美元利息费用将使公司向投资者的总支付增加多少？

27. 信息系统科技公司制造在设备器械和其他应用中使用的微处理机芯片。公司没有债务，有流通股 1 亿股。股票的准确价格应该是每股 14. 50 美元或 12. 50 美元，投资者认为出现这两种情形的概率很可能相等，于是股票当前的交易价格为 13. 50 美元。

公司必须融资5亿美元建造一个新的生产设备。管理者意识到，如果公司遭遇财务困境，随着客户和技术人才的流失，将会给公司带来极大的损失，管理者还估计，公司如果借债5亿美元，财务困境成本的现值将超出债务的税盾收益达2 000万美元。同时，由于投资者认为管理者知道公司股票的准确价格，如果公司发行股票筹集5亿美元，将会面临柠檬效应问题（逆向选择问题）。

a. 假如公司发行股票，每股价格仍为13.50美元。一旦管理者知道公司的真正价值（假设为i. 或ii.），为最大化公司的长期股价，管理者会选择发行股票，还是会选择借入5亿美元?

i. 管理者知道每股的准确价格为12.50美元，

ii. 管理者知道每股的准确价格为14.50美元。

b. 根据你在（a）问中的答案，如果公司发行股票，投资者应该得出什么结论?股价将发生怎样的变化?

c. 根据你在（a）问中的答案，如果公司发行债券，投资者应该得出什么结论?股价又将发生怎样的变化?

d. 如果没有财务困境成本，只有杠杆的节税收益，你的答案将会如何变化?

第15章附录　破产法

公司未能向债权人履行债务偿付要求时，即为公司违约。债权人就可采取法律行动，通过扣押和接管公司的资产来收回债务。由于大多数公司有众多的债权人，必须协商一致才能保证每个债权人都得到公平对待。而且，由于公司资产作为整体时价值可能会更大，债权人分块接管资产，可能会大量地破坏公司的剩余价值。

美国《破产法》的制定旨在为了规范破产程序，公平对待每个债权人，防止公司资产价值遭到不必要的破坏。1978年的《破产改革法案》规定，美国公司可向法院申请两种形式的破产保护：分别为《破产法》第7章或第11章。

第7章清算（liquidation）规定，指定一个托管人负责资产拍卖，监督公司资产的清算。清算所得用以支付给公司的债权人，之后公司关闭。

第11章重组（reorganization），是大公司更常用的一种申请破产保护的形式。债权人所有待决的偿付要求被自动暂停，公司管理层得以有机会提出重组计划。在提出计划的同时，管理者继续经营公司。重组计划具体规定了公司对每个债权人所欠债务的处理方案。除了现金支付之外，债权人还可能收到新债务或公司的权益证券。债权人得到的现金和证券的价值通常比他们应收回的价值要低，但比公司立即关闭清算时收回的要多。债权人必须投票表决是否接受重组计划，而且重组计划还必须得到破产法院的批准。[1] 如果没有提出可接受的计划，法院可能最终强制公司实施《破产法》第7章规定的清算。

---

① 具体而言，管理者在起初的120天内有权提出公司的重组计划，而且这一期限可能被破产法院不定期地延长。此后，任何利益相关方都可提出重组计划。在重组计划中将收到全部支付或其求偿权完全得到恢复的那些债权人，被认定为未遭受损失，故不能再对重组计划进行表决。其他所有遭受损失的债权人，根据他们求偿权的性质进行分组。如果每一组别中持有三分之二的求偿权的债权人以及绝大多数有表决权的债权人同意该计划，法院将会批准重组计划。即使不是所有组别的债权人都同意重组计划，只要法院认为它对每个债权人组别都是公平合理的，就仍会批准实施重组计划（在破产程序里通常称为“强制重组”）。

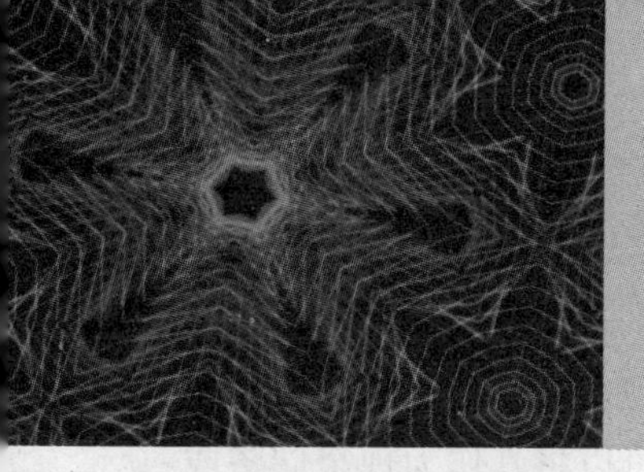

第 16 章　股利政策

学习目标

- 识别公司向股东分配的不同方式。
- 理解完美市场中公司派发现金的各种方式不影响公司价值的原因。
- 解释税收如何使股票回购优于派发红利。
- 解释增加红利支付如何能够减少代理问题却可能会降低财务弹性。
- 描述其他非现金分配方式。

本章所涉及符号的含义如下：

P_{cum}（附息股价）；P_{ex}（除息股价）；P_{rep}（股票回购价格）；PV（现值）

比尔·巴斯科姆访谈

"满足了内部运营和资本预算的融资需求后，如果公司还有额外的现金，这部分现金可用于投资获取利息收入，或者通过股利分配政策回报投资者，包括派发红利和股票回购计划"，直觉公司（Intuit Inc.）的财务助理比尔·巴斯科姆（Bill Bascom）说道。直觉公司是商务理财软件的龙头供应商，产品包括 TurboTax、Quicken 和 QuickBooks。比尔 1992 年获得圣荷西州立大学（University of San Jose State）理财学士学位和工商管理硕士学位（MBA），现主要职责包括监督公司的现金管理、投资和股票回购计划。他的职业生涯始于商业银行，在银行负责投资组合会计和日常的现金管理。"银行的从业经历为我现在的公司理财工作打下了坚实的基础，"他说。

有若干因素会影响公司的股利分配政策。"公司一旦启动股利分配计划，就必须确保可以无限期地维持下去，"比尔说，"暂停发放红利会向金融市场传递非常负面的信号。股票回购计划在选择回购股票的时间上提供了更大的灵活性。许多科技公司，包括直觉公司，都使用股票回购计划为研发机会保留未来超额现金的使用权利。"

为了评价股票回购计划，直觉公司权衡了超额现金投资与回购部分股票两者的收益。"如果我们回购股票，就损失了这部分现金将会带来的收益，但减少了流通股的数量，因而增加了每股股票对直觉公司当前现金流的索取权。接下来我们要考虑预期的未来现金需求，再权衡两种方案带给公司的定量收益和定性收益。"

股票回购计划需要董事会的授权。"股票回购宣告通常与盈余公告效果是一致的，都向市场传递了公司股票是优质投资的强烈信号，因为我们正在拿公司自己的现金投资。"

直觉公司的股票回购涵盖了整个财年。"我们发给股票经纪人一份提前制定好的年度计划，对日常的股票回购进行了详细的说明，包括股票回购数量与股价之间的关系矩阵。当市场抛售股票时，该计划指示经纪人买进更多的股票。市场反弹时，又引导经纪人减少日常买进量。"

公司投资产生自由现金流，公司要决定如何使用这些现金。如果公司有净现值为正的新投资机会，它可以将现金再投资，增加公司价值。许多新成立的快速成长的公司都将其全部现金流再投资。但是，成熟的盈利公司产生的现金，常常多于公司全部有吸引力的投资机会所需要的资金。若公司产生超额现金，可以将其作为现金储备或派发给股东。如果公司采用后者，则有两种选择：支付红利或向现有股东回购股票。这些决策构成了公司的股利政策。

多年以来，微软公司主要通过回购本公司股票的方式，向投资者派发现金。在截止到2004年6月份之前的5个财年里，微软用于股票回购的现金，平均每年达到54亿美元。微软自2003年起开始向投资者支付每股0.08美元的红利，公司CFO约翰·康诺斯（John Connors）称之为“启动红利”。接着，2004年7月20日，微软宣布了有史以来最大的单笔现金红利支付计划，即向所有于2004年11月17日进行红利登记的股东一次性派发320亿美元（每股3美元）的红利，这一宣告震惊了金融市场。除了支付现金红利外，微软还宣布计划在未来4年内回购总计300亿美元的股票，并且计划于每季度定期支付红利，每年每股红利可达0.32美元。微软公司财务经理制定这种股利政策是基于哪些考虑？这些行为对股东和公司价值有什么影响？

本章同第15章一样，将说明公司的股利政策也是由市场摩擦塑造的，诸如税收、代理成本、交易成本以及管理者与投资者之间的信息不对称。我们将考察为什么有的公司偏好支付红利，而有的公司根本不发放任何红利，仅依赖股票回购。此外，我们还将探讨为什么有的公司保留现金，积累大量现金储备，而有的公司却倾向于将超额现金发放给股东。

16.1 向股东分派

图16.1表明公司自由现金流的各种可能用途。[①] 为投资新项目或提高现金储备，公司选择保留自由现金流。公司向股东分派所支付的自由现金流，是通过股票回购或发放红利的方式。公司在这些用途中进行选择的方式称为**股利政策**（payout policy）。我们先通过考察选择支付红利还是回购股票，展开对公司股利政策的讨论。本节要考察公司向股东派发现金的这些方法的细节。

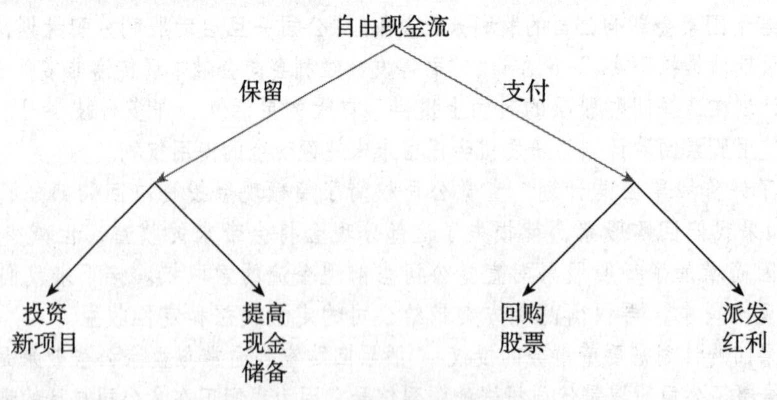

图16.1　自由现金流的使用

注：公司可以保留其自由现金流，用于投资或积累，也可通过派发红利或回购股票的方式支出自由现金流。这些方案的选择由公司的股利分配政策决定。

---

① 严格来说，图16.1是对全权益公司而言的。对于有杠杆公司，则从公司的股权自由现金流开始，即公司自由现金流减去向债权人支付的税后现金流。

红利

公众公司的董事会决定公司红利的数额。董事会决定将要支付的每股红利金额以及支付日期。董事会批准分派红利的日期称作**宣告日**(declaration date)。董事会宣布分派红利后，公司就产生支付红利的法律义务（译者注：如果不做特别说明，红利即指现金股利)。

公司将会向所有在特定日期登记在册的股东支付红利，这个日期是由董事会设定的，称作**登记日**(record date)。股权登记需要3个营业日，只有那些至少在登记日前3天购买股票的股东才能得到红利。于是，距登记日前两个营业日的日期称作**除息日**(ex-dividend date)。任何人在除息日或此后购买股票，将不会收到红利。最后，在红利**支付日（或发放日）**(payable date or distribution date)，通常在登记日后1个月内，公司将红利支票邮寄给登记在册的股东。图16.2列示了微软公司每股发放3美元红利的相关日期。

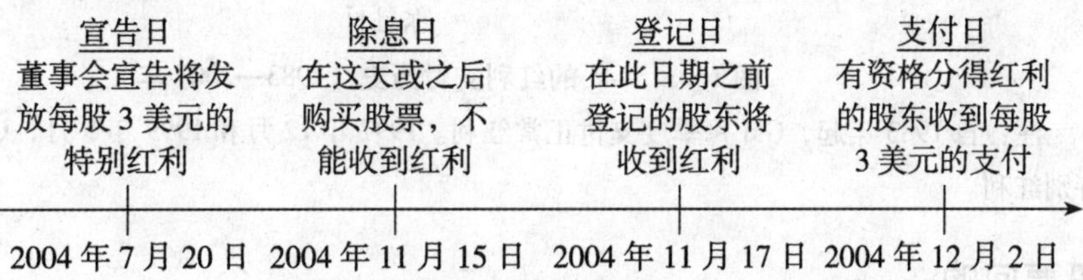

图16.2　与微软特别红利相关的重要日期

微软公司于2004年7月20日宣告发放红利，2004年12月2日，对所有在11月17日登记的股东支付红利。股权登记日为11月17日，除息日要早两天，为2004年11月15日。

特别红利。公司的红利发放大多按季度定期支付。公司通常不会调整红利的数额，季度间的红利数额变动很小。偶尔，公司可能支付一次性的、通常比正常红利数额高得多的**特别红利**(special dividend)，就像微软公司在2004年的每股3美元红利的一样。图16.3展示了通用汽车公司（以下简称GM）从1983年到2007年的红利发放状况。除了正常红利外，GM还于1997年12月和1999年5月支付了特别红利（与附属公司的分拆相关，本章第6节会进一步讨论这一点)。

GM在整个20世纪80年代增加了红利分配，但在20世纪90年代初的经济衰退期削减了红利。GM在20世纪90年代晚期再次增加红利，但在2006年初公司遭遇财务困境时，又再次被迫削减红利。

会计意义。支付红利是公司的一项现金流出。从会计角度看，发放红利通常降低了公司当前的（或累积的）留存收益。在某些情况下，红利被归于其他会计事项，比如缴入（实收）资本或资产的清算。在这一意义上，红利被称作**资本返还**(return of capital) 或**清算红利**(liquidating dividend)。尽管资金来源对公司或投资者而言没有多大差别，但在纳税处理上却有差异：资本返还被视为投资者的资本利得而征税，而不是作为红利所得纳税。

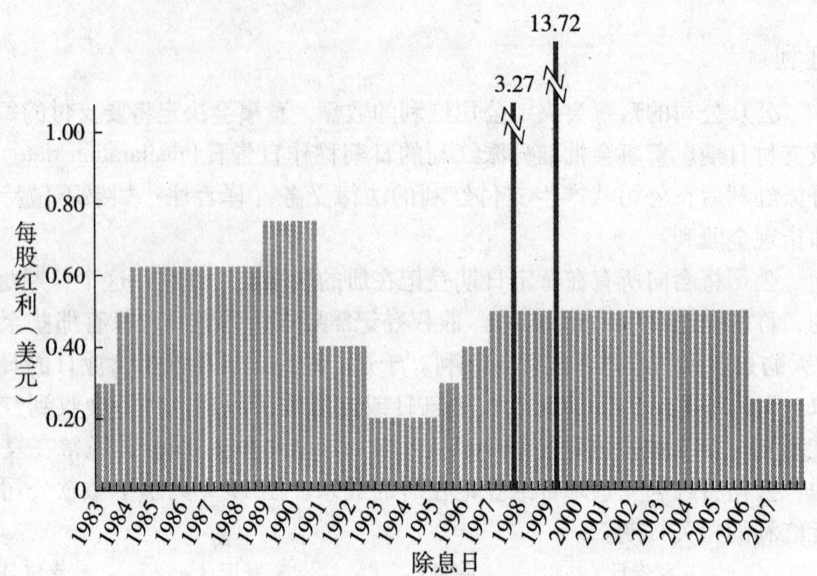

图 16.3　GM 的红利支付历史（1983—2007 年）

注：自 1983 年起，GM 每季度支付正常红利。1997 年 12 月和 1999 年 5 月，GM 支付了额外的特别红利。

股票回购

向投资者支付现金的另一种方式是股票回购或买回。在这种交易中，公司使用现金购买其流通股，购回的股份一般保存在公司金库里，如果公司以后需要筹措资金，可以将库藏股再次出售。现在来考察股票回购三种可能的交易类型。

公开市场回购。公开市场回购（open market repurchase）是公司回购其股票最常用的方式，公司在公开市场上宣布回购自己股票的意图，一段时间内，公司就可同其他任何投资者一样，在市场上购买本公司的股票。公司可能用 1 年或是更久的时间来购买股票，但不必全部回购公司最初声明的回购数量。同时，公司不得以可能操纵股价的方式回购。例如，SEC 指导原则规定，公司在一天内的回购数量不得超过公司股票平均日成交量的 25%，也不允许在开市或者收市前 30 分钟内买进本公司股票。①

公开市场股票回购约占所有回购交易的 95%。② 公司也可采用其他方式回购股票。如果公司计划大批量回购（这通常作为资本重整的一部分），就可采用下文提到的这些方法。

股票要约收购。公司可以通过**要约收购**（tender offer）的方式回购股票，即公司在短期内（通常是 20 天内），按事先确定的价格发出要约收购。要约价格一般要显著高于股票的当前市价（通常高出 10% ~20%）。要约收购的成功与否，通常取决于愿意接受要约的股东能否提供充足数量的股票，否则公司会取消要约，回购也就不会

① 1983 年发布的 SEC 规则 10b-18，规定了公开市场股票回购的指导原则。
② G. Grullon and D. Ikenberry, "What Do We Know About Stock Repurchases?" *Journal of Applied Corporate Finance* 13 (1) (2000): 31-51.

发生。

要约回购的一种方法是**荷兰式拍卖**(Dutch auction)，公司会列示一系列的回购价格，股东则依次提出他们在每一出价下愿意卖出的股票数量，然后，公司以能达到原定回购数量的最低价格来回购股票。

目标定向回购。公司也可采用**目标定向回购**(targeted repurchase) 的方式直接向大股东回购股票。在这种情况下，公司直接与卖方协商回购价格。如果一个大股东想卖出大量股票，但该股票的市场流动性尚不足以维持如此大规模的出售且同时不严重影响股价，那么此时就可能会发生目标定向回购。在这样的情形下，股东可能愿意在当前市价的基础上将股票折价售回公司。另外，若大股东威胁接管公司并替换公司管理层，也可以应用目标定向回购。使用**"绿邮"**(greenmail)，公司可能被迫决定买下该股东的全部股权，从而消除威胁，而此时的收购价格往往高于股票的当前市价，即存在一个较高的溢价。

概念检查

1. 如何确定股票的除息日，它有什么意义?
2. 什么是公开市场股票回购?

16.2 完美资本市场中支付红利和回购股票的比较

公司如果决定向股东支付现金，可以选择发放红利或回购股票的方式。公司如何选择呢? 本节将论证，在 MM 完美资本市场假设下，选择哪种种支付方式无关紧要。

考虑 Genron 公司，这是一家虚拟的公司。公司有 2 000 万美元的超额现金，没有债务。公司预期以后每年产生额外的 4 800 万美元的自由现金流。如果公司的无杠杆资本成本为 12%，那么，持续经营前提下的公司价值为:

$$\text{公司价值} = PV\text{（未来 FCF）} = \frac{4\ 800}{12\%} = 40\ 000\text{（万美元）}$$

包含现金的公司股权总市值为 42 000 万美元。

公司董事会正在商量如何向股东发放 2 000 万美元的超额现金。此时有三种选择:

(1) 向公司的 1 000 万股流通股支付每股 2 美元的现金红利。

(2) 用回购股票代替现金红利。

(3) 在当前及未来筹措额外的现金以发放更多的红利。

当前的红利支付额会影响公司的股价吗? 股东会偏好哪种股利政策?

为了给股利政策的讨论提供基准，下面在完美资本市场假设下，分析每一种股利政策的后果，并对它们进行比较。我们还将探讨像税收和交易成本这样的市场摩擦是如何影响股利分配政策的。

政策选择 1：用超额现金发放红利

假设董事会选择第一种方案，用全部超额现金发放红利。给定 1 000 万股流通股，公司将能够立即支付每股 2 美元的红利。公司预期未来每年会产生 4 800 万美元的自由现金流，预计此后每年可支付每股 4.80 美元的红利。董事会宣告发放红利，规定 12 月 14 日为股权登记日，因而除息日为 12 月 12 日。为了确定这项决策的影响，下面来计算除息日前后的股价。

回顾第 9 章和估值原理可知，股票的公允价格等于预期红利按股权资本成本折现的现值。公司没有债务，它的股权资本成本就等于无杠杆资本成本 12%。恰在除息日之前的股票称为**附息股票**（“附有红利”，cum-dividend），任何人购买附息股票都将有权得到红利。在这种情形下，

$$P_{cum} = \text{当前红利} + PV(\text{未来红利}) = 2 + \frac{4.80}{0.12} = 2 + 40 = 42\ (\text{美元})$$

股票除息之后，新的购买者将不会收到当前红利。此时的股票价格将只反映后续年份的红利。

$$P_{ex} = PV(\text{未来红利}) = \frac{4.80}{0.12} = 40\ (\text{美元})$$

股价在 12 月 12 日的除息日将会下跌，从 42 美元跌到 40 美元。股价下跌的数额等于当前每股 2 美元的红利。我们也可使用市值资产负债表来确定股价的改变（价值单位为百万美元）：

	12 月 11 日 （含红利）	12 月 12 日 （不含红利）
现金(百万美元)	20	0
其他资产(百万美元)	400	400
总市值(百万美元)	420	400
股数(百万股)	10	10
股价(美元)	42	40

如市值资产负债表所示，发放红利时，股价下跌，这是因为现金的减少降低了公司资产的市值。尽管股价下降，但股东总体上并未遭受损失。发放红利前，股票价值 42 美元。派发红利后，股票价值 40 美元，并得到 2 美元的现金红利，总价值仍为 42 美元。股价和市值资产负债表的分析表明：

在完美资本市场中，公司派发红利时，除息日的股价会立即下跌，股价跌幅等于红利数额。

政策选择 2：股票回购（无红利）

假设公司今年不派发红利，而是用 2 000 万美元现金在公开市场上回购其股票。股票回购会对股价产生何种影响？

若初始股价为 42 美元，公司将可回购 47.6 万股（2 000÷42）股票，剩余 952.4 万股（1 000−47.6）仍在流通。再次运用市值资产负债表来分析这项交易：

	12 月 11 日 （回购前）	12 月 12 日 （回购后）
现金（百万美元）	20	0
其他资产（百万美元）	400	400
总市值（百万美元）	420	400
股数（百万股）	10	9.524
股价（美元）	42	42

在这种情形下，公司支出现金，资产的市值下跌，但流通股的数量同时也从 1 000万股减少到952.4 万股。资产市值的下跌与流通股股数的减少相互抵消，股价保持 42 美元不变。

Genron 的未来红利。还可通过考察股票回购对公司的未来红利的影响，来解释股票回购后股价为什么没有下跌。公司预计未来每年将产生 4 800 万美元的自由现金流，可用于每年支付每股 5.04 美元（4 800÷952.4）的红利。由于股票回购，公司今天的股价为：

$$P_{rep}=\frac{5.04}{0.12}=42\text{（美元）}$$

换言之，公司通过用股票回购代替红利支付，能够提升未来的每股红利。未来红利的增加补偿了股东今天所放弃的红利。这个例子阐明了下面有关股票回购的总体结论：

在完美资本市场中，公开市场股票回购对股价没有影响，股价与现金红利政策下的附息股价相同。

常见错误：股票回购与股票的供给

存在的一个误解是，公司回购股票时，由于流通股的供给减少，股票价格将会上升。从微观经济学所讲授的标准的供给与需求分析来看，这种直觉似乎很自然。为什么供给与需求分析在这里不适用呢？

公司回购股票时，股票的供给量减少。然而在同时，公司动用现金回购股票时，公司资产的价值也随之下降。如果公司按市价回购股票，这两种效应相互抵消，结果股价不变。

这一结论类似于第 15 章所讨论的稀释谬论：公司以市价发行股票，股价不会因股票供给的增加而下降。这是因为，股票供给的增加，恰好被发行股票收到现金而带来的资产价值的增加所抵消。

投资者的偏好。投资者希望 Genron 公司派发红利还是回购股票？这两种政策下的初始股价都是 42 美元。但是交易完成后，股东的价值会有所不同吗？设想一个投资者当前持有 2 000 股 Genron 股票，假设该投资者不进行股票交易，红利发放或股票回购后，该投资者持有的资产或财富如下表所示：

派发红利	股票回购
40×2 000=80 000 美元股票	42×2 000=84 000 美元股票
2×2 000=4 000 美元现金	

在每种情形下，交易立即完成后，投资者的投资组合价值都为 84 000 美元。唯一的差别在于组合价值在现金和持有股票之间的分割。可见，投资者更喜欢哪种股利方式或许取决于她是否需要现金。

如果公司回购股票，而投资者却需要现金，那么投资者可以出售股票来取得现金。例如，她可以出售 95 股，得到 3 990 美元（95×42）的现金。这样，她还持有 1 905股总价值为 80 010 美元（1 905×42）的股票。在股票回购的情形下，投资者可以通过出售股票来自制红利（homemade dividend）。

同样，如果公司派发红利，而投资者却不需要现金，她可以用 4 000 美元的现金红利，以每股 40 美元的除息股价再购买 100 股。结果，她将持有 2 100 股总价值为 84 000 美元（2 100×40）的股票。事实上，许多公司允许投资者登记参与红利再投资计划（dividend reinvestment program，简称 DRIP），该计划自动地将红利再投资于购买新股票。

将这两种情形总结如下：

红利+购买 100 股	股票回购+卖出 95 股
40×2 100=84 000 美元（股票）	42×1 905=80 010 美元（股票）
	42×95=3 990 美元（现金）

通过出售股票或将红利再投资，投资者能够构造出任何想要的现金和股票组合。投资者并不关心公司可能采用的各种股利方式：

在完美资本市场中，投资者并不关心公司是通过派发红利还是回购股票来发放现金。通过将红利再投资或出售股票，他们可以自行复制任何一种股利方式。

政策选择 3：派发高额红利（通过发行股票）

下面分析公司的第三种选择。假设董事会希望现在派发比每股 2 美元更高的红利。这有可能吗，如果这样做了，更高的红利会使股东的处境变得更好吗？

公司计划自明年起支付 4 800 万美元的红利。假设公司打算在今天就开始支付这笔红利。公司今天只有 2 000 万美元现金，还需要再筹措额外的 2 800 万美元。公司可以通过缩减投资来筹措现金。但如果投资的 NPV 为正，减少投资就会降低公司的价值。公司也可选择借钱或发行新股来筹措更多的现金。

先考察发行新股的方式。给定当前 42 美元的股价，公司可发行 67 万股（2 800÷42），以筹集 2 800 万美元。新股发行使得公司的流通股总量增加到 1 067 万股，每年的每股红利将为：

$\frac{4\,800}{1\,067}=4.5$（美元）

在这一新的股利政策下，公司的附息股价为：

$P_{cum}=4.50+\frac{4.50}{0.12}=4.50+37.50=42$（美元/股）

同前面的例子一样，初始股价不因红利政策而改变，增加红利并没有给股东带来任何额外的好处。

例 16.1　自制红利

问题：

假设 Genron 公司不采用第三种股利政策，而是在今天派发每股 2 美元的红利。一个持有 2 000 股股票的投资者，怎样自行构造每年 9 000 美元（4.50×2 000）的自制红利？

解答：

分析：

如果公司支付 2 美元红利，投资者将收到 4 000 美元现金，并持有股票。她可以在红利支付后立即以每股 40 美元出售 125 股股票，以筹集额外的 5 000 美元现金。

计算：

该投资者今年赚了 9 000 美元，这是通过积攒 4 000 美元红利及以每股 40 美元出售 125 股股票得到的。在以后的年度里，公司将支付每股 4.80 美元的红利。该投资者持有 1 875 股（2 000−125）股票，此后每年都将收到 9 000 美元（1 875×4.80）的红利。

评价：

再次强调，投资者可以通过在市场上交易来构造符合她偏好的自制红利政策，这与公司的股利政策选择毫无关系。

MM 定理与红利政策无关论

前面的分析中，我们考察了公司的三种红利政策：

（1）将所有的超额现金作为红利支付出去；

（2）不发放红利，而是用现金回购股票；

（3）发行新股融资，以发放更多的红利。

表 16.1 阐明了上述股利政策。

表 16.1　　**三种备选政策下，Genron 的年度每股红利**　　单位：美元

		每股支付的红利			
初始股价		第 0 年	第 1 年	第 2 年	……
政策 1：	42.00	2.00	4.80	4.80	……
政策 2：	42.00	0	5.04	5.04	……
政策 3：	42.00	4.50	4.50	4.50	……

表 16.1 表明了一种重要的权衡：如果公司当前派发较高的每股红利，那么它未来就会发放较低的每股红利。例如，如果公司通过发售新股为当前红利融资，那么它将会有更多的股份，因而未来也就有更少的每股现金流来支付红利。如果公司降低当前红利并回购股票，未来将因为更少的股数，从而有能力支付较高的每股红利。这种权衡的净效应是，所有未来红利的总现值，也就是当前股价，将保持 42 美元不变。

本节的逻辑与第 15 章中对资本结构的讨论是一致的。在完美资本市场中，买卖股权和债务的 NPV 为零，从而不会影响公司的价值。而且，任何由公司选择的财务杠杆，都可由投资者运用自制杠杆来复制。结果是，公司的资本结构选择与公司价值不相关。在此，我们已经证实了公司红利政策选择的同一原理。不管公司手头有多少现金，它既可以选择支付较少的红利（并用剩余的现金回购股票），也可选择支付较多的红利（通过出售股权筹措现金）。买卖股票是一项 NPV 为零的交易，这样的交易不会影响初始股价。而且，股东可以通过自行买卖股票来构造任何规模的自制红利。

MM 在 1961 年发表的另一篇有影响的论文中提出了上述观点。① 与他们关于资本结构研究的结论一样，红利无关的论点也与传统观点相抵触。传统观点认为，红利政策能够改变公司的价值，即使在无市场摩擦时，红利政策也会使股东的处境变得更好。MM 提出关于红利政策的重要命题如下：

MM 红利无关论：在完美资本市场中，保持公司的投资政策不变，公司的红利政策选择是无关的，不会影响公司的初始股价。

常见错误："一鸟在手"谬论

"一鸟在手胜过双鸟在林。"

"一鸟在手"假说（bird in the hand hypothesis）认为，股东偏好当前的红利胜过未来的红利（有相同的现值），所以，当前支付较高红利的公司将会有较高的股票价格。根据这一观点，第三种股利政策会使 Genron 公司的股价达到最高。

这种观点是错误的。MM 表明，在完美资本市场中，股东通过出售股票，可在任何时候产生等价的自制红利，因此，公司的红利政策选择无关紧要。

完美资本市场中的红利政策

本节的例子说明了，公司通过股票回购或发行股票，能够轻易地改变红利支付。这些交易不会改变公司的价值，红利政策也是如此。

这一结论乍看上去，似乎与股价应等于未来红利的现值的理念相矛盾。然而，正如我们的例子所表明的那样，公司今天对红利的选择，会以一种抵消的方式，影响公司未来可支付的红利，所以，尽管红利**确实**决定了股价，公司的红利政策选择却不能决定股价。

① M. Modigliani and M. Miller, "Dividend Policy, Growth, and the Valuation of Shares," *Journal of Business* 34 (4) (1961): 411-433. and J. B. Williams, *The Theory of Investment Value* (Cambridge, MA: Harvard University Press, 1938).

MM 清楚地阐明，公司的价值最终源于公司的基础业务产生的自由现金流。公司的自由现金流决定了公司对投资者的支付水平。在完美资本市场中，这些支付是通过发放红利还是回购股票的方式完成，并不重要。当然，现实中的资本市场并不完美。如同资本结构决策一样，是资本市场的摩擦塑造了公司的股利政策。

概念检查

3. 解释概念错误：公司回购股票时，股价会由于流通股供给的减少而上涨。

4. 在完美资本市场中，公司派发红利和回购股票的决策有多重要？

16.3 红利的纳税劣势

同资本结构决策一样，纳税因素是影响公司派发红利或回购股票决策的一种重要的市场摩擦。

对红利和资本利得征税

股东收到的红利必须要纳税。出售股票还要缴纳资本利得税。表 16.2 列示了 1971—2008 年美国处于最高税级的投资者在取得红利和长期资本利得时适用的历史税率。

表 16.2　**美国的长期资本利得税率与红利税率（1971—2008 年）**

年度	资本利得	红利
1971—1978	35%	70%
1979—1981	28%	70%
1982—1986	20%	50%
1987	28%	39%
1988—1990	28%	28%
1991—1992	28%	31%
1993—1996	28%	40%
1997—2000	20%	40%
2001—2002	20%	39%
2003—*	15%	15%

*除非国会延长，否则当前税率的适用期限将到 2008 年。表中列示的税率适用于持有期限为 1 年的金融资产。持有期限不足 1 年的资产，资本利得按正常所得税税率纳税（目前最高纳税等级的税率为 35%）；持有期限不足 61 天的资产收到的红利所得也按正常所得纳税。资本利得税可以递延到资产出售时才缴纳，故对于持有期限超过 1 年的资产而言，有效资本利得税率等于表中所列示税率的现值，即用税后无风险利率对持有期限超出 1 年的资产折现。

纳税会影响投资者对红利与股票回购的偏好吗？公司选择支付红利，股东就将依据红利税率纳税。公司选择回购股票，而股东出售股票来构造自制红利，那么自制红利就将按资本利得税率纳税。如果红利所得的适用税率比资本利得税率要高（事实也确实一直如此，直到最近税法的调整，使得这两种税率趋于相等），那么，股东是否会偏好股票回购胜过红利发放？近期税法的调整已使红利税率和资本利得税率趋同。微软公司在这些税法调整后不久就开始支付红利，很可能并非巧合。然而长期投资者可以将资本利得税递延到未来股票售出之时，股票回购与红利相比仍然存在纳税优势。

并非所有国家的红利税率都比资本利得税率高。图 16.4 列示了不同国家（地区）的红利税率和资本利得税率。例如，智利的资本利得税率为 45%，而红利税率仅为 35%。澳大利亚、丹麦、芬兰以及巴西也存在类似的红利纳税优势。

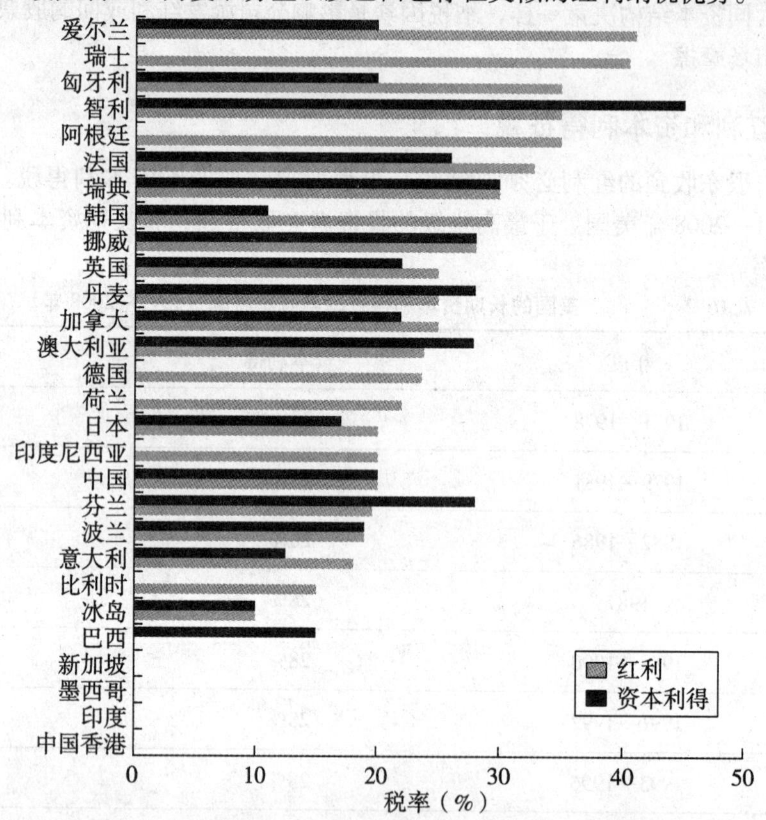

图 16.4　世界各国（地区）的红利税率和资本利得税率

注：该图显示了不同国家的资本利得税率（深灰色条形图）和红利税率（浅灰色条形图）。条形图缺失，表示该国（地区）派发的现金红利免税。大多数国家（地区）的红利税率高于或等于资本利得税率，这使得股票回购具有纳税偏好优势，而另一些国家（地区）的资本利得税率却较高，如智利、新加坡、墨西哥、印度和中国香港等，对红利和资本利得均不征税。

资料来源：OECD 2007，www. oecd. org；资本利得税率是基于投资者资本利得扣除所有初始减免额后净额为 100 000 美元的边际税率。

有税时的最优股利政策

若红利税率高于资本利得税率，如果公司通过回购股票而非派发红利的方式向投资者支付现金，则股东将支付较少的税费。股票回购相对于发放红利产生的节税收益，会增加公司的价值。我们还可用公司的股权资本成本来表示这种纳税节约。发放现金红利的公司需要向投资者提供更高的税前回报（导致更高的股权资本成本），以使得投资者的税后回报与股票回购情形下的税后回报相等。结果是，红利税率高于资本利得税率时，最优的红利政策就是根本不发放任何红利。

红利发放实践。然而，公司确实仍然派发红利，尽管有大量证据表明许多公司已意识到它们的红利纳税劣势。例如，1980 年以前，大多数公司只运用红利向投资者派发现金（如图 16.5 所示）。但到 2006 年，只有大约 25% 的公司依赖红利支付。与此同时，有 30% 的公司（有超过一半的公司向股东分配回报）仅靠股票回购或者通过股票回购与红利相结合的方式向股东返还现金。

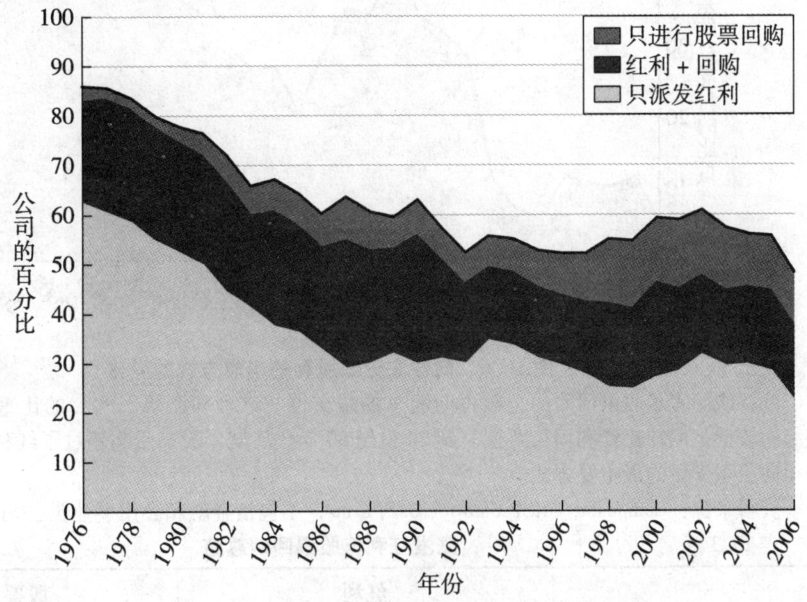

图 16.5　派发红利的下降

注：该图显示了每年向股东分配利润的美国公司的百分比。阴影区域分别表示只派发红利、只进行股票回购或两者兼有的公司百分比。注意图中运用红利支付方式的趋势在逐渐下降，可见向股东分配利润的公司较多地依赖股票回购方式，同时，向股东分配利润的公司的比例也急剧下降。

资料来源：Compustat.

如果进一步考察这两种公司分配方式的相对规模，就会发现更具戏剧性的变化趋势。图 16.6 表明了股票回购方式在向股东的总支付中占比的相对重要性。20 世纪 80 年代早期之前，红利占公司总支付的比重一直在 80% 以上，但在 20 世纪 80 年代中期，股票回购越来越重要。股票回购活动在 1990—1991 年的经济衰退期间有所减缓，但到 20 世纪 90 年代末期，美国工业公司的股票回购金额超过了红利。

有证据表明，股票回购作为公司股利政策的一部分越来越重要，但是，发放红利也仍然是一种关键的支付方式。公司不顾红利的纳税劣势，仍继续发放红利这一事实通常被称作红利之谜(dividend puzzle)。[①] 表 16.3 总结了红利与股票回购的对比，强调了向股东分配现金的两种方式的不同之处。下一节将考察可能会减少红利纳税劣势的一些因素。在第 5 节，我们将考察基于管理者与投资者间信息不对称情形下的公司派发红利的各种动机。

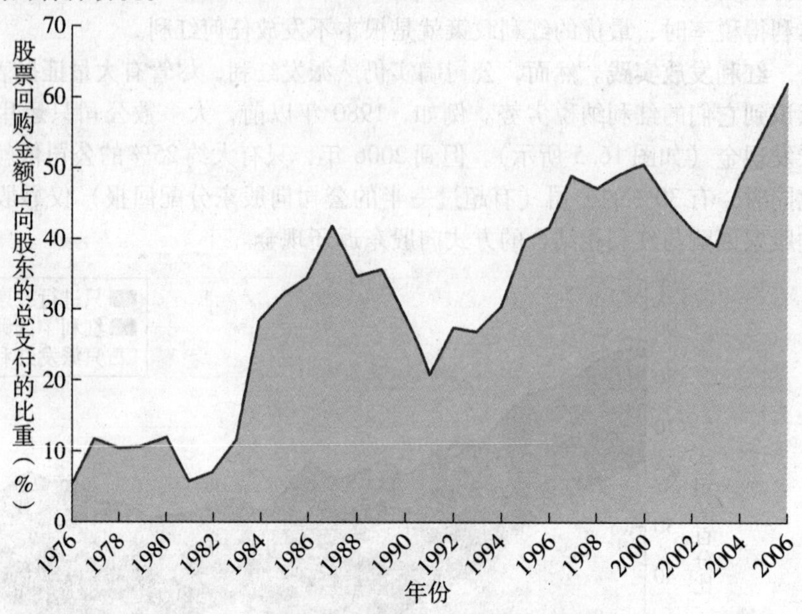

图 16.6 向股东分配股利的构成方式的变化

注：该图表示股票回购的金额占向股东的总支付（红利和股票回购）的比重。股票回购的比例起初较低，但却比红利增长要快。到 20 世纪 90 年代后期，股票回购超过了红利，成为美国工业公司向股东支付的最主要方式。

资料来源：Compustat/CRSP data for U. S. firms，不包括金融和公用事业类公司。

表 16.3 **派发红利与股票回购总结**

	红利	股票回购
怎样将现金派发给股东	对全部股东按其各自的持股数量派发现金	从某些股东处买回股票
参与	非自愿（持有股票的投资者都将收到红利）	自愿（股东自己选择是否出售其所持股票）
普通投资者的纳税	通常作为一般所得纳税，当前税率为 15%	作为资本利得纳税，当前税率为 15%
对股价的影响	股价下跌，跌幅等于每股红利的数额	只要按公允市价回购，则股价不受回购影响

投资者之间的纳税差异

相对于红利，许多投资者对股票回购存在税收偏好，但偏好的程度取决于他们面

① F. Black, "The Dividend Puzzle," *Journal of Portfolio Management* 2 (1976): 5-8.

对的红利税率与资本利得税率的差异。税率因收入、管辖属地以及股票是否由退休基金账户持有等因素而变化。由于这些差别，公司可以利用其红利政策吸引不同的投资者群体。本节将重点考察不同投资者面临的红利税收处理差异，讨论这些差异是如何导致不同的投资者群体偏好不同的股利政策。

红利税率的影响因素。由于各种原因，不同投资者面临的红利税率和资本利得税率不同。

（1）收入水平。收入水平不同的投资者被划分为不同的纳税等级，适用不同的税率。

（2）投资期限。对于持有期限不足 1 年的股票投资的资本利得，和持有期限不足 61 天的股票投资所获得的红利收入，按较高的正常收入所得税税率征税。长期投资者可以递延资本利得税的支付（这进一步降低了他们的有效资本利得税率）。计划将股票遗赠给其后代的投资者则完全不需要支付资本利得税。

（3）税收管辖属地。美国各州对投资者的征税也因属地管辖而各不相同。例如，新罕布什尔州（New Hampshire）对利息和红利所得按 5% 的税率征税，但对资本利得却不征税。持有美国股票的外国投资者，收到的红利将被预扣 30% 的税（除非与投资者母国签有减低税率的税收协议），而资本利得却没有类似的预扣。

（4）投资者或投资账户的类型。退休金账户的个人投资者持有的股票，不需缴纳红利税和资本利得税。类似地，养老基金和非营利捐赠基金持有的股票，也无需缴纳红利税和资本利得税。持有股票的公司，税法允许 70% 的红利收入可不计入应纳税所得额，但资本利得仍需足额纳税。①

由于不同投资者适用税率的差异，他们对红利会产生不同的偏好：

（1）长期投资者的现金红利税负较重，相对于派发红利而言，他们大多偏好股票回购。

（2）1 年期的投资者、退休养老基金以及其他免纳税投资者，与获得现金红利相比，不存在股票回购偏好，他们多偏好最接近或匹配其自身现金需求的公司股利政策。例如，一个当前需求现金收入的免税投资者，会偏好高红利支付，以避免出售股票时的佣金支出和其他交易成本。

（3）根据 70% 排除法则，公司享有红利纳税优势，为此，公司会选择投资于将派发高额红利的公司的股票。

红利的税收客户效应

表 16.4 总结了不同投资者群体的纳税偏好差别。纳税偏好差别产生了红利的**税收客户效应**（clientele effects），也就是说，公司的红利政策被有效利用以吸引或满足具有某种纳税偏好的投资者客户。显而易见，处于最高税收等级的个人投资者，偏好不支付或者支付低红利的公司股票，而免纳税投资者和投资于股票的公司，偏好支付高红利的公司股票。在这种情形下，公司的红利政策因其投资者的纳税偏好而优化或被固定下来。

---

① 如果公司持有被投资公司的股份超过 20%，那么公司红利所得的 80% 可不计入应纳税所得额。

表 16.4　　不同投资者群体的股利政策偏好差别

投资者群体	红利政策偏好	投资者比例
个人投资者	红利纳税劣势 偏好股票回购	大约 53%
机构、养老基金、退休金账户	无纳税偏好 偏好与自身收益需求相匹配的股利政策	大约 46%
公司	红利纳税优势	大约 1%

资料来源：*Federal Reserve Flow of Founds Accounts*，2007.

有证据支持红利税收客户效应的存在。例如，富兰克林·艾伦（Franklin Allen）和罗尼·麦克利（Roni Michaely）① 发现，1996 年，个体投资者共持有股票市场总市值 54% 的股票，却只收到全部红利的 35%，这表明，个体投资者倾向于持有低红利收益的股票。当然，处于高税级的个体投资者确实收到红利这一客观事实，也表明红利的税收客户效应理论似乎并不完美，红利税并非决定投资者的投资组合的唯一因素。

概念检查

5. 在什么样的条件下，相对红利而言，投资者对股票回购有纳税偏好？
6. 什么是红利之谜？

16.4　支出还是保留现金

再来回顾图 16.1，到目前为止，我们只考察了公司股利政策的一个方面：支付红利还是回购股票。公司又该如何决定应向股东发放和公司留存的现金数额呢？

为回答这个问题，必须首先考虑，公司保留现金将做什么用。它可以将现金投资于新项目或购买金融资产。接下来我们在完美资本市场中考察这些用途。

保留现金与完美资本市场

只要公司实施了所有 NPV 为正的项目，那么它将面临是保留部分剩余现金还是将其发放给股东的问题。公司如果保留现金，可以将现金存入银行或购买金融资产。公司可在以后将现金发放给股东，或是在有 NPV 为正的投资机会时再用于投资。

留存现金并将其投资于金融证券有哪些好处和弊端呢？在完美资本市场中，买卖证券是一项 NPV 为零的交易，不会影响公司的价值。若公司向给股东发放现金，股东可以自行投资于公司所能做的任何投资。所以不应感到惊奇，在完美资本市场中，公司选择保留还是发放现金的决策，就如同选择发放红利还是回购股票的决策一样，是无关紧要的。

例 16.2　完美资本市场中的支付决策

问题：

① F. Allen and R. Michaely, "Payout Policy," in *Handbook of the Economics of Finance*: *Corporate Finance*, G. M. Constantinides, M. Harris, and R. M. Stulz, eds., vol. 1A, (Amsterdam, The Netherlands: Elsevier, 2003), chap. 7.

巴斯顿采矿公司（Barston）有100 000美元超额现金。公司正考虑将超额现金投资于利率为6%的1年期国债，然后明年用现金派发红利。公司也可选择立即发放红利，股东收到现金红利后可自行投资。在完美资本市场中，股东更偏好上述哪一种选择？

解答：

分析：

需要比较以下两者的大小：①股东将立即得到的红利金额（100 000美元）；②如果公司将现金用于投资，股东在1年后将得到金额的现值。

计算：

如果公司保留现金，年末将能够派发红利106 000美元（100 000×（1.06）），注意到这一支付与股东现在自行将100 000美元投资于国债得到的支付完全相同。也就是说，这项未来红利的现值恰好等于100 000美元（106 000÷（1.06）），这与股东立即得到的红利金额一样，因此，股东并不关心公司是立即派发红利还是保留现金。

评价：

由于巴斯顿公司所做的股东也都可以自己做，与把现金立即发放给股东相比，它保留现金用于投资并没有简单地多创造价值。正如例16.1中的Genron公司，如果巴斯顿保留现金，但投资者偏好现在就得到收益，他们可以卖出价值100 000美元的股票。

上例表明，公司是立即发放现金，还是保留现金待以后再发放，这对股东没有任何差别。这一例子还为MM关于完美资本市场中的财务政策无关论的深刻洞见提供了例证。

MM的股利政策无关论：在完美资本市场中，如果公司将超额现金投资于金融证券，那么公司选择支出还是保留现金是不相关的，不会影响公司的初始价值。

保留现金与不完美的资本市场

基于MM的股利政策无关论，很显然，是否留存现金的决策取决于市场摩擦，接下来我们讨论市场摩擦。

纳税和保留现金。巴斯顿公司的例子假设资本市场是完美的，忽略了税收的影响。有税收时，结论会有什么变化？

例16.3　公司税与保留现金

问题：

回顾例16.2中的巴斯顿采矿公司。假设巴斯顿公司从利率为6%的1年期国债投资中获得的利息收入，必须按35%的利率支付公司所得税。养老基金机构投资者（他们的投资收入不需纳税）是希望巴斯顿公司运用超额现金立即支付100 000美元的红利？还是希望公司留存现金1年？

解答：

分析：

正如上例所述，需要比较股东自行投资产生的收益与巴斯顿保留现金并代为投资时股东将得到的收益。问题的关键是：巴斯顿所能取得并分配给股东的税后回报，与把 100 000 美元投资于养老基金所得的免税收入，两者之间的差异有多少？

计算：

因为养老基金机构投资者的投资收入不需要纳税，例 16.2 中的结论仍然成立：投资者可以立即得到 100 000 美元并把它用于投资，回报率为 6%，1 年后将收到 106 000美元。如果巴斯顿留存现金 1 年，则投资于国债的税后收益率为：

6%×（1-0.35）＝3.90%

于是，在年末，公司将能够支付 103 900 美元（100 000×1.039）的红利。

评价：

这一数额少于投资者自行将 100 000 美元投资于国债获得的 106 000 美元。因为公司赚得的利息收入必须要支付公司税，故公司留存现金存在纳税劣势。养老基金投资者因此希望公司现在就派发红利。

例 16.3 表明，公司所得税加大了公司留存超额现金的代价。这种影响与第 15 章中讲述的有关杠杆的影响非常相似：公司支付利息时，得到利息减税好处；而当公司收到利息时，需要支付利息税。现金可以被看做负的财务杠杆，于是，财务杠杆的纳税优势就意味着持有现金的纳税劣势。

考虑投资者的税负。公司派发还是保留现金的决策也可能影响到投资者的税负。养老和退休基金投资者享有纳税豁免，大多数个体投资者必须支付利息税、红利税和资本利得税。对投资者的征税会如何影响留存现金的纳税劣势？

不管公司是立即派发现金，还是保留现金一段时间待以后用赚得的利息来发放红利，都要支付红利税，所以红利税率并不影响留存现金的成本。但若公司留存现金，所得利息需支付公司所得税。此外，公司价值增加时，投资者还要承担资本利得税。实质上，保留现金的利息收益被双重征税。反之，如果公司向股东发放现金，股东可将现金投资，其利息收入税只需支付一次。与利息收入的单一纳税相比，保留现金的成本取决于公司税和资本利得税的综合效应。在大多数税收体制下，即使在考虑了投资者的税负后，公司保留超额现金仍然存在着显著的纳税劣势。

股票发行成本和财务困境成本。既然保留现金不具备纳税优势，为什么一些公司还要积累大量的现金余额？通常，公司保持现金余额是为了应对潜在的未来现金短缺。例如，如果未来的收益很可能无法满足 NPV 为正的投资机会所需要的资金，公司就应积累现金，弥补资金缺口。对于需要为大规模的研发和并购项目融资的公司，这种保留现金的动机尤为强烈。

持有现金以应对未来潜在的现金需求，其优势是可以避免再融资（发行新债或发行股票）的交易成本。如第 13 章和第 14 章所述，发行债务的直接成本为融资额的 1%～3%，而发行股票的直接成本为 3.5%～7%。由于存在着在第 15 章中曾经讨论过的代理成本和逆向选择（柠檬市场问题）成本，融资的间接成本也很高。因而，公司需要在持有现金的纳税成本，与（因积累现金从而）避免未来外源融资成本的潜在收益这两者之间取得平衡。收益波动性强的公司，更应建立现金储备，以顺利度过暂时性的经营亏损期。公司保留充足的现金，将能够避免财务困境及其相关成本。

保留现金的代理成本。然而，若公司持有的现金超过其未来投资或流动性需求，这对股东没有什么好处。实际上，除了纳税成本外，公司持有过多现金还可能产生代理成本。第 15 章中曾讨论过，公司拥有超额现金时，管理者运用资金的效率就可能下降，如继续投资于一些不赚钱的特别偏好项目，支付过高的管理者津贴和外快，或为并购过度支付。财务杠杆可以作为减少公司超额现金的一种方式，派发红利和股票回购通过将现金从公司发放出去，扮演了相似的角色。

通过派发红利或股票回购的方式将超额现金发放出去，削弱了管理者浪费资源的能力，因而能够提升股票价格。例如，2004 年 4 月 23 日，价值线（Value Line）公司宣告将用它累积的现金发放每股 17.50 美元的特别红利。消息一经宣告，公司的股价立即上涨了大约 10 美元，股价上涨很可能是由于市场意识到这一事项产生的纳税收益和代理成本的下降。

例 16.4　削减 NPV 为负的投资项目

问题：

雷斯顿石油（Rexton）是一家拥有 10 000 万股流通股的全权益公司。当前，公司有 15 000 万美元现金，预期未来的年度自由现金流为 6 500 万美元。管理者计划用这些现金扩张公司业务，业务扩张又将使每年的未来自由现金流增加到 7 280 万美元。如果投资的资本成本为 10%，将现金用于股票回购而非经营扩张，股价将如何变化？

解答：

分析：

可以应用永续年金的计算公式来估计两种情况下雷斯顿公司的价值。股票回购将在市场价格下进行，回购本身对公司的股价没有影响。主要的问题是：使以后每年现金流量增加 780 万美元的 15 000 万美元扩张支出（而不是股票回购），是否是 NPV 为正的项目。

计算：

投资：

根据永续年金公式，若公司投资 15 000 万美元用于扩张，公司市值将为 72 800 万美元（7 280÷ 10%），或每股 7.28 美元的 10 000 万股流通股。

股票回购：

如果公司不扩张，未来自由现金流的价值将为 65 000 万美元（6 500÷10%）。加上现有的 15 000 万美元现金，公司的股权总市值为 80 000 万美元，或每股 8.00 美元。

如果公司回购股票，股价将保持不变：它将回购 1 875 万股（15 000÷8.00），回购后，公司资产价值将为 65 000 万美元，流通股数量为 8 125 万股，股票回购后的每股价格为 8.00 美元（65 000÷8 125）。

在这种情形下，削减投资项目，而将资金用于股票回购，结果竟然使每股价格上涨了 0.72 美元（8.00−7.28）。

评价：

股票回购使股价上涨，原因在于公司扩张的 NPV 为负：耗资 15 000 万美元，未来每年的自由现金流却永远仅增加 780 万美元，扩张的 NPV 为：

−15 000+780/10% =−7 200（万美元）

或-0.72 美元/股。

因此，不采取扩张政策，通过股票回购可以使股价免遭每股 0.72 美元的损失。

最后，公司选择保留超额现金的理由与选择低杠杆水平的理由相同，即为未来的成长机会保持财务弹性，避免财务困境成本。但公司也需要权衡现金持有需求的益处，与持有现金的纳税劣势以及浪费性投资的代理成本。因此，通常选择较低水平债务的高科技和生物技术公司，也倾向于保留和积累大量的现金，这不足为奇。表 16.5 列示了一些选定的持有巨额现金的公司。

表 16.5　**一些持有大量现金的公司**

公司	现金（10 亿美元）	占股票总市值的百分比
埃克森美孚	31.6	6.9%
戴姆勒	30.1	38.3%
中国移动	25.6	8.5%
丰田汽车	22.6	15.4%
辉瑞制药	22.3	14.6%
微软	18.9	6.2%
苹果	18.4	16.1%
谷歌	13.1	7.4%

资料来源：雅虎财经 2008 年 1 月。

如同资本结构决策，股利政策由董事会设定，通常会受到管理者的重大影响，但管理者的动机可能与股东不同。相对于将现金发放出去，管理者更偏向于保留并控制现金。保留的现金可投资于能为管理者带来好处（如个人偏爱的项目、高额工资等）的项目上，尽管该投资项目对股东而言并不划算；管理者也有可能单纯将保留现金作为降低财务杠杆水平和财务困境风险的一种手段，因为财务困境会威胁到管理者的工作稳定性。根据股利政策的“管理者壁垒理论”，管理者只有在投资者的压力之下才不得不派发现金。

概念检查

7. 在完美资本市场中，公司保留现金比将其发放给股东有利吗？
8. 公司税如何影响公司留存超额现金的决策？

16.5　股利政策的信号传递

我们还未考虑的一个市场摩擦就是信息不对称。若管理者比投资者拥有（质量和数量）更好的关于公司未来前景的信息，他们的股利决策就有可能传递这一信息。本节将考察管理者设定公司股利政策的动机，评估公司的股利决策可能向投资者传递何种信息。

红利平滑

公司可以随时调整红利，但实际上对红利规模的调整相对来说并不频繁。例如，通用汽车公司（GM）20 年来对其正常红利的规模只调整过 7 次。然而在此期间，如图 16.7 所示，GM 的年度收益却变化很大。

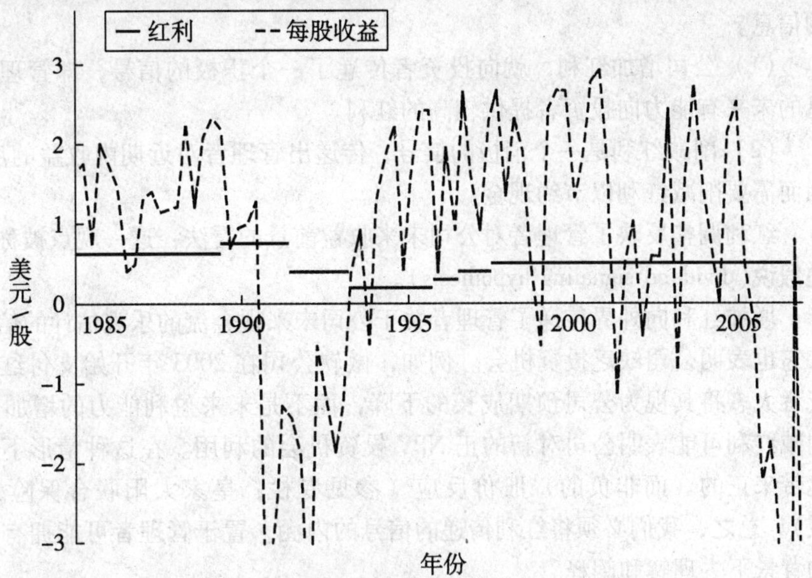

图 16.7　GM 的每股收益和红利（1985—2006 年）

注：与收益相比，红利支付维持相对平稳（数据已随股票分拆调整，收益排除了非经常项目收益）。

资料来源：Compustat and Capital IQ.

上图所示的 GM 模式，也是大多数公司派发红利的典型模式。公司并不经常调整红利，红利的波动要比收益的波动小得多。公司理财实践中维持红利相对稳定的做法，称作**红利平滑**（dividend smoothing）。公司增加红利比削减红利要频繁得多。例如，1971—2001 年，只有 5.4% 的红利变动为削减红利。① 在对公司主管们的一项经典调查中，约翰·林特纳认为这些观察结论产生于：（1）管理者相信投资者偏好持续成长基础上的平稳红利；（2）管理者希望将红利的长期目标水平维持为收益的一定比例。② 于是，只有当公司认为期望未来收益将长期持续增长时，才会增加红利，而削减红利只能是无奈之举。这可能是公司如何确定红利水平的最佳描述，正如本章所述，公司为何平滑红利并没有明确的原因。一种解释是它有助于红利信号传递，接下来将讨论这一问题。

公司收益变化时，如何保持红利平滑？正如我们讨论过的那样，公司通过调整回购或发行股票的数量和保留现金的额度，可以在短期内维持任意的红利水平。然而，若通过发售新股筹集红利所需资金，由于存在税收和交易成本，管理者不希望承诺分

① F. Allen and R. Michaely, "Payout Policy," in G. Constantinides, M. Harris, and R. Stulz, eds., *Handbook of the Economics of Finance*（2003）.

② J. Lintner, "Distribution of Incomes of Corporations Among Dividends, Retained Earnings and Taxes," *American Economics Review* 46（1956）: 97-113.

配超出公司正常收益、公司不堪支付的红利，因此，公司往往基于对未来收益前景的预期，来设定公司能够维持的红利水平。

红利信号传递

如果公司平滑红利，公司的红利政策选择就将包含和体现管理者对未来收益预期的信息。

（1）公司增加红利，就向投资者传递了一个积极的信号，即管理者预期在可预见的未来有能力向投资者提供较高的红利。

（2）削减红利是一个消极的信号，传递出管理者对近期内收益的反弹不抱希望，因而需要削减红利以节约现金。

红利调整反映了管理者对公司未来收益前景的看法，这一观点被称作**红利信号传递假说**(dividend signaling hypothesis)。

增加红利向外界传递了管理者关于公司未来现金流的乐观估计的信息，但同时或许它也表明公司缺乏投资机会。例如，微软公司在2003年开始支付红利，市场和投资者大多将其视为公司预期成长的下降，而不是未来盈利能力的增加信号。[①] 相反，削减红利可能表明公司对新的正NPV投资机会的利用。在这种情形下，红利削减可能带来正的（而非负的）股价反应（参见专栏：皇家太阳联合保险公司的红利削减）。总之，我们必须将红利传递的信号的内涵，置于管理者可能拥有的新信息类型的背景下去理解和阐释。

皇家太阳联合保险公司的红利削减

要是在某些地方，皇家太阳联合保险公司（Royal & Sun Alliance）的首席财务官，朱利安·汉斯（Julian Hance）必定会被视为一个离经叛道者。皇家太阳联合保险是一家总部基于英国的年收入为126亿英镑（202亿欧元）的大型保险集团。2001年11月8日，公司宣布了要削减红利这样令人难以置信的消息。

许多市场观察人士对这一决定感到诧异和不解。他们认为削减红利是经营衰退的信号。难道不是只有利润下滑时，公司才要削减红利吗？

“恰恰相反”，汉斯反击道。皇家太阳联合保险认为，随着世界范围内保费的持续增加，特别是在美国发生世贸中心那样的悲剧后，保险行业有着非常好的成长机会。

“展望保险行业2002年及以后的发展前景，当务之急是将资本再投资，而不是返还给投资者”，汉斯这样解释道。

股票市场认同汉斯的看法，皇家太阳联合保险的股价在宣布削减红利的消息后上涨了5%。“削减红利是一种积极的动向”，里昂信贷（Creidt Lyonnais）的保险分析师、市场观察人士马修·赖特（Matthew Wright）认为，“它表明公司预期未来的盈利能力强劲”。

资料来源：Justin Wood，CFOEurope. com，December 2001.

① See “An End to Growth?” *The Economist*（July 22，2004）：61.

约翰·康纳斯访谈

约翰·康纳斯（John Connors）曾任微软公司的高级副总裁和首席财务官。他于 2005 年退休，现在是启明创投（Ignition Partners）——西雅图的一家风险资本公司——的合伙人。

提问：微软在 2003 年首次宣布派发红利，公司首次决定支付红利时需要考虑哪些因素？

回答：微软的情况比较特殊，它以前从未派发过红利，公司面临着股东的压力，要处理积累的 600 亿美元现金。公司在制定红利策略时主要考虑了五个关键问题：

(1) 公司能够永久维持现金红利并在以后增加红利吗？微软有信心兑现这个承诺。

(2) 向股东派发现金红利比回购股票更好吗？下面这些问题属于资本结构决策：我们想要减少流通股的数量吗？我们的股票定价对回购是否有吸引力，或者我们想要派发现金红利吗？答案是，微软有充足的实力发放红利和进行股票回购。

(3) 现金红利和股票回购对公司和股东会产生什么样的纳税效应？单从对股东的纳税影响来看，这两种红利策略对于微软的股东影响大体相当，可视为一个中立决策。

(4) 对投资者会造成什么样的心理影响，投资者会怎样理解？这是一个需要更定性考虑的因素。正常持续的红利使得微软更能吸引偏好收入的投资者。

(5) 红利计划会在公共关系方面带来哪些暗示？投资者不希望微软持有现金，而是期望它成为软件开发的领导者，并促进股权价值的增长。他们会积极地看待红利计划。

提问：是增加红利或发放特别红利，还是回购股票将资本返还给投资者，公司应如何决策？

回答：增加红利的决策是现金流规划的一个函数。你能保证有充裕的现金流来维持现在以及未来的增长吗？一旦增加红利，投资者也就预期到未来的红利增长。一些公司对红利增加设立明确的标准。就我作为 CFO 的个人经验来看，这一分析框架包括一系列的可比对象。市场总体以及同行业公司的红利支付和红利收益分别是什么样的，相对于它们，我们又处在什么位置？我们同大股东会谈，探索什么策略才能够最好地增加股东的长期价值。

特别红利是派发现金的一种非常有效的形式，它通常发生在一些不常出现的情形下，比如，公司某部门的出售，或合法的现金奖励。那些缺乏综合性分配策略的公司也可使用特别红利来降低大量的现金积累。对微软公司而言，2004 年的特别红利和宣布的股票股利及股票回购计划，不仅解决了如何处理超额现金的问题，而且还明确了我们前进的方向。

提问：红利决策还需要考虑哪些其他因素？

回答：强有力的财务和会计工具有助于我们更好、更广泛地进行商业决策。但这些决策涉及与数学一样多的心理学和市场思维知识。你必须要考虑诸如投资者的心理等非定量因素。早些时候，人人都想持有增长型股票，没人想要支付红利的股票。而现在，发放红利的股票正在流行。你还必须考虑你所处的行业和你的竞争对手。在许多科技公司中，员工股票期权计划形式的所有权在充分稀释后的股份中占有相当显著的比例。发放红利降低了期权的价值。*

最后，你希望确信现金派发策略有助于投资者了解公司的全部。

问题讨论：

（1）在红利信号传递的框架内，康纳斯是如何评论投资者对增长型股票或支付红利型股票的偏好的？

（2）这种有关偏好的争论符合第 9 章曾讨论的有效市场假说吗？

*第 20 章将讨论期权。这里要说明的重点是，股价上升时，员工股票期权的价值上升，而由本章内容可知，派发红利会降低除息日的股价。

信号传递与股票回购

与红利类似，股票回购也可能向市场传递管理者掌握的信息。然而，红利和股票回购有几点显著的差别：

（1）相对于红利，管理者较少承诺股票回购。前文提到，公司宣布正式委托金融中介进行公开市场股票回购时，一般公告计划回购的最大数额。然而实际回购的股数和花费的金额可能要少得多，而且公司也许要经过几年时间才能完成股票回购。

（2）与红利不同，公司并不对每年的股票回购进行平滑。今天宣布股票回购，未必代表长期的股票回购义务和责任，股票回购不大能像红利那样成为传递公司未来收益的信号。

（3）股票回购的成本取决于回购时的股票市价。如果管理者认为股票当前被高估，则股票回购的成本就高。也就是说，按当前市价回购被市场高估的股票，是一项 NPV 为负的投资。相比之下，股票被市场低估时的回购，是一项 NPV 为正的投资。显然，管理者更希望回购他们认为价值被市场低估时的本公司股票。

股票回购可能向市场传递这样的信号：管理者相信公司的股价被低估（或至少没有被严重高估）。股票回购是关于股票被低估的一个可信信号，因为如果股价被高估，则股票回购对公司当前股东而言势必带来高昂的成本。如果投资者相信管理者掌握了更多有关公司前景的信息，并且代表公司当前股东的利益，那么投资者将对公司宣告股票回购反应积极。

2004 年的一项调查表明，87% 的 CFO 认可股价低于真实价值时，应该回购股票。① 投资者也视股票回购为一个积极的信号。公开市场股票回购计划宣布时，平均市价大约上涨 3%（随着回购的流通股比例增加，股价反应更加强烈）。②

① A. Brav, J. Graham, C. Harvey and R. Michaely, "Payout Policy in the 21st Century," *Journal of Financial Economics* 77 (3) (2005): 483-527.

② See D. Ikenberry, J. Lakonishok, and T. Vermaelen, "Market Underreaction to Open Market Share Repurchases," *Journal of Financial Economics* 39 (2) (1995): 181-208.

> **概念检查**
> 9. 公司削减红利可能传递了什么样的信号？
> 10. 管理者在认为股票是被低估还是高估的情形下，倾向于回购股票？

16.6 股票股利、股票分割与分拆

本章已重点考察了公司向股东派发现金的决策。公司也可能支付另一种形式的不涉及现金的股利：股票股利。在这种情形下，在除息日之前持有股票的每位股东，都将会额外收到公司本身（股票分割）或附属公司（分拆）的股票。在此，我们简要地评论一下这两种类型的交易。

股票股利和股票分割

股票股利或股票分割，是指公司向股东派发额外的股票而不是现金。如果公司宣布派发 10% 的股票股利，这意味着，每位股东每持有 10 股股票，就会得到 1 股新股票。50% 或是更高比例的股票股利通常被视作股票分割。例如，若发放 50% 的股票股利，则每位股东每持有两股股票，就将收到 1 股新股。拥有两股股票的股东最终将持有 3 股股票，这种交易也称为 3∶2 的股票分割（3 比 2）。类似的，100% 的股票股利相当于 2∶1 的股票分割。

若采取股票股利分配政策，公司不向股东支付任何现金。公司的资产和负债的总市值以及股权价值保持不变。唯一的不同就是流通股的数量改变了。相同的总股权价值对应着更多的股份，股价将随之下降。

伯克希尔—哈撒韦公司的 A 股和 B 股

许多管理者都通过股票分割，使每股价格保持在小投资者可以承担的范围之内，从而使得小投资者能够更容易地买卖股票。然而沃伦·巴菲特（Warren Buffett）——伯克希尔—哈撒韦公司（Berkshire Hathaway）的董事长和首席执行官——却不这样认为。他在公司 1983 年的年度报告里提到：“我们经常被问及为什么伯克希尔不分割股票……我们希望（股东）将自己视为公司的所有者，长久地持有公司的股票。我们希望他们关注的是经营结果，而不是市场价格。”在伯克希尔—哈撒韦公司 40 年的历史中，从未分割过股票。

由于伯克希尔—哈撒韦公司的卓越业绩，以及从未进行过股票分割，它的股价一路攀升。到 1996 年，股价超过了每股 30 000 美元。这一价格对一些小投资者而言，无疑过于昂贵。几家金融中介机构创立了单位信托投资，它们只投资伯克希尔的股票（单位投资信托类似于共同基金，但前者的投资组合是固定的）。投资者可以在这些信托中购买较小的份额，从而有效地达到以较低的初始投资拥有伯克希尔股票的目的。

作为对如此之高股价的回应，巴菲特在 1996 年 2 月宣布创立第二类伯克希尔—哈撒韦股票，即 B 级股票。持有最初股票（现在称作 A 类股票）的每位股东，可以有机会将每 1 股 A 股转化为 30 股 B 股。“我们让股东自行分割，如果股东喜欢那样做的话”，巴菲特说道。有了 B 股，投资者可以用小额投资，即可拥有伯克希尔股

票，而且与通过单位信托投资购买股票相比，他们无须支付额外的交易成本。

到2008年1月，伯克希尔—哈撒韦的A类股票的每股价格竟然超过了138 000美元。①

与现金红利不同，股票股利不用纳税。从公司和股东的角度来看，股票股利对双方都没有实质性影响。股票数量成比例增加，相应的，每股价格成比例地下降，公司股权价值不变。

股票分割和股票价格。公司为什么还要发放股票股利或进行股票分割呢？股票分割的一般动机是，使股价保持在一定范围内，以吸引小投资者。股票一般以100股为单位进行交易，在任何情况下，交易单位都不会少于1股。如果股价显著上涨，有的小投资者很可能连1股股票都买不起，更不用说100股了。股票分割可以使股票对小投资者更具吸引力，扩大对股票的需求，提高股票的流动性，这反过来又可能会提升股价。宣告股票分割，股价随之平均上涨2%。②

大多数公司使用股票分割以防止股价超过100美元。从1990年到2000年，思科公司曾9次拆股，以至在IPO时购买的1股被分割成了288股。如果思科从不进行股票分割，它在2000年3月最后一次分割时的股价将达到每股20 790.72美元（288×72.19）。

股票分拆

公司除了使用现金或本公司股票发放股利外，还可以派发其附属公司的股票，这项交易称为**分拆**(spin-off)。非现金特别股利常常运用于分拆资产或是将附属公司分拆出去成为独立公司。比如，法玛西亚公司（Pharmacia）在2000年10月的一次IPO中，出售15%的孟山都公司（Monsanto）股份后，又于2002年7月，宣告将分拆其持有的孟山都公司剩余85%的股份。该项分拆通过发放特别股利的方式实现，法玛西亚公司的股东，每持有1股法玛西亚股票，都将收到0.170593股法玛西亚公司原先持有的孟山都股票。法玛西亚股东收到孟山都股票后，就可以将其与原先的母公司股票分离开来，单独交易。

法玛西亚公司原本也可以通过出售孟山都公司的股份得到现金，然后再以现金红利的形式分派给股东。与现金红利政策相比，法玛西亚公司选择股票分拆有两个优势：（1）避免了出售股份时的交易成本；（2）特别股利不像派发现金那样需要纳税。收到孟山都股票的法玛西亚股东，只有在其出售孟山都股票时才需缴纳资本利得税。

概念检查

11. 股票股利和股票分割的区别是什么？
12. 与出售公司分部再分派现金相比，股票分拆具有哪些优势？

---

① 我们应注意到，巴菲特坚持不分割股票的逻辑有点儿令人费解。我们不清楚为什么让股价升得这么高将会吸引巴菲特所期望的那类投资者。如果这确实是巴菲特决策的动机的话，他本可以通过简单的股票合并从而更早地达到预期的效果。

② S. Nayak and N. Prabhala, "Disentangling the Dividend Information in Splits: A Decomposition Using Conditional Event-Study Methods," *Review of Financial Studies* 14 (4) (2001): 1083–1116.

16.7 给财务经理的建议

股利政策与第15章讨论的资本结构决策相关。公司的债务规模决定了有多少现金流是预先承诺给债权人作为利息支付的，以及有多少现金流将留存下来支付给股东或用于公司再投资。进一步的，向股东分配资本会减少公司留存的权益，提高了财务杠杆。在设定向股东支付的数额时，财务经理需要仔细权衡公司的未来投资计划。若预计近期会有大额的投资支出，仅仅为使资本尽快返回市场从而进行新的资本融资（通过第13章和第14章讨论过的发行债务或增发股票的方式），大量的股东分配就没意义。总之，作为财务经理，在做出股利政策决定时，需要考虑以下问题：

（1）对于给定的股利数额，应该最大化股东的税后收益。股票回购和红利的税率通常是不同的。

（2）对于大额、非经常性的向股东分配利润，股票回购和特别红利用处很大。二者均不隐含再次分配的预期。

（3）开始支付并不断提高正常红利，被股东看做是能够无限期地维持这种正常支付水平的一种隐含承诺。应该设定确信公司能够维持的正常红利水平。

（4）正常红利可视为一种隐含的承诺，与股票回购的非经常性支付相比，它向股东传递财务实力的信号更强烈，不过，固定支付会降低公司的财务弹性，这种信号传递有一定的成本。

（5）要留意未来的投资计划。向股东分派和筹集新的资本都会发生交易成本，因此，若先大量向股东分配而后又为新项目筹资，将代价高昂。最好向股东少量分配，从内部为项目筹资。

本章小结

16.1 向股东分派

如果公司打算向股东派发现金，它可以发放现金红利或回购股票。

大多数公司定期派发季度红利，有时公司还宣布发放一次性的特别红利。

回购股票的方式有公开市场回购、股票要约收购、荷兰式拍卖回购或目标定向回购。

在红利宣告日，公司宣布将对所有在登记日登记注册的股东派发红利。在除息日及此后交易的股票无权得到红利。除息日一般距登记日之前有两个交易日。红利支票在发放日邮寄给股东。

16.2 完美资本市场中派发红利和回购股票的比较

在完美资本市场中，股价下跌的幅度等于发放的红利。公开市场股票回购不会影响股价，回购后的股价等于发放红利前的附息股价。

MM红利无关论认为：在完美资本市场中，如果公司的投资政策已定，红利政策选择就是不相关的，不影响初始股价。

现实中，资本市场并不完美，市场摩擦影响公司的股利政策。

16.3 红利的纳税劣势

税收是影响红利政策的一种重要的市场摩擦。

只考虑税收这一市场摩擦，如果红利税率高于资本利得税率，对公司而言，最优的红利政策就是不发放红利。公司应当采用股票回购的方式向股东分配。

红利对不同投资者的纳税影响不同，原因包括：收入水平、投资期限、税收管辖属地和投资账户类型的差异。

不同投资者的不同纳税结构，产生了红利的税收客户效应，该理论认为公司的红利政策应适应其投资者群体的纳税偏好。

16.4　**支出还是保留现金**

MM 提出的股利政策无关论的内容是：在完美资本市场中，如果公司将超额现金投资于金融证券，公司选择发放还是保留现金就是不相关的，不会影响初始股价。

公司税的存在使得保留超额现金的成本变得高昂。即使在考虑了投资者的纳税影响因素后，保留超额现金仍给公司带来显著的纳税劣势。

尽管留存现金有纳税劣势，但一些公司仍然会积累现金。公司未来有潜在的现金需求时，现金储备有助于降低筹集新资本时的交易成本。然而，若公司持有的现金超过未来的投资需求，这对股东却没有好处。

公司保留现金除了有纳税劣势之外，还会产生代理成本，因为管理者可能试图将超额现金用于无效投资和在职消费。如果没有来自股东的压力，管理者或许会大量挥霍现金，或将保留现金作为降低杠杆水平继而提高他本人工作和职位安全性的一种手段。

公司有超额现金时，发放红利和股票回购有助于减缓浪费性开支的代理问题。

16.5　**股利政策的信号传递**

公司通常保持红利相对稳定的做法，称作红利平滑。

红利调整反映了管理者对公司未来收益的预期和看法，这一观点被称作红利信号传递假说。

只有当管理者有信心在可预见的未来能够支付较高的红利时，通常才会增加红利。

如果管理者削减红利，可能表示其对公司未来盈利的增长不抱希望。

股票回购可被管理者用于传递积极的信息，管理者更愿意在他们认为股票价值被市场低估时回购股票。

16.6　**股票股利、股票分割与分拆**

股票股利或股票分割，是指公司向股东派发额外的股票而不是现金。

发放股票股利时，股东收到公司本身发放的股票（股票分割）或附属公司的股票（股票分拆）。股价下跌的幅度一般与股票分割的规模成比例。

股票合并减少了流通股的数量，导致较高的股价。

复习题

1. 公司向股东派发现金的方式有哪些？
2. 描述公司回购股票的各种机制。
3. 不考虑税收或其他市场摩擦时，为什么公司派发现金的方式无关紧要？
4. 税法规则通常会形成哪些股利政策偏好？

5. 保留超额现金的优势和劣势是什么?
6. 派发红利和回购股票如何传递管理者关于公司前景的信息?
7. 解释在哪种情形下增加红利可被视为好消息或坏消息的信号。
8. 为什么宣告股票回购被投资者认为是积极的信号?
9. 管理者为什么要分割公司的股票?

练习题

向股东的分派（第1~4题）

1. ABC公司宣布将对所有在2006年4月3日（星期一）登记在册的股东派发红利。新购买股票的股东需要在3个营业日内注册。

a. 哪天是除息日?

b. 投资者能购买ABC股票并且仍能得到红利的最后一天是哪一天?

2. RFC公司已经宣告了每股派发1美元的红利。如果公司上次的附息股价为50美元，那么它的首次除息价应该为多少?（在完美资本市场假设下）

3. KMS公司有资产5亿美元，其中5 000万美元为现金，还有债务2亿美元。如果公司回购价值2 000万美元的股票:

a. 公司的资产负债表会发生什么变化?

b. 公司新的杠杆比率将是多少?

4. 假设第3题中的KMS公司决定开始发放红利，它想使这项支付的现值同样为2 000万美元。若公司的股权资本成本是10%，KMS应该承诺每年永续地支付多少红利?

完美资本市场中派发红利和回购股票的比较（第5~7题）

5. EJH公司的股票总市值为10亿美元，流通股为2 000万股。公司计划通过公开市场回购派发10 000万美元。假设在完美资本市场下进行:

a. 就在股票回购前，EJH的每股价格应该为多少?

b. 公司将回购多少股票?

c. 就在股票回购后，EJH的每股价格应该为多少?

6. Natsam公司有25 000万美元的超额现金。公司没有债务，有50 000万股流通股，当前市价为每股15美元。公司董事会已决定用这笔现金一次性派发红利。

a. 在完美资本市场中，股票的除息价是多少?

b. 如果董事会反而决定将现金用于一次性股票回购，在完美资本市场中，回购完成后，股价是多少?

c. 在完美资本市场中，哪种股利政策（a或b）将使得公司的投资者的处境会更好?

7. 假设Natsam公司的董事会决定实施第6题（b）中提到的股票回购，但是作为一个投资者，你原本偏好收到红利。你要怎样做，才能使自己的财富达到同董事会选择派发红利时相同的状态?

红利的纳税劣势（第8~9题）

8. HNH公司打算永久性地支付每年每股2美元的固定红利。假设所有投资者的红利税率均为20%，无资本利得税。投资 HNH 股票的资本成本为12%。

a. HNH 的股票价格是多少？

b. 假设 HNH 公司的管理者突然宣布将不再支付红利，而是用现金回购股票。则 HNH 现在的股价是多少？

9. 你花 40 美元购买了 CSH 公司的股票，而现在该股票市价为 50 美元。公司已经宣告计划发放 10 美元的特别红利。

a. 适用 2008 年的税率，卖出股票和等待收到红利两种方式，你将会得到不同的税后收益吗？

b. 若资本利得税率为 20%，红利税率为 40%，上一问中的两种选择又会有什么不同？

支出还是保留现金（第 10～12 题）

10. 假设资本市场是完美的。凯伊公司（Kay）目前有 1 亿美元现金投资于利率为 7% 的短期国库券，投资证券的利息收入用于发放红利。董事会正在商议出售国债，所得现金用于一次性发放红利。

a. 如果董事会实施这项计划，在宣告公司调整股利政策这一信息时，公司的股票价值会发生什么变化？

b. 公司的股票价值在除息日会如何变化？

c. 给定这些股价反应，这项决策会使投资者受益吗？

11. 重做第 10 题，但假设凯伊公司必须支付 35% 的公司所得税，而投资者不纳税。

12. 重做第 10 题，但假设投资者要支付 15% 的红利税，无资本利得税，凯伊不支付公司所得税。

股利政策的信号传递（第 13～17 题）

根据下面的信息回答第 13～17 题。

AMC 公司当前的公司价值为 40 000 万美元，同时拥有 10 000 万美元超额现金。公司有 1 000 万股流通股，没有债务。假设 AMC 用超额现金回购股票。假设在股票回购后，AMC 的价值将随着某些消息的公开，而改变为 60 000 万美元或 20 000 万美元。

13. 股票回购前，AMC 的股价是多少？

14. 如果 AMC 的公司价值增加，那它回购后的股价将是多少？如果公司价值减少，回购后的股价又将是多少？

15. 假设 AMC 等待消息公开后再进行股票回购。如果消息公开后，AMC 的公司价值增加，那它回购后的股价将是多少？如果公司价值减少，回购后的股价又将是多少？

16. 假设 AMC 的管理者预计会宣告好消息。根据你在第 14 题和第 15 题中的答案，如果管理者想要最大化 AMC 的最终股价，他们将会在消息宣告前还是宣告后进行股票回购？如果管理者预计会宣告坏消息，他们又会在何时进行股票回购？

17. 给定第 16 题中的答案，股票回购宣告后，会对股价产生什么样的影响？为什么？

股票股利、股票分割和分拆（第18~20题）

18. 假设霍斯特酒店公司（Host Hotels & Resorts）的当前股价为每股20美元。

a. 如果公司发放20%的股票股利，新股价将是多少？

b. 如果公司进行3∶2的股票分割，新股价将是多少？

19. 如果伯克希尔—哈撒韦公司（Berkshire Hathaway）A股的交易价格为120 000美元，要想把其股价降到50美元，股票分割比率应为多少？

20. 2001年5月11日收市后，适配技术公司（Adaptec）用它的软件分部速尼（Roxio）公司的股票，向适配技术公司的股东分派股票股利。每持有1股适配技术公司股票的股东，会收到0.1646股速尼股票。当时，适配技术公司股票的附息交易价格为每股10.55美元，速尼的股价为每股14.23美元。在完美资本市场中，红利发放完成后，适配技术公司的除息股价会是多少？

数据案例

你是一家财富管理公司的咨询顾问，你有一位非常重要的客户，他持有100万股亚马逊（Amazon.com）公司股票，是在2003年2月28日购买的。你在研究亚马逊公司时，发现该公司保有大量现金，你对此感到费解，因为公司的经营最近才开始盈利。此外，令你的客户感到不安的是，亚马逊公司的股价走势在此后一直有点停滞不前。客户正打算向亚马逊的董事会提交一项方案，要求发放一半公司所积累的现金，但不确定回购股票和发放特别红利这两种方式哪一种更好。你需要确定哪种方案会使客户税后得到的现金最多——假设股票回购不改变该客户对亚马逊公司的所有权的比重。现金红利所得和资本利得的适用税率都是15%，客户据此认定股票回购和派发现金红利没有什么区别。为了说服客户，你需要计算出每种情形下的数据。

1. 进入纳斯达克网站的主页（www.nasdaq.com），输入Amazon（AMZN）的代码，点击“Summary Quote”（汇总信息）。

a. 记下当前股价和流通股的数量。

b. 点击“Company Financials”（公司财务报表）栏，然后选择“Balance Sheet”（资产负债表）。将光标移到资产负债表中，右击鼠标，选择“Export to Microsoft Excel”（输出到Excel表）。①

2. 根据最近呈报的资产负债表列示的现金和现金等价物（单位为千美元）余额的二分之一，进行下列计算：

a. 给定当前股价，计算欲回购的流通股数量。

b. 给定流通股的总量，计算每股红利。

3. 登录雅虎财经（http://finance.yahoo.com），获取你的客户在2003年2月28日购买亚马逊股票时的价格。

a. 输入Amazon的代码，点击“Get Quotes”（获取报价）。

b. 点击“Historical Prices”（历史价格），输入该客户购买股票的起始和截止日期，然后点击“Get Prices”（获取价格），记录调整后的收盘价格。

---

① 为了利用这个输出功能，你可能需要使用IE浏览器。

4. 分别计算在股票回购和发放红利两种情形下，该客户在税前和税后将会收到的总现金流量（税率见表16.2）。

5. 第4步的计算反映了你的客户将立即收到的现金和发生的纳税义务，但没有考虑客户将未被回购的剩余股票出手后的最终收益。考虑到这一点，必须首先确定，如果客户在发放红利，或者回购股票后立即出售手中所有剩余的股票，会发生什么。如果发放现金红利，则假设股价下跌的幅度等于支付的红利。在回购的情形下，客户总的税后现金流（考虑分派和资本利得）是多少？

6. 在哪种方案下，你的客户的税前处境会更好？假设发放红利后，客户立即卖出股票，那么，哪种方案下客户的税后处境更好？

第 6 篇的综合案例

本案例根据第 15 章和第 16 章的内容编写。

下午与公司的投资银行专家会面之后，贝雷尼斯·苏亚雷斯（Berenice Suarez）回到了办公室。苏亚雷斯是一家中型制造公司——Midco 实业公司的财务总监，她正在努力研究公司的资本结构和股利政策。苏亚雷斯认为公司借债不足，没能充分利用债务的税盾收益。更糟的是，公司的机构投资者强烈要求公司回购股票或派发特别红利。

公司的投资银行专家提出的一个可选的解决方案是“杠杆资本重整，”即公司发行债务并用所得收入回购股票。Midco 公司拥有每股市价为 15 美元的 2 000 万股流通股，没有债务。公司有持续稳定的收入，所得税税率为 35%。投资银行专家建议公司通过杠杆资本重整借入 1 亿美元的永久性债务，然后用借入的资金回购发行在外的股票。

苏亚雷斯坐在办公桌前，盯着她的记事本。她已经写下了做出决策前需要回答的几个问题。

案例问题

1. 杠杆资本重整的纳税影响是什么？

2. 根据纳税影响和估值原理，资本重整之后的公司总价值将为多少？

a. 股权的新价值为多少？

b. 债务的价值将为多少？

3. Midco 公司股票的回购价格应为多少？

4. 谁将在资本重整中受益？谁又会遭受损失？

5. 公司管理层要考虑的增加杠杆（债务）的其他成本或收益有哪些？

6. 如果公司的管理层决定发行债务，并把税盾收益作为特别红利派发给股东，而不是用来回购股票，那么每股红利将是多少？

第7篇 财务计划及预测

与估值原理的联系。本书第7篇转向公司理财运营的细节，并重点关注财务预测及短期财务管理。第17章介绍了一些预测公司的现金流及长期融资需求的工具，然后再重点考虑财务经理所做的有关公司短期融资和投资的重要决策。第18章探讨了公司怎样管理营运资本需求，包括应收账款、应付账款以及存货。第19章考察了公司如何为其短期现金需求融资。

在完美资本市场中，估值原理（即一价定律及MM定理）表明，不管公司选择如何管理它的短期财务需求，都不会影响公司的价值。而现实中，由于存在市场摩擦，短期财务政策确实影响公司的价值。本篇要识别这些市场摩擦，并分析公司如何设定短期财务政策。

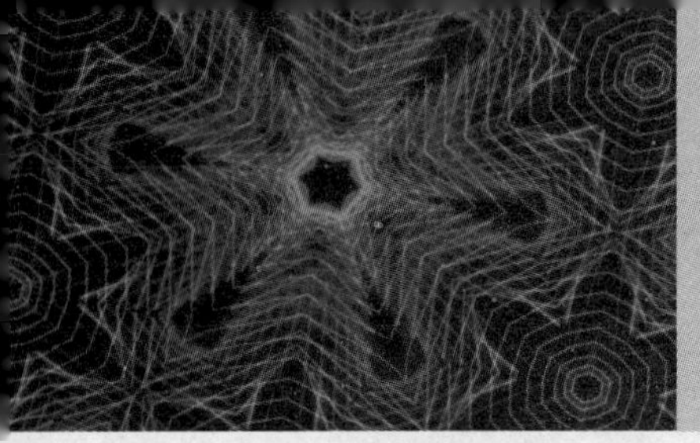

第 17 章　财务建模和预测分析

学习目标

- 理解长期财务计划的目标。
- 使用销售百分比法编制预测利润表和资产负债表。
- 通过直接预测资本性支出、营运资本需求及融资事项的方法创建公司的财务模型。
- 区分可持续增长与价值增加型增长的概念。

戴维·霍伦访谈

财务分析师戴维·霍伦（David Hollon）任职于高盛能源投资集团（位于休斯顿），他主要负责建立财务模型。他 2005 年毕业于得克萨斯农工大学。“我们投资石油和天然气公司，提供债务和股权融资，”他说，“我筛选潜在的投资，尽职调查研究目标公司和其所处行业，从而开发和改进我的财务模型。然后我起草一份投资备忘录，并与公司内部的业务单位一同探讨和提出投资方案以获得批准。这项工作要求具备熟练的 Excel 分析能力、财务报表分析能力、会计知识以及应用多种投资决策法则（包括净现值法则）的能力。”

在与打算投资的公司的高管会谈之后，戴维根据该公司的预测建立财务模型，并考虑了拟议的投资结构。“随后我改变关键变量的假设，在各种情形下运行模型，在石油和天然气行业中这些关键变量包括商品价格、钻探成功率、资本和运营成本以及产量。我们对这些关键投资变量进行敏感性分析，从而确定如何才能使目标公司的价值及高盛的潜在投资回报率最大。”

提出符合现实的假设是建立准确模型的最大挑战。“财务模型的机制和基本原理是非常直接的。杰出分析师与普通分析师的区别在于，前者注重细节并且知道如何提出关键假设。做出好的假设需要全面彻底的调查与大量的研究。你需要退后一步，多问自己公司的现状怎样，包括资本性支出、营业利润、融资成本等诸多方面的问题。我们的目标是建立使用者易于理解的清晰、准确和简单的电子数据表。”

财务建模和净现值分析使得投资者能够比较具有不同回报和风险特征的竞争性项目。“假设我们必须从两个能源投资项目中做出选择：一个是回报率为 30% 的高风险项目，另一个是回报率为 20% 的相对低风险的项目。我们在计算第一个项目的净现值时采用较高的折现率以补偿增量风险。如果它的净现值大于第二个项目，就应该选择它。”

财务经理做出的大部分决策都有长期影响。例如，在 20 世纪 90 年代后期，空中客车公司（Airbus）的管理者决定将公司的未来押注在巨型喷气式飞机市场上，大力开发 555 个座位的 A380 客机。之后不久，波音公司（Boeing）的管理者认为，航空业的发展将倾向于燃料效率的提高，于是鼓励开发全复合材料的、技术先进的 787 飞机。这些决策的后果在今天仍然显现，影响深远。本章将介绍如何建立财务模型来分析财务决策的未来影响，尤其是运用这些模型来预测公司何时需要保证额外的外部融资，以及理解这些决策如何影响公司价值。

本章首先解释财务建模和预测分析的目的，以及这种分析与公司价值最大化的总体目标的内在联系，然后转向研究基于公司未来销售预测的基本预测技术，接下来提出一种改进的预测方法，这种方法能为公司创建更现实的财务模型。最后我们将运用财务模型在新的经营计划下评估公司价值，并讨论价值增加型增长与价值减少型增长。这样，我们就能理解预测、净现值分析及普遍适用的估值原理三者之间的联系。

17.1 长期财务计划的目标

财务经理的目标就是使公司股东的价值最大化。长期财务计划及建模是有助于实现该目标的一个工具。后面的章节将介绍特定的方法来预测公司整体的财务报表和现金流。本节讨论长期计划的目标。

明确重要的联系

正如你将在本章第 2 节和第 3 节中看到的，为公司的未来发展建模时，你必须发掘一些重要的联系，如销售收入、成本、资本投入和融资之间的联系。设计良好的数据表模型可以考察成本结构的变化如何影响未来的自由现金流和融资需求等。有些联系可能很明显，而另一些联系如果不建立整个公司未来几年的预测财务报表将很难确定。例如，科技进步带来的成本降低，导致公司降低价格从而销售更多的产品。不过，增加产量将需要更多的机器和设备，而且相关的资本性支出需要融资，还会产生额外的折旧税盾。如果不建立缜密的预测模型，是很难看出这些联系的。这是长期规划的一个重要结果，它使财务经理理解公司的业务，并因此提升公司的价值。

分析潜在经营计划的影响

也许你公司正在计划一项大型的扩张或者正在考虑如何变革存货的管理。通过建立公司的长期财务模型，你可以准确地考察这些业务计划如何影响公司的自由现金流及总体价值。在第 8 章中，为了决定是否投资新项目，我们开发了资本预算工具。为了考虑公司经营计划的根本改变，财务经理为公司整体而不是为单个项目建模。本章第 3 节将分析公司整体扩张计划的影响，包括必要的资本投入、债务融资、自由现金流的改变以及公司价值的变动。

未来融资需求计划

长期预测模型的建立揭示了公司未来在哪些方面需要额外的外部融资，例如，留存收益不足以提供计划投资所需的资金时。提前明确公司的融资需求，财务经理就有足够的时间去规划融资，并依次列出对公司最有利的融资渠道。在完美资本市场中，这些都是不必要的，因为对于任何 NPV 为正的项目，都能够立即得到融资，融资来源对公司价值没有影响。但在现实中，市场摩擦意味着债券或新股的发行需要一定时间，正如第 15 章所述，融资决策影响公司价值。提前明确融资需求并做出规划是有价值的。

概念检查

1. 长期财务计划如何与财务经理的目标相一致?
2. 通过建立公司的长期财务模型，财务经理可以实现哪三个主要目标?

17.2 预测财务报表：销售百分比法

下面通过一个具体实例来展开对财务报表预测的讨论：KMS 设计公司。KMS 是一家女装精品店，主营价格公道的时尚前卫女装，拥有自己的生产设备。公司正处于成长中，财务经理预测公司需要外部融资来支持它的发展。为了预测 KMS 何时需要融资以及需要保证的融资数额，我们在 Excel 中为公司建立财务模型，该模型可用以编制预测利润表和资产负债表。有了预测技术后，我们再转而研究编制预测利润表和资产负债表的步骤。

销售百分比法

常见的一个预测起点是销售百分比法。**销售百分比法**(percent of sales method) 假设随着销售收入的增长，许多利润表及资产负债表项目也会增长，它们占销售收入的比重保持不变。例如，表 17.1 显示，2007 年 KMS 扣除折旧的成本是销售收入的 78%。销售收入为 7 488.9 万美元。如果公司预测 2008 年销售收入将增长 18%，那么：

销售收入将增长到：

7 488.9×1.18=8 836.9（万美元）

扣除折旧的成本仍为销售收入的 78%，所以 2008 年[①]的成本将为：

8 836.9×0.78=6 892.8（万美元）

表 17.1 KMS 公司 2007 年的利润表和资产负债表 单位：千美元

1	年份	2007	占销售收入的百分比（%）
2	**利润表**		
3	**销售收入**	74 889	100%
4	不包括折旧的成本	-58 413	78%
5	**EBITDA**	16 476	22%
6	折旧	-5 492	7.333%
7	**EBIT**	10 984	15%
8	利息费用（净）	-306	NM*
9	**税前利润**	10 678	14%
10	所得税（35%）	-3 737	NM*
11	**净利润**	6 941	9%

① 为便于分析，预测仅基于 2007 年一年。公司在预测未来时经常会考虑过去几年的平均值和趋势。

续表

1	年份	2007	占销售收入的百分比（%）
2	**资产负债表**		
3	**资产**		
4	现金及现金等价物	11 982	16%
5	应收账款	14 229	19%
6	存货	14 978	20%
7	**流动资产合计**	41 189	55%
8	财产、厂房和设备	49 427	66%
9	**总资产**	90 616	121%
10	**负债和股东权益**		
11	应付账款	11 982	16%
12	**债务（有息负债）**	4 500	NM
13	**负债合计**	16 482	NM
14	**股东权益**	74 134	NM
15	**负债和股东权益总额**	90 616	121%

* NM 的含义是，把该项目表示为销售收入的百分比没有意义。

实际上我们假设 KMS 的利润率随着销售收入的增长保持不变。接下来我们对资产负债表上的营运资本项目也做出类似的假设，这些项目包括现金、应收账款、存货和应付账款等。表 17. 1 中最右边的一列显示了 2007 年这些项目分别占销售收入的百分比。可以利用这些比例来预测 2008 年资产负债表中的部分项目。例如，如果销售收入像我们预测的那样增长到了 8 836. 9 万美元，那么存货就应该增加到 1 767. 4 万美元（8 836. 9×0. 20）以支撑销售的增长。

在“占销售收入的百分比”一栏中，有些项目标有“NM”，表示该数据没有实际意义。例如，资产和应付账款理应随着销售收入的增加而相应增长，但长期债务和股东权益却不会随着销售收入增加而自然增长。股权和债务的变动反映了有关红利和新融资净额的选择。

预测利润表

表 17. 2 显示了 KMS 公司 2008 年的预测利润表以及其中每个项目的计算过程。KMS 预测，从 2007 年到 2008 年销售收入将增长 18%。除了对收入的预测，还需要三项内容来编制预测利润表：2007 年扣除折旧的成本占销售收入的百分比、折旧费用占销售收入的百分比以及税率。从表 17. 1 中可得到 KMS 的相关信息如下：

扣除折旧的成本（付现成本费用）占销售收入的 78%。

2007 年折旧费用占销售收入的 7%。

公司税率为35%。

表 17.2　　KMS 公司 2008 年的预测利润表　　单位：千美元

1	年份	2007	2008	计算过程
2	**利润表**			
3	**销售收入**	74 889	88 369	74 889× 1.18
4	不包括折旧的成本	−58 413	−68 928	销售收入的 78%
5	**EBITDA**	16 476	19 441	第 3 行+第 4 行
6	折旧	−5 492	−6 480	销售收入的 7.333%
7	**EBIT**	10 984	12 961	第 5 行加第 6 行
8	利息费用（净）	−306	−306	保持不变
9	**税前利润**	10 678	12 655	第 7 行+第 8 行
10	所得税税率（35%）	−3 737	−4 429	第 9 行×35%
11	**净利润**	6 941	8 226	第 9 行+第 10 行

我们需要做的最后一个假设是关于利息费用的。[①] 暂且假设利息费用将保持 2007 年的水平，因为在预测过程中还需要确定债务需求是否会改变。

根据预测利润表，可以预测净利润将增加 128.5 万美元（822.6−694.1），即比 2007 年的净利润增加了 18.5%。[②] 接下来可以预测资产负债表，以确定是否需要为 2008 年的增长融资。表 17.2 中预测的净利润将是预测资产负债表中的一个考虑因素。净利润中没有作为红利分配的那部分会增加资产负债表中的股东权益。

例 17.1　销售百分比法

问题：

KMS 公司刚刚修改了对其销售收入的预测。如果公司预期明年的销售收入仅增长 10%，其扣除折旧的成本将为多少？

解答：

分析：

预测 2008 年的销售收入为：

7 488.9×1.10=8 237.8（万美元）

根据该数据及表 17.1 中的信息，利用销售百分比法计算公司的预测成本。

计算：

由表 17.1 可知，成本占销售收入的 78%。预测销售收入为 8 237.8 万美元，于是，预测的扣除折旧的成本即为：

8 237.8×0.78=6 425.5（万美元）

预测资产负债表

利用销售百分比法预测资产负债表需要一些迭代的步骤。在资产负债表分析中，

① 利息费用应当是为债务支付的利息扣除现金投资所得的利息收入后的净额，支付的利息可以在纳税前扣除，而利息收入却是应纳税的，所以 KMS 的利息税盾来自于它的净利息费用。为了集中于预测，假设 KMS 持有的所有现金都是其交易所需的营运资本的一个必要组成部分。这相当于假设 KMS 将其所有现金储蓄于无息账户中。第 18 章将讨论现金投资的其他方式。

② 这比 18% 的销售收入增长率高，是因为我们假设利息费用不增加。

资产与负债及股东权益之和必定相等。然而，除非我们假定股东权益和债务随销售收入增长的方式，否则预测资产负债表中的资产与负债和股东权益之和就不会平衡。表17.3中可以看出这一点，这是编制预测资产负债表的第一步（下面解释详细的计算过程）。该表中，预测的资产比负债及股东权益之和多出839.6万美元。这种不平衡表明需要839.6万美元的新融资净额来支持公司的发展。**新融资净额**（net new financing）是指为了支持计划的资产增长而需要的额外的外部融资额。其计算如下：

新融资净额=预测资产-预测负债及股东权益之和

表17.3　**初步的预测资产负债表（2008年）**　单位：千美元

1	年份	2007	2008	计算过程
2	**资产负债表**			
3	**资产**			
4	现金及现金等价物	11 982	14 139	销售收入×16%
5	应收账款	14 229	16 790	销售收入×19%
6	存货	14 978	17 674	销售收入×20%
7	**流动资产合计**	41 189	48 603	第4行+第5行+第6行
8	财产、厂房和设备	49 427	58 324	销售收入×66%
9	**总资产**	90 616	106 927	第7行+第8行
10	**负债和股东权益**			
11	应付账款	11 982	14 139	销售收入×16%
12	债务（有息负债）	4 500	4 500	保持不变
13	**负债合计**	16 482	18 639	第11行+第12行
14	**股东权益**	74 134	79 892	74 134+70× 8 226
15	**负债和股东权益总额**	90 616	98 531	第13行+第14行
16	**新融资净额**		8 396	第9行-第15行

下面详细分析是如何得到839.6万美元这个数据的。应用销售百分比法假设资产随销售收入同比例增长。因此总资产也增长18%，与销售收入的增长率相同。资产负债表上负债和股权这边数据的计算更为复杂。公司的红利支付额将影响其留作为未来增长融资的留存收益。而且，负债或者股东权益的任何增长都会反映公司的资本结构决策，这就要求管理者积极地筹集资本——正如第13章和第14章所讨论的那样。归根结底，我们不能简单地假设债务和股权也是随着销售收入同比例增长的。

在KMS的例子中，公司的股利政策是将净利润的30%作为红利分配，因此，其预测净利润822.6万美元中的246.8万美元将作为红利分配给股东：

2008年的净利润：	8 226 000
-2008年的红利（净利润的30%）	-2 468 000
=2008年的留存收益	=5 758 000

575.8万美元的留存收益（支付红利后净利润剩余的70%）将增加资产负债表上的股东权益。因此，股东权益预计将从7 413.4万美元增加到7 989.2万美元，如

表 17.3 所示。

2007 年的股东权益	74 134 000
+2008 年的留存收益	+5 758 000
=2008 年的股东权益	=79 892 000

我们还假设应付账款将随销售收入同比例增长，仍然与 2007 年一样占销售收入的 16%，预测应付账款将增加到 1 413.9 万美元。然而最初假定债务将保持不变，因此预测负债和股东权益的增长之和将比预测资产的增长少 839.6 万美元。

常见错误：混淆股东权益与留存收益

人们很容易将新增留存收益、总留存收益与股东权益搞混。如上例所示，新增留存收益是支付红利后净利润的余额。然后要把这些新增留存收益加到公司整个经营期中累计的留存收益中。总留存收益是股东权益的一部分，股东权益还包括股票的面值和实收资本。

"塞子"：新融资净额

如何处理资产与负债和股权之和的这 839.6 万美元的差额？预测资产负债表中的资产与负债的预计差额表明 KMS 需要向投资者筹集新的资金。本例中的 839.6 万美元的新融资净额有时被形象地称作**"塞子"**（the plug），即需要加入（塞入）到预测资产负债表中负债与股权一边以使两边保持平衡的数额。

KMS 需要 839.6 万美元的新融资额，这笔资金可以通过借新债或发行新股筹得。第 15 章讨论过债务融资与股权融资的对比。这是一个需要权衡多种因素的复杂过程。为了不使分析复杂化，假设 KMS 的财务经理已经评估了这些因素并最终决定通过借债进行融资。表 17.4 给出了第二步的预测资产负债表，其中包含了使报表平衡的新加入的 8 396 美元的债务融资。

表 17.4　　**KMS 的第二步预测资产负债表**　　单位：千美元

1	年份	2007	2008	计算
2	资产负债表			
3	资产			
4	现金及现金等价物	11 982	14 139	销售收入×16%
5	应收账款	14 229	16 790	销售收入×19%
6	存货	14 978	17 674	销售收入×20%
7	流动资产合计	41 189	48 603	第 4 行+第 5 行+第 6 行
8	财产、厂房和设备	49 427	58 324	销售收入×66%
9	总资产	90 616	106 927	第 7 行+第 8 行
10	负债和股东权益			
11	应付账款	11 982	14 139	销售收入×16%
12	债务（有息负债）	4 500	12 896	4 500+8 396
13	负债合计	16 482	27 035	第 11 行+第 12 行
14	股东权益	74 134	79 892	74 134+70× 8 226
15	负债和股东权益总额	90 616	106 927	第 13 行+第 14 行

应该注意到，在2008年进行额外债务融资的决定使得最初的假设——利息费用在2008年将保持不变——出现错误。如果KMS在年末前借债，这笔债务就会在该年度产生部分利息费用。需要调整预测利润表，继而调整预测资产负债表，以得到所需新债务的准确数额。我们已经完成了首要目标：确定未来的融资需求、大致估算所需的数额以及确定融资方式。这将给KMS的财务经理足够的时间来与银行家一起协商债务的发行。我们还发现债务的金额是原来的两倍多，这也证实了最初没有假设债务随销售收入同比例增长的决定是对的。

例17.2　新融资净额

问题：

如果KMS决定不将净利润的30%作为红利发放，而是将2007年的净利润全部作为留存收益，公司的新融资净额将如何变化？

解答：

分析：

原来将净利润的30%作为红利发放，而按现在的计划，公司应留存全部的8 226美元，而不是只留存575.8万美元。这将增加股东权益，减少新融资净额。

计算：

新增的留存收益是246.8万美元（822.6−575.8）。与表17.3相比，新的股东权益将为8 236万美元（7 989.2+246.8），负债与股东权益的合计也将增加246.8万美元，达到100 999美元。新融资净额，即资产与股东权益及负债之和的差额，将减少到592.8万美元（839.6−246.8）。

预测资产负债表如下：

单位：千美元

1	年份	2007	2008
2	**资产负债表**		
3	**负债**		
4	应付账款	11 982	14 139
5	债务（有息负债）	4 500	4 500
6	**负债合计**	16 482	18 639
7	**股东权益**	74 134	82 360
8	**负债和股东权益总额**	90 616	100 999
9	**新融资净额**		5 928

评价：

公司发展所需的资金超过自身可以提供的资金时，对股东的任何分派都会导致公司寻求更多的融资。这里需要注意的是，不要将外部融资需求与较差的公司业绩相混淆。大多数成长性公司都要进行额外的融资，因为其增长所需要的支出超过了增长所带来的收益。本章第5节将重新讨论增长与公司价值的问题。

> **概念检查**
>
> 3. 利用销售百分比法预测隐含的基本理念是什么？
> 4. 预测资产负债表如何帮助财务经理预计新融资净额？

17.3 计划扩张的预测

销售百分比法是一个有用的预测起点，而且对于一个增长相对稳定却缓慢的成熟公司来说，它已经足够用来预测了。但它不适用于对快速发展的公司的预测，这类公司通常需要不稳定的新投资。一般来说，公司不容易使生产能力平滑地适应预期的销售需求，因此，公司必须偶尔进行巨额的投资来满足今后几年的生产能力需求。这种生产能力的扩张也暗示着新的融资将是巨额的、不经常发生的，而不是随着销售增长而每年逐渐小幅增长的。在长期预测中，可以通过直接建立生产能力需求及资本性支出的模型来解决这些现实问题。本节考察 KMS 的计划扩张行为，并编制预测报表以确定该项扩张是否能增加公司价值。首先，要明确产能需求并考虑如何为其融资。然后，要构建预测利润表并预测未来的自由现金流。最后，可以利用预测出的自由现金流来评价扩张对于公司价值的影响。

KMS 的管理者已经详细地预测了未来的销售，他们首先对市场的规模及 KMS 将获得多大的市场份额进行了预测。市场规模的预测一般是基于人口的分布情况及总体经济形势，KMS 的市场份额将取决于它的产品的吸引力及其价格，这些数据 KMS 已进行了相应的预测。KMS 当前的最大生产能力为 110 万件（即 1 100 千件）。然而，如表 17.5 所示，KMS 预期整体市场规模及公司的市场份额都将上升到一定的程度，将很快超过它的最大产能。为此，KMS 正在考虑一项能使其产能提高到 200 万件（能够满足其直至 2012 年的需求）的扩张计划。

表 17.5　　KMS 的预测产能需求

1	年份	2007	2008	2009	2010	2011	2012
2	产量（千件）						
3	市场规模	10 000	10 500	11 025	11 576	12 155	12 763
4	市场份额	10.0%	11.0%	12.0%	13.0%	14.0%	15.0%
5	产量（1× 2）	1 000	1 155	1 323	1 505	1 702	1 914
6	**额外的市场信息**						
7	平均售价（美元）	74.89	76.51	78.04	79.60	81.19	82.82

KMS 的扩张：融资需求

首先基于扩张所需的资本性支出来评估融资需求。

扩张所需的资本性支出。能提高 KMS 产能的新设备要花费 2 000 万美元，该设备应在 2008 年购买以满足其生产需求。表 17.6 详细列出了公司未来 5 年的预测资本性支出及折旧情况。基于对资本性支出和折旧的估计，该表追踪记录了 KMS 的厂房、财产和设备从 2007 年开始之后各年度的账面价值。[①] 表 17.6 中的折旧数额是根据每种财产的合理折旧计划计算出来的。这些计算是基于不同财产的性质而进行的，在此就不再详述了。这里所列示的折旧数据在计算公司税费时要用到。[②] KMS 需要持续投入资本以满足其替换现有设备的要求，如果没有新设备，预计每年要投入 500 万美元。额外的 2 000 万美元反映在 2008 年，这样，2008 年的资本总需求达到 2 500 万美元，2009 年至 2012 年每年预期增加的投资为 800 万美元。

表 17.6　　**KMS 的预测资本性支出**　　单位：千美元

1	年份	2007	2008	2009	2010	2011	2012
2	**固定资产和资本投资**						
3	期初账面价值	49 919	49 427	66 984	67 486	67 937	68 344
4	资本投资	5 000	25 000	8 000	8 000	8 000	8 000
5	折旧	−5 492	−7 443	−7 498	−7 549	−7 594	−7 634
6	期末账面价值	49 427	66 984	67 486	67 937	68 344	68 709

扩张融资。尽管 KMS 相信它能够通过日常的经营现金流来满足其不断投入资金的需求（如表 17.7 所示），它仍然要为购买新设备所需的 2 000 万美元资金寻求外部融资。KMS 计划发行票面利率为 6.8% 的 10 年期公司债券。公司每年只需支付债券的利息费用，直到第 10 年末才偿还本金。它的 450 万美元的未偿还债务的本金在 2012 年之前也未到期。

表 17.7　　**KMS 计划的债务与利息支付**　　单位：千美元

1	年份	2007	2008	2009	2010	2011	2012
2	**债务和利息**						
3	债务余额	4 500	24 500	24 500	24 500	24 500	24 500
4	新的净借款	—	20 000	—	—	—	—
5	债务利息（公式 6.80%）	306	306	1 666	1 666	1 666	1 666

给定 KMS 的未偿还债务的余额，每年的利息费用计算如下：[③]

第 t 年的利息 = 利率 ×（$t-1$）年的债务期末余额　　（公式 17.1）

如第 15 章所述，债务利息可产生利息税盾，以抵消部分应税收益。

KMS 的扩张：预测利润表

投资机会的价值源于投资所产生的未来现金流。为估计扩张所产生的现金流，我们从预测公司的未来收益入手。然后考虑 KMS 的营运资本和投资需求，估计其自由

① 此表以及本章其他地方显示的都是取整后的数据。某些计算（如账面价值）是基于电子表格中包含所有有效位数的实际数而得到的。有时基于 Excel 计算的结果与根据取整后的数字手工计算的结果会产生一个微小的差距。

② 公司经常出于会计和纳税目的而准备两套账本，在两套账中对资产的折旧可能应用不同的假设。折旧是通过纳税效应影响现金流的，税法规定的折旧与估值更相关。

③ 公式 17.1 假设债务的变动是在年末发生的。如果债务的变动是在一年中发生的，根据一年中债务的平均水平计算利息费用将更为准确。

现金流。有了自由现金流和预测利息税盾，就能计算出 KMS 在扩张及不扩张情形下的价值，由此可确定购买设备是否值得。

收益的预测。从预测 KMS 的销售收入开始，来编制预测利润表。利用表 17.5 中的估计，计算每年的销售收入：

销售收入=市场规模×市场份额×平均售价 （公式 17.2）

例如，在 2008 年，KMS 的预测销售收入为 8 836.9 万美元（1 050 万件×11% 的市场份额×76.51 美元的平均售价）。假设扣除折旧的成本仍然为销售收入的 78%，预测 2008 年的扣除折旧的成本将为 6 892.8 万美元（78%×8 836.9）。为达到预测的收益，采取以下步骤：

从 KMS 的销售收入中减除这些营业费用，可预测未来 5 年的 EBITDA，如表 17.8 所示。

表 17.8 KMS 扩张的预测利润表 单位：千美元

1	年份	2007	2008	2009	2010	2011	2012
2	**利润表**						
3	**销售收入**	74 889	88 369	103 247	119 793	138 167	158 546
4	不包括折旧的成本	–58 413	–68 928	–80 533	–93 438	–107 770	–123 666
5	**EBITDA**	16 476	19 441	22 714	26 354	30 397	34 880
6	折旧	–5 492	–7 443	–7 498	–7 549	–7 594	–7 634
7	EBIT	10 984	11 998	15 216	18 806	22 803	27 246
8	（净）利息费用	–306	–306	–1 666	–1 666	–1 666	–1 666
9	**税前利润**	10 678	11 692	13 550	17 140	21 137	25 580
10	所得税	–3 737	–4 092	–4 742	–5 999	–7 398	–8 953
11	**净利润**	6 941	7 600	8 807	11 141	13 739	16 627

减去表 17.6 中列示的折旧费用，得到息税前利润。

接下来按表 17.7 中给出的数值扣除利息费用。

最后一项费用是公司所得税。KMS 的所得税税率为 35%，所得税的计算如下：

所得税=税前收益× 税率 （公式 17.3）

从税前收益中扣除所得税后，得到表 17.8 中最后一行所列示的预测净利润。

营运资本需求。在预测 KMS 的自由现金流前还有一步要进行。营运资本的增加会减少自由现金流，因此还需要预测 KMS 的营运资本需求。表 17.9 显示了公司当前的营运资本需求并预测了未来的营运资本需求（第 18 章将进一步讨论营运资本需求及其决定因素）。我们已经预测最低的现金需求为销售收入的 16%，应收账款为销售收入的 19%，存货为销售收入的 20%，应付账款为销售收入的 16%，这些都是基于 2007 年的数据得出的。

表 17.9　　KMS 预测的营运资本需求　　单位：千美元

1	年份	2007	2008	2009	2010	2011	2012
2	营运资本						
3	资产						
4	现金	11 982	14 139	16 520	19 167	22 107	25 367
5	应收账款	14 229	16 790	19 617	22 761	26 252	30 124
6	存货	14 978	17 674	20 649	23 959	27 633	31 709
7	流动资产合计	41 189	48 603	56 786	65 886	75 992	87 201
8	负债						
9	应付账款	11 982	14 139	16 520	19 167	22 107	25 367
10	流动负债合计	11 982	14 139	16 520	19 167	22 107	25 367
11	净营运资本						
12	净营运资本（7-10）	29 207	34 464	40 266	46 719	53 885	61 833
13	净营运资本的增加		5 257	5 802	6 453	7 166	7 948

最低现金需求额表示能够保证公司正常运转所需的最低现金水平，考虑了收入和费用在时间上的日常波动。这些现金余额一般是以现金、支票或短期存款账户的形式存在，公司一般很少或者不会从这些现金余额上赚得利息，因此，我们把这一现金余额作为公司营运资本的一部分来考虑它的机会成本。假设 KMS 将超过最低现金需求的那部分现金作为红利发放给股东。如果预测表明公司的现金流不足以弥补最低现金需求，那么就要为这一现金需求融资。以上分析再次表明，明确这些未来融资需求是预测的一项优势所在。

如果 KMS 留存一些超过经营需求的现金，公司可将多余现金投资于短期证券以获得利息。大多数公司选择这么做的原因是为未来投资提供资金，这样就不必再从外部筹集很多资金。本例中，超额现金不被包含在营运资本中。第 18 章将讨论现金管理问题。

资产负债表的预测

现在有足够的数据来预测计划扩张的资产负债表。回顾本章第 2 节中利用销售百分比法预测资产负债表的方法，它帮助我们明确未来的融资需求——因为资产负债表必须平衡。这里已经明确地为 2008 年的扩张融资做出规划。尽管如此，我们还可以复查以确保债券的发行额是足够的，预测扩张后将来是否还需要融资。表 17.10 显示了 2007 年及 2008 年的资产负债表，表中包含了我们到目前为止能够获得的信息。唯一遗漏的信息是红利数额，我们暂且假设公司在 2008 年不支付任何红利。

表 17.10　　KMS 的预测资产负债表（2008 年）　　单位：千美元

1	年份	2007	2008	2008 年数据的来源	2008 年（修改后）
2	资产负债表				
3	资产				
4	现金及现金等价物	11 982	14 139	表 17.9	14 139
5	应收账款	14 229	16 790	表 17.9	16 790
6	存货	14 978	17 674	表 17.9	17 674
7	**流动资产合计**	41 189	48 603	第 4 行+第 5 行+第 6 行	48 603
8	财产、厂房和设备	49 427	66 984	表 17.6	66 984
9	**总资产**	90 616	115 587	第 7 行+第 8 行	115 587
10	负债				
11	应付账款	11 982	14 139	表 17.9	14 139
12	债务（有息负债）	4 500	24 500	表 17.7	24 500
13	**负债合计**	16 482	38 639	第 11 行+第 12 行	38 639
14	股东权益				
15	期初股东权益	69 275	74 134	2007 年第 18 行	74 134
16	净利润	6 941	7 600	表 17.8	7 600
17	红利	−2 082	0	待定	−4 786
18	**期末股东权益**	74 134	81 734	第 15 行+第 16 行+第 17 行	76 948
19	**负债和股东权益总额**	90 616	120 373	第 13 行+第 18 行	115 587

如 2008 年的预测资产负债表所示，KMS 的资产负债表最初并不平衡：负债及股东权益之和大于资产。在本章第 2 节中，KMS 面临相反的情形——它的资产大于负债及股东权益的合计数——这表明管理者需要外部融资。负债及股东权益之和大于资产时，表明公司产生了比预计的消耗更多的现金，要决定如何处理这些多余现金，KMS 可选择：

（1）建立多余现金储备（这将增加现金账户的数额，保持资产与股权及负债之和的平衡）；

（2）偿还部分债务；

（3）将超额现金作为红利分配；

（4）回购股票。

假设公司的管理者决定将超额现金作为红利分配。超额现金是指负债及股权的合计数超过资产的部分：

120 373−115 587 = 4 786（美元）

表 17.10 的最右一列，标题为“2008 年（修改后）”，显示的就是新的预测资产负债表，其中包括计划发放的红利。现在的资产负债表平衡了！对 2008—2012 年每年都做相同的处理。完整的预测资产负债表见本章附录。

表 17.11 总结了从第 2 节的例子以及本节中得到的一些经验。

表 17.11　　　　预测资产负债表和融资

负债和股权之和是……	小于资产	大于资产
	需要新的融资，公司必须借款或发行新股，为资金短缺融资	获得超额现金，公司可保留其作为额外的现金储备（从而增加资产），发放股利，或通过偿还债务、回购股票减少外源融资

概念检查

5. 直接预测资本性支出、营运资本及融资事项有什么好处？
6. 最低现金需求在营运资本中起什么作用？

17.4 为计划的业务扩张估值

既然已经清楚业务扩张对 KMS 的债务、净利润以及营运资本的影响，接下来将确定扩张是否为一个好的选择。估值原理引导我们预测现金流并计算它们的现值。

预测自由现金流

现在有了预测 KMS 未来五年自由现金流所需的数据。KMS 的收益、折旧及利息费用可由利润表得到（表 17.8）。资本性支出的数据由表 17.6 提供，净营运资本的变动来自于表 17.9。将这些数据汇总后可估算自由现金流，如表 17.12 所示。

表 17.12　　　　KMS 的预测自由现金流　　　　单位：千美元

1	年份	2008	2009	2010	2011	2012
2	**自由现金流**					
3	**净利润**	7 600	8 807	11 141	13 739	16 627
4	加：税后利息费用	199	1 083	1 083	1 083	1 083
5	**无杠杆净收益**	7 799	9 890	12 224	14 822	17 710
6	加：折旧	7 443	7 498	7 549	7 594	7 634
7	减：NWC 的增加	−5 257	−5 802	−6 453	−7 166	−7 948
8	减：资本性支出	−25 000	−8 000	−8 000	−8 000	−8 000
9	**公司自由现金流**	−15 015	3 586	5 320	7 250	9 396

为了计算 KMS 不考虑杠杆效应的自由现金流，首先将资本结构中与净债务有关的税后利息费用加回净利润中：①

税后利息费用 =（1−税率）×（债务支付的利息−超额现金的利息收入）　　（公式 17.4）

由于 KMS 没有超额现金，它 2008 年的税后利息费用为：

（1−35%）×30.6 = 199（万美元）

① 如果 KMS 的营运资本中产生了利息收入或者利息费用，我们在此对此不做考虑，仅调整与公司融资相关的利息，即与债务及超额现金（超额现金不包括在营运资本内）有关的利息。

无杠杆净收益为：

760+19.9=779.9（万美元）

也可以在表 17.12 中这样计算无杠杆净收益：用 EBIT 减去所得税。例如，2008 年的 EBIT 预计为 1 199.8 万美元（见表 17.8），于是无杠杆净收益为：

1 199.8×（1-35%）=779.9（万美元）（税后）

用无杠杆净收益来计算自由现金流，需要加回折旧（它不是付现费用），减去净营运资本的增加及资本性支出。表 17.12 第 9 行的自由现金流显示了公司为包括债权人和股东在内的投资者创造的现金。[①] KMS 在未来 5 年内将产生大量的自由现金流，但其自由现金流的水平每年变动很大。预测 2008 年的自由现金流甚至为负（扩张发生的当年）。

注意，公司自由现金流表示可提供给所有投资者（债权人和股东）的现金。为了确定能够分配给股东的数额，即股权自由现金流，可以对公司自由现金流进行调整，考虑所有（税后）支付给债权人的或从债权人处收到的现金。例如，2008 年 KMS 将支付税后利息 199 000 美元，并通过发行新债券收到现金 2 000 万美元，计算股权自由现金流如下（单位为千美元）：

	2008 年
公司自由现金流	-15 015
减：税后利息费用	-199
加：债务的增加	20 000
股权自由现金流	4 786

计算可得，2008 年归属于股东的自由现金流为 478.6 万美元，恰好等于第 3 节最后预测的红利支付额。这并不是巧合，因为当时我们选择将所有可用超额现金流作为红利，这正是归属于股东的自由现金流，可用来支付红利、回购股票、以现金形式保留在公司或者偿还债务。（见本章附录对股权自由现金流和红利的预测）

常见错误：混淆总营运资本及净营运资本增加额

根据收益计算自由现金流时，学生们经常犯这样的错误，即减去每年的净营运资本总额，而不是只减去净营运资本的增量变动。要记住，只有净营运资本的变动才会引起公司的现金流入或者流出。扣除净营运资本的总量会减少公司的自由现金流，甚至经常导致自由现金流为负，从而低估决策的净现值。

KMS 的扩张：对公司价值的影响

我们已经详细地预测了扩张对 KMS 的净利润、资本性支出及营运资本需求的影响。首先，明确了未来的融资需求，使得我们有足够的时间来规划，以确保有足够的资金。接下来，为了编制预测报表，我们建立了一个销售增长、成本、资本投入、营运资本需求以及融资选择互动的 Excel 模型，这使得我们能够研究任一因素的变化如

① 这里我们仍保持前面的假设，即支付债务的利息费用后，KMS 将全部超额现金作为红利分配给股东，这种股利决策对公司的自由现金流不会产生影响，也就不会影响到 KMS 的价值。

何影响其他因素和扩张计划。① 最后，可以利用这些预测来决定扩张计划是否是好的决策——它会增加 KMS 的价值吗？

正如第 15 章所述，不考虑财务困境成本，有债务公司的价值等于无债务公司的价值加上利息税盾的现值。我们已经对 KMS 扩张的融资计划进行了详细的预测，于是可以采用这种方法为扩张决策估值：计算 KMS 的无杠杆自由现金流的现值，加上预期的利息支付带来的利息税盾的现值。② 但是，我们现在只能预测到 2012 年的现金流，还要计算这个时点 KMS 的剩余（持续）价值。这里还需要使用第 9 章介绍的为股票估值的工具来估算剩余价值。

计算持续经营价值的乘数方法。从业者通常在预测期期末使用估值乘数来估算公司的持续经营价值（也叫最终价值）。短期内明确地预测现金流，对于公司识别相对于其竞争者的比较优势而言是有用的。不过，由于同一行业内公司间的激烈竞争，期望长期增长率、盈利能力和公司风险将趋于一致，因此，对于乘数的长期预测很可能在不同公司间大致是一样的。一个现实的假设是，公司的乘数最终将趋同于行业平均水平。由于很难准确地预测长期现金流，一种常见的（通常是合理、可靠的）方法是，根据行业内对估值乘数的长期预测来估计公司的持续经营价值。

在所有可用的估值乘数中，EBITDA（息、税、折旧和摊销前利润）乘数在实践中最常用。大多数情况下，EBITDA 乘数比销售收入或收益乘数更可靠，它可以表示公司的经营效率并且不受公司间杠杆水平差异的影响。第 9 章讨论了乘数在估值中的应用。在此，我们使用 EBITDA 乘数来估计持续经营价值如下：

$$\text{预测期期末公司的持续经营价值} = \text{预测期期末的 EBITDA} \times \text{预测期期末的 EBITDA 乘数} \quad \text{（公式 17.5）}$$

由表 17.8 的预测利润表可知，KMS 在 2012 年的 EBITDA 为 3 488 万美元。KMS 所处行业的平均 EBITDA 乘数为 9。如果假设 2012 年 KMS 的 EBITDA 乘数保持现在的水平不变，仍为 9，那么公司 2012 年的持续经营价值为 31 392 万美元（3 488×9）。这一假设很重要，预测期期末的 EBITDA 乘数对估值计算有很大影响。认真分析预测期期末行业增长的前景（与更高的乘数相关）十分重要。这里我们假设服装设计和制造行业已经成熟，并将保持相对稳定，但这项假设是值得商榷的，尤其是在敏感性分析中。

KMS 扩张后的价值。假设 KMS 的财务经理估计公司的无杠杆资本成本为 10%（确切地说，10% 是税前 WACC，详见第 12 章中资本成本的估计）。现在我们有用以估算公司扩张后价值的所有数据。表 17.13 列示了计算过程。首先，计算未来 5 年预测自由现金流的现值。这些现金流是提供给债券持有者及股东的，它们不受杠杆的任何影响。由于它们是归属于债权人和股东的，而且我们单独考虑利息税盾的收益，所以这里就用 10% 的税前 WACC 来折现自由现金流。利用表 17.12 中预测的 2008—2012 年的自由现金流，得到现值为 409.6 万美元：

$$PV\text{（}FCF\text{）} = \frac{-15\ 015}{(1.10)^1} + \frac{3\ 586}{(1.10)^2} + \frac{5\ 320}{(1.10)^3} + \frac{7\ 250}{(1.10)^4} + \frac{9\ 396}{(1.10)^5} = 4\ 096\text{（千美元）} \quad \text{（公式 17.6）}$$

① 你可以从本书网站上下载一份 Excel 形式的预测模型，自行检验这些因素的变动。
② 这种方法称作调整现值法，它用利息税盾效应调整无杠杆自由现金流的现值。

表 17.13 **计算 KMS 扩张后的公司价值** 单位：千美元

1	年份	2007	2008	2009	2010	2011	2012
2	公司自由现金流		−15 015	3 586	5 320	7 250	9 396
3	**自由现金流的现值（10%）**	**4 096**					
4	持续价值						313 920
5	**持续价值的现值（10%）**	**194 920**					
6	净利息费用		−306	−1 666	−1 666	−1 666	−1 666
7	利息税盾		107	583	583	583	583
8	**利息税盾的现值（6.8%）**	**1 958**					
9	**公司价值（3+5+8）**	**200 974**					

尽管未来 5 年现金流的现值很小，但该项扩张从长远来看是值得的，因为从 2012 年开始后它能提供更多的自由现金流。而现金流的增加可能使 2012 年的 EBITDA 较不扩张时更高，将 EBITDA 乘以持续经营乘数 9，从而得到更高的持续价值。表 17.13 中计算了 2012 年的持续价值为 31 392 千美元，它是 2012 年的价值，还要计算其现值：

$$\text{持续价值的现值}=\frac{313\ 920}{(1.10)^5}=194\ 920\text{（千美元）} \qquad \text{（公式 17.7）}$$

最后，因为是通过借债为这次扩张融资的，还会产生额外的利息税盾收益。表中已列出了净利息费用总额，利息税盾的计算如第 15 章所述，即用利息费用乘以税率（KMS 的税率为 35%）：

$$\text{利息税盾}=\text{净利息费用}\times\text{税率} \qquad \text{（公式 17.8）}$$

如第 15 章所述，计算利息税盾的现值时用债务的利率作为折现率，不要用 WACC。这样做的原因是，利息税盾的风险只与产生它的债务的风险相同，所以用债务的利率作为折现率最合适，这里是 6.8%：[①]

$$\text{利息税盾的现值}=\frac{107}{(1.068)^1}+\frac{583}{(1.068)^2}+\frac{583}{(1.068)^3}+\frac{583}{(1.068)^4}+\frac{583}{(1.068)^5}=1\ 958\text{（千美元）}$$

（公式 17.9）

KMS 扩张后的总价值为预测的无杠杆自由现金流、公司的持续价值以及利息税盾三者的现值之和。如表 17.13 所示，公司的总价值为 20 097.4 万美元。

KMS 不扩张时的价值。我们如何知道扩张是否有利呢？可以比较 KMS 扩张后的价值与不扩张时的价值。如果 KMS 没有对新设备投资，它将保持 110 万件的最大产量。尽管公司的销售收入将随价格上升而增加，但它的主要销售增长来源将被切断。表 17.14 显示了不扩张时的销售收入。到 2008 年，KMS 就达到了最大生产能力，无力继续增产。比较表 17.14 中的销售收入与表 17.8 中扩张后的销售收入，可以看到

① 我们并未忽略新债务产生的其余利息税盾，这部分税盾的价值被包含在持续价值中。我们说公司的持续价值是 EBITDA 的 9 倍时，是指在那个时点的总价值（包括所有未使用的利息税盾）是 EBITDA 的 9 倍。

扩张所带来的预测销售增长。

表 17.14　　　　不扩张时的销售预测

1	年份	2007	2008	2009	2010	2011	2012
2	产量（千件）	1 000	1 100	1 100	1 100	1 100	1 100
3	销售价格（美元）	74.89	76.51	78.04	79.60	81.19	82.82
4	销售收入（千美元）	74 889	84 161	85 844	87 561	89 312	91 099

可以用与预测扩张后公司价值相同的方法来预测不扩张时的自由现金流。本例中，2012 年的 EBITDA 将仅为 2 004.2 万美元，于是持续价值将减少到 18 037.8 万美元（2 004.2×9）。此外，由于 KMS 将不借新债，利息费用保持每年 30.6 万美元不变。最终的估值结果列示在表 17.15 中。

表 17.15　　　　不扩张时 KMS 的价值　　　　单位：千美元

1	年份	2007	2008	2009	2010	2011	2012
2	公司自由现金流		5 324	8 509	8 727	8 952	9 182
3	自由现金流的现值（10%）	30 244					
4	持续价值						180 378
5	持续价值的现值（10%）	112 001					
6	净利息费用		−306	−306	−306	−306	−306
7	利息税盾		107	107	107	107	107
8	利息税盾的现值（6.8%）	441					
9	公司价值（3+5+8）	142 686					

由于不必花费 2 000 万美元购买新设备，未来 5 年自由现金流的现值相对较高，但低增长大幅降低了公司的持续价值，而且减少的债务（由于不需要借款购买设备）也会导致利息税盾的现值低得多。不扩张时的公司价值将比扩张后的公司价值少 6 000万美元。扩张对于 KMS 来说是个好主意。

最佳时机与推迟扩张的选择

上述分析表明，如果备选方案仅有不扩张这一项，那么 KMS 无疑会选择在 2008 年扩张。然而，如果公司还可以选择推迟到 2009 年或以后再扩张，而不是仅有不扩张这一选择，情况又会怎样呢？如果假设公司分别在 2008—2012 年间的每年进行扩张，重复上面的估值分析，可得到公司在 2007 年的价值（选择在不同的年份扩张）：①

单位：千美元

扩张的年份	2008	2009	2010	2011	2012
KMS 在 2007 年的价值	200 974	203 553	204 728	204 604	203 277

若推迟到 2010 年扩张，KMS 的价值最大。原因是，推迟扩张使公司不能及时满足生产需求，但是这种不足在 2010 年之前还不是很严重。此间，推迟巨额财务支出所产生的价值超过了放弃部分销售收入造成的损失。

时机选择的分析使我们回想起第 8 章中提到的重要观点：管理者通常拥有嵌于资

① 感兴趣的同学可以利用本书网站中的本章电子表格进行分析。

本预算决策中的实物期权。在本例中，管理者一定要意识到：备选方案不是仅是在扩张和不扩张之间进行选择，还包括选择现在扩张还是选择再推迟 1 年（或多年）扩张，这一点很重要。正如我们在此所看到的，这种选择是有价值的，它能使 KMS 的价值增加近 400 万美元。

> **概念检查**
>
> 7. 计算持续价值的乘数方法是什么？
> 8. 预测如何帮助财务经理决定是否要执行一项新的业务计划？

17.5 增长和公司价值

之前分析的扩张计划会给 KMS 公司带来有价值的增长，但并非所有的增长都是有价值的。公司有可能为增长支付了很多，结果公司价值却反而降低。即使增长的成本不是问题，其他因素也可使公司的价值下降。例如，扩张可能会导致管理者没有充足的精力来监督和管理公司的运营。它可能会超出公司的分销能力或质量控制能力，甚至会改变消费者对于公司及其品牌的认知。

例如，在星巴克（Starbucks）公司 2005 年的年报中，董事长霍华德·舒尔茨（Howard Schultz）与首席执行官（CEO）吉姆·唐纳德（Jim Donald）向股东传达这样的信息：星巴克公司计划继续增开分店——仅 2006 年就增加 1 800 家，今后 5 年的销售收入计划增长约 20%。星巴克公司的股东读到这份年报时（2006 年初），公司的股价大约为 36 美元。到 2007 年年末，股价下跌到 21 美元。CEO 吉姆·唐纳德被解雇，董事长和创始人霍华德·舒尔茨在给员工的便笺中写道：星巴克公司最近的扩张导致其“丢了魂”，这意味着星巴克公司成功的关键和客户的忠诚度已经缩水了。为了区分增加公司价值的增长与减少公司价值的增长，下面来讨论考虑融资需求因素的两种增长率，并重申最高决策法则：净现值分析。

可持续增长率与外部融资

星巴克公司的例子说明，并不是所有的增长都是有价值的增长。只有通过本章前面所述的细致的净现值分析，才能区分价值提升型增长与价值破坏型增长。然而，这种区分经常与公司的内涵增长率的概念相混淆。**内涵增长率**（internal growth rate）是指公司不寻求外部融资时所能达到的最大增长率。直观来看，这是公司通过将盈余再投资所能达到的最大增长率。与其密切相关并且常用的一个指标是公司的**可持续增长率**（sustainable growth rate）——不增发新股或不增加债务股权比率时所能达到的最大增长率。下面依次讨论这些概念。

内涵增长率公式。计算这两个基准增长率的目的在于，明确公司在现有净利润的基础上能够支持多大的增长。对于不分配红利的公司而言，它的内涵增长率就是资产的回报率，这个比率告诉我们仅利用净利润公司可以按怎样的速度增加其资产。如果公司将其部分净利润作为红利发放，那么内涵增长率将降低到其留存收益所支持的资产增长速度。基于上述逻辑分析，内涵增长率的一般表达式为：

$$\text{内涵增长率}=\left(\frac{\text{净利润}}{\text{期初资产}}\right)\times(1-\text{股利支付率})=\text{ROA}\times\text{留存收益率} \qquad \text{(公式 17.10)}$$

回顾第 9 章的内容，净利润中留存用于再投资的比例称为留存收益率。与内涵增长率和可持续增长率相对应，留存收益率经常被称作**利润再投资率**(plowback ratio)。内涵增长率等于 ROA 乘以留存收益率（利润再投资率)。

可持续增长率公式。可持续增长率允许一定程度的外部融资。它假设公司不发行新股，并且管理者希望维持现有的债务股权比率。该比率表明，公司依靠留存收益再投资以及发行其留存收益所能支持的债务，可以达到怎样的增长速度。可持续增长率的公式如下：

$$可持续增长率=\left(\frac{净利润}{期初股东权益}\right)\times（1-股利支付率）=ROE\times留存收益率 \qquad （公式 17.11）$$

可持续增长率与内涵增长率的对比。若存在债务，ROE 将大于 ROA，因此可持续增长率将大于内涵增长率。内涵增长率假设没有外部融资，而可持续增长率假设公司会利用一些外部债务融资，但由于股东权益也因部分净利润的再投资而增长，所以债务股权比率将保持不变。

例 17.3　内涵增长率、可持续增长率与股利政策

问题：

你公司有股东权益 7 000 万美元，债务 3 000 万美元，预测本年净利润为 1 400 万美元。公司当前支付净利润 20% 的红利。你正在考虑改变股利政策——将红利增加到净利润的 30%。这项改变将如何影响公司的内涵增长率与可持续增长率？

解答：

分析：

应用公式 17.10 及公式 17.11 来计算公司旧政策与新政策下的内涵增长率与可持续增长率。为此，需要计算 ROA、ROE 与留存收益率（利润再投资率）。公司的总资产为 10 000 万美元（7 000 万美元的股权+3 000 万美元的债务）。

$$ROA=\frac{净利润}{期初资产}=\frac{14}{100}=14\%$$

$$ROE=\frac{净利润}{期初股东权益}=\frac{14}{70}=20\%$$

原留存收益率=（1-股利支付率）=1-0.20=0.80

新留存收益率=1-0.30=0.70

计算：

应用公式 17.10 计算股利政策改变前后的内涵增长率：

原内涵增长率=ROA×留存收益率=14%×0.80=11.2%

新内涵增长率=14%×0.70=9.8%

类似地，应用公式 17.11 计算股利政策改变前后的可持续增长率：

原可持续增长率=ROE×留存收益率=20%×0.80=16%

新可持续增长率=20%×0.70=14%

评价：

由于减少了可用于支持增长的留存收益的数量，股利支付率的提高必然会降低公司的内涵增长率及可持续增长率。

预测的增长率高于内涵增长率时，应该选择降低股利支付率（增加利润再投资率)，或者增加额外的外部融资，或者二者同时进行。如果预测的增长率高于可持续增长率，应该增加利润再投资率，增加股权融资，或提高财务杠杆（使债务的增长速度高于保持债务股权比率不变时的增长速度）。表 17.16 比较了内涵增长率与可持续增长率。

表 17.16　　关于内涵增长率与可持续增长率的总结

	内涵增长率	可持续增长率
公式	ROA×留存收益率	ROE×留存收益率
达到最大增长率的融资方式	留存收益	留存收益及保持 D/E 比率不变的新债务
为加速增长，公司必须：	减少股利或筹集外部资本	减少股利、增发新股或提高杠杆

内涵增长率和可持续增长率能够帮助你谨慎地计划外部融资，但却无法告诉你预期的增长会使公司价值增加还是减少。增长率无法估计增长所带来的未来成本和收益，估值原理告诉我们增长的价值影响只能这样估计。只要增长提升了公司价值，那么实际增长率超过可持续增长率就不是一定不好或难以维持的，这时公司需要筹集额外资金来支持增长。

例如，在 20 世纪 90 年代，星巴克公司的销售收入的平均增长率超过了 50%，尽管它的平均 ROE 仅为 12%。星巴克公司从未支付过红利，它的留存收益率为 1，于是它的可持续增长率（SGR）也为 12%。

SGR = ROE×留存收益率 = 12% ×1 = 12%

公司以可持续增长率的 4 倍的速度扩张，但公司价值却增加了几乎 10 倍（1 000%），如图 17.1 所示。

图 17.1　星巴克在维持和超过可持续增长率时期的股价

注：该图描绘了星巴克公司自上市以来的股价。在早期，公司以远高于其可持续增长率的速度增长，公司价值持续增加。在 2006 年，公司计划以可持续增长率的速度增长，但股价下跌。此图表明，实际增长率和可持续增长率的相对高低与增长是否有价值之间没有必然的联系。

资料来源：谷歌财经（http：//finance. google. com）及作者的计算。

相反，星巴克公司最近的情况表明，可持续增长未必会使公司价值增加。本节开头提到，自2006年起，星巴克公司每年的目标增长率为20%。这与当时的可持续增长率相比如何呢？舒尔茨和唐纳德写信给股东时，星巴克公司的ROE为20%（根据2005年年报）。星巴克公司从未支付过红利，它的留存收益率为1，所以可持续增长率也为20%。20%的增长率是可持续的，但没有使公司价值增加。①

如第13章和第14章所述，寻求外部融资是有成本的，即新股或新债券的上市发行费用。内涵增长率是指公司在没有发生这些成本的情况下所能达到的最高增长率。可持续增长率假设公司在按可持续增长率增长时要借入新债务，所以公司能够减少却不能完全消除外部筹资成本。管理者，尤其是小公司的管理者，十分关注这些成本如何随增长率而变化。不过，这些成本相对于NPV而言通常比较小——例如，在扩张计划中。

这些融资成本相对于扩张业务所产生的NPV来说通常较小，但也不能完全忽略它们。正确的做法是，把它们包含在相关成本的现金流出量中，然后从扩张计划的NPV中扣除。实际增长率超过内涵增长率或可持续增长率并不一定是坏事，但需要外部融资并发生相关融资成本。

概念检查

9. 内涵增长率和可持续增长率有什么区别？
10. 如果公司的实际增长率超过可持续增长率，那么公司的价值会降低吗？

本章小结

17.1　长期财务计划的目标

建立财务模型来预测公司的财务报表和自由现金流，能帮助财务经理：

（1）明确重要的联系

（2）分析潜在经营计划的影响

（3）计划未来融资需求

17.2　预测财务报表：销售百分比法

销售百分比法是一种常用的预测方法，该方法假设销售收入增长时，成本、营运资本和总资产与销售收入保持固定的百分比。

预测利润表在给定的假设下预测公司的收益。

基于与预测利润表一样的假设，预测资产负债表可预测公司的资产、负债和股东权益。

使用销售百分比法预测资产负债表有两个步骤：

第一步揭示了为满足资产的预期增长所需要的额外股东权益和负债（资金短缺量）。

资金短缺量被称为“塞子”，它是指需要从外部筹集的总的新融资净额。

第二步，预测资产负债表显示了来自计划来源的必需资金，资产负债表是平

① 本书的网站中包含KMS公司未来扩张计划的电子数据表，利用这些表格，你可以进一步研究内涵增长率、可持续增长率与价值提升型增长之间的区别。

衡的。

17.3　**计划扩张的预测**

销售百分比法的一个改进就是，除了能预测公司的营运资本以及资本性支出，还能够直接预测投资的计划融资额。

这样的财务模型可显示外部融资以及资本投资的正确时机，使我们能够估计出公司的未来自由现金流。

17.4　**对计划的扩张估值**

除了预测未来几年的现金流，还需要在预测期的期末估算公司的持续价值。

第9章详细地讨论过持续价值的计算。一种方法是使用基于可比公司的估值乘数法。

给定预测现金流和估计的资本成本，最后一步就是在业务计划的基础上整合这些输入变量来估计公司的价值。将执行新计划后的价值与不执行新计划时的公司价值进行比较，以判断是否执行该计划。

17.5　**增长和公司价值**

内涵增长率和可持续增长率是两种常用的概念。

内涵增长率是指公司在不需要外部融资的情况下所能达到的最大增长率：

内涵增长率＝ROA×留存收益率　（公式17.10）

可持续增长率是指在D/E比率保持不变、且不进行新的股权融资的前提下公司所能达到的最大增长率：

可持续增长率＝ROE×留存收益率　（公式17.11）

内涵增长率和可持续增长率都无法显示计划的增长是好还是坏，只有净现值分析才能告诉我们预期的增长将会提升还是破坏公司的价值。

复习题

1. 长期财务预测的目标是什么？
2. 销售百分比法的优点和缺点是什么？
3. 具体地预测资本性支出和外部融资有什么作用？
4. 财务经理如何通过长期预测决定是否实施新的业务计划？
5. 可持续增长率能告诉财务经理什么信息？不能告诉什么信息？

练习题

预测财务报表：销售百分比法（第1～7题）

1. 你公司今年的销售收入为10万美元，销售成本为7.2万美元。你预测明年的销售收入将增加到11万美元。利用销售百分比法，预测明年的销售成本。

2. 假设你预测公司下一个财年的净利润为5万美元，期末资产为500万美元，公司的股利支付率为10%。期初股东权益为30万美元，期初总负债为12万美元，其中应付账款等无息负债预计将增加1万美元，那么下一年需要的新融资净额为多少？

3. 假设第2题中的期初债务为10万美元，为使债务股权比率保持不变，你的新融资净额中应有多少股权多少债务？

根据下面吉姆咖啡店（Jim's Espresso）的资产负债表和利润表，回答第4～6题：

利润表 单位：美元

销售收入	200 000
不包括折旧的成本	（100 000）
EBITDA	100 000
折旧	（6 000）
EBIT	94 000
（净）利息费用	（400）
税前利润	93 600
所得税	（32 760）
净利润	60 840

资产负债表

资产	
现金及现金等价物	15 000
应收账款	2 000
存货	4 000
流动资产合计	21 000
财产、厂房和设备	10 000
总资产	31 000
负债和股东权益	
应付账款	1 500
债务	4 000
负债合计	5 500
股东权益	25 500
负债和股东权益总额	31 000

4. 公司预计明年的销售收入将增长10%。使用销售百分比法预测：

a. 成本；

b. 折旧；

c. 净利润；

d. 现金；

e. 应收账款；

f. 存货；

g. 厂房、财产和设备（PPE）。

5. 假设公司将净利润的90%作为股利分配，利用销售百分比法预测：

a. 股东权益；

b. 应付账款；

6. 公司需要的新融资净额。

7. 从本书的网站上下载戴尔计算机公司的资料。使用戴尔2006年的资产负债表，利用销售百分比法，根据2006—2007年的实际销售收入增长来预测戴尔2007年的财务报表。你的预测结果的准确度如何？预测结果与实际结果的差异主要是由什么原因造成的？

计划扩张的预测（第8~14题）

从本书的网站上下载KMS公司的电子数据表格，回答下列问题：

8. 假设KMS的市场份额每年将增加0.25%而不是本章例题中的1%（见表17.5），产品售价与例题中的一致。KMS每年要求的生产能力为多少？何时需要扩张（即何时产量将超过110万件）？

9. 假设KMS的市场份额每年将增加0.25%，你决定工厂在2009年扩张。这次扩张将花费2 000万美元。假设为这次扩张的融资也将随之推迟，计算直到2012年该项目预计的利息支付以及利息税盾（假设KMS仍然发行10年期的债券，利率与例题一致）。

10. 假设KMS的市场份额每年将增加0.25%（投资和融资按第9题调整），预计折旧如下：

年份	2007	2008	2009	2010	2011	2012
折旧（千美元）	5 492	5 443	7 398	7 459	7 513	7 561

利用上述信息，预测KMS公司2007—2012年的净利润（在这些新的假设下重新编制表17.8）。

11. 假设KMS公司的市场份额每年将增加0.25%（投资、融资和折旧按第9题和第10题进行调整），营运资本假设与本章例题相同，计算KMS公司2007—2012年的营运资本需求（在新假设下重新编制表17.9）。

12. 假设KMS公司的市场份额每年将增加0.25%，如第11题所述，相应地调整投资、融资、折旧和营运资本，预测KMS公司的自由现金流。（重新编制表17.12）

13. 利用第10题中重新编制的表17.8，并假设EBITDA乘数为8.5，计算KMS公司的持续价值。

14. 假设资本成本为10%，计算KMS在0.25%的增长率下的公司价值。

增长和公司价值（第15~19题）

15. 使用下表中的信息，计算公司的如下指标：

净利润	50 000
期初总资产	400 000
期初股东权益	250 000
股利支付率	0%

a. 内涵增长率；

b. 可持续增长率；

c. 如果将净利润的40%作为红利，计算可持续增长率。

16. KMS的扩张计划所要求的增长速度与可持续增长率相比更快还是更慢？

17. 你公司的ROE为12%，股利支付率为25%，股东权益为60万美元，债务为40万美元。你若打算维持今年的可持续增长率，需要发行多少额外的债务？

18. IZAX 公司的资产负债表上有如下项目：

单位：美元

资产		负债和股权	
现金	50 000	债务	100 000
PPE（固定资产）	350 000	股权	300 000

公司今年的净利润是 20 000 美元，支付了 5 000 美元的红利。如果公司按内涵增长率增长，那么公司明年的 D/E 比率将为多少？

19. 根据本书网站上的相关数据，计算波音公司、可口可乐公司和谷歌公司 2007 年年初的可持续增长率和内涵增长率，并计算它们 2007 年的实际增长率和同一时期的股价变动。这些公司的实际增长率和 SGR 或 IGR 的关系与公司价值的变动有联系吗?

第 17 章附录　资产负债表和现金流表

根据目前计算出来的信息，可以预测 KMS 公司 2007—2012 年的资产负债表和现金流表。这些报表对于扩张计划的估值不是很关键，但它们通常有助于完整地展示公司在预测年度内的成长前景。KMS 公司的预测资产负债表和现金流量表见表 17.17 和表 17.18。

表 17.17　　KMS 公司 2007—2012 年的预测资产负债表　　单位：千美元

1	年份	2007	2008	2009	2010	2011	2012
2	**资产负债表**						
3	**资产**						
4	现金及现金等价物	11 982	14 139	16 520	19 167	22 107	25 367
5	应收账款	14 229	16 790	19 617	22 761	26 252	30 124
6	存货	14 978	17 674	20 649	23 959	27 633	31 709
7	**流动资产合计**	41 189	48 603	56 786	65 886	75 992	87 201
8	财产、厂房和设备	49 427	66 984	67 486	67 937	68 344	68 709
9	**总资产**	90 616	115 587	124 272	133 823	144 335	155 910
10							
11	**负债**						
12	应付账款	11 982	14 139	16 520	19 167	22 107	25 367
13	债务	4 500	24 500	24 500	24 500	24 500	24 500
14	**负债合计**	16 482	38 639	41 020	43 667	46 607	49 867
15							
16	**股东权益**						
17	期初股东权益	69 275	74 134	76 948	83 252	90 156	97 729
18	净利润	6 940	7 600	8 807	11 141	13 739	16 627
19	红利	−2 082	−4 786	−2 503	−4 237	−6 167	−8 313
20	**期末股东权益**	74 134	76 948	83 252	90 156	97 729	106 042
21	**负债与股东权益总额**	90 616	115 587	124 272	133 823	144 335	155 910

表 17.18　KMS 公司 2007—2012 年的预测现金流量表　单位：千美元

1	年份	2007	2008	2009	2010	2011	2012
2	**现金流量表**						
3	净利润		7 600	8 807	11 141	13 739	16 627
4	折旧		7 443	7 498	7 549	7 594	7 634
5	**营运资本的变动**						
6	应收账款		−2 561	−2 827	−3 144	−3 491	−3 872
7	存货		−2 696	−2 976	−3 309	−3 675	−4 076
8	应付账款		2 157	2 381	2 647	2 940	3 261
9	**经营活动现金流量**		11 942	12 884	14 884	17 107	19 574
10	资本性支出		−25 000	−8 000	−8 000	−8 000	−8 000
11	其他投资		—	—	—	—	—
12	**投资活动现金流量**		−25 000	−8 000	−8 000	−8 000	−8 000
13	净借款		20 000	—	—	—	—
14	红利		−4 786	−2 503	−4 237	−6 167	−8 313
15	**融资活动现金流量**		15 214	−2 503	−4 237	−6 167	−8 313
16							
17	**现金的变动（9+12+15）**		2 156	2 381	2 647	2 940	3 261

资产负债表（表 17.17）延续了表 17.10。流动资产和流动负债来自于净营运资本数据表（表 17.9）。资产负债表上的存货包括原材料和产成品。财产、厂房和设备的信息来自于预测的资本性支出数据表（表 17.6），债务数据来自于表 17.7。

KMS 的股权账面价值在其扩张和保持盈利的情况下将会稳定增长，只是每年都会把净利润的一部分用于分配。KMS 为扩张融资，2008 年的（有息）债务将从 450 万美元增加到 2 450 万美元。KMS 的其他负债（如应付账款）将会随销售收入稳步增长。KMS 基于账面价值计算的债务股权比率，将从 2007 年的 6%（4 500/74 134）增长到 2008 年的 32%（24 500/76 948），到 2012 年将稳步下降到 23%。

现金流量表（表 17.18）的起点为净利润。来自于经营活动的现金流量不仅包括折旧，同时还包括表 17.9 中营运资本项目（非现金）的变化。来自于投资活动的现金流量包括表 17.6 中的资本性支出。融资活动现金流量包括表 17.7 中的净借款，红利与股权自由现金流相等，因为我们假设 KMS 分配所有的超额现金。可以使用下面的公式计算表 17.12 中的股权自由现金流：

股权自由现金流=公司自由现金流+净借款−税后利息费用　（公式 17.12）

KMS 并不打算进行额外的股权融资，所以在现金流量表上没有资本缴入。最后检查一下我们的计算，要注意资产负债表（表 17.17）所显示的最低现金余额的变化。例如，在 2008 年，现金及现金等价物的变动为 2 157 000 美元（见现金流量表），它等于资产负债表中 2008 年的现金比 2007 年的现金多出的 2 157 000 美元。

第 18 章 营运资本管理

学习目标

- 理解公司的现金周转期和营运资本管理的重要性。
- 使用对公司有利的商业信用。
- 制定授信和调整信用条件的决策。
- 管理应付账款。
- 比较财务经理进行现金余额投资时可利用的不同方式。

本章所涉及符号的含义如下：

CCC（现金周转期）；*NPV*（净现值）；*EAR*（有效年利率）；*r*（折现率）；*g*（永续增长率）

瓦利德·侯赛因访谈

作为康卡斯特（Comcast）公司（电缆行业的龙头）大芝加哥地区的一名会计师，瓦利德·侯赛因（Waleed Husain）负责监控资产和负债的账户余额与利润表的变动。他 2005 年毕业于芝加哥的伊利诺伊大学，在公司主要分析营运资本的水平，从而保证短期资产能获得最佳的回报。每个月，他还要找到费用预算与实际支出之间的差距。“我所学的会计和财务理论及技能，使我能够处理大量数据并从中提取有用信息，”他说，“我还要进行趋势分析，并追踪行业内的关键营运衡量指标，以此为基准来考察现有结果。熟练的 Excel 技能使我能向高层管理者提供准确及时的信息，以制定合适的财务决策。”

理解公司如何管理短期资产和负债可以透视公司的营运资本策略。“公司如果不能利用提前付款的折扣，当前可能就没有充足的现金流去支付应付账款余额，”瓦利德说。然而，放弃折扣可能还有另外一个原因。“财务经理会分析在折扣期内是利用提前付款的折扣更好，还是投资以获得回报更好。错误的决策会在一段时间内对公司价值产生不利的影响。重复利用提前付款的 1% 的折扣，与在同期投资同样的资金以获得 5% 的回报率相比，前者降低了公司的发展速度，并对公司价值产生了不利影响。”

管理存货对康卡斯特公司越来越重要。“我们出租各种设备给客户：包括高清电视和数码录像机的数字机顶盒、有线调制解调器、无线路由器以及其他支持高速网络和家庭电话服务的设施。我们想缩短运输时间使存货持有成本最小化。存货管理面临的挑战包括客户需求的波动（由季节性、业务策略或竞争所驱动）、制造商的问题以及能否在客户搬家或无法联系时回收设备。”

瓦利德对职业成功的建议是：培养有效的沟通技能，做出保质保量的决策。

在第 2 章，我们将公司的净营运资本定义为，公司的流动资产减去流动负债。净营运资本是运营公司短期内所需要的资本。营运资本管理不仅包括短期资产账户（如现金、存货、应收账款），还包括短期负债账户（如应付账款等）。对于营运资本的每一个账户的投资水平，各公司、各行业，各不相同。公司的净营运资本还取决于诸如公司类型和行业标准等因素，例如，一些公司因其业务性质而需要大量的存货投资。

考虑零售连锁商克洛格公司（The Kroger Company）和区域航空运营商西南航空公司（Southwest Airlines）的例子。2007 年年初，克洛格公司的存货占总资产价值的 22%，而西南航空公司的存货投资还不足总资产的 2%。零售商需要大量的存货投资，而航空公司的盈利主要来自于固定资产（厂房、财产和设备）投资，即飞机。

存货、应收账款投资以及持有现金，存在着机会成本。投资于这些账户的超额资金原本可以用于偿还债务，或者以红利或股票回购的方式返还给股东。本章重点探讨公司用于有效管理营运资本，从而最小化这些机会成本的工具和方法。本章首先讨论，公司为何要持有营运资本，它是如何影响公司价值的。在完美资本市场中，许多营运资本账户与公司价值不相关。不出所料，真实公司中这些账户的存在，可归因于市场摩擦。接下来探讨商业信用的成本和收益，评估公司管理各种营运资本账户时的权衡取舍。最后我们讨论公司的现金余额管理，并对公司可能选择用现金进行短期投资做一概述。

18.1 营运资本概述

大多数项目要求公司投入净营运资本。净营运资本主要包括现金、存货、应收账款和应付账款。营运资本包括公司日常运营所需要的现金，但不包括超额现金（excess cash），公司运营并不需要超额现金，公司可以按市场利率用超额现金投资。如第 12 章所述，超额现金可视为公司资本结构的一部分，它可部分抵消公司的债务。第 8 章曾讨论过，净营运资本的增加表示减少公司现金的投资。由估值原理可知，公司价值是其自由现金流的现值，所以，营运资本通过影响公司的自由现金流从而改变了公司的价值。本节考察净营运资本的构成及其对公司价值的影响。

现金周转期

营运资本的水平反映了从生产开始时现金流出公司到现金流回公司的时间长度。下面以英特尔公司为例进行说明。我们追踪英特尔公司生产过程中价值 1 000 美元的存货和原材料的流转路径。

首先，英特尔公司从其供应商处赊账购买 1 000 美元的原材料和存货，即公司在采购时无需立即支付现金。

大约 53 天后，英特尔为原材料和存货付款，所以从购买原材料到现金流出几乎间隔了两个月。

又过了 20 天，英特尔把材料（已加工成微处理器）卖给一家电脑制造商，但由于是赊销，电脑制造商没有立即支付现金。这样，英特尔从购买材料到把材料加工成产成品卖出经过了 73 天。

大约 37 天后，电脑制造商为微处理器付款，英特尔产生现金流入。

英特尔从起初购买原材料到卖出产成品收到现金历时 110（53+20+37）天，英特尔的营业周期是 110 天：公司的**营业周期**(operating cycle) 是指公司从起初购买存货到卖出产品收回现金之间的平均时间长度。公司的**现金周转期**(cash cycle) 是指公司从最初购买存货时支出现金，到销售利用存货生产出的产成品而收回现金之间的时间长度。对英特尔而言，其现金周转期为 57 天：付款后持有材料的 20 天加上卖出产成品后等待收现的 37 天。图 18.1 描述了营业周期和现金周转期。

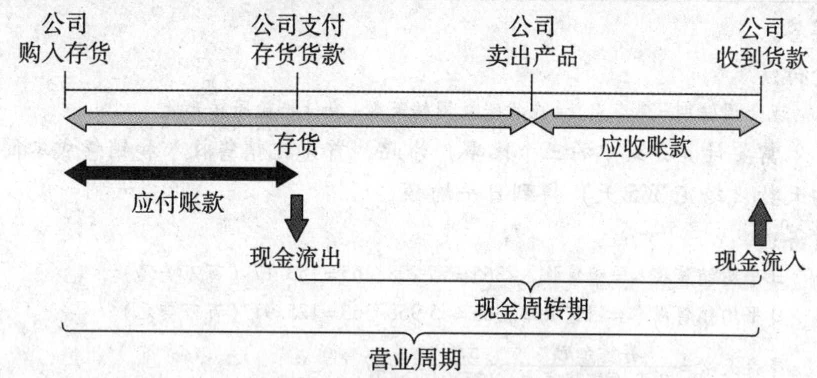

图 18.1　公司的现金周转期和营业周期

注：现金周转期为公司购买存货付出现金与销售产品收到现金之间的平均时间长度。如果公司直接支付现金购买存货，这个周期等同于公司的营业周期。然而大多数公司是以赊账方式购买存货，这就缩短了从现金投资到由此产生的现金收回之间的时间长度。

一些理财从业者通过计算现金周转期指标来衡量现金周转速度的快慢。**现金周转期**(cash conversion cycle) 可以定义为：

$$CCC=库存天数+应收账款周转天数-应付账款周转天数 \quad （公式 18.1）$$

式中，

$$库存天数=\frac{存货余额}{日平均销售成本}$$

$$应收账款周转天数=\frac{应收账款余额}{日平均销售额}$$

$$应付账款周转天数=\frac{应付账款余额}{日平均销售成本}$$

所有这些比率都能依据公司财务报表中的数据计算得到。第 2 章已经讨论过如何计算并对其加以运用。尽管现金周转期本身就是一个重要的度量指标，财务经理还是应该关注它的各个组成部分，因为它们都蕴含着关于公司营运资本管理是否有效的有价值的信息。较长的应收账款周转天数可能预示着公司在向客户收款方面存在麻烦，而较短的应付账款周转天数可能表明公司没有充分利用向供应商延迟付款的好处。最后，较长的存货周转天数将使管理者关注公司为什么要在产品卖出前将其作为存货持有那么长时间。

例 18.1　计算现金周转期

问题：

以下信息来自戴尔公司（Dell）2006 年度的利润表和资产负债表。计算戴尔的现金周转期。

单位：百万美元

销售收入	55 908
销售成本	45 958
应收账款	4 089
存货	576
应付账款	9 840

解答：

分析：

现金周转期=库存天数+应收账款周转天数-应付账款周转天数

需要计算公式中的三个比率。为此，首先把销售收入和销售成本简单地除以一年的天数（给定365天）得到日平均额。

计算：

日平均销售收入=销售收入/365=55 908/365=153.17（百万美元）

日平均销售成本=销售成本/365=45 958/365=125.91（百万美元）

$$库存天数=\frac{存货余额}{日平均销售成本}=\frac{576}{125.91}=4.57\text{（天）}$$

$$应收账款周转天数=\frac{应收账款余额}{日平均销售额}=\frac{4\ 089}{153.17}=26.70\text{（天）}$$

$$应付账款周转天数=\frac{应付账款余额}{日平均销售成本}=\frac{9\ 840}{125.91}=78.15\text{（天）}$$

戴尔的现金周转期=4.57+26.70-78.15=-46.88（天）

评价：

实际上，戴尔公司的现金周转期为负，这意味着它一般是先收到销售计算机的货款，之后再付给供应商计算机零部件的价款。戴尔公司能够做到这一点是因为它直接销售给最终消费者，客户只要下订单，戴尔公司就要求客户立即用信用卡付款。收到订单后，戴尔公司马上向它的供应商下单订购计算机零部件。大约在你下订单的27天后，戴尔公司将收到信用卡公司的付款。戴尔公司的规模以及议价能力使它的供应商允许其在超过78天后付款。

不同行业的营运资本需求

公司的现金周转期越长，占用的营运资本越多，就越需要更多的现金维持其日常运营。表18.1给出了部分行业的一些公司的营运资本需求资料。

由于不同行业间的特征差异，营运资本水平之间的差异也很显著。例如，零售商一般为现金销售，所以可预期其应收账款占销售额的比例会很小①。对于全食食品公司（Whole Foods）而言，其应收账款仅相当于公司5天的销售额。西南航空公司也是如此，很多乘客都是通过现金或信用卡的方式预先支付机票款的。对于诸如波音（Boeing）公司和帕尔迪房屋公司（Pulte Homes）这样的公司来讲，产品的开发和销

① 你用维萨信用卡或万事达信用卡支付购物款时，对于商家来说即为现金销售。信用卡公司一收到贷方传票，就立即向商家支付现金，即使你没有按时支付你的信用卡账单也是如此。

售周期较长，与销售额相比，存货占的比重最大。我们也注意到，这些公司的现金周转期也存在很大差异：例如，西南航空公司的现金周转期为负，这表明，公司在向其供应商付款之前，就已经从其客户处收回了现金。

表 18.1　不同行业的营运资本（2007 年年末）

公司	行业	应收账款周转天数	存货周转天数	应付账款周转天数	现金周转期 CCC
苹果	计算机和电子	21	7	88	−60
微软	软件	67	28	130	−35
西南航空	区域航空	7	13	37	−17
百威	酒精饮料	20	27	48	−1
全食食品（Whole Foods）	食品商店	5	21	14	12
AMD	半导体	36	83	106	13
艺电（Electronic Arts）	视频游戏	28	17	32	13
丰田汽车	汽车制造	27	35	36	26
波音	航空/国防	28	72	73	27
星巴克	饭店餐饮	10	49	31	28
孩之宝（Hasbro）	玩具和游戏	67	76	98	45
诺斯通（Nordstrom）	服装店	61	64	46	78
帕尔迪房屋（Pulte Homes）	住宅建设	2	328	73	257

资料来源：www. capitaliq. com.

公司价值和营运资本

营运资本需求的下降，会产生正的自由现金流，公司可立即将这一现金流发放给股东。举例来说，如果公司能够削减净营运资本需求达 50 000 美元，就可将这50 000 美元作为红利分配给股东。

例 18.2　营运资本管理的价值

问题：

翡翠城涂料（Emerald City Paints）公司预测下一年的净利润和自由现金流如下表所示（单位为千美元）：

净利润	20 000
+折旧	+5 000
−资本支出	−5 000
−营运资本的增加	−1 000
=自由现金流	19 000

公司预计资本性支出和折旧能继续相互抵消，净利润和营运资本的增加每年增长均为 4%。公司的资本成本为 12%。如果公司在对经营的其他方面无不利影响的情况下，能够通过更有效的管理营运资本从而使营运资本的年增长率降低 20%，将对公

司价值产生什么影响?

解答:

分析:

在原来的营运资本增加水平上降低20%，将使起点的营运资本增加额从每年100万美元降到每年80万美元。营运资本的增加仍将是每年增长4%，但每年都会由于起始点降低了20%而使增长幅度缩小20%。可用第4章（公式4.7）的永续增长公式来评估公司的价值:

$$PV=\frac{CashFlow}{r-g}$$

如上表所示，公司的自由现金流=净利润+折旧-资本性支出-营运资本的增加。

计算:

当前公司的价值为:

$$\frac{20\ 000\ 000+5\ 000\ 000-5\ 000\ 000-1\ 000\ 000}{0.12-0.04}=237\ 500\ 000\text{（美元）}$$

如果公司能更有效地管理营运资本，公司价值将为:

$$\frac{20\ 000\ 000+5\ 000\ 000-5\ 000\ 000-800\ 000}{0.12-0.04}=240\ 000\ 000\text{（美元）}$$

评价:

尽管营运资本的改变不会影响公司的收益（净利润），但会增加属于股东的自由现金流，从而使公司价值增加250万美元。

回顾估值原理可知，公司价值是其自由现金流的现值。有效地管理营运资本将会增加自由现金流，从而使管理者能够最大化公司的价值。现在我们把注意力转移到一些具体的营运资本账户上。

概念检查

1. 公司的现金周转期和营业周期有什么差别?
2. 营运资本是如何影响公司价值的?

18.2 商业信用

若公司允许客户在购买日之后支付货款，公司就产生了一笔应收账款，客户则产生了应付账款。应收账款表示公司有待收回的信用赊销额。应付账款余额表示，公司已经收到商品但尚未支付给供应商的欠款。公司提供给其客户的信用称作**商业信用**(trade credit)，应收账款和应付账款的差额就是信用赊销交易占用的公司资本的净额。当然，公司更乐意在客户购买产品时立即收到现金。但是，“只收现金”的政策可能会导致公司的一部分客户流失到竞争对手那里。即使客户决定付款，款项的处理和邮寄也会推迟钱到达公司账上的时间。本节要阐述的是，管理者如何比较商业信用的成本与收益，从而确定最优的信用政策。

商业信用条件

要了解商业信用条件是如何报出的，先来看一些例子。如果供应商向其客户提供的信用条件为“*N*/30,”这就意味着，客户要自销货发票开出之日起30天内付清货款。实质上这相当于，供应商允许客户使用供应商的资金多达 30 天（注意，“30”并非一个特殊的数字，发票也可规定“N/40”、“N/15”或者其他的到期付款天数）。

有时，如果买方提前付款，卖方公司会给买方提供一个折扣。信用条件“2/10，N/30”是指，买方如果在 10 天之内付款，将会享受 2%的现金折扣；10 天以后，30 天以内则要付全款。**现金折扣**（cash discount）是买方提前付款时卖方所提供的折扣百分比，本例中是 2%。**折扣期限**（discount period）是买方能利用现金折扣的天数，本例中是 10 天。**信用期限**（credit period）是指卖方提供信用给买方的整个时间长度，即买方必须付款的整个时间段，本例中是 30 天。卖方公司向客户提供折扣，以此鼓励客户提前付款，以便能够尽早收回现金。然而，折扣额也体现为卖方公司的成本，因为它没有收到产品的全额售价。

商业信用和市场摩擦

在完全竞争的市场中，商业信用只是另一种形式的融资而已。正如第 15 章所述，在完美资本市场假设下融资决策与公司价值不相关。在现实中，产品市场很少是完全竞争的，公司可通过有效地选择和利用商业信用来最大化公司的价值。

商业信用的成本。商业信用本质上是卖方公司提供给其客户的一项贷款。价格折扣代表利息率。公司通常以价格折扣的方式，向客户提供商业信用的优惠利率。财务经理应该评估信用条件，以决定是否利用它。

如何计算商业信用的利率呢？假设某公司以 100 美元的价格出售产品，提供给买方的信用条件为“2/10，N/30.”客户在头 10 天内不必付款，这相当于它在这段时期内得到一笔零息贷款。如果客户利用折扣，在 10 天的折扣期内付款，则客户只需支付 98 美元。卖方公司的折扣成本等于折扣百分比与售价之积。在本例中，即 2.00 美元（0.02×100）。

若客户不在 10 天之内付款，而是选择再多使用这 98 美元 20（30-10=20）天。20 天期贷款的利率为 2.04%（2/98）。为了比较这个 20 天期的利率和其他融资渠道的利率，利用第 5 章的公式 5.1 把它转换成有效年利率，其中 n 表示一年中有几个 20 天：

$$\text{EAR}=(1+r)^{n}-1$$

一年有 365 天，共有 18.25（365/20）个 20 天。所以这 20 天期的利率 2.04%对应的有效年利率为：

$$\text{EAR}=(1.0204)^{365/20}-1=44.6\%$$

若买方不接受折扣，则相当于买方按 2.04%的利率借款 20 天，转化为有效年利率即为 44.6%！如果公司能够以更低的利率获得银行贷款，那么它应该以较低的利率借款，然后用借款所得现金在折扣期内付款，以利用供应商提供的折扣，这样它的处境会变得更好。

常见错误：用 APR 代替 EAR 计算商业信用的成本

有些管理者并没有真正地理解商业信用成本，在与其他融资方式的年成本进行比较时，他们用 APR（单利计息）而不是 EAR 计算商业信用成本。回顾第 5 章的内容可知，EAR 合理地解释了逐年复利的“利滚利”效果，而 APR 忽略了复利。在下面的例子中，20 天的利率为 2.04%，其对应的 APR 为 37.23%（(365/20)×2.04%），低于真实的有效年成本——44.6%。

例 18.3 估计商业信用的实际成本

问题：

假如你公司购买商品，供应商报出的信用条件为“1/15，*N*/40”。如果你公司不打算利用商业折扣，则放弃折扣的实际年成本率为多少？

解答：

分析：

以 100 美元的买价为例，“1/15，*N*/40”意味着公司若在 15 天内付款将得到 1% 的折扣，若在 40 天内付款则需支付全额。100 美元的 1% 是 1 美元的折扣，你可以在 15 天内付 99 美元，也可以在 40 天以内付 100 美元。间隔是 25 天，需要计算 25 天的利率，然后计算与其对应的有效年利率（EAR）。

计算：

$1/99 = 0.0101$

即 25 天的利率为 1.01%。一年中有 14.6（365/25）个 25 天。得出放弃折扣的有效年利率为 15.8%（$(1.0101)^{14.6}-1$）。

评价：

如果确实需要整整 40 天才能筹到现金用以付款，那么以较低的利率从银行借 99 美元从而享受现金折扣会更好一些。

商业信用的收益。商业信用有许多理由可以作为一种有吸引力的资金来源。商业信用简便易行，比其他资金来源的交易成本低。首先，它无需像银行贷款那样要有繁琐的书面文件和经由复杂的手续。其次，它是一种灵活的资金来源，需要时即可使用。最后，有时商业信用甚至是公司可获得资金的唯一来源。

商业信用与标准贷款的比较。你也许会问，公司为什么会提供商业信用。毕竟大多数公司不是银行，它们为什么会从事发放贷款的业务呢？对于公司主动提供商业信用的原因有以下几种解释：

第一，以低于市场水平的利率提供融资，是卖方公司只为某些客户而降价的一种间接方式。例如，考虑一家汽车生产商，并非“一刀切”地对所有汽车都降价，它的融资部门可能会开出特定的信用条件，而该信用条件对于信用差的客户有吸引力，但对信用好的客户却没有吸引力。通过这种方式，汽车生产商可以仅向那些信用差的客户提供价格折扣——否则那些客户也许会付不起购车款。

第二，供应商可能与其客户保持长期的业务关系，比银行等传统的外部贷款方更了解客户的信用质量。若客户不付款，供应商还可通过威胁切断未来的产品供应，来提高客户付款的可能性。

第三，如果买方违约，供应商可能扣留存货作为抵押品，而此存货对于行业内的公司比如供应商（假定该供应商还有其他客户）而言，很可能比对行业外的公司更有价值。

管理浮游量

影响公司应收账款和应付账款期限的因素之一是，票据支付时间和实际收到现金之间的延迟。这种延迟或处理浮游，将影响公司的营运资本需求。

收款浮游量(collection float)。从客户付款后到公司能够使用资金间隔的时间，被称为**收款浮游量**。公司可通过减少收款浮游量降低营运资本需求。收款浮游量主要由三个因素决定（如图 18.2 所示）：

邮寄浮游量(mail float)：客户寄出支票后，公司需要多长时间能收到付款支票。

处理浮游量(processing float)：公司处理客户的付款支票和将其存入银行所花费的时间。

存款可用浮游量(availability float)：公司将客户付款额存入银行、银行入账之前的时间。

图 18.2　收款浮游量

付款浮游量(disbursement float)。公司购买存货后与向供应商付款、现金实际流出公司之前的时间间隔，被称为**付款浮游量**。与收款浮游量类似，付款浮游量也受票据邮寄时间、票据处理时间及票据结算时间的影响。公司可能会尽力延长它的付款浮游量，以延长付款时间，降低它的营运资本需求，但它也要承担逾期支付的风险。在这种情况下，公司也许要因逾期支付而被收取附加费，或者可能在未来采购时被要求先付款后发货（CBD）或者货到付款（COD）。在某些情况下，供应商或许会拒绝再与拖欠账款的公司往来。

电子支票处理。公司可利用多种方法减少收款和付款浮游量。**《21 世纪支票结算法案》**(Check Clearing for the 21st Century Act，Check 21）已于 2004 年 10 月 28 日开始生效，它消除了由于支票结算过程而引起的那部分付款浮游量。该法案规定，银行可通过电子化手段处理支票信息，在大多数情况下，在供应商将支票存入它的开户银行的当日，资金就可从买方公司的支票账户中划出。可惜的是，即使依据**《21 世纪支票结算法案》**，资金可以几乎立即从支票开出者的账户中划拨出，但是支票接收者却不能够立即兑现支票。该法案无助于减少收款浮游量。

不过，公司可以使用某些方法来减少收款浮游量。例如，公司可简化内部的支票结算程序，使之更为通畅和有效。另外，利用电子系统，资金可于支付当日自动从客户的银行账户转移到卖方公司的银行账户，这样可使收款浮游量减为零。当然，公司用来降低收款浮游量的方法并非没有成本。新的支票处理系统也许很昂贵并可能造成混乱，聘用催款公司可以加快收回账款，但也会产生成本，比如支付的费用、还有在公司客户中的坏名声。因此，要决定采用哪种方法（如果有的话），公司必须比较允许公司更长时间使用现金的制度的成本和收益。

概念检查

3. 信用条件“2/10，N/30”是什么意思?
4. 列出决定收款浮游量的三个因素。

18.3 应收账款管理

迄今为止，我们已经从总体上讨论了商业信用的成本和收益。接下来要考虑若干由公司的应收账款管理而引发的具体问题。我们将重点关注公司如何设定给予客户的信用政策，以及如何持续地监控应收账款。

确定信用政策

设定信用政策主要包括以下三个步骤（下文将依次讨论它们）：

（1）设定信用标准；

（2）设定信用条件；

（3）设定收款政策。

信用的5C

放款人创造了“信用的5C”这个术语，概括了授予信用前他们所看重的借款方的特征：

品质：借款人是否保持履行债务的优良记录并值得信赖?

能力：借款人是否有足够的现金流用以付款?

资本：借款人是否有足够的资本（指净值）取得贷款?

抵押品：借款人是否有可以用来担保贷款的资产?

条件：预期借款人的经营业绩及经济发展前景如何?

设定信用标准。管理者必须首先确定信用标准。任何申请信用政策的人都可得到授信吗？抑或是，信用政策是有选择性的，仅提供给那些信用风险非常低的客户？除非公司采用前一种政策，否则，卖方公司在决定是否授予信用之前，都需要评估每个客户的信用风险。大公司有自己的信用评价部门，小公司一般从信用评级机构如邓白氏（Dun & Bradstreet）那里购买信用报告。

许多公司在决定是否授信给某一特定用户时，还会考虑其他一些因素，例如，公司为了增加销售而更可能把信用授予那些有望成为回头客的顾客。如果信用成本相比购买价款来说微乎其微，公司也可能会采取宽松政策。尽管有可能带来信用风险，公司经理在对待潜在的重要客户或高利润的销售时，还是会策略性地选择授予信用。

公司要承担多大信用风险的决策，对于确定公司有多少资金占压在应收账款上，起着重要的作用。严格的信用政策可能会导致较低的销售量，但公司同时也将会有较少的应收账款。与此相反，宽松的信用政策会产生较高的销售额，但应收账款水平也将上升。

设定信用条件。公司在确定了信用标准之后，接下来要设定信用条件。公司要决定客户必须付款之前的时限（无折扣期限），并且要选择是否提供折扣以鼓励客户提前付款。如果提供折扣，还要确定折扣百分比和折扣期限。如果一个公司规模相对较小，则在设定信用条件时，它很可能会效法同行业的其他公司。

设定收款政策。制定信用政策的最后一步是设定收款政策。收款政策的内容可包括，从客户逾期支付公司却不采取任何措施（这通常不是一个好的选择），到礼貌地发送询问信，再到对超过规定期限的支付收取利息，直到对第一次逾期支付威胁诉诸法律等，以上各个条款所体现的收款政策越来越严格。

例 18.4　评价信用政策的变化

问题：

你公司目前销售产品时为即时支付现金购买产品的客户提供1%的折扣。其余客户则需要在30天内全额付款。有一半的客户利用了折扣。你正在考虑是否取消这一信用政策，仅保留30天付全款的政策。如果这样做，你预期会失去一些只想付折扣价款的客户，但其余客户将轻易地转而采用30天付款政策。总的来说，你估计公司每月将少卖20件产品（相比当前的500件而言）。每件产品的变动成本是60美元，售价是100美元。如果每月的要求回报率是1%，你是否应该转变信用政策？

解答：

分析：

要决定是否改变信用政策，需要计算这项改变的净现值。你花费3万美元制造500件产品。一半的产品销售可立即收到货款，产品售价为99美元（折扣率为1%）。另一半的货款将在30天内到账，产品售价为100美元。到那时，你将重新开始下一批产品的销售。在任何一个30天内的现金流如下所示：

	现在		30天后
生产第一批500件产品（每件成本60美元）	−30 000		
客户支付250件产品的货款（每件售价99美元）	+24 750		
客户支付250件产品的货款（每件售价100美元）		+25 000	
生产下一批500件产品（每件成本60美元）		−30 000	
客户支付250件产品的货款（每件售价99美元）		+24 750	
合计	**−5 250**	**+25 000**	**−5 250**

在新的信用政策下，现金流变为：

	现在		30天后
生产第一批480件产品（每件成本60美元）	−28 800		
客户支付480件产品的货款（每件售价100美元）		+48 000	
生产下一批480件产品（每件成本60美元）		−28 800	
合计	**−28 800**	**+48 000**	**−28 800**

根据上述现金流，可以计算政策变化带来的净现值。

计算：

$$NPV_{current}=-5\ 250+\frac{25\ 000-5\ 250}{0.01}=1\ 969\ 750\text{（美元）}$$

$$NPV_{new}=-28\ 800+\frac{48\ 000-28\ 800}{0.01}=1\ 891\ 200\text{（美元）}$$

改变信用政策产生的净现值=1 891 200−1 969 750=−78 550（美元）

评价：

你不应该改变信用政策，因为尽管剩余的客户将全额付款，你还是将失去太多的客户。净现值权衡信用政策改变的利弊——成本的现值高于收益的现值，这不是一项好的决策。

监控应收账款

设定信用政策后，公司必须要监控应收账款，分析其信用政策是否有效。公司用以监控应收账款的两个工具是，应收账款周转天数（或平均收款期）和账龄分析表。

应收账款周转天数。应收账款周转天数就是公司收回销售款的平均天数。公司可通过将应收账款周转天数与信用条件中规定的付款政策进行比较，以判断信用政策的有效性。如果信用条件规定为“*N*/30，”而应收账款周转天数为50天，那么公司就可断定，平均而言，客户逾期付款达20天。

公司还应该关注应收账款周转天数的长期变化趋势。如果在过去几年内公司的应收账款周转天数大约为35天，而今年却为43天，公司可能就需要重新审查它的信用政策。当然，如果经济不景气，整个行业都受到影响。在这种情况下，应收账款周转天数的增加也许与公司自身没有什么关系。

应收账款周转天数可根据公司的财务报表计算得出。外部投资者通常使用这一指标来评估公司的信用管理政策。应收账款周转天数的主要缺点在于它仅仅是一个数字，隐藏了更多有用的信息。季节性销售模式可能导致计算出的应收账款周转天数取决于计算的时间，这甚至会造成以下后果：在公司的大部分客户都逾期支付时，该数字也可能看起来合理。

账龄分析表。账龄分析表（aging schedule）是指，公司根据账簿上尚未收回的应收账款的存续天数，对应收账款进行分类。公司可根据应收账款的账户数或未收回应收账款的金额来编制账龄分析表。例如，假设公司开出的信用条件为“2/15，*N*/30，”账簿上记录的账龄小于15天（含15天）的应收账款户有220户，共计530 000美元；账龄在16天与30天之间的有190户，合计450 000美元；账龄在31天与45天之间的有80户，共计350 000美元；账龄在46天与60天之间的有60户，合计200 000美元；还有另外20户的应收账款超过60天未收回，共计70 000美元。

表18.2列示了基于账户数目和未收回应收账款金额编制的账龄分析表。

表18.2 **账龄分析表**

（a）账户数量

应收账款逾期天数	账户数量	未收回账户的百分比（%）
1~15	220	38.6
16~30	190	33.3
31~45	80	14.0
46~60	60	10.5
60以上	20	3.5
合计	570	100.0

（b）逾期未收回应收账款金额

应收账款逾期天数	未收回金额（美元）	未收回金额的百分比（%）
1～15	530 000	33.1
16～30	450 000	28.1
31～45	350 000	21.9
46～60	200 000	12.5
60 以上	70 000	4.4
合计	1 600 000	100.0

在这个例子中，如果公司的平均日销售额为 65 000 美元，则应收账款周转天数为 25（1 600 000/65 000）天。但更进一步地考察，根据表 18.2 的账龄分析表，我们发现，该公司有 28%（按金额计算则为 39%）的信用客户逾期支付。

例 18.5　账龄分析表

问题：

金融培训系统（Financial Training Systems，FTS）公司为其应收账款开出的信用条件为“3/10，*N*/30。”公司的应收账款情况如下：账龄小于 10 天（含 10 天）的有 100 000 美元；账龄在 11 天到 30 天之间的有 300 000 美元；账龄在 31 天到 40 天之间的有 100 000 美元；账龄在 41 天到 50 天之间的有 20 000 美元；账龄在 51 天到 60 天之间的有 10 000 美元；账龄超过 60 天的有 2 000 美元。编制 FTS 公司的账龄分析表。

解答：

分析：

账龄分析表显示了不同账龄的未收回应收账款的金额及其占全部未收回应收账款的百分比。根据现有信息，可以编制基于未收回应收账款金额的账龄分析表。

计算：

应收账款逾期天数	未收回金额（美元）	未收回金额的百分比（%）
1～10	100 000	18.8
11～30	300 000	56.4
31～40	100 000	18.8
41～50	20 000	3.8
51～60	10 000	1.9
60 以上	2 000	0.3
合计	532 000	100.0

评价：

FTS 公司并没有过高比例的账龄过长的未收回应收账款（只有 6% 的应收账款是超过 40 天还未收回的）。

如果账龄分析表出现“底重”（bottom-heavy）现象，也就是说，如果账龄分析表中代表延期付款公司的下半部分，其比重开始增加，公司就很可能需要重新审查其信用政策。有时，账龄分析表还附有对**支付模式**（payments pattern）的分析，以提供关于每月的销售额中于当月即可收回的百分比的信息。通过分析过去的数据，某公司可能会发现，公司的每月销售额通常有 10% 在当月收到，有 40% 在下个月收回，有 25% 在销售两个月后收回，20% 在销售 3 个月后收回，有 25% 在销售 4 个月后收回。

管理者可将这一常规的付款模式与公司客户当前的付款模式进行比较。了解有关付款模式的知识，对于预测公司的营运资本需求也是有用的。

概念检查

5. 叙述设定信用政策的三个步骤。
6. 应收账款周转天数与账龄分析表有何区别？

18.4 应付账款管理

只有当商业信用为最便宜的资金来源时，公司才应该选择使用应付账款方式融资。商业信用的成本取决于信用条件。卖方所提供的折扣百分比越高，买方放弃折扣的成本也就越高，而且放弃折扣的成本，也会随着贷款（信用）期限的缩短而加大。公司在两家不同的供应商提供的商业信用之间选择时，应该选择成本较低的。

除此之外，公司应该总是在卖方允许的最迟日期付款。例如，如果折扣期是10天，公司采用了折扣，那么就应该在第10天付款，而不是在第2天付款。如果信用条件为“2/10，*N*/30”，且公司放弃折扣优惠，则公司应该在第30天支付全款，而不是在第16天支付。公司应该在不损害其与供应商的业务关系，或不从事有违道德操守的行为的前提下，尽可能推迟付款，以充分地利用资金。本节考察公司用以监控应付账款的两种方法。

确定应付账款周转天数

与应收账款类似，公司应该监控它的应付账款，以确保在最佳时间付款。一种方法是，计算应付账款周转天数，并将其与信用条件相比较。应付账款周转天数为应付账款余额与日平均销货成本的比值。如果应付账款周转天数是40天，而信用条件为“2/10，*N*/30，”则一般可得出公司逾期支付和可能使供应商遭遇困境风险的结论。反之，如果应付账款周转天数是25天，并且公司没有采用折扣，则表明公司过早地支付了货款，原本应该再赚取5天的资金利息。

例18.6　应付账款管理

问题：

罗德（Rowd）公司的平均应付账款余额为250 000美元。它的日平均销售成本为14 000美元，供应商给出的信用条件为“2/15，*N*/40”。罗德公司选择放弃折扣。公司对应付账款的管理合理吗?

解答：

分析：

给定罗德公司的应付账款余额和日销售成本，用应付账款平均余额除以日销售成本计算出罗德付款给供应商所需的平均天数。给定供应商的信用条件，罗德应选择在第15天付款（可取得折扣的最后一天），或者在第40天付款（付款期的最后一天）。在其他任何时间付款对公司都没有好处。

计算：

公司的应付账款周转天数为17.9（250 000/14 000）天。如果公司提前3天还款，它就能利用2%的折扣。如果公司由于某种原因，选择了放弃折扣，那么也应该直到第 40 天才支付全部账款。

评价：

罗德公司对应付账款的管理不当。付款越早，现金离开公司越快。在付款期内提前付款的唯一原因就是为了在 15 天内付款以取得折扣。若公司在第 18 天付款，不仅得不到折扣，还丧失了 22（40-18）天的利用现金的机会。

应付账款展期

有的公司无视到期付款日而逾期支付欠款，这种做法称作**应付账款展期**（stretching the accounts payable）。例如，给定信用条件为“2/10，*N*/30，”公司也许会选择在第 45 天支付欠款。这样做会降低商业信用的直接成本，因为延长了公司使用资金的时间。尽管每期的利率保持不变，仍然为 2.04%（2/98），但是现在，公司对这 98 美元的使用天数超出折扣期限 35 天，而不是信用条件所提供的 20 天。

例 18.7　应付账款展期的商业信用成本

问题：

如果公司将应付账款周转天数延长至 60 天，信用条件“1/15，*N*/40”的实际年成本率为多少？

解答：

分析：

首先需要计算每期的利率。1% 的折扣率意味着对于 100 美元的买价，你可以在折扣期内付款 99 美元，或者继续持有这 99 美元而在之后付 100 美元，即你为 99 美元付出了 1 美元的利息。如果你按时在第 40 天付款，这 1 美元利息将分摊于第 15 天到第 40 天之间的 25 天内。如果你将应付账款展期，这 1 美元利息就分摊于第 15 天到第 60 天之间的 45 天内。

计算：

每期的利率为 1.01%（1/99）。如果公司延期支付至第 60 天，则它对资金的使用期将超出折扣期限 45 天。一年中有 8.11（365/45）个 45 天期，

实际年成本率 = $(1.0101)^{8.11}-1=0.0849$（或 8.49%）

评价：

按时付款对应着 25 天的信用期间，一年中有 14.6（365/25）个 25 天期。如果公司在第 40 天付款，

实际年成本率 = $(1.0101)^{14.6}-1=0.1580$（或 15.8%）

通过将应付账款展期，公司大幅降低了实际的信用成本。

公司也可能在第 30 天付款，但只支付折扣价。有的公司也只支付折扣价，但付款日期甚至比第 30 天还要晚。所有这些行为都会降低商业信用的实际年利率，但公司有可能因这些行为而招致成本。供应商可能会对那些总是逾期付款的公司做出反应，施加一些约束条件，如货到付款（COD）或者先付款后发货（CBD）。拖欠货款的公司将承担这些严厉的支付条件的附加成本，它们可能不得不向银行协商取得贷款以获得现金用于支付货款。供应商也可能会终止与拖欠客户的交易，迫使客户另寻货源，而其他货源与现有的相比，也许价格更贵或质量较低。差的信用评级也可能会导

致公司难以从别的供应商处获得有利的信用条件。而且，在公司已明确同意信用条件的前提下还发生违约，这已然构成不道德的商业行为。

> **概念检查**
> 7. 公司支付应付账款的最佳时间是何时？
> 8. 解释术语 COD 和 CBD 的含义。

18.5 存货管理

如前所述，在完美资本市场中，公司不需要持有应付账款或应收账款。商业信用的利率也是竞争性的，公司可以使用其他融资来源。然而，与商业信用不同，存货代表着一种生产要素。即使在完美市场中，公司仍然需要存货。

存货管理在经营管理课程中得到广泛的关注。一般是由公司的财务经理来安排为支持公司的存货政策而必需的融资，并负责确保公司的总体盈利能力。存货主管的主要职责是，平衡与存货相关的成本和收益。过多的存货要占用资金，有效的存货管理会增加公司的价值。

持有存货的好处

公司需要存货以维持正常运营，主要有以下几个原因：

第一，持有存货有助于公司降低生产时得不到要素投入的风险。如果公司持有的存货太少，一旦公司的存货用完了，**停工待料**（stock-outs）的情形就可能发生，从而导致销售损失。失望的客户也许会转而向公司的竞争者购买。

第二，公司持有存货可能是由于诸如季节性需求等因素所致，即客户采购并不完全与最有效的生产周期相匹配。以桑德波特玩具公司（Sandpoint Toy Company）为例，作为玩具制造商的一个代表，与许多玩具制造商一样，桑德波特的年销售额的80%发生在9月至12月之间，这正是购买节日礼物的季节。对于桑德波特公司而言，全年中以相对平稳的水平生产玩具，效率会更高。如果公司以固定的速度生产玩具，因为预期从9月份开始销售量将急剧增加，所以到8月份，它的存货水平将达到高峰。相比之下，桑德波特公司可能会考虑采取季节性生产策略，即，在9月至12月间的销售高峰期开足马力大量生产。在这一策略下，存货不会积压，而且可从营运资本中释放现金流，降低存货成本。然而，季节性生产会引发额外的成本，比如，在需求高峰期内，生产设备由于超负荷运转而导致磨损加大，而且还需要雇用和培训季节性临时工。公司要在平稳生产时的存货积压成本，与高效率生产所带来的收益之间进行权衡。最优的选择很可能为上述两种极端生产政策的折中，所以桑德波特公司将会保留一定的存货。

持有存货的成本

桑德波特玩具公司的例子显示，投资于存货是有成本的。与存货相关的直接成本可分为三类：

（1）取得成本，指的是在分析期内（通常是1年）存货本身的成本。

（2）订货成本，为在分析期内下订单的总成本。

(3) 持有成本，包括储存成本、保险费、税费、损坏或变质成本、报废成本以及存货所占用资金的机会成本。

要使存货的总成本最低，需要在上述各项成本之间权衡。例如，如果假设没有数量折扣[①]，公司的存货水平越低，则存货持有成本就越低，但每年的订货成本却更高，因为公司在年内需要多次下订单。

一些公司设法尽可能地降低存货的持有成本。通过利用**适时（JIT）存货管理**（“just-in-time” inventory management）技术，公司在需要时即可精确地取得存货，以至存货的余额总是为零或非常接近于零。这一技术既要求公司与供应商之间保持高度协调，也要求公司能够准确地预测客户对产品的需求。在2007年，波音公司为其新生产的787梦幻客机建立了一个全球生产系统。新飞机的大部分零部件实际上都不在华盛顿的埃弗雷特工厂生产。相反，飞机的所有主要部件，包括机身和机翼，都是在其他地方生产并通过一架特别改制的747货机运到总装工厂的。零部件在飞机进行总装之前不久才到达，波音不必承担储存大量存货而带来的持有成本。然而，这样的计划是有风险的，最初波音公司在保证承包生产商按时完工上确实存在麻烦。结果在生产第一批飞机时，波音公司拖延了供货并为此支付了罚金。

即使公司本身不实行适时存货管理，也可能因为一个主要客户实行这种管理而被迫采用。例如，在1999年，玩具反斗城（Toys' R Us，美国著名玩具零售商）着手实施JIT制度，这引起它的一家供应商——玩具制造商孩之宝（Hasbro）公司更改了其生产计划。[②]

存货管理提升了GAP公司的利润

在2003年，服装连锁公司GAP的存货周转天数减少了24%，从而大幅减少了存货投资。这一改变释放了34 400万美元的资金用作他用。公司用其中的一部分现金投资于短期证券——主要是美国政府和机构发行的证券以及期限为3个月到1年期的银行存单。与2002年相比，公司报告的利息收入增长了120万美元。公司将这种增长归因于可用来投资的平均现金余额的增加。

资料来源：GAP公司2003年年报。

概念检查

9. 持有存货的直接成本有哪些？
10. 描述“适时”存货管理技术的内容。

18.6 现金管理

在完美市场中，现金水平是不相关的。利用完美资本市场，公司能够以公平的市场利率立即筹集到新的资金，公司从来不会出现现金短缺。类似的，公司可以按公平利率将超额现金投资，获得的净现值为零。

当然，在现实中，市场并非完美。流动性是有成本的。例如，持有流动资产可能

---

① 卖方为扩大销售，对达到一定数量的购买而给予买方的折扣。——译者注
② 孩之宝公司1999年年度报告。

获得低于市场水平的回报率，而且，如果公司需要快速地筹集资金，还可能发生交易成本。同理，回顾第 15 章的内容可知，公司持有超额现金也存在纳税劣势。在这种情况下，公司的最优现金持有策略是，考虑和预测客户对产品的季节性需求以及影响公司经营的随机性因素，随时调整现金持有量。高风险公司和具有高增长机会的公司，倾向于持有相对较高比例的现金资产。易于进入资本市场（获取现金的交易成本较低）的公司一般持有较少的现金。① 本节考察公司持有现金的动机、管理现金的工具以及公司所投资的短期证券。

持有现金的动机

公司之所以持有现金主要有三个原因：

（1）满足日常经营需要；

（2）弥补公司现金流的不确定性；

（3）满足银行的要求。

现在我们详细地研究公司持有现金的每一种动机。

交易性余额。就像个人一样，公司也必须持有足够的现金来支付账单。公司为支付账单而需要的现金数额有时称作**交易性余额**(transactions balance)。公司为满足交易性余额要求而需要的现金数量取决于公司进行交易的平均规模和本章先前讨论过的公司的现金周转期。

预防性余额。公司用来应对未来现金需求的不确定性而持有的现金数额称作**预防性余额**(precautionary balance)。预防性余额的规模取决于公司现金流的不确定性程度。未来现金流越不确定，公司对交易需求的预测就越难，需要保持的预防性余额也就应该越大。

补偿性余额。公司的贷款银行可能会要求公司在银行账户中存有一定的**补偿性余额**(compensating balance)，以此支付银行提供服务的费用。补偿性余额的存款利率通常为零利率或者非常低。这一安排类似于银行为个人提供的“免费支取支票账户”(free checking)，它要求账户的余额不得低于一定水平（如 1 000 美元）。实质上，客户不能使用她所拥有的这 1 000 美元现金，除非她愿意支付服务费。同样，公司存放的用以满足补偿性余额要求的现金也不得挪作他用。

可选择的投资

在讨论收款浮游量和付款浮游量时，我们假设公司可将现金投资于短期证券。实际上，公司可从各种各样的短期证券中选择，这些证券在违约风险和流动性风险方面都多少有些不同。风险越大，投资的期望回报率就越高。财务经理必须决定，为了获得较高的收益率，公司愿意接受多大的风险。如果公司预期在未来 30 天之内需要资金，则财务经理就可能会回避流动性差的证券投资选择。表 18.3 简要地描述了最常用的短期投资金融工具，这些短期债务证券统称为货币市场证券。

---

① T. Opler, L. Pinkowitz, R. Stulz, and R. Williamson, “The Determinants and Implications of Corporate Cash Holdings”, *Journal of Financial Economics* 52 (1) (1999): 3-46.

表 18.3　**货币市场投资选择**

投资	描述	到期期限	风险	流动性
短期国库券	政府发行的短期债券	新发行国库券的期限为4周、3个月（91天）或6个月（182天）	无违约风险	流动性和交易性非常强
银行大额存单	由银行发行的短期债务，最低面额为10万美元	期限不超过1年，有多种期限	如果发行的存单由FDIC（联邦存款保险公司）提供保险，则10万美元以内的数额无违约风险。超过10万美元的部分无保险，可能会遭受违约风险	与个人购买的存单不同，这种银行大额存单在二级市场上销售，其流动性低于国库券
回购协议	本质上为一项贷款安排，其中，券商为“借方”，投资者为“贷方”。投资者从券商处买进诸如国库券等证券，并与券商签订协议，规定投资者在以后按预定的较高价格将该证券回售给券商	期限非常短，从隔夜到大约3个月不等	有证券作为贷款的抵押品，投资者的风险非常小。不过，投资者在评估风险时，要考虑券商的信誉度	不存在回购协议的二级交易市场
银行承兑汇票	由借款方签发（出票）、银行担保的汇票，通常用于国际贸易。借款方为签发汇票支付货款的进口商	一般为1到6个月	借款方和银行共同为汇票担保，风险很小	出口商收到汇票后，可持有至到期从而收到汇票的全额，或可在到期前折价卖出汇票
商业票据	大公司发行的短期无担保债务。最小面值是2.5万美元，但大多数商业票据的面值为10万美元或更多	一般为1到6个月	违约风险取决于发行票据公司的信誉度	不存在活跃的二级市场，但发行方可以回购商业票据
短期免税债券	由联邦政府或当地政府发行的短期债务。这些金融工具向投资者支付利息，联邦税法规定此类利息免税，故其税前收益率要低于同等风险下利息所得应全额纳税的投资	通常为1到6个月	违约风险取决于发行证券的政府的信用程度	存在适度中等的二级市场

希望将资金投资于风险最低的证券的财务经理会选择投资于短期国库券。不过，如果财务经理希望在公司的短期投资上赚得更高的回报率，那么她很可能会选择将公司的部分或全部超额现金投资于风险较高的证券（如商业票据）上。

概念检查

11. 列出公司持有现金的三种原因。
12. 公司在选择如何用其现金投资时，要怎样权衡？

现金余额

公司的流动性可由公司对短期有价证券的投资来衡量。在美国，短期有价证券的投资总额，已从1999年的3.6万亿美元跃升到2008年的6万多亿美元，增长幅度高于60%。Treasury Strategies（一家位于芝加哥的咨询公司）2004年对360多家公司所做的一项调查显示，有超过一半的公司被视为净投资者，即所持有的短期投资多于短期债务。

为什么公司会积累较多的现金呢？这其中的因素包括：公司从需要重金投资于厂房和设备的制造业一类的行业中向外转移，具有低资本性支出和高现金流的金融服务业等行业的日益增强，以及在20世纪90年代后期的技术投资浪潮消退后，公司不愿意进行重大投资。结果，公司储备的现金余额达到了空前的最高水平。

公司如何用现金投资？Treasury Strategies 2004年的一项调查表明，有36%的现金投资于货币市场基金和账户，21%投资于债券和票据，其余直接投资于商业票据、CD（定期存单，Certificates of Deposit 的缩写）、回购协议及其他投资。

资料来源："Outside Audit: Liquidity of U.S. Companies Increased 30% Since 1999," Christine Richard, Dec. 1, 2004, *The Wall Street Journal*, p. C3, and authors' calculations from Federal Reserve Data.

本章小结

18.1 营运资本概述

营运资本管理包括公司的短期资产管理和短期负债管理。

公司的现金周转期是指，从公司支出现金购买初始存货，到出售利用该存货生产出的产品收回现金之间的时间长度。营业周期是指，从公司最初购买存货到销售产品收回现金之间的平均时间长度。

18.2 商业信用

商业信用实质上是卖方公司提供给其客户的一项贷款。商业信用的成本取决于信用条件。放弃利用供应商所提供折扣的成本，即为贷款的利率。

公司向客户提供商业信用主要出于两种原因：（1）作为降价的一种间接方式；（2）相对于其他潜在的贷款方而言，公司可能更有优势（更了解自己的客户）。

公司应该将商业信用的成本与其他备选融资来源的成本相比较，以决定是否利用供应商提供的商业信用。

收款浮游量是指，从客户付款后到公司能够使用资金之间的时间。公司可通过减少收款浮游量降低营运资本需求。

18.3 **应收账款管理**

设定信用政策包括三个步骤：设定信用标准，设定信用条件，制定收款政策。

为监控公司的信用政策是否有效，常用的两种方法是应收账款周转天数与账龄分析表。

18.4 **应付账款管理**

公司应该监控应付账款，以便在最佳时间付款。

为了避免由于停工待料而造成销售损失，以及由于季节性需求因素的影响，公司需要持有存货。

18.5 **存货管理**

过量的存货会占用大量现金，有效的存货管理会增加公司的自由现金流，从而提升公司的价值。

存货成本包括取得成本、订货成本以及持有成本。

18.6 **现金管理**

如果公司持有现金的需求下降，公司可将资金投资于多种短期证券，包括短期国库券、存单、商业票据、回购协议、银行承兑汇票以及短期免税证券等。

复习题

1. 公司的现金周转期告诉我们哪些信息？

2. 回答下列问题

a. 公司的现金周转期和营业周期有何区别？

b. 在其他条件相同的情况下，如果公司增加存货，这会对公司的现金周转期产生怎样的影响？

c. 如果公司开始利用供应商提供的折扣，这会对现金周转期产生何种影响？

3. 公司的现金周转期增加，一定意味着公司的现金管理水平差吗？

4. 为什么商业信用很重要？

5. 应收账款管理如何影响公司价值？

6. 制定信用政策有哪三个步骤？

7. 公司应付账款管理的决定因素是什么？

8. “应付账款展期”是什么意思？

9. 公司在决定是否减少存货时，该如何权衡？

10. 公司可以采取哪些方式进行现金投资？

11. 在下列短期证券中：短期国库券、存单、短期免税证券以及商业票据，你预期哪一种的税前回报率最高？为什么？

练习题

营运资本概述（第1~6题）

1. Homer Boats 公司的应付账款周转天数为 20 天，库存天数为 50 天，应收账款周转天数为 30 天。该公司的营业周期是多少天？

2. FastChips 半导体公司的存货天数为 75 天，应收账款周转天数为 30 天，应付账款周转天数为 90 天。该公司的现金周转期是多少天？

3. Westerly Industries 公司的财务数据如下，其现金周转期是多少天？

单位：千美元

销售收入	100 000
销售成本	80 000
应收账款	30 000
存货	15 000
应付账款	40 000

4. Aberdeen Outboard Motors 公司打算开设一家新厂。公司预计新厂当前需要初始投资 200 万美元的净营运资本。新厂将持续经营 10 年，到第 10 年年末，公司将收回全部的净营运资本投资。给定每年的折现率为 6%，计算营运资本投资的净现值。

5. 你公司现有净营运资本 10 万美元，预计净营运资本的永续年增长率为 4%。你正在考虑一些能把年增长率放缓到 3% 的提议。假定折现率为 12%，这些变化将怎样影响公司的价值？

6. The Greek Connection 公司 2004 年的销售额是 3 200 万美元，销售成本是 2 000 万美元。公司的简化资产负债表如下所示：

The Greek Connection 公司 2004 年 12 月 31 日的资产负债表 单位：千美元

资产		负债和股东权益	
现金	2 000	应付账款	1 500
应收账款	3 950	应付票据	1 000
存货	1 300	其他应计项	1 220
流动资产合计	7 250	流动负债合计	3 720
		长期债务	3 000
财产、厂房和设备净值	8 500	总负债	6 720
总资产	15 750	普通股	9 030
		负债和股东权益总额	15 750

a. 计算该公司 2004 年的净营运资本。

b. 计算公司 2004 年的现金周转期。

c. 行业平均的应收账款周转天数为 30 天。如果该公司的应收账款周转天数与行业平均值一致，那么它 2004 年的现金周转期应该为多少天？

商业信用（第 7～10 题）

7. 假设供应商给予你公司的信用条件为"3/5，*N*/30。"若公司放弃折扣，并在第 30 天付款，计算商业信用的成本。

8. 假如你的供应商提供的信用条件为"1/10，*N*/45。"如果你选择放弃折扣，并在第 45 天付款，商业信用的实际年成本率是多少？

9. Fast Reader 公司面向全国众多连锁旅馆提供告示牌服务。公司正在研究聘用一家提供记账和收款服务的公司来做这两项业务的可行性。这家公司擅长提供此类服务，将会使收款浮游量缩短 20 天。平均每日收款额为 1 200 美元。Fast Reader 公司用现金投资每年可获得 8% 的回报率（按月复利的 APR）。记账和收款公司每月收取的服务费为 250 美元。Fast Reader 公司是否应该雇用记账和收款公司?

10. 塞班公司（Saban）正在考虑是否新换一家银行，新银行将提供从塞班公司客户的账户进行电子资金划拨的服务。公司的财务经理认为，新系统会使公司的收款浮游量减少 5 天。新银行要求塞班公司保持 30 000 美元的补偿性余额，而现有银行却没有补偿性余额的规定。公司的平均日收款额为 10 000 美元，短期投资的回报率为 8% 。塞班公司是否应该换家银行?（假设新银行规定的补偿性余额要存放在零利息率账户中）。

应收账款管理（第 11 ~ 12 题）

11. Manana 公司今年的销售收入为 6 000 万美元，它的应收账款余额平均为 200 万美元。公司的平均收款期为多长?

12. 强力工具公司（The Mighty Power Tool）的账簿上有下列账户：

客户	欠款额（美元）	账龄（天数）
ABC	50 000	35
DEF	35 000	5
GHI	15 000	10
KJM	75 000	22
NOP	42 000	40
QRS	18 000	12
TUV	82 000	53
WXY	36 000	90

公司提供的信用条件为“1/15，*N*/30。”建立公司的账龄分析表，以 15 天为一个间隔，直到第 60 天，并指出账龄超过 60 天的账户。

应付账款管理（第 13 ~ 15 题）

13. Simple Simon's Bakery 公司按照“1/10，*N*/25”的信用条件采购。如果选择利用折扣，公司就必须取得银行贷款以满足其短期融资需求。当地一家银行向公司报出的贷款利率为 12% 。公司应该与银行签订借款协议并开始利用折扣吗?

14. 假设公司按照“3/15，*N*/40”的信用条件从供应商处采购商品。

a. 如果公司选择放弃折扣，并在第 40 天付款，商业信用的实际年成本率是多少?

b. 如果不打算利用折扣，并在第 50 天付款，则实际年成本率是多少?

15. 根据下面提供的国际汽车公司（IMC）的财务报表回答下列问题：

a. 计算公司 2006 年和 2007 年的现金周转期。现金周转期是否发生了变化? 在其他条件相同的情况下，这一变化如何影响公司的现金需求?

b. 公司的供应商提供的信用条件为“*N*/30。”看起来公司的应付账款管理做得好吗？

国际汽车公司利润表 单位：百万美元

	2006 年	2007 年
销售收入	60 000	75 000
销售成本	52 000	61 000
毛利润	8 000	14 000
销售、一般及管理费用	6 000	8 000
营业利润	2 000	6 000
利息费用	1 400	1 300
税前利润	600	4 700
所得税	300	2 350
税后净利	300	2 350

国际汽车公司资产负债表（每年 12 月 31 日） 单位：百万美元

	2006 年	2007 年		2006 年	2007 年
资产			负债		
现金	3 080	6 100	应付账款	3 600	4 600
应收账款	2 800	6 900	应付票据	1 180	1 250
存货	6 200	6 600	其他应计项	5 600	6 211
流动资产合计	12 080	19 600	流动负债合计	10 380	12 061
			长期债务	6 500	7 000
财产、厂房和设备净值	23 087	20 098	总负债	16 880	19 061
			股权		
总资产	35 167	39 698	普通股	2 735	2 735
			留存收益	15 552	17 902
			股东权益合计	18 287	20 637
			负债和股东权益总额	35 167	39 698

存货管理（第 16 ~ 17 题）

16. 假设某公司去年的销售额是 1 000 万美元，销售成本是 700 万美元，平均存货余额是 120 万美元。那么公司的平均存货周转天数是多少？

17. 俄亥俄山谷家庭护理产品供应商（Ohio Valley Homecare Suppliers, Inc.，简称 OVHS）2007 年的销售额是 2 000 万美元，销售成本是 800 万美元，平均存货余额是 200 万美元。

a. 计算 OVHS 的平均存货周转天数。

b. 假设行业的存货平均周转天数为 73 天。计算 OVHS 需要削减多少存货投资，才能使其存货周转天数达到行业平均水平？

数据案例

你是BP公司的首席财务官（CFO）。今天下午你和公司的一位董事去打高尔夫球。在打到后九洞（高尔夫术语）的某处，这位董事饶有兴致地跟你讲起了她最近从一本顶级管理杂志上看到的一篇文章。这篇文章注意到，有几家公司通过实施有效的营运资本管理从而提高了公司的股价，就是这篇文章引起了该董事的兴趣。她想知道BP公司的营运资本管理是否有效，如果不是，BP是否也可以通过这样做而取得改进。BP是如何管理营运资本的？与其竞争对手相比又是怎样？

你一回到家，就决定利用网上免费提供的信息迅速做一个初步的研究。

1. 从纳斯达克网站（www. nasdaq. com）获取BP过去4年的财务报表。

a. 输入股票代码（BP），点击“信息汇总”（Summary Quotes）。

b. 下一步，点击屏幕中央的“公司财务报表”（Company Financials）。

c. 首先出现的是利润表。将光标移到报表上，点击鼠标右键，从弹出的菜单栏中选择“导入Excel表”（Export to Microsoft Excel）。如果没有这个选项，可以将数据复制并粘贴到Excel表中。

d. 返回到上一页，从页面顶端点击“资产负债表”；重复下载程序，导出资产负债表。

e. 将资产负债表复制粘贴到利润表所在的同一工作表中。

2. 从路透社网站（www. reuters. com）获取相关的行业比率以进行比较。

a. 点击页面左侧的“股票”（Stocks），在网页顶端的搜索框内输入股票代码（BP），点击“继续”（Go）。

b. 从页面左侧的菜单栏中选择“比率”（Ratios）。你必须进行注册（免费注册），或者使用教师提供的用户名和密码。

c. 将效率比率复制、粘贴到BP的财务报表所在的电子数据表中。

3. 计算BP前4年每年的现金周转期。

a. 使用“收入的成本”作为销货成本，计算存货周转天数（假定一年有365天）。

b. 计算应收账款周转天数（假定一年有365天）。

c. 计算应付账款周转天数。

d. 计算每年的现金周转期。

4. BP的现金周转期在过去几年内发生了怎样的改变？

5. 将BP最近年度的存货和应收账款周转率与行业平均值比较。

a. 根据“销货成本/存货”计算存货周转率。

b. 根据“总收入/应收账款净额”计算应收账款周转率。

c. 与行业平均值相比，BP的周转率如何？它们验证还是反驳了你在第4问中的回答？

6. 如果调整BP的存货和应收账款余额，以使BP的周转率达到行业平均水平，BP的自由现金流将会如何变化？

7. 如果BP将应付账款周转天数调整到75天，此举将会产生多少额外的自由现金流？

8. 假如BP的存货周转率和应收账款周转率处于行业平均水平，且应付账款周转天数为75天，确定营运资本管理政策改变所产生的额外自由现金流的净额，以及现金周转期。

9. 根据初步分析的结果，关于BP的营运资本管理，你的印象如何？讨论使BP的现金周转期接近行业平均水平所带来的利与弊。

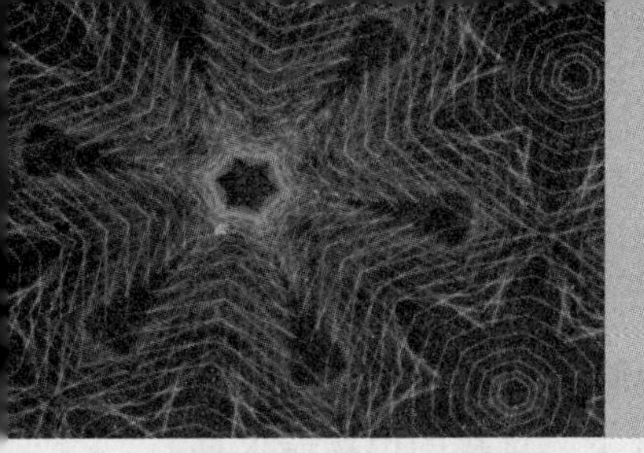

第 19 章　短期财务计划

学习目标

- 预测现金流和短期融资需求。
- 理解短期需求与短期融资渠道的匹配原则。
- 了解银行贷款的类型及其权衡。
- 理解用来替代银行融资的商业票据的使用。
- 利用应收账款或存货作担保的融资。
- 了解如何制订短期财务计划。

本章所涉及符号的含义如下：
EAR（有效年利率）；*APR*（年度百分比利率）

泰瑞莎·温特访谈

2007 年从马里兰大学帕克学院毕业并获得金融学学士学位后，泰瑞莎·温特（Teresa Wendt）进入洛克希德·马丁公司工作，担任金融领导发展计划（FLDP）的助理，FLDP 是一项旨在培养技术和领导才能的三年期人员轮训计划。洛克希德·马丁公司是一家主要的军工企业，经营的领域主要有四个：航空、电子系统、信息系统和全球服务以及空间系统。

作为程序金融分析师，泰瑞莎的职责包括制定短期财务计划，编制和审核预算以及分析项目成本、劳务成本、新的业务收购和其他费用。“我必须提早行动，分解问题，快速找出关键因素和可能的策略，提供建议和解决方案，”她说，“我所受的教育不仅教会了我财务知识，还告诉我如何安排时间、设定目标、适应团队工作、提高表达能力以及如何提出创造性的解决方案。”

做好详细的现金流预测是一项挑战。“成本和现金需求可能会因多种原因而增长，例如，需要 10 个人来完成一项任务而不是 5 个人；供应商增加 25% 的运输费用；或者失去了一个合同，”泰瑞莎解释道，“客户延期付款、支出的费用高于预期或者公司延期交货，都可能造成现金短缺。”

成本和费用的季节性波动会影响开支预算和现金需求。“在年末和夏季休假时间最长，而在月末和季末为了完成一般业务计划，工作的时间明显增加。了解这些波动，我们就可以更准确地预测短期需求并选择最佳现金来源弥补短缺。”出现现金短缺时，泰瑞莎用现金储备来弥补不足。她解释道，其他弥补现金短缺的方式还包括加快应收账款收回或推迟现金支出。严重的现金短缺可能会导致银行要求授信额度以及还款计划。

泰瑞莎认为，规划现金流的重要性超过了财务工作本身。“这个观念也关系到个人理财。通过准确和有条理地规划自己的现金流需求，你可以设定合理的目标，并制定策略去实现它们。”

孩之宝（Hasbro）公司是列于标准普尔 500 综合指数中的一家公司，它在 2007

年年底的资产总额超过32亿美元。孩之宝设计和制造的玩具遍销全球，其主要产品包括儿乐宝、通卡以及变形金刚等一系列知名品牌。通常情况下，玩具的市场需求具有季节性特征，每年的12月为假日零售季，玩具销售在秋季会达到高峰。孩之宝的销售收入在年内变动很大。例如，第四季度的收入通常是第一季度的两倍还多。

孩之宝销售收入的变动导致其现金流具有高度的周期性。有些月份现金过剩，而有些月份又需要大量的资本。这些季节性的融资需求与对持续的长期永久性资本的需求显著不同。像孩之宝这样的公司如何管理每年的短期现金需求呢?

本章分析短期财务计划。我们首先来说明，公司怎样预测现金流，以确定短期融资需求，并探讨了公司使用短期融资的原因。紧接着我们讨论指导这些融资决策的融资政策。最后我们将比较公司在现金短缺时筹集现金的各种方法，包括短期银行贷款、商业票据和担保（抵押）融资。

19.1 短期融资需求预测

制订短期财务计划的第一步是，预测公司的未来现金流。这样做的目的显然有两个:第一，通过预测现金流，公司可以确定每期的现金流是过剩还是短缺。第二，管理者要确定现金的过剩或短缺是暂时性的还是永久性的，如果为永久性的，则可能会影响公司的长期财务决策。例如，如果公司预计现金持续过剩，就可能选择增加红利支付。由长期项目投资而引起的现金短缺，通常利用长期资本来源（如股权或长期债券）融资。

本章重点关注短期财务计划。以此为视角，我们来分析暂时性的现金过剩或短缺的类型，即实质上的短期财务计划。公司在分析短期融资需求时，一般要考察季度性现金流的变化。

应用：春田滑雪板公司

为了便于说明，假设当前是2009年12月，考虑春田滑雪板（Springfield Snowboards）公司（以下简称“春田”）的例子。春田专门制造滑雪板运动设备，其主要客户为运动器材经销商。春田预计2010年的销售额将增长10%，达到2 000万美元，净利润将达到195万美元。假设销售和生产在全年中都是均匀发生的，管理者对2010年每季度的净利润及现金流量表的预测，见表19.1①（表中以灰色阴影显示的部分为2009年第四季度的利润表）。②

根据这一预测可见，春田公司是盈利的，它的季度净利润将近50万美元。公司的资本性支出等于折旧。尽管公司第一季度的营运资本需求由于销售的增长而增加，但在那之后都保持不变，对现金流不再产生影响。基于以上预测，公司的营业利润将能够为预计的销售增长提供资金支持，实际上，公司还可持续积累超额现金。假设对以后年度的销售增长预测保持不变，那么这一现金过剩很可能就是长期性的。公司可将部分现金作为红利发放给股东或用其回购股票，以减少现金的剩余。

---

① 在此表以及本章其他地方，显示的都是取整后的数据。但某些计算（如净利润）是基于电子表格中包含所有有效位数的实际数而得到的。因此，有时根据Excel计算的结果与根据取整后的数值手工计算的结果之间会产生微小的差距。

② 考虑到第2章和第17章就如何预测财务报表已有大量具体的阐述，在此不再重复这些细节。为简化起见，假设春田公司没有债务，留存的现金也不生息。

表 19.1　**春田公司 2010 年度的预测财务报表（假设每季度的销售额持平）**　单位：千美元

1	季度	2009 年 第四季度	2010 年 第一季度	2010 年 第二季度	2010 年 第三季度	2010 年 第四季度
2	**利润表（千美元）**					
3	销售收入	4 545	5 000	5 000	5 000	5 000
4	销售成本	−2 955	−3 250	−3 250	−3 250	−3 250
5	销售、一般及管理费用	−455	−500	−500	−500	−500
6	**EBITDA**	1 136	1 250	1 250	1 250	1 250
7	折旧	−455	500	−500	−500	−500
8	**EBIT**	682	750	750	750	750
9	所得税	−239	−263	−263	−263	−263
10	**净利润**	443	488	488	488	488
11	**现金流量表**					
12	净利润		488	488	488	488
13	折旧		500	500	500	500
14	营运资本的变动					
15	应收账款		−136	—	—	—
16	存货		—	—	—	—
17	应付账款		48	—	—	—
18	**经营活动现金流量**		899	988	988	988
19	资本性支出		−500	−500	−500	−500
20	其他投资		—	—	—	—
21	**投资活动现金流量**		−500	−500	−500	−500
22	净借款		—	—	—	—
23	红利		—	—	—	—
24	缴入资本		—	—	—	—
25	**融资活动现金流量**		—	—	—	—
26	**现金及现金等价物的变动**		399	488	488	488

下面来考虑春田潜在的短期融资需求。公司要求短期融资有三个原因：季节性需求、负现金流冲击和正现金流冲击。

季节性需求

许多公司的销售都具有季节性。如果销售主要集中在几个月内，它的现金来源和运用也就很可能为季节性的。处于这种境地的公司，可能在有些月份现金过剩，而这正好足以弥补其他月份的现金短缺。不过，由于存在时机差异，这样的公司通常需要短期融资。

为了说明这一问题，我们再回到春田公司的例子。在表 19.1 中，管理者假定公司全年的销售为均匀的。而在现实中，对于滑雪板制造商来说，销售很可能是具有高度季节性的。假设第一季度的销售额占全年销售额的 20%，第二季度和第三季度各占 10%（大部分为在南半球地区的销售），预计冬季是北半球地区的滑雪旺季，故假设第四季度的销售额占全年的 60%。表 19.2 给出了相应变化的每季度现金流量表。这些预测仍然假设全年的生产是均匀的。

表 19.2　**春田公司 2010 年度的预测财务报表（假设季节性销售）**　单位：千美元

1	季度	2009 年第四季度	2010 年第一季度	2010 年第二季度	2010 年第三季度	2010 年第四季度
2	**利润表**					
3	销售收入	10 909	4 000	2 000	2 000	12 000
4	销售成本	−7 091	−2 600	−1 300	−1 300	−7 800
5	销售、一般及管理费用	−773	−450	−350	−350	−850
6	**EBITDA**	3 045	950	350	350	3 350
7	折旧	−455	−500	−500	−500	−500
8	**EBIT**	2 591	450	−150	−150	2 850
9	所得税	−907	−158	53	53	−998
10	**净利润**	1 684	293	−98	−98	1 853
11	**现金流量表**					
12	净利润		293	−98	−98	1 853
13	折旧		500	500	500	500
14	营运资本的变动					
15	应收账款		2 073	600	—	−3 000
16	存货		−650	−1 950	−1 950	4 550
17	应付账款		48	—	—	—
18	**经营活动现金流量**		2 263	−948	−1 548	3 903
19	资本性支出		500	−500	−500	−500
20	其他投资		—	—	—	—
21	**投资活动现金流量**		−500	−500	−500	−500
22	净借款		—	—	—	—
23	红利		—	—	—	—
24	缴入资本		—	—	—	—
25	**融资活动现金流量**		—	—	—	—
26	**现金及现金等价物的变动**		1 763	−1 488	−2 048	3 403

从表 19.2 中可以看出，春田公司仍然是盈利的，其年度净利润总计仍为 195 万美元，然而，季节性销售致使公司的短期现金流起伏不定。季节性销售对现金流的影响主要体现在两个方面：第一，虽然销售成本随销售量同比例变化，但其他成本（如间接管理费用和折旧）却保持不变，从而导致公司每季度的净利润发生很大变动。第二，净营运资本的变化更加显著。在第一季度，公司收回去年第四季度销售高峰期产生的应收账款，现金大幅增加。第二季度和第三季度，公司的存货余额增加。考虑到生产能力的限制，公司全年都要进行匀质生产——即便是在产品需求最淡的夏季。生产平稳进行，应付账款在全年中也就不会发生较大的波动。然而，预计第四季度才为销售高峰期，所以存货会逐渐积聚，存货占用的资金也随之增加。结果是，在第二季度和第三季度，因为存货占用资金，公司的净现金流为负。到第四季度，高额的销售收入使得公司的现金流得以恢复。

季节性销售导致了巨大的短期现金流的短缺和过剩。在第二季度和第三季度，公司需要寻求额外的短期现金来源为存货提供资金。在第四季度，公司有大量的短期现金剩余。假设这种季节性现金需求的情形明年很可能再次发生，公司可将这一剩余现金用于短期投资，第 18 章讨论过这些短期投资选择。到第二年，管理者就可将投资变现来满足短期营运资本的融资需求。

负现金流冲击

有时候，由于不可预期的原因，公司也会遭遇现金流暂时为负的情形，我们将这种情形称作负现金流冲击。同季节性销售一样，负现金流冲击也会产生短期融资需求。

回到春田滑雪板公司的例子。假设在 2010 年 4 月，管理者得知有一台制造设备出人意料地损坏了。替换该设备要额外花费 100 万美元。[①] 为了说明这一负现金流冲击的影响，回到春田公司平稳销售而非季节性销售的情形。（在考虑季节性销售情形时，这一负现金流冲击也会产生类似的边际影响）表 19. 3 给出了在平稳销售和设备损坏情况下的每季度现金流。

表 19. 3　**春田公司 2010 年度的预测财务报表**

（假设每季度的销售额持平以及存在负现金流冲击）　单位：千美元

1	季度	2009 年 第四季度	2010 年 第一季度	2010 年 第二季度	2010 年 第三季度	2010 年 第四季度
2	**利润表**					
3	销售收入	4 545	5 000	5 000	5 000	5 000
4	销售成本	−2 955	−3 250	−3 250	−3 250	−3 250
5	销售、一般及管理费用	−455	−500	−500	−500	−500
6	**EBITDA**	1 136	1 250	1 250	1 250	1 250
7	折旧	−455	−500	−500	−525	−525
8	**EBIT**	682	750	750	725	725
9	所得税	−239	−263	−263	−254	−254
10	**净利润**	43	488	488	471	471
11	**现金流量表**					
12	净利润		488	488	471	471
13	折旧		500	500	525	525
14	营运资本的变动					
15	应收账款		−136	—	—	—
16	存货		—	—	—	—
17	应付账款		48	—	—	—
18	**经营活动现金流量**		899	988	996	996
19	资本性支出		−500	−1 500	−525	−525
20	其他投资		—	—	—	—
21	**投资活动现金流量**		−500	−1 500	−525	−525
22	净借款		—	—	—	—
23	红利		—	—	—	—
24	缴入资本		—	—	—	—
25	**融资活动现金流量**		—	—	—	—
26	**现金及现金等价物的变动**		399	−513	471	471

在本例中，公司一次性支出 100 万美元以替换损坏的设备，导致 2010 年第二季度的净现金流为−5. 13 万美元。如果现金储备不足，公司就得借款（或通过其他融资来

① 为简便起见，假设被替换设备的账面价值为零，设备替换对税收没有任何直接影响。同时也假设，公司可立即取得新设备，设备替换造成的生产中断可忽略不计。如果放宽这些假设，尽管计算有些复杂，但得出的一般结论仍然成立。

源）来弥补这 51.3 万美元的现金缺口。公司在以后季度里持续产生正的现金流，到第四季度时，累积的现金流将足以偿还借款。这一负现金流冲击产生了短期融资需求。

正现金流冲击

下面我们来分析正现金流冲击对短期融资需求的影响。虽然正现金流冲击为好消息，但它仍然会产生对短期融资的需求。

2010 年第一季度，春田的市场总监宣布，公司与位于中西部地区的一家户外运动器材连锁店达成了一项交易。春田将成为这家连锁店的独家供应商，这将使得公司一年的销售总额增加 20%。从第二季度开始，销售将会增长。作为交易的一部分，春田同意在连锁店所在地一次性投入市场营销费用 50 万美元。在第一季度，公司还要额外投入 100 万美元的资本性支出来提高产能。同样地，销售增长也会影响营运资本需求。

春田的财务经理制定了如表 19.4 所示的现金流预测表，以反映这笔新交易带来的变化。我们注意到，第一季度的净利润较低，这表明营销费用增加了 50 万美元。相比之下，后几个季度的净利润较高，反映了销售的增长。在销售开始增加的头两个季度，也引起了应收账款和应付账款的增加。

表 19.4　**春田公司 2010 年度的预测财务报表**

（假设每季度的销售额持平且存在增长机会）　单位：千美元

		2009 年	2010 年	2010 年	2010 年	2010 年
1	季度	第四季度	第一季度	第二季度	第三季度	第四季度
2	**利润表**					
3	销售收入	4 545	6 000	6 000	6 000	6 000
4	销售成本	−2 955	−3 250	−3 900	−3 900	−3 900
5	销售、一般及管理费用	−455	−1 000	−600	−600	−600
6	**EBITDA**	1 136	750	1 500	1 500	1 500
7	折旧	−455	−500	−525	−525	−525
8	**EBIT**	682	250	975	975	975
9	所得税	−239	−88	−341	−341	−341
10	**净利润**	443	163	634	634	634
11	**现金流量表**					
12	净利润		163	634	634	634
13	折旧		500	525	525	525
14	营运资本的变动					
15	应收账款		−136	−300	—	—
16	存货		—	—	—	—
17	应付账款		48	105	—	—
18	**经营活动现金流量**		574	964	1 159	1 159
19	资本性支出		−1 500	−525	−525	−525
20	其他投资		—	—	—	—
21	**投资活动现金流量**		−1 500	−525	−525	−525
22	净借款		—	—	—	—
23	红利		—	—	—	—
24	缴入资本		—	—	—	—
25	**融资活动现金流量**		—	—	—	—
26	**现金及现金等价物的变动**		−926	439	634	634

本例中发生的意外事件——快速增长机会的出现——产生了正现金流冲击，却导

致了第一季度的净现金流为负，这主要是由于新增的营销费用和资本性支出所致。由于以后季度产生的盈利更多，第一季度的融资需求是暂时性的。

既然已经解释了公司是如何确定它的短期融资需求的，下面就来进一步探讨怎样为这些资金需求融资。

概念检查

1. 如何预测公司未来的现金需求？
2. 季节性销售对短期现金流有什么影响？

19.2 匹配原则

在完美资本市场中，融资决策是不相关的；公司对如何为短期现金需求融资的选择不会影响公司的价值。现实中，市场存在着诸如交易成本等重大摩擦。例如，持有支付利息很少或不支付利息的现金账户的机会成本，就是一项交易成本。如果公司临时需要协商借款来弥补现金短缺，也会面临较高的交易成本。公司可以采取能够最小化这类成本的财务政策，来增加公司的价值。匹配原则就是这样的一种政策。**匹配原则**(matching principle) 表明，短期现金需求应该由短期债务融资来支持，长期现金需求应该由长期资金来源提供。

永久性营运资本

永久性营运资本(permanent working capital) 是指公司必须投资于它的短期资产以维持公司持续运营所需的资本数额。只要公司持续经营，就始终需要投入这一营运资本，它构成了一项长期投资。根据匹配原则，公司对永久性营运资本的投资应该利用长期资金来源。长期资金比短期资金的交易成本要低，因为短期资金经常被替换。

暂时性营运资本

由于业务的季节性波动或非预期的冲击而导致的公司对于应收账款和存货的那部分投资，是暂时性的。**暂时性营运资本**(temporary working capital) 为公司的短期营运资本需求的实际投资水平与永久性营运资本投资两者的差额。暂时性营运资本代表了短期资金需求，公司应该用短期融资来源为这部分投资提供资金。

永久性营运资本与暂时性营运资本

为了说明永久性和暂时性营运资本的区别，再回到春田公司的例子。表 19.2 预测了季节性销售变动情形下的现金流。表 19.5 给出了与这些预测相对应的营运资本的基本水平。

由表 19.5 可见，春田的净营运资本在 2010 年第一季度最低的 212.5 万美元，与第三季度最高的 542.5 万美元之间变动。净营运资本的最低水平 212.5 万美元可看做公司的永久性净营运资本。后几个季度较高的净营运资本水平与这一最低水平的差额，如 330 万美元（5 425 000 - 2 125 000），反映了公司的暂时性营运资本需求。

表 19.5 **春田公司 2010 年度的预测营运资本**

（假设为季节性销售） 单位：千美元

1	季度	2009 年第四季度	2010 年第一季度	2010 年第二季度	2010 年第三季度	2010 年第四季度
2	**净营运资本需求**					
3	最低现金余额	500	500	500	500	500
4	应收账款	3 273	1 200	600	600	3 600
5	存货	300	950	2 900	4 850	300
6	应付账款	−477	−525	−525	−525	−525
7	**净营运资本**	3 595	2 125	3 475	5 425	3 875

融资政策选择

从长远来看，遵循匹配原则有利于最小化公司的交易成本。① 但是，如果公司不遵循匹配原则，用短期债务为永久性营运资本需求融资，结果将会怎样呢？短期债务到期时，公司将不得不重新协商新的借款。这一新的借款将招致额外的交易成本，并以取得贷款当时的市场利率计息。结果，公司暴露于利率风险之中。

激进型融资政策。部分地或全部地使用短期债务为永久性营运资本融资的策略，称作**激进型融资政策**（aggressive financing policy）。在极端激进的融资政策下，甚至连一些厂房、财产和设备都使用短期资金来投资。

收益曲线向上倾斜时，短期债务的利率低于长期债务的利率。这样，短期债务看上去比长期债务要便宜。然而，在完美资本市场中，应用第 15 章的 MM 定理可知：短期债务低利率的好处，被公司在未来必须以更高的利率再借债的风险所抵消。这一风险由股东承担，公司的股权资本成本因而会上升，由此抵消了以较低利率借款带来的收益。

公司为何可能选择激进的融资政策呢？如第 16 章所述，由于存在诸如代理成本和信息不对称等重大的市场摩擦，选择这一政策也许是有利的。一方面，短期债务的价值相对于公司的信用质量，不如长期债务那样敏感，它的价值也就较少受到管理者行动或信息的影响，短期债务的代理成本和信息不对称成本要低于长期债务，激进的融资政策将有利于股东。另一方面，公司依赖于短期债务，就将自身暴露于**筹资风险**（funding risk）之中，公司若不能及时地或者以合理的利率再举债（或重组债务），就将引发财务困境成本。

保守型融资政策。公司也可以选择使用长期债务来满足其短期资金需求，这在理财实践中称作**保守型融资政策**（conservative financing policy）。例如，若采用这样的政策，公司将使用长期资金为它的固定资产、永久性营运资本以及一些季节性需求融资。公司很少使用短期债务资金来满足它的旺季资金需求。要是这一政策得以有效地实施，则公司必然会在那些要求很少或不需要暂时性营运资本投资的时期内，获得剩余现金。在不完美资本市场中，这些剩余现金的收益率低于市场利率，由此减少了公司的价值。而且，这还会加大公司的管理者将超额现金用于非生产性支出的可能性，

① 有证据表明大多数公司遵循匹配原则：W. Beranek, C. Cornwell, and S. Choi, "External Financing, Liquidity, And Capital Expenditures", *Journal of Financial Research* (summer 1995): 207 - 222; and M. H. Stohs and D. C. Mauer, "The Determinants of Corporate Debt Maturity Structure", *Journal of Business* 69 (3) (1996): 279-312.

比如，为他们自己发放额外的津贴，如图 19.1 所示。

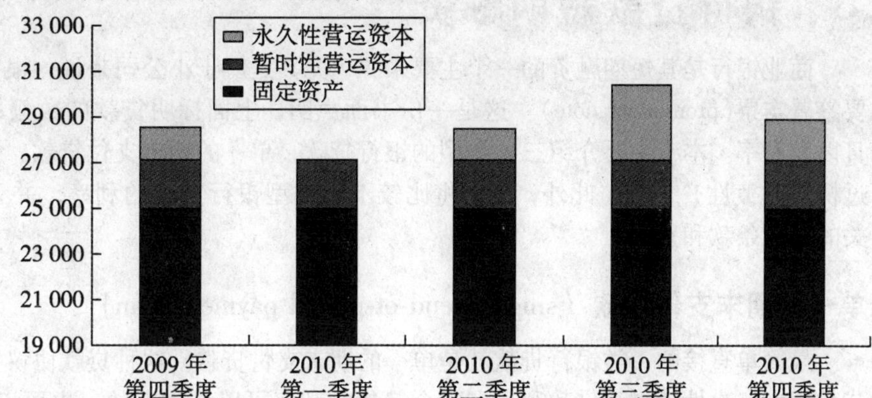

图（a）春田公司固定资产、暂时性营运资本和永久性营运资本的水平。

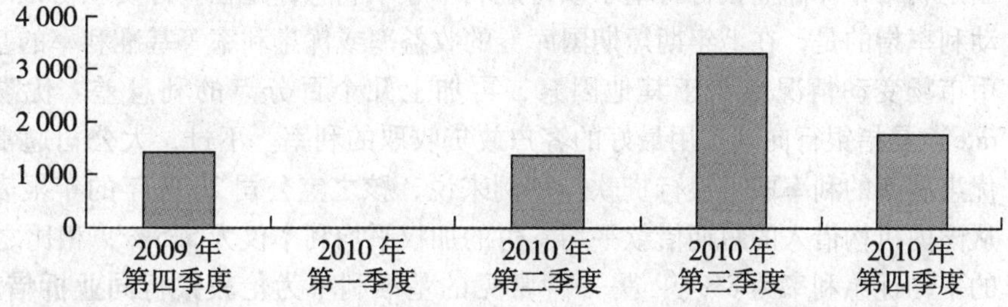

图（b）激进型融资政策：条形图的高度表示短期债务的使用量。暂时性营运资本最大时，短期债务达到最高值。

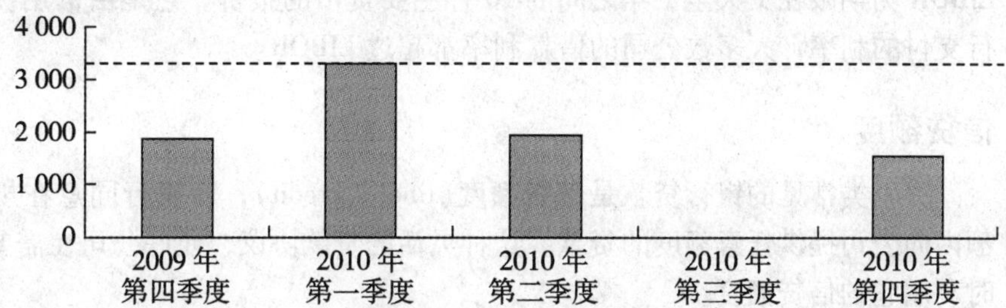

图（c）保守型融资政策：条形图的高度表示现有的超额现金储备量。暂时性营运资本需求最大时，超额现金为最小值。

图 19.1　春田滑雪板公司的融资政策选择（千美元）

图（a）假设公司固定资产为 25 000 美元，图中显示了春田公司固定资产、永久性营运资本（2 125 美元）和暂时性营运资本的水平。条形图顶端的黄色部分表示必须筹集的暂时性营运资本。

图（b）和图（c）显示了激进型融资政策和保守型融资政策。在激进型融资政策下，春田公司不保留额外的现金储备而完全依靠短期借款来筹集暂时性营运资本。借款数额必须与暂时性营运资本相匹配。在保守型融资政策下，春田公司保留足够的现金储备以满足它的最高暂时性融资需求。条形图的高度代表了公司的额外现金储备量，储备量下降是因为要满足暂时性营运资本上升的要求。

公司一旦确定了其短期融资需求，就要选择融资工具。本章其余部分将考察可选择的具体的融资方式：银行贷款、商业票据和担保融资。

概念检查

3. 什么是匹配原则？
4. 暂时性和永久性营运资本有什么区别？

19.3 银行贷款短期融资

商业银行是其短期融资的一个主要来源，尤其是对于小公司来说，银行贷款通常要签署**本票**(promissory note)。这是一份书面声明，上面标明贷款的数额、到期还款日以及利率。本节主要介绍三种类型的银行贷款：单一的期末支付贷款、信贷额度和过桥（过渡性）贷款。此外，我们将比较不同类型银行贷款的利率，并列示与之相关的普通条款和费用。

单一的期末支付贷款（single，end-of-period payment loan）

最简单直接的一类银行贷款就是单一的期末支付贷款。这种贷款协议要求公司在贷款期末一次性地付清借款利息和本金。贷款利率可以是固定的，也可以是变动的。固定利率，即商业银行将基于该特定利率收取利息，是在签订贷款协议时约定的。浮动利率指的是，在1年期短期国库券的收益率或优惠利率等基准利率的基础上，按货币市场变动情况或基于其他因素，再加上几个百分点的利息差。**优惠利率**(prime rate）是指银行向其信用最好的客户放贷收取的利率。不过，大公司通常能够以低于优惠利率的利率取得银行贷款。举例来说，孩之宝公司2007年的年报表明，公司向从国内机构借入的短期借款平均支付的加权平均利率仅为5.5%，相比之下，2007年的平均优惠利率为8%。[①] 另一种常见的基准利率为**伦敦银行同业拆借利率**(London Inter-Bank Offered Rate，或LIBOR)，这是在伦敦银行同业市场间相互借贷的利率。LIBOR为期限在1天至1年之间的10种主要货币的报价。它是由信用级别最高的银行支付的利率，大多数公司的借款利率都超过LIBOR。

信贷额度

另一类常见的银行贷款是**信贷额度**(line of credit)，即银行同意在规定的最高限额内向公司提供任意额度的贷款。这种灵活的贷款协议，允许公司在需要资金时，随时利用它的信贷额度。

公司经常使用信贷额度来为季节性资金需求融资。**不附有承诺的信贷额度**(uncommitted line of credit）是一种非正式的协议，银行不具有提供资金的法定义务。只要借款者保持良好的财务状况，银行就会乐意向其提供额外的资金。**附有承诺的信贷额度**(committed line of credit）是一种具有法律约束力的书面协议，不论公司的财务状况如何（除非公司破产），只要公司满足贷款协议的限定，银行就有义务向公司提供资金（以规定的信用额度为限）。这些安排一般包括补偿性余额要求（即要求公司在银行保留最低水平的存款）和对公司营运资本水平的限定。公司除了支付动用的借款的利息外，还要为未动用的信贷额度支付费率为从0.25%~0.5%的承诺费。信贷额度协议还可规定，在某一时点公司的尚未偿付余额必须为零。这一政策确保了公司不会将短期融资用于偿还长期债务。

银行通常每年都要重新商定信贷额度的条件。**周转信贷额度**(revolving line of

① 数据来源于孩之宝公司2007年年报和美联储统计信息发布网站。

credit）是指，银行承诺在较长期限内（一般是两到三年），向公司提供信贷额度，公司可以在需要时使用。没有固定期限的周转信贷额度称作**长年信贷**（evergreen credit）。孩之宝公司2007年的年报表明，它的季节性营运资本需求主要来源于最高限额为5亿美元的周转信贷安排。

过桥贷款

过桥贷款（bridge loans）是另一种类型的短期银行贷款，通常用于"弥补断层"，直到公司能够安排长期融资为止。例如，房地产开发商可使用过桥贷款来建设大型购物中心，在建成之后，开发商也将获得长期融资。其他公司也可使用过桥贷款为厂房和设备投资融资，直到他们通过发行长期债券或股票收到资金为止。发生自然灾害后，贷方可能会向公司提供短期贷款作为过渡，直到他们获得保险偿付或长期灾难救济。

过桥贷款通常也称作固定利率贴现贷款。**贴现贷款**（discount loan）要求借款者在取得借款的同时就向贷方支付利息。贷方在发放贷款时就已从中扣除了利息。

普通贷款的条款和费用

现在我们来讨论普通贷款的规定条款和费用，它们会影响贷款的有效利率。我们特别要考察贷款的承诺费、贷款发放费和补偿性余额规定。

承诺费。银行收取的各种贷款费用会影响借款人支付的实际利率。例如，与附有承诺的信贷额度有关的承诺费实际上加大了公司的贷款成本。"承诺费"实质上可视为换了一种说法的利息费用。假设公司从银行获得一项附有承诺的信贷额度贷款，贷款的最高限额为100万美元，利率为10%（EAR）。承诺费率为0.5%。公司于年初借入80万美元，年底偿还，剩余20万美元未使用，则：

借款的利息费用＝0.10×800 000＝80 000（美元）

对贷款额度未使用部分支付的承诺费＝0.005×200 000＝1 000（美元）

信贷额度贷款总成本＝81 000（美元）

贷款发放费。另一类常见的贷款费用是**贷款发放费**（loan origination fee），即银行向借款方收取的因信贷审查和法律事务而发生的费用。公司在获得贷款时就得支付这项费用。与贴现贷款一样，它导致公司收到的可用贷款数额减少了。同承诺费一样，它实际上是额外支付的利息费用。

举例来说，假设蒂蒙斯毛巾和尿布生产商（Timmons Towel and Diaper Service）取得50万美元的银行贷款，贷款期限为3个月，利率APR为12%。贷款发放费率为1%，它是基于贷款的本金收取的，故本例中的贷款发放费为0.5万美元（0.01×50），实际借款额为49.5万美元。3个月支付的利息为1.5万（50×0.12/4）美元。用时间线来表示这些现金流如下：

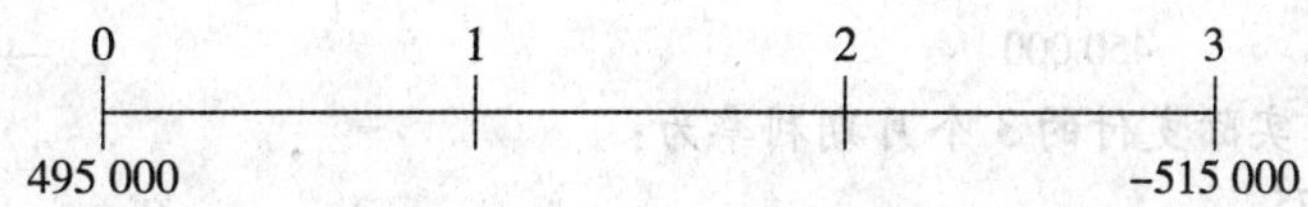

实际支付的3个月期利率为：

$$\frac{515\ 000}{495\ 000}-1=4.04\%$$

此利率用 EAR 表示为：

$$1.0404^4-1=17.17\%$$

补偿性余额规定。不管贷款结构如何，贷款协议中可能会包含补偿性余额要求，这将减少借款者可用的借入资金。第 18 章中我们讲过，补偿性余额规定意味着公司必须将一定比例的贷款本金存放在银行账户内。假设蒂蒙斯公司的贷款银行不收取贷款发放费，而规定只要公司没有偿清贷款，就得将贷款本金的 10% 保留在银行的无息账户中。若贷款本金为 50 万美元，则根据补偿性余额要求，公司必须在银行账户里留存 5 万美元（50×0.1）。公司的可用借入资金实际上只有 45 万美元，而利息支付却要按贷款的全额计算。在贷款期末，公司欠银行 515 000 美元（500 000×（1+0.12/4）），在使用其补偿性余额偿还贷款后，还得支付 465 000 美元（515 000−50 000）。用时间线将公司的借款现金流表示如下：

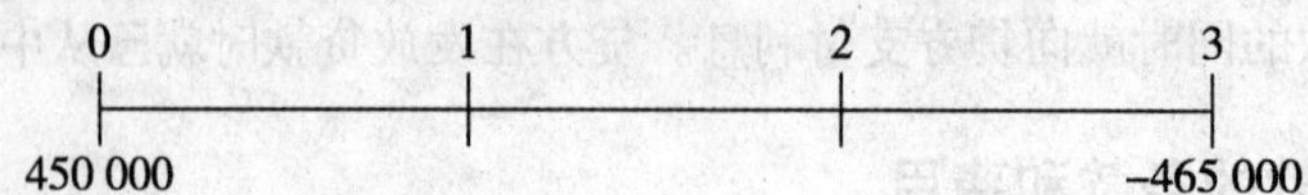

公司实际支付的 3 个月期利率为：

$$\frac{465\ 000}{450\ 000}-1=3.33\%$$

此利率用 EAR 表示为：

$$1.0333^4-1=14.01\%$$

在此假设，蒂蒙斯的补偿性余额没有利息收益。有时，银行会为补偿性余额支付少量利息，以抵消贷款的部分利息费用。

例 19.1　补偿性余额和有效年利率

问题：

假设蒂蒙斯公司的贷款银行为公司的补偿性余额支付 1%（每季度复利一次的 APR）的利息。蒂蒙斯公司 3 个月期贷款的 EAR 是多少？

解答：

分析：

5 万美元所产生的利息将会降低蒂蒙斯公司偿还贷款的净支付额。计算最终支付额时，可以确定隐含的 3 个月期利率，然后将它转换成 EAR。

计算：

到 3 个月后，补偿性余额账户的金额将增加至 50 125 美元（50 000×（1+0.01/4））。公司最终向银行支付 464 875 美元（500 000+15 000−50 125）。注意，补偿性余额账户生成的利息部分地抵消了公司为银行贷款支付的利息。新的借款现金流用时间线可表示如下：

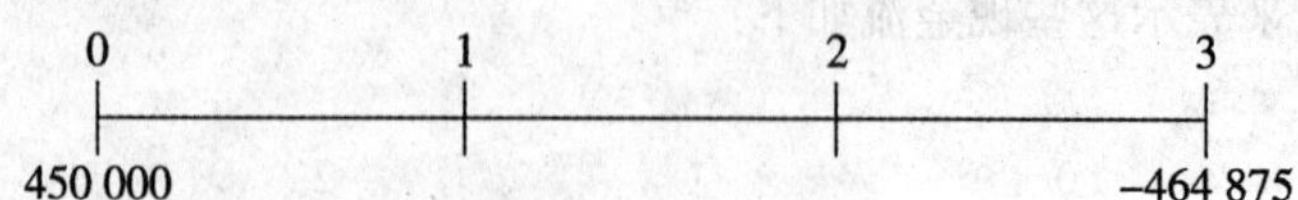

公司实际支付的 3 个月期利率为：

$$\frac{464\ 875}{450\ 000}-1=3.31\%$$

此利率用 EAR 表示为 $1.0331^4-1=13.89\%$。

评价：

正如预期的那样，由于银行允许蒂蒙斯公司在计息账户中存入补偿性余额，补偿性余额所产生的利息会降低蒂蒙斯为贷款支付的全部利息成本。

> **概念检查**
>
> 5. 无承诺信贷额度和附有承诺的信贷额度有何不同？
> 6. 描述普通贷款的条款和费用。

19.4 商业票据短期融资

商业票据（commercial paper）为大公司使用的短期、无担保债务。如图 19.2 所示，与短期银行贷款相比，这种融资的成本通常比较低。商业票据的最小面值为 2.5 万美元，大多数的面值至少为 10 万美元。与长期债务相似，商业票据也要由信用评级机构确定信用等级。商业票据在初始销售时，一般是通过折价销售的方式，向票据的买方支付利息。

商业票据的平均期限为 30 天，最长为 270 天。证券交易委员会（SEC）规定，期限超过 270 天的商业票据必须注册登记，这一规定不但提高了票据的发行成本，还延迟了票据的发售。商业票据分为直接票据和经纪商票据两类。**直接票据**（direct paper）是指，公司直接将票据证券卖给投资者。**经纪商票据**（dealer paper）是指，经纪商将商业票据卖给投资者，获得价差，赚取服务费。价差会减少票据发行公司实际收到的资金，从而提高票据的实际成本。与长期债务相似，商业票据也要由信用评级机构确定信用等级。

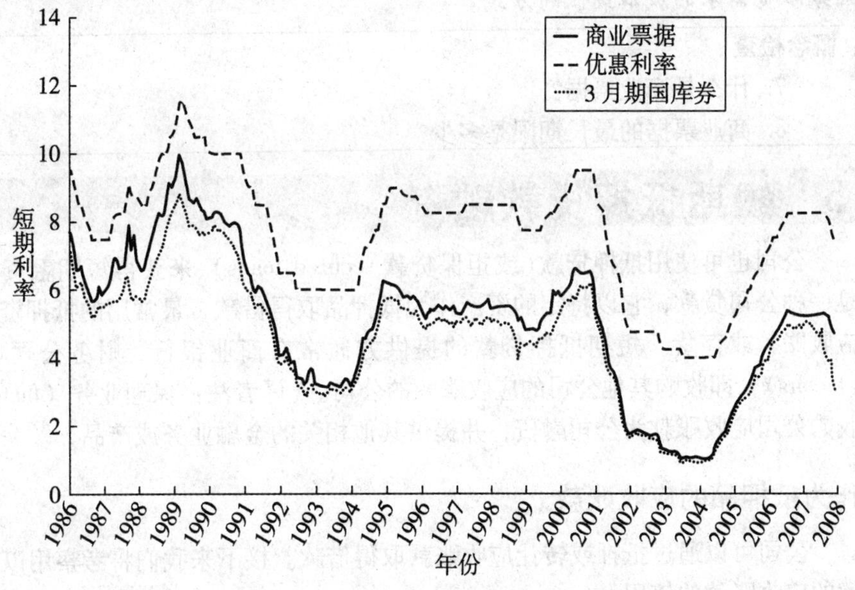

图 19.2 商业票据的优点

注：拥有高品质信用评级的大型公司可以进入商业票据市场，作为银行贷款的一种替代。从图中可以看出，相对于优惠利率，商业票据成本更低。大部分期间，商业票据的利率仅比美国政府国库券利率高出半个百分点。

资料来源：www.globalfinancialdata.com.

例 19.2　商业票据的实际年利率

问题：

公司发行期限为 3 个月的商业票据，面值为 100 000 美元，实际收到 98 000 美元。公司为此支付的实际年利率为多少？

解答：

分析：

首先把公司发行票据的现金流用时间线表示如下：

0	3
98 000	−100 000

3 个月期利率可以通过比较现值（98 000 美元）与终值（100 000 美元）来计算。然后，应用公式 5.1 把它转换成 EAR：

$$\text{EAR}=\text{等价的 1 年期利率}=(1+r)^n-1$$

其中，n 表示一年中有几个 3 个月。

计算：

$$\text{实际支付的 3 个月期利率}=\frac{100\,000}{98\,000}-1=2.04\%$$

此利率用 EAR 表示为：

$$1.0204^4-1=8.42\%$$

评价：

财务经理需要知道公司所有融资渠道的 EAR，以便通过比较来选择能满足公司短期融资需求的成本最低的方式。

概念检查

7. 什么是商业票据？
8. 商业票据的最长期限是多少？

19.5　短期抵押贷款融资

公司也可使用**抵押贷款**（或担保贷款 secured loans）来获得短期融资，抵押贷款是一种公司贷款，它以特定的资产作为抵押品取得借款，最常用的抵押资产为公司的应收账款或存货。短期抵押贷款的提供方通常有商业银行、财务公司以及**保理商**（factors），即收购其他公司的应收账款的公司。（译者注：保理业务（factoring）通过收购公司应收账款为公司融资，并提供其他相关的金融业务或产品）

作为抵押品的应收账款

公司可以通过抵押或转让应收账款取得借款。接下来我们将考察用以取得抵押贷款的应收账款的使用。

应收账款的抵押。在签订**应收账款抵押**（pledging of accounts receivable）协议时，贷款方要审查可表明借款公司赊销的发票，然后根据设定的信用标准，决定可接受哪些应收账款用作抵押。贷款方一般只将其所接受的发票金额的一定比例（如 75%）发放给借款方。如果借款公司的客户违约，不支付账单，那么借款公司仍然有责任偿还贷款。

应收账款的保理。应收账款的保理(factoring of accounts receivable) 是指，公司出售应收账款给贷款方（即保理商），贷款方同意向借款公司支付贷款，贷款的金额等于借款公司的客户在付款期末支付给公司的货款。例如，如果公司按“N/30”的信用条件出售商品，保理商从借款公司30天后方可收回的应收账款的面值中扣除保理费后，将剩余的部分现在支付给公司。而公司的客户通常按规定将应付款项直接支付给贷款方。很多情况下，公司能向保理商借到相当于应收账款面值80%的资金，从而能够提前收回资金。在这种情形下，出借方除了收取保理费外，还要收取贷款利息。不管公司实际可获得多少贷款，出借方收取的保理费通常为应收账款面值的0.75%~1.25%。出借方收取的利率和保理费，要视借款公司的规模和应收账款的金额等因素而定。保理协议中的应收账款金额也许会相当大。例如，孩之宝公司在2007年12月签订的一项应收账款保理协议中，售出了价值大约2.5亿美元的应收账款。

应收账款出售协议可以是**附有追索权**(with recourse) 的，即如果借款方的客户违约，贷款方可以要求借款方偿付贷款；应收账款出售协议也可以是**无追索权**(without recourse) 的，此时如果借款方的客户违约，贷款方对借款方资产的索赔权仅限于特定的抵押品。在后一种情况下，不论保理商是否能够收到供应商的客户应支付的账款，都应该向供应商支付到期应得的款项。对于有追索权的保理协议而言，贷款方可能不需要在销售发生之前核准买方客户的账户。对于无追索权的保理协议而言，借款公司在货物发出之前，必须得到保理商对买方客户的信用批准。如果保理商给予客户信用批准，供应商就可发运货物，在付款期末，客户直接向保理商付款。

作为抵押品的存货

以存货作为抵押取得贷款主要有三种方式：浮动留置权、信托收据贷款和仓单贷款。接下来讨论这几种方式。

浮动留置权。在**浮动留置权**(floating lien)、**一般留置权**(general lien) 或**总括留置权**(blanket lien) 协议中，公司的全部存货都被用作贷款的抵押品。从贷款方的角度来看，这项协议的风险是最大的。在存货被售出时，用来担保贷款的抵押品的价值就会缩水。如果公司陷入财务困境，管理者可能试图出售存货，却不偿还贷款。在这种情况下，公司可能没有充足的资金来补充存货。结果，贷款就可能出现抵押不足的情形。为了应对这种风险，这类贷款就要比接下来要讨论的两类存货抵押贷款，要求更高的利率。除此之外，贷款方将按存货价值的较低比例出借资金。

信托收据贷款。信托收据贷款(trust receipts loan) 或**最低限额计划**(floor planning) 的含义是，公司将可辨认的存货置于信托中作为借款的担保。当这些存货被售出，公司就将存货销售所得款项支付给贷款方，以此作为贷款的偿付。贷款方会定期要求他的代理商证实借款公司还没有出售指定的存货，从而有能力偿还贷款。汽车经销商经常采用这类担保融资方式，以获得从汽车生产厂家购买汽车所需要的资金。

仓单贷款。仓单贷款协议(warehouse arrangement) 规定，作为贷款担保的存货应存放在指定的仓库中。从贷款方的角度来看，仓单贷款的风险最低。这类贷款安排可有两种方式。

第一种方式是使用**公共仓库**(public warehouse)，它专门提供存货的存储与追踪存货的流入和流出的业务。贷款方根据公司存储的存货的价值向借款公司提供贷款。借款公司要出售存货，需得到贷款方的许可才能从仓库取出存货。这种安排使得贷款方能够对存货实施最严密的控制。公共仓库非常适用于存储如酒、烟草制品等类存货，因为这些商品在出售之前必须要存放一段时间。对于易腐败变质或体积庞大而难以运输的产品，则不宜使用这种存储方式。

第二种选择为**就地仓库**(field warehouse)，这是由第三方来运作的，但仓库要建在与借款公司的主厂区相隔开的单独区域。这种安排给借款公司带来了方便，但给贷款方增加了留置存货的安全性问题，因为用于贷款担保的存货是由第三方控制的。

仓单贷款的成本高。借款公司除了向贷款方支付利息之外，还要向仓库经营公司支付保管费。不过，借款方也可节省存储存货本身的成本，这是因为，仓库管理方擅长存货控制，几乎不会发生商品损坏或失窃的损失，这反过来降低了保险成本。与其他存货贷款方式相比，在这种由第三方控制存货的安排下，贷款方可能愿意按存货市值的更大的百分比出借资金。

例 19.3　计算仓单贷款融资的实际年成本

问题：

某制罐工厂计划借款 200 万美元，期限为 1 个月。公司以存货作为抵押，获得利率为 12%（APR）的贷款。贷款方要求使用仓单方式。仓储费为 1 万美元，在月底支付。计算该公司的这笔仓单贷款的实际年利率。

解答：

分析：

月利率为 1%（12%/12）。需要计算截至月底公司将欠的全部现金流量（包括利息和仓储费）。通过以贷款数额来测量现金流量，将得到贷款的每月总成本，之后再将其转换成 EAR。

计算：

在月底，公司要支付 2 020 000 美元（2 000 000×1.01），再加上仓储费 10 000 美元，共计 2 030 000 美元。用时间线表示现金流如下：

0	1
2 000 000	−2 030 000

实际支付的 1 个月期利率为：

$$\frac{2\,030\,000}{2\,000\,000}-1=1.5\%$$

此利率用 EAR 表示为：

$1.015^{12}-1=0.196$（或 19.6%）

评价：

仓单贷款融资的成本相当高。贷款本身的 EAR 为：

$1.01^{12}-1=0.1268$（或 12.68%）

但仓单协议将 EAR 提高到了 19.6%！

公司以存货作为抵押品取得贷款所采取的方式，会影响贷款的最终成本。总括留置权协议使贷款方最大程度地暴露于风险之中，在所讨论的三种存货抵押贷款方式中，它的利率最高。仓单贷款安排赋予贷款方最大的存货控制权，使得贷款本身的利率较低，但是，借款公司额外还得向仓库保管方支付仓储费，并要接受因失去存货控制权而带来的不便。虽然信托收据贷款的利率比总括留置权贷款的利率低，并可使公司避免仓单贷款时支付的高额仓储费，但它仅适用于特定类型的存货作为抵押品。

一种 17 世纪的融资方式

近年来，小企业为获得购置存货所需要的资金进行融资变得越来越困难。这主要是因为以下几个原因：第一，大银行兼并了许多小规模的地区银行，而这些地区银行一直以来是小企业获得贷款的重要来源。第二，大银行收紧了对小企业的贷款。第三，许多小企业越来越依赖外国供应商，这些外国供应商大多要求提前支付，这导致了小企业对资本的即时需求的加大。

一些小企业开始依赖已用了 400 年的老办法：向风险投资商融资。这种融资方式始于 17 世纪，当时，成群的投资者为荷兰船长们的航海贸易提供资本，船长们用这些资金购买异国商品。他们返航后再将商品售出，商人银行家们将会拿走船长的大约三分之一的利润，作为提供资本的补偿。

现在来看犹太洁食分销商考肖公司（Kosher Depot）的例子，它向纽约韦斯特伯里（Westbury）的餐馆和超市出售犹太食品。考肖公司计划扩大生产规模，但缺乏资本通路来购买更多的犹太特色食品。为此，公司与开普斯通商业信贷公司（Capstone Business Credit）签订了一项两年期、金额为 330 万美元的风险投资商融资协议。考肖公司预先安排销售，并告知开普斯通公司，开普斯通公司出资为考肖公司购买所需要的食品。开普斯通公司负责购买和进口商品，并将存货存放在自己的仓库中，待收到考肖公司转来的订单后仓库再签单发货。提供这项服务，开普斯通公司可分得大约 30% 的利润。

这种融资方式的成本——风险投资商收取利润的 30%——相对于本章讨论的其他一些融资方式而言，可能要高些。可是，对于无法获得其他短期贷款的小企业来说，付出这一代价却物有所值。

资料来源：Marie Leone，"Capital Ideas：A Little Cash'll Do Ya，" *CFO.com*，March 3，2005.

概念检查

9. 什么是应收账款的保理？
10. 浮动留置权贷款和信托收据贷款有何不同？

19.6 总结：制订短期财务计划

回顾春田滑雪板公司的例子。在表 19.2 中，由于销售的季节性特征，预测的现金流量可能会有大幅的波动——在第一季度和第四季度有大量的正现金流出现，而在第二季度和第三季度则产生了大量的负现金流。春田公司的财务经理需要计划如何应对这种现金流波动，特别是如何为现金短缺融资。为此，财务经理应该编制如表

19.6 所示的电子表格来追踪春田公司的现金余额和短期融资需求。春田公司在 2009 年第四季度末将有现金余额 100 万美元，它需要保留最低现金余额 50 万美元以满足基本的交易需求。给定表 19.2 中预测的现金流，则公司到 2010 年第三季度将出现现金赤字。

表 19.6　**春田公司的预测现金余额和短期融资**　单位：千美元

1	季度	2009 年第四季度	2010 年第一季度	2010 年第二季度	2010 年第三季度	2010 年第四季度
2	**现金余额和短期融资**					
3	初始现金余额		1 000	2 763	1 315	500
4	现金及现金等价物的变动		1 763	−1 448	−2 048	3 403
5	最低现金余额		500	500	500	500
6	**与最低现金余额相比的现金过剩（不足）（3+4−5）**		2 263	815	−1 232	−1 269
7	短期融资的增加（减少）		0	0	1 232	−1 269
8	现有短期融资		0	0	0	1 269
9	短期融资合计（7+8）		0	0	1 232	0
10	**期末现金余额（3+4+7）**	1 000	2 763	1 315	500	2 633

通过分析，公司财务经理面临两项决策：如何处理在第一季度产生的超额现金，以及如何为第三季度的现金短缺融资。当前分析假定超额现金还是以现金形式继续持有的。然而，正如上一章所讨论的，即使在短期内，也有很多不同的超额现金投资方式会产生利息收入（应纳税的）。利用这些投资，某个季度初的现金存量将等于上个季度末的现金存量加上收到的税后利息之和。

再看第三季度的赤字，我们知道第四季度的现金流量将足够支付为第三季度赤字所筹集的融资额。斟酌不同的融资选择后，春田公司的经理们决定采取到期一次还款的一个季度期的银行贷款。银行每季度收取 3% 的利息，公司需要在第四季度还款 126.9 万（123.2×1.03）美元，这很容易做到，因为到那时公司会有超额的现金流量。通过制定短期财务计划，管理者可以预测未来的现金短缺，这使他们有充足的时间寻找成本最低的渠道为现金短缺融资。

本章小结

19.1　短期融资需求预测

制订短期融资计划的第一步是预测未来现金流。现金流预测使公司能够确定其现金流过剩还是短缺，并判断这种过剩或短缺是暂时性的还是永久性的。

公司需要短期融资来应对季节性的营运资本需求、负现金流冲击或正现金流冲击。

19.2　匹配原则

匹配原则规定：短期资金需求应使用短期资金来源，长期资金需求应使用长期资金来源。

19.3 银行贷款短期融资

银行贷款为主要的短期融资来源，对于小公司而言更是如此。

最简单直接的银行贷款是单一的期末偿付贷款。

银行信贷额度允许公司在规定的最高限额内，借入任意数额的款项。信贷额度可以是无承诺的，即不具有法律约束力的非正式协议，更常见的是附有承诺的信贷额度。

过桥贷款是一种短期银行贷款，用于弥补公司暂时性的资金缺口，直至公司获得长期融资为止。

影响银行贷款的有效年利率的因素有：复利期数以及其他贷款约定，如承诺费、贷款发放费以及补偿性余额规定。

19.4 商业票据短期融资

商业票据通常是那些拥有高品质信用评级的大型公司所采用的一种短期融资方式。对于可进入商业票据市场的公司来说，商业票据融资的成本要低于短期银行贷款的成本。

19.5 短期抵押贷款融资

短期贷款也可以设计为抵押（担保）贷款。公司的应收账款和存货一般可作为短期担保融资的抵押品。

应收账款既可用作贷款抵押，也可进行保理。依据保理协议，公司将应收账款出售给贷款方（或保理商），公司的客户通常按规定直接将货款支付给保理商。

存货用于贷款抵押的方式主要有这样几种：浮动留置权（也称作一般或总括留置权）、信托收据贷款（或最低限额计划）或仓单贷款。这几种贷款方式因设定存货为抵押品的具体条款而异，贷款方承担的风险也各不相同。

19.6 总结：制订短期财务计划

短期财务计划能追踪公司的现金余额，反映新的以及现存的短期融资需求。制订计划使管理者能够预测现金短缺，并以成本最低的方式为其筹资。

复习题

1. 制订短期财务计划的目的是什么？
2. 什么是季节性需求？其在短期财务计划中起到什么作用？
3. 下面哪家公司可能有较高的短期融资需求？为什么？
   a. 服装零售商；
   b. 职业运动队；
   c. 公用电力事业公司；
   d. 经营公路收费的公司；
   e. 连锁餐厅。
4. 为什么区分永久性现金短缺与暂时性现金短缺很重要？
5. 永久性营运资本和暂时性营运资本有何区别？
6. 说明公司预防现金流短缺的不同方法。

7. 公司向银行融资的方式有哪些？它们的相对优势各是什么？

8. 长年信贷和周转信贷额度有何区别？

9. 直接票据和经纪商票据有何不同？

10. 以应收账款为抵押获得贷款与应收账款保理有何不同？公司可以用哪类短期抵押贷款来弥补现金不足？

11. 短期财务计划对于财务经理的作用是什么？

练习题

短期融资需求预测（第1~2题）

1. Sailboats Etc. 是一家专门经销帆船和其他与帆船运动有关的设备的公司。下表给出了公司未来几个月的财务预测以及当前的营运资本水平。

单位：千美元

	月份						
	0	1	2	3	4	5	6
净利润		10	12	15	25	30	18
折旧		2	3	3	4	5	4
资本性支出		1	0	0	1	0	0
营运资本水平							
应收账款	2	3	4	5	7	10	6
存货	3	2	4	5	5	4	2
应付账款	2	2	2	2	2	2	2

a. 哪几个月公司的季节性营运资本需求最大？

b. 公司何时会有剩余的现金？

2. 翡翠城雨具（Emerald City Umbrellas）公司在西雅图销售雨伞和其他雨具，它的全年销售额相当平均。现在公司要扩展业务到其他市场，而预期在这些市场上需求会出现波动。公司预测在新市场上的销售额为：

单位：美元

第一季度	第二季度	第三季度	第四季度
20 000	50 000	10 000	50 000

该公司持有的存货是下一季度销售额的20%，持有的应付账款为下一季度销售额的10%，应收账款为本季度销售额的20%。

a. 假定公司在新市场上的初始存货为4 000美元，应付账款为2 000美元，没有应收账款。预测该公司的营运资本水平以及在四个季度中的变化情况。

b. 如果公司净利润等于销售额的20%，在这一个季度中的融资需求将会怎样？

匹配原则（第3~7题）

下表给出了你公司明年每季度的营运资本水平。据此回答第3~7题。

单位：千美元

	季度			
	1	2	3	4
现金	100	100	100	100
应收账款	200	100	100	600
存货	200	500	900	50
应付账款	100	100	100	100

3. 公司的永久性营运资本需求是多少？暂时性营运资本需求是多少？

4. 如果你只采用长期融资方式，从长远看你需要的借款总额为多少？在这种情形下预测你的超额现金水平。

5. 如果你在任何时候都仅持有100 000美元现金，你的最高短期借款额是多少？该项借款发生在什么时候？

6. 如果你在年初共有现金400 000美元，你的最高短期借款额是多少？

7. 如果你想把最高短期借款额限定在500 000美元内，你必须持有多少超额现金？

银行贷款短期融资（第8~11题）

8. Hand-to-Mouth公司在未来30天需要一笔10 000美元的贷款。公司有以下三种方案可选择：

A方案：利用商业信用，信用条件为“2/10，N/30”，放弃折扣。

B方案：向A银行借款，借期为30天，年度百分比利率为12%（APR）。银行要求的补偿性余额（无利息）为贷款面值（本金）的5%，还要收取100美元的贷款发放费，这些附加条件意味着公司的借款额必须要高于10 000美元。

C方案：向B银行借款10 000美元，借期为30天，年利率为15%（APR）。贷款发放费为贷款本金的1%。

对于Hand-to-Mouth公司而言，哪个方案的融资成本最低？

9. 考虑期限均为1年、面值相同的两笔贷款：一笔贷款的利率为8%，贷款发放费率为1%；另一笔贷款的利率为8%，补偿性余额（无利息）为贷款本金的5%。哪笔贷款的有效年利率较高？为什么？

10. 在下列1年期、1 000美元银行贷款中，哪一笔的有效年利率最低？

a. APR为6%，按月复利。

b. APR为6%，按年复利，要求10%的（不生息）补偿性余额。

c. APR为6%，按年复利，要收取1%的贷款发放费。

11. 尼迪公司（Needy）向伊兹银行（Bank Ease）借款10 000美元。贷款条款规定，公司为这笔3年期的贷款，每隔3个月要支付一次400美元的利息，到期偿还本金。公司支付的有效年利率是多少?

商业票据短期融资（第 12 ~15 题）

12. Treadwater 银行计划发行期限为 3 个月的商业票据来筹集 100 万美元。银行将从票据发行收到的净现金为 985 000 美元。这项商业票据融资的有效年利率是多少?

13. 玛格纳（Magna）公司发行了面值为 1 000 000 美元、期限为 6 个月的商业票据。售出票据后，公司收到的净现金为 973 710 美元。玛格纳发行的票据的有效年利率是多少?

14. 假定优惠利率是 8% 的 APR，按季度复利。第 12 题中的 Treadwater 银行和第 13 题中的玛格纳（Magna）公司进入商业票据市场可以节省多少美元的利息支出?（与优惠利率相比）

15. 西格内特（Signet）公司发行了期限为 4 个月、面值为 600 万美元的商业票据。公司的出售票据净收入为 5 870 850 美元。公司支付的有效年利率是多少?

短期抵押贷款融资（第 16 ~17 题）

16. 俄亥俄山谷钢铁公司（Ohio Valley Steel）用就地仓库中储存的存货作为抵押，按约定的 9% 的年利率借入 500 万美元，借期为 1 个月。仓储费为 5 000 美元，月末支付。这笔贷款的有效年利率是多少?

17. 拉斯普金酿酒厂（Rasputin Brewery）计划使用仓单贷款（利用公共仓库储存抵押品）来部分地满足其短期融资需求。公司将要贷款 500 000 美元，利率为 10%（APR，按年复利），年末付息。仓储费为贷款本金的 1%，于年初支付。这项仓单贷款的有效年利率是多少?

制订短期财务计划（第 18 题）

18. 在表 19.4 中所描述的扩张机会的基础上，为春田滑雪板公司制定一个短期财务计划。假定春田公司在 2009 年年末持有现金余额为 100 万美元，银行将为其提供每季度利率为 2.5% 的短期贷款。

第7篇的综合案例

本案例根据第17～19章的内容改编。

Idexo公司是美国俄亥俄州辛辛那提市的一家特许从事大学校服设计和生产的私营公司。2008年年末，经过几年的平淡经营，公司的所有者和创办者——丽贝卡·费里斯（Rebecca Ferris）——结束了退休生活重新回到公司，替代现任CEO，她试图重振公司，并计划或者将公司最终出售或者首次公开募股（IPO）。她聘请你协助公司制定未来5年的财务计划。

在2008年，Idexo的总资产大约价值1.03亿美元，年销售额为1亿美元（见表1）。公司是盈利的，预计2008年的收益为900多万美元，净利润率为9.1%。[①] 然而，近几年来收入增长大幅下滑，公司的净利润率实际上也在下滑。费里斯确信公司可以做得更好。重新掌管公司几个星期后，她就已经确定了几个可以驱动公司未来成长的潜在改进因素。

表1　Idexo公司2008年的利润表和资产负债表　单位：千美元

1	年份	2008
2	**利润表**	
3	销售收入	100 000
4	销售成本	
5	原材料	−21 333
6	直接人工成本	−24 000
7	**毛利润**	54 667
8	营销费用	−15 000
9	管理费用	−18 000
10	EBITDA	21 667
11	折旧	−6 667
12	**EBIT**	15 000
13	（净）利息费用	−1 021
14	**税前利润**	13 979
15	所得税	−4 893
16	**净利润**	9 086

① 2008年的预测利润表和资产负债表信息见表1。

单位：千美元

1	年份	2008
2	**资产负债表**	
3	**资产**	
4	现金及现金等价物	15 000
5	应收账款	20 000
6	存货	8 219
7	**流动资产合计**	43 219
8	财产、厂房和设备	60 000
9	商誉	—
10	**总资产**	103 219
11	**负债和股东权益**	
12	应付账款	6 205
13	债务	20 000
14	**负债合计**	26 205
15	**股东权益**	77 014
16	**负债和股东权益总额**	103 219

经营改进。在经营方面，费里斯对公司的前景十分乐观。预期市场每年将增长6%，而且Idexo的产品质量出众。由于前任管理层对产品研发和市场营销投入不足，近几年Idexo的市场份额没有增长；相反，Idexo的行政管理成本却花费过多。的确，表1揭示出，公司当前的管理费用占销售收入的比例为18%（18/100），超过了市场营销费用占销售收入的比例（15%）。而竞争对手们的管理费用支出低于营销费用。

费里斯计划将管理成本削减至销售收入的15%，将资源重新导向新产品的研发和营销。通过这一调整，她相信在未来四年内公司产品占有的市场份额将从10%逐步上升到14%。短期内，使用现有生产线，以及通过增加加班时间和实施周末轮班，可以满足日渐增长的销售需求。然而，由此带来的人工费用的增加很可能使公司的毛利率降低到53%。表2列示了基于这一计划对未来五年销售和营业成本的预测，包括未来五年内资源从行政管理转向市场营销的重新配置，由于通货膨胀，预计Idexo产品的平均售价每年上涨2%。

表2　**Idexo的销售收入和营业成本预测**

1	年份		2008	2009	2010	2011	2012	2013
2	**销售数据**	**增长率/年**						
3	市场规模（千件）	6.0%	20 000	21 200	22 472	23 820	25 250	26 765
4	市场份额	*1.0%	10.0%	11.0%	12.0%	13.0%	14.0%	14.0%
5	平均售价（美元/件）	2.00%	50.00	51.00	52.02	53.06	54.12	55.20
6								
7	**营业费用和税费数据**							
8	毛利润率		54.7%	53.0%	53.0%	53.0%	53.0%	53.0%
9	营销费用（占销售收入的百分比）		15.0%	16.5%	18.0%	19.5%	20.0%	20.0%
10	管理费用（占销售收入的百分比）		18.0%	15.0%	15.0%	14.0%	13.0%	13.0%
11	税率		35.0%	35.0%	35.0%	35.0%	35.0%	35.0%

* 市场份额的增长预期持续到2012年，之后不再增长。

扩张计划。表3是对Idexo公司未来五年的资本性支出的预测。基于对资本性支出和折旧的估算，表中给出了公司的厂房、财产和设备自2008年年末开始之后各年度的账面价值。注意，预期在未来两年内的投资仍维持在较低水平——略低于折旧。在这段时间内，Idexo将通过更有效地利用现有厂房来扩大生产规模。

表3 **Idexo的资本性支出预测** 单位：千美元

1	年份	2008	2009	2010	2011	2012	2013
2	**固定资产和资本投资**						
3	期初固定资产账面价值	60 167	60 000	58 500	57 150	73 935	77 341
4	资本投资	6 500	5 000	5 000	25 000	12 000	8 000
5	折旧	−6 667	−6 500	−6 350	−8 215	−8 594	−8 534
6	期末固定资产账面价值	60 000	58 500	57 150	73 935	77 341	76 807

然而，一旦产量增长超过当前产量的50%，Idexo就必须进行大的扩张以提高其生产制造能力。根据表2的数据，到2011年，销售收入的增长将超过当前收入的50%。因此，表3中预计2011年需要对工厂进行重大扩张，2011年和2012年的资本性支出将大幅度增长。

营运资本管理。为改善其较差的销售业绩和营销能力，Idexo曾寻求通过非常宽松的信用政策来保持零售商对公司的忠诚度。这一政策影响公司的营运资本需求：客户每延迟付款一天，另一天的销售收入就被加到应收账款上（而不是收到现金）。根据公司当前的利润表和资产负债表（表1），估计应收账款周转天数为：

$$\text{应收账款周转天数}=\frac{\text{应收账款余额}}{\text{销售收入}}\times 365$$

$$=20/100\times 365$$

$$=73\text{（天）}$$

而行业内的标准应收账款周转天数是45天。费里斯相信公司可以在不牺牲销售的前提下，适当地收紧信用政策以达到行业标准应收账款周转天数。

费里斯认为公司在营运资本管理方面不需要其他重大改进，并且预期存货和应付账款将随销售收入同比例增长。公司同样需要保持相当于30天销售收入的最低现金余额来满足流动性需要。公司在最低现金余额上没有赚取利息，费里斯计划每年都将过剩现金全部作为红利发放给股东。

资本结构变化：加载杠杆。公司现有债务2 000万美元，利率为6.8%，公司在未来五年内只支付债务利息。公司还计划在2011年年末和2012年年末为厂房扩张寻求其他融资（见表4）。届时，公司信用质量将有所改善，但利率也可能会有所上升。你预期未来贷款的利率水平仍将保持在6.8%。

表4 **Idexo的债务和利息预测** 单位：千美元

1	年份		2008	2009	2010	2011	2012	2013
2	**债务和利息**							
3	债务余额		20 000	20 000	20 000	35 000	40 000	40 000
4	定期贷款的利息	6.80%		−1 360	−1 360	−1 360	−2 380	−2 720

给定Idexo的债务，计算其每年的利息费用：

第 t 年的利息 = 利率 × $t-1$ 年年末的债务余额

债务利息可部分抵消应纳税收益，从而带来税盾价值。

案例问题

1. 根据上述预测，利用下面的表格为公司编制未来五年的预测利润表。在这一期间，公司净利润的年增长率为多少？

单位：千美元

1	年份	2008	2009	2010	2011	2012	2013
2	**利润表**						
3	销售收入	100 000					
4	销售成本	−45 333					
5	**毛利润**	54 667					
6	营销费用	−15 000					
7	管理费用	−18 000					
8	EBITDA	21 667					
9	折旧	−6 667					
10	EBIT	15 000					
11	（净）利息费用	−1 021					
12	税前利润	13 979					
13	所得税	−4 893					
14	**净利润**	9 086					

2. 利用下面的表格预测公司未来五年的营运资本需求。为什么 2009 年净营运资本的增长是负数？为什么从 2012 年到 2013 年的净营运资本增加额是减少的？

单位：千美元

1	年份	2008	2009	2010	2011	2012	2013
2	**营运资本（千美元）**						
3	**资产**						
4	应收账款	20 000					
5	存货	8 219					
6	最低现金余额	8 219					
7	流动资产合计	36 438					
8	负债						
9	应付账款	6 205					
10	净营运资本	30 233					
11	净营运资本的变动						

3. 根据上述预测，利用下面的表格预测公司 2009 年—2013 年的自由现金流。这

一期间的自由现金流会稳步增加吗？为什么？

单位：千美元

1	年份	2008	2009	2010	2011	2012
2	**自由现金流**					
3	**净利润**					
4	加：税后利息费用					
5	**无杠杆净收益**					
6	加：折旧					
7	减：NWC 的增加					
8	减：资本性支出					
9	**公司自由现金流**					
10	加：净借款					
11	减：税后利息费用					
12	**股权自由现金流**					

4.（选做题）Idexo 计划只保留最低数额的必要现金并将所有超额现金作为红利发放。

a. 假设 2008 年年末费里斯准备立即将所有超额现金作为红利支付。这时公司可以支付多少现金？利用下面的表格编制 2008 年的新资产负债表，以反映这一红利支付情况。

b. 预测未来年度内公司可用于支付红利的现金——即公司的股权自由现金流——每年的自由现金流加上举借的新债并扣除税后利息。公司每年都会有充足的现金来支付红利吗？请解释。

c. 根据你对公司红利的预测，为公司编制未来五年的预测资产负债表。

单位：千美元

1	年份	2008	2009	2010	2011	2012	2013
2	**资产负债表**						
3	**资产**						
4	现金及现金等价物						
5	应收账款						
6	存货						
7	**流动资产合计**						
8	财产、厂房和设备						
9	商誉						
10	**总资产**						
11	**负债和股东权益**						
12	应付账款						
13	（有息）债务						
14	**负债合计**						
15	股东权益						
16	期初股东权益						
17	净利润						
18	红利						
19	资本投入						
20	**期末股东权益**						
21	**负债和股东权益总额**						

5. 2008 年后期，费里斯重新任职 CEO 后不久，公司意外收到一份出价 2.1 亿美元收购其股权的要约。如果费里斯接受这项交易，收购将于 2008 年年末达成。假设费里斯相信在 2013 年年末公司价值将是当时 EBITDA 的 9 倍，并可按此价格将公司出售。Idexo 的无杠杆资本成本为 10%（10% 是税前 WACC）。根据第 3 题中预测的 2009—2013 年的自由现金流，以及 2013 年年末的公司价值，估计以下数值：

a. 公司 2008 年年末的无杠杆价值。

b. 2009—2013 年公司利息税盾的现值。（这些利息税盾的大小是固定的，因此其风险与债务风险等同）

c. 公司在 2008 年年末的价值。（等于 b 问计算的利息税盾的现值加上 a 问计算的无杠杆价值）

d. 估计当前公司股权的价值。（对 c 问计算出的公司价值进行调整，反映 2008 年年末的债务和超额现金）

e. 根据你的分析，费里斯现在应该卖掉公司吗？

第 8 篇　公司理财专题

第 20 章　期权应用和公司理财
第 21 章　风险管理
第 22 章　国际公司理财

与估值原理的联系。第 8 篇，即本书最后一篇，讨论公司理财的几个专题。估值原理仍为所讨论的这些主题提供了统一的分析框架。第 20 章介绍期权，理解期权估值的关键源于估值原理一价定律的应用。第 21 章主要关注公司利用期权和其他方法管理风险，运用估值原理评估风险管理的成本和收益。第 22 章介绍公司在对外投资以及对国外投资估值时遇到的一些问题。我们将会看到，由一价定律可推导出几个重要的关系式，用于对外币现金流的估值。

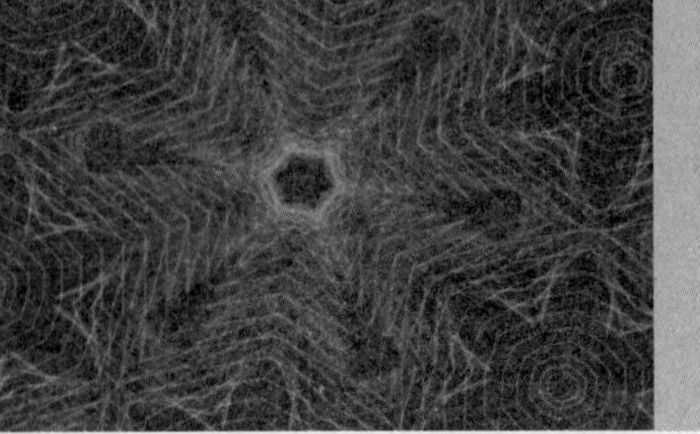

第20章　期权应用和公司理财

学习目标

- 理解基本的期权术语。
- 解释看涨期权和看跌期权的区别、期权的支付以及持有期权至到期的利润。
- 分析影响期权价格的因素。
- 熟悉布莱克—斯科尔斯期权定价公式。
- 描述基于同一股票的相似的看涨期权和看跌期权价格之间的关系。
- 解释期权如何应用于公司理财。

本章所涉及符号的含义如下：

PV（现值）；*NPV*（净现值）；*Div*（红利）

丹·罗斯访谈

丹·罗斯（Dan Ross）是位于马萨诸塞州坎布里奇的全球性咨询公司西蒙—库彻（Simon-Kucher & Partners）公司的董事，他为其医药和生物行业的客户评估处于研发阶段早期的高风险药物的潜在价值。“因为这种资产（在此指的是药物）可能十几年都不能投放市场，就算能，它也比后期的资产带来更大的研发风险，于是传统的估值技术不再适用。”丹于1999年取得圣地亚哥州立大学的理学学士学位，2005年获得斯坦福大学的MBA学位，其论文题目为“运用最常用的估值技术整合折现现金流建模、交易前分析和可比资产的价值（如果可以公开获得）”。

期权理论和实物期权的应用提供了可选择的价值评估方法，这些方法可以更充分地量化投资的风险和波动性，而传统的净现值分析方法却无法做到。“为竞购小生物技术公司正在研发的药物，大制药公司已经转向运用实务期权来构造能够匹配风险和收益的收购交易，”丹解释道，“当结果存在风险时，公司应该购买期权，这使得公司在投入大量精力和资金前，可以随着时间的推移逐渐加深对项目的了解，而不是不得不做出是否继续项目的最终决定。或者，不论损失是否真的发生，公司可预先支付较低的成本购买期权以避免灾难性的损失。”

研发新药物的波动性是期权价值的主要驱动因素。影响波动性的因素包括专利的有效性和可执行性，产品的安全性和耐受性，产品无效和临床试验失败的可能性，上市时间，监管部门的批准程序以及药品上市时的竞争环境。“如果不使用期权，这些风险可能是压倒性的，交易很少发生或者根本不会发生，”丹说，“因为我们可以利用期权，上述每种风险都可以融入决策过程中。我的客户可以构造交易，这样，投入的资金可以随着项目的推进而显著地增长，并达到某个转折点。”

自从1973年美国芝加哥期权交易所（Chicago Board Options Exchange，CBOE）引

进公开交易的期权以来，金融期权已成为一种非常重要并且交易活跃的金融资产。今天，期权无处不在。仅美国就有2 000多家公司拥有以自己的股票为标的的期权——其中包括谷歌、亚马逊、苹果等公司。很多像耐克这样的上市公司，都授予其高管层股票期权，作为薪酬补偿的一部分。1997年的诺贝尔经济学奖授予了期权定价公式的发明者。大多数商品，如谷物、小麦、石油、大豆、黄金等通过期权进行交易。像戴尔这样的公司每年花费数以亿计美元购买外币期权。甚至在詹姆斯·邦德主演的电影《皇家赌场》中也出现与期权有关的情节：一个恶棍因为持有的期权在到期时变得毫无价值而损失了一大笔钱。随着期权的广泛应用，理解期权的价值也变得越发重要。

本章介绍的金融期权，即为交易双方达成的一项金融合约。第8章简单介绍了实物期权的概念和项目期权的灵活性的价值。在此，我们进一步探讨什么是期权，有哪些因素会影响期权的价值。首先，本章概要地介绍了金融期权的基本类型、重要术语以及描述基于各种期权策略的支付。然后，我们将探讨影响期权价格的因素。最后，我们将公司的债务和股权模型化为期权，以此来洞察股东和债权人的利益冲突，以及风险债务的定价机制。

20.1 期权的基本知识

金融期权(financial option) 合约赋予其持有者在未来某个时期以固定的价格购买或出售特定资产的权利（而不是义务）。存在两种明显不同的期权合约：看涨期权和看跌期权。**看涨期权**(call option) 赋予其持有者购买资产的权利；**看跌期权**(put option) 赋予其持有者出售资产的权利。期权是交易双方订立的一项合约，对于金融期权的每一个所有者来说，都存在着对应的期权的**卖方**(option writer)，即为期权合约的另一方。期权是更广泛的一类证券——**衍生证券**(derivative securities) 的一部分，衍生证券的价值完全是从其他资产的价值中派生出来的。

最常见的期权合约是股票期权。股票期权赋予期权持有者在约定的时间或者之前以约定的价格购买或出售股票的权利。例如，3M公司的股票看涨期权，赋予看涨期权的持有者在某个日期（如2010年1月15日）之前，以每股75美元的价格购买3M股票的权利。同样的，3M公司的股票看跌期权赋予看跌期权的持有者在某个日期（如2010年2月19日）之前的任何时间，以每股70美元的价格出售3M股票的权利。

公司发行的以其新股作为标的资产的看涨期权称作**认股权证**(warrant)。通常的看涨期权是由第三方基于现有股票发行的。在认股权证的持有者执行期权购买股票时，公司通过发行新股来提供股票。除此之外，认股权证相当于看涨期权。

期权合约

从业者一般使用专业术语来描述期权合约的具体细节。当期权的持有者实施期权协议，以约定的价格购买或出售股票时，他就在**执行**(exercising) 期权。期权被执行时，持有者购买或出售股票的价格称作期权的**敲定价格**(strike price) 或**执行价格**(exercise price)。

期权分为美式期权和欧式期权两种。**美式期权**（American options）最为常见，这种期权允许其持有者在期权合约的最后日期即**到期日**（expiration date）或者到期日之前的任何时间执行期权。**欧式期权**（European options）只允许期权的持有者在到期日当天执行期权，不能在到期日之前执行。美式期权与欧式期权的名称与期权交易的场所没有关系：两种期权都可以在全世界范围内交易。

与其他金融资产一样，期权可以买卖。标准的股票期权是通过有组织的交易所来交易的，而更专门的期权则由交易商出售。世界上最大和最古老的期权交易所是美国的芝加哥期权交易所（CBOE）。按照惯例，所有交易的期权将在到期日当月第三个星期五随后的星期六到期。期权的市场价格也称作期权的权利金。

期权购买者，也称作期权持有者，有权利执行期权，在合约中处在多头。期权出售者，也称作期权发行方，出售（或发行）期权，在期权合约中处在空头。多头方拥有执行期权的选择权，而空头方则有履行合约的义务。例如，假设你持有惠普公司的股票看涨期权，执行价格为25美元。惠普股票当前的交易价格为40美元，所以你决定执行期权。在合约中处在空头的一方则有义务以每股25美元的价格向你出售惠普股票。你的收益为15美元，你为购买股票支付的价格与可将股票出售的市价的差额，就是空头方的损失。

投资者只有在能够获利时才会执行期权。因此，不论何时执行期权，期权合约的空头方都为多头方提供了获利。也就是说，这一义务是有成本的。那么，为什么还会有人出售期权呢？答案是，当你出售期权时，你会得到回报——期权通常有正的价格。倘若期权持有者选择执行期权，则这一前端支付将补偿期权出售者的损失风险。如果你对这些新的术语不很清楚，那么建议你先熟悉这些术语后再继续本章的学习。表20.1总结了这些新的术语。

表20.1　**期权术语**

看涨期权	以约定的价格购买股票的期权
看跌期权	以约定的价格卖出股票的期权
敲定价格（执行价格）	期权合约的约定价格
发行期权	卖出期权
执行	按照期权合约的约定，行使买入或卖出股票的权利
美式期权	在期权合约的到期日或到期日之前随时可以执行期权
欧式期权	只有在到期日才可执行期权
认股权证	由公司发行的一种看涨期权，执行认股权证时公司将发行新股

股票期权的报价

表 20.2 显示了 CBOE 网站在 2008 年 5 月 21 日列示的亚马逊（Amazon）的近期期权。看涨期权列在左边，看跌期权列在右边。每一行对应着一种特定期权。期权名称中的前两个数字表示期权的到期年度。期权名称中也包含期权的到期月份、期权的执行价格以及期权代码（在括号中）。表 20.2 中，最左列第一行的看涨期权的执行价格为 70 美元，到期日为 2008 年 6 月第三个星期五随后的星期六（即 2008 年 6 月 21 日）。期权名称右边的栏目列出了期权的市场数据。其中第一栏显示当天收盘价，随后依次为与先前成交价相比的净变化、当前的买入和卖出价以及本日成交量。最后一栏为**未平仓合约**（open interest）数量，即已发行但未结清的特定期权的持仓合约总数。

表 20.2　　　　亚马逊股票期权的报价

AMZN（AMAZON. COM INC）　79. 76　-0. 96

2008 年 5 月 21 日，13：27 ET

买价 79. 76　卖价 79. 77　Size 3×1　成交量 3 391 512

看涨期权	当天收盘价	涨跌幅	买价	卖价	成交量	未平仓合约数量	看跌期权	当天收盘价	涨跌幅	买价	卖价	成交量	未平仓合约数量
08 Jun 70.00(ZQN FN-E)	13.40	0	10.40	10.55	0	1 268	08 Jun 70.00(ZQN RN-E)	0.55	+0.06	0.55	0.58	106	4 747
08 Jun 72.50(ZQN FD-E)	9.00	0	8.25	8.40	0	823	08 Jun 72.50(ZQN RD-E)	0.94	+0.09	0.92	0.96	14	2 571
08 Jun 75.00(ZQN FO-E)	6.40	-0.79	6.35	6.45	77	3 797	08 Jun 75.00(ZQN RO-E)	1.5	+0.15	1.49	1.54	108	6 867
08 Jun 80.00(ZQN FP-E)	3.35	-0.55	3.30	3.40	444	8 060	08 Jun 80.00(ZQN RP-E)	3.55	+0.40	3.40	3.50	307	7 023
08 Jun 85.00(ZQN FQ-E)	1.50	-0.40	1.49	1.53	183	9 513	08 Jun 85.00(ZQN RQ-E)	6.95	+1.05	6.55	6.65	18	2 530
08 Jun 90.00(ZQN FR-E)	0.57	-0.23	0.59	0.63	207	6 206	08 Jun 90.00(ZQN RR-E)	10.1	+0.45	10.65	10.80	5	937
08 Jun 95.00(ZQN FT-E)	0.22	-0.13	0.22	0.26	91	3 079	08 Jun 95.00(ZQN RT-E)	11.9	0	15.30	15.45	0	168
08 Jun 105.00(QZN FA-E)	0.08	0	0.05	0.08	0	1 593	08 Jun 105.00(QZN RA-E)	24.25	0	25.15	25.30	0	3
08 Jun 110.00(QZN FB-E)	0.04	0	0.01	0.04	0	302	08 Jun 110.00(QZN RB-E)	28.4	0	30.10	30.10	0	35

资料来源：Chicago Board Options Exchange at www. cboe. com.

注：对于每一种交易的期权，可以描述为：期权到期的年度、月份、执行价格、期权代码（在括号中）。例如，第一种看涨期权列示出该期权的到期日为 2008 年 6 月，执行价格为 70 美元。

期权报价表的最顶端一行显示了有关股票本身的信息。在本例中，亚马逊股票的最后成交价为每股 79. 76 美元。也可看到亚马逊股票当前的买价、卖价以及成交量。

期权的执行价格等于股票的当前价格时，称期权处于**平价**（at-the-money）。注意，大多数的期权交易都发生在期权最接近平价时，即看涨期权和看跌期权的执行价格为

80 美元。请注意 6 月执行价格为 80 美元的看涨期权是如何实现那么高的成交量的。它的上一成交价是 3. 35 美元，居于当前的买价 3. 3 美元和卖价 3. 4 美元的中间，这意味着交易很可能会在近期内发生，因为期权的上一成交价非常接近于当前的市价。

股票期权合约通常以 100 股为单位。例如，如果你决定购买一份执行价格为 70 美元的 6 月看涨期权合约，就相当于你将购买一份以每股 70 美元的价格买入 100 股的看涨期权。期权价格是以每股为基础报价的，10. 55 美元的卖价意味着你将为此合约支付 1 055（100×10. 55）美元。同理，如果你决定购买执行价格为 70 美元的 6 月看跌期权合约，你将为此期权支付 58（100×0. 58）美元，从而获得以每股 70 美元的价格出售 100 股亚马逊股票的权利。

从表 20. 2 可以看出，对于每个相同的到期日，当看涨期权的执行价格较低时，其市场价格则较高，也就是说，以较低价格购买股票的权利，要比以较高的价格购买股票的权利更有价值。与此相反，看跌期权赋予持有者以执行价格出售股票的权利，故对于具有相同到期日的看跌期权，执行价格越高，期权就越有价值。另一方面（表中没有列示），保持执行价格不变，到期日越晚，看涨期权和看跌期权的价值就越大。因为这些期权都是美式期权，可以在到期日或之前的任何时间执行，买卖股票的权利期限越长，期权的价值就越大。

如果立即执行期权所得到的支付是正的，则称期权处于**实值**（或价内，in-the-money）。执行价格低于当前股票市价的看涨期权处于“实值”状态，执行价格高于当前股票市价的看跌期权也处于“实值”。表 20. 2 的期权报价的当时，亚马逊股票的市价是 79. 76 美元，执行价格低于 79. 76 美元的亚马逊看涨期权都处于“实值”，例如，执行价格为 75 美元、72. 5 美元、70 美元的 6 月看涨期权和执行价格为 80 ~ 110 美元的 6 月看跌期权。相反，如果立即执行期权所得到的支付是负的，则称期权处于**虚值**（或价外，out-of-the-money）。执行价格高于当前股票市价的看涨期权处于虚值，执行价格低于当前股票市价的看跌期权也处于虚值。表 20. 2 中，6 月份到期的执行价格为 75 美元、72. 5 美元、70 美元的看跌期权，以及 6 月份到期、执行价格为 80 ~ 110 美元的看涨期权都处于“虚值”。当然，期权持有者不会执行虚值期权。期权的执行价格和股票市价相差甚远时，称期权处于**深度实值**（deep in-the-money）或**深度虚值**（deep out-of-the-money）。

例 20. 1　购买期权

问题：

在 2008 年 5 月 21 日中午，你决定购买执行价格为 80 美元的亚马逊股票将于 6 月到期的看涨期权合约 10 份。要购买期权，你就得支付期权做市商报出的卖价。你需要支付多少？该期权处于实值还是虚值？

解答：

分析：

根据表 20. 2，报出的期权卖价为 3. 4 美元。如前所述，报价为基于每股的报价，而每份合约包含 100 股股票。

计算：

购买 10 份合约，每份合约包含 100 股股票，这项交易将花费 3 400（3.40×10×100）美元（忽略任何佣金费用）。这是看涨期权，执行价格高于当前的股票价格(79.76 美元)，故期权当前处于虚值。

评价：

该期权当前处于“虚值”，但仍有价值。因为在到期前，股价可能会上涨，高于 80 美元的执行价格。

基于其他金融证券的期权

最常见交易的期权是以股票为基础资产（或标的资产），以其他金融资产为标的资产的期权也存在。众所周知的就是股票指数期权，如标准普尔 100 指数期权、标准普尔 500 指数期权、道琼斯工业指数期权以及纽约证券交易所指数期权。这些期权逐渐变得非常流行，它们能够保护投资者的投资价值免受市场逆向变动的影响。很快我们将会看到，股指看跌期权可抵消投资组合在市场低迷时期的损失。利用期权来降低风险的方式称为**对冲**(hedging)，即持有特定的合约或证券，其支付与一些风险敞口负相关。投资者也可用期权进行**投机**(speculate)，或者对他们判断的可能的市场走向下赌注。例如，投资者通过购买股票指数看涨期权，从而以比投资市场指数本身少得多的投资额，赌市场趋势上升。

概念检查

1. 期权持有者必须要执行期权吗？
2. 美式期权和欧式期权有哪些差别？

期权不仅仅是指股票期权

本章给出的例子大多是关于股票期权的，但也有很多期权是以其他种类的资产作为标的资产的。例如，期权也可以基于国债交易，这类期权允许投资者对冲或投机利率风险。还有货币期权（详见第 22 章）、黄金期权、铂金期权以及以其他商品为标的资产的期权，如铜期权或石油期权。还有很多期权以农产品（如小麦、大豆、牲畜、棉花、橙汁和糖）作为标的资产。这些期权使得农民和大型农业企业能够对冲农产品产量和价格波动的风险。

20.2 到期日的期权支付

在对看涨期权和看跌期权的基本知识有了新的了解之后，再来考察它们的价值。根据估值原理，任何证券的价值都是由持有证券的投资者收到的未来现金流决定的。在对期权估值之前，必须要确定期权在到期日的支付。

期权合约的多头

假设你持有执行价格为 20 美元的期权。如果在期权的到期日，股票价格高于执行价格，如 30 美元，你就可通过执行看涨期权（支付 20 美元的执行价格购买标的股票），然后立即在公开市场上以 30 美元的价格卖出股票而赚钱。10 美元的差额就是期权的价值。到期日的股票价格高于执行价格时，看涨期权的价值就是股价和执行价格之差。到期日的股价低于执行价格时，持有者则不会执行期权，此时期权无价值。上述支付如图 20.1 所示。

看涨期权在到期日的价值可表示为：

看涨期权在到期日的价值

看涨期权的价值 = 到期日股价 - 执行价格（如果股价 > 执行价格）

= 0，（如果股价 ≤ 执行价格）（公式 20.1）

如果股价低于执行价格，则看跌期权的持有者会执行期权。股票价值较低时，期权持有者将行权收到执行价格，持有者的收益等于执行价格减股价。看跌期权在到期日的价值可表示为：

看跌期权在到期日的价值

看跌期权的价值 = 执行价格 - 到期日股价（如果股价 < 执行价格）；

= 0 （如果股价 ≥ 执行价格）（公式 20.2）

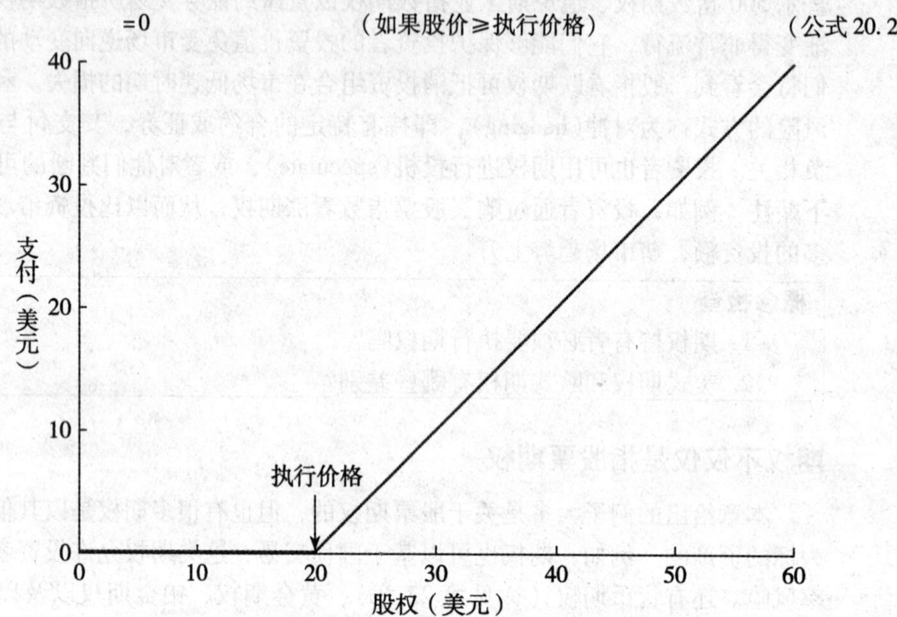

图 20.1 执行价格为 20 美元的看涨期权在到期日的支付

注：如果股价大于执行价格（20 美元），看涨期权的持有者会执行期权，其收到的支付为股价与执行价格之差。如果股价低于执行价格，看涨期权的持有者不会行权，期权无价值。

例 20.2 看跌期权在到期日的支付

问题：

假如你持有执行价格为 20 美元的太阳微系统股票的看跌期权，今天为到期日。要求绘制将期权价值表示为股价的函数图像。

解答：

分析：

根据公式 20.2，已知执行价格为 20 美元，则看跌期权在到期日的价值为：

看跌期权的价值 = 20 - 到期日股价（如果股价 < 20）；

= 0 （如果股价 ≥ 20）

计算：

绘制图像如下：

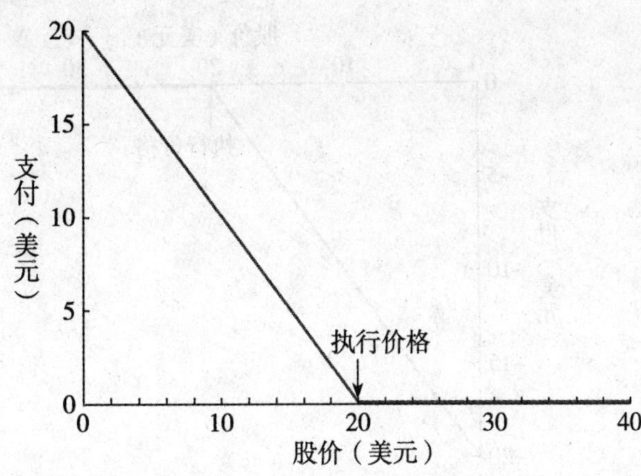

评价：

因为看跌期权允许你要求期权的卖方以20美元的执行价格购买股票，而不管股票的当前市价是多少，由图可见，看跌期权的到期日支付随着股价下跌而增加。例如，如果太阳微系统的股价为10美元，你就可以按10美元的价格从股票市场中买入股票，然后以20美元的价格卖给期权的卖方，从中赚取10美元的利润。

期权合约的空头

期权中的空头投资者负有义务：空头投资者与合约中的多头投资者相对，空头现金流与多头现金流恰好相反。多头投资者在期权到期时只能收到现金（也就是说，期权处在虚值时，多头投资者将不会执行期权），故此时空头投资者就只能支付现金。

为证明这一点，假设你拥有看涨期权的短头寸，期权的执行价格为20美元。如果股票价格大于看涨期权的执行价格，如25美元，期权持有者将会执行期权。你就有义务以20美元的执行价格将股票出售给对方。你必须以市价25美元购买股票，你将会损失价差5美元。然而，如果在期权到期日股票价格低于执行价格，期权持有者将不会执行期权，在此情形下你不会有损失，你也没有出售股票的义务。这些支付如图20.2所示。

例20.3　看跌期权空头的支付

问题：

假如你为太阳微系统股票看跌期权的空头方，期权的执行价格为20美元，今天到期。在到期日，你的支付作为股票价格的函数是什么？

解答：

分析：

已知执行价格为20美元，这种情形下，你的现金流正好与上例中根据公式20.2得出的结果相反。你的现金流将是：

$$\begin{aligned}\text{现金流} &= -(20-\text{到期日股价}) = -20+\text{到期日股价}\quad(\text{如果股价}<20)\\ &= 0\quad(\text{如果股价}\geq 20)\end{aligned}$$

计算：

你的现金流见下图：

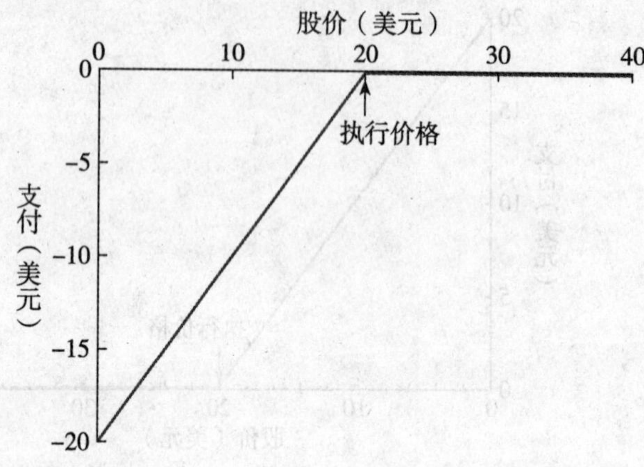

评价：

如果当前股价为30美元，看跌期权将不会被执行，你不负有义务。如果当前股价为15美元，看跌期权将会被执行，你将损失5美元。比较此图与例20.2中的图，可以发现，期权买卖双方的支付互为镜像。

注意，由于股价不会跌至零以下，看跌期权中空头的损失仅限于期权的执行价格。然而，在看涨期权中，空头的损失却没有限制（如图20.2所示）。

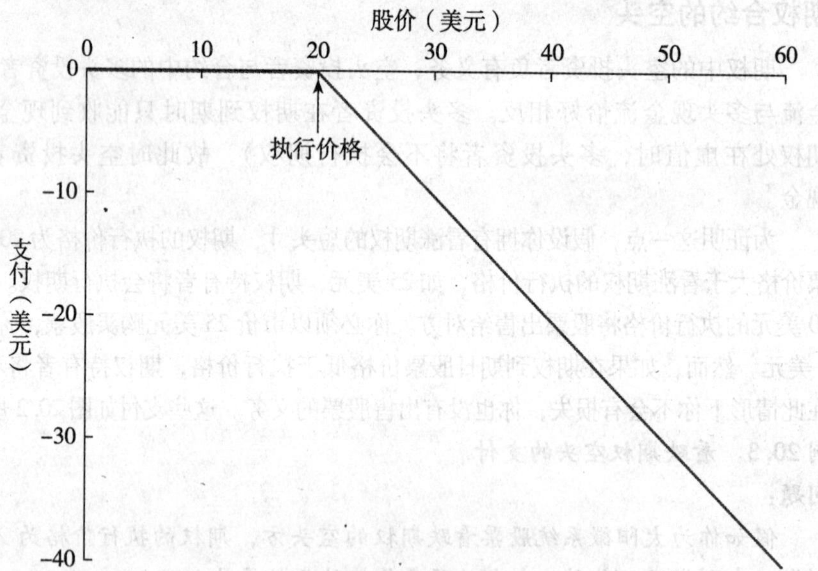

图20.2　看涨期权的空头在到期日的支付

注：如果股价大于执行价格，期权将被执行，看涨期权的空头投资者的损失为股价与执行价格之差。如果到期日的股价小于执行价格，看涨期权将不会被执行，期权的卖方没有卖出股票的义务。

持有期权至到期日获得的利润

期权合约中多头的支付从来不会是负的，但是购买期权并持有至到期日所获得的利润却可能为负，这是由于在到期日投资者收到的支付也许会小于最初的期权购买成本。

下面举例说明。假如购买表 20.2 中列示的执行价格为 80 美元、到期日为 2008 年 6 月的亚马逊股票看涨期权，期权成本为 3.40 美元，将于 31 天后到期。假设你以 3% 的年利率借入 3.40 美元购买期权。31 天后，你需要偿还 3.41（$3.40\times1.03^{31\times365}$）美元的贷款。期权投资的利润就是看涨期权的支付减去应付的贷款额，如图 20.3 中的虚线所示。一旦考虑建立期权头寸的成本，那么只有当股价超过 83.41 美元时，你才能够获得正的利润。如表 20.2 所示，期权的实值程度越深，则初始发行价格就越高，潜在的损失就越大。虚值期权的发行价格相对较低，其潜在损失也较小，但盈利的可能性也较小，因为盈亏平衡点（正负利润的临界点）变得更高了。

期权中的空头恰好与多头相对，空头获得的利润就是多头的损失。例如，如图 20.3 所示，对于执行价格为 85 美元、到期日为 2008 年 6 月的亚马逊股票看涨期权，当期权处在虚值时，如果亚马逊股票价格低于 86.53 美元，则期权的空头将获得正的小额利润，但倘若股票价格高于 86.53 美元，空头将遭受亏损。

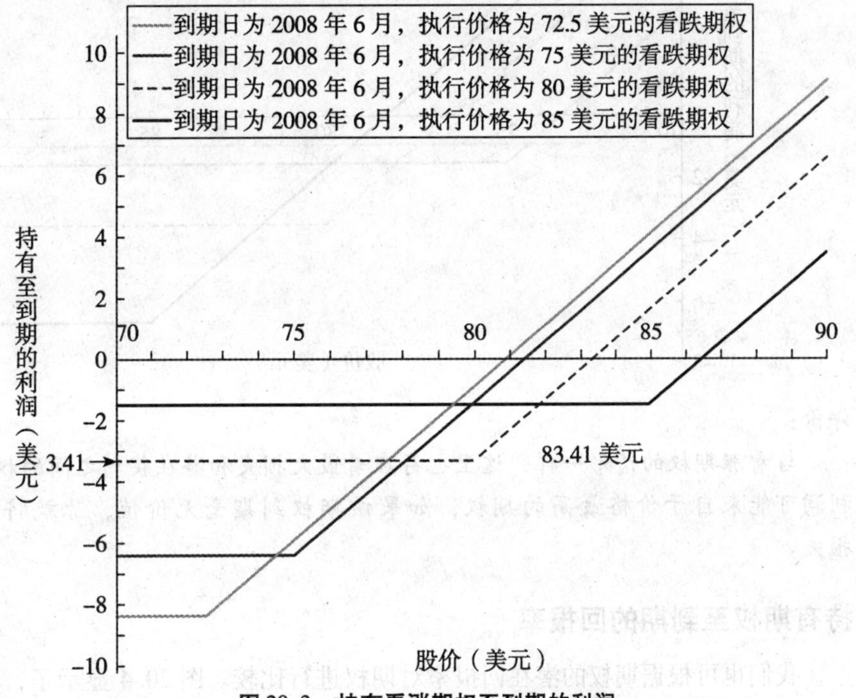

图 20.3 持有看涨期权至到期的利润

注：图中曲线表示，在 2008 年 5 月 21 日，按 3% 的利率借款购买表 20.2 中的 2008 年 6 月到期的看涨期权，并持有至到期日将获得的每股利润。注意，所有的支付曲线都向下平移了等于期权的权利金的距离。因此，即使期权的支付为正，如果不足以补偿取得期权时所支付的权利金，利润也为负。

例 20.4 持有看跌期权至到期的利润

问题：

假如你决定在 2008 年 5 月 21 日购买表 20.2 中每一种 2008 年 6 月到期的执行价格为 72.5 美元到 85 美元的看跌期权，为建立期权头寸融资，你按 3% 的利率借入资金。要求画出在到期日，每一种头寸的利润基于股价的函数图像。

解答：

分析：

以P表示在5月21日每种看跌期权的售价。在到期日，你的现金流将为：

$$现金流=（执行价格-到期日股价）-P\times 1.03^{31/365}（如果股价<执行价格）$$
$$=0-P\times 1.03^{31/365}（如果股价\geq 执行价格）$$

计算：

利润如下图所示：

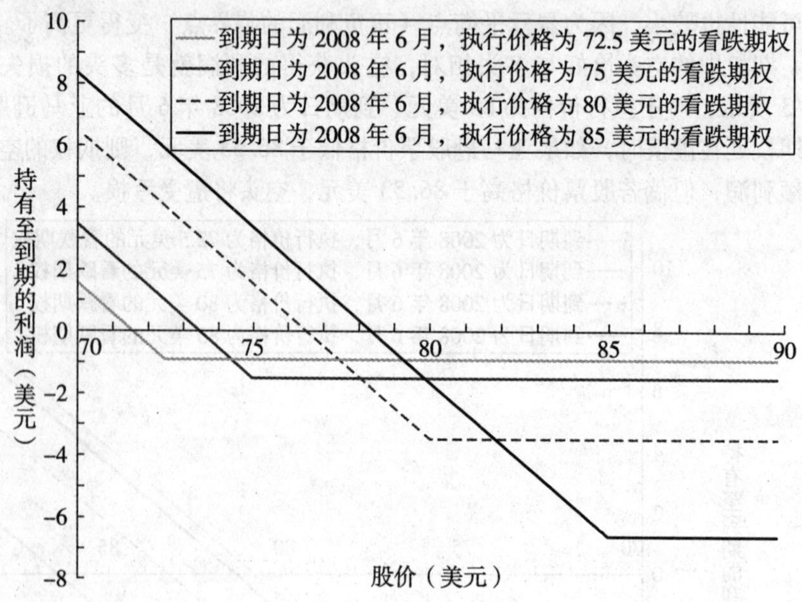

评价：

与看涨期权的情形一样，这里也存在着最大损失和潜在获利之间的权衡。最大的利润可能来自于价格最高的期权，如果该期权到期毫无价值，你就将承受最大的损失。

持有期权至到期的回报率

我们也可根据期权的潜在回报率对期权进行比较。图20.4显示了，在2008年5月21日购买表20.2中到期日为2008年6月的期权，并持有至到期日所实现的回报率。首先来集中分析图a中的看涨期权。在所有情形下，最大损失为100%，即期权到期时毫无价值。注意回报率作为执行价格的函数曲线是如何变化的——虚值看涨期权回报率的分布要比实值看涨期权更极端。也就是说，虚值看涨期权更有可能产生-100%的回报率，但是如果股票价格的上涨更充分，虚值看涨期权将比实值看涨期权有更高的回报率。同样，所有看涨期权都比股票本身具有更极端（高的更高，低的则更低）的回报率（假设亚马逊股票的初始价格为79.76美元，图20.4中列示的股价变化范围，表明了股票回报率的变化范围为-12.5%到12.5%之间）。结果，相对于股票的风险，看涨期权的风险被放大了，虚值程度越深，风险放大程度也就越大。如果股票的贝塔为正，基于该股票的看涨期权将比股票本身具有更高的贝塔和期望回报率。

再来考察看跌期权的回报率。仔细观察图 20.4 中的图 b。看跌期权在股票价格处于低位时将有更高的回报率；换言之，如果股票有正的贝塔，则看跌期权的贝塔为负。因此，基于正贝塔股票的看跌期权要比标的股票本身的期望回报率更低。看跌期权的虚值程度越深，它的负的贝塔就越小，期望回报率就越低。看跌期权一般不会被作为投资而持有，而是作为在投资组合中对冲其他风险的一种保险机制。本章第 5 节将深入探讨使用期权作为保险机制的观点。

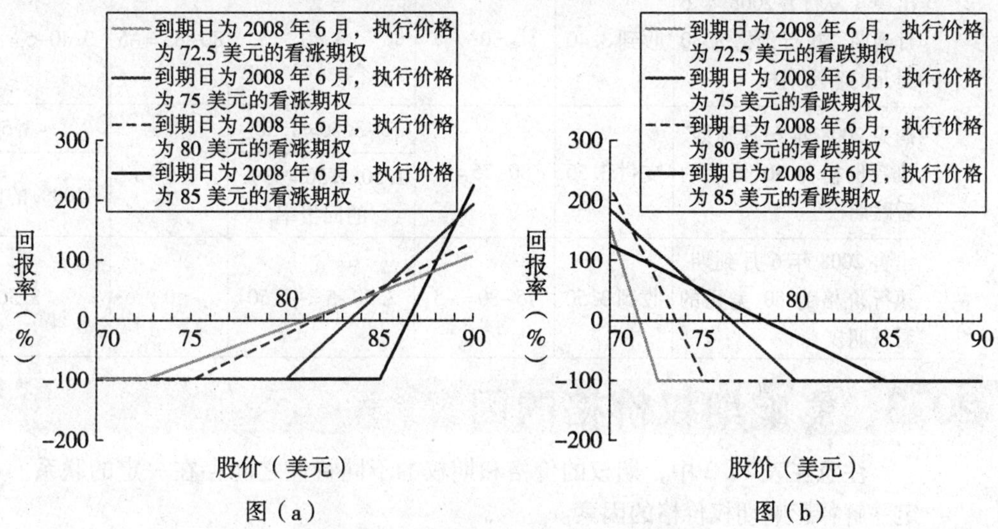

图 20.4　购买并持有期权至到期的回报率

注：图（a）为在 2008 年 5 月 21 日，购买表 20.2 中的 2008 年 6 月到期的看涨期权，并持有至到期日的回报率；图（b）为在 2008 年 5 月 21 日，购买表 20.1 中的 2008 年 6 月到期的看跌期权，并持有至到期日的回报率。注意回报率是怎样随着期权虚值程度的加深，对股价的变动更加敏感的。例如，图 a 中，期权的虚值程度越深，则回报率斜线的斜率在股价达到执行价格后就越陡峭。对于 2008 年 6 月到期、执行价格为 85 美元的看涨期权，股价的一个小的变动，就可能引起回报率的大的变动。图 b 中的看跌期权也具有同样的效应。

至此，我们讨论了购买期权的成本（权利金）、到期日的支付以及利润。追踪它们的变化不容易，但常用的是要记住可以交换的三个变量：（1）期权的权利金；（2）执行价格；（3）股票。而且，期权是双方的合约，一方的损失就是对方的获利。表 20.3 概括了表 20.2 中 2008 年 6 月到期、执行价格为 80 美元的亚马逊股票看涨期权和看跌期权的上述关系。阅读表 20.3 时要记住，如果执行你所拥有的期权的支付为负，你将不会执行，即支付为 0（见公式 20.1 和公式 20.2）。

概念检查

3. 怎样区分购买期权在到期日的利润与支付？
4. 购买看涨期权的支付与发行看涨期权的支付有何联系？

表 20.3　　**表 20.2 中的期权的买卖双方的支付、利润和回报率**

在购买日		如果到期日股价为 75 美元		如果到期日股价为 85 美元	
		支付	利润	支付	利润
购买 2008 年 6 月到期、执行价格为 80 美元的看涨期权	支付 3.40	0	-3.40 -100% 的回报率	85-80=5	5-3.40=1.60 47%(1.60/3.40)的回报率
出售（发行）2008 年 6 月到期、执行价格为 80 美元的看涨期权	收到 3.40	0	3.40	80-85=-5	3.40-5=-1.60
购买 2008 年 6 月到期、执行价格为 80 美元的看跌期权	支付 3.50	80-75=5	5-3.50=1.50 1.50/3.50=43%的回报率	0	-3.50 -100% 的回报率
出售 2008 年 6 月到期、执行价格为 80 美元的看跌期权	收到 3.50	75-80=-5	3.50-5=-1.50	0	3.50

20.3　影响期权价格的因素

注意在表 20.2 中，期权的价格和期权的不同特性之间存在一定的联系。本节确定并解释影响期权价格的因素。

执行价格和股票价格

如表 20.2 中的亚马逊股票期权行情所示，在其他方面完全相同的看涨期权中，期权持有者为购买股票所支付的执行价格越低，则看涨期权的价值就越高。看跌期权赋予期权持有者以执行价格出售股票的权利，看跌期权的执行价格越低，则期权的价值也就越低。

给定期权的执行价格，标的股票的当前价格越高，期权以“实值”执行的可能性就越大，则看涨期权的价值也就越高。与此相反，看跌期权的价值则随着股票价格的下跌而上升。

期权价格和行权日期

对于美式期权，距离期权执行日的时间越长，期权价值就越高。为了说明其中的原因，考虑两种期权：一种期权距到期日的时限为 1 年，另一种期权距到期日的时限为 6 个月。1 年期的期权的持有者可轻易地通过提前执行期权，而将 1 年期期权转换为 6 个月的期权。也就是说，1 年期期权具有与 6 个月期期权完全相同的权利，根据估值原理，1 年期期权的价值不会低于 6 个月期期权的价值：对于其他方面完全相同的美式期权，执行日期较迟的美式期权的价值不会低于执行日期较早的美式期权的价值。通常，延迟执行期权的权利是有价值的，执行日期较迟的期权应该有更高的价值。

而对于欧式期权又将如何呢？上述关于美式期权的结论并不适合于欧式期权，因为1年期的欧式期权不可能在6个月时被提前执行。结果，执行日期较迟的欧式期权，与其他方面完全相同而执行日期较早的欧式期权相比，其潜在的交易价格可能更低。例如，考虑某一欧式股票看涨期权，在6个月时支付清算股利（清算股利是指公司选择停业时，以变卖全部资产的所得支付的股利）。以此股票为标的资产的1年期的欧式看涨期权没有任何价值，而6个月的看涨期权却是有价值的。

期权价格和无风险利率

看涨期权的价值随着无风险利率的增加而增加，看跌期权的价值随着无风险利率的增加而减少。其隐含的直觉是，较高的折现率会减少执行价格的现值。执行看涨期权时你必须支付执行价格，减少你的支出的现值会增加期权的价值。然而，执行看跌期权时你会得到执行价格，所以减少执行价格的现值会降低期权的价值。但是要注意，给定无风险利率的正常变动，无风险利率在期权存续期内的变动不可能大到对期权的价格产生显著的影响。换言之，期权价值对无风险利率的变动不是特别敏感。

期权价格和波动率

确定期权价格的一个重要标准是标的股票的波动率。事实上，期权价值通常会随着股票的波动率的加大而增加。这一结论隐含的直觉是，波动率的加大会提高股票出现过高或过低回报率的可能性。当股价上涨、看涨期权处于“实值”时，期权的持有者将从更高的支付中获利；但不管股价下跌的程度有多深，期权处于“虚值”时，期权持有者的支付始终为0。由于期权支付的这种不对称性，期权的持有者得以从股票的波动性中获利。我们以下面的简单例子来说明。

例 20.5　期权价值和波动率

问题：

有两种欧式看涨期权，执行价格都为50美元，但标的股票不同。假如明天，波动率低的股票的价格确定为50美元。而波动率高的股票的市价可能为60美元或40美元，两种价格出现的概率相同。如果两种期权的执行日期都为明天，那么在今天哪种期权的价值更高？

解答：

分析：

期权的价值取决于到期日股票的价格。如果到期日股票市价大于50美元，则期权的到期日价值等于明天的股票市价减去50美元；否则，期权的价值为0。

计算：

波动率低的股票的价值为确定的50美元，期权的价值确定为0。波动率高的股票的价值为40美元或60美元，因此期权的到期日价值为0或10（60-50）美元。期权不可能有负的支付，所以有50%概率为正的支付的期权比基于低波动率股票的期权更有价值，因为后者不可能获得正的支付。

评价：

波动性增加了期权获得支付的机会，两只股票在明天的预期价值都为50美元。

其中波动率低的股票的价值为确定的50美元，波动率高的股票的预期价值为50（40×1/2+60×1/2）美元。然而，两种期权的价值却显著不同。

例20.5阐明了一个重要的原理：期权的价值一般随着标的股票的波动率的增加而增加。这一结论同样适用于看跌期权。如前所述，在投资组合中加入看跌期权，类似于购买规避价值下跌的保险：股票波动性越高，保险也就越有价值，以较高波动率的股票为标的资产的看跌期权，其价值也较高。表20.4总结了影响期权价值的因素以及每个因素的增加是如何影响期权价值的。

表20.4　**每个因素的增加如何影响期权价值**

	美式期权		欧式期权	
	看涨期权	看跌期权	看涨期权	看跌期权
股票价格	增加价值	减少价值	增加价值	减少价值
执行价格	减少价值	增加价值	减少价值	增加价值
到期时间	增加价值	增加价值	不确定	不确定
无风险利率	增加价值	减少价值	增加价值	减少价值
股价的波动率	增加价值	增加价值	增加价值	增加价值

概念检查

5. 在所有其他方面完全相同的情形下，行权日期较迟的欧式期权的价值，会比行权日期较早的欧式期权的价值低吗？

6. 为什么股票价值的不确定性的加大会使得相应的期权更有价值？

20.4　布莱克—斯科尔斯期权定价公式

在他们获得诺贝尔奖的一项研究中，费歇尔·布莱克（Fischer Black）和麦伦·斯科尔斯（Myron Scholes）推导出了不支付红利股票的欧式看涨期权的定价公式。现在，该公式已成为全世界期权合约交易的定价基础。该公式如下：

不支付红利股票的看涨期权的布莱克-斯科尔斯价格

期权价格＝股价×$N(d_1)$ $-PV$（执行价格）×$N(d_2)$　　（公式20.3）

现值可以用无风险利率来计算，$N(d_1)$ 和 $N(d_2)$ 为概率。d_1 和 d_2 的表达式很复杂，留待后续的公式理财课程中解释①。注意，上述公式中仅包含股价、执行价格、无风险利率、距到期日的时间以及股票的波动率。只需要输入五个参数，即可对看涨期权进行定价。布莱克和斯科尔斯证实了本章上一节的结论：只有这五个因素与期权的价值相关。而值得注意的是哪个因素与期权价值不相关：不需知道股票的期望回报率。你也许心存疑问，在不知道股票的期望回报率的情况下，怎么可能计算出像期权那样其价值主要取决于未来股价的证券的价值呢？实际上，股票的期望回报率已经被纳入当前的股价中，期权今天的价值取决于今天的股价。

① 感兴趣的同学可以了解一下。表达式为：$d_1=\frac{ln[S/PV(K)]}{\delta\sqrt{T}}+\frac{\delta\sqrt{T}}{2}$，$d_2=d_1-\delta\sqrt{T}$。其中，$\delta$ 是股票回报率的年标准差，T 是期权的到期时间（以年为单位）。S 为当前股价，K 为执行价格，公式20.3中的 $N(\cdot)$ 为累积正态分布函数。

幸运的是，你不必知道如何使用布莱克—斯科尔斯期权定价公式，有很多在线期权定价计算工具，而且可以嵌入到基于公式的 Excel 表中。图 20.5 展示了期权行业协会开发的一种计算工具。

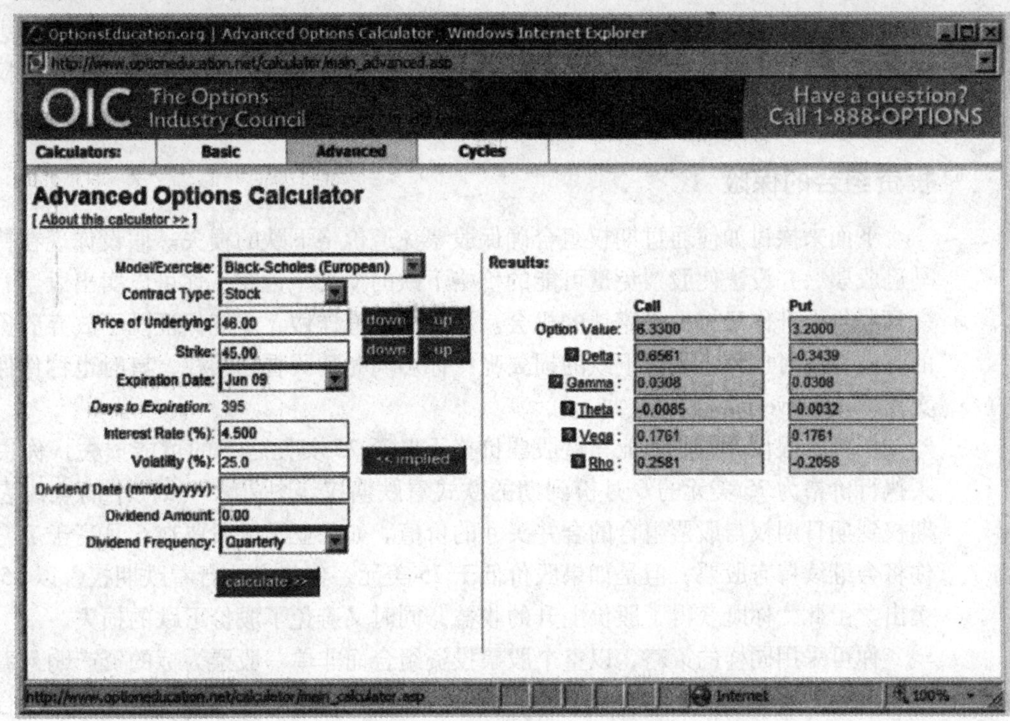

图 20.5　在线期权定价计算器

这种期权定价计算工具基于布莱克—斯科尔斯期权定价公式。在“Model / Exercise”对话框中选择“Black-Scholes（European）”，然后输入股价 46 美元、45 美元的执行价格、到期日为 2009 年 6 月、无风险利率为 4.5%、股票回报率的年波动率（标准差）为 25%、无红利。屏幕的右侧就会显示看涨期权的价值为 6.33 美元（看跌期权的价值是 3.20 美元）。屏幕右侧的其他输出被称作“the Greeks”（希腊语），因为它们大多是用希腊字母来表示的。感兴趣的学生可以登录网站点击每个希腊字母旁边的问题标记，以了解它们的含义。

资料来源：http：//www.optioneducation.net/calculator/main_ advanced.asp.

到目前为止，我们讨论了影响单独的看涨期权和看跌期权的价格的因素。你可能也注意到了，图 20.5 中列出了同一股票的看涨期权和看跌期权的价格。事实上，它们的价格不是孤立地变动的。下一节将解释基于同一股票的看跌期权和看涨期权的价格之间的密切联系。

概念检查

7. 利用布莱克—斯科尔斯期权定价公式计算看涨期权的价格时要用到哪些变量？

8. 布莱克—斯科尔斯期权定价公式为什么不包含股票的期望回报率？

20.5　（看跌期权）卖权—（看涨期权）买权平价关系

如前所述，看涨期权和看跌期权的支付都取决于其标的股票的价格。预期支付决定了期权的价格，因此，看涨期权和看跌期权的价格在一定程度上取决于标的股票的价格。基于同一股票的看涨期权和看跌期权的价格受该股票的价格的影响，所以它们（期权）的价格是相互关联的。本节运用看涨期权和看跌期权的不同组合来达到同一目标——确保股价不低于某一水平，然后根据估值原理的一价定律，如果两种组合提供完全相同的支付，那么它们（组合）的价格必定相同，藉此推导出看涨期权和看跌期权的价格联系。

投资组合的保险

下面来探讨如何通过期权组合确保股票免遭价格下跌的损失。假设你现在持有亚马逊股票，并设法使股票免遭可能的价格下跌的损失。为此，你可以卖出股票，可是一旦股价上升你又将失去赚钱的机会。那么你该怎样做，才能保证既不放弃股价上涨的收益，同时也免遭股价下跌的损失呢？你可同时购买看跌期权，有时也称作**保护性卖权**（protective put）。

例如，假设你想避免亚马逊股票价格下跌至 75 美元之下的可能损失，你决定购买执行价格为 75 美元的 6 月份到期的欧式看跌期权。图 20.6（a）中的点线表示在期权到期日期权与股票组合的合并头寸的价值。如果亚马逊股票在 6 月高于 75 美元，你将会继续持有股票，但是如果股价低于 75 美元，你将会执行看跌期权，以 75 美元卖出。由此，你既获得了股价上升的收益，同时又避免了股价下跌的损失。

你可采用同样的策略，以整个股票投资组合而非单一股票为标的资产购入看跌期权，以此来避免整个股票组合下跌的损失。这种持有多种股票和看跌期权的组合称作**组合保险**（portfolio insurance）。

不支付红利的股票。你也可通过购买债券和看涨期权达到完全相同的效果（组合保险）。我们回到为亚马逊股票购买保险的问题上来。亚马逊股票没有支付股利，在期权到期前没有现金流。因而，除了持有 1 股亚马逊股票和 1 份看跌期权外，你也可以通过购买 1 份面值为 75 美元的零息票无风险债券，和 1 份执行价格为 75 美元的欧式看涨期权，而得到相同的支付。在此情形下，如果亚马逊股票的价格低于 75 美元，你可以获得来自于债券的支付。如果股价高于 75 美元，你可以执行看涨期权，也即，用来自债券的支付以 75 美元的执行价格买入股票。图 20.6（b）中的点线表示在期权到期日这一合并头寸的价值，这与持有股票本身和看跌期权组合时所得到的支付完全相同。

考虑图 20.6 所示的构建投资组合保险的两种不同方式：（1）购买股票和看跌期权；（2）购买债券和看涨期权。两种组合头寸提供的支付完全相同，根据估值原理的一价定律，它们的价格也必定相同：

股价+看跌期权的价格=执行价格的现值+看涨期权的价格

公式左边表示购买股票和看跌期权的成本，公式右边表示购买面值等于执行价格的零息票债券和看涨期权的成本（看涨期权的执行价格与看跌期权的相同）。零息票债券的价格就是它的面值的现值，以 PV（执行价格）来表示。重新整理上式，可得到以不支付红利的股票为标的资产的欧式看涨期权的价格表达式：

看涨期权的价格=看跌期权的价格+股价-执行价格的现值　（公式 20.4）

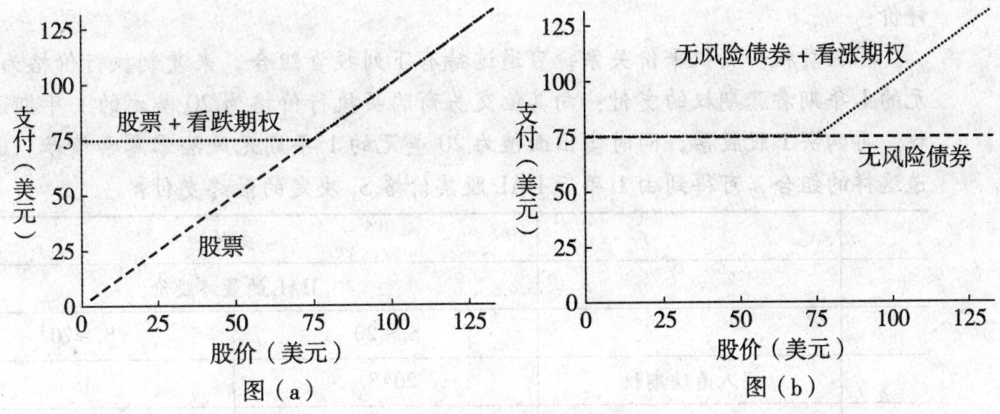

图 20.6　投资组合保险

注：图中显示了以两种不同的方式来避免亚马逊的股价可能下跌至 75 美元以下所造成的损失，这两种方式的支付完全相同。图 a 中的黄线表示，由购买 1 股亚马逊股票和 1 份执行价格为 75 美元的亚马逊股票欧式看跌期权（蓝色虚线是股票本身的支付）组成的合并头寸在到期日的价值（蓝色虚线表示股票自身的支付）。图 b 中的黄线表示，由购买一份面值为 75 美元的零息票无风险债券和一份执行价格为 75 美元的亚马逊股票欧式看涨期权组成的头寸在到期日的价值（绿色虚线表示债券的支付）。

股票、债券、看涨期权和看跌期权的价值之间的关系，被称为卖权—买权平价关系（put-call parity）。这一关系表明，欧式看涨期权的价格等于股票价格加上其他方面与看涨期权完全相同的看跌期权的价格，再减去将于期权执行日到期的债券的价格，其中债券的面值等于期权的执行价格。换言之，你可将看涨期权视为股票的杠杆头寸（股价—执行价格的现值）与规避股价下跌风险的看跌期权的组合。

例 20.6　卖权—买权平价公式的应用

问题：

假如你从事非公开交易期权的买卖。你的一位客户想购买一份 HAL 计算机系统公司股票的欧式看涨期权，期权的执行价格为 20 美元，到期期限为 1 年。另外一位交易商正想出售一份 HAL 股票的欧式看跌期权，执行价格也是 20 美元，到期期限同样为 1 年，看跌期权的售价为每股 2.50 美元。如果 HAL 公司没有支付红利，股票的当前交易价格为每股 18 美元。假设无风险利率为 6%，那么你对 HAL 股票的欧式看涨期权要求的最低价格为多少才能确保你获利？

解答：

分析：

可根据卖权—买权平价关系确定期权的价格：

看涨期权的价格=看跌期权的价格+股价-执行价格的现值

要确定执行价格为 20 美元的 1 年期欧式看涨期权的价格，需要知道与该看涨期权的执行价格相等的 1 年期同一股票看跌期权的价格、股票的当前市价以及无风险利率。有了这些信息就够了。

计算：

看涨期权的价格=看跌期权的价格+股价-执行价格的现值

=2.50+18-20 / 1.06=1.632（美元）

评价：

根据卖权—买权平价关系，可通过持有下列投资组合，来复制执行价格为20美元的1年期看涨期权的支付：向其他交易商购买执行价格为20美元的1年期看跌期权，再购买1股股票，同时卖出面值为20美元的1年期无风险零息票债券。通过构造这样的组合，可得到由1年后HAL股票价格S_1决定的最终支付：

		支付	
		HAL 的最终股价	
		$S_1 \leq 20$	$S_1 \geq 20$
	买入看跌期权	$20-S_1$	0
+	购买股票	S_1	S_1
+	卖出债券	-20	-20
=	投资组合	0	S_1-20
+	卖出看涨期权	0	$-(S_1-20)$
=	总支付	0	0

由这三种证券构成的投资组合的最终支付与看涨期权的支付完全一致。我们可以向客户卖出这一看涨期权，且无论发生什么，我们的未来支付都为零。只要能以比构造该组合的成本（1.632美元）更高的价格卖出看涨期权，那么这一交易便是值得的。

支付红利的股票。如果标的股票支付红利，将会发生什么情况？要是那样的话，股票将支付红利，而零息票债券则不能，则构建组合保险的两种不同方式得到的支付将不会相同。只有将未来红利的现值添加到债券与看涨期权的组合中，这两种策略的实施成本才会相同：

股票现价+看跌期权的价格=执行价格的现值+红利的现值+看涨期权的价格

上式的左边表示股票和看跌期权的价值；右边表示零息票债券、看涨期权以及在期权期限内股票的未来红利的价值。对上式进行整理，得到一般的卖权-买权平价公式：

卖权—买权平价公式

看涨期权的价格=看跌期权的价格+股价-执行价格的现值-红利的现值　　（公式20.5）

在此情形下，看涨期权等价于持有无红利股票的杠杆头寸，再加上规避股价下跌的看跌期权保险。

概念检查

9. 解释卖权—买权平价关系。

10. 如果看跌期权的交易价格高于由卖权—买权平价公式表明的价值，你将采取什么行动？

20.6 期权与公司理财

第8章的简要探讨了实物期权。第14章指出，提前收回（或赎回）债券的权力是公司的一种有价值的期权（选择权），而将所持债券转换成股票的权利是债券持有者的期权。现在可以更正式地说，公司发行的可转换债券，本质上是普通债券和认股权证的组合。

期权在公司理财中的另一个重要应用就是，将公司的资本结构看做基于公司资产的期权。具体来讲，股票可被视为基于公司资产的看涨期权，其执行价格相当于公司未清偿债务的价值。① 为了说明这一点，考虑单期的情形，假设在期末，公司被清算。如果在期末，公司的价值没有超出债务的价值，则公司必须宣告破产，股东将一无所获。相反，如果公司价值超过了债务价值，则股东将会得到清偿债务之后的全部剩余。图 20.7 表明了这一支付。注意观察股权的支付与看涨期权的支付看起来完全一样。

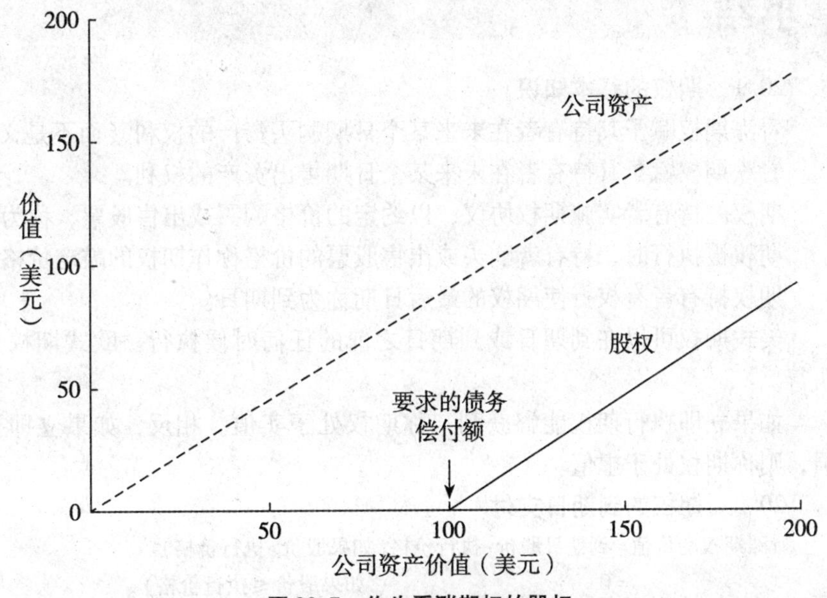

图 20.7　作为看涨期权的股权

注：如果公司的资产价值超出要求的债务偿付，股东收到偿债后的剩余价值；否则，公司将破产，股权价值为零。股权的支付就相当于基于公司资产（价值）、执行价格等于要求的债务偿付额的看涨期权。

从这个角度看，股权可被看做基于公司资产的看涨期权。事实上，债权人可以被看做公司的所有者，但他们向股东出售基于公司资产的看涨期权，期权的执行价格等于要求的债务偿付。回顾前面的内容可知，期权的价格随着基础证券波动率的增加而增加。这意味着，股东将得益于波动率高的投资。股权价值随着公司资产波动性的加大而提高，股东能够从净现值为零、但却加大了公司资产波动性的项目中得到好处。但是，借钱给公司的债权人，并没有由于公司资产的风险增加而得到更多的好处。这样的项目增加了股权的价值，但减少了债务索取权的价值。事实上，因为该项目的净现值为零，采纳这样的项目并不会改变公司整体的价值。债务索取权的价值减少的金额恰好等于股权价值增加的金额。这种效应引发了股东和债权人之间的利益冲突。期

① 至少从布莱克与斯科尔斯写出开创性的期权定价论文以来，这一洞见才被人们所了解：F. Black and M. Scholes, "The Pricing of Options and Corporate Liabilities," *Journal of Political Economy* 81 (3) (1973): 637-654.

权定价理论有助于我们认识产生这种利益冲突的缘由。

平价期权的价格对基础资产波动率变化的敏感性，要高于实值期权。在公司理财中，公司濒临破产时，股权（期权）就处于平价。在此情形下，投资波动性的加大带来的股权价值的提升，也许要超过因采纳净现值为负的投资而造成的股权价值的损失。因此，股东有动机采纳净现值为负的高风险投资。如第 15 章所述，债权人承担了这种成本，股东的这种冒险行为是债权人要重点关注的。

概念检查

11. 解释怎样将股权看做公司的看涨期权。
12. 在什么情形下，股东可能有动机实施净现值为负的投资？

本章小结

20.1 期权的基本知识

看涨期权赋予其持有者在未来某个日期购买资产的权利（而不是义务）。

看跌期权赋予其持有者在未来某个日期售出资产的权利。

期权的持有者实施期权协议，以约定的价格购买或出售股票，称为执行期权。

期权被执行时，持有者购买或出售股票的价格称作期权的敲定价格或执行价格。

期权持有者有权行使期权的最后日期称为到期日。

美式期权可以在到期日或到期日之前的任何时候执行。欧式期权只能在到期日执行。

如果立即执行期权能够获利，称期权处于实值。相反，如果立即执行期权会亏损，则称期权处于虚值。

20.2 期权的到期日支付

看涨期权的价值＝到期日股价－执行价格（如果股价>执行价格）

＝0　（如果股价≤执行价格）　（公式 20.1）

看跌期权的到期日价值＝执行价格－到期日股价（如果股价<执行价格）

＝0　（如果股价≥执行价格）　（公式 20.2）

期权中处于空头的投资者承担义务，其对方是处于多头的投资者。

20.3 影响期权价值的因素

在其他方面完全相同的看涨期权中，执行价格越低，则看涨期权的价值就越高。相反，看跌期权的执行价格越高，则期权的价值也就越高。

股票价格上涨时，看涨期权的价值增加，看跌期权的价值下降。

通常，期权的价值随着股票波动率的增加而增加。

20.4 布莱克—斯科尔斯期权定价公式

布莱克-斯科尔斯期权定价公式表明，不支付红利股票的期权的价格仅仅是股票当前市价、执行价格、到期时间、股票的波动率以及无风险利率的函数。

20.5 卖权—买权平价关系

卖权—买权平价关系将欧式看涨期权的价值与欧式看跌期权的价值和股票的价格联系起来：

看涨期权的价格＝看跌期权的价格＋股票的现价－执行价格的现值－红利的现值　（公式 20.5）

20.6 期权和公司理财

股权可视作基于公司资产的看涨期权。

债权可以视为拥有公司，同时出售基于公司资产的看涨期权，其执行价格等于要求的债务偿付。

复习题

1. 解释下列财务术语的含义

a. 期权；

b. 到期日；

c. 执行价格；

d. 看涨期权；

e. 看跌期权。

2. 欧式期权和美式期权有何区别？

3. 解释看跌期权的多头和看涨期权的空头的差别。

4. 哪种头寸的下行风险敞口更大：看涨期权的空头还是看跌期权的空头？即，在最坏的情形下，哪种头寸的损失更大？

5. 如果你拥有一份到期的看涨期权，此时的股价等于执行价格，你的利润是零吗？

6. 股票波动率的增加对看涨期权的持有者有利吗？对看跌期权的持有者呢？

7. 为什么基于同一股票的看跌期权和看涨期权的价格相关？

8. 为什么可以把期权看做保险合约？

9. 为什么股权可被视作基于公司资产的看涨期权？

练习题

到期时期权的支付（第 1 ~ 8 题）

1. 你有一份 Intuit 公司股票的看涨期权，执行价格为 40 美元，将于 3 个月后到期。

a. 如果 3 个月后的股价为 55 美元，期权的支付是多少？

b. 如果 3 个月后的股价为 35 美元，期权的支付是多少？

c. 画出到期日看涨期权的价值，基于到期日股价的函数图像（期权支付图）。

2. 假如你卖出第 1 题中的看涨期权，

a. 如果 3 个月后的股价为 55 美元，你将欠期权的买方多少钱？

b. 如果 3 个月后的股价为 35 美元，你将欠期权的买方多少钱？

c. 画出在到期日你的欠款额，基于到期日股价的函数图像（支付图）。

3. 你有一份福特股票的看跌期权，执行价格是 10 美元，将于 6 个月后到期。

a. 如果 6 个月后，股价为 8 美元，期权的支付是多少？

b. 如果 6 个月后，股价为 23 美元，期权的支付是多少？

c. 画出到期日看跌期权的价值，基于到期日股价的函数图像（期权支付图）。

4. 假如你卖出第 3 题中的看跌期权，

a. 如果6个月后，股价为8美元，你将欠期权的买方多少钱?

b. 如果6个月后，股价为23美元，你将欠期权的买方多少钱?

c. 画出到期日你的欠款额，基于到期日股价的函数图像（支付图）。

5. 你同时拥有同一股票的看涨期权和看跌期权的多头各一份，两种期权的执行日期相同。看涨期权的执行价格为40美元，看跌期权的执行价格为45美元。画出这一期权组合的价值基于执行日股价的函数图像。

6. 你拥有两种看涨期权的多头，它们的标的股票为同一股票，到期日也相同。第一种期权的执行价格为40美元，第二种期权的执行价格为60美元。此外，你还卖出两份其他方面完全相同的看涨期权，执行价格都为50美元。画出这一期权组合的价值基于到期日股价的函数图像。

7. 远期合约是在未来特定日期以固定价格购买资产的合约。合约双方都有履约的义务。阐明如何用期权头寸构造股票的远期合约。

8. 你拥有1股好市多（Costco）股票。你想避免股价可能下跌带来的损失。你该如何购买（期权）保险?

影响期权价格的因素（第9~10题）

9. 看涨期权和看跌期权的价值最大能达到多少?

10. 为什么其他方面都相同的美式期权，到期期限较长的要比到期期限较短的价值更高?

卖权-买权平价关系（第11~12题）

11. 动力系统公司股票的当前价格为每股33美元，不支付红利。执行价格为35美元的动力系统公司股票1年期欧式看跌期权的当前交易价格为2.10美元。如果每年的无风险利率是10%，执行价格为35美元的动力系统股票1年期欧式看涨期权的价格是多少?

12. 你碰巧在翻阅报纸的时候注意到一个套利机会。Intrawest的当前股价是每股20美元，1年期无风险利率是8%。执行价格为18美元的Intrawest股票1年期看跌期权的售价为3.33美元，同样的看涨期权的售价为7美元。你该怎样利用这个套利机会?

期权与公司理财（第13~14题）

13. 利用看跌期权表示股东的头寸。

14. 利用看跌期权表示债权人的头寸。

数据案例

你叔叔持有10 000股沃尔玛公司股票。由于一项即将宣布的“重要公告”，他很关注沃尔玛股票的短期前景。这一宣告在媒体上引起了广泛的关注，你叔叔预期下个月沃尔玛公司的股价将会发生显著变化，但他不确定这种变化会带来盈利还是损失。他希望股价上涨，但他也不愿意承担短期内股价下跌的损失。

经纪人建议他购买股票的“保护性看跌期权”，但你叔叔之前从没进行过期权交易，而且他也不是一个很愿意承担风险的人。他想让你帮他设计一种方案，在消息宣布产生积极效应的时候可以趁机赚钱，在导致股价下跌时还能受到保护。你认为保护性看跌期权能使他规避股价下跌的风险，但跨价式组合却可在提供类似的下跌保护的同时，还可利用股价上涨而获利的机会。你要向他说明这两种策略以及每一种策略可能带来的利润和回报率。

1. 登录芝加哥期权交易所网站（www. cboe. com），下载沃尔玛股票近 1 个月后到期的期权报价至 Excel 电子数据表。如果你下载“近期平价期权”，你将会得到一系列近 1 个月后到期的期权报价。你只能得到交易所营业日的报价，无法得到收市后的买卖价格。

2. 确定使用保护性看跌期权的利润和回报率。

a. 找出到期执行价格最接近，但不低于沃尔玛当前股价的看跌期权。确定为保护全部 10 000 股股票不受价格下跌影响而必需的期权投资。

b. 假设到期日的可能股价为从 25 美元上涨到 65 美元，每增加 5 美元，使用公式 20. 2 确定看跌期权在到期日的价格。

c. 对应（b）问的每一个股价，计算看跌期权的损益。

d. 计算当前股价相对于（b）问中的每一种可能股价，你叔叔投资于股票的回报率。

e. 计算他从保护性看跌期权投资获得的总体损益，即，对应于（c）问和（d）问中的每一个股价，股票和看跌期权的总回报。

f. 计算保护性看跌期权的总体回报率。

3. 确定你叔叔使用跨价式组合获得的利润和回报率。

a. 计算为保护所有 10 000 股股票免遭价格下跌的影响，你叔叔要购买的由沃尔玛股票看涨期权和看跌期权构成的跨价式期权组合的投资额（与问题 2 中的看跌期权具有相同的执行价格和到期日）。

b. 假设到期日的股价为从 25 美元上涨到 65 美元，每增加 5 美元，利用公式 20. 1 和公式 20. 2 计算看涨期权和看跌期权在到期日的价值。

c. 对应（b）问的每一个股价，计算期权的损益。

d. 计算当前股价相对于（b）问的每一个股价，你叔叔获得的股票回报率。

e. 计算他从投资股票和跨价式期权组合中获得的总体回报，即，对应于（c）问和（d）问的各种可能股价，两种期权以及股票的总回报。

f. 计算跨价式期权组合的总体回报率。

4. 如果消息宣布后导致股价大幅下跌，经纪人建议用保护性看跌期权规避损失的举措是正确的吗?

5. 若利用跨价式组合，你叔叔可能遭受的最大损失是多少?

6. 保护式看跌期权和跨价式期权组合，哪种策略可使你叔叔获得最大的投资价值上升潜力? 为什么会这样?

第21章　风险管理

学习目标

- 理解保险在管理财务风险中的应用。
- 理解价格变动的风险，以及怎样管理这种风险。
- 理解非金融公司如何受到利率波动风险的影响。

本章所涉及符号的含义如下：

r_f（无风险利率）；r_L（承保损失的资本成本）；β_L（承保损失的贝塔）；$\tilde{r}_t$（t 期的浮动利率）；NPV（净现值）；Pr（·）概率

兰迪·纽瑟姆访谈

对于来自克里夫兰印第安人队的投手兰迪·纽瑟姆（Randy Newsom）来说，他兼顾了棒球手和企业家的双重身份。职业运动员的经历促使他于2007年创办了Real Sports Interactive（RSI）公司，该公司通过出售运动员的未来收益期权，来帮助许多小联盟缓解所面临的财务负担。

兰迪2004年毕业于塔夫茨（Tufts）大学并获得经济学学士学位，他描述道："职业运动员们面临着有趣的风险因素，我们是有偿比赛的，比赛能力是整个棒球生涯的基础。小联盟成员们尤其容易受到金融不稳定因素的影响，因为棒球比赛是赢家通吃的经济体系，只有大联盟才能获得巨大的利益。这对于那些试图转变为大联盟的小联盟成员们是个很沉重的负担。如果受伤或场上表现得不够好，我们就会一无所有。"RSI公司与运动员们签约，承诺向他们预先支付由双方商定的少量在大联盟的未来收益比例，这类似于保险。然后，RSI把这些未来收益卖给有意愿的投资者们，让众多的球迷分散风险。"我们将这些期权看做为球员管理风险的模型，以及为球员和球迷提供一个更近接触的机会。"

例如，RSI可按每股20美元的价格向某个球员卖出2 500股，来交换该球员未来在棒球大联盟的收益的4%。出售股份筹集到的50 000美元，给那些正在追逐自己职业理想的运动员提供了某种财务上的稳定和安全性。如果球员没有进入大联盟，投资者就得不到任何回报。"我们从球员那里得到的反馈意见令人难以置信，他们认为这是一个可以付诸于行动的好主意。球迷们同样也很喜欢这个做法，他们将其看做现实生活中的梦幻体育。"

RSI公司花费了大量的时间来建立稳固的经济模型，兰迪和他的同事还通过分析其他模型和寻求专家的意见来对模型不断地进行调整。"大卫·鲍伊通过著名的"鲍伊债券"出售其歌曲的未来收益权，既然人们可以对赛马、高尔夫球手、网球运动员，扑克玩家进行股份投资，为什么就不能向小联盟棒球选手们投资呢？"

所有公司都会面临各种各样的风险：客户的偏好及其对产品需求的变化、原材料成本的波动、人员流动、新加入竞争者的威胁还有其他数不尽的不确定因素。为了追求高额回报，企业家和公司管理者愿意承担这些风险，并将它们作为经营成本的一部分。但和其他成本一样，公司应该对风险进行管理，把它们对公司价值的负面影响减到最小。

风险管理的主要方法就是采取预防措施。例如，公司可以通过以下方法来避免或至少减少很多潜在的风险：提高工作区的安全标准，制定谨慎的投资决策，在建立新的业务关系时进行适当的尽职调查。然而，有些风险的防范成本太高，以至于在公司经营中不可避免。如本书第6篇所述，公司通过资本结构安排与投资者共同承担了这些风险。一部分风险被转嫁给债权人——债权人要承担公司违约的风险。而大部分风险要由股东来承担——他们暴露于股票的已实现回报率波动的风险中。这两类投资者都可将公司证券置于良好分散的投资组合中，从而降低他们的风险。

并非所有风险都要由债权人和股东承担。公司可通过保险和金融市场的风险交易，保护债权人和股东免受一些风险的影响。例如，2005年1月，森科尔能源(Suncor Energy)公司的一座炼油厂在遭遇火灾关闭后，它从保险理赔中获得了2亿美元的赔偿金，弥补了炼油厂的毁损以及在修复期间损失的营业收入。火灾导致的大部分损失主要是由森科尔能源公司的承保商而不是公司的投资者来承担。2005年初，戴尔公司签订了一项合约，以保护它的预计价值50多亿美元的国外收入免受汇率波动的风险；通用电气公司也签订财务合约，以防利率上升引起它的240多亿美元短期债务的成本的增加。2007年，由于航空燃油成本上涨，西南航空公司从其签订的财务合约中获得了6.86亿美元的补偿。

本章考察公司用以管理和降低投资者承担的风险的策略。我们首先介绍保险这种最常用的风险管理方式。在详细介绍了保险的成本和收益之后，接下来介绍公司利用金融市场规避风险的一些做法，这些风险包括商品价格及利率波动的风险（汇率浮动风险将在下一章中介绍）。

21.1 保险

保险是公司用以降低风险的最常用方法。许多公司购买财产保险(property insurance)，对资产进行保险，以防范火灾、风暴灾害、故意毁坏财物的行为、地震以及其他自然和环境风险。其他常见的保险种类包括：

营业责任保险(business liability insurance)，用来赔偿由于经营业务的某些方面给第三方或他人的财产所造成的损害。

业务中断保险(business interruption insurance)，保护公司免受由于火灾、事故或其他承保危险导致经营业务中断而发生的收益损失。

关键员工保险(key personnel insurance)，用来补偿因公司的关键员工流失所造成的损失。

本节阐释保险在降低风险中所起的作用，介绍保险的定价，考察保险给公司带来的潜在收益和成本。

保险的作用：一个例子

为了理解保险在降低风险中的作用，我们考虑一个关于炼油厂的例子。预计某炼油厂下一年遭受火灾的可能性为1/5 000，即0.02%。如果炼油厂被毁坏，预计重建成本和损失的营业收益合计可达15 000万美元。火灾风险的概率分布可总结如下：

事件	概率	损失（百万美元）
未失火	99.98%	0
失火	0.02%	150

根据这一概率分布，企业每年的火灾期望损失为：

99.98%×0+0.02%×150 000 000=30 000（美元）

尽管损失的期望值相对较小，可一旦火灾发生，公司将面临非常严重的损失。如果公司每年能够以少于30 000美元现值的代价彻底消除发生火灾的可能性，那么公司肯定会这样做，因为这一投资将产生正的NPV。然而，以当前的技术水平，要完全避免火灾的发生是不太可行的（或者至少，每年的花费将会远远超过30 000美元）。因此，公司可以对风险进行管理，通过购买保险来弥补可能的15 000万美元的损失。为此，公司每年将向保险公司支付一笔费用，称作**保险费**（insurance premium）。通过保险这种方式，公司提前支付一定的费用，以获得对未来随机发生的损失的补偿。

完美市场中的保险定价

通过购买保险，公司将损失的风险转移给了保险公司。保险公司承担了风险，就要提前向公司收取保险费。在完美市场中，保险公司愿以什么样的价格承担这一风险呢？

在无摩擦的完美市场中，保险公司相互竞争，直至获得公平回报，出售保险的净现值（NPV）为零。如果保险的价格等于保险公司的期望理赔支付的现值，则NPV为零。我们称此时的价格为**精算公平的**（actuarially fair）。职业精算师计算索赔的可能性和严重程度，即损失事件发生的概率和期望赔付，保费是精算公平的，就意味着给定期望赔付的现值，价格是公平的。令 r_L 为与给定的损失风险相适应的资本成本，精算公平保费可计算如下：①

精算公平保费

$$\text{保费}=\frac{\text{发生损失的概率}\times\text{发生损失时的期望赔付额}}{1+r_L} \quad \text{（公式 21.1）}$$

公式21.1中的资本成本 r_L 取决于被保险的风险。再来考虑炼油厂的例子。火灾风险与股票市场或总体经济的表现没有必然联系。这种风险是公司所特有的，可通过大的投资组合将其分散掉。如第10章所述，保险公司可通过将各种保单的风险汇集在一起，构造出风险非常低的投资组合，这种投资组合的年索赔额相对而言是可以预测的。换句话说，火灾风险的贝塔为零，它不要求风险溢价，此时，$r_L=r_f$，火灾风险的资本成本等于无风险利率。

并不是所有可保风险的贝塔都为零。有些风险，如飓风、地震等，会造成数百亿

---

① 公式21.1假设保险费是在年初支付的，发生损失时的赔付则在年末支付。这个等式也可直接应用于其他的时间安排假设。

美元的损失，这种风险很难完全分散掉。① 其他一些类型的损失在公司之间可能是相互关联的。例如，医疗保健成本的增加或更加严厉的环境管制，将会提高所有公司的医疗保险和责任保险的潜在索赔。还有一些风险会对股票市场产生影响：2001 年 9 月 11 日的恐怖袭击事件导致保险公司赔付了 340 亿美元，②在随后证券市场的首个交易周里，标准普尔 500 指数下跌了 12%。

对于不能完全被分散的风险，其资本成本 r_L 中包含了风险溢价。就其本质而言，对不可分散危险的保险，通常是贝塔为负的资产（在处境不利时得到赔付）；若总损失大，且市场组合表现低迷，保险公司对企业的赔付往往比较多。因此，损失的风险调整折现率 r_L 低于无风险利率 r_f，导致公式 21.1 得出较高的保险费用。尽管公司购买保险的投资回报率 r_L 低于 r_f，但是由于保险支付的贝塔为负，所以保险投资的 NPV 仍然为零。③

例 21.1　保险定价与 CAPM

问题：

假如你拥有一座大厦，它是芝加哥摩天大厦中的标志性建筑。你决定为大厦购买保险，一旦大厦被恐怖分子破坏，你将获得 10 亿美元的赔偿。假设发生这一损失的可能性为 0.1%，无风险利率是 4%，市场组合的期望回报率是 10%。如果这一风险的贝塔为 0，精算公平保费是多少？若恐怖袭击保险的贝塔为−2.5，那么保费又是多少？

解答：

分析：

期望损失＝0.1%×10 000 000 000＝100 000 000（美元）

已知无风险利率是 4%，市场组合的期望回报率是 10%。在 $\beta_L=0$ 和 $\beta_L=-2.5$ 两种情形下，分别利用 CAPM 模型来计算回报率，然后通过各自的回报率计算公平保费。得到回报率之后，根据公式 21.1，用预期损失（现金流）除以 $1+r_L$。

计算：

如果风险的贝塔为零，则用无风险利率计算保险费为：

100 000 000/1.04＝961 538（美元）

给定损失的贝塔 β_L 为−2.5，则有，

$r_L=r_f+\beta_L(r_{mkt}-r_f)=4\%-2.5\times(10\%-4\%)=-11\%$

在这种情况下，

精算公平保费＝100 000 000／（1−0.11）＝1 124 000（美元）

评价：

尽管这一保费超过了预期损失，但却是在风险的贝塔为负的情况下的公平保险价格。公司的业务运营产生的现金流很低时，保险恰好补偿了公司的损失。

① 例如，在 2005 年，飓风卡特里娜、丽塔和威尔玛（Katrina，Rita，Wilma）席卷了美国的东南部，造成的经济损失总额高达 1 000 亿美元，其中承保损失额超过了 400 亿美元。对于像这样巨大的风险的保险，许多保险公司会向再保险公司为其自身的投资（保险）组合购买保险。再保险公司汇集了全世界不同保险公司的风险（也称作其保组合）。自然灾害险中，通常有 1/4 到 1/3 的承保损失被转移给再保险公司承担。

② 这一估计来自于保险信息协会（insurance information institute），其中包括财产保险、生命保险和责任保险。资料来源：http：//www.iii.org。

③ 并不是所有保险的贝塔都为零或负；若在市场回报率高时，承保损失额更高，则贝塔有可能为正。

保险的价值

在完美资本市场中，保险的定价就是保险公司和投保者的 NPV 都为零时的价格。但若购买保险的 NPV 为零，保险对于公司又有什么好处?

对于这一问题，莫迪格利安尼和米勒已经为我们提供了答案：在完美资本市场中，任何金融交易都不会给公司带来收益，保险也不例外。保险交易的 NPV 为零，不会对价值产生影响。公司可以通过保险这种新的方式分散风险（例如，火灾风险被转由保险公司而非债权人和股东承担)，但公司的总风险以及它的价值，仍然保持不变。

就像公司的资本结构一样，在不完美市场中，保险的价值必定来自于市场摩擦成本的降低。下面我们来考察，在存在本书第 5 篇所考虑的市场摩擦时，保险能够带来的潜在收益。

破产和财务困境成本。公司借债，会加大它遭遇财务困境的可能性。由第 15 章的内容可知，财务困境可能会为公司带来相当大的直接成本和间接成本，包括诸如过度冒险（过度投资）和投资不足引起的代理成本。通过对可导致财务困境的风险投保，公司可以减少招致这些成本的可能性。

例如，对于具有大量财务杠杆的航空公司来说，它的一架飞机发生飞行事故所造成的损失就可能导致整个公司陷入财务困境。尽管事故的实际损失或许是 1.5 亿美元，但财务困境可能会增加 4 000 万美元的成本。航空公司可通过为 1.5 亿美元的可能损失购买保险，来规避这些财务困境成本。在本例中，保险公司（如果有）赔付的 1.5 亿美元对于航空公司来说，价值 1.9 亿美元。

发行成本。公司遭遇损失时，可能需要向外部投资者发行证券筹集现金。发行证券的成本比较高，除了承销费和交易成本外，还有逆向选择导致的证券折价成本，以及由于股权集中度的降低而造成的潜在代理成本。保险为企业提供了弥补损失的现金，减少了企业对外部资本的需求，从而减低了发行成本。

例 21.2　避免财务困境与降低发行成本

问题：

假设某大型航空公司每年发生航空事故的概率为 1%，事故风险的贝塔为零。无风险利率是 4%，发生事故时赔付额为 1.5 亿美元的保单，其精算公平保费是多少?假设航空公司若没有购买保险，一旦发生事故，它将遭受 1.5 亿美元的财务困境成本和 1 000 万美元的发行成本，航空公司购买保险的 NPV 是多少?

解答：

分析：

事故的预期损失为

1%×15 000=150（万美元）

保险为航空公司带来的总收益为 1.5 亿美元加上因保险而避免的 2 500 万美元的财务困境成本和发行成本。保费的计算只基于预期损失，即公式 21.1 的预期损失的现值。因为 $\beta_L=0$，则 $r_L=4\%$。

计算：

精算公平保费 = 150/ 1.04 = 144（万美元）

购买保险的 NPV 是预期收益，其中包括了因保险而避免的财务困境成本和发行成本，净保费为：

$$NPV = -144 + 1\% \times (15\,000 + 2\,500) / 1.04 = 24 \text{（万美元）}$$

评价：

保险公司通过收取保费来支付其应付的预期现金流。投保公司将来得到的赔付可能要比现在支出的保费更有价值。公司可通过支付保费从而避免其他成本，所以有可能保费是精算公平的，且投资于保险的 NPV 为正。

税率的波动。如果公司采用累进所得税税率纳税，如果支付保险费时的税级高于收到保险理赔时的税级，保险就具有节税作用。

以种植杏子为例，由于气候原因导致作物歉收的概率为 10%。若作物歉收风险的贝塔为零，无风险利率是 4%，则每 100 000 美元损失额的精算公平保费为：

$$\frac{1}{1.04} \times 10\% \times 100\,000 = 9\,615 \text{（美元）}$$

假设种植者当前的所得税税率为 35%。倘若作物歉收，预期种植者的个人所得就会减少很多，于是税率降为 15%。此时种植者购买保险的 NPV 为正：

$$NPV = -9\,615 \times (1-0.35) + \underbrace{\frac{1}{1.04} \times 10\% \times 100\,000}_{=9\,615} \times (1-0.15) = 1\,923 \text{（美元）}$$

种植者在将高税率时期的所得转移至低税率时期的过程中获得了收益。如果潜在的损失大到足以影响公司的边际税率，那么保险的税收利益会非常大。

借债能力。公司会慎用杠杆以免陷入财务困境。保险降低了财务困境的风险，缓解了借债的顾虑，从而使得公司可以增加债务融资。在第 15 章我们发现，债务融资能为公司带来若干重要利益，包括由于利息的税盾效应而带来的税费节约、较低的发行成本以及较低的代理成本（股权集中度的提高和超额现金流的减少）。

管理激励。保险消除了公司管理者无法控制的危险所造成的波动性，这样，公司的收益和股价就可准确地显示管理者的真实绩效。管理者没有暴露于不必要的风险中，从而在基于绩效的薪酬补偿计划中，公司就可以更可靠地利用这些指标作为考核的部分标准。另外，通过降低股票的波动率，保险可激励外部董事或监管公司及其管理的投资者，集中他们的所有权。

风险评估。保险公司在风险评估方面比较专业。在许多情况下，他们甚至比公司管理者本身更了解公司所面临的某些风险。这些知识有助于公司改进投资决策从而获益。例如，公司若要购买火灾保险，就意味着公司在选择仓库时就要考虑到消防安全差别，因为这种差别会导致保险费用的不同。要不然，公司管理者就可能忽视这种差别。保险公司也会常规性地监控它们的承保企业，并给予可提升价值的安全建议。

保险成本

若保费为精算公平，利用保险管理公司的风险可以降低成本，改善投资决策。但在现实中，市场并不完美，保险成本会高于精算公平保费，从而部分地抵消掉保险的这些收益。**保险市场的不完美因素**。企业和保险公司之间可能会产生三种主要的摩擦。第一种市场摩擦是，将风险转移给保险公司，必然会带来保险公司的行政管理费用和营业间接成本的增加。保险公司要雇用销售人员寻找客户；承保人评估给定财产的风险；评估师和理算师评估发生的损失；律师解决索赔中可能发生的纠纷。保险公司在确定保费时要考虑这些费用和支出。在 2007 年，就财产保险行业而言，收取的保费中大约有 25% 的比例为上述费用支出。①

会增加保险成本的第二种市场摩擦是逆向选择。正如管理者出售股权可能预示着他们知道公司很可能经营不善一样，公司打算购买保险则可能传递了它的风险超出平均水平的信息。如果企业拥有关于其自身风险程度的私有信息，作为对这种逆向选择的补偿，保险公司必然要向投保企业索取较高的保费。

影响保险价格的第三个因素为代理成本。保险削弱了企业规避风险的动机。这种由于参加了保险，而对风险的防范放松甚至故意放松的行为被称作**道德风险**（moral hazard）。例如，公司在购买了火灾保险之后，为了节约成本可能会减少对火灾防范的投入。道德风险的一个极端例子就是保险欺诈，即投保方伪造或故意引起损失以获取保险赔偿。财产保险公司估计，道德风险成本占保费的比例超过了 11% 。②

解决市场摩擦。保险公司试图采取多种措施降低逆向选择和道德风险成本。为避免逆向选择，保险公司会精心筛选拟投保企业，尽可能准确地评估它们的风险。正如保险公司要求投保人寿保险的个人进行医疗检查一样，对于大的商业保险，保险公司要检查投保企业的工厂，评估它的安全防范程序。为防止道德风险，保险公司定期调查损失，寻找欺诈和故意行为的证据。

保险公司还会以降低这些成本的方式设计保险单。例如，大多数保险单都既包括**免赔额**（deductible）——即保险公司不负责赔偿的那部分初始损失，也包括**保单限额**（policy limits）——不管实际损失有多大，保险公司规定的最高赔偿限额。这些条款意味着，企业即使参加了保险，也仍然要承担一些发生损失的风险。通过这种方式，企业保持了避免损失的动机，降低了道德风险。而且，高风险企业将偏好较低的免赔额和较高的保单限额（它们更可能遭受损失），所以保险公司可根据企业的保单选择来识别投保企业的风险，减少逆向选择。

例 21.3　逆向选择和保单限额

问题：

你的公司打算为面临的 1 亿美元的潜在损失投保。考虑到公司的纳税利益、避免财务困境成本和发行成本等因素，倘若发生损失，保险公司支付的每 1 美元赔付，对于企业来说价值 1.50 美元。现有两种保单可供选择：如果发生损失，其中一种保单向企业赔付 5 500 万美元，另一种保单赔付 1 亿美元。保险公司收取精算保险费 20% 的费用来补偿管理费用。考虑到逆向选择，保险公司估计 5 500 万美元的保单发生损失的概率为 5%，1 亿美元的保单发生损失的概率为 6%。

假设风险的贝塔为零，无风险利率是 5%。如果企业发生损失的风险（概率）为

① Robert Hartwig, "2004 Year End Results," Insurance Information Institute.
② 保险研究理事会（Insurance Research Council）的估计（2002）。

5%，企业应该选择哪种保单？若企业发生损失的概率为6%，又该选择哪种保单？

解答：

分析：

每种保单收取的保险费是基于预期损失来计算的，预计损失是保险公司估计的可能损失：

5 500 万美元的保单：损失的概率为5%；

10 000 万美元的保单：损失的概率为6%。

保险公司要多收取精算保险费的20%的费用，所以，保险公司将把预计损失现值的1.2倍设定为保费。

对于你公司而言，保单的价值取决于公司估计的损失的真实概率，这基于投保企业自己的估计而非依据保单的额度。保险公司支付的每1美元赔付，对于企业来说价值1.50美元，企业愿意按预期损失现值的1.5倍来付款。

题目中$\beta_L=0$，则以下所有计算中$r_L=5\%$。

计算：

$$\text{保险费（5 500 万美元的保单）}=\frac{5\%\times 5\ 500}{1.05}\times 1.20=314\text{（万美元）}$$

$$\text{保险费（1 亿美元的保单）}=\frac{6\%\times 10\ 000}{1.05}\times 1.20=686\text{（万美元）}$$

如果企业发生损失的风险为5%，那么每种保单的NPV为：

$$\text{NPV（5 500 万美元的保单）}=-314+\frac{5\%\times 5\ 500}{1.05}\times 1.50=79\text{（万美元）}$$

$$\text{NPV（1 亿美元的保单）}=-686+\frac{5\%\times 10000}{1.05}\times 1.50=28\text{（万美元）}$$

如果损失的风险为5%，企业应该选择保险额较低的保单。

如果损失的风险为6%，则保险额较高的保单为优先选择：

$$\text{NPV（5 500 万美元的保单）}=-314+\frac{6\%\times 5\ 500}{1.05}\times 1.50=157\text{（万美元）}$$

$$\text{NPV（10 000 万美元的保单）}=-686+\frac{6\%\times 10\ 000}{1.05}\times 1.50=171\text{（万美元）}$$

评价：

注意，保险公司关于逆向选择的考虑是有正当理由的：风险越高的企业将会选择保险额更高的保单。

保险决策

在完美资本市场中，购买保险不会增加企业的价值。存在市场摩擦时，保险可增加企业的价值，但市场摩擦也很可能会提高保险费用。保险为企业带来的收益必须要超过保险公司向企业额外收取的保险费用（是指超过精算公平保费的那部分费用），这样保险对企业才会有吸引力。

鉴于这些原因可以推论，那些当前财务健康、不需要外部融资、支付高税率的企业最有可能购买保险。它们将从对可引发现金短缺或财务困境的风险的投保中获益，并且保险公司也能够准确地评估和监控企业，以防范道德风险。

对于那些拥有大量私有信息或遭受严重道德风险的企业，全额保险对这类企业不太可能有吸引力。而且，已经陷入财务困境的企业，有强烈的动机不购买保险——它们现在就需要现金，并且由于未来的损失很可能由债权人承担，所以他们有动机去冒险。

概念检查

1. 保险怎样增加企业的价值？
2. 确认由于市场摩擦而产生的保险成本。

21.2 商品价格风险

公司可通过保险来防范不太可能发生的事件对实物资产造成的损毁和破坏，比如火灾、飓风、事故以及其他巨大的灾难，这些都是在公司的正常经营过程之外发生的危险。与此同时，公司面临的很多风险都是在经营活动中自然产生的。对于许多公司而言，它们使用的原材料和生产的产成品的市场价格的变化，可能是影响公司盈利能力的最重要的风险来源。以航空运输业为例，航空燃油支出是仅次于劳动力成本的第二大支出。2007 年油价涨了 2 倍，绝大多数的主要航空运输运营商都使出浑身解数以图恢复盈利。行业分析师估计，每桶油价每上涨 1 美元，就相当于该行业每年的燃油支出增加 4.7 亿美元。航空公司的收入决定因素错综复杂，但显然，仅仅依靠提升票价来度过成本上涨的危机往往是力不从心。对于航空运输业而言，油价上涨的风险是企业面临的最重要的风险之一。

本节讨论企业在面临商品价格变动的风险时，如何降低或对冲风险。和保险一样，通过合约或交易进行对冲（或套期保值），可为企业提供能够抵消价格变动损失的现金流。

利用纵向整合和存货储备对冲

公司可通过投资于能够抵消风险的实物资产，来对冲价格变动风险。最常用的策略就是纵向整合和存货储备。

纵向整合(vertical integration）是通过企业和它的供应商（或企业和它的客户）的合并来达到的。原材料等商品价格的上涨，在提高了企业的成本的同时，也会增加供应商的收入，所以可通过合并这些企业来抵消它们的风险。例如，担心橡胶价格上涨的轮胎制造商，可投资建立一个橡胶种植园。当橡胶价格上涨时，橡胶种植园的利润也随之增加，这就抵消了轮胎制造成本的增加。同样地，航空公司可通过兼并石油公司来抵消油价变动的风险。

纵向整合可降低风险，但并不总会增加价值。回顾 MM 定理的重要结论和启示：若企业所做的事情，投资者自己也可以做到，那么企业的行为就没有增加（创造）价值。担心商品价格变动风险的投资者，可通过“纵向整合”他们的投资组合，即同时买进企业和它的供应商的股票来分散这一风险。通常，收购方企业支付的价格要比被收购企业的当前股价高出很多（很高的溢价），收购方企业的股东一般将发现，由他们自己来分散风险成本会更低。如果企业合并后产生重大的协同效应，纵向整合就可增加价值。然而，在很多情况下，由于合并后的企业缺乏战略核心（如航空公司和石油生产商的合并），合并后很可能会出现规模不经济的结果。最后，纵向整合并不是一种完美的对冲机制：除了商品价格风险之外，企业的供应商还暴露于许多其他风险中。通过纵向整合，企业消除了一种风险，但却承担了其他风险。

另一种用于对冲商品价格风险的策略是存货的长期储备。航空公司担心燃油成本上升，现在就可购买并存储大量的燃油以备用。这样，企业就可用当前的燃油价格外加存储成本，来锁定燃油的成本。但是，很多商品的存储成本太高，导致这种策略不大具有吸引力。采取这种策略，前期还需要支出大量的现金。如果企业现金不足，它就需要筹集外部资本，而这会使企业遭受发行成本和逆向选择成本。最后，储备大量的存货将会显著地增加营运资本需求，这对企业来说又构成一项成本。

套期保值策略导致晋升

西南航空公司就是一个很好的例子。在 2000 年年初，当油价接近 20 美元每桶时，西南航空的公司 CFO 加里·凯利（Gary Kelly）就实施了一项可以保护公司免受油价剧烈上涨危害的策略。到当年晚些时候油价飞涨超过每桶 30 美元，航空运输业因此陷入财务危机之时，西南航空公司之前签订的合约却保证了它可以用相当于每桶 23 美元的价格购买燃油。如图 21.1 所示，燃油价格风险对冲合约带来的资金节约额，总计几乎达到了西南航空公司当年收益的 50%。凯利继而成为西南航空的 CEO，公司仍继续采用这种策略对冲燃油成本的上升。在 2004 年，要是没有燃油供货合约提供的 68 600 万美元的成本节约，西南航空公司当年 64 500 万美元的收益也就付之东流了。

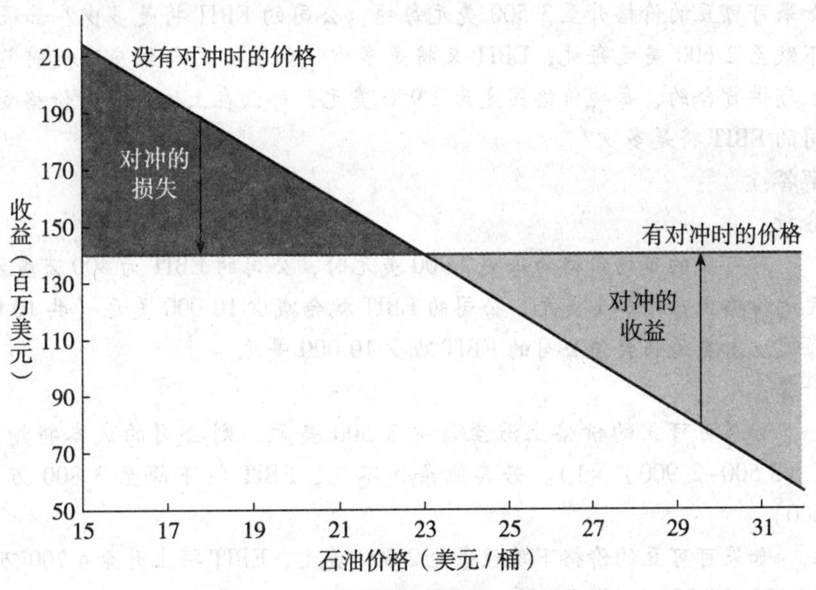

图 21.1 对冲商品价格风险，平滑收益

通过长期供货合约锁定燃油成本，西南航空公司的收益在油价波动时仍能保持平稳。西南航空公司与燃油供应商签订每桶 23 美元的长期合约，如果油价超过每桶 23 美元，西南航空公司可按每桶 23 美元的价格购买燃油从而获利。如果油价下跌到每桶 23 美元以下，西南航空公司则由于承诺按较高的每桶 23 美元的价格购买而遭受损失。此图假设公司的收入或其他成本没有变化。

如果油价下跌，情况会怎样呢?

利用长期合约对冲商品价格风险

除纵向整合和存货储备以外，另一种可选的对冲商品价格风险的方法是，签订长期供货合约。公司通常会通过签订房地产长期租赁合约，提前锁定它们将使用多年的办公空间的价格。与此类似，公用事业公司可以与电力公司签订长期供电合约，钢铁公司也可以与采矿企业签订铁矿石的长期供货合约。通过这些合约，签约双方都能实现它们的产品或投入品的价格保持稳定。

当然，和保险一样，对冲商品价格风险并不总能提升企业的利润。如果在2000年秋天，油价下跌至每桶23美元以下，西南航空公司的对冲策略就会减少公司的收益，因为它必须以每桶23美元的价格购买燃油（而凯利也许不会成为CEO)。假定，即使油价下跌，西南航空公司也能按每桶23美元的价格支付。虽然长期供货合约的成本可能会比较高昂，但却不至于引起财务危机。换句话说，不论油价如何变化，长期合约将西南航空公司的收益稳定在一个可接受的水平上。图21.1显示了这种对冲策略是如何稳定收益的。

例21.4　利用长期合约对冲商品价格风险

问题：

考虑一家巧克力生产商，它来年将需要10 000吨可可豆。可可豆的当前市场价格为每吨2 900美元。按此价格，公司预期来年的息税前收益EBIT为4 400万美元。如果可可豆的价格升至3 500美元每吨，公司的EBIT将是多少？如果可可豆的价格下跌至2 600美元每吨，EBIT又将是多少？如果公司与供应商提前签订了可可豆的长期供货合约，每吨价格固定为2 950美元，那么在上述每一种价格变动情形下，公司的EBIT将是多少？

解答：

分析：

可可豆的市场价格为每吨2 900美元时，公司的EBIT为400万美元。在2 900美元的价格上每增加1美元，公司的EBIT就会减少10 000美元（共10 000吨），同样每减少1美元将会使公司的EBIT减少10 000美元。

计算：

如果可可豆的价格上涨至每吨3 500美元，则公司的成本将增加600万美元（(3 500–2 900)×1)。若其他条件不变，EBIT将下降至3 800万美元（4 400–600)。

如果可可豆的价格下跌至每吨2 600美元，EBIT将上升至4 700万美元（4 400–(2 600–2 900)×1)。

公司还可通过签订长期供货合约，将可可豆的价格锁定为每吨2 950美元，从而规避了价格变动风险，无论可可豆的价格怎样变动，EBIT都将为4 350万美元(4 400–(2 950–2 900)×1)。

评价：

公司可利用供货合约完全消除价格风险，合约的成本仅为50万美元，是可以接受的。

长期供货合约通常是由买方和卖方协商签订的双边合约。这种合约存在一些潜在的缺陷：

(1) 合约的每一方都面临着对方可能违约或不履行合约条款的风险。这种合约使公司避免了商品价格风险，但却又使企业暴露于信用风险之下。

(2) 这种合约不能匿名签订；买方和卖方都相互了解各自的身份。这种非匿名性可能存在策略上的劣势。

(3) 公司可能不容易确认合约在任何时点的市场价值，难以追踪合约的收益和损失，而且必要时，要取消合约可能是很难甚至是不可能的。

为避免这些缺陷，公司可以选择期货合约来对冲风险。下面就来讨论这种策略。

利用期货合约对冲商品价格风险

商品期货合约是一种可以用来规避上述缺陷的长期合约。**期货合约**（futures contract）是在未来某一时点，以现在锁定的价格交割资产的协议。期货合约是以公开的市场价格在交易市场上匿名交易，它的流动性通常很强。买方和卖方都可在任何时间以当时的市价将合约出售给第三方。下面简要地阐述期货合约消除信用风险的机制。

图21.2显示了2008年5月，纽约商品交易所（New York Mercantile Exchange, NYMEX）的轻质低硫原油期货合约的价格。每份合约代表一项承诺——在交割日，按期货价格交割1 000桶原油。例如，在交易2010年12月的合约之前，买卖双方早在2008年5月就约定，在2010年12月以每桶130美元的价格交割1 000桶原油。通过期货合约，买卖双方在将近3年前就能够锁定原油的交易价格。

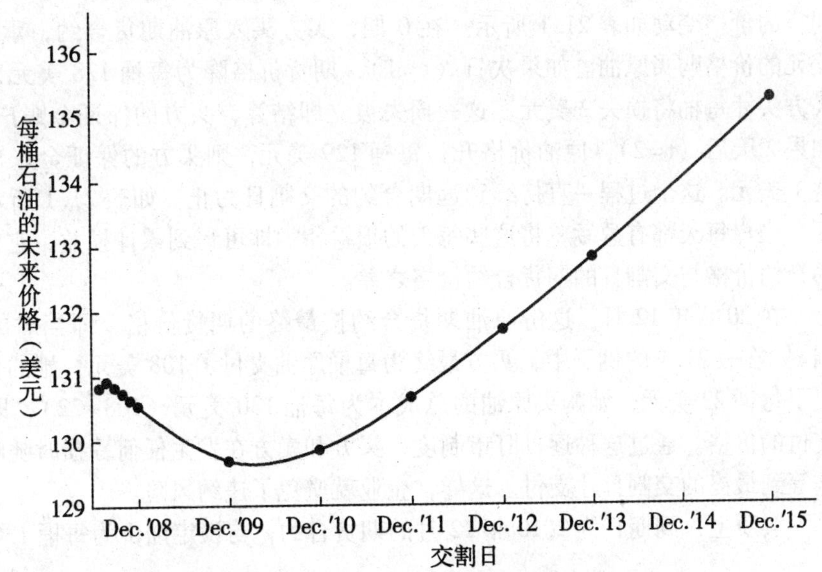

图21.2　2008年5月的轻质低硫原油期货的价格

注：图中的每个点代表在2008年5月，每桶原油在未来不同月份（横轴上的日期）交割时的期货价格。

图21.2所示的期货价格并不是现在要支付的价格，而是今天约定的在未来要支付的价格。原油期货价格是根据每个交割日的市场供求关系来确定的，它们取决于市场对未来油价的预期，并根据适当的风险溢价加以调整。

消除信用风险。如果买方承诺于2010年12月以每桶130美元的价格购买原油，那么卖方将如何确保买方会遵守承诺？假如2010年12月的实际油价为每桶100美元，买方就会有强烈的背信和违约动机。同样，如果2010年12月的实际油价超过130美元每桶，则卖方就会有违约的动机。

表21.1　**2010年12月交割的轻质低硫原油期货合约（美元/桶）的逐日盯市和结算**

	2008年5月						2010年12月		
交易日	0	1	2	3	4	……	698	699	700
期货价格	130	128	129	127	126	……	105	107	108
逐日盯市损益		−2	1	−2	−1	……	…	2	1
累积损益		−2	−1	−3	−4	……	−25	−23	−22

防范违约风险。期货交易所可采用两种机制阻止买卖双方的违约行为。首先，使用期货合约买卖商品的交易者需要提供担保，即缴纳**保证金**（margin）。这种担保（或抵押）可作为期货交易者履行义务的保证。此外，规定现金流的交换和结算发生在每天，而不是等到合约的期末时（交割日），这种方式称作**逐日盯市制度**（marking to market，也称作"每日无负债结算制度"）。也就是说，每天根据期货合约价格的变化，当日结清损益。

假设从2008年5月至2010年12月间的700个交易日里，于2010年12月到期的期货的价格变动如表21.1所示。在0期，买方买入原油期货合约，承诺以每桶130美元的价格购买原油。如果次日（t=1），期货价格降为每桶128美元，那么合约的买方头寸每桶将损失2美元。这一损失被立即结算，买方的保证金账户减少2美元。如果2天后（t=2），原油价格升为每桶129美元，则买方的保证金账户增加赚得的这1美元。这个过程一直持续到远期合约的交割日为止。如表21.1所示，买方的保证金账户每天都有盈亏，将这些每天的损益相加即可得到累计损益，它总是等于最初的合约价格与交割日的期货合约价格之差。

在2010年12月，这份原油期货合约按最终的期货价格，即当时的实际油价交割。① 在表21.1的例子中，买方最终为每桶原油支付了108美元，她的保证金账户损失了每桶22美元，她购买原油的总成本为每桶130美元（108+22），即起初她承诺支付的价格。通过这种逐日盯市制度，买方和卖方在发生任何亏损时随时支付，而不是等到最终的交割日才支付。这样，企业就避免了违约风险。②

实质上，到期日为2010年12月的期货合约，与设定油价为每桶130美元的长期

① 在交割日，期货合约变成立即交割的合约。根据一价定律，此时的期货价格必定等于原油的实际市价。

② 为保证这一结算系统正常运作，买方的保证金账户余额必须足以弥补一天的损失。如果买方的剩余保证金太少，交易所将会发出"追加保证金通知"，要求买方补足保证金。如果买方没有遵照要求去做，则他的保证金账户将被冻结，同时他的期货合约将被配售给新的买家。

供货合约相同。[①] 但与双边合约不同的是，期货合约的买卖双方可以在任何时候结清头寸或平仓（结清保证金账户中的累积损益），将期货合约按即期价格重新配售给新的买方或卖方，也即，在期货市场上反向操作平仓了结（译者注：比如，一份期货合约的买方，可以在临近期货合约交割日卖出一份相同的期货合约，那么他就同时持有这份期货合约的多头和空头，两相抵消之后，实际上他在该期货合约上的头寸就为零了。通常来说，期货合约很少是以实际货物交割来了结的）。正因为这种原油期货合约具有较高的流动性，而且又不存在信用风险，它已成为很多企业对冲油价风险的主要手段。其他很多商品也有类似的期货合约，这些商品包括天然气、煤、电、白银、黄金、铝、大豆、玉米、小麦、大米、牛肉、猪肉、可可粉、糖、二氧化碳排放物甚至冰橙汁等。

常见错误：对冲风险

在对冲风险时需要避免几种常见错误：

不考虑自然对冲。虽然商品采购可能是企业最大的一笔支出，但如果公司能够将这些成本传递给公司的客户，那么商品采购就可能不会给公司带来风险。例如，加油站就不需要对冲它们购买汽油的价格风险，因为加油站的汽油销售价格——即加油站的收入——是随着加油站购买汽油的买价的波动而波动的。如果公司可以将成本的增加转移给它的客户，或者将收入的减少转移给它的供应商，那么公司就可自然对冲这些风险。公司在对冲风险时，首先应该考虑到这种自然对冲，以免过度对冲反而增加风险。

公司暴露于流动性风险。在用期货合约对冲商品价格风险时，期货合约的获利可部分地抵消经营损失，期货合约的损失可部分地抵消经营收益，从而稳定了企业的收益。在后一种情形中，公司从经营收益中获得现金流之前，要冒着为期货头寸追加保证金的风险。为了有效地对冲风险，公司必须拥有或者能够筹集到满足追加保证金需求的现金，否则它将被迫对它的期货头寸违约。在使用期货合约对冲商品价格风险时，公司会暴露于流动性风险之下。举例来说，1993 年，工业巨头德国金属集团（MG）下属的一家美国石油子公司——德国金属精炼和营销公司（Metallgesellschaft Refining and Marketing，以下简称 MGRM）因在原油期货市场损失了 10 多亿美元而倒闭。MGRM 与它的客户签订了原油的长期供货合约，同时购买了原油期货合约来对冲未来油价可能上涨的风险。一旦油价下跌，MGRM 就会面临现金流的危机，无法满足持仓的追加保证金需求。

期货合约与利率敞口错配。期货合约只适用于一组标准化商品，且具有特定的交割日期和交割地点。尽管承诺于 2012 年 6 月在俄克拉荷马州（Oklahoma）交割原油的某原油期货合约，可以适度地对冲在达拉斯（Dallas）于 2012 年 7 月的航空燃油成本，但这不是一个完美的匹配。基差风险是由于期货合约的价值与公司所承受的风险

① 根据逐日盯市制度，在合约期限内，获利和损失都是在发生的当日而不是在合约期末结清。所以考虑利息因素后，准确的未来价值实际上要比每桶 130 美元略高一些。考虑到利息因素对于多年期合约的影响会比较大，期货交易者一般会减少他们的初始头寸，以反映在合约期内赚得的利息。这种调整被称作跟踪套期保值（tailing the hedge），它的含义在套期保值过程中，根据资产组合价值的变化，每天都对套期保值率进行调整，以反映利率对按市值计价的影响。

（风险敞口）不完全相关而产生的风险。

商品价格风险的对冲决策

在完美市场中，商品供货合约和期货合约都是 NPV 为零的投资，不会改变公司的价值。但是对冲商品价格风险可以降低其他市场摩擦的成本从而使企业获益。就像保险一样，它的潜在收益包括，减少财务困境成本和发行成本，节约税费，提高举债能力，改善对管理者的激励和风险评估。商品期货市场，能够为商品的生产者和需求者提供非常有价值的信息。例如，石油公司在投资数百万美元开钻新油井之前，就可以通过期货合约锁定未来的油价。农场主不能确定农作物的未来价格，但他可根据锁定的小麦期货价格来确定小麦的种植量。

对冲商品价格风险与购买保险具有类似的潜在收益，但两者的成本却不同。与保险市场相比，商品市场对逆向选择和道德风险的敏感性较低。关于未来商品价格变化的风险，公司一般不会比外部投资者知道更多的信息，也不能够采取行动来影响这一风险。而且，期货合约的流动性非常强，不会招致大量的管理成本。

然而，交易这些合约会带来其他成本。首先，如图 21.1 所示，公司的对冲交易有时会产生损失。这些损失可由其他收益或节约来弥补，但是公司必须确保在实现收益之前，能够经受住这些损失。其次，公司可能通过签订并不能抵消它的实际风险的合约来**投机**（speculate）。投机不但没有降低还会加大公司的风险。公司在授权管理者利用期货或远期合约对冲风险的同时，也为投机打开了方便之门。公司必须借助适当的治理程序，防范投机和增加风险的可能。

不同的对冲策略

2005 年中期，燃油价格上涨到了 60 多美元每桶。当时，由于实施了积极的对冲政策，西南航空公司 85% 的燃油的进价仅略高于 26 美元。可是美国许多大航空公司都缺乏签订长期供货合约所必需的现金和信誉。2004 年，达美航空公司（Delta）被迫出售它的供货合约，以筹集现金避免拖欠债务。联合航空公司（United Airlines）由于在 2002 年 12 月申请了破产保护，在 2005 年，它只能对其 30% 的燃油以每桶 45 美元的价格进行套期保值。到 2008 年，燃油价格达到了每桶 130 多美元，由此来看，2005 年的油价相对来说便宜了很多。油价上涨的趋势符合了西南航空公司签订长期对冲合约的策略，在 2008 年，西南航空公司的燃油成本锁定为每桶 60 美元。

考虑到各个航空公司的财务状况不同，就可以理解它们所采取的不同策略。西南航空公司最近是盈利的，它想通过对燃油成本套期保值来降低陷于财务困境的风险。而达美航空公司和联合航空公司则已经陷入了财务困境，即使对冲也避免不了这些成本。对于股东而言，不进行对冲而承担风险也许就是最好的策略——油价的骤然下跌将会给股东带来意外之财，而在企业对债务违约时，油价的进一步上升造成的损失最终将很可能由债权人承担。

资料来源：Eric Roston, "Hedging Their Costs," *Time*, June 20, 2005.

概念检查

3. 讨论企业用来对冲商品价格风险的风险管理策略。
4. 利用期货合约对冲（套期保值），存在什么样的潜在风险？

21.3 利率风险

公司借债要偿还利息。利率的上升会加大公司的借款成本，降低它的盈利能力。此外，很多公司都有固定的长期负债，如资本租赁（或融资租赁）或养老金负债等。市场利率的下降会增加这些负债的现值，降低公司的价值。因此，很多公司都要考虑利率波动的风险。

测量利率风险：久期

财务经理需要了解久期这一概念——它可用于测量公司资产和负债对利率变动的敏感度。在第6章的例题6.8中，零息票债券对利率加大的敏感度随着债券期限的延长而增加。例如，对于10年期的零息票债券，它的到期收益率从5%增至6%，将会引起债券的每100美元面值的价格从61.39美元（$\frac{100}{1.05^{10}}$）下跌至55.84美元（$\frac{100}{1.06^{10}}$）。

即债券的价格变动率为-9.0%（（55.84-61.39）/61.39）。而对于5年期的零息票债券而言，在到期收益率发生相同的变化时，债券价格仅下跌4.6%。单一现金流（即到期日产生唯一的现金流，债券存续期间无利息）的利率变动敏感性大致与它的期限成正比。现金流离得越远，利率变化对现金流现值的影响也就越大。这个道理同样可以扩展到能够产生多重现金流的证券和资产中去。价值大多来自于后期现金流的证券，其久期要长于价值大多来自于早期现金流的证券，不过计算久期的具体公式不在本书的范围内。

基于久期的利率风险对冲策略

公司的股票总市值由它的资产和负债的市场价值之差来决定。如果利率的变化影响了这些价值，则也将影响公司的权益价值。通过计算公司资产负债表的久期，可测量公司的利率敏感度。而且，通过重组资产负债表减少其久期，可对冲公司的利率风险。

储蓄和贷款：一个示例。考虑典型的储蓄和贷款机构（S&L，以下简称“储贷机构”）。这些储贷机构以支票和储蓄账户的形式持有短期存款以及定期存单。他们也发放长期贷款，如汽车贷款和房屋抵押贷款。大多数储贷机构都面临着这样的一个问题：通常，它们发放的贷款的久期都比吸收的存款的久期要长，若资产的久期与负债的久期存在显著的差异，就存在**久期错配**（duration mismatch）问题。如果利率发生显著变化，这种错配将会使储贷机构面临风险。

一个储贷机构（S&L）怎样才能够降低它的利率敏感度呢？踏必须降低其资产的久期，或者增加负债的久期。因为它很难增加负债的久期（金融机构不能强迫人们延长储蓄时间），所以必须把重点放在资产的久期上（抵押贷款）。它可通过向其他抵押贷款提供方出售部分抵押贷款来换取现金，将资产的利率敏感度降低至零。事实上，只有最大的几家银行倾向于持有这些储贷机构的抵押贷款——绝大多数银行都通过出售抵押贷款来降低资产对利率风险的敏感度。

储贷机构的危机

在20世纪70年代后期，很多储蓄和贷款机构所提供的存款利率都受到政府的高度管制，政府鼓励这些机构用它们吸收的存款，以固定利率发放长期住房贷款。正如S&L的例子一样，这些储贷机构特别容易受到利率上升的影响。

20世纪80年代初，利率在不到1年的时间里，从小于9%上升至15%以上。结果，很多储贷机构变得资不抵债，负债的价值接近甚至超过了资产的价值。

在这种情况下，大多数储贷机构将无法筹集到新的资金，并且很快会违约。但是，由于它们吸收的存款有联邦储蓄保险公司的担保，即使资不抵债，这些储贷机构也能够吸引新的储户，以此偿还旧的存款，从而继续营业。其中很多储贷机构开始投资垃圾债券和其他高风险证券，以期获得高额回报，恢复偿付能力（回顾第15章的内容可知，企业接近违约时，股东有过度冒险的动机）。然而，这些风险性投资大多都以失败告终，这更加恶化了储贷机构的危机。到20世纪80年代末期，美国政府不得不关闭了超过50%的国内储贷机构，并且为履行对储户的储蓄保险义务，帮助储户摆脱困境，花费了纳税人1 000多亿美元的税款。

基于互换的对冲（套期保值）

储贷公司可以通过出售资产以降低利率的敏感度。而对大多数公司来说，出售资产并非他们所愿，一般来说，那些资产是公司正常运营所必需的。利用利率互换策略，公司可在不用出售或购买资产的情况下，修正公司的利率风险暴露程度。**利率互换**（interest rate swap）是公司与银行签订的一项合约（很像远期合约），公司和银行同意交换两类不同贷款的利息。本节介绍利率互换机制，探讨公司如何用它管理利率风险。

在标准的利率互换合约中，合约的一方承诺在每一付息期，按固定利率为对方的债务支付利息，作为交换，同时按现行市场利率收到利息，用来支付本方贷款的利息。根据当前市场状况调整的利率称作浮动利率。这样，双方交换的就是固定利率票息和浮动利率票息，这种互换也被称作“固定利率与浮动利率的互换”。

为说明利率互换的作用机制，考虑固定利率为7.8%、本金为1亿美元的5年期贷款的利率互换。标准互换的付息间隔为半年，每6个月支付一次的固定利息为390万美元（1/2×7.8%×10 000）。浮动利率票息的支付一般是基于6个月的市场利率，如6个月期的短期国库券利率或6个月期的伦敦银行同业拆借利率（LIBOR）。[①] 这一利率在合约期内会变动。每期的票息是基于票息支付日前6个月时的现行6个月期

① 伦敦银行同业拆借利率（LIBOR）是指，在伦敦设有办事处的主要国际银行相互之间随时拆借资金的利率。它是互换和其他金融理财协议常用的基准利率。

市场利率计算得出的。给定互换期内假设的 LIBOR 浮动利率，表 21.2 计算出了利率互换的现金流。例如，在 6 个月后的第一个付息日，固定利息为 390 万美元，浮动利率利息为 340 万美元（1/2×6.8%×10 000），从支付固定利率转为浮动利率的净支付为 50 万美元。

互换的每次支付额等于固定利率利息和浮动利率利息之差。与普通贷款不同，互换不涉及本金支付。1 亿美元的互换额仅用来计算利息，实际上从来不用支付，我们称其为互换的**名义本金**（notional principal）。最后，互换也不会产生初始现金流。也就是说，互换合约就像远期和期货合约，通常被构造为“零成本”证券。互换合约的固定利率是基于当前的市场状况确定的，互换对交易双方而言都是公平的（即，NPV 为零）。

利率互换的目的是减少融资成本。如一方可以得到优惠的固定利率贷款，但希望以浮动利率筹集资金，而另一方可以得到浮动利率贷款，却希望以固定利率筹集资金，通过互换交易，双方均可获得各自所希望的融资形式。

互换与标准贷款的组合

公司通常用利率互换改变它们面临的利率波动风险。企业支付的贷款利率之所以会波动，主要有两个原因：第一，市场无风险利率可能会发生变化；第二，企业的信用程度会随着时间而变化，而信用程度决定了企业必须支付的超过无风险利率的那部分信贷息差。通过将互换与贷款相结合，企业就可选择哪些利率风险他们将承受，哪些利率风险可消除。下面通过一个典型的例子来说明。

表 21.2　**1 亿美元贷款的固定与浮动利率互换的现金流**

年	6 个月的 LIBOR	固定利率	浮动利率	新的互换现金流：固定—浮动
0.0	6.8%			0.0
0.5	7.2%	3.9	3.4	0.5
1.0	8.0%	3.9	3.6	0.3
1.5	7.4%	3.9	4.0	-0.1
2.0	7.8%	3.9	3.7	0.2
2.5	8.6%	3.9	3.9	0.0
3.0	9.0%	3.9	4.3	-0.4
3.5	9.2%	3.9	4.5	-0.6
4.0	8.4%	3.9	4.6	-0.7
4.5	7.6%	3.9	4.2	-0.3
5.0		3.9	3.8	0.1

例 21.5　利率互换的运用

问题：

波尔特（Bolt）实业公司正面临越来越激烈的竞争，它希望借入 1 000 万美元以弥补未来的收入不足。当前，AA级长期借款利率为10%。基于波尔特公司当前的信用评级，它可按10.5%的利率借款。公司预计未来几年利率会下降，所以偏好短期借款，等利率下降后再重新融资。然而，波尔特公司的管理者担心随着竞争的加剧，公司的信用评级可能会下降，这可能会显著地加大企业为新贷款支付的息差。波尔特公司如何才能既获得利率下降带来的好处，又不必担心它的信用评级的恶化呢？

解答：

分析：

波尔特公司想要把长期固定利率转换为浮动利率（它会随着市场利率的下降而下降），可以通过互换来实现：买入固定利率（可用于支付长期债券），同时卖出浮动利率。公司的净风险就是浮动利率。

计算：

公司可以先按10.5%的长期利率借款，然后签订一份利率互换合约，合约规定，波尔特从对方收到10%的固定利息，支付本公司的贷款利息，并向对方支付短期利率 $\tilde{r}_t$。它的净借款成本为：

长期借款利率+为互换支付的浮动利率−从互换收取的固定利率=净借款成本

$$10.5\% + \tilde{r}_t - 10\% = \tilde{r}_t + 0.5\%$$

这样，波尔特将它当前的信用息差锁定在0.5%，并且还可以获得利率下降的收益。

评价：

通过这种方法，公司将其当前的信用息差锁定在0.5%，但会得到利率下降的好处。如果利率不降反升，公司的状况会变糟。

作为财务经理，对冲利率风险有助于公司避免本书第15章提到的各种财务困境成本。如果公司运营地相当好，你不愿碰到借款成本的突变而带来的现金流动问题，这可能会使公司陷入财务困境。由本节的内容可知，像久期匹配和利率互换之类的金融工具与技术，对于公司避免这些成本大有裨益。

概念检查

5. 久期的计算所隐含的直觉是什么？
6. 公司如何管理利率风险？

本章小结

21.1 保险

保险是公司用来降低风险的常用方法。在完美市场中，保险的价格是精算公平的。精算公平保费等于预期承保损失的现值：

$$\frac{\text{发生损失的概率}\times\text{发生损失时的期望赔付额}}{1+r_L} \quad \text{（公式 21.1）}$$

对于风险无法被有效分散的保险而言，其贝塔为负，这加大了保险的成本。

保险的价值来自于它能够减少市场摩擦给企业造成的成本。保险可能会给公司带来收益，它对破产和财务困境成本、发行成本、纳税、借债能力和风险评估都有积极的影响。

保险的成本包括日常管理费用和营运间接成本、逆向选择以及道德风险成本。

21.2　**商品价格风险**

公司业可采取以下几种风险管理策略对冲商品价格风险：

(1) 投资于可抵消风险的实物资产，如采取纵向整合和存货储备等方法。

(2) 与供货商或客户签订长期合约，保证价格的稳定性。

(3) 在金融市场中交易商品期货合约。

21.3　**利率风险**

利率波动时，公司就会面临利率风险。系列现金流的利率敏感度随着久期的增加而增加。

公司可通过购买或出售资产的策略来管理资产负债表的利率风险。

利率互换可将公司的利率变动风险与信用质量波动风险分离开来。

公司借入长期贷款，并签订利率互换合约：向对方收取固定利息，同时向对方支付浮动利息。实际上这就相当于，公司支付浮动利率加上基于它最初的信用质量（评级）而确定的息差。

公司借入短期贷款，并签订利率互换合约：向对方收取浮动利息，同时向对方支付固定利息。实际上这就相当于，公司支付固定利率加上随着它的信用质量（评级）变化而浮动的息差。

公司可通过利率互换，在不必购买或出售资产的情况下，就可改变它们的利率风险。

复习题

1. 为什么公司支付精算公平的价格来投保，却还将购买保险作为一项 NPV 为正的投资？

2. 保险公司怎样减轻逆向选择和道德风险问题？

3. 有哪些常见的方法来对冲商品价格风险？

4. 对冲能带来损失么？

5. 公司怎样暴露于利率风险中？

6. 公司怎样利用利率互换来管理利率风险？

练习题

保险（第 1 ~4 题）

1. 威廉（William，WMB）公司拥有并经营天然气管道运输业务，其输送量占美国天然气消费总量的12%。公司担心强大的飓风很可能会摧垮其横跨墨西哥湾长达691 英里的海湾管道，一旦灾难发生，预计将损失 6 500 万美元。假设每年发生飓风灾害的可能性为3%，这一损失的贝塔为-0.25。无风险利率是5%，市场期望回报率为 10%。为飓风灾害投保的精算公平保费为多少？

2. 基因科技（Genentech）公司的主要设施位于旧金山南部。假设基因科技的经营设施遭遇大地震破坏的直接经济损失将高达 45 000 万美元。每年发生这样的大地震的可能性为2%，贝塔为-0.5。

a. 如果无风险利率为5%，期望市场回报率为10%，基因科技公司为弥补损失而付出的精算公平保费为多少？

b. 假设保险公司为弥补其管理费用和营业间接成本，将（a）问中计算得出的保费提高15%。若基因科技公司没有购买保险，它必须承受的财务困境成本或发行成本为多少？

3. 假设你公司从中国进口商品。你担心明年的中美贸易谈判可能失败，导致进口货物延期交付。一旦延期，预计会显著减少你公司的营业利润，边际公司所得税税率也将随之从现在的40%下调到10%。

一家保险公司与你签订了一份贸易保险单，承诺若进口延期，将赔付给你公司50万美元。估计延期的概率为10%，贝塔为-1.5。无风险利率为5%，市场期望回报率为10%。

a. 保险的精算公平保费是多少？

b. 购买保险的净现值为多少？投保为什么会获利（获利的源泉）？

4. 公司明年有9%的可能性亏损1 000万美元。如果公司实施新政策，可以把损失的概率降至4%，但要为执行新政策预先支付10万美元的成本。假设潜在损失的贝塔为0，无风险利率为5%。

a. 如果公司没有投保，实施新政策的净现值为多少？

b. 如果公司购买了全额保险，实行新政策的净现值又为多少？

c. 给定（b）问得到的结果，计算全额保险的精算公平保费。

d. 公司为促进新政策的实行，要求的最低免赔额为多少？

e. 给定（d）问中的免赔额，保单的精算公平保费是多少？

商品价格风险（第5~7题）

5. 必和必拓公司（BHP Billiton）是世界矿业巨头。BHP预计明年将产出20亿磅铜，每磅铜的生产成本为0.90美元。

a. 若明年每磅铜的价格分别为1.25美元、1.50美元或1.75美元，计算BHP明年的营业利润（假设公司明年按上述价格卖出全部的铜）？

b. 如果公司与客户签订合约，按平均每磅1.45美元的价格向用户供应铜，公司明年的营业利润将是多少？

c. 如果铜价如（a）问所示，公司就其50%的产出量与客户签订了如（b）所述的供货合约，公司明年铜的营业利润是多少？

d. 描述（a）、（b）、（c）问的策略分别在什么情况下为最优选择？

6. 你所在的公用事业公司在10天后需要采购10万桶原油，公司担心原油成本会上升。假设现在你买入100份原油期货合约，每份合约的交易量为1 000桶原油，当前的期货价格为每桶60美元。期货价格的每日走势如下图所示：

a. 根据逐日盯市制，你每天的损益（美元）为多少？

b. 10天后你总的损益是多少？你是否弥补了油价上涨的损失？

c. 在这10天内，你的累计亏损额最高为多少？在什么情况下这可能会成为问题？

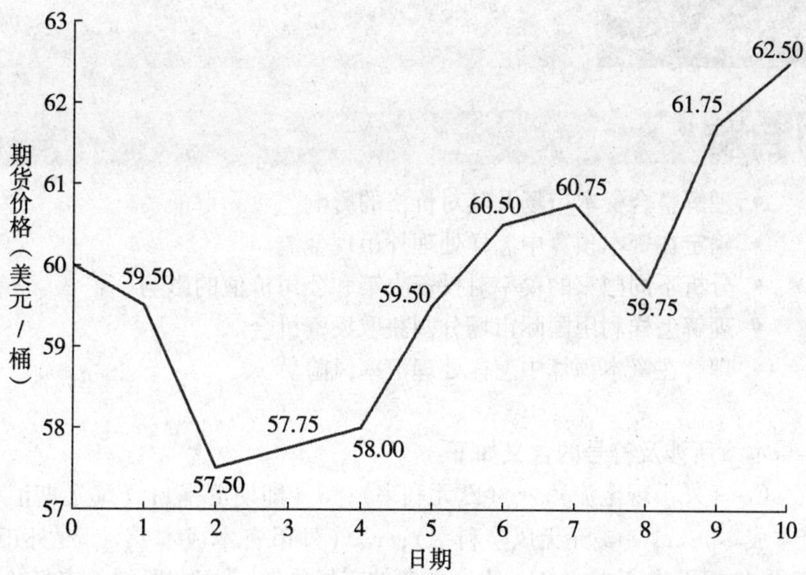

7. 假设星巴克（Starbucks）公司每年要消耗1亿镑咖啡豆。预期咖啡豆的价格上涨时，星巴克公司将提高每杯咖啡的售价，把咖啡豆价格上升成本的60%转移给消费者。为在咖啡的价格波动中对利润套期保值，星巴克公司应该通过供货合约来锁定多少镑咖啡豆的价格？

利率风险（第8~9题）

8. 假设以下各种证券的到期收益率（YTM）相同：5年期零息票债券、9年期零息票债券、5年期年金以及9年期年金。从低到高排列这些证券的久期。

9. 你公司要筹集1亿美元资金。你可以按超过LIBOR1.00%的息差借入短期贷款。或者，你也可按照高出10年期国债收益率2.50%的息差，发行10年期固定利率债券，国债的当前收益率为7.60%。当前的10年期利率互换合约的报价为，以LIBOR交换8.00%的固定利率。

管理者认为公司当前的信用评级被“低估”，公司的信用质量在明后年很可能会提升。不过，管理者仍对短期借款的利率风险感到不安。

a. 提出借款1亿美元美元的策略。有效借款利率为多少？

b. 假如3年后，公司的信用评级果然提升了，到那时，公司可以按高于国债0.50%的息差借款，那时的7年期国债的收益率为9.10%。同时，7年期利率互换合约的报价为，以LIBOR交换9.50%的固定利率。对于未来7年，你怎样锁定新的信用评级（信用质量）？你的有效借款利率是多少？

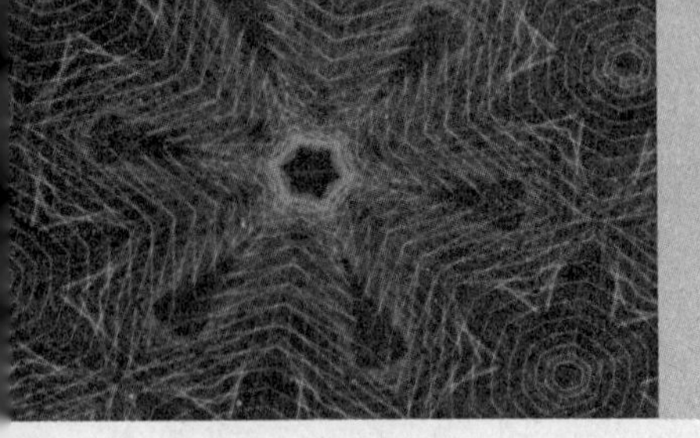

第22章　国际公司理财

学习目标

- 理解整合资本市场及其对价格的影响。
- 确定在资本预算中怎样处理外币现金流。
- 分析不同国家的税率对投资决策和公司价值的影响。
- 理解怎样利用国际市场分割获取投资机会。
- 理解在资本预算中怎样处理汇率风险。

本章所涉及符号的含义如下：

C_{FC}（外币现金流）；r_e（欧元利率）；S（即期汇率）；F（远期汇率）；$r_{\$}^*$（美元资本成本）；$r_{\$}$（美元无风险利率）；$r_{FC}^*$（外币资本成本）；$r_{FC}$（外币无风险利率）；$r_{wacc}$（加权平均资本成本）；$D$（债务的市场价值）；$E$（股权的市场价值）；$r_E$（股权的必要回报率）；$r_D$（债务的必要回报率）

肖恩·韦斯特访谈

肖恩·韦斯特（Sean West）将自己所学的国际理财知识应于欧亚集团，一家国际领先的全球政治风险研究和咨询公司。他曾获得乔治城（Georgetown）大学对外服务学院的理学学士学位，2006年在加利福尼亚大学伯克利（Berkeley）分校获得公共政策硕士学位。

想开拓海外市场的公司必须考虑许多特殊的风险因素，比如，国内外税法的差异和外币现金流。在跨国公司的咨询业务中，肖恩着重于研究政治风险。“我们的主要目标是帮助客户了解政治风险如何影响国际资本市场及其运作，”他说，“政治风险是国家政策或政策实施发生变动的风险，它会影响投资或交易的预期价值，这种风险源于行业管制、税收设计以及更为广泛的事项，诸如宏观经济的稳定性、通货膨胀压力和货币目标等等。”

在国际市场运营的公司必须考虑外币汇率的波动。他们可以用当地货币买卖产品、支付工资、购买原材料等，而这些货币要转换为本国货币。他们还要对计划的海外资本投资所产生的外币现金流估值。“公司在跨国运营时，关键是要了解其运营所在国家的政策变动的影响，”肖恩强调，“例如，它会影响公司是在国内还是国外借款的选择。”

许多政治风险可以通过国际资本市场转化。通常，一国货币相对于主要货币（如美元或欧元）的贬值，既意味着经济变动，也代表着政治力量的对比变动。“一国货币的贬值会影响本国居民对进口商品的购买力，而对持有外币或收益的人来说，则产生有利的影响。有可能出现的一种后果是，对于那些相对而言货币更值钱的外国人而言，货币贬值国会成为更具吸引力的旅游目的地。对于那些打算在该国新建生产设施的公司来说，这意味着更有利的投资环境，因为公司可以按较低的价格购买当地的货币，劳动力和生产物料的成本都较低。”

20世纪90年代，星巴克（Starbucks）咖啡公司将日本确定为其咖啡产品的一个很有盈利前景的新市场，并决定在1996财年向日本市场投资1 000万美元，开始在日本的发展之路。星巴克意识到需要掌握关于日本市场的专门知识，于是它与日本的一家零售商和连锁餐厅经营商——Sazaby公司建立了合资公司。合资公司称作“星巴克咖啡日本有限公司”，公司打算在初期开设12家分店。尽管分店的开设比预期的要慢，但到2001年，合资公司在日本的分店已超过200多家，销售额达到290亿日元（合2.52亿美元），并在2003年11月开设了第500家分店。星巴克咖啡日本有限公司利用日本资本市场为这一扩张融资。2001年10月，公司在大阪（Osaka）股票交易所通过IPO为扩张募集到资金188亿日元（合1.56亿美元），公司的市值达到了908.8亿日元（合7.56亿美元）。星巴克的管理者如何决定在日本投资？他们为什么决定利用日本国内资本市场而不是美国市场来融资？

本章将重点关注公司在对外投资时所面对的一些特殊因素，这些因素在国内投资不会涉及。在考虑像星巴克咖啡日本有限公司这样的国外项目时，将会遇到三个关键问题：

（1）项目将很可能产生外币现金流，尽管公司关注的是项目的本币价值。

（2）由于宏观经济环境的影响，国外投资的利率和资本成本将很可能与国内的不一致。

（3）公司在国外将有可能面对不同的税率，并要遵循国外和国内两种税法的规定纳税。

我们以外汇市场和汇率波动风险的概述为开头，对国际理财进行介绍。在此基础上，将第21章的风险管理讨论进行延伸，考察公司是否可以对外汇风险进行管理。之后我们将讨论财务经理应当怎样对国外项目估值。作为评估对外投资项目的第一步，本章首先考察国际整合资本市场，这种资本市场的整合为比较国外项目估值的不同方法提供了有用的基准。接着，我们要说明怎样对国外项目估值以及解决先前提到的三个关键问题，然后使用两种估值方法对外币现金流估值，并分析国外和国内税法对国外项目的影响。本章最后将探讨国际分割资本市场的含义。

22.1 外汇

图22.1给出了第3章曾提到的iPod的价格。

第3章曾指出，在不考虑运费的情况下，你会尽可能多地在东京买入iPod，然后在欧洲销售。但是，你怎样做？假设你从美国出发，需要将美元兑换成日元，在日本买入商品后，到欧洲出售并收到欧元，然后你将这些欧元兑换成美元作为最终的盈利。图22.2总结了你的交易过程。

如图22.2所示：首先你用美元买入日元。买入货币常常使学生引以为奇，但这在外汇市场上早已司空见惯——每一种货币相对于其他货币都有一个相对价格。具体来讲，汇率（foreign exchange rate）就是用另一种货币来表示的某种货币的价格。例如，你可以花费1美元买到100日元，花1.6美元买1欧元。你可以在国际

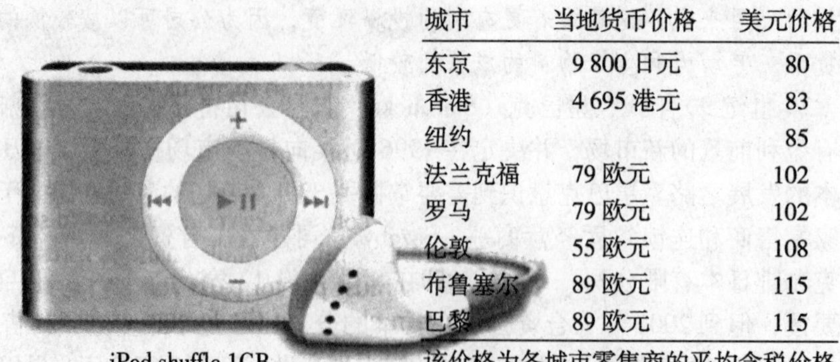

城市	当地货币价格	美元价格
东京	9 800 日元	80
香港	4 695 港元	83
纽约		85
法兰克福	79 欧元	102
罗马	79 欧元	102
伦敦	55 欧元	108
布鲁塞尔	89 欧元	115
巴黎	89 欧元	115

该价格为各城市零售商的平均含税价格

图 22.1　以不同货币计价时 iPod 产品的价格

注：此图来自第 3 章，列出了 2007 年 1 月在不同城市、以不同货币计价的 iPod 产品的零售价。注意，全都转换成以美元计价时，价格差异是很明显的。

资料来源：《华尔街日报》，2007-1-31。

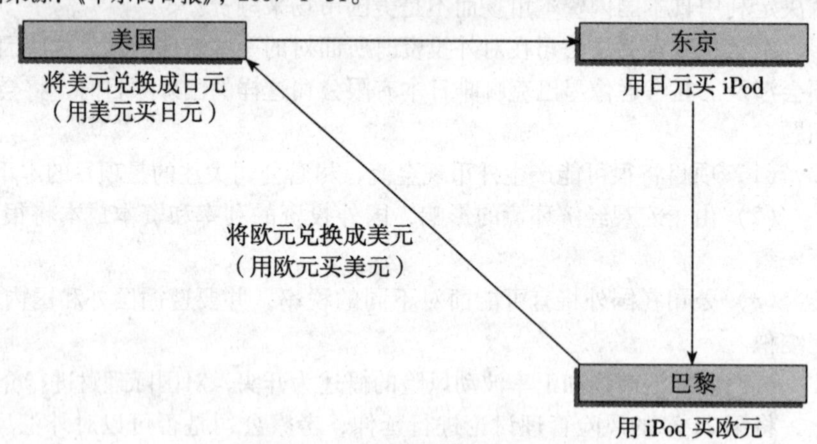

图 22.2　iPod 产品的跨国交易

注：此图汇总了在世界各地按不同价格买卖 iPod 从而获利的必要交易。

机场买入少量的日元或欧元，而外汇市场上每天都有大量的外汇一刻不停地在交易。

外汇市场

设想有一个市场，它每周全天 24 小时开放，没有中央地理位置和场所，日成交额高达 3 万亿美元。**外汇市场**（foreign exchange market，FX market，forex market）是交易货币的市场。货币交易的原因有很多，但我们只关注公司的财务经理在跨国运营时涉及的货币问题。以星巴克公司或苹果公司为例，它们在许多不同国家都拥有销售渠道，从而获得以不同货币计价的收入。然而，作为美国公司，它们最终要将那些以欧元、日元、英镑等货币计价的利润兑换成美元。除收入外，公司在他国还将产生成本费用。例如，星巴克公司在世界范围内采购咖啡，其大部分存货像牛奶、甜点等则来自当地。苹果公司在美国以外的国家制造 iPod 和笔记本电脑产品，同样要以外币支付在境外发生的零部件和劳动力费用。

外汇市场的主要参与者是那些像德意志银行、瑞士联合银行和花旗银行这样的大规模、全球性的投资银行，它们为自己和跨国公司客户建立账户进行交易。一些大型跨国公司自己进行外汇交易。外汇市场的其他参与者包括：政府中央银行、对冲基金以及其他的投资经理人和销售代理商。虽然世界上有150多种货币，但只有两种货币——欧元与美元在外汇市场中占有过半的交易量。图22.3列出了交易量排在前十位的货币。注意，每种货币的每次交易都涉及买卖两方，因此总成交量记为200%，而不是100%。

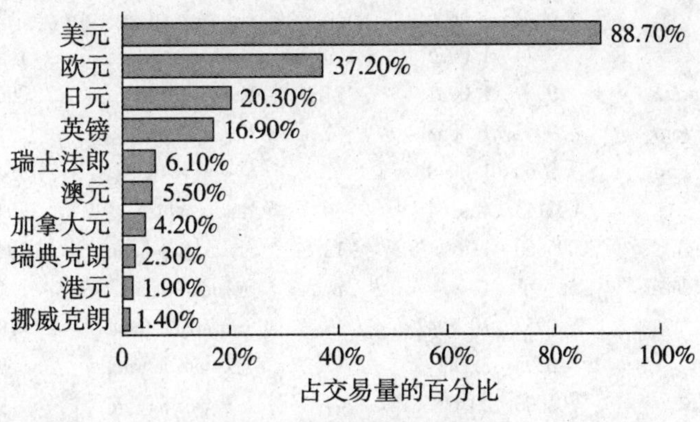

图22.3 交易最多的货币

注：货币的买入量与卖出量都记为100%，共有200%的交易量。图中显示了2007年交易量排在前十位的货币。这十种货币的成交量占总交易量（200%）的184%还多。

资料来源：国际结算银行，每三年一度对央行的调查（2007年4月）。

汇率

图22.4为摘自2008年5月6日《华尔街日报》的外汇报价，均为某一外币对美元的汇率。例如，汇率报价的第一行表明：用0.3149美元可以购买1比索（阿根廷货币单位），相当于3.1756比索可以购买1美元：

1比索=0.3149美元即：

$$\frac{1\text{ 美元}}{0.3149\text{ 美元/比索}}=3.1756\text{（比索）}$$

据此，如果将100比索兑换成美元，则可以用比索数乘以美元/比索汇率：

100比索×0.3149美元/比索=31.49（美元）

相反的，如果想将31.49美元兑换成比索，同样用美元数乘以peso/$汇率：

31.49美元×3.1756比索/美元=100（比索）

这种算法等同于将美元数除以美元/比索汇率：

31.49美元÷0.3149美元/比索=100（比索）

大部分汇率都是市场价格，天天变动甚至一天内就发生变动，正如你难以预算在国外留学的开支一样，公司在国外的经营活动中，会遭遇大量由于汇率变动而引起的风险。下一节将对这些风险及其应对策略进行讨论。

概念检查

1. 何为汇率？
2. 跨国公司为何要兑换货币？

Currencies May 6, 2008

U. S. –dollar foreign–exchange rates in late New York trading

Country/currency	Tues in US $	Tues perus $	US $ vs. YTD chg (%)	Country/currency	Tues in US $	Tues perus $	US $ vs. YTD chg (%)
Americas				Europe			
Argentina peso *	.3149	3.149	0.8	Czech Rep. koruna **	.06160	16.234	-10.7
Brazil real	.6022	1.6606	-6.7	Denmark krone	.2080	4.8077	-5.9
Canada dollar	.9974	1.0026	0.9	Euro area euro	1.5524	.6442	-6.0
1-mos forward	.9969	1.0031	1.0	Hungary forint	.006163	162.26	-6.4
3-mos forward	.9965	1.0035	1.1	Norway krone	.1973	5.0684	-6.7
6-mos forward	.9960	1.0040	1.1	Poland zloty ‡	.4518	2.2134	-10.3
Chile peso	.002143	466.64	-6.3	Russia ruble	.04216	23.719	-3.5
Colombia peso	.0005660	1 766.78	-12.5	Slovak Rep koruna	.04826	20.678	-10.2
Ecuador US dollar	1	1	unch	Sweden krona	.1663	6.0132	-7.0
Mexico peso *	.0952	10.5042	-3.7	Switzerland franc	.9506	1.0520	-7.2
Peru new sol	.3595	2.782	-7.2	1-mos forward	.9509	1.0516	-7.0
Uruguay peso +	.05000	20.00	-7.2	3-mos forward	.9513	1.0512	-6.8
Venezuela b. fuerte	.466287	2.1446	unch	6-mos forward	.9513	1.0512	-6.8
Asia-Pacific				Turkey lira **	.9513	1.0512	-6.4
Australian dollar	.9500	1.0526	-7.7	UK pound	.7974	1.2540	7.4
China yuan	.1431	6.9876	-4.3	1-mos forward	1.9734	.5067	0.7
Hong Kong dollar	.1283	7.7929	-0.1	3-mos forward	1.9689	.5079	0.8
India rupee	.02441	40.967	4.0	6-mos forward	1.9474	.5135	1.5
Indonesia rupiah	.0001086	9 208	-1.9	Middle East/Africa			
Japan yen	.009550	104.71	-6.0	Bahrain dinar	2.6529	.3769	0.2
1-mos forward	.009568	104.52	-5.9	Egypt pound *	.1866	5.3599	-3.1
3-mos forward	.009598	104.19	-5.6	Israel shekel	.2919	3.4258	-11.1
6-mos forward	.009641	103.72	-5.2	Jordan dinar	1.4112	.7086	unch
Malaysia ringgit §	.3173	3.1516	-4.7	Kuwait dinar	3.7449	.2670	-2.3
New Zealand dollar	.7923	1.2621	-3.3	Lebanon pound	.0006614	1511.94	unch
Pakistan rupee	.01515	66.007	-7.1	Saudi Arabia riyal	.2666	3.7509	unch
Philipoines peso	.0237	42.283	2.5	South Africa rand	.1333	7.5019	9.6
Singapore dollar	.7359	1.3589	-5.7	UAE dirham	.2723	3.6724	unch
South Korea won	.0009560	1 014.20	8.3	SDR ++	1.6215	.6167	-2.7
Taiwan dollar	.03284	30.451	-6.1				
Thailand baht	.03157	31.676	5.4				
Vietnam dong	.00006194	1 6145	0.7				

* Floating rate +Financial § Government rate ‡Russian Central Bank rate ** Rebased as of Jan 1, 2005 ++Special Drawing Rights (SDR); from the International monetary Fund; based on exchande rates for U. S., British and Japanese currencies.

Note: Based on trading among banks of $1 million and more, as quoted at 4 p. m. ET by Reuters.

图 22.4 美元汇率

资料来源：《华尔街日报》，2008-05-06。

22.2 汇率风险

跨国公司面临汇率波动的风险。本节阐述公司用来对冲汇率风险的两种策略：货币远期合约和货币期权。

汇率波动

思考美元和欧元之间的汇兑关系。在2008年4月，欧元相对美元的价值达到了历史最高点，汇率高达1美元可兑换0.625欧元，或相当于：

$$\frac{1}{0.625}=1.600\text{ 美元/欧元}$$

和大多数汇率一样，欧元兑美元的汇率也是**浮动汇率**(floating rate)，即汇率随着市场上相关货币的供求数量的变动而变动。每种货币的供给和需求由三个因素决定：

（1）交易商品的公司，例如，一个美国经销商将美元兑换为欧元，向德国汽车制造商购买小汽车。

（2）交易证券的投资者，例如，一个日本投资者将日元兑换为美元，购买美国债券。

（3）各国中央银行的行为，例如，英国央行将英镑兑换为欧元，试图抑制英镑的价值上升。

货币的供给和需求随着全球经济状况的变化而变化，所以汇率也随之变动。图22.5显示了从2000年到2008年5月中期欧元的美元价格。我们注意到，即使在短短几个月的时段内，欧元的美元价格也经常有高达10%的变动。从2002年到2004年，相对于美元，欧元的价值上升了50%还多。

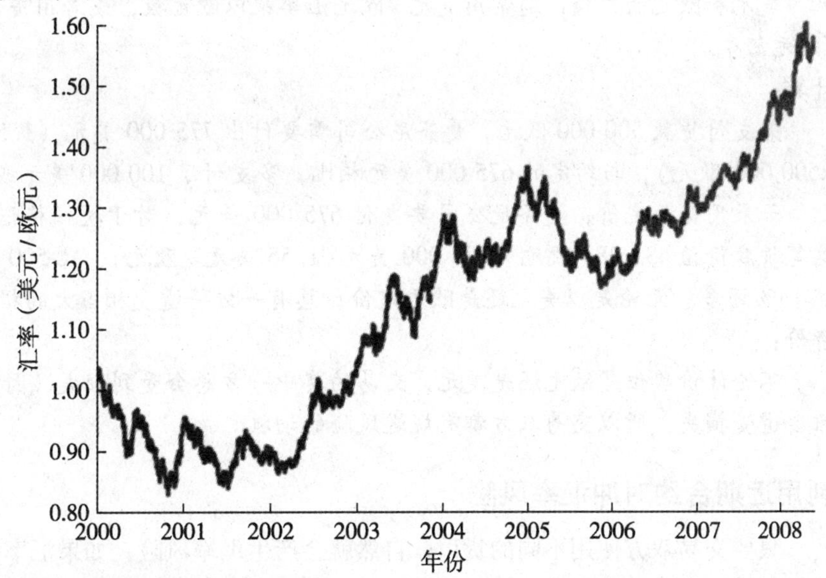

图22.5 每欧元可兑换的美元（2000年1月—2008年5月）

注：注意短时期内汇率的剧烈变化。

资料来源：全球金融数据。

汇率的波动给跨国公司带来了一个问题，即所谓的“进出口商困境”（importer

-exporter dilemma)。为说明这一问题，考虑曼齐尼自行车制造公司（Manzini Cyclery）的例子，它是美国的一家生产客户定制自行车的小公司。曼齐尼公司需要从意大利供应商坎帕格诺洛（Campagnolo）进口生产部件。如果坎帕格诺洛公司的生产部件以欧元计价，那么曼齐尼公司就将面临美元可能贬值或欧元升值从而导致生产部件的进价变得更贵的风险。如果坎帕格诺洛的生产部件以美元计价，那么坎帕格诺洛就有风险了——当美元贬值时，它向美国的公司出口零部件收到的欧元就变少了。

在进出口贸易中，汇率风险很常见。如果双方公司都不愿意承担汇率风险，那么就很难甚至是不可能达成交易。例 22.1 就说明了这个问题的重要性。

例 22.1　汇率风险的影响

问题：

假如 2007 年 5 月的汇率是 1.35 美元/欧元，公司为了下一年的生产，向坎帕格诺洛公司订购生产部件。双方约定 1 年后货到付款，货款为 500 000 欧元。1 年后，汇率为 1.55 美元/欧元。曼齐尼公司支付货款时的实际美元成本是多少？若约定价格为 675 000 美元（在签订合同时，相等的价值 500 000 欧元×1.35 美元/欧元），1 年后坎帕格诺洛将收到多少欧元？

解答：

分析：

价格是以欧元计量的，即 500 000 欧元，但美元—欧元汇率将在一段时间内浮动。这个问题是要我们思考，如果汇率变为 1.55 美元/欧元，即美元贬值（需要更多的美元才能买到欧元），会出现什么情况。

美元和欧元的兑换，通常用美元/欧元汇率乘以欧元数，或者用美元数除以美元/欧元汇率。

计算：

若支付货款 500 000 欧元，曼齐尼公司需要付出 775 000 美元（1.55 美元/欧元×500 000 欧元），与约定的 675 000 美元相比，多支付了 100 000 美元或高出 20%。

如果用美元定价，曼齐尼公司要支付 675 000 美元，对于坎帕格诺洛公司而言，这笔货款价值 435 484 欧元（675 000 美元÷1.55 美元/欧元），比 500 000 欧元减少了 13%还多。无论是以美元还是欧元定价，总有一方将遭受相当大的损失。

评价：

不论计价单位是欧元还是美元，交易的其中一方总会受到损失，因为不知道未来谁会遭受损失，所以交易双方都有规避风险的动机。

利用远期合约对冲汇率风险

只要交易双方使用不同的货币，自然就会产生汇率风险：如果汇率波动，其中一方将遭受汇率波动的风险。公司最常用的降低汇率变动风险的方法是，利用货币远期合约来对交易套期保值。

货币远期合约（currency forward contract）是公司跟银行签订的合约，它提前为未来交易涉及的货币设定固定的汇率。货币远期合约规定了：（1）汇率；（2）汇兑的货币金额；（3）汇兑的交割日。货币远期合约设定的汇率又称作**远期汇率**（forward exchange rate），它可应用于未来将发生的汇兑。通过签订货币远期合约，公司可提前锁定汇率，降低或消除货币价值波动的风险。

例 22.2　用货币远期合约锁定汇率

问题：

假如在 2007 年 5 月，银行提供的 1 年期货币远期合约设定的远期汇率为 1.36 美元／欧元。假设当时，曼齐尼公司与坎帕格诺洛公司签订了货款为 500 000 欧元的订单，同时曼齐尼公司与银行签订了一份货币远期合约，合约规定曼齐尼公司在 2008 年 5 月以 1.36 美元／欧元的远期汇率购买 500 000 欧元。到 2008 年 5 月时，曼齐尼公司要支付多少美元？

解答：

分析：

如果曼齐尼公司以 1.36 美元／欧元的汇率签订了一份货币远期合约，则无论 2008 年 5 月的即期汇率是多少，它都可以按 1.36 美元／欧元的价格买入 500 000 欧元。

解答：

虽然在 2008 年 5 月，汇率上升到 1.55 美元／欧元（这表明欧元在升值），但是，曼齐尼公司通过货币远期合约，可按 1.36 美元／欧元的远期汇率购买 500 000 欧元。这样，在 2008 年 5 月，它需要向银行支付：

500 000 欧元×1.36 美元／欧元＝680 000（美元）

就可以获得 500 000 欧元，然后将这笔欧元支付给坎帕格诺洛。

评价：

远期合约对于曼齐尼公司来说是个不错的交易，如果没有货币远期合约的套期保值，曼齐尼公司就得按 2008 年 5 月的 1.55 美元／欧元的汇率来兑换欧元，需要支付 775 000 美元，导致美元成本上升。然而，远期合约也可能带来负面影响，例如，如果汇率下跌至 1.15 美元／欧元，可远期合约却仍要求曼齐尼公司按 1.36 美元／欧元的汇率兑换。换言之，货币远期合约锁定了汇率，消除了汇率波动的风险——不管汇率的波动对公司有利还是不利。

如果上述远期合约允许进口商消除了欧元升值的风险，那么这一风险被转移给谁了呢？至少在最初，这一风险被转移到提供货币远期合约的银行。由于银行承诺以固定的汇率将美元兑换为欧元，所以如果欧元升值，银行将遭受损失。例 22.2 中，银行在远期合约中只收到了 680 000 美元，却要付出价值 775 000 美元的欧元。

银行为什么愿意承担这种风险呢？首先，与小规模的进口商相比，银行的规模更大，资金更雄厚，能够承受这种风险而不至于陷入财务困境。更重要的是，在大多数情况下，银行甚至不承担风险——它将寻找愿意将欧元兑换为美元的另一方。银行通过与另一方再签订可降低银行风险的远期合约，就可完全抵消掉它的风险。

图 22.6 阐释了这个过程。必须用欧元支付货款的美国进口商，通过设定远期汇率为 1.36 美元／欧元的远期合约，向银行购买欧元。这一交易将进口商的成本锁定在 680 000 美元。类似的，将来收到欧元货款的美国出口商，利用远期合约向银行出

售欧元，锁定其收入为680 000美元。银行持有两份远期合约，一份是把美元兑换成欧元，另一份是把欧元兑换成美元。银行不但没有承担汇率风险，而且还从出口商和进口商那里赚得了手续费。

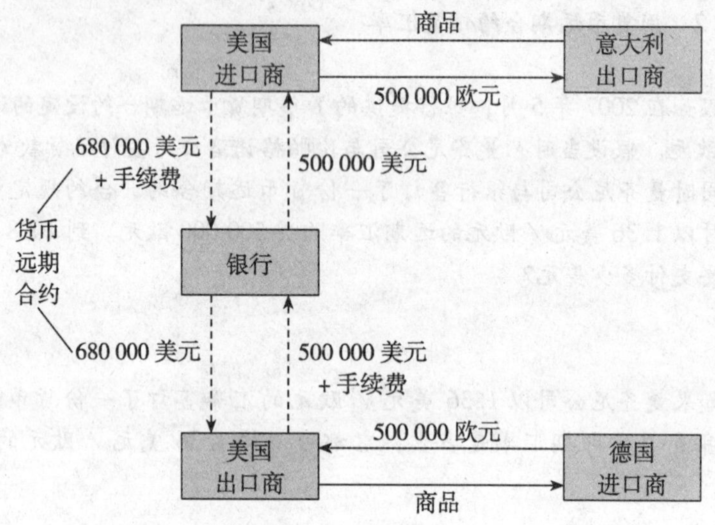

图22.6　利用货币远期合约，消除汇率风险

注：在本例中，美国进口商和美国出口商都利用货币远期合约（如虚线所示）对冲汇率风险。通过开立可抵消的合约，银行不仅没有承担汇率风险，还从每笔交易中赚得了手续费。

现金—持有策略与货币远期合约的定价

公司利用“现金—持有策略”，也可以消除汇率风险。这种策略可提供与远期合约相同的现金流，根据一价定律，可以用它来确定远期汇率。我们先来考察投资者在未来把外币兑换为美元的不同方法。

货币时间线。货币远期合约允许投资者在未来按远期汇率把外币兑换成美元。我们用图22.7中的**货币时间线**（currency timeline）来说明兑换的过程。水平线表示日期（与标准的时间线一样），垂直线表示货币（美元和欧元）。“1年后的美元”对应时间线右上方的点，“1年后的欧元”对应时间线右下方的点。要转换两点之间的现金流，必须要按照适当的比率进行转换。利用远期合约，我们可按照远期汇率（用$F_{美元/欧元}$表示），在1年后，将欧元兑换为美元。

图22.7还显示了在货币时间线上的不同日期或货币之间移动的其他交易途径。今天，我们可按照当前汇率，也称作**即期汇率**（spot exchange rate）（用$S_{美元/欧元}$表示），把欧元兑换成美元。通过以美元利率$r_{\$}$借入或贷出美元，我们可在今天的美元和1年后的美元之间转换。最后，按照欧元利率$r_{€}$，即银行对以欧元计价账户规定的借贷利率，我们可在今天的欧元和1年后的欧元之间自由转换。

现金—持有策略。如图22.7所示，将这些其他交易结合起来，也可以实现在1年后把欧元兑换成美元的目的。**现金—持有策略**（cash-and-carry strategy）通过当期买入一定数量的货币，将其以无风险利率存入银行（“持有”）直到未来某一天的方式，锁定未来货币成本，该策略包括下面三项同时进行的交易：

（1）今天以美元利率借入1年期美元贷款；

（2）按即期汇率把美元兑换成今天的欧元；

（3）以欧元利率将今天的欧元投资（储蓄）1 年。

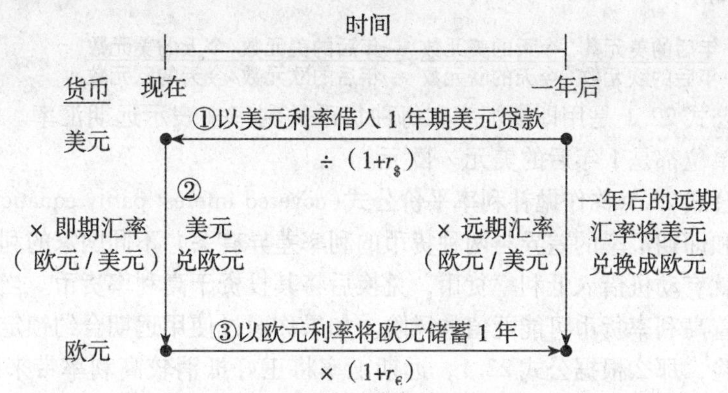

图 22.7　表示外汇远期合约和现金—持有策略的货币时间线

注：通过借入一种货币，以即期汇率将其转换为另一种货币，然后再投资于这种新货币（储蓄），现金—持有策略（用黑线表示的 3 笔交易）即可复制远期合约（蓝线所示）。

1 年后，我们将欠美元（来自于交易 1 的美元贷款），收到欧元（来自于交易 3 的美元投资）。也就是说，我们已经把 1 年后的美元转换成 1 年后的欧元了，就像利用远期合约一样。这种方法称作现金—持有策略，也即，先借入现金，然后持有（投资）至未来。

抛补利率平价等式。远期合约和现金—持有策略实现了同样的转换，根据一价定律，两者必然以相同的价格交易。回到例 22.2 中曼齐尼公司的问题。2007 年 5 月，即期汇率是 1.35 美元 / 欧元（或等同于 0.741 欧元 / 美元），同时美元一年期利率是 4.9%，欧元一年期利率是 4.3%。如果曼齐尼公司不采取例 22.2 中远期汇率的方式，而是以图 22.7 所示的方式采用现金—持有策略，公司应该这样做：

（1）2007 年 5 月，以 4.9% 的利率借入美元，则收到 0.953 美元（2008 年 5 月的 1 美元折现到 2007 年 5 月为 0.953 美元（1/1.049））。

（2）以 0.741 欧元 / 美元的汇率将其转换成欧元。

（3）以 4.3% 的利率将欧元存入银行。

对于 2008 年 5 月所欠的每 1 美元，2007 年 5 月曼齐尼公司按 0.741 欧元 / 美元的汇率，将 0.953 美元兑换为 0.706 欧元（0.953 美元×0.741 欧元 / 美元）。一年后，曼齐尼公司的欧元存款数量上升到 0.737 欧元（0.706×1.043）。最终的结果是，曼齐尼公司欠款 1 美元，收到 0.737 欧元，故已经按 0.737 欧元 / 美元的汇率（即 1.36 美元 / 欧元），将美元兑换成欧元，这正是银行所提供的远期汇率。上述三步交易计算如下：

$$\frac{1.00\text{ 美元}}{1.409}\times(0.741\text{ 欧元 / 美元})\times 1.043 = 0.737\text{（欧元）}$$

重新整理之后，可得到即期汇率、远期汇率以及利率之间更普遍的关系：

$$0.741\text{ 欧元 / 美元}\times\frac{1.043}{1.049} = 0.737\text{（欧元）}$$

用 $r_\$$ 表示美元年利率，用 $r_€$ 表示欧元年利率，则可得到如下所示的远期汇率的无套利公式：

抛补利率平价公式

$$F = S \times \frac{1+r_{\$}}{1+r_{€}}$$

$$\frac{一年后的美元数}{一年后的欧元数}=\frac{今天的美元数}{今天的欧元数}\times\frac{一年后的美元数/今天的美元数}{一年后的欧元数/今天的欧元数} \quad (公式\ 22.1)$$

公式 22.1 是用即期汇率和每种货币的利率来表示远期汇率。注意，公式两边的最终单位都是 1 年后的美元 / 欧元。

公式 22.1 称作**抛补利率平价公式**(covered interest parity equation)。它表明，远期汇率和即期汇率的差异与两种货币的利率差异有关。不同国家的利率存在差异时，投资者就有动机借入低利率货币，兑换后将其投资于高利率货币。当然，投资期间总是存在着高利率货币可能贬值的风险。如果你通过使用远期合约锁定未来汇率来规避这种风险，那么根据公式 22.1，远期汇率将正好抵消较高利率带来的收益，从而消除了任何套利机会。

公式 22.1 可以很容易地推广到期限超过 1 年的远期合约的情形。同理，将投资或借入的时间换成 T 年，则未来 T 年后的无套利远期汇率可表示为，

$$F_T = S \times \frac{(1+r_{\$})^T}{(1+r_{€})^T} \quad (公式\ 22.2)$$

公式 22.2 中，即期汇率和远期汇率的单位都是欧元 / 美元，每种货币的现行年利率都等于其收益曲线上的无风险 T 年期利率。

例 22.3　计算无套利远期汇率

问题：

2008 年 6 月，美元兑日元的即期汇率为 103 日元/美元。当时，美国的 1 年期利率为 2.68%，日本的 1 年期利率为 0.10%。根据上述汇率和利率计算，美元兑日元的无套利远期汇率是多少?

解答：

分析：

可根据公式 22.1 计算远期汇率。由于汇率的单位是日元/美元，应该用（1+日元利率）除以（1+美元利率）：

$$F_{日元/美元} = S_{美元/日元} \times \frac{1+r_{¥}}{1+r_{\$}}$$

要记住的一个有用的规则是，利率之比一定要与汇率的单位相一致。在此，由于汇率单位是日元/美元，所以要乘以日元利率，再除以美元利率。当然，也可先将汇率转换为美元/日元单位进行计算。

计算：

$$F_{日元/美元} = S_{美元/日元} \times \frac{1+r_{¥}}{1+r_{\$}} = 103\ 日元/美元 \times \frac{1.0010}{1.0268} = 100.412\ 日元/美元\ (1\ 年后)$$

评价：

远期汇率低于即期汇率（美元贬值），抵消了美元投资的较高利率。如果远期汇率是除了 100.412 日元/美元以外的任意值，比如 101 日元/美元，套利行为就会发生。可按 0.1% 的年利率借入 10 亿日元，将其兑换为 9 708 737 美元（1000 000 000 日元÷103 日元/美元），并存入银行，获得 2.68% 的年利率。1 年后我们拥有

9 968 932美元，欠款10.01亿日元。如果已经将汇率锁定为101日元/美元，则需要9 910 891美元（1000 000 000日元÷101日元/美元）以偿还贷款，剩余的无风险收益为58 041美元！我们（和其他任何人）都会这样做，直到远期汇率与100.412日元/美元的无套利汇率相持平为止。

货币远期合约的优势

公司为什么会选择货币远期合约，而不是现金—持有策略呢？首先，远期合约更简单，一次就完成，而不需要三笔交易，它的交易费用更低。其次，许多公司很难以不同的货币借款，如果信用差可能还要支付较高的利率。一般来说，大银行主要采取现金—持有策略，它们较容易筹借外币资金，且交易成本也较低。银行通常采用这种策略对冲承诺远期合约所带来的货币风险。

利用期权套期保值

货币期权是公司常用的另一种汇率风险管理工具。货币期权和第20章介绍的股票期权一样，赋予期权持有者按给定的汇率兑换货币的权利（而不是义务）。货币远期合约允许公司锁定未来的汇率；货币期权能够使公司将汇率变动限制在不超过某一特定水平的范围内。

远期合约与期权。为了说明利用远期合约和期权对冲汇率风险的差别，我们来考察一种具体的情形。2008年5月，1年期的远期汇率为1.55美元/欧元。公司1年后需要欧元，假如它不采用远期合约锁定这一汇率，而是购买欧元看涨期权，从而有权以不超过最高限价的价格买入欧元。[①] 假设关于欧元的1年期欧式看涨期权，它的执行价格为1.55美元/欧元，交易价格（期权的权利费）为0.05美元/欧元。也就是说，公司用0.05美元/欧元的成本，获得了一项权利（而非义务）——1年后以1.55美元/欧元的汇率购买欧元。这样，公司就避免了欧元大幅升值的风险，而在欧元的价值下跌时仍可获利。

表22.1显示了利用看涨期权套期保值的结果，第1列为1年后的各种实际汇率。如果即期汇率小于期权的执行价格1.55美元/欧元，公司将不执行期权，而以即期汇率将美元兑换成欧元。如果即期汇率高于1.55美元/欧元，公司将执行期权，按1.55美元/欧元的汇率将美元兑换成欧元（第2、第3列）。然后，再加上期权的初始成本（第4列），即可得出公司为每欧元支付的美元总成本（第5列）。[②]

表22.1 **利用货币期权对兑换欧元的成本（美元/欧元）套期保值，期权的执行价格为1.55美元/欧元，期权费为0.05美元/欧元**

2009年5月的即期汇率	是否执行期权	实行的汇率 +	期权成本 =	总成本
1.35	不执行	1.35	0.05	1.40
1.50	不执行	1.50	0.05	1.55
1.65	执行	1.55	0.05	1.60
1.80	执行	1.55	0.05	1.60

① 货币期权可在银行柜台或交易所购买。费城股票交易所可提供货币期权。
② 在计算总成本时，我们忽略了期权费（权利金）的小额利息机会成本。

基于表22.1中的数据，绘制出图22.8。图22.8比较了三种策略：利用期权套期保值、利用远期合约套期保值以及不采取任何套期保值策略。如果公司不采取套期保值策略，购买欧元的成本就是即期汇率。如果公司采用远期合约套期保值，它就把购买欧元的成本锁定在远期汇率，则成本是固定的。如图22.8所示，期权套期保值代表一种折中策略：公司设定了潜在成本的上限（cap），但在欧元贬值时仍将获利（相对于远期合约而言）。

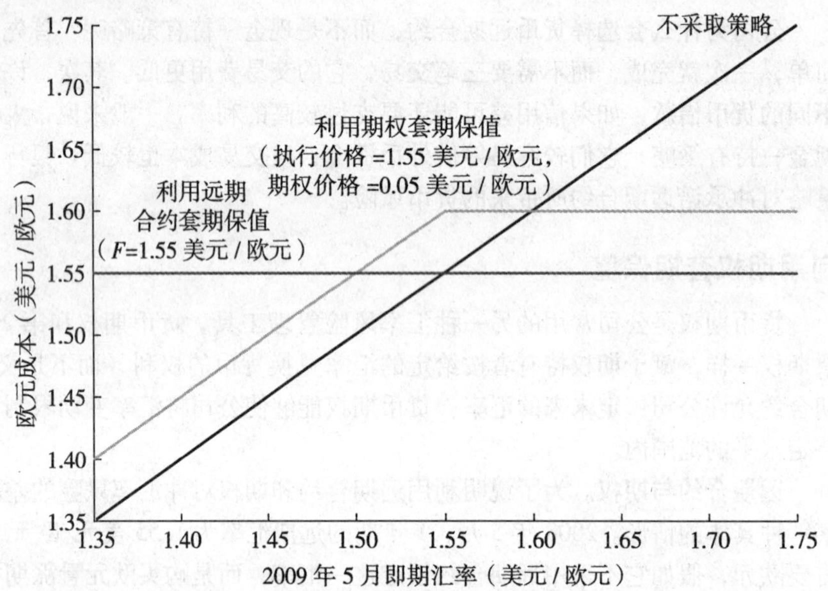

图22.8 利用远期合约、期权对汇率套期保值与不采取策略的比较

注：远期合约锁定汇率，消除了汇率变动的全部风险。若不采取对冲或套期保值策略，公司将完全暴露于汇率波动的风险中。利用期权套期保值使得公司既可在汇率下降时受益，同时又可以免遭汇率大幅上升导致的损失。

货币期权的优势

为什么公司可能选择利用期权而不是远期合约来套期保值呢？管理者大都希望汇率向对公司有利的方向变化时公司能够获利，而不愿被迫接受高于市场的汇率。由于未来的汇兑交易也可能不发生，所以公司也偏向于采用期权套期保值。这种情况下若采用远期合约，则可能会令公司陷入被动——必须按照不利的汇率兑换它们并不需要的货币，而货币期权则允许公司一走了之，从而避免了这一尴尬。总之，期权持有人为了获利而行使期权而不是用来兑换货币的行为是没有意义的，因此，如果交易没有发生，那么损失的只是期权费，公司不需要将其转换为外币。

概念检查

3. 公司如何对冲汇率风险？
4. 为什么公司可能会偏好使用货币期权而不是货币远期合约对冲汇率风险？

22.3 国际整合资本市场

在国外投资的价值依赖于分析中我们所使用的货币吗？为了说明这一重要问题，

我们建立一个概念基准，它基于这样的假设：任何投资者都可以按即期或远期汇率兑换任意数量和种类的货币，并且可按当前的市场价格自由买卖任意国家任何数量的证券。在这种情况下，我们称其为国际整合资本市场，在国外投资的价值并不依赖于在分析中所使用的货币。

考虑在伦敦股票交易所交易的沃达丰（Vodafone）集团的股票，该集团不向股东发放股利。你预计该股票1年后的价值为181英镑。在伦敦股票交易所，该股票的现时价格为使用当地投资者的资本成本对现金流折现后的现值。假设沃达丰适合的资本成本为13%，则可得出其现值为160.18（181/1.13）英镑。如果美元和英镑的即期汇率是1.98美元/英镑，那么想要购买这一股票的美国投资者需要支付317.16美元(160.18英镑×1.98美元/英镑)。

现在，已经买入沃达丰股票的美国投资者在出售该股票时，需要先将未来的英镑现金流兑换成美元，于是对这类投资者的支付就应以美元计价。为了估计这一现金流的价值，假设美国投资者今天签订货币远期合约，约定在1期后按2.02美元/英镑的远期汇率转换期望现金流。如果假设即期汇率和证券的外币现金流不相关，那么美国投资者预期的美元现金流为365.62美元（181英镑×2.02美元/英镑)。对美国投资者而言，假设15.28%是适合美国投资者的该股票的美元资本成本，则预期现金流的现值是317.16美元（365.62/1.1528），这也就是今天买入1股沃达丰股票所要支付的美元数量。实际上，估值原理告诉我们：预期现金流的美元现值一定等于美国投资者为购买证券所支付的价格：

令 $r_{\$}^{*}$ 为美元折现率，r_{FC}^{*} 为外币折现率，将上式改写成更一般的表达式为：

$$S\times\frac{C_{FC}}{(1+r_{FC}^{*})}=\frac{F\times C_{FC}}{(1+r_{\$}^{*})}$$

整理后得到：

$$F=\frac{(1+r_{\$}^{*})}{(1+r_{FC}^{*})}S \qquad \text{（公式 22.3）}$$

这一结果看起来很熟悉，公式22.3其实就是抛补利率平价关系（公式22.1）的变形，只不过此式是由风险现金流而非无风险现金流导出而已。

例22.4　现值与国际整合资本市场

问题：

你是一位美国投资者，你要计算1年后的1 000万日元的现值。你知道即期汇率S = 110日元/美元，1年后的远期汇率F = 105.8095日元/美元。你也知道这笔现金流所适用的美元资本成本为 $r_{\$}^{*}=5\%$，日元资本成本为 $r_{¥}^{*}=1\%$。从日本投资者的角度看，1 000万日元现金流的现值是多少？这一现值相当于多少美元？对于一个美国投资者，他先将1 000万日元转换成美元，然后用美元折现率对现金流折现，得到的现值为多少？

解答：

分析：

对于日本投资者来说，可以按日元折现率计算未来日元现金流的现值，再用即期汇率将其转换为美元。

就美国投资者而言，可以按远期汇率将日元未来的现金流转换成美元，然后用美元折现率计算其现值。

已知：未来现金流 CF = 1 000 万日元，$r_{\$}^{*}=5\%$，$r_{¥}^{*}=1\%$，1 年期远期汇率 = 105.8095 日元/美元，即期汇率 = 110 日元/美元。

计算：

对于日本投资者来说，日元现金流的美元现值是：

$$\frac{CF}{(1+r_{¥}^{*})}\times S=\frac{10\ 000\ 000}{1.01}\times(110\text{ 日元/美元})=90\ 009\ (\text{美元})$$

对于美国投资者，他先将 1 000 万日元按远期汇率兑换成美元，然后用美元资本成本将其折现：

$$\frac{CF\times F}{(1+r_{\$}^{*})}=\frac{10\ 000\ 000\times 1/105.8095}{1.05}=90\ 009\ (\text{美元})$$

评价：

美国和日本的资本市场是国际整合市场，两种方法会得出相同的结果。

常见错误：忘记反转汇率

在例 22.4 中，已知美元兑日元的汇率为 110 日元/美元，然而，需要将日元转换成美元，所以应将日元的现值乘以反转后的汇率 1 110 美元/日元。注意，这等同于日元现值除以 110 日元/美元，从而得出美元数。使用汇率时，很多人经常分辨不清哪种货币应置于分子，那种应置于分母，最好的办法是，写下现金流同时写下其货币符号，以便记住它们。一边计算一边将货币符号划去，可确保最后得出正确的货币：

$$\frac{\text{日元现金流}}{(1+\text{日元贴现率})}\times\text{反转汇率}$$

$$=\frac{10\ 000\ 000}{1.01}\times(1/110)$$

$$=90\ 009\ (\text{美元})$$

概念检查

5. 国际整合资本市场需要什么假设？
6. 对于不同国家中相同资产的价值来说，国际整合资本市场意味着什么？

22.4 外币现金流的估值

国内项目和国外项目之间最明显的区别在于，国外项目将很可能产生外币现金流。如果国外项目由国内公司所拥有，管理者和股东就需要确定外币现金流的本币价值。

在国际整合资本市场中，计算国外项目的净现值（NPV）有两种等价的方法：

（1）直接计算国外项目的外币 NPV，再利用即期汇率将其转换成本币。

（2）先将国外项目的现金流转换成以本币表示的现金流，然后再计算这些现金流的 NPV。

第一种方法实质上是贯穿本书始终的做法（计算投资项目的单一货币的 NPV），只不过是在最后一步利用即期汇率将外币 NPV 转换为本币而已。现阶段大家对这种方法都很熟悉，下面重点介绍第二种方法。第二种估值方法要求，首先将外币现金流转换为美元价值，然后再将其视作国内项目进行估值。

应用：Ityesi 公司

Ityesi 公司是总部设在美国的一家定制包装品（代客包装，根据客户的设计制作包装品）制造商。公司打算应用加权平均资本成本法（WACC）对在英国的一个投资项目估值。公司正计划在英国建立一条新的包装生产线，这将成为它的第一个国外项目。该项目将完全在英国独立经营，所有的收入和成本都在当地发生。

工程师预计新产品使用的技术将在 4 年后过时作废。营销部门预计该生产线的年销售额为 3 750 万英镑。生产成本和经营费用预计每年分别为 1 562.5 万英镑和 562.5 万英镑。开发新产品需要前期投入 1 500 万英镑购买资本设备，4 年后设备报废；前期还要发生 416.7 万英镑的市场营销费用。不管在哪个国家生产，Ityesi 公司支付的公司所得税税率都为 40%。预计该项目以英镑表示的自由现金流如表 22.2 所示。

表 22.2　　Ityesi 的英国项目的期望外币自由现金流　　单位：百万英镑

1	年份	0	1	2	3	4
2	**增量收益预测**					
3	销售收入	—	37.500	37.500	37.500	37.500
4	销售成本	—	-15.625	-15.625	-15.625	-15.625
5	**毛利润**		21.875	21.875	21.875	21.875
6	营业费用	-4.167	-5.625	-5.625	-5.625	-5.625
7	折旧	—	-3.750	-3.750	-3.750	-3.750
8	**EBIT**	-4.167	12.500	12.500	12.500	12.500
9	所得税（税率为 40%）	1.667	-5.000	-5.000	-5.000	-5.000
10	**无杠杆净收益**	-2.500	7.500	7.500	7.500	7.500
11	**自由现金流**					
12	加：折旧	—	3.750	3.750	3.750	3.750
13	减：资本性支出	-15.000	—	—	—	—
14	减：NWC 的增加	—	—	—	—	—
15	**英镑自由现金流**	-17.500	11.250	11.250	11.250	11.250

Ityesi 的管理者确定，项目现金流的不确定性与即期美元-英镑汇率的不确定性之间，不存在相关性。上一节已解释过，在这一条件下，未来美元现金流的期望值就等于未来英镑现金流的期望值乘以远期汇率。要获得未来 4 年的远期汇率报价是很困难的，Ityesi 公司的管理者决定采用抛补利率平价公式（公式 22.2）来计算远期汇率。

远期汇率。当前的即期汇率 S 为 1.60 美元/英镑。假设两国的收益曲线都是平坦的：美元的无风险利率 $r_{\$}$ 是 4%，英镑的无风险利率 $r_{£}$ 是 7%。根据多年期远期汇率的抛补利率平价条件（公式22.2）可得：

$$F_1=S\times\left(\frac{(1+r_\$)}{(1+r_£)}\right)=(1.60\text{ 美元/英镑})\frac{(1.04)}{(1.07)}=(1.5551\text{ 美元/英镑})$$

$$F_2=S\times\frac{(1+r_\$)^2}{(1+r_£)^2}=(1.60\text{ 美元/英镑})\frac{(1.04)^2}{(1.07)^2}=(1.5115\text{ 美元/英镑})$$

$$F_3=S\times\frac{(1+r_\$)^3}{(1+r_£)^3}=(1.60\text{ 美元/英镑})\frac{(1.04)^3}{(1.07)^3}=(1.4692\text{ 美元/英镑})$$

$$F_4=S\times\frac{(1+r_\$)^4}{(1+r_£)^4}=(1.60\text{ 美元/英镑})\frac{(1.04)^4}{(1.07)^4}=(1.4280\text{ 美元/英镑})$$

自由现金流的转换

根据这些远期汇率，可计算期望美元自由现金流，方法是，将期望英镑现金流乘以英镑兑美元的远期汇率，计算过程见表22.3。

表22.3　**Ityesi 的英国项目的期望美元自由现金流**

1	年份	0	1	2	3	4
2	**美元自由现金流（百万美元）**					
3	英镑 FCF（百万英镑）	−17.500	11.250	11.250	11.250	11.250
4	远期汇率（美元 /英镑）	1.6000	1.5551	1.5115	1.4692	1.4280
5	**英镑 FCF 的美元价值**（1×2）	−28.000	17.495	17.004	16.528	16.065

利用 WACC 法计算 Ityesi 的国外项目的价值。根据现在用美元表示的英国项目的现金流，我们可将这一国外项目视作美国国内项目来计算其价值。按照第12章中的做法对该项目估值，并且假设英国项目的市场风险与 Ityesi 公司整体的风险相似，就可以使用 Ityesi 在美国的股权和债务资本成本来计算 WACC 了。①

Ityesi 已积累了投资所需要的2 000万美元现金，公司的债务为32 000万美元，它的净债务为：

D=32 000−2 000=30 000（万美元）

这一金额与公司股权的市场价值相等，这意味着公司的（净）债务股权比率为1。公司打算在可预见的将来保持相同的资本结构。在计算 WACC 时，股权与债务的权重相同（见表22.4）。

表22.4　**Ityesi 当前的市值资产负债表以及资本成本（不考虑英国项目）**　单位：百万美元

资产		负债和股权		资本成本	
现金	20	债务	320	债务	6%
现有资产	600	股权	300	股权	10%
合计	620	合计	620		

① 国外项目的风险不可能与国内项目（或公司整体）的风险完全相同，这是因为，国外项目包含国内项目通常所不具有的剩余汇率风险。在 Ityesi 的例子中，公司的管理者已确定这一风险的额外风险溢价非常小，出于实用性考虑，他们忽略了这一风险，而仅采用国内资本成本。

Ityesi 的股权资本成本是 10%，债务资本成本是 6%，计算它的 WACC 如下：

$$r_{WACC}=r_E\frac{E}{E+D}r_D+(1-T_C)\frac{D}{E+D}$$
$$=0.5\times10.0\%+0.5\times6.0\%\times(1-40\%)$$
$$=6.8\%$$

用 WACC 作为折现率计算未来自由现金流的现值，即可确定这个国外项目的价值，同时也考虑了债务的税盾效应：

$$\frac{1\ 749.5}{1.068}+\frac{1\ 700.4}{1.068^2}+\frac{1\ 652.8}{1.068^3}+\frac{1\ 606.5}{1.068^4}=5\ 720\text{（万美元）}$$

建立这条生产线的前期成本仅为 2 800 万美元，项目的净现值为：

5 720-2 800=2 920（万美元）

Ityesi 应该投资这个英国项目。

运用一价定律做稳健性检验

要得到 Ityesi 的英国项目的 NPV，需要做一些假设，比如，国际资本市场的整合，汇率和项目的现金流不相关。Ityesi 的管理者自然会担心这些假设是否合理。幸运的是，有一种方法可对此进行检验。

回顾计算国外项目 NPV 的两种方法。Ityesi 本可以很容易地就用外币资本成本对外币现金流折现，然后再根据即期汇率将此结果转换为以本币表示的 NPV。除了最后一步外，这种方法要求的计算与本书始终所做的相同，即，计算（国内）项目的 NPV。要确定 NPV 需要知道资本成本，本例中指的是英国项目的资本成本。请注意，要想估计这个独立项目的资本成本，需要使用生产同一产品的公众公司的回报率数据，本例中指的是英国公司。要使这一方法得出与其他方法相同的结论，对国外资本成本 $r_{£}^*$ 的估计必须满足一价定律，根据公式 22.3，这意味着：

$$(1+r_{£}^*)=\frac{S}{F}(1+r_{\$}^*) \qquad \text{（公式 22.4）}$$

如果不满足这一条件，Ityesi 的管理者就应该担心他们在分析中所做的简化假设是无效的：市场摩擦的存在使得市场整合假设不能构成对现实的很好的近似，或者，即期汇率或许与现金流之间存在显著的相关性。

利用抛补利率平价关系（公式 22.1），将公式 22.4 重写如下：

$$\frac{S}{F}=\frac{1+r_{£}}{1+r_{\$}} \qquad \text{（公式 22.5）}$$

上式中，$r_{£}$、$r_{\$}$ 分别是国外（英国）和美国国内的无风险利率。合并公式 22.4 和公式 22.5，整理后可得到，以国内（本币）资本成本和利率表示的国外（外币）资本成本：

以外币计价的资本成本

$$r_{£}^*=\frac{1+r_{£}}{1+r_{\$}}(1+r_{\$}^*)-1 \qquad \text{（公式 22.6）}$$

如果 Ityesi 在计算英国项目的 NPV 时所做的简化假设是有效的，则根据公式 22.6 计算出的资本成本估计值，将接近于直接使用英国的可比同一产品公司的资本成本计算所得的资本成本估计值。

例 22.5　资本成本的国际化

问题：

利用一价定律，从 Ityesi 的美元 WACC 推算出英镑 WACC。并验证，用英镑 WACC 对 Ityesi 的国外项目的英镑自由现金流折现，然后以即期汇率将其转化为美元 NPV，会得出相同的结果。

解答：

分析：

根据公式 22.6，计算英镑 WACC，所需要的市场数据为：$r_£=7\%$，$r_\$=4\%$，$r_\$^*=6.8\%$。

最后，用即期汇率（1.60 美元/英镑）将英镑转化为美元。

计算：

运用公式 22.6 得出：

$$r_£^*=\frac{1+r_£}{1+r_\$}(1+r_\$^*)-1=\left(\frac{1.07}{1.04}\right)(1.068)-1=0.0988$$

英镑 WACC 为 9.88%。

用英镑 WACC 计算表 22.4 所示的英镑自由现金流的现值：

$$\frac{1\,125}{1.0988}+\frac{1\,125}{1.0988^2}+\frac{1\,125}{1.0988^3}+\frac{1\,125}{1.0988^4}=3\,575\text{（万英镑）}$$

该投资机会的英镑 NPV 为：

$$NPV=3\,575-1\,750=1\,825\text{（万英镑）}$$

用即期汇率将这一数额转换为美元可得：

$$1\,825\times1.6=2\,920\text{（万美元）}$$

这恰是我们前面计算所得的 NPV。

评价：

美国市场和英国市场是一体化的，并且 WACC 估值法的简化假设有效。

概念检查

7. 解释计算国外项目 NPV 所使用的两种方法。
8. 对于同一国外项目，这两种方法在什么条件下能够得出相同的 NPV？

22.5　估值和国际税收

本章假设 Ityesi 公司不论在哪国创造收益，它支付的公司税率都是 40%。实际上，公司所得税必须支付给两国政府：东道国政府（在本例中为英国）和本国政府（美国），确定国外收益的公司税率就变得很复杂。如果国外项目是母公司的一个独立子公司，则公司所支付的税费一般取决于**调回**（repatriated）本国的利润额（向本国汇回利润）。国际税收是一门复杂的学科，许多专家在其中都付出了大量的时间。下面的介绍性内容只对涉及的一些相关问题进行综述。

收益立即调回的单个国外项目

先假设公司只有一个单独的国外项目，并且所有的国外利润都立即返给母公司。

对于公司利润征税的一般国际安排是，东道国首先对在其境内产生的所得征税，然后本国政府才有机会对对国外项目返回国内公司的收益征税。特别是，本国政府必须制定相应的税收政策，明确规定对来自国外的收益及其支付的国外税费的处理，此外，还要确定纳税的时间。

美国的税收政策要求，美国公司来自于国外的收益，要按照与在国内所获利润相同的税率纳税。不过，公司支付的国外税费不超过国外收益的美国应缴税款部分可完全抵免。换言之，如果国外税率低于美国税率，则公司所支付的税费总额就等于对国外收益按照美国税率支付的税款。在这种情况下，不管公司的收益是在哪里实现的，公司的所有收益都按照相同的税率纳税。我们在 Ityesi 的例子中所做的假设正是如此。

如果国外税率高于美国税率，公司就必须按照较高的税率对国外实现的收益纳税。因为美国的税收抵免额超过了在美国的应纳税款，所以公司在美国不再需要补缴税款。注意，美国的税收政策不允许公司运用没有用来抵消所欠国内税款的那部分税收抵免额（即国外纳税额与国外收益按照国内税率计算的国内应缴税款之差），这部分多出来的税收抵免额将被浪费掉。在这种情况下，公司对在国外实现的收益支付较高的税率，而对在美国国内产生的收益则按较低的税率纳税。

多个国外项目以及收益返还的延迟

到目前为止，我们一直假设公司仅有一个国外项目，并且将在国外实现的收益立即返给国内公司。这两个假设都是不现实的。公司可通过合并多个国外项目，以及延迟向本国公司返还收益等多种方式降低税费。我们首先考察，将所有国外项目的收益合并在一起所带来的好处。

合并多个国外项目。根据美国税法，跨国公司可使用在高税率国家所产生的超额税收抵免，来抵消它在低税率国家实现的收益在美国的净纳税义务。如果美国的税率超过所有国外收益的合并税率，则不管收益在哪国实现，我们都有理由假设公司对所有收益支付相同的税率；否则的话，公司必须对其国外收益支付较高的税率。

延迟收益向本国的返还。现在再来考察可以延迟向本国返还国外利润的机会。这种考虑是非常重要的，根据美国税法规定，如果国外的经营项目被设定为母公司的一个独立的子公司（而不是作为一个国外分支机构），那么只有当国外子公司所实现的利润汇回国内时，公司才发生纳税义务。例如，如果公司选择不将 1 250 万英镑的税前收益返给国内，这就相当于将这些收益直接在国外再投资，从而延迟了公司在美国的纳税义务。而当国外税率高于美国税率时，这种延迟则不会带来好处，因为在这种情况下，不存在额外的美国纳税义务。

若国外税率低于美国税率，延迟返还收益会带来明显的好处。延迟收益返还会降低公司的总的纳税负担——就像延迟资本利得会降低资本利得税一样。延迟返还收益还有其他好处：公司相当于得到了一个关于返还收益的实物期权，即只有当返还收益的成本可能会较低时才选择返还。例如，我们已经注意到，通过将国外收益合并到一起，公司可有效地对所有国外收益按合并税率纳税。跨国产生的收益会发生变化，这种合并税率也将年复一年地变动。在合并税率超过美国税率的年份，额外收益的返还不会引起额外的美国纳税义务，所以收益可以免税返还国内。

> **概念检查**
>
> 9. 在对国外项目估值时，应使用何种税率？
> 10. 美国公司如何降低国外项目的税负？

22.6 分割的国际资本市场

到目前为止，我们一直假设国际资本市场为整合的，但这一假设通常是不恰当的。在某些国家，尤其是发展中国家，并非所有的投资者都可平等地买卖金融证券。本节要分析为什么国际资本市场可能不是整合的，或称作**分割的资本市场**(segmented capital markets)。

国际公司理财中很多有趣的问题，都是由国际资本市场分割所导致的。本节简要考察资本市场分割的主要原因，以及市场分割对国际公司理财的影响。

资本市场的差别进入

在某些情况下，一个国家的无风险证券市场可能是国际整合市场，但对于特定公司证券的市场而言，却不是这样。如果关于这些证券的信息存在不对称，公司就可能会面临市场的差别进入。例如，Ityesi 公司也许在美国很出名，公司定期向追踪它的既定的财务分析师团体提供信息，它很容易进入美元股票市场和债务市场。而在英国，它则不可能同样为投资者所熟悉，它在英国没有业绩和表现记录，它就难以进入英镑资本市场。英国投资者可能会要求得到更高的回报率才肯持有由美国公司发行的英镑股票和债券。

由于各国资本市场的进入差别，Ityesi 公司实际要面对的英镑 WACC，将会高于根据公式 22.6 得出的英镑 WACC。如果这个国外项目选择在英国而不是在美国筹资，Ityesi 公司将会认为该项目的投资价值是较低的。实际上，为最大化股东的价值，公司应该在国内筹资，此时将国外项目看作国内项目进行估值将会得出正确的 NPV。普遍存在的各国资本市场的进入差别，足以解释**货币互换**(currency swaps) 的存在，这就像第 21 章所讨论的利率互换合约一样，只不过在此，持有者收到以一种货币计价的票息，而以另一种货币支付票息。货币互换一般也以不同的货币支付最终面值。公司可利用货币互换，在它最容易进入的资本市场借入资金，然后将票息和本金的支付“调换”为对它的支付有利的货币。货币互换可减少公司在资产和负债之间的汇率风险暴露，同时公司仍然可在最有吸引力的市场投资和融资。

宏观层面的扰动

无风险金融工具的市场也可能是分割的。导致资本市场分割的重要宏观经济原因包括资本控制和外汇控制，这些都造成了国际资本流动的障碍，从而分割了国际市场。很多国家限制资本的流入或流出，不允许本国货币自由兑换美元，造成资本市场的分割。类似地，一些国家对于谁可持有金融证券做出限制。

各国的政治、法律、社会及文化特征的差异，也要求以国家风险溢价的形式给予补偿。例如，产权保护薄弱的国家的政府债券或其他证券所支付的利率，就很可能不是真正的无风险利率。反过来，一国的利率水平将反映该国的违约风险溢价，所以，诸如抛补利率平价之类的关系不可能完全成立。

例 22.6　有风险的政府债券

问题：

2008 年 5 月 23 日的金融时报报道，美元兑换卢布的即期汇率为 23.5937 卢布/美元，1 年期远期汇率为 24.2316 卢布/美元。当时，俄罗斯政府短期债券的收益率大约是 5.7%，而可比的 1 年期美国短期国库券的收益率是 2.1%。根据抛补利率平价关系，计算隐含的 1 年期远期汇率，并将此汇率与实际的远期汇率进行比较，解释两个汇率为何存在差异。

解答：

分析：

根据抛补利率平价公式，隐含的远期汇率为：

$$F=S\times\frac{(1+r_R)}{(1+r_\$)}$$

由此，即期汇率为 23.5937 卢布/美元，美元年利率为 $r_\$=2.1\%$，卢布年利率为 $r_R=5.7\%$。

计算：

$$F=S\times\frac{(1+r_R)}{(1+r_\$)}=23.5937\times\frac{1.057}{1.021}=24.4256\ (\text{卢布/美元})$$

隐含的远期汇率比当前的即期汇率要高，这是因为俄罗斯政府债券的收益率比美国国库券的收益率高。然而，实际的远期汇率却略低于当前的即期汇率。隐含的远期汇率与实际的远期汇率之差可能反映了俄罗斯政府债券的违约风险（俄罗斯政府在不久前的 1998 年就对其债务违约过）。持有 100 000 卢布的投资者，要想寻求真正的无风险投资，他可以将卢布兑换成美元后投资美国国库券，并将本利和按锁定的远期合约转换成卢布。这样，投资者将获得的本利和为：

$$\frac{100\,000\ \text{卢布}}{23.5937\ \text{卢布/美元（今天）}}\times\frac{1.021\ \text{美元（1 年后）}}{1\ \text{美元（今天）}}\times 24.2316\ \text{卢布/美元（1 年后）}$$

$$=104\,860\ \text{（卢布/美元）（1 年后）}$$

卢布的有效无风险利率为 4.860%。

评价：

较高的 5.7% 的俄罗斯债券利率意味着信用息差为 0.840%（5.7% -4.860%），它反映了政府对债券持有者的违约风险补偿。

国际分割市场对国际公司理财的启示

分割的金融市场对国际公司理财具有重要启示：在将两种货币换算为同一种货币进行比较时，一国或一种货币的回报率可能比另一国或另一种货币的回报率要高。如果这种回报率差异源于资本控制之类的市场摩擦，则公司可利用这一市场摩擦，在高回报率的国家进行项目投资，而在低回报率的国家筹资。当然，公司利用这种策略的程度是有限的：如果这一策略容易实施，则随着众多公司对这种策略的竞相利用，这种回报率差异将会迅速消失。不过，某些公司也许会通过实施这一策略而实现竞争优势。例如，作为对投资的激励，外国政府也许会与特定公司达成协议，单独放松对该公司的资本控制。

例 22.7　分割市场中的国外收购估值

问题：

卡马乔（Camacho）公司是一家美国公司，它正在考虑收购墨西哥的 Xtapa 公司，以实现扩张。预期这项收购在第 1 年将使卡马乔公司的自由现金流增加 2 100 万比索（墨西哥货币单位），预期这一数额以后每年将以 8% 的比率增长。收购 Xtapa 的价格为 52 500 万比索，按当前的即期汇率 10 比索/美元计算，相当于 5 250 万美元。基于对墨西哥市场的分析，卡马乔公司确定该项投资的适当的税后比索 WACC 为 12%。如果卡马乔公司确定此次扩张的税后美元 WACC 为 7.5%，收购 Xtapa 公司这项投资的价值是多少？假设墨西哥和美国的无风险证券市场是一体化的，且两国的收益曲线都是平坦的，美国的无风险利率是 6%，墨西哥的无风险利率是 9%。

解答：

分析：

计算此次扩张以比索计价的 NPV，然后用即期汇率将结果转换成美元。收购产生的自由现金流用如下的时间线表示：

0	1	2	3	...
−525 比索	21 比索	21(1.08) 比索	$21(1.08)^2$ 比索	

也可根据远期汇率将期望现金流转换成美元，然后再计算美元 NPV。美元兑换比索（比索/美元）的 N 年期远期汇率（根据公式 22.2）可表示为，

$$F_N = S\times\frac{(1+r_p)^N}{(1+r_\$)^N} = 10\times\left(\frac{1.09}{1.06}\right)^N = 10\times1.0283^N = 10.283\times1.0283^{N-1}$$

计算：

使用比索 WACC 计算这些（比索）现金流的 NPV 为：

$$NPV = \frac{21}{0.12-0.08} - 525 = 0$$

此次收购为一项 NPV 为零的交易。我们推测，卡马乔公司可能与其他墨西哥公司竞争收购 Xtapa 公司。

根据远期汇率将预期比索现金流转换成美元，再用美元 WACC 计算 NPV。将比索现金流（见前面的时间线）除以相应的远期汇率（远期汇率是用“比索/美元”来表示的），将其转换为美元现金流：

$$C_p^N/F_N = \frac{21\times1.08^{N-1}}{10.283\times1.0283^{N-1}} = 2.0422\times1.0503^{N-1}$$

预期美元现金流的时间线为：

0	1	2	3	...
−52.5 美元	2.0422 美元	2.0422(1.0503) 美元	$2.0422(1.0503)^2$ 美元	

美元现金流以每年大约为 5% 的速度增长。这些现金流的 NPV 为，

$$NPV = \frac{204.22}{0.075-0.0503} - 5\ 250 = 3\ 018\ （万美元）$$

评价：

计算出了两个 NPV，但哪个 NPV 更能准确地代表扩张的收益呢？答案取决于差异的来源。利用远期汇率将比索现金流转换为美元现金流时，必须假设，即期汇率和项目的现金流是不相关的。差异的存在也许仅仅反映了这一假设不成立。另一种可能是，这一差异反映了两种货币下的 WACC 的估计误差。

如果卡马乔公司相对比较确信关于即期汇率和 WACC 的估计，那么第三种可能就是，墨西哥和美国的资本市场不是整合的。在这种情况下，卡马乔公司易于进入美国资本市场，它可能具有相对竞争优势。也许其他与卡马乔公司竞争收购 Xtapa 的公司全都是墨西哥公司，它们无法进入墨西哥之外的资本市场。因此，卡马乔公司可按较低的利率成本筹集资金。当然，这一判断也要求其他美国公司没有竞购 Xtapa。不过，也许卡马乔公司对 Xtapa 公司的市场有着深入的了解，而这是其他美国公司所缺乏的。这种专门知识将赋予卡马乔公司在产品市场上相对于其他美国公司的竞争优势，即便与其他墨西哥公司相比，它也处在同一起跑线上。正是由于卡马乔公司在资本市场上比其他墨西哥公司具有竞争优势，它的这项收购的 NPV 为正，而对其他竞争者而言收购项目的 NPV 则为零。

例 22.7 表明，资本市场的分割导致许多国际公司理财决策变得更加复杂，但对于那些能够很好地利用市场分割的公司来说则具有潜在的丰厚利益。

概念检查

11. 造成资本市场分割的主要原因是什么？
12. 分割的国际金融市场对于国际公司理财有哪些主要启示？

22.7 有汇率风险时的资本预算

公司在考虑国外项目投资时遇到的最后一个问题是，项目的现金流可能会受到汇兑风险的影响，即项目所产生的现金流将取决于未来的汇率水平。大部分的国际公司理财都涉及外汇风险。本节对外币现金流的估值进行概要分析。

本章至此所做的假设都是，项目的自由现金流与即期汇率不相关。如果国外项目（公司）作为当地的公司在国外市场中运营，这一假设通常就是合理的，公司在同一市场中购买生产要素，出售产成品，投入和产出的价格变化与汇率不相关。然而，很多国外公司（国外项目）在生产过程中都要进口生产要素，或者将一些产成品出口到国外。这些情况改变了项目的外汇风险的性质，反过来又改变了外币现金流的估值。

应用：Ityesi 公司

举例来说，如果 Ityesi 公司在英国的项目从美国进口一些原材料，将会怎么样呢？此时，项目的英镑自由现金流与汇率是相关的。假设美国的原材料成本仍保持稳定，如果美元相对于英镑发生了增值，那么这些原材料的英镑成本将会上升，从而减少了英镑自由现金流。反之，如果美元贬值，则英镑自由现金流将会增加。因此，自由现金流的变化与汇率的变化无关的假设就不成立，按远期汇率将期望英镑自由现金流转换为美元自由现金流就不再是合适的。

如果项目的现金流取决于多种货币的价值，最便利的方法就是，根据项目所依赖的货币对现金流进行分离。例如，Ityesi 公司的部分制造成本可能来自于生产投入品，而这部分生产投入品的成本随着美元价值的波动而波动。具体来讲，假设其中 562.5 万英镑的成本是以英镑计价和确定的，而其余 1 600 万美元（1 000 万英镑× 1.60 美元/英镑）的投入品的成本则随美元价值而波动。在本例中，如表 22.5 所示，我们先计算 Ityesi 公司的不包括这些美元成本的英镑自由现金流。

如果表 22.5 中的收入和成本不受即期汇率变化的影响，则假设自由现金流的变化与即期汇率的变化不相关就是合理的。正如我们在 22.4 节中所做的一样，可以利用远期汇率，将以英镑表示的自由现金流转换为等值的美元现金流。计算过程见表 22.6。英镑自由现金流的美元价值由第 5 行表示。

接下来再加入美元现金流，以确定项目的总体美元自由现金流。这一计算过程由表 22.6 中的第 6 行至第 8 行完成。注意，先减去以美元表示的成本，然后再加上与这些成本相关的税盾。即使在英国这些税费是以英镑来支付的，它们也会随着投入品的美元成本的波动而波动，所以可将其看做以美元计价的现金流。

表 22.5　　**Ityesi 的英镑自由现金流**　　单位：百万英镑

1	年份	0	1	2	3	4
2	**增量收益预测**					
3	销售收入	—	37.500	37.500	37.500	37.500
4	销售成本	—	-5.625	-5.625	-5.625	-5.625
5	**毛利润**	—	31.875	31.875	31.875	31.875
6	营业费用	-4.167	-5.625	-5.625	-5.625	-5.625
7	折旧	—	-3.750	-3.750	-3.750	-3.750
8	**EBIT**	-4.167	22.500	22.500	22.500	22.500
9	所得税（税率为 40%）	1.667	-9.000	-9.000	-9.000	-9.000
10	**无杠杆净收益**	-2.500	13.500	13.500	13.500	13.500
11	**自由现金流**					
12	加：折旧	—	3.750	3.750	3.750	3.750
13	减：资本性支出	-15.000	—	—	—	—
14	减：NWC 的增加	—	—	—	—	—
15	**英镑自由现金流**	-17.500	17.250	17.250	17.250	17.250

表 22.6　　**Ityesi 的英国项目的期望美元自由现金流**

1	年份	0	1	2	3	4
2	**美元自由现金流（百万美元）**					
3	英镑 FCF（百万英镑）	-17.500	17.250	17.250	17.250	17.250
4	远期汇率（美元/英镑）	1.6000	1.5551	1.5115	1.4692	1.4280
5	**英镑 FCF 的美元价值（1×2）**	-28.000	26.825	26.073	25.344	24.633
6	**美元成本**	—	-16.000	-16.000	-16.000	-16.000
7	所得税（税率为 40%）	—	6.400	6.400	6.400	6.400
8	**自由现金流**	-28.000	17.225	16.473	15.744	15.033

给定表 22.6 中第 8 行的美元自由现金流，使用 Ityesi 的美元 WACC 计算投资的 NPV：①

$$\frac{17.225}{1.068}+\frac{16.473}{1.068^2}+\frac{15.744}{1.068^3}+\frac{15.033}{1.068^4}-28.000=27.05\ (\text{百万美元})$$

结论

Ityesi 公司的例子是一种简化的情形，在本例中，我们可以很容易地将那些随着美元—英镑汇率变动而变动的现金流，与那些和汇率不相关的现金流相分离。实际上，要确定这些现金流对汇率的敏感性是很困难的。如果可获得历史数据，回归方法即可用来识别和确认项目现金流的汇率风险，这与本书第 4 篇通过回归分析确认证券回报率的市场风险的方法大致相同。

本章对国际资本预算做了介绍。这一主题非常复杂，足可用整本书来阐述。很难通过仅仅一章的内容就能讲得清楚。不过，我们已经提供了解决这一问题的基本框架。

概念检查

13. 哪些条件会导致国外项目的现金流受到汇率风险的影响？
14. 若项目的投入和产出分别是以不同的货币计价，应该做出何种调整？

本章小结

22.1 外汇

(1) 外汇市场是交易货币的市场。

(2) 它的成交量很大，由大的国际银行控制，并且全天 24 小时营业。

(3) 汇率是一种货币用另一种货币计价（表示）的价格。

22.2 外汇风险

(1) 公司可以利用货币远期合约提前锁定汇率，也可利用货币期权合约防止汇率的变动超出某一水平。

(2) 现金—持有策略是一个可供选择的策略，它能够提供与货币远期合约相同的现金流。根据一价定律，可通过“持有现金的成本”公式，即抛补利率平价公式，来确定远期汇率。“FC”表示 1 年后兑换的外币，相应的远期汇率是：

$$F=S\times\frac{(1+r_{\$})}{(1+r_{FC})} \tag{22.1}$$

货币期权能够使公司将汇率变动限制在不超过某一特定水平的范围内。公司选择货币期权而不是远期合约的情况有：

(1) 汇率向对公司有利的方向变化时，公司能够获利，而不用被迫接受不利的汇率。

(2) 套期保值（对冲）的交易可能不发生的情形。

---

① 再次使用国内 WACC 来对现金流折现，这是因为我们继续假设，汇率风险的额外溢价是非常小的。如果这一假设不成立，那么美元成本和期望英镑自由现金流的美元价值就要用不同的折现率来折现，以反映英镑自由现金流的额外汇率风险。

22.3　**国际整合资本市场**

（1）确保国际资本市场整合的必要条件是，国外投资的价值与投资分析时所采用的货币（本币或外币）不相关。

（2）如果市场为国际整合，并且即期汇率的不确定性与外币现金流不相关，有两种方法可用于外币现金流的估值：

①将外币现金流的期望值乘以相应的远期汇率，即可得到外币现金流的本币价值，然后再用国内资本成本计算这些本币现金流的 NPV。

②将预计的外币现金流以外国资本成本折现，计算出国外项目的 NPV 值，然后将其以即期汇率转换成本国货币。

22.4　**外币现金流的估值**

如果市场为国际整合，并且即期汇率的不确定性与外币现金流无关，国外和国内的 WACC 之间的关系可表示如下（FC 表示外币）：

$$r_{FC}^{*}=\frac{1+r_{FC}}{1+r_{\$}}\left(1+r_{\$}^{*}\right)-1 \qquad \text{（公式 22.4）}$$

22.5　**估值和国际税收**

美国公司对其国外项目的收益按照国外或国内税率中的较高者支付所得税，国外项目的估值也应使用较高的税率。美国公司可将国外项目的投资收益合并，或延迟收益向国内的返还，以减轻它的纳税负担。

22.6　**国际分割资本市场**

国际资本市场或许是分割的。市场分割的影响在于，把两种货币换算为同一种货币进行比较时，其中一国或一种货币的资本成本，高于另一国或另一种货币的成本。

22.7　**有汇兑风险时的资本预算**

如果项目的投入和产出发生在不同的国家，则以外币表示的现金流就很可能与即期汇率的变化相关。要正确地对这样的项目估值，应该将国外和国内现金流分开估值。

复习题

1. 如何运用汇率？
2. 财务经理进入外汇市场的原因有哪些？
3. 运用期权对冲汇率风险和运用外汇远期合约有何区别？
4. 所谓“国际资本市场是整合的”是什么意思？
5. 运用国内 WACC 对外币现金流估值的必要假设是什么？
6. 美国公司如何对其国外收益进行纳税？
7. 国际资本市场分割对财务经理的项目估值会产生什么影响？
8. 汇率风险如何影响估值？

练习题

外汇（第 1 ~ 2 题）

1. 你带 500 美元到伦敦，在外币兑换处，英镑的报价为 1.95 美元/英镑，你的

500 美元可以兑换成多少英镑?

2. 你的公司需要向法国供应商支付 50 万欧元，如果汇率是 0.65 欧元/美元，你需用多少美元来兑换欧元?

汇率风险（第 3 ~4 题）

3. 你刚成立一家公司，并与波兰的某制造公司签订了一项合同，为其提供数据库安装服务。对方承诺接受服务 3 个月后向你方支付 10 万美元。但对方坚持用波兰币兹罗提（PLN）支付。你想做成这笔买卖，因为对方是你的第一家客户！但同时，你又担心汇率风险，尤其担心波兰币相对美元的贬值。你联络波兰的富通银行 (Fortis Bank)，看看能不能提前锁定兹罗提的汇率。

a. 即期汇率是 2.3117 兹罗提/美元，3 个月的远期汇率是 2.2595 兹罗提/美元。如果用远期合约规避汇率风险，那么为了收到 10 万美元，你应当在合同中要求多少兹罗提?

b. 给定（a）问中的远期汇率，2008 年 5 月波兰的短期利率比美国的短期利率高还是低? 请解释。

4. 作为丘尔斯（Choyce）公司的冷冻海产品经纪商，你刚与一家比利时分销商签订一笔交易。合约规定，你将在 1 年内以 10 万欧元的价格向对方供应 4 000 公斤冷冻王蟹。你购进王蟹的成本为 11 万美元，假设所有现金流都在整 1 年时发生。

a. 将利润作为汇率的函数，绘出结算时汇率从 0.75 美元/欧元变动至 1.50 美元/欧元时，你的利润—汇率曲线，把这条曲线标记为“未套期保值的利润”。

b. 假设 1 年期远期汇率为 1.25 美元/欧元，你签订了将来按这一汇率卖出欧元的远期合约。把供货合约和外汇远期合约的总利润作为市场汇率的函数，在 a 问的图中，绘出这一函数图像，标记为“利用远期合约套期保值”。

c. 假设你不采用远期合约，而是考虑使用货币期权。买进欧元的 1 年期看涨期权的执行价格为 1.25 美元/欧元，期权的交易价格为 0.10 美元/欧元。类似的，卖出欧元的 1 年期看跌期权的执行价格为 1.25 美元/欧元，期权的交易价格为 0.10 美元/欧元。为了对冲盈利风险，你应该如何买卖看涨和看跌期权?

d. 在（a）问和（b）问的图中，绘出使用期权套期保值时的总盈利（供货合约、期权合约和期权价格的总损益）基于汇率变动的函数的图像，标记为“使用期权套期保值”。(注：可忽略利率对期权价格的影响)

e. 假设年底爆发了一场贸易战，欧洲禁运美国食品，导致你的交易被取消。尽管你不能收到欧元，也不产生进货成本，但是你签订的远期合约或期权合约仍然会产生损益。重新作图，分别画出利用远期合约和外币期权套期保值时的损益基于结算日各种可能汇率的函数图像（分别标记每条曲线）。存在交易被取消的风险时，上述哪种对冲方式带来的负面风险最小? 简要解释。

国际整合资本市场（第 5 ~6 题）

5. 你是一位美国投资者，正试着计算 1 年后流入的 500 万欧元现金流的现值。即期汇率为 $S=1.25$ 美元/欧元，远期利率为 $F_1=1.215$ 美元/欧元。你估计这笔现金流的美元折现率为 4%，欧元折现率为 7%。

a. 先折现然后再转换成美元，500 万欧元的现值为多少？

b. 如果先转换成美元然后再折现，500 万欧元的现值为多少？

c. 根据你对以上（a）问和（b）问的回答，你能判断出美元和欧元市场为国际整合市场吗？

6. 米亚卡鲁索（Mia Caruso）是美国的一家儿童玩具制造商，它在塞浦路斯销售了一批产品，预计 1 年后能够收到 400 万塞浦路斯镑（塞浦路斯的货币单位是塞浦路斯镑（C£），塞浦路斯为欧盟的成员国，但尚未采用欧元）。当前的即期汇率为 $S=1.80$美元/塞浦路斯磅，1 年期远期汇率为 $F_1=1.8857$ 美元/塞浦路斯磅。

a. 若先按 5% 的塞浦路斯磅折现率对现金流折现，然后再转换成美元，这笔现金流入的现值为多少？

b. 若先转换成美元，然后再按 10% 的美元折现率折现，现值为多少？

c. 根据你对以上（a）问和（b）问的回答，你能得出美元和塞浦路斯磅资本市场为国际整合市场的结论吗？

外币现金流的估值（第 7 ~ 12 题）

7. Etemadi Amalgamated 为一家美国制造公司，公司正在考虑欧洲地区的一个新项目。你在公司的财务部门工作，负责决策是否采纳该项目。项目的用欧元表示的期望自由现金流如下：

年份	0	1	2	3	4
自由现金流（百万欧元）	−15	9	10	11	12

即期汇率为 $S=1.15$ 美元/欧元，美元的无风险利率是 4%，欧元的无风险利率是 6%。

假设市场为国际整合的，自由现金流的不确定性与汇率的不确定性不相关。你认为，上述现金流的美元 WACC 为 8.5%。该项目的美元现值为多少？公司应该接受这个项目吗？

8. 还是第 7 题中的制造公司，它仍在考虑葡萄牙的一个新项目。上题中的已知信息仍然是准确的，只是即期汇率变成了 $S=0.85$ 美元/欧元，大约降低了 26%。在这种情形下，该项目的美元现值为多少？公司还会采纳这个项目吗？

9. 你在一家美国公司工作，老板让你估算以欧元计价的项目的资本成本。已知 $S=1.20$美元/欧元，$F_1=1.157$ 美元/欧元。假设你公司的美元 WACC 为 8%。在国际整合资本市场中，假设该项目的自由现金流与即期汇率不相关，计算项目的欧元资本成本。假设无论现金流在哪国取得，公司负担的税率都是一样的。

10. 马里兰灯具（Maryland Light）为美国的一家照明灯具制造商，公司正考虑在日本的一个投资项目。公司的美元股权资本成本为 11%。你在公司的财务部门工作，你想知道该项目的日元股权资本成本，假设项目的自由现金流与即期汇率不相关。美元和日元的无风险利率分别为 $r_{\$}=5\%$，$r_{¥}=1\%$。假设资本市场为国际整合。日元股权资本成本是多少？

11. 希里咨询（Healy Consulting）是美国的一家研究公司，它的美元债务资本成本为 7.5%。无论收益从何处取得，公司全部收益的适用税率均为 30%。公司打算在东京当地发行债券，为在东京的一项新投资筹集资金。公司的管理者想知道它的日元债务资本成本是多少。美元和日元的无风险利率分别为 $r_\$=5\%$，$r_¥=1\%$。公司认为美国和日本的资本市场为整合的，项目的自由现金流与日元—美元即期汇率不相关。公司的税后日元债务资本成本为多少？（提示：先计算出美元的税后债务资本成本，然后再转换成等价的日元资本成本）

12. 曼泽迪（Manzetti）公司是美国的一家食品加工和销售公司。公司正考虑在德国的一个投资项目。你在公司的财务部门工作，负责决策是否采纳这个项目。项目以欧元计价的期望自由现金流与即期汇率不相关，预计现金流如下：

年份	0	1	2	3	4
自由现金流（百万欧元）	−25	12	14	15	15

这个新项目的美元风险和公司的其他项目一样。公司整体的美元 WACC 为 9.5%，它也适用于新项目。美元无风险利率为 4.5%，欧元无风险利率为 7%。

a. 公司认为美国和欧盟的资本市场是整合的，公司的欧元 WACC 是多少？

b. 这个项目的欧元现值为多少？

估值和国际税收（第 13 ~ 15 题）

13. 约翰逊制衣（Tailor Johnson）是美国的一家男装制造商，它在埃塞俄比亚有一家子公司。今年，这家子公司报告并调回美国的息税前利润（EBIT）为 10 000 万埃塞俄比亚比尔（Birr）。当前汇率为 8 比尔/美元，或 $S_1=0.125$ 美元/比尔。埃塞俄比亚对税前利润汇出的征税率为 25%。美国税法规定，约翰逊制衣在埃塞俄比亚获得的税前利润与在美国本土的获利一样，都要被征收 45% 的所得税。不过，美国对国外已缴税款不超过美国应缴税款的部分，给予全额抵免。约翰逊公司对其埃塞俄比亚子公司的获利，在美国要缴纳多少所得税？

14. 还是第 13 题中在埃塞俄比亚有家子公司的美国约翰逊制衣公司，正考虑延迟调回其子公司的利润可带来的纳税好处。根据美国税法，只要利润没有调回国内，就不会产生纳税义务。公司合理预计延迟 10 年后调回利润，到那时，以比尔计价的利润可按照当时的即期汇率 S_{10} 转换成美元，对在埃塞俄比亚支付的税款的抵免，仍按照汇率 $S_1=0.125$ 美元/比尔来换算。约翰逊制衣的税后债务资本成本为 5%。

a. 假设 10 年后的汇率和今年的汇率相等，即 $S_{10}=0.125$ 美元/比尔。埃塞俄比亚子公司的收益调回递延 10 年后应在美国缴纳的税款的现值为多少？

b. 10 年后的汇率怎样影响其在美国的实际纳税额？写出国外子公司的收益在美国的纳税额作为汇率 S_{10} 的函数表达式。

15. 漫步者（Peripatetic）公司是美国的一家进出口贸易公司，公司正在考虑其国际纳税状况。美国税法要求，美国公司在国外获得的收益和在国内的获利一样，要按照同样的税率纳税；现行税率为 45%。不过，对于在国外支付的税款，如果不超过国外收益在美国国内应缴纳的税款，则可以给予全额抵免。漫步者公司在波兰和瑞典都设有运营机构，税率分别为 20% 和 60%。它们的全部利润都将即时汇回国内，今年在国外缴纳的税款情况如下所示：

单位：百万美元

	波兰子公司	瑞典子公司
息税前利润（EBIT）	80	100
所在国的税费	16	60
息前税后利润	64	40

a. 假设不存在瑞典子公司，波兰子公司的收益在美国要缴纳多少税款？

b. 假设不存在波兰子公司，瑞典子公司的收益在美国要缴纳多少税款？

c. 根据美国税法，漫步者公司在计算其国外子公司的收益在美国应缴纳的税款时，可将其从波兰和瑞典的子公司获取的收益合并在一起计算。总的 EBIT 为 18 000 万美元，在国外缴纳的税款总计为 7 600 万美元。那么，国外收益在美国总计要缴纳多少税款？这与（a）问和（b）问的答案有何联系？

分割的国际资本市场（第 16 题）

16. 假设俄罗斯政府债券的利率为 7.5%，当前汇率为 28 卢布/美元。如果远期汇率为 28.5 卢布/美元，美国当前的无风险利率为 4.5%，则隐含的俄罗斯政府债券的信用息差为多少？

有汇率风险时的资本预算（第 17 题）

17. 假设表 22.2 中的 Ityesi 公司，所有的销售实际上都发生在美国，预计未来 4 年内每年的销售额为 6 000 万美元。其他成本保持不变，计算该投资机会的净现值。

数据案例

你是 IBM 资本预算部门的高级财务分析师。IBM 认为澳大利亚积极的商业氛围和文化与美国相似，打算在那儿扩张业务。

新工厂需要 50 亿澳元的初始投资用于购置固定资产，1 至 4 年间每年相对上年都额外需要 3% 的资本性投资。所有资本性投资都按直线法在工厂 5 年的经营期内计提折旧。预计新工厂第 1 年的收入为 60 万澳元，且每年按 10% 的比率增长。产品销售成本占收入的 40%；其他营业费用总计占收入的 12%。净营运资本需求为销售收入的 11%，需要在实现收入的前一年垫付。全部净营运资本在第 5 年年末收回。假设，两国的税率相等，两国资本市场为整合的，该项目现金流的不确定性与汇率的变动不相关。项目经理要你使用 12% 的资本成本计算该项目的美元净现值。

1. 登录纳斯达克网站（www. nasdaq. com）。

a. 在空格里输入 IBM 的股票代码（IBM），然后点击“汇总信息”。

b. 点击左侧菜单中的“公司财务报表”。找到利润表，把光标置于表上，然后点击鼠标右键，在弹出菜单中选择“输出到 Microsoft Excel”。

2. 登录彭博资讯网（www. bloomberg. com），取得澳元兑美元的汇率和澳元的类似利率。

a. 把光标移到“市场数据”，然后点击下拉菜单中的“货币”。将货币列表导入 Excel 中，并把它粘贴到 IBM 利润表所在的工作表中。

b. 返回网页，点击左侧菜单中的“利率和债券”。接着点击“澳大利亚”，得到澳大利亚的利率。点击鼠标右键，将利率表导入 Excel；粘贴到工作表中。

c. 返回网页，点击“美国”，下载美国国债数据，并粘贴到工作表中。

3. 你可能也发现了，彭博网上没有 1 年期和 4 年期美国国债的年利率。浏览美国财政部网站（www. treas. gov）。

a. 在网页顶端的搜索框里输入“收益曲线”，选择出现的第二个链接（确定不是“真实”利率的链接），找到 1 年期利率。把收益率导入 Excel，和其他数据一起保存于同一工作表中。把 1 年期收益率添加到国债利率表中。

b. 从国债收益曲线上找到 3 年期和 5 年期国债的年收益率，计算二者的平均值，得到 4 年期国债的年收益率。

4. 在你的 Excel 电子数据表中，插入一个新的工作表，给出该项目的期望现金流的时间线。

a. 用 IBM 4 年中平均每年的所得税除以年均税前收益，得到所得税税率。

b. 确定项目的期望自由现金流。

5. 注意，你在第 4 问中计算得到的自由现金流是用澳元表示的。根据公式 22. 2，确定该项目未来 5 年内每年的远期汇率。利用远期汇率将澳元现金流换算成美元现金流。

6. 利用项目经理给定的 12% 的必要回报率，计算项目的美元净现值。

东北财经大学出版社

Supplements Request Form (教辅材料申请表)

<table>
<tr><td colspan="4"><u>Lecturer's Details（教师信息）</u></td></tr>
<tr><td>Name:
(姓名)</td><td></td><td>Title:
(职务)</td><td></td></tr>
<tr><td>Department:
(系科)</td><td></td><td>School/University:
(学院/大学)</td><td></td></tr>
<tr><td>E-mail:
(邮箱)</td><td></td><td rowspan="3">Lecturer's Address / Post Code:
(教师通讯地址/邮编)</td><td rowspan="3"></td></tr>
<tr><td>Tel:
(电话)</td><td></td></tr>
<tr><td>Mobile:
(手机)</td><td></td></tr>
<tr><td colspan="4"><u>Adoption Details（教材信息）</u> 影印版 □ 双语版□ 翻译版□</td></tr>
<tr><td>Title: (中文书名)
(英文书名)
Edition: (版次)
Author: (作者)</td><td colspan="3"></td></tr>
<tr><td>Local Puber:
(外国出版社)</td><td colspan="3"></td></tr>
<tr><td>Enrolment:
(学生人数)</td><td></td><td>Semester:
(学期起止日期时间)</td><td></td></tr>
<tr><td colspan="4">通过哪种方式获得我社的图书信息

参加会议 □ 邮寄书目 □ 书店□ 网站□ 他人推荐□</td></tr>
</table>

Please fax or post the complete form to（请将此表格传真或 email 至）：

东北财经大学出版社有限责任公司
电话: (86) 0411-84710878/84712996
传真 : (86) 0411-84710878
邮箱：guohebu@126.com
通讯地址: 辽宁省大连市沙河口区尖山街 217 号东北财经大学出版社
邮编：116025

北京培生信息中心
北京市东城区北三环东路 36 号
北京环球贸易中心 D 座 1208 室
邮政编码:100013
电话:(8610)57355171/57355169/57355176
传真:(8610)58257961

Beijing Pearson Education
Information Centre
Suit 1208, Tower D, Beijing Global Trade Centre,
36 North Third Ring Road East,
DongchengDistrict,Beijing, China100013
TEL:(8610)57355171/57355169/57355176
FAX:(8610)58257961

尊敬的老师:
您好!

为了确保您及时有效地申请教辅资源,请您务必完整填写如下教辅申请表，加盖学院的公章后传真给我们,我们将会在 2-3 个工作日内为您开通属于您个人的唯一账号以供您下载与教材配套的教师资源。

请填写所需教辅的开课信息:

采用教材			□中文版 □英文版 □双语版
作　　者		出版社	
版　　次		ISBN	
课程时间	始于　　年　月　日	学生人数	
	止于　　年　月　日	学生年级	□专科　□本科 1/2 年级 □研究生　□本科 3/4 年级

请填写您的个人信息:

学　　校			
院系/专业			
姓　　名		职　　称	□助教 □讲师 □副教授 □教授
通信地址/邮编			
手　　机		电　　话	
传　　真			
official email(必填) (eg:XXX@ruc.edu.cn)		email (eg:XXX@163.com)	
是否愿意接受我们定期的新书讯息通知:　□是　□否			

系 / 院主任: ________________ (签字)

(系 / 院办公室章)

Please send this form to: Service.CN@pearson.com
Website: www.pearsonhighered.com/educator

____年____月____日